图书在版编目（CIP）数据

漳州统计年鉴. 2016 / 漳州市统计局, 国家统计局漳州调查队编. -- 北京：中国统计出版社, 2016.9
ISBN 978-7-5037-7937-4

Ⅰ. ①漳… Ⅱ. ①漳… ②国… Ⅲ. ①统计资料—漳州市—2016—年鉴 Ⅳ. ①C832.573-54

中国版本图书馆 CIP 数据核字(2016)第 203065 号

漳州统计年鉴-2016

作　　者 / 漳州市统计局　国家统计局漳州调查队
责任编辑 / 陈越月　林长福　江伟斌
装帧设计 / 程惠林
出版发行 / 中国统计出版社
地　　址 / 北京市丰台区西三环南路甲 6 号　邮政编码 /100073
电　　话 / 邮购(010)63376909　书店(010)68783171
网　　址 / http://csp.stats.gov.cn
印　　刷 / 漳州市鼎峰彩印有限公司
经　　销 / 新华书店
开　　本 / 890mm×1240mm　1/16
字　　数 / 1804 千字
印　　张 / 41.75
版　　别 / 2016 年 9 月第 1 版
版　　次 / 2016 年 9 月第 1 次印刷
定　　价 / 300 元

如有印装差错，由本社发行部调换。

《漳州统计年鉴——2016》编委会及编辑人员

编 委 会

主　　编：黄井南　林水明

副 主 编：李香英　魏素云　欧阳辉　李耀华　郭丽瑞　苏启明　陈亚强
曾长福　黄瑞璇　李水兴　喻武东

编　　委：（以姓氏笔划为序）

丁　燕　叶慧勇　刘洪仁　吴文炳　吴红红
张大明　李　萌　杨和美　邱黄华　陈丽珊
林瑞香　柯聪华　郭小玲　郭朱典　郭舒航
黄正山　黄炜彬　曾小燕　蓝文志　蔡三梅
薛海州

编 辑 部

总 编 辑：李耀华

副总编辑：蓝文志

编辑人员：（以姓氏笔划为序）

方淑娟　刘洪仁　朱凤果　江伟斌　吴文炳
吴惠芳　李　萌　杨和美　陈丽珊　陈明师
陈雨旻　陈舒婷　林长福　林秀敏　林幸福
林瑞香　郑彩霞　郭小玲　黄江城　黄炜彬
黄剑薇　黄雅雅　蔡三梅　蔡龙翔

责任编辑：陈越月　林长福

华安县，下设 121 个乡、镇、街道，244 个城镇社区、居委会，1668 个村民委员会。

三、人文旅游

漳州是国务院公布的历史文化名城（1986 年），建州开始迄 2015 年已有 1329 年历史，文化底蕴深厚，民俗风情多姿，历代名人辈出：明代《东西洋考》作者张燮、“一代完人”黄道周（漳州户籍，祖籍福建莆田市城厢区），近现代文化名人、大师许地山、杨骚、林语堂等饮誉海内外。漳州的芗剧、潮剧、木偶以及木偶雕刻艺术誉满海内外，剪纸、灯谜、大车鼓舞蹈、木版年画等民间传统艺术丰富多彩。国家文化部共授予漳州市 6 个“艺术之乡”，分别是：“灯谜艺术之乡”（芗城）、“农民画艺术之乡”（龙海）、“剪纸艺术之乡”（漳浦）、“书画艺术之乡”（诏安）、“民间音乐艺术之乡”（东山）和“玉雕艺术之乡”（华安）。全市共有革命史迹和名胜古迹 280 多处。其中，国家级重点文物保护单位 11 处——东山关帝庙、龙海慈济宫、华安二宜楼、市区明清石牌坊、漳州文庙大城殿、龙海江东桥、漳浦的赵家堡、诏安堡和南靖的田螺坑土楼群、和贵楼、绳武楼。拥有“灯谜艺术之乡”、“农民画艺术之乡”、“剪纸艺术之乡”、“书画艺术之乡”、“民间音乐艺术之乡”和“玉雕艺术之乡”的美称。1300 多年的文化积淀、依山傍海的地理位置、四季如春的气候条件赋予了漳州独具特色的三大旅游资源，海滨风光秀丽、神奇，花果生态绚丽、诱人，民俗史迹悠久、璀璨，是一处集观光、休闲、度假、健身为一体的旅游胜地。漳州海岸线长达 715 多公里，神奇的古火山地质遗迹、神秘的海底“红树林”、蔚蓝的大海、洁白的沙滩构筑了漳州独具魅力的滨海旅游风光，这里有中国目前唯一的规模最大、保存最完整、最具独特性的天然火山地质博物馆——漳州滨海火山国家地质公园，有被誉为“东方夏威夷”和“海峡西岸旅游岛”的度假胜地——东山岛，以及目前国内罕见的花岗岩风化海蚀奇观——漳浦六鳌抽象岩画廊和国家级自然保护区龙海九龙江口、云霄漳江口“红树林”景观等。漳州依山面海，四季如春，得天独厚的地理和气候优势造就了漳州“花果之乡”这一绝佳的生态旅游黄金宝地，这里四季皆花果飘香，八节尽常春之美，有汇集了亚热带各种珍稀植物和生态自然景观的国家 4A 级旅游区东南花都——花博园，有目前世界上最大的集学术研究、文化传承、教育娱乐于一体的茶叶专业博物馆、国家 4A 级旅游区天福茶博物院——石雕园，以及被誉为“福建第一漂”的长泰漂流旅游区和全国农业旅游示范点龙海龙佳生态温泉山庄等。漳州是历史文化名城，民俗史迹悠久璀璨，这里有被誉为“世界建筑奇观”的土楼，有中国历史上仅存的帝王后裔聚居地赵家堡，有荣获联合国亚太地区文化遗产保护奖的明清历史古街区，有在东南亚和台湾久负盛名的千年古刹三平寺、关帝庙、慈济宫等景观；以及被誉为“海峡两岸戏曲姐妹花”的芗剧、“掌中艺术”的布袋木偶戏、古老民间曲艺锦歌、民间传统舞蹈大鼓凉伞等具有浓厚乡土气息的民俗文化。目前，全市拥有世界文化遗产地一处 5 个点、国家 5A 级旅游区 1 个、国家 4A 级旅游景区 11 个、国家 3A 级旅游区 2 个、国家级风景名胜区 1 个、国家地质公园 1 个、全国重点文物保护单位 34 个、全国农业旅游示范点 3 个、国家级森林公园 4 个、国家级自然保护区 2 个、中国景观村落 6 个，旅行社 61 家，星级饭店 30 家，一、二、三日游、自驾车游、专线游等旅游线路二十几条，是一处集观光、休闲、度假、健身为一体的海峡西岸旅游胜地。

四、城市特点

漳州是一座正在崛起的生态工贸港口城市。漳州生态条件优越。漳州属亚热带季风性湿润气候，年降雨量约 1500 毫米，平均气温 21℃。全市森林覆盖率 63.6%。漳州区位条件独特，位于福建最南端，介于厦门、汕头两个特区之间，面对台湾，背靠龙岩，南临广东，是海西南部重要的交通枢纽。漳州生态得天独厚，山、海、江、平原俱全，是全国有名的水果之乡、花卉之都、水产基地，被授予“中国菇都”、“中国食品名城”等称号。福建第二大江——九龙江穿城而过，漳州平原是福建最大的冲积平原。漳州对台优势凸显，是台胞主要祖籍地、台湾文化发祥地和台商投资密集区，2012年，国务院批准在漳州设立台商投资区。台湾现有2300多万人口中，祖籍漳州的近1000万人，台湾的国民党和民进党政要，祖籍大多在漳州。漳台民间习俗、饮食文化等都很相近，"漳州味"就是"台湾味"。漳州自然资源丰富。福建第二大江九龙江横贯全境，漳州拥有全省最大的平原——九龙江下游冲积平原（面积566平方公里），土地肥沃，淡水充沛，是全国有名的水果之乡、花卉之都、水产基地，被授予"中国菇都"、"中国食品名城"，每年都举办海峡两岸农博会·花博会。全市海域面积1.86万平方公里，海岸线长达715公里，拥有厦门湾南岸和东山湾两大港湾，天然良港众多，可供开发建设万吨级以上泊位码头130多个，目前已建成万吨级以上泊位10个。漳州城市环境优美，拥有中国优秀旅游城市、国家园林城市和国家卫生城市三大品牌，南靖、华安土楼群被列入世界文化遗产名录，漳州历史古街区被评为第二届历史文化名街，东山岛被誉为"东方夏威夷"。漳州文化积淀深厚，历代才俊荟萃，古代最杰出的有明末重臣、理学大师和书画名家黄道周，近代最闻名的有"两脚踏中西文化、一心评宇宙文章"的文学大师林语堂；漳州芗剧、漳州木偶和漳浦剪纸、诏安书画等民间传统文化艺术瑰宝绚烂多姿，谷文昌创业精神、龙江大局精神、漳州110服务精神风靡全国。漳州名产特色突出，水仙花、片仔癀、八宝印泥被誉为"漳州三宝"，驰名中外。水仙花是漳州市市花、福建省省花、中国十大名花之一，片仔癀是国家特级保护的传统名贵中成药，八宝印泥是书画篆刻名家最为喜爱的"用印之宝"。

五、发展现状

近年来，漳州认真贯彻落实科学发展观，按照中央和省委关于建设海峡西岸经济区的决策部署，紧紧围绕"海西建设、漳州先行"发展主线，深入实施"依港立市、工业强市、开放活市、科教兴市"战略，经济发展明显加快，发展后劲持续增强，发展环境不断优化，后发优势更加凸显。2011年召开的市第十次党代会，确立了"建设创业创新的活力漳州、又富又美的幸福漳州"的奋斗目标，明确了建设"田园都市、生态之城"的城市定位，为加快漳州发展注入了强大动力。目前全市已初步培育形成石油化工、特殊钢铁、装备制造、食品工业"四大"主导产业和电子信息、新材料、新能源、生物与新医药"四大"战略性新兴产业的"4+4"产业格局。2015年，漳州市认真贯彻落实党中央、国务院和省委、省政府的各项决策部署，经济发展呈现"增速领先、产业升级、动力增强"的良好态势，主要经济社会发展目标全面完成，多项指标增幅位居全省前列，尤其是GDP增幅再次蝉联全省第一，为"十二五"收官画上圆满句号。全市地区生产总值2767.35亿元，增长11.0%；全社会固定资产投资2573.73亿元，增长20.6%；公共财政总收入274.75亿元，增长4.1%；地方公共财政收入179.10亿元，增长6.0%；城镇居民人均可支配收入28092元，增长9.1%；农民人均可支配收入13866元，增长9.3%。

目　录

第一篇　综　合

第二篇　国民经济核算

第六篇 价格指数

第七篇 财政金融

第八篇　农　业

第九篇 工　业

第十篇　建　筑　业

第十一篇　交通运输和邮电通信业

第十五篇 城市基本情况

附录一 福建省各设区市主要经济指标

第一篇　综　　合

1—1　行政区划（2015年底）

县(市、区)名称	乡、村单位数(个)			乡级行政单位名称	
	乡、镇、街道	社区、居委会	村民委员会	镇人民政府及街道办事处	乡人民政府
总　计	**121**	**244**	**1668**		
芗城区	10	68	84	东铺头、南坑、西桥、新桥、巷口、通北六个办事处;天宝、浦南、石亭、芝山	
龙文区	5	19	47	东岳办事处;步文、蓝田、郭坑、朝阳	
龙海市	14	37	239	石码办事处;海澄、角美、白水、程溪、浮宫、港尾、紫泥、榜山、东园、九湖、颜厝	隆教(畲)、东泗
#漳州开发区		5			
#台商投资区		8	31		
云霄县	9	18	162	云陵、陈岱、莆美、列屿、东厦、火田	下河、马铺、和平
#常山开发区			4		
漳浦县	21	23	286	绥安、佛昙、旧镇、赤湖、杜浔、官浔、霞美、前亭、深土、长桥、盘陀、六鳌、古雷、马坪、石榴、沙西、大南坂	南浦、赤土、湖西(畲)、赤岭(畲)
#古雷开发区			13		
诏安县	15	14	217	南诏、四都、官陂、梅岭、霞葛、桥东、秀篆、深桥、太平	西潭、白洋、红星、金星、建设、梅州
长泰县	5	11	58	武安、岩溪、枋洋、陈巷	坂里
东山县	7	16	61	西埔、铜陵、陈城、杏陈、樟塘、康美、前楼	
南靖县	11	16	183	山城、靖城、船场、龙山、和溪、奎洋、南坑、金山、丰田、梅林、书洋	
平和县	15	16	240	小溪、九峰、山格、南胜、文峰、霞寨、芦溪、大溪、坂仔、安厚	长乐、秀峰、崎岭、国强、五寨
华安县	9	6	91	华丰、高安、新圩、沙建、仙都、丰山	湖林、高车、马坑

1—2 土地面积

单位:公顷

行政单位	土地面积	行政单位	土地面积
漳州市	**1263126.59**	苍坂农场	95.24
芗城区	**25086.13**	林下农场	2707.23
东铺头街道	273.95	招商局开发区	3715.77
西桥街道	353.21	**云霄县**	**105075.29**
新桥街道	299.77	马铺乡	16596.86
巷口街道	60.85	下河乡	13733.75
南坑街道	810.74	火田镇	19111.12
通北街道	564.83	和平乡	12257.19
浦南镇	6525.68	云陵镇	1523.45
天宝镇	5377.52	莆美镇	6861.32
芝山镇	1344.09	东厦镇	12813.16
石亭镇	4675.65	列屿镇	5462.35
奶牛场	39.49	陈岱镇	6751.80
后房农场	838.84	常山开发区	9964.29
天宝林场	2093.42	**漳浦县**	214622.57
五峰农场	1201.41	官浔镇	7711.25
管山林场	39.38	前亭镇	8698.66
其　他	587.30	马坪镇	5264.41
龙文区	**12581.91**	佛昙镇	8010.38
东岳街道	581.81	赤土乡	9432.97
蓝田镇	2960.76	长桥镇	12683.93
步文镇	1151.14	石榴镇	19895.60
朝阳镇	4385.66	盘陀镇	10634.15
郭坑镇	3502.54	绥安镇	11724.04
龙海市	**131476.20**	深土镇	6958.16
石码镇	443.23	赤湖镇	9211.24
海澄镇	7036.88	六鳌镇	4587.30
角美镇	15904.60	旧镇镇	11619.18
白水镇	7223.40	霞美镇	9800.78
浮宫镇	7792.25	杜浔镇	15245.29
程溪镇	23877.06	沙西镇	11935.05
港尾镇	11290.56	古雷镇	6413.36
九湖镇	9071.49	赤岭乡	9930.42
颜厝镇	5059.88	湖西乡	7907.15
榜山镇	6265.94	南浦乡	4194.34
紫泥镇	7634.84	南山茶果场	768.66
东园镇	3511.43	玳瑁山茶场	1309.76
东泗镇	5805.33	白竹湖农场	1490.23
隆教乡	7858.82	万安农场	2675.58
双第华侨农场	2997.90	长桥农场	1454.85
九龙岭林场	2646.22	中西林场	6044.01
程溪农场	492.76	石古农场	768.46
良种场	45.37	大南坂农场	4950.85

注:市国土局未提供最新数据,本表数据为截止2013年底。

1—2 续表 单位:公顷

行政单位	土地面积	行政单位	土地面积
竹屿盐场	2179.26	前楼镇	2036.86
下蔡林场	820.87	樟塘镇	2113.07
杜浔盐场	302.38	康美镇	2129.59
诏安县	**129364.01**	杏陈镇	3276.34
西山农场	201.77	国有土地	2420.03
南诏镇	928.25	**南靖县**	**196197.13**
边贸旅游区管委	2311.01	山城镇	22464.92
梅岭镇	3591.83	丰田镇	5825.76
建设乡	4713.33	靖城镇	14004.57
梅州乡	4937.64	龙山镇	30487.13
白洋乡	5353.70	金山镇	23421.53
西潭乡	6635.75	和溪镇	17630.29
深桥镇	6774.61	奎洋镇	16107.41
霞葛镇	8052.77	梅林镇	10905.74
金星乡	8435.73	书洋镇	18166.16
四都镇	10325.75	船场镇	20479.23
桥东镇	10532.50	南坑镇	16704.39
红星乡	12964.75	**平和县**	**230954.11**
秀篆镇	13806.84	小溪镇	13718.58
太平镇	14877.46	山格镇	17771.56
官陂镇	14920.32	文峰镇	24610.03
长泰县	**90008.75**	南胜镇	12716.60
坂里乡	11607.02	坂仔镇	13366.81
枋洋镇	20331.53	安厚镇	12233.80
岩溪镇	15287.82	大溪镇	13925.51
陈巷镇	12725.39	霞寨镇	20390.39
武安镇	4319.76	九峰镇	20353.54
古农农场	5337.43	芦溪镇	30740.22
经济开发区	1871.85	五寨乡	9177.68
马洋生态旅游区	10598.58	国强乡	14408.80
岩溪林场	5062.60	崎岭乡	12798.51
亭下林场	2556.52	长乐乡	5999.77
其 他	310.25	秀峰乡	8742.31
东山县	**24834.96**	**华安县**	**127760.49**
西埔镇	3910.48	华丰镇	16741.12
铜陵镇	627.38	新圩镇	21441.73
向阳盐场	460.47	丰山镇	6402.31
西港盐场	369.24	仙都镇	13761.00
西埔湾	1697.21	高安镇	10301.71
赤山林场	734.01	湖林乡	16867.50
县良种场	10.28	沙建镇	23116.49
双东盐场	27.95	高车乡	7483.24
陈城镇	5022.05	马坑乡	11645.39

1—3 国 民 经 济

年 份	地 区 生产总值（亿元）	第一产业	第二产业	工 业	建筑业	第三产业	#交通运输、仓储及邮政业
1952	1.61	1.16	0.13	0.12	0.01	0.32	0.11
1957	2.62	1.51	0.43	0.38	0.05	0.69	0.23
1962	3.23	1.68	0.62	0.53	0.09	0.93	0.24
1965	4.23	2.18	0.93	0.84	0.10	1.12	0.29
1970	4.44	2.28	1.05	0.94	0.11	1.11	0.29
1975	6.29	3.13	1.62	1.40	0.22	1.54	0.47
1978	8.91	4.24	2.41	2.02	0.40	2.26	0.74
1980	11.67	5.31	3.18	2.70	0.48	3.17	0.78
1985	22.79	10.67	5.77	4.93	0.84	6.35	1.14
1990	53.06	20.79	14.31	12.57	1.74	17.95	4.07
1991	63.57	24.52	17.44	15.26	2.18	21.62	5.21
1992	80.66	28.75	26.11	23.16	2.95	25.80	6.95
1993	106.48	35.66	37.36	33.36	4.00	33.46	7.45
1994	147.43	53.66	50.75	45.40	5.35	43.01	9.69
1995	191.71	68.21	66.09	59.74	6.34	57.41	12.14
1996	227.00	82.76	74.58	66.37	8.21	69.65	14.45
1997	255.12	87.35	83.04	72.73	10.31	84.72	17.05
1998	291.21	99.76	93.05	80.54	12.52	98.41	18.64
1999	319.54	105.74	100.83	85.34	15.48	112.98	20.96
2000	353.56	113.13	110.91	91.56	19.35	129.52	24.99
2001	388.49	118.81	124.59	102.84	21.75	145.09	28.08
2002	418.23	118.33	140.05	117.85	22.20	159.85	30.96
2003	472.14	126.54	167.49	141.67	25.83	178.10	34.35
2004	553.55	141.74	212.38	184.25	28.13	199.43	37.64
2005	661.04	150.80	267.13	232.15	34.98	243.12	45.24
2006	755.20	163.03	315.96	275.13	40.83	276.21	52.10
2007	877.63	186.44	364.64	316.29	48.35	326.55	62.26
2008	1002.39	211.89	416.89	359.12	57.77	373.61	77.56
2009	1178.01	218.65	519.98	453.54	66.45	439.37	86.57
2010	1430.71	254.70	652.04	570.56	81.48	523.97	101.06
2011	1768.20	293.30	836.26	723.38	112.88	638.64	101.14
2012	2012.92	320.45	961.10	818.45	142.64	731.37	115.83
2013	2246.23	327.08	1101.22	917.41	183.81	817.93	124.42
2014	2506.36	350.51	1247.53	1039.95	207.58	908.32	137.53
2015	2767.35	370.87	1343.12	1118.00	225.12	1053.36	165.12

主 要 指 标

	总产出	财政金融(亿元)						
#批发和零售业	(亿元)	公共财政总收入	地方公共财政收入	公共财政支出	金融系统存款年末余额	金融系统贷款年末余额	银行现金收入	银行现金支出
0.15	2.43	0.14	0.14					
0.28	4.49	0.41	0.41	0.15			2.11	2.10
0.41	6.19	0.52	0.52	0.14			2.56	2.60
0.46	8.04	0.76	0.76	0.25			2.67	2.74
0.50	8.36	0.65	0.65	0.39	1.11	2.08	2.56	2.47
0.73	12.36	0.78	0.78	0.60	1.40	2.55	3.34	3.29
1.09	18.62	1.30	1.30	0.94	2.28	3.15	4.40	4.23
1.47	22.27	1.41	1.41	1.11	2.36	2.74	6.54	6.57
2.10	45.30	1.79	1.79	2.01	8.42	12.89	18.07	17.02
4.39	116.91	5.15	5.15	4.87	22.25	28.03	57.30	51.98
5.07	144.72	5.72	5.72	5.36	29.99	31.98	64.68	71.38
6.82	192.34	6.41	6.41	6.12	35.98	38.18	88.35	97.95
9.54	270.30	9.56	9.56	8.76	42.69	44.78	166.95	151.17
12.42	374.54	12.20	8.11	10.13	53.95	54.16	243.21	234.22
16.37	488.32	15.36	10.65	12.60	91.21	78.19	327.40	311.81
19.85	560.60	18.66	13.87	15.60	120.88	98.98	423.61	416.53
24.51	647.70	21.98	16.44	18.49	111.48	94.76	749.23	741.19
27.36	710.88	25.28	19.30	21.15	164.87	132.99	961.16	957.32
30.02	762.06	28.97	22.68	24.44	190.38	161.60	1102.10	1090.76
33.85	846.49	31.60	24.42	26.40	209.22	180.65	1216.10	1194.30
36.85	932.74	30.11	22.13	24.91	230.94	195.42	1360.69	1336.95
40.66	1009.72	27.82	17.08	23.21	262.15	215.82	1387.51	1360.97
45.27	1167.43	30.96	17.25	26.40	315.17	240.89	1566.81	1535.58
49.53	1327.35	38.10	20.10	31.14	369.86	258.22	1884.86	1846.24
49.52	1596.05	50.61	26.96	35.80	430.29	270.27	2047.58	2003.33
54.32	1865.97	63.75	35.06	49.57	519.21	325.71	2329.14	2292.66
62.23	2232.42	83.84	47.41	68.30	603.15	413.56	2491.13	2431.50
69.55	2683.69	101.58	60.49	92.26	719.62	495.88	2241.04	2157.56
81.86	3040.51	113.79	70.95	120.73	868.12	655.80	2143.47	2066.31
91.91	3816.82	139.40	88.57	147.52	1107.34	836.20	2456.16	2373.62
104.10	4851.61	174.53	112.09	182.43	1277.55	1008.01		
113.49	5466.48	205.48	131.71	221.77	1525.74	1212.63		
124.02	6180.57	237.79	154.86	262.25	1851.04	1420.38		
136.62	6935.51	263.84	168.99	274.50	2096.61	1638.72		
142.69	7689.49	274.75	179.10	355.82	2346.21	1906.40		

1—3　续表 1

年　份	年末户籍总人口（万人）	社　会从业人员（万人）			全社会固定资产投资（亿元）		价格指数
			城镇职工	城镇个私劳动者		房地产开发投资	居民消费价格指数
1952	169.49	73.58			0.01		98.3
1957	197.24	81.58	5.47		0.08		98.6
1962	223.91	85.19	9.83		0.22		94.7
1965	245.47	92.77	11.32		0.21		98.9
1970	286.10	109.94	13.08		0.27		98.9
1975	326.72	128.60	18.94		0.45		100.0
1978	344.49	134.76	25.27	0.21	1.04		100.8
1980	354.11	144.29	28.87	0.44	1.38		103.5
1985	380.96	169.10	33.12	2.26	3.67		113.7
1990	416.70	194.57	36.80	3.74	7.95	0.51	98.6
1991	420.90	198.62	37.26	4.09	11.41	0.71	101.8
1992	423.33	202.88	38.03	3.36	13.53	1.47	107.3
1993	426.64	213.86	36.67	7.66	28.17	4.83	115.1
1994	429.45	217.71	38.03	6.72	40.96	6.03	126.4
1995	432.22	217.85	38.32	10.41	46.31	9.19	116.6
1996	436.23	216.67	37.08	10.80	64.40	8.10	106.3
1997	438.76	217.57	36.14	8.95	77.32	6.46	101.9
1998	441.54	215.46	33.04	7.50	105.32	7.03	98.8
1999	445.49	222.68	31.28	7.10	119.86	11.36	100.4
2000	450.27	220.65	30.49	6.98	136.51	17.93	101.8
2001	451.96	220.04	28.42	6.50	141.59	17.11	98.6
2002	453.25	222.08	29.39	6.50	135.69	17.37	99.3
2003	453.93	227.09	31.14	7.41	141.90	20.99	101.5
2004	455.84	231.86	33.10	8.79	163.88	32.73	104.3
2005	457.37	239.85	34.90	8.83	195.22	41.66	102.1
2006	459.14	250.08	35.92	10.20	239.44	55.39	100.6
2007	463.10	260.29	36.43	11.58	327.04	83.53	104.7
2008	468.50	267.35	35.31	13.74	441.40	109.28	104.6
2009	471.77	275.86	34.76	15.75	579.21	99.31	98.1
2010	476.36	275.36	35.79	19.69	837.11	159.62	103.4
2011	479.23	289.21	40.87	23.73	1115.71	223.48	105.0
2012	482.47	294.80	43.58	27.23	1486.90	254.49	102.5
2013	489.46	299.65	44.78	31.07	1761.48	356.10	102.5
2014	497.41	304.26	45.86	36.43	2134.84	472.24	102.0
2015	502.08	310.42	47.46	41.97	2573.73	502.51	101.6

注:2013 年及以前,农村居民人均可支配收入为农民人均纯收入口径。

(以上年价格为100)		城镇单位在岗职工工资总额（亿元）	城镇单位在岗职工平均工资（元）	城镇居民人均可支配收入（元）	农村居民人均可支配收入（元）	居民储蓄存款年末余额（亿元）	农林牧渔业总产值（亿元）
服务项目价格指数	工业生产者出厂价格指数						
				126	87	0.02	1.65
		0.25	466	166	98	0.10	2.18
		0.45	431	137	95	0.18	2.50
		0.52	473	149	113	2.74	3.24
		0.57	452	192	94	2.47	3.30
		0.89	499	257	119	3.29	4.69
		1.19	497	323	158	0.49	6.24
		1.70	631	399	208	0.81	7.91
102.3		2.90	926	558	403	1.17	16.23
107.3		6.57	1833	1378	822	14.39	34.46
103.5		7.34	2024	1498	958	18.39	40.31
107.6		8.47	2292	1988	1089	23.80	48.55
127.2		9.79	2723	2524	1315	29.18	60.72
128.4		13.77	3687	3270	1672	40.65	94.64
126.9		16.26	4483	4305	2164	56.31	123.71
109.1		17.51	5246	4960	2664	77.63	147.56
111.9		19.90	5968	5214	2980	93.60	157.18
105.7		21.95	6717	5753	3218	113.34	175.03
132.0		23.28	7508	6508	3378	128.33	185.20
140.4		24.93	8235	7059	3530	135.68	196.17
103.2		26.76	9555	7417	3695	155.29	206.04
102.0		28.87	10283	8364	3761	174.31	205.02
102.9	99.5	33.87	11077	9053	3982	203.97	219.70
102.6	103.6	38.93	11964	10117	4320	240.66	246.31
105.1	101.1	45.28	13339	11241	4690	278.44	269.01
97.5	99.9	53.84	14969	12511	5071	326.30	285.17
100.8	102.9	65.75	18024	14153	5696	358.47	329.66
96.7	101.5	79.34	22270	16023	6506	439.30	376.51
99.1	98.2	85.89	25055	16616	7054	507.00	386.43
101.0	102.2	104.12	29535	18482	7861	603.33	448.77
101.9	104.8	136.79	34898	21137	9128	698.56	517.85
100.6	99.8	176.94	42137	23951	10389	818.61	558.85
102.1	99.1	196.72	46610	26471	11639	947.83	600.93
101.3	99.1	228.29	51495	25741	12690	1040.46	644.29
102.7	97.7	253.09	56237	28092	13866	1183.38	683.89

1—3 续表3

年 份	进出口总额（亿美元）	出口总额	进口总额	利用外资：外商直接投资合同数（项）	利用外资：外商直接投资合同金额（万美元,验资口径）	利用外资：实际利用外商直接投资金额（万美元,验资口径）	学校数
1952							
1957							
1962							1
1965							1
1970							
1975							
1978							1
1980				2	34		1
1985	0.05	0.05	0.00	27	794	322	2
1990	0.96	0.94	0.02	86	4537	3051	2
1991	1.45	1.45		120	10499	4086	2
1992	2.03	2.00	0.03	305	64353	10526	2
1993	4.76	3.13	1.63	423	64517	25276	2
1994	6.23	4.23	2.00	232	42852	30453	2
1995	4.59	3.50	1.09	283	143995	36068	2
1996	4.77	3.60	1.17	189	180837	48710	2
1997	6.32	4.07	2.25	272	71661	61058	2
1998	6.48	4.59	1.89	324	81378	70218	2
1999	10.16	4.80	5.36	232	90171	80018	2
2000	9.89	5.75	4.14	257	94419	70958	2
2001	10.08	6.23	3.85	261	100186	71313	2
2002	12.25	7.78	4.47	216	100585	71421	2
2003	20.77	12.23	8.54	268	101052	70017	2
2004	32.44	21.56	10.88	269	101123	25027	2
2005	37.08	25.98	11.10	344	69655	31017	3
2006	42.64	29.82	12.82	342	87685	40065	4
2007	46.49	34.17	12.32	346	94038	45039	6
2008	53.18	38.76	14.42	191	77213	50051	6
2009	48.04	33.87	14.17	154	78500	55018	7
2010	74.09	50.70	23.39	186	102339	70076	7
2011	96.99	64.91	32.08	149	126049	88739	7
2012	94.32	65.91	28.41	129	141580	89025	7
2013	97.38	71.08	26.29	84	130555	94552	7
2014	113.26	81.32	31.94	94	98080	101207	7
2015	93.42	74.72	18.70	126	130640	108500	7

教育（人、所）					医疗卫生（人、个、张）				
普通高等学校		中等职业学校			卫生机构数	#医院、卫生院	卫生技术人员数		医疗床位数
在校学生数	专任教师数	学校数	在校学生数	专任教师数				#医生	
		2	1157	61	40		354	104	292
		2	1411	84	64		701	179	619
400	77	4	1380	116	815		4048	1138	2040
973	120	12	2358	78	843		5443	1537	2820
		1		56	272		3797	1316	2839
		5	863	75	151		4678	1479	4190
619	22	4	2274	137	150		6392	2131	4898
1485	96	7	3383	357	391		6740	2294	5553
1243	157	47	10218	502	475		8155	2714	6742
2062	272	83	17329	1841	515		9790	3678	7548
1800	279	104	17966	1911	509		9766	3711	7602
1799	291	76	17987	1733	491		10377	3952	7719
2435	304	73	21068	1817	452		9787	3881	7924
2561	297	81	23777	1981	453		9902	3991	7788
2645	312	73	30501	1935	453		9391	3744	7951
2664	293	66	33788	2082	194		8513	3331	9816
2996	298	74	43466	2553	197		8461	3332	13416
3735	310	71	39660	2602	197		8587	3759	13392
4649	316	72	36587	2431	199	151	8555	3543	13237
5554	346	71	39133	2270	199	151	8439	3539	13132
7479	449	60	36468	2209	199	149	8448	3518	13036
10592	597	61	31128	1948	261	147	7834	3706	7942
16297	963	35	25838	1325	260	146	8023	3596	8137
23816	1493	32	40890	1288	263	145	7795	3321	9793
33125	1558	36	56677	1411	258	141	7770	3387	10773
38836	1839	42	63746	1549	261	142	7662	3304	8862
44970	2362	42	62460	1662	261	140	6956	3051	8862
51796	2480	42	55505	1583	284	137	9277	3756	8930
56764	2726	38	56166	1595	284	137	10252	4105	9335
59992	2843	36	57787	1479	445	163	12184	5067	10930
60243	3076	29	56455	1477	591	171	13615	5307	11924
62453	3404	30	56836	1490	843	172	15767	5862	14453
66106	3586	28	46279	1428	858	174	17526	6414	16819
69525	3773	30	39596	1421	870	177	19559	6948	18958
71515	3786	24	31523	1350	870	178	23075	9412	20569

1—4 续表1

年份	物价指数(以上年价格为100)		人民生活				
	居民消费价格指数	#服务项目价格指数	城镇单位在岗职工工资总额	城镇单位在岗职工平均工资	城镇居民人均可支配收入	农民人均可支配收入	居民储蓄存款年末余额
1949	1667.8			19729.5	33667.0	21618.1	
1952	866.9			14719.6	25116.7	16151.6	5057448.3
1957	929.4		102424.6	12066.3	19064.5	13511.4	1173248.1
1962	543.4		55636.7	13046.1	23099.9	14791.4	664709.4
1965	630.6		48983.6	11887.7	21239.6	12435.3	522647.4
1970	646.1		44503.5	12440.1	16482.7	14948.7	468097.9
1975	639.0		28354.4	11268.4	12314.0	11808.2	332633.8
1978	634.6		21202.2	11313.6	9797.9	8893.5	241026.3
1980	599.3		19392.7	8911.0	7931.6	6755.6	147310.4
1985	476.2		11769.3	6072.3	5671.5	3486.8	33125.3
1990	272.8	667.6	3850.2	3067.6	2296.5	1709.5	8261.0
1991	268.1	645.1	3449.8	2778.1	2112.6	1466.8	6463.8
1992	250.8	599.5	2989.2	2453.3	1591.9	1290.4	4993.6
1993	217.8	471.2	2584.9	2065.0	1253.8	1068.6	4073.6
1994	172.4	367.0	1837.4	1525.1	967.8	840.4	2923.5
1995	147.8	289.2	1556.6	1254.3	735.1	649.3	2110.8
1996	139.0	265.2	1445.1	1071.9	638.0	527.4	1531.0
1997	136.4	237.0	1271.8	942.2	607.0	471.5	1268.5
1998	138.1	224.2	1153.2	837.1	550.0	436.6	1048.6
1999	137.6	169.8	1087.2	748.9	486.3	416.0	926.1
2000	135.2	121.0	1015.1	682.8	448.3	398.1	876.0
2001	137.0	117.2	945.8	588.4	426.6	380.3	765.4
2002	138.0	114.8	876.5	546.8	378.3	373.6	681.8
2003	136.0	111.6	747.4	507.6	349.6	352.9	582.7
2004	130.4	108.8	650.1	469.9	312.8	325.3	493.8
2005	127.7	103.5	559.0	421.6	281.5	299.6	426.8
2006	126.9	106.2	470.1	375.6	252.9	277.1	357.2
2007	121.2	105.4	384.9	312.0	223.6	246.7	331.8
2008	115.9	108.9	319.1	252.5	197.5	215.9	272.2
2009	118.2	110.0	294.6	224.4	190.5	199.2	236.5
2010	114.3	108.8	243.0	190.4	171.2	178.7	197.4
2011	108.9	106.8	185.0	161.1	149.7	154.0	170.2
2012	106.2	106.2	143.1	133.4	132.1	135.3	145.2
2013	103.6	104.0	128.7	120.7	119.6	120.8	125.4
2014	101.6	102.7	110.9	109.2	109.1	109.3	114.2
2015	100.0	100.0	100.0	100.0	100.0	100.0	100.0

注:2013年及以前,农村居民人均可支配收入为农民人均纯收入口径。

农林牧渔业总产值	交通邮电					社会消费品零售总额
	货运量	货物周转量	客运量	旅客周转量	主要港口货物吞吐量	
4281.7						3835376.5
3324.2	23133.9	62655.1	12800.8	11869.2		147461.7
2361.9	4576.0	17552.5	1386.3	2314.3		46616.9
2756.8	4398.6	4841.0	1523.9	1684.5		43347.8
2008.5	2905.1	2867.2	1046.4	1097.1		37711.8
2024.6	4150.3	2573.4	1297.4	1078.3		38142.6
1774.4	2782.3	1986.7	695.7	628.1		26661.3
1415.6	1845.2	1598.3	515.4	497.1		19735.0
1250.5	1551.8	1163.7	342.3	380.0		13780.6
866.3	913.9	621.6	210.1	209.0		7335.3
658.4	473.4	403.9	153.5	168.4	4812.5	3181.9
586.2	438.4	348.7	137.8	149.1	4279.2	3044.8
510.7	394.1	242.0	137.9	131.5	4628.1	2540.3
459.2	323.9	215.0	129.7	101.2	3626.0	2084.7
390.2	228.3	235.1	116.9	91.8	3709.8	1609.8
336.1	268.0	206.0	113.8	89.5	4756.2	1219.6
294.1	211.1	209.7	107.6	83.5	4152.8	995.6
259.3	236.2	474.7	109.5	127.5	3685.2	841.6
229.9	241.9	386.1	90.9	105.2	2960.0	715.6
209.7	251.4	360.5	89.6	100.4	2894.2	639.5
196.1	247.2	350.7	81.3	96.7	1328.1	575.1
183.5	297.2	322.9	80.4	112.4	1042.1	527.1
180.2	311.8	440.3	66.7	68.4	721.7	483.6
173.1	337.7	406.9	66.4	64.4	512.9	444.1
164.9	395.6	412.8	68.5	65.9	365.9	400.8
157.5	385.2	406.3	67.2	63.9	267.4	358.6
151.5	365.5	410.1	65.6	61.8	248.4	319.2
144.2	315.7	365.2	63.3	58.6	196.5	272.8
136.9	273.0	315.6	71.5	80.9	163.1	226.8
130.1	265.2	280.2	69.4	80.6	137.6	200.1
124.8	220.3	235.4	70.2	80.9	129.7	180.1
119.8	197.1	195.0	68.2	77.4	112.0	157.3
114.7	204.8	170.3	70.0	77.9	107.8	142.1
109.5	148.4	132.8	128.7	97.5	100.6	125.7
104.5	113.6	116.1	108.3	96.7	95.1	112.2
100.0	100.0	100.0	100.0	100.0	100.0	100.0

1—4 续表 2

年份	进出口总额	出口总额	进口总额	利用外资			普通高等学校数	普通高等学校在校学生数
				外商直接投资合同数（项）	外商直接投资合同金额（万美元，验资口径）	实际利用外商直接投资金额（万美元，验资口径）		
1949								
1952								
1957								
1962							700.0	17878.8
1965							700.0	7349.9
1970								
1975								
1978							700.0	11553.3
1980				5829.2	421340.3		700.0	4815.8
1985	196415.6	163459.7	2672386.5	431.8	18042.3	42532.6	350.0	5753.4
1990	10091.4	8474.5	84264.4	135.6	3157.5	4488.9	350.0	3468.2
1991	6649.5	5494.3	181618.5	97.2	1364.5	3381.8	350.0	3973.1
1992	4791.6	3990.4	62148.5	38.2	222.6	1301.1	350.0	3975.3
1993	2852.6	2553.8	6556.9	27.6	222.0	541.8	350.0	2937.0
1994	2147.9	1889.5	6125.3	50.3	334.3	449.7	350.0	2792.5
1995	1743.5	1516.6	5895.6	41.2	99.5	379.7	350.0	2703.8
1996	1468.8	2217.6	617.7	61.7	79.2	281.2	350.0	2684.5
1997	1446.3	1962.0	702.8	42.9	199.9	224.3	350.0	2387.0
1998	876.9	1748.3	286.1	36.0	176.0	195.0	350.0	1914.7
1999	958.1	1664.6	348.6	50.3	158.9	171.2	350.0	1538.3
2000	984.6	1389.5	451.6	45.4	151.7	193.0	350.0	1287.6
2001	966.8	1283.8	485.8	44.7	143.0	192.0	350.0	956.2
2002	795.2	1027.0	418.7	54.0	142.4	191.8	350.0	675.2
2003	469.1	653.4	219.2	43.5	141.8	195.6	350.0	438.8
2004	300.3	370.7	172.0	43.3	141.7	547.2	350.0	300.3
2005	262.8	307.7	168.6	33.9	205.7	441.5	233.3	215.9
2006	228.5	268.1	145.9	34.1	163.4	341.8	175.0	184.1
2007	209.6	233.9	151.9	33.7	152.3	304.1	116.7	159.0
2008	183.2	206.2	129.7	61.0	185.5	273.6	116.7	138.1
2009	202.8	236.0	132.0	75.7	182.5	248.9	100.0	126.0
2010	131.5	157.7	80.0	62.7	140.0	195.4	100.0	119.2
2011	100.4	123.1	58.3	78.2	113.7	154.3	100.0	118.7
2012	99.1	114.4	65.8	97.7	92.3	121.9	100.0	114.5
2013	96.0	106.2	71.1	150.0	100.1	114.8	100.0	108.2
2014	82.5	92.8	58.5	134.0	133.2	107.2	100.0	102.9
2015	100.0	100.0	100.0	100.0	100.0	100.0	100.0	100.0

教育				卫生				
普通高等学校专任教师数	中等职业学校数	中等职业学校在校学生数	中等职业学校专任教师数	卫生机构数	#医院、卫生院	卫生技术人员数	#医生	医疗床位数
	2400.0	4568.6	5625.0			17614.5		30700.0
	1200.0	2724.5	2213.1	2175.0		6518.3	9015.4	7044.1
	1200.0	2234.1	1607.1	1359.4		3291.7	5237.9	3322.9
4916.9	600.0	2284.3	1163.8	106.7		570.1	823.9	1008.3
3155.0	200.0	1336.9	1730.8	103.2		424.0	610.0	729.4
	2400.0		2410.7	319.9		607.7	712.5	724.5
	480.0	3652.7	1800.0	576.2		493.2	634.0	490.9
17209.1	600.0	1386.2	985.4	580.0		361.0	440.0	420.0
3943.8	342.9	931.8	378.2	222.5		342.3	408.7	370.4
2411.5	51.1	308.5	268.9	497.1		282.9	345.4	305.1
1391.9	28.9	181.9	73.3	168.9		235.7	254.9	272.5
1357.0	23.1	175.5	70.6	170.9		236.3	252.6	270.5
1301.0	31.6	175.3	77.9	231.4		222.4	237.3	266.5
1245.4	32.9	149.6	74.3	497.1		235.8	241.6	259.6
1274.7	29.6	132.6	68.1	494.3		233.0	234.9	264.2
1213.5	32.9	103.4	69.8	491.5		245.7	250.4	258.7
1292.2	36.4	93.3	64.8	448.5		271.1	281.5	209.5
1270.5	32.4	72.5	52.9	441.6		272.7	281.4	153.4
1221.3	33.8	79.5	51.9	441.6		268.7	249.4	153.6
1198.1	33.3	86.2	55.5	437.2	117.8	269.8	264.6	155.4
1094.2	33.8	80.6	59.5	437.2	117.8	273.5	264.9	156.7
843.2	40.0	86.4	61.1	437.2	119.5	273.2	266.5	157.8
634.2	39.3	101.3	69.3	333.3	121.1	294.5	253.0	259.0
393.1	68.6	122.0	101.9	334.6	121.9	287.5	260.8	252.8
253.6	75.0	77.1	104.8	330.8	122.8	296.0	282.3	210.0
243.0	66.7	55.6	95.7	337.2	126.2	297.0	276.9	190.9
205.9	57.1	49.5	87.2	333.3	125.3	301.1	283.7	232.1
160.3	57.1	50.5	81.2	333.3	127.2	331.8	307.3	232.1
152.7	57.1	56.8	85.3	306.3	129.9	248.7	249.7	230.3
138.9	63.2	56.1	84.6	306.3	129.9	225.1	228.3	220.4
133.2	66.7	54.6	91.3	195.5	109.2	189.3	185.1	188.2
123.1	82.8	55.8	91.4	147.2	104.1	169.4	176.7	172.6
111.2	80.0	55.5	90.6	103.2	103.5	146.4	159.9	142.4
105.6	85.7	68.1	94.5	101.4	102.3	131.7	146.2	122.3
100.3	80.0	79.6	95.0	100.0	100.6	118.0	134.9	108.5
100.0	100.0	100.0	100.0	100.0	100.0	100.0	100.0	100.0

1—5 各个计划时期

	一五时期（1953-1957）	二五时期（1958-1962）	调整时期（1963-1965）	三五时期（1966-1970）	四五时期（1971-1975）
1、地区生产总值(亿元)	10.77	16.91	11.32	21.88	28.76
第一产业(亿元)	6.71	8.10	6.05	11.31	14.44
第二产业(亿元)	1.36	4.26	2.33	4.80	7.42
工　业	1.21	3.50	2.04	4.36	6.43
建筑业	0.15	0.76	0.29	0.43	1.00
第三产业(亿元)	2.70	4.55	2.94	5.77	6.89
# 交通运输、仓储和邮政业	0.94	1.44	0.64	1.60	2.03
批发和零售业	1.16	1.87	1.33	2.47	3.18
2、农林牧渔业总产值(亿元)	9.62	12.03	8.94	16.62	21.75
3、工业总产值(亿元)	3.03	9.31	5.47	11.61	17.76
4、公共财政总收入(亿元)	1.82	2.72	2.02	3.22	4.19
地方公共财政收入(亿元)					
公共财政支出(亿元)	0.53	1.20	0.75	1.37	2.77
5、全社会固定资产投资(亿元)	0.24	2.24	0.71	0.86	2.04
6、货物周转量(亿吨公里)					
旅客周转量(亿人公里)					
邮电业务总量(亿元)	0.11	0.26	0.18	0.28	0.33
7、社会消费品零售总额(亿元)	5.52	9.20	6.32	11.43	13.88
8、进出口总额(亿美元)					
#出口总额(亿美元)					

主要经济指标总量

五五时期 （1976–1980）	六五时期 （1981–1985）	七五时期 （1986–1990）	八五时期 （1991–1995）	九五时期 （1996–2000）	十五时期 （2001–2005）	十一五时期 （2006–2010）	十二五时期 （2011–2015）
45.23	88.99	201.24	589.85	1448.87	2493.45	5243.93	11301.06
21.49	43.13	84.47	210.80	448.74	606.23	1034.71	1662.22
11.92	21.76	55.48	197.75	462.42	911.65	2269.51	5489.23
10.04	18.42	48.28	176.92	396.56	778.76	1974.64	4617.19
1.88	3.34	7.19	20.83	65.86	132.89	294.87	872.03
11.82	24.10	61.29	181.30	497.72	925.58	1939.71	4149.61
3.39	4.90	12.22	41.43	96.08	176.27	379.56	644.04
5.62	8.77	17.36	50.22	135.59	221.82	359.87	620.93
31.81	64.09	135.71	367.94	861.15	1144.26	1826.54	3005.81
30.60	57.62	169.73	714.45	1485.60	2886.42	7438.79	18566.54
5.56	7.94	17.90	49.25	126.49	177.61	502.34	1156.39
				96.71	103.53	302.46	746.76
4.44	7.50	18.42	42.97	106.07	141.47	478.37	1296.77
4.81	13.63	34.83	140.38	503.41	778.29	2424.20	9072.66
	70.69	130.41	253.24	184.11	155.02	197.06	453.04
	42.86	55.98	103.68	111.17	156.55	157.74	126.29
0.44	0.63	1.62	10.25	48.01	100.30	160.46	305.42
22.30	42.42	99.33	216.61	568.45	944.80	1701.97	3126.93
	0.13	2.07	17.05	44.54	112.62	264.43	495.35
	0.11	1.97	16.08	22.79	73.78	187.32	357.93

1—6 各个计划时期主要

	一五时期（1953-1957）	二五时期（1958-1962）	调整时期（1963-1965）	三五时期（1966-1970）	四五时期（1971-1975）
1、地区生产总值	8.8	-0.6	10.2	-0.2	3.9
第一产业	6.8	-3.9	11.4	-0.3	2.5
第二产业	27.6	6.5	14.4	-0.3	9.3
工　业	27.1	4.9	13.8	0.6	8.3
建筑业	31.5	16.0	16.8	-4.0	14.2
第三产业	13.0	7.6	4.6	0.1	4.5
# 交通运输、仓储和邮政业	14.1	1.1	10.9	-0.5	8.8
批发和零售业	12.5	6.2	3.3	0.9	6.4
人均地区生产总值	5.7	-3.2	6.9	-3.2	1.1
2、农林牧渔业总产值	7.1	-3.0	11.1	-0.2	2.7
3、工业总产值	27.2	6.9	16.5	1.6	9.3
4、公共财政总收入	24.2	4.8	13.6	-3.0	3.6
地方公共财政收入					
地方公共财政支出		-0.6	20.8	8.9	9.0
5、金融系统存款年末余额					4.8
金融系统贷款年末余额					4.2
城乡居民储蓄存款年末余额	33.9	12.0	8.3	2.2	7.1
6、全社会固定资产投资	47.2	22.8	-2.6	5.6	10.5
7、货物周转量	29.8	29.2	19.0	2.2	5.3
旅客周转量	38.5	6.5	15.3	0.4	11.4
8、社会消费品零售总额	25.9	1.5	4.8	-0.2	7.4
9、进出口总额					
# 出口总额					

经济指标年均增长速度

单位:%

五五时期（1976-1980）	六五时期（1981-1985）	七五时期（1986-1990）	八五时期（1991-1995）	九五时期（1996-2000）	十五时期（2001-2005）	十一五时期（2006-2010）	十二五时期（2011-2015）
9.4	8.9	8.9	18.6	12.4	10.5	13.9	12.2
7.0	8.1	4.2	12.6	12.2	4.1	4.3	4.4
13.7	10.3	13.5	26.1	10.3	16.1	18.0	15.6
14.4	11.2	14.3	27.3	9.1	17.6	18.4	14.8
11.0	6.1	8.6	14.7	22.7	7.6	15.1	20.1
12.3	9.2	13.2	19.2	15.4	10.2	14.1	11.1
3.6	11.8	11.6	13.2	10.8	10.8	15.5	8.3
10.6	8.1	8.0	16.3	13.7	9.5	9.9	6.8
7.6	7.3	7.1	17.3	11.2	9.9	13.4	11.4
7.3	7.6	5.6	14.4	11.4	4.5	4.8	4.5
16.1	12.3	18.6	35.3	9.5	18.7	22.5	15.8
12.6	4.9	23.5	24.4	15.5	17.3	22.5	14.5
				18.1	14.7	26.9	15.1
13.2	12.7	19.3	20.9	15.9	6.3	32.7	19.3
11.0	29.0	21.5	32.6	18.1	15.5	22.2	16.2
1.4	36.3	16.8	22.8	18.2	8.4	25.3	17.9
17.7	34.8	32.0	31.4	19.2	15.5	16.9	14.5
25.3	21.7	16.7	42.3	24.1	7.4	33.8	25.2
11.3	13.4	9.0	14.4	-10.1	-2.9	6.1	18.7
10.6	12.7	4.4	13.5	-1.5	8.7	-5.0	-4.2
14.1	13.4	18.2	21.1	16.2	9.9	15.8	12.5
		8.0	36.6	16.6	30.2	14.9	4.7
	54.1	79.8	30.0	10.5	35.2	14.3	9.5

1—7 国民经济主要比例关系

单位:%

	1990	1995	2000	2001	2002	2003	2004	2005	2006	2007	2008	2009	2010	2011	2012	2013	2014	2015
1、地区生产总值																		
第一产业	39.2	35.6	31.8	30.6	28.3	26.8	25.6	22.8	21.6	21.2	21.1	18.6	17.8	16.6	15.9	14.6	14.0	13.4
第二产业	27.0	34.5	31.1	32.1	33.5	35.5	38.4	40.4	41.8	41.6	41.6	44.1	45.6	47.3	47.8	49.0	49.8	48.5
第三产业	33.8	29.9	37.1	37.3	38.2	37.7	36.0	36.8	36.6	37.2	37.3	37.3	36.6	36.1	36.3	36.4	36.2	38.1
2、支出法地区生产总值中:																		
最终消费	70.4	58.6	45.0	45.3	45.4	45.5	45.6	45.1	44.8	44.6	42.0	43.5	39.5	38.3	38.9	39.3	39.6	39.2
资本形成总额	24.9	33.1	38.1	44.1	40.0	37.5	37.3	37.0	38.3	41.8	48.2	45.3	52.1	53.3	54.8	53.4	54.4	55.0
3、固定资产投资中																		
国　有	44.8	49.6	38.6	35.8	33.0	31.2	32.7	23.4	20.0	20.3	26.1	26.7	24.9	23.6	26.9	25.5	26.2	26.4
集　体	13.6	11.4	4.4	1.8	2.1	2.1	2.2	1.5	1.0	1.1	2.3	1.5	1.8	1.2	1.4	2.9	2.9	3.2
其　他	41.6	39.0	57.0	62.4	64.9	66.7	65.1	75.1	79.0	78.6	71.6	71.8	73.3	75.2	71.7	71.6	70.9	70.4
4、农林牧渔业总产值																		
农　业	60.9	54.9	48.7	49.6	49.4	48.7	47.0	47.7	48.7	47.4	45.2	47.5	48.7	47.8	48.2	48.7	51.0	51.4
林　业	2.8	2.5	3.1	2.0	2.4	2.3	2.4	2.6	2.6	2.5	2.8	3.1	3.0	3.1	3.0	3.5	3.7	3.7
牧　业	19.4	18.4	15.5	14.6	14.4	14.7	15.9	14.6	12.1	13.5	15.0	12.0	10.8	12.1	10.9	10.3	9.1	8.4
渔　业	16.9	24.2	32.7	33.8	33.9	33.6	34.2	34.4	31.4	31.4	32.1	32.3	32.7	32.4	33.2	32.7	31.1	31.1
农林牧渔服务业						0.6	0.6	0.6	5.2	5.1	4.9	5.1	4.8	4.6	4.7	4.9	5.1	5.3
5、货运量中:																		
铁　路	4.7	3.8	2.6	3.5	3.4	3.5	4.5	3.5	3.1	2.8	2.3	2.3	1.7	1.5	1.2	0.6	0.5	0.4
公　路	89.6	92.3	94.1	94.0	94.3	93.7	91.9	92.9	92.9	91.6	76.9	76.6	72.5	72.1	73.6	82.1	82.3	83.1
水　运	5.7	3.9	3.3	2.5	2.3	2.8	3.6	3.6	4.0	5.6	20.7	21.1	25.8	26.4	25.2	17.3	17.2	16.5
6、客运量中:																		
铁　路	2.6	3.0	1.4	1.0	0.9	1.1	0.9	0.7	0.8	0.9	1.2	1.1	1.1	1.1	0.9	6.0	11.2	12.3
公　路	95.5	94.4	97.1	97.7	97.9	97.5	98.0	98.1	98.0	97.8	96.4	96.5	96.4	96.1	97.2	89.9	81.4	84.5
水　运	1.9	2.7	1.5	1.3	1.2	1.4	1.1	1.2	1.2	1.3	2.4	2.4	2.5	2.8	1.8	4.1	7.4	3.2
7、进出口总额																		
出　口	97.7	76.2	58.1	61.8	63.5	58.9	66.5	70.1	69.9	73.5	72.9	70.5	68.4	66.9	69.9	73.0	71.8	80.0
进　口	2.3	23.8	41.9	38.2	36.5	41.1	33.5	29.9	30.1	26.5	27.1	29.5	31.6	33.1	30.1	27.0	28.2	20.0

注:2013年交通客货运量根据公路专项调查结果调整。

1—8　主要经济指标人均值

单位:元

年　份	地　区 生产总值	财政收支			金融系统贷 款年末余额	农林牧渔 业总产值
		公共财政 总收入	地方公共 财政收入	公共财政 支　出		
1952	97	8				99
1978	261	38		28	92	183
1980	332	40		32	78	225
1985	602	47		53	341	429
1990	1292	126		119	683	840
1995	4427	357	247	292	1815	2871
2000	7732	706	545	589	4033	4380
2001	8462	667	491	552	4332	4567
2002	9074	615	377	513	4768	4530
2003	10199	683	380	582	5311	4844
2004	11879	838	442	685	5677	5415
2005	14095	1108	590	784	5919	5892
2006	16031	1391	765	1082	7108	6424
2007	18554	1818	1028	1481	8969	7440
2008	21081	2181	1299	1981	10646	8083
2009	24619	2420	1509	2553	13949	8219
2010	29771	2901	1843	3070	17403	9340
2011	36793	3617	2323	3780	20888	10731
2012	41333	4193	2688	4526	24748	11405
2013	45702	4823	3141	5320	28811	12189
2014	50685	5319	3407	5534	33039	12990
2015	55569	5517	3596	7145	38281	13733

1—8　续表 1

单位:元

年　份	主要农产品产量(公斤)					邮电业务 总　量	全社会 固定资产 投　资	社会消费品 零售总额
	粮　食	水　果	猪　牛 羊　肉	水产品	食用菌			
1952	370	16		16		1	1	34
1978	372	11	14	19		1	30	122
1980	385	12	13	20		2	39	170
1985	304	20	20	28		4	97	297
1990	352	60	27	41		13	194	632
1995	342	230	41	118	33	94	1075	1570
2000	276	373	53	280	38	422	3048	3202
2001	250	403	54	286	34	448	3139	3467
2002	208	410	54	293	31	445	2998	3766
2003	205	430	56	301	29	479	3128	4093
2004	211	444	59	312	31	527	3603	4523
2005	207	469	60	323	36	550	4275	5036
2006	135	467	42	285	37	596	5225	5638
2007	134	475	40	292	42	670	7095	6555
2008	145	515	46	297	46	721	9476	7810
2009	146	519	46	302	45	789	12320	8894
2010	146	524	46	301	46	764	17422	9836
2011	146	560	47	309	48	789	23120	11677
2012	143	556	48	315	51	934	30345	13491
2013	141	585	47	326	57	1042	35730	15139
2014	139	633	43	343	61	1512	43041	13956
2015	139	674	32	363	67	1919	51681	15602

注:2015 年起邮电业务总量根据省直相关部门反馈数据,并同口径修订 2013 年、2014 年数据。

1—8　续表 2　　单位:元

年　份	进出口总额(美元)		实际利用外商直接投资金额(美元)	卫生(人/万人)		
	进出口总额	出口总额		卫生技术人员数	#医生	医疗床位数(张/万人)
1952				2	1	2
1978				19	6	14
1980				19	7	16
1985	1	1	1	22	7	18
1990	23	23	7	24	9	18
1995	107	81	84	22	9	18
2000	221	128	158	19	8	29
2001	223	138	158	19	8	29
2002	271	172	158	17	8	18
2003	458	270	154	18	8	18
2004	713	474	55	17	7	22
2005	812	569	68	17	7	24
2006	930	651	87	17	7	19
2007	1008	741	98	15	12	18
2008	1142	832	107	20	8	19
2009	1022	720	117	22	9	20
2010	1542	1055	146	25	11	22
2011	2010	1345	184	28	11	25
2012	1925	1345	182	32	12	29
2013	1975	1442	192	36	13	34
2014	2283	1639	204	39	14	38
2015	1876	1500	262	46	19	41

1—8　续表 3　　单位:元

年　份	人民生活							
	在岗职工平均工资	城镇居民可支配收入	城镇居民消费性支出	农村居民可支配收入	农民生活费支出	居民储蓄存款年末余额	城镇居民住房建筑面积(㎡)	农民住房使用面积(㎡)
1952	382	126		87		1		
1978	497	323	315	158	146	14		
1980	631	399	380	208	187	23		
1985	926	558	528	403	363	31		15.80
1990	1833	1378	1371	822	773	351		19.20
1995	4483	4305	3508	2164	1841	1307	14.34	19.00
2000	8235	7059	5285	3530	2296	3029	17.20	24.30
2001	9555	7417	5540	3695	2370	3442	17.80	26.40
2002	10283	8364	6236	3761	2498	3851	20.23	27.50
2003	11077	9053	6648	3982	2652	4497	22.91	28.80
2004	11964	10117	7427	4320	2858	5291	23.83	29.10
2005	13339	11241	8172	4690	3312	6098	24.42	31.60
2006	14969	12511	8961	5075	3489	7120	24.35	32.70
2007	18024	14153	10504	5696	4227	7774	32.70	33.85
2008	22270	16023	11506	6506	4798	9431	30.90	35.18
2009	25055	16616	11615	7054	5079	10784	32.68	36.25
2010	29535	18482	12665	7861	5525	12626	32.44	36.97
2011	34898	21137	14314	9128	6650	14476	35.30	40.00
2012	42137	23951	16231	10389	7582	16629	35.41	41.20
2013	46610	26471	17802	11639	8267	19226	39.40	40.00
2014	51495	25741	18484	12690	9267	20977	40.10	39.30
2015	56237	28092	19978	13866	10055	23763	40.50	41.90

注:2013 年及以前,农村居民人均可支配收入为农民人均纯收入口径。

1—9　平均每天主要社会经济活动

年　份	地　区 生产总值 (万元)	农林牧渔业 总 产 值	财政收支(万元)	
			公共财政 总收入	公共财政 支　出
1952	44	45	4	
1978	244	171	36	26
1980	320	217	39	30
1985	624	445	49	55
1990	1454	944	141	133
1995	5252	3389	421	345
2000	9753	5375	866	723
2001	10644	5645	825	682
2002	11458	5617	762	636
2003	12935	6019	848	723
2004	15166	6748	1044	853
2005	18111	7370	1387	981
2006	20690	8066	1746	1358
2007	24045	9399	2297	1871
2008	27463	10315	2783	2528
2009	32274	10587	3118	3289
2010	39198	12295	3819	4042
2011	48444	14188	4782	4998
2012	55148	15311	5630	6076
2013	61541	16464	6515	7185
2014	68667	17652	7229	7521
2015	75818	18737	7527	9748

1—9　续表1

年　份	主要工农业产品产量(吨)							
	罐　头	发电量 (万千瓦时)	粮　食	茶　叶	水　果	猪牛羊肉	水产品	食用菌
1952			1694	0.3	74		73	
1978	28	62	3488	6	99		177	
1980	39	138	3706	7	115	126	189	
1985	108	237	3156	10	209	211	290	
1990	131	274	3956	16	679	301	466	
1995	640	356	4036	23	2717	501	1392	393
2000	558	1136	3389	33	4576	654	3437	468
2001	575	1546	3096	38	4981	672	3533	425
2002	737	2453	2581	39	5088	667	3627	390
2003	832	3909	2548	49	5349	690	3736	367
2004	1018	5179	2636	59	5538	741	3888	385
2005	1157	6134	2594	78	5868	749	4043	449
2006	1197	5351	1698	92	5862	531	3575	465
2007	1318	5769	1697	106	6000	502	3683	532
2008	1974	6164	1852	116	6568	580	3785	590
2009	1973	6909	1878	128	6688	587	3887	575
2010	2570	5747	1920	135	6891	601	3959	601
2011	2728	7630	1933	139	7405	620	4083	640
2012	2846	5731	1925	151	7470	641	4230	687
2013	3046	6819	1898	164	7906	636	4408	771
2014	3228	7097	1894	169	8599	590	4665	835
2015	3912	5901	1895	193	9195	435	4949	918

1—9 续表 2

年份	全社会固定资产投资(万元)	社会消费品零售总额(万元)	进出口(万美元)		
			进出口总额	出口额	进口额
1952	0.3	15			
1978	29	114			
1980	38	164			
1985	101	308	1	1	
1990	218	710	26	26	1
1995	1269	1852	126	96	30
2000	3740	3928	271	158	113
2001	3879	4286	276	171	105
2002	3718	4672	336	213	122
2003	3888	5087	569	335	234
2004	4490	5637	889	591	298
2005	5348	6300	1016	712	304
2006	6560	7078	1168	817	351
2007	8964	8282	1274	936	338
2008	12093	9967	1457	1062	395
2009	15869	11456	1316	928	388
2010	22935	12949	2030	1389	641
2011	30567	15439	2657	1778	879
2012	40737	18112	2584	1806	778
2013	48260	20448	2668	1947	720
2014	58489	18964	3103	2228	875
2015	70513	21287	2559	2047	512

1—9 续表 3

年份	实际利用外资(万美元)	交通运输邮电通讯			全社会用电量(万千瓦时)
		旅客运输量(万人)	货物运输量(万吨)	邮电业务总量(万元)	
1952		0.1	0.2	0.3	
1978		2	2	1	
1980	1	3	2	2	
1985	1	5	4	4	
1990	9	7	7	15	
1995	99	9	13	111	348
2000	194	13	14	518	781
2001	195	13	12	553	960
2002	196	16	11	551	1022
2003	206	16	10	596	1169
2004	145	15	9	657	1326
2005	168	16	9	687	1561
2006	110	16	9	749	1777
2007	123	17	11	846	2087
2008	137	15	13	920	2367
2009	151	15	13	1017	2494
2010	192	14	10	1005	3113
2011	243	15	17	1043	3654
2012	244	15	12	1254	3998
2013	259	8	23	1403	4549
2014	277	10	30	2049	5421
2015	358	10	34	2619	5327

注:2013年交通客货运量根据公路专项调查结果调整;2015年起邮电业务总量根据省直相关部门反馈数据，并同口径修订2013年、2014年数据。

1—10　全市行业用电情况(2002-2015)

单位:万千瓦时

	2002	2003	2004	2005	2006	2007	2008
全社会用电总计	**333121**	**406069**	**483862**	**569924**	**648460**	**761691**	**864065**
一、农、林、牧、渔业	23752	21210	20581	23097	25558	30636	31211
二、工　业	179089	238012	299136	357621	404195	473890	535832
三、建筑业	7826	7426	4554	4489	5341	5211	7961
四、交通运输、仓储和邮政业	7482	8018	9813	11405	11793	11668	11913
五、信息传输、计算机服务和软件业	3961	4314	5590	6830	7073	7837	7962
六、商业、住宿和餐饮业	17666	21213	16459	16757	18591	19906	22943
七、金融、房地产、商务及居民服务业	4678	5465	8574	9669	9960	11385	13808
八、公共事业及管理组织	11227	14107	18937	21925	24791	29123	26369
九、城乡居民生活用电合计	77440	86304	100217	118131	141158	172035	206066
城镇居民	38074	39387	46487	55859	64797	71937	79331
乡村居民	39366	46917	53730	62272	76361	100098	126735

1—10　续表

单位:万千瓦时

	2009	2010	2011	2012	2013	2014	2015
全社会用电总计	**910192**	**1136236**	**1333596**	**1459272**	**1660510**	**1978763**	**1944382**
一、农、林、牧、渔业	37711	45423	65010	82466	94269	95275	106024
二、工　业	528307	691628	819085	876673	1021606	1259144	1208572
三、建筑业	11889	17638	25145	26930	32234	39292	21468
四、交通运输、仓储和邮政业	11580	12926	12523	13979	14579	18235	19303
五、信息传输、计算机服务和软件业	8886	10623	11692	13009	13966	15678	18196
六、商业、住宿和餐饮业	24868	31681	36453	41702	48202	57503	60281
七、金融、房地产、商务及居民服务业	11966	21525	23311	23880	24822	27468	29348
八、公共事业及管理组织	47802	35483	40504	44879	48780	57790	65050
九、城乡居民生活用电合计	227183	269309	299872	335753	362051	408377	416140
城镇居民	89053	105327	120393	130812	131284	145349	149566
乡村居民	138130	163982	179482	204943	230766	263028	266574

主要统计指标解释

可比价格 指在不同时期的价值指标对比时，扣除了价格变动的因素，以确切反映物量的变化。按可比价格计算有两种方法：一种是直接用产品产量乘某一年的不变价格计算；另一种是用价格指数换算。

平均每年增长速度 计算平均增长速度有两种方法。一种是习惯上经常使用的"水平法"，又称几何平均法，是以间隔期最后一年的水平同基期水平对比来计算平均每年增长（或下降）速度。另一种是"累计法"，又称代数平均法或方程法，是以间隔期内各年的总和同基期水平对比来计算平均每年增长（或下降）速度。

在一般正常情况下，两种方法计算的平均每年增长速度比较接近，但在经济发展不平衡，出现大起大落时，两种方法计算的结果差别较大。

本《年鉴》内所列的平均每年增长速度，均用"水平法"计算。从某年到某年平均增长速度的年份，均不包括基数年在内。如改革开放二十年的平均增长速度是以1978年为基期计算的，则写为1979-1998年平均增长速度，余类推。

各个计划时期 表内所用各个"时期"代表的年份如下：恢复时期为1950年到1952年；第一个五年计划时期（简称一五时期）为1953年到1957年；第二个五年计划时期（简称二五时期）为1958年到1962年；第三个五年计划时期（简称三五时期）为1966年到1970年；第四个五年计划期（简称四五时期）为1971年到1975年；第五个五年计划时期（简称五五时期）为1976年到1980年；第六个五年计划时期（简称六五时期）为1981年到1985年；第七个五年计划（简称七五时期）为1986年到1990年；第八个五年计划时期（简称八五时期）为1991年到1995年；第九个五年计划时期（简称九五时期）为1996年到2000年；第十个五年计划时期（简称十五时期）为2001年到2005年。

国民经济行业分类 《国民经济行业分类》国家标准于1984年首次公布，分别于1994年和2002年进行修订，2011年第三次修订。该标准（GB/T 4754-2011）由国家统计局起草，国家质量监督检验检疫总局、国家标准化管理委员会批准发布，并于2011年11月1日实施。此次修订，除参照2008年联合国新修订的《国际标准行业分类》修订四版（简称：ISIC4）外，主要依据我国近年来经济发展状况和趋势，对门类、大类、中类、小类做了调整和修改。

企业(单位)登记注册类型 是以在工商行政管理机关登记注册的各类企业为划分对象，以工商行政管理部门对企业登记注册的类型为依据，将企业登记注册类型分为内资企业、港澳台商投资企业和外商投资企业三大类。内资企业包括国有企业、集体企业、股份合作企业、联营企业、有限责任公司、股份有限公司、私营公司和其他企业；港澳台商投资企业和外商投资企业分别包括合资经营企业、合作经营企业、独资经营企业和股份有限公司。对不在工商行政管理部门进行登记注册的行政机关、事业单位和社会团体，主要按其经费来源和管理方式进行划分。

国有企业 指企业全部资产归国家所有，并按《中华人民共和国企业法人登记管理条例》规定登记注册的非公司制的经济组织。不包括有限责任公司中的国有独资公司。

集体企业 指企业资产归集体所有，并按《中华人民共和国企业法人登记管理条例》规定登记注册的经济组织。

股份合作企业 指以合作制为基础，由企业职工共同出资入股，吸收一定比例的社会资产投资组建，实行自主经营，自负盈亏，共同劳动，民主管理，按劳分配与按股分红相结合的一种集体经济组织。

联营企业 指两个及两个以上相同或不同所有制性质的企业法人或事业单位法人，按自愿、平等、互利的原则，共同投资组成的经济组织。联营企业包括国有联营企业、集体联营企业、国有与集体联营企业和其他联营企业。

有限责任公司 指根据《中华人民共和国公司登记管理条例》规定登记注册，由两个以上、五十个以下的股东共同出资，每个股东以其所认缴的出资额对公司承担有限责任，公司以其全部资产对其债务承担责任的经济组织。有限责任公司包括国有独资公司以及其他有限责任公司。

股份有限公司 指根据《中华人民共和国公司登记管理条例》规定登记注册，其全部注册资本由等额股份构成并通过发行股票筹集资本，股东以其认购的股份对公司承担有限责任，公司以其全部资产对其债务承担责任的经济组织。

私营企业 指由自然人投资设立或由自然人控股，以雇佣劳动为基础的营利性经济组织。包括按照《公司法》、《合伙企业法》、《私营企业暂行条例》规定登记注册的私营有限责任公司、私营股份有限公司、私营合伙企业和私营独资企业。

其他企业 指上述企业之外的其他内资经济组织。

与港澳台商合资经营企业 指港澳台地区投资者与内地企业依照《中华人民共和国中外合资经营企业法》及有关法律的规定，按合同规定的比例投资设立、分享利润和分担风险的企业。

与港澳台商合作经营企业 指港澳台地区投资者与内地企业依照《中华人民共和国中外合作经营企业法》及有关法律的规定，依照合作合同的约定进行投资或提供条件设立、分配利润和分担风险的企业。

港澳台商独资经营企业 指依照《中华人民共和国外资企业法》及有关法律的规定，在内地由港澳台地区投资者全额投资设立的企业。

港澳台商投资股份有限公司　指根据国家有关规定，经原外经贸部依法批准设立，其中港、澳、台商的股本占公司注册资本的比例达25%以上的股份有限公司。凡其中港、澳、台商的股本占公司注册资本的比例小于25%的，属于内资企业中的股份有限公司。

中外合资经营企业　指外国企业或外国人与中国内地企业依照《中华人民共和国中外合资经营企业法》及有关法律的规定，按合同规定的比例投资设立、分享利润和分担风险的企业。

中外合作经营企业　指外国企业或外国人与中国内地企业依照《中华人民共和国中外合作经营企业法》及有关法律的规定，依照合作合同的约定进行投资或提供条件设立、分配利润和分担风险的企业。

外资企业　指依照《中华人民共和国外资企业法》及有关法律的规定，在中国内地由外国投资者全额投资设立的企业。

外商投资股份有限公司　指根据国家有关规定，经原外经贸部依法批准设立，其中外资的股本占公司注册资本的比例达25%以上的股份有限公司。凡其中外资股本占公司注册资本的比例小于25%的，属于内资企业中的股份有限公司。

行政机关、事业单位和社会团体　参照企业登记注册类型，主要按其经费来源和管理方式划分。具体规定如下：

(1)行政机关：包括国家机关和政党机关，原则上均列为"国有"。但有特殊规定的，如供销社等，则列为"集体"。

(2)事业单位：包括经国家机构编制部门和有关业务主管部门批准成立的各类事业单位，不包括实行企业化管理的事业单位。事业单位的划分办法如下：

①由国家财政预算拨款或列入财政预算外资金管理以及经费主要来源于国有主管部门或国有上级单位的事业单位，列为"国有"。

②经费主要来源于集体单位的事业单位，列为"集体"。

③公民个人(或个人合伙)开办的事业单位，列为"私营"。

④上述以外的其他事业单位，如果其经费来源不明确，按管理方式进行归类。

(3)社会团体：包括经民政部门批准成立以及未纳入社会团体管理条例范围的工会、妇联等各类社会团体。社会团体的划分办法如下：

①未纳入民政部社会团体管理条例范围的工会、妇联、共青团、青联、工商联、科协、侨联等社会团体，国家拨款设立的基金会或基金管理组织以及经费主要来源于国有业务主管部门或国有上级单位的社会团体，列为"国有"。

②经费主要来源于集体单位的社会团体，列为"集体"。

③公民个人（或个人合伙）开办的社会团体，划为"私营"。

④上述以外的其他社会团体，如果其经费来源不明确，改按管理方式进行归类。

能源生产总量　指一定时期内，全国一次能源生产量的总和。该指标是观察全国能源生产水平、规模、构成和发展速度的总量指标。一次能源生产量包括原煤、原油、天然气、水电、核能及其他动力能(如风能、地热能等)发电量，不包括低热值燃料生产量、生物质能、太阳能等的利用和由一次能源加工转换而成的二次能源产量。

能源消费总量　指一定时期内，全国各行业和居民生活消费的各种能源的总和。该指标是观察能源消费水平、构成和增长速度的总量指标。能源消费总量包括原煤和原油及其制品、天然气、电力，不包括低热值燃料、生物质能和太阳能等的利用。能源消费总量分为终端能源消费量、能源加工转换损失量和能源损失量三部分。

(1)终端能源消费量：指一定时期内，全国生产和生活消费的各种能源在扣除了用于加工转换二次能源消费量和损失量以后的数量。

(2)能源加工转换损失量：指一定时期内，全国投入加工转换的各种能源数量之和与产出各种能源产品之和的差额。该指标是观察能源在加工转换过程中损失量变化的指标。

(3)能源损失量：指一定时期内，能源在输送、分配、储存过程中发生的损失和由客观原因造成的各种损失量，不包括各种气体能源放空、放散量。

能源生产弹性系数　是研究能源生产增长速度与国民经济增长速度之间关系的指标。计算公式：

$$\text{能源生产弹性系数}=\frac{\text{能源生产总量年平均增长速度}}{\text{国民经济年平均增长速度}}$$

电力生产弹性系数　是研究电力生产增长速度与国民经济增长速度之间关系的指标。一般来说，电力的发展应当快于国民经济的发展，也就是说电力应超前发展。计算公式为：

$$\text{电力生产弹性系数}=\frac{\text{电力生产量年平均增长速度}}{\text{国民经济年平均增长速度}}$$

能源消费弹性系数　反映能源消费增长速度与国民经济增长速度之间比例关系的指标。计算公式为：

$$能源消费弹性系数=\frac{能源消费量年平均增长速度}{国民经济年平均增长速度}$$

电力消费弹性系数　反映电力消费增长速度与国民经济增长速度之间比例关系的指标。计算公式为：

$$电力消费弹性系数=\frac{电力消费量年平均增长速度}{国民经济年平均增长速度}$$

能源加工转换效率　指一定时期内，能源经过加工、转换后，产出的各种能源产品的数量与同期内投入加工转换的各种能源数量的比率。该指标是观察能源加工转换装置和生产工艺先进与落后、管理水平高低等的重要指标。计算公式为：

$$能源加工转换率=\frac{能源加工转换产出量}{能源加工转换投入量}\times 100\%$$

单位国内生产总值能耗　指一定时期内，一个国家或地区每生产一个单位的国内生产总值所消耗的能源。计算公式为：

$$单位国内生产总值能源=\frac{能源消费总量}{国内生产总值}$$

单位国内生产总值电耗　指一定时期内，一个国家或地区每生产一个单位的国内生产总值所消耗的电力。计算公式为：

$$单位国内生产总值电耗=\frac{全社会用电量}{国内生产总值}$$

单位工业增加值能耗　指一定时期内，一个国家或地区每生产一个单位的工业增加值所消耗的能源。计算公式为：

$$单位工业增加值能耗=\frac{工业能源消费量}{工业增加值}$$

第二篇　国民经济核算

2—1 历年全国国内生产总值、全省与全市地区生产总值及人均水平

年份	全国		全省		漳州	
	国内生产总值（亿元）	人均国内生产总值（元）	地区生产总值（亿元）	人均地区生产总值（元）	地区生产总值（亿元）	人均地区生产总值（元）
1952	679	119	12.73	102	1.61	97
1953	824	142	14.38	112	1.79	104
1954	860	144	14.86	113	1.90	107
1955	912	150	16.45	122	1.97	108
1956	1031	166	20.81	150	2.48	132
1957	1071	168	22.03	154	2.62	135
1958	1312	201	24.39	166	3.14	157
1959	1448	217	29.22	192	3.47	167
1960	1470	220	29.58	190	3.75	175
1961	1232	187	23.25	147	3.32	153
1962	1162	175	22.12	137	3.23	146
1963	1248	183	23.60	142	3.31	145
1964	1470	210	25.95	153	3.78	161
1965	1734	242	28.81	166	4.23	175
1966	1889	257	32.13	180	4.67	187
1967	1794	238	29.25	159	4.44	173
1968	1744	225	26.06	138	4.03	152
1969	1962	247	31.12	160	4.29	157
1970	2280	279	34.70	173	4.44	157
1971	2457	292	41.03	198	5.09	175
1972	2552	296	44.50	208	5.87	196
1973	2756	313	43.64	200	5.68	184
1974	2828	314	45.16	202	5.83	184
1975	3040	332	46.48	203	6.29	195
1976	2989	321	46.92	201	6.66	202
1977	3250	344	52.41	220	7.74	230
1978	3679	385	66.37	273	8.91	261
1979	4101	423	74.11	300	10.26	296
1980	4588	468	87.06	348	11.67	332
1981	4936	497	105.62	416	13.95	391
1982	5373	533	117.81	457	15.77	435
1983	6021	588	127.76	487	16.77	455
1984	7279	702	157.06	591	19.72	528

2—1 续表

年份	全国 国内生产总值（亿元）	全国 人均国内生产总值（元）	全省 地区生产总值（亿元）	全省 人均地区生产总值（元）	漳州 地区生产总值（亿元）	漳州 人均地区生产总值（元）
1985	9099	866	200.48	737	22.79	602
1986	10376	973	222.54	809	25.74	671
1987	12175	1123	279.24	999	30.75	790
1988	15180	1378	383.21	1349	41.84	1059
1989	17180	1536	458.40	1589	49.86	1244
1990	18873	1663	522.28	1763	53.06	1292
1991	22006	1912	619.87	2041	63.57	1510
1992	27195	2334	784.68	2557	80.66	1902
1993	35673	3027	1114.20	3556	106.48	2493
1994	48638	4081	1644.39	5193	147.43	3432
1995	61340	5091	2094.90	6526	191.71	4427
1996	71814	5898	2484.25	7646	227.00	5202
1997	79715	6481	2870.90	8775	255.12	5810
1998	85196	6860	3159.91	9603	291.21	6584
1999	90564	7229	3414.19	10323	319.54	7169
2000	100280	7942	3764.54	11194	356.00	7732
2001	110863	8717	4072.85	11691	388.49	8462
2002	121717	9506	4467.55	12739	418.23	9074
2003	137422	10666	4983.67	14125	472.14	10199
2004	161840	12487	5763.35	16235	553.55	11879
2005	187319	14368	6554.69	18353	661.04	14095
2006	219439	16738	7583.85	21105	755.20	16031
2007	270232	20505	9248.53	25582	877.63	18554
2008	319516	24121	10823.01	29755	1002.39	21081
2009	349081	26222	12236.53	33437	1178.01	24619
2010	413030	30876	14737.12	40025	1430.71	29771
2011	489301	36403	17560.18	47377	1768.20	36793
2012	540367	40007	19701.78	52763	2012.92	41333
2013	595244	43852	21868.49	58145	2246.23	45702
2014	643974	47203	24055.76	63472	2506.36	50685
2015	676708	49351	25979.82	67966	2767.35	55569

注:本表按当年价格计算。省及省以下地区的“国内生产总值”现已改为“地区生产总值”。按照我国国内生产总值(GDP)数据修订制度和国际通行作法,在实施研发支出核算方法改革后,对以前年度的GDP历史数据进行了系统修订。2015年全国生产总值、全国人均生产总值为初步核算数。

2—2 历年全国国内生产总值、全省与全市地区生产总值及人均水平指数

（以上年为100）

年份	全国		全省		漳州	
	国内生产总值	人均国内生产总值	地区生产总值	人均地区生产总值	地区生产总值	人均地区生产总值
1953	115.6	113.1	112.6	109.8	108.2	105.1
1954	104.3	101.8	104.4	108.9	103.6	100.5
1955	106.9	104.6	109.8	100.0	101.8	98.6
1956	115.0	112.7	124.8	121.8	121.6	118.3
1957	105.1	102.4	106.7	103.0	110.0	106.6
1958	121.3	118.4	109.3	105.7	111.1	107.6
1959	109.0	106.9	118.3	114.8	104.9	101.0
1960	100.0	99.8	101.7	98.9	103.1	100.0
1961	72.7	73.5	71.7	70.4	85.7	84.7
1962	94.4	93.7	98.6	96.6	94.3	92.5
1963	110.3	107.6	103.9	101.7	102.8	99.5
1964	118.2	115.5	116.8	114.5	118.0	114.6
1965	117.0	114.2	110.9	107.5	110.2	107.0
1966	110.7	107.6	111.6	108.3	106.2	102.8
1967	94.3	91.9	90.9	88.5	91.9	89.3
1968	95.9	93.5	88.9	87.0	94.6	91.8
1969	116.9	113.8	120.1	116.7	107.0	103.4
1970	119.3	116.1	109.9	105.7	100.3	97.3
1971	107.1	104.2	114.0	110.7	107.6	104.4
1972	103.8	101.3	108.4	105.1	107.0	103.8
1973	107.8	105.3	98.3	99.5	95.3	92.5
1974	102.3	100.2	103.6	98.0	102.6	100.1
1975	108.7	106.8	102.9	100.5	107.4	105.1
1976	98.4	96.9	99.9	97.5	104.5	102.4
1977	107.6	106.1	115.7	113.2	113.0	110.9
1978	111.7	110.2	117.8	115.6	113.9	112.0
1979	107.6	106.2	105.5	103.9	107.4	105.8
1980	107.8	106.5	118.4	117.2	108.6	107.1
1981	105.1	103.8	115.5	114.0	110.0	108.4
1982	109.0	107.4	109.3	107.5	108.6	106.9
1983	110.8	109.2	106.2	104.4	104.6	103.0
1984	115.2	113.7	117.9	116.3	114.7	113.1
1985	113.4	111.9	117.6	114.9	106.7	105.2

2—2 续表 （以上年为100）

年份	全国		全省		漳州	
	国内生产总值	人均国内生产总值	地区生产总值	人均地区生产总值	地区生产总值	人均地区生产总值
1986	108.9	107.3	105.7	104.5	107.6	106.1
1987	111.7	109.9	113.6	111.8	111.1	109.5
1988	111.2	109.4	114.3	112.6	110.4	108.7
1989	104.2	102.6	107.8	106.1	109.1	107.5
1990	103.9	102.4	107.5	104.7	106.5	104.0
1991	109.3	107.8	114.2	111.4	115.4	112.5
1992	114.2	112.8	120.3	119.0	121.9	120.8
1993	113.9	112.6	122.6	120.1	119.2	118.4
1994	113.0	111.8	120.3	119.0	121.9	121.2
1995	111.0	109.8	114.6	113.0	114.9	114.0
1996	109.9	108.8	113.3	112.0	114.2	113.3
1997	109.2	108.1	114.0	113.2	113.6	112.9
1998	107.8	106.8	110.8	110.2	113.5	112.6
1999	107.7	106.7	109.9	109.3	110.4	109.6
2000	108.5	107.6	109.3	107.5	110.5	107.7
2001	108.3	107.6	108.7	104.9	108.6	110.2
2002	109.1	108.4	110.2	109.1	110.7	108.2
2003*	110.0	109.4	111.5	110.8	111.4	110.3
2004	110.1	109.5	111.8	111.2	111.0	110.7
2005	111.4	110.7	111.6	110.9	111.1	110.4
2006	112.7	112.1	114.8	114.1	112.5	112.0
2007	114.2	113.6	115.2	114.5	115.1	114.7
2008	109.7	109.1	113.0	112.3	113.6	113.0
2009	109.4	108.9	112.3	111.6	113.3	112.6
2010	110.6	110.1	113.9	113.2	114.9	114.5
2011	109.5	109.0	112.3	111.6	114.7	114.3
2012	107.9	107.3	111.4	110.5	112.6	111.6
2013	107.8	107.2	111.0	110.2	111.5	110.5
2014	107.3	106.8	109.9	109.1	111.3	110.6
2015	106.9	106.3	109.0	108.0	111.0	110.2

注：本表按可比价格计算，加＊数据为户籍人口向常住人口的过渡期数据。按照我国国内生产总值(GDP)数据修订制度和国际通行作法，在实施研发支出核算方法改革后，对以前年度的GDP历史数据进行了系统修订。2015年全国生产总值、全国人均生产总值为初步核算数。

2—3 主要年份总产出

单位：万元

年 份	总产出								总产出指数(%)	
		第一产业	第二产业	工 业	建筑业	第三产业	#交通运输、仓储和邮政业	#批发和零售业	以1952年为100	以上年为100
1952	24333	16571	3291	2819	472	4471	2751	3468	100.0	108.8
1957	44932	21752	11010	9123	1887	12170	5573	6633	157.0	111.4
1962	61867	24963	18239	14935	3304	18665	5471	9369	161.8	95.1
1965	80423	32414	25458	22005	3453	22551	6969	10712	217.5	112.0
1970	83578	33003	28982	25155	3827	21593	6740	11209	218.6	101.7
1975	123630	46912	47331	39524	7807	29387	10212	15447	273.5	107.4
1978	186173	62448	78147	64120	14027	45578	14639	21511	378.2	114.3
1979	211481	73605	86485	69984	16501	51391	13432	25047	408.4	108.0
1980	222690	79071	97066	79956	17110	46553	14517	27677	451.3	110.5
1981	273991	105149	108849	92957	15892	59993	15545	31739	490.1	108.6
1982	307850	117852	124359	101670	22689	65639	16024	34764	538.0	109.8
1983	326482	117332	129252	104804	24448	79898	19308	35601	562.8	104.6
1984	374563	138283	146258	120728	25530	90022	23582	41843	632.8	112.5
1985	453045	162296	187473	156081	31392	103276	28108	48074	709.2	112.1
1986	520272	173820	227191	188278	38913	119261	33633	59330	779.2	109.9
1987	632961	208098	280227	234450	45777	144636	38099	70210	873.8	112.1
1988	900386	293590	412420	360287	52133	194376	52842	104332	1030.2	117.9
1989	1099147	337043	505061	442649	62412	257043	65225	123953	1147.4	111.4
1990	1169113	344570	528775	471641	57134	295768	79172	121479	1243.7	108.4
1991	1447228	403146	688235	616452	71783	355847	95475	131733	1485.8	119.5
1992	1923352	485515	1008336	912263	96073	429501	126712	153803	1911.5	128.6
1993	2703015	606802	1491146	1358762	132384	605067	144256	202365	2297.1	120.2
1994	3745358	945113	2034925	1856205	178719	765320	186184	250353	3010.7	131.1
1995	4883239	1234573	2627865	2422474	205391	1020801	227948	336528	3588.7	119.2
1996	5605965	1471581	2917227	2661124	256103	1217157	267517	399880	4213.8	117.4
1997	6477009	1566466	3432316	3100247	332070	1478226	311934	471031	4949.9	117.5
1998	7108834	1743159	3656350	3262803	393548	1709325	338271	527728	5785.8	116.9
1999	7620633	1843101	3817064	3335983	481081	1960469	372606	582146	6640.3	114.8
2000	8464916	1952508	4237022	3627953	609070	2275386	448667	670913	7636.7	115.0
2001	9327378	2049854	4723233	4043574	679660	2554290	503165	741899	8623.9	112.9
2002	10097212	2045717	5245879	4552145	693735	2805615	551354	812305	9768.6	113.3
2003	11674299	2180220	6354770	5543049	811721	3139310	614826	908047	11288.8	115.6
2004	13273473	2448495	7852921	6909608	943313	2972057	722924	840030	12945.0	114.7
2005	15947963	2671872	9601891	8397085	1204806	3674200	824558	707927	14811.3	114.4
2006	18636117	2851743	11574446	10171228	1403218	4209928	956389	776331	17198.1	116.1
2007	22230347	3296612	13810254	12265112	1545142	5123481	1171604	910131	20041.0	116.5
2008	26751643	3765113	16711471	14847817	1863654	6275060	1487477	1017610	23192.3	115.7
2009	30405140	3864279	19178914	17034092	2144822	7361947	1646257	1198406	26840.4	115.7
2010	38168219	4487707	24952795	22197168	2755627	8727718	1914246	1341980	32507.3	121.1
2011	48516141	5178477	32806157	29022271	3783886	10531507	1982754	1513495	39106.3	120.3
2012	54664827	5588515	37063461	32350925	4712536	12012852	2239506	1656629	44755.8	114.4
2013	61805723	6009291	42432834	36740963	5691871	13363598	2434491	1805273	50100.7	111.9
2014	69355104	6113447	48002377	41516643	6485734	15239280	2682541	1981397	56282.8	112.3
2015	76894861	6473669	52569377	44570239	7999138	17851816	3195756	2083232	63193.0	112.3

2—4 主要年份地区生产总值

单位：万元

年份	地区生产总值	第一产业	第二产业			第三产业			人均GDP（元）
				工业	建筑业		#交通运输、仓储和邮政业	#批发和零售业	
1949	11212	8550	814	801	13	1848	474	1001	73
1950	12993	9657	859	833	26	2477	867	1163	82
1952	16118	11581	1310	1178	132	3227	1125	1488	97
1957	26247	15092	4279	3756	523	6876	2283	2849	135
1962	32298	16762	6224	5312	912	9312	2352	4122	146
1965	42329	21773	9328	8361	967	11228	2923	4601	175
1970	44410	22788	10480	9408	1072	11142	2936	4963	157
1975	62887	31269	16225	14031	2194	15393	4710	7294	195
1978	89099	42401	24137	20175	3962	22561	7446	10899	261
1980	116651	53129	31773	26965	4808	31749	7779	14738	332
1981	139471	69333	34178	29710	4468	35960	8055	15312	391
1982	157734	78848	38367	31969	6398	40519	8631	16644	435
1983	167663	79499	41176	34306	6870	46988	9867	17299	455
1984	197173	96978	46182	38983	7199	54013	11003	17402	528
1985	227882	106681	57686	49250	8436	63515	11418	20995	602
1986	257419	113352	70113	59800	10313	73954	13166	22765	671
1987	307467	133638	86324	73928	12396	87505	16309	25258	790
1988	418356	183944	117320	102869	14451	117092	21829	36904	1059
1989	498566	205840	137883	120564	17319	154843	30223	44783	1244
1990	530595	207937	143127	125681	17446	179531	40715	43854	1292
1991	635739	245163	174399	152636	21763	216177	52073	50669	1510
1992	806564	287508	261055	231550	29505	258001	69527	68194	1902
1993	1064773	356564	373618	333614	40003	334591	74493	95420	2493
1994	1474276	536631	507535	454004	53531	430110	96858	124240	3432
1995	1917105	682106	660884	597434	63449	574115	121384	163699	4427
1996	2269996	827645	745812	663745	82067	696539	144496	198473	5202
1997	2551168	873542	830416	727341	103076	847210	170458	245113	5810
1998	2912147	997550	930546	805395	125152	984050	186359	273648	6584
1999	3195401	1057373	1008267	853447	154820	1129761	209556	300200	7169
2000	3560000	1131260	1109148	915647	193502	1319591	249918	338512	7732
2001	3884892	1188061	1245922	1028384	217537	1450910	280798	368459	8462
2002	4182349	1183347	1400541	1178541	222000	1598461	309598	406595	9074
2003	4721352	1265442	1674947	1416670	258277	1780963	343536	452674	10199
2004	5535504	1417412	2123796	1842496	281300	1994296	376400	495300	11879
2005	6610414	1507992	2671270	2321510	349760	2431152	452365	495204	14095
2006	7551957	1630271	3159563	2751267	408296	2762123	521021	543208	16031
2007	8776292	1864427	3646390	3162929	483461	3265475	622622	622256	18554
2008	10023875	2118852	4168879	3591228	577651	3736144	775612	695468	21081
2009	11780103	2186524	5199844	4535378	664466	4393735	865715	818618	24619
2010	14307097	2547029	6520386	5705586	814800	5239682	1010649	919050	29771
2011	17682006	2933038	8362617	7233844	1128773	6386351	1011437	1040958	36793
2012	20129163	3204531	9610969	8184525	1426444	7313663	1158297	1134915	41333
2013	22462294	3270809	11012198	9174098	1838100	8179287	1244163	1240248	45702
2014	25063612	3505139	12475304	10399477	2075827	9083169	1375302	1366246	50685
2015	27673482	3708696	13431169	11179980	2251189	10533617	1651192	1426914	55569

注：1、2005年及以后年份行业分类为按新国民经济行业分类（GB/T 4754-2002）划分；2、2004年及以前年份交通运输仓储和邮政业包括电信业，但不包括城市公共交通业。3、2004年及以前年份批发与零售业包括餐饮业。

2—5 主要年份地区生产总值指数(以1949年为100)

年份	地区生产总值	第一产业	第二产业			第三产业			人均GDP
				工业	建筑业		#交通运输、仓储和邮政业	#批发和零售业	
1949	100.0	100.0	100.0	100.0	100.0	100.0	100.0	100.0	100.0
1950	113.8	111.8	111.9	110.8	181.2	129.1	184.2	121.4	112.1
1952	132.9	127.6	173.1	164.3	574.2	163.2	236.8	158.7	123.8
1957	202.7	177.6	585.8	545.7	2258.2	300.9	457.9	286.1	162.6
1962	196.6	145.9	803.6	693.0	4750.5	434.5	484.7	387.1	138.6
1965	262.7	201.8	1201.8	1020.9	7565.5	497.8	660.9	427.0	169.2
1970	260.3	199.2	1186.3	1051.9	6157.4	500.3	645.2	445.8	143.5
1975	314.7	224.9	1854.3	1565.6	11958.8	623.9	981.8	606.6	151.4
1978	423.3	284.1	2807.5	2328.4	19356.9	902.8	1403.8	840.2	192.6
1980	493.4	315.2	3527.8	3067.3	20116.1	1112.0	1169.5	1005.9	218.2
1981	542.7	354.5	3648.6	3429.3	13167.7	1220.1	1275.9	1106.5	236.5
1982	589.6	380.3	4112.1	3751.6	18208.2	1326.2	1290.0	1179.5	252.8
1983	616.7	392.6	4350.9	3841.7	23062.7	1413.7	1658.9	1177.2	260.4
1984	707.3	468.2	4666.1	4183.6	22844.5	1564.1	1791.6	1309.0	294.6
1985	754.3	466.0	5772.3	5216.9	27026.1	1728.6	2042.4	1487.0	310.0
1986	811.5	472.8	6560.4	5942.1	30332.5	1991.5	2205.8	1661.0	328.9
1987	901.8	511.4	7625.7	7053.2	30909.3	2238.0	2406.6	1858.7	360.3
1988	995.2	540.8	9232.7	8428.6	40723.2	2450.7	2830.1	2078.0	391.6
1989	1085.3	561.4	10253.5	9507.5	40856.8	2843.1	3124.4	2177.8	420.9
1990	1155.4	573.2	10894.8	10191.9	40739.9	3218.0	3536.9	2186.5	437.8
1991	1333.1	647.5	12945.5	12185.4	46176.2	3726.7	3894.1	2282.7	492.5
1992	1625.0	726.1	19081.1	18488.8	52364.5	4223.6	4618.4	2547.5	595.0
1993	1937.4	802.9	23931.6	23367.1	60009.7	5229.2	5204.9	3189.4	704.5
1994	2362.1	920.1	30471.1	29909.9	71411.6	6499.0	5829.5	4018.7	853.9
1995	2714.8	1037.0	34669.7	34037.5	81052.1	7758.4	6581.5	4661.7	973.5
1996	3099.3	1188.4	39136.5	38292.2	95641.5	8952.4	7371.3	5388.9	1103.1
1997	3520.7	1332.2	43927.2	42504.3	122421.1	10488.9	7997.9	6170.3	1245.2
1998	3994.6	1547.3	47382.0	45224.6	151802.2	12334.8	8877.6	7021.8	1402.5
1999	4411.3	1704.5	51165.0	48073.7	188082.9	14012.2	9721.0	7878.4	1537.0
2000	4874.4	1840.8	56570.0	52592.7	225699.5	15848.9	10984.7	8871.1	1655.5
2001	5391.1	1956.8	63924.1	59482.3	253686.2	17798.3	12335.9	9793.7	1823.6
2002	5854.7	1995.9	71914.6	67988.3	263833.7	19710.8	13742.1	10841.6	1972.9
2003	6481.2	2075.8	84212.0	80294.2	295493.7	21737.6	15130.1	11860.7	2175.6
2004	7220.0	2165.0	100633.3	98199.8	307313.4	23690.3	16718.8	12691.0	2407.6
2005	8019.3	2245.1	119351.1	118330.7	325752.3	25703.9	18273.6	13884.0	2657.1
2006	9024.6	2309.2	139946.5	139283.0	372227.1	29137.1	20622.8	15067.8	2977.0
2007	10389.2	2402.7	167431.9	168070.5	419157.4	33861.8	23770.6	16841.6	3413.2
2008	11807.3	2528.0	194954.3	197725.4	451010.8	38818.9	30395.1	18136.5	3858.5
2009	13381.8	2660.5	224350.6	226155.7	544438.0	44643.0	35048.2	20983.2	4345.6
2010	15379.8	2773.3	272797.0	275164.3	658838.8	49792.2	37628.9	22287.4	4975.8
2011	17646.7	2889.2	330368.0	331063.1	834291.4	55743.0	38802.1	23612.9	5688.4
2012	19877.9	3017.8	387362.7	382408.2	1076629.7	61431.1	41135.5	25301.4	6349.5
2013	22171.1	3147.9	446191.4	436131.2	1316540.9	67000.2	43806.9	27398.8	7016.3
2014	24673.2	3292.5	509921.3	499803.7	1481013.0	73319.3	48276.6	29642.2	7760.8
2015	27393.4	3432.3	561936.4	549964.3	1646137.9	84157.5	56039.9	30999.9	8555.9

注:1、2005年及以后年份行业分类为按新国民经济行业分类(GB/T 4754-2002)划分;2、2004年及以前年份交通运输仓储和邮政业包括电信业,但不包括城市公共交通业;3、2004年及以前年份批发与零售业包括餐饮业。

2—6 主要年份地区生产总值指数(以上年为100)

年 份	地区生产总值	第一产业	第二产业	工 业	建筑业	第三产业	#交通运输、仓储和邮政业	#批发和零售业	人均GDP
1952	108.0	106.1	146.5	141.6	206.7	112.1	113.0	112.0	104.9
1957	110.0	109.5	107.3	121.4	58.5	113.4	105.4	105.2	106.6
1962	94.3	93.6	81.6	81.4	82.2	103.4	79.3	117.5	92.5
1965	110.2	108.4	117.2	119.6	108.4	112.0	126.9	103.8	107.0
1970	100.3	97.7	119.4	117.6	129.4	99.1	95.3	93.7	97.3
1975	107.4	108.2	105.8	106.4	103.3	106.6	101.5	107.1	105.1
1978	113.9	111.4	119.4	116.8	129.5	116.2	123.5	114.7	112.0
1979	107.4	105.5	106.5	112.4	85.2	112.5	79.8	112.1	105.8
1980	108.6	105.1	118.0	117.2	121.9	109.5	104.4	106.8	107.1
1981	110.0	112.5	103.4	111.8	65.5	109.7	109.1	110.0	108.4
1982	108.6	107.3	112.7	109.4	138.3	108.7	101.1	106.6	106.9
1983	104.6	103.2	105.8	102.4	126.7	106.6	128.6	99.8	103.0
1984	114.7	119.2	107.2	108.9	99.1	110.6	108.0	111.2	113.1
1985	106.7	99.5	123.7	124.7	118.3	110.5	114.0	113.6	105.2
1986	107.6	101.4	113.7	113.9	112.2	115.2	108.0	111.7	106.1
1987	111.1	108.2	116.2	118.7	101.9	112.4	109.1	111.9	109.5
1988	110.4	105.7	121.1	119.5	131.8	109.5	117.6	111.8	108.7
1989	109.1	103.8	111.1	112.8	100.3	116.0	110.4	104.8	107.5
1990	106.5	102.1	106.3	107.2	99.7	113.2	113.2	100.4	104.0
1991	115.4	113.0	118.8	119.6	113.3	115.8	110.1	104.4	112.5
1992	121.9	112.1	147.4	151.7	113.4	113.3	118.6	111.6	120.8
1993	119.2	110.6	125.4	126.4	114.6	123.8	112.7	125.2	118.4
1994	121.9	114.6	127.3	128.0	119.0	124.3	112.0	126.0	121.2
1995	114.9	112.7	113.8	113.8	113.5	119.4	112.9	116.0	114.0
1996	114.2	114.6	112.9	112.5	118.0	115.4	112.0	115.6	113.3
1997	113.6	112.1	112.2	111.0	128.0	117.2	108.5	114.5	112.9
1998	113.5	116.1	107.9	106.4	124.0	117.6	111.0	113.8	112.6
1999	110.4	110.2	108.0	106.3	123.9	113.6	109.5	112.2	109.6
2000	110.5	108.0	110.6	109.4	120.0	113.1	113.0	112.6	107.7
2001	110.6	102.0	113.0	114.3	112.4	112.3	112.3	110.4	110.2
2002	108.6	104.0	112.5	118.1	104.0	110.7	111.4	110.7	108.2
2003	110.7	104.3	117.1	122.3	112.0	110.3	110.1	109.4	110.3
2004	111.4	103.7	119.5	118.5	104.0	109.0	110.5	107.0	110.7
2005	111.1	103.7	118.6	120.5	106 0	108.5	109.3	109.4	110.4
2006	112.5	102.9	117.3	117.7	114.3	113.4	112.9	108.5	112.0
2007	115.1	104.1	119.6	120.7	112.6	116.2	115.3	111.8	114.7
2008	113.6	105.2	116.4	117.6	107.6	114.6	127.9	107.7	113.0
2009	113.3	105.2	115.1	114.4	120.7	115.0	115.3	115.7	112.6
2010	114.9	104.2	121.6	121.7	121.0	111.5	107.4	106.2	114.5
2011	114.7	104.2	121.1	120.3	126.6	112.0	103.1	105.9	114.3
2012	112.6	104.5	117.3	115.5	129.0	110.2	106.0	107.2	111.6
2013	111.5	104.3	115.2	114.0	122.3	109.1	106.5	108.3	110.5
2014	111.3	104.6	114.3	114.6	112.5	109.4	110.2	108.2	110.6
2015	111.0	104.2	110.2	110.0	111.1	114.8	116.1	104.6	110.2

注:2005年及以后年份行业分类为按新国民经济行业分类(GB/T 4754-2002)划分。

2—7 主要年份地区生产总值构成

(GDP=100)

年份	第一产业	第二产业	#工业	第三产业
1952	71.9	8.1	8.1	20.0
1957	57.5	16.3	16.3	26.2
1962	51.9	19.3	19.3	28.8
1965	51.5	22.0	22.0	26.5
1970	51.3	23.6	23.6	25.1
1975	49.7	25.8	25.8	24.5
1978	47.6	27.1	22.6	25.3
1979	48.3	26.0	21.4	25.7
1980	45.6	27.2	27.2	27.2
1981	49.7	24.5	21.3	25.8
1982	50.0	24.3	20.3	25.7
1983	47.4	24.6	20.5	28.0
1984	49.2	23.4	19.8	27.4
1985	46.8	25.3	21.6	27.9
1986	44.0	27.3	23.2	28.7
1987	43.4	28.1	24.0	28.5
1988	44.0	28.0	24.6	28.0
1989	41.3	27.7	24.2	31.0
1990	39.2	27.0	23.7	33.8
1991	38.6	27.4	24.0	34.0
1992	34.7	34.2	28.7	31.1
1993	33.5	35.1	31.3	31.4
1994	36.4	34.4	30.8	29.2
1995	35.6	34.5	31.2	29.9
1996	36.5	32.8	29.2	30.7
1997	34.2	32.6	28.5	33.2
1998	34.2	32.0	27.7	33.8
1999	33.1	31.5	26.7	35.4
2000	31.8	31.1	25.7	37.1
2001	30.6	32.1	26.5	37.3
2002	28.3	33.5	28.2	38.2
2003	26.8	35.5	30.0	37.7
2004	25.6	38.4	33.3	36.0
2005	22.8	40.4	35.1	36.8
2006	21.6	41.8	36.4	36.6
2007	21.2	41.6	36.0	37.2
2008	21.1	41.6	35.8	37.3
2009	18.6	44.1	38.5	37.3
2010	17.8	45.6	39.9	36.6
2011	16.6	47.3	40.9	36.1
2012	15.9	47.8	40.7	36.3
2013	14.6	49.0	40.8	36.4
2014	14.0	49.8	41.5	36.2
2015	13.4	48.5	40.4	38.1

注:2004年以前年份第一产业增加值不含农林牧渔服务业。2006、2007年已根据农业普查进行调整。

2—8 主要社会经济效益指标(2002-2015)

	2002	2003	2004	2005	2006	2007	2008
社会劳动生产率(元/人)	18920	21023	24122	28027	30829	34392	37995
总产出中间投入率(%)	58.6	59.6	58.3	58.6	59.5	60.5	62.5
第一产业	42.2	42.0	42.1	43.6	42.8	43.4	43.7
第二产业	73.3	73.6	73.0	72.0	72.6	73.6	75.1
工　业	74.1	74.4	73.3	72.3	72.9	74.2	75.8
建筑业	68.0	68.2	70.2	69.9	70.1	68.7	69.0
第三产业	43.0	43.3	32.9	34.9	35.6	36.3	40.5
#交通运输、仓储和邮政业	43.8	44.1	47.9	45.7	46.4	46.9	47.9
批发和零售业	49.9	50.1	41.0	33.2	33.3	31.6	31.7
增加值率(%)	41.4	40.4	41.7	41.4	40.5	39.5	37.5
第一产业	57.8	58.0	57.9	56.4	57.2	56.6	56.3
第二产业	26.7	26.4	27.0	28.0	27.4	26.4	24.9
工　业	25.9	25.6	26.7	27.7	27.1	25.8	24.2
建筑业	32.0	31.8	29.8	30.1	29.9	31.3	31.0
第三产业	57.0	56.7	67.1	65.1	64.4	63.7	59.5
#交通运输、仓储和邮政业	56.2	55.9	52.1	54.3	53.6	53.1	52.1
批发和零售业	50.1	49.9	59.0	66.8	66.7	68.4	68.3

2—8 续表

	2009	2010	2011	2012	2013	2014	2015
社会劳动生产率(元/人)	43372	50605	62639	68934	75573	83004	90042
总产出中间投入率(%)	61.3	62.5	63.6	63.2	63.7	63.9	64.0
第一产业	43.4	43.2	43.4	42.7	42.8	42.7	42.7
第二产业	72.9	73.9	74.5	74.1	74.0	74.0	74.5
工　业	73.4	74.3	75.1	74.7	75.0	75.0	74.9
建筑业	69.0	70.4	70.2	69.7	67.7	68.0	71.9
第三产业	40.3	40.0	39.4	39.1	40.1	40.4	41.0
#交通运输、仓储和邮政业	47.4	47.2	49.0	48.3	48.9	48.7	48.3
批发和零售业	31.7	31.5	31.2	31.5	31.3	31.0	31.5
增加值率(%)	38.7	37.5	36.4	36.8	36.3	36.1	36.0
第一产业	56.6	56.8	56.6	57.3	57.2	57.3	57.3
第二产业	27.1	26.1	25.5	25.9	26.0	26.0	25.5
工　业	26.6	25.7	24.9	25.3	25.0	25.0	25.1
建筑业	31.0	29.6	29.8	30.3	32.3	32.0	28.1
第三产业	59.7	60.0	60.6	60.9	59.9	59.6	59.0
#交通运输、仓储和邮政业	52.6	52.8	51.0	51.7	51.1	51.3	51.7
批发和零售业	68.3	68.5	68.8	68.5	68.7	69.0	68.5

注:1、本表均按当年价格计算;2、本部分2004年及以前年份第一产业,不包括农林牧渔服务业。交通运输、仓储和邮政业包括电信业,但不包括城市公共交通业。批发和零售业包括餐饮业。2005-2006年本表行业分类为按新国民经济行业分类(GB/T4754-2002),农林牧渔服务业包括在第一产业中。(下表同)

2—9 经 济 增

	2002	2003	2004	2005	2006	2007
地区生产总值	**100.0**	**100.0**	**100.0**	**100.0**	**100.0**	**100.0**
第一产业	7.1	10.9	10.2	9.4	5.2	5.6
第二产业	46.5	52.9	60.0	63.2	55.6	54.7
工 业	43.9	46.9	58.1	60.5	49.6	50.2
建筑业	2.6	5.9	1.9	2.7	6.0	4.5
第三产业	46.4	36.3	29.8	27.4	39.2	39.7
# 交通运输、仓储和邮政业	9.5	6.9	6.7	6.4	7.0	6.9
批发和零售业	11.9	8.5	5.9	7.1	5.1	5.6

注:2005 年及以后年份行业分类为按新国民经济行业分类(GB/T 4754-2002)划分。

2—10 分 行 业

	1979	1980	1981	1982	1983	1984	1985
地区收入总值	102578	116676	139484	157753	167708	197243	228492
地区生产总值	102557	116651	139471	157734	167663	197173	227882
第一产业	49535	53129	69333	78848	79499	96978	106681
第二产业	26648	31773	34178	38367	41176	46182	57686
工 业	21995	26965	29710	31969	34306	38983	49250
建筑业	4653	4808	4468	6398	6870	7199	8436
第三产业	26374	31749	35960	40519	46988	54013	63515
# 交通运输、仓储和邮政业	7306	7779	8055	8631	9867	11003	11418
批发和零售业	12419	14738	15312	16644	17299	17402	20995
金融业	521	952	1079	1459	2073	3044	4743
房地产业	1651	2254	3956	4660	6026	7879	8275
其他服务业	4477	6026	7558	9125	11723	14685	18084
人均 GDP(元/人)	296	332	391	435	455	528	602

注:2004 年及以前年份第一产业不包括农林牧渔服务业;交通运输、仓储和邮政业包括电信业,但不包括城市公共交通业;批发

2—10 续表

	1997	1998	1999	2000	2001	2002	2003	2004
地区收入总值	2564572	2925424	3208967	3550695	3900345	4198025	4739375	5554745
地区生产总值	2551168	2912147	3195401	3560000	3884892	4182349	4721352	5535504
第一产业	873542	997550	1057373	1131260	1188061	1183347	1265442	1417408
第二产业	830416	930546	1008267	1109148	1245922	1400541	1674947	2123796
工 业	727341	805395	853447	915647	1028384	1178540	1416670	1842496
建筑业	103076	125152	154820	193502	217537	222000	258277	281300
第三产业	847210	984051	1129761	1319591	1450909	1598461	1780963	1994300
# 交通运输、仓储和邮政业	170458	186359	209556	249918	280798	309589	343536	376400
批发和零售业	245113	273648	300200	338512	368459	406595	452674	495300
金融业	55500	54422	55269	63125	65772	75313	86254	98800
房地产业	74958	96923	120760	144147	172280	188847	208267	228400
其他服务业	301181	372699	443976	523887	563600	618117	690232	795400
人均 GDP(元/人)	5810	6584	7169	7732	8462	9074	10199	11879

长　贡　献　率(2002–2015)

单位：%

2008	2009	2010	2011	2012	2013	2014	2015
100.0	**100.0**	**100.0**	**100.0**	**100.0**	**100.0**	**100.0**	**100.0**
7.2	6.9	4.6	5.0	5.7	5.1	5.5	4.9
52.7	50.7	65.8	65.3	65.4	67.2	65.3	49.0
49.8	43.0	58.4	55.0	51.2	53.5	56.7	41.1
2.9	7.7	7.4	10.3	14.2	13.7	8.6	7.9
40.1	42.5	29.6	29.7	28.9	27.7	29.2	46.1
14.0	8.9	3.9	1.5	3.1	3.5	5.3	8.5
4.0	7.8	2.8	2.6	3.4	4.1	4.0	2.2

增　加　值(1979–2015)

单位：万元

1986	1987	1988	1989	1990	1991	1992	1993	1994	1995	1996
257402	308087	421907	499535	532618	638217	815557	1072789	1484750	1935321	2290455
257419	307467	418356	498566	530595	635739	806564	1064773	1474276	1917105	2269996
113352	133638	183944	205840	207937	245163	287508	356564	536631	682106	827645
70113	86324	117320	137883	143127	174399	261055	373618	507535	660884	745812
59800	73928	102869	120564	125681	152636	231550	333615	454004	597435	663745
10313	12396	14451	17319	17446	21763	29505	40003	53531	63449	82067
73954	87505	117092	154843	179531	216177	258001	334591	430110	574115	696539
13166	16309	21829	30223	40715	52073	69527	74493	96858	121384	144496
22765	25258	36904	44783	43854	50669	68194	95420	124240	163700	198473
6922	8280	12291	16829	20922	23147	24981	31302	42108	50394	51377
9477	8195	9342	10881	11307	11846	15250	21500	29106	42879	60727
21624	29463	36726	52127	62733	78442	80049	111876	137798	195758	241466
671	790	1059	1244	1292	1510	1902	2493	3432	4427	5202

和零售业包括餐饮业；其他服务业指第三产业中除交通运输仓储和邮政业、批发和零售业、金融业、房地产业以外的其他行业。

单位：万元

2005	2006	2007	2008	2009	2010	2011	2012	2013	2014	2015
6630527	7572646	8798263	10046951	11804934	14333030	17710575	18367735	22485645	25095585	27707500
6610414	7551957	8776292	10023875	11780103	14307097	17682006	20129163	22462294	25063612	27673482
1507992	1630271	1864427	2118852	2186524	2547029	2933038	3204531	3270809	3505139	3708696
2671270	3159563	3646390	4168879	5199844	6520386	8362617	9610969	11012198	12475304	13431169
2321510	2751267	3162929	3591228	4535378	5705586	7233844	8184525	9174098	10399477	11179980
349760	408296	483461	577651	664466	814800	1128773	1426444	1838100	2075827	2251189
2431152	2762123	3265475	3736144	4393735	5239682	6386351	7313663	8179287	9083169	10533617
452365	521021	622622	775612	865715	1010649	1011437	1158297	1244163	1375302	1651192
495204	543208	622256	695468	818618	919050	1040958	1134915	1240248	1366246	1426914
141721	180163	231997	306005	367637	445290	565116	619175	728148	832905	1024430
280746	353861	448852	470540	541483	668360	1026790	1143555	1232460	1300180	1320982
1061116	1163870	1339748	1488519	1800282	2196333	2742050	3257721	3734268	4208536	5110099
14095	16031	18554	21081	24619	29771	36793	41333	45702	50685	55569

2—11 主要年份地区生产总值

	2002	2003	2004	2005	2006	2007
劳动者报酬	2451166	2762367	2578917	3073201	3512001	4145773
第一产业	1039781	1120117	1111464	1194500	1282349	1527268
第二产业	591522	713793	746874	1007271	1238864	1473423
工业	454195	550431	582552	789827	969655	1166166
建筑业	137327	163362	164322	217444	269209	307257
第三产业	819862	928458	720579	871430	990788	1145082
#交通运输、仓储和邮政业	122198	139410	64459	73166	87409	113237
批发和零售业	176434	204435	77956	87106	109586	134251
生产税净额	365584	390192	489007	649100	708445	845444
第一产业	33876	25085	17915	14105	3774	4377
第二产业	189989	213308	271766	385935	463657	524138
工业	161873	184478	259443	352225	430775	466989
建筑业	28116	28830	12323	33710	32882	57149
第三产业	141719	151799	199326	249060	241014	316929
#交通运输、仓储和邮政业	36621	35786	41669	50022	57519	70489
批发和零售业	61569	63324	116697	121740	86559	93850
固定资产折旧	495074	596465	618325	806534	921143	969579
第一产业	33422	36897	45036	52768	61667	67179
第二产业	175503	226426	281175	395204	433567	388060
工业	155057	201105	250209	382112	422988	377704
建筑业	20446	25321	30966	13092	10579	10356
第三产业	286150	333142	292114	358562	425909	514340
#交通运输、仓储和邮政业	53193	61453	48849	34796	39662	48272
批发和零售业	29618	39308	23618	25333	36597	43225
营业盈余	870524	972327	1849255	2081579	2410368	2815496
第一产业	76269	83344	242997	246619	282481	265603
第二产业	443526	521421	823981	882860	1023475	1260769
工业	407415	480656	750292	797346	927849	1152070
建筑业	36111	40765	73689	85514	95626	108699
第三产业	350729	367563	782277	952100	1104412	1289124
#交通运输、仓储和邮政业	97576	106887	221324	294381	336431	390624
批发和零售业	138975	145607	277027	261025	310466	350930

注:2005年及以后年份行业分类为按新国民经济行业分类(GB/T4754-2002)划分。

收入法构成项目（2002–2015）

单位：万元

2008	2009	2010	2011	2012	2013	2014	2015
5954523	6517769	7828331	9317070	10715493	12005942	13377957	14889589
2041290	2122147	2450929	2843671	3110436	3172560	3399928	3596312
1983675	2134449	2707337	3296197	3942102	4639118	5313107	5752169
1560437	1647696	2109524	2459757	2793254	3174571	3665256	3985519
423238	486753	597813	836440	1148848	1464547	1647851	1766650
1929558	2261173	2670065	3177202	3662955	4194264	4664922	5541108
351193	404248	463599	475277	536913	587805	644893	775286
423969	489640	536854	587956	630659	687269	749452	780338
904653	1140752	1364533	2094524	2395942	2748883	3097615	3309032
51	1						
627146	801553	955851	1564768	1793389	2054851	2321640	2448434
570940	736848	874201	1451382	1656653	1876720	2116523	2239851
56206	64705	81650	113386	136736	178131	205117	208583
277456	339198	408682	529756	602553	694032	775975	860598
28322	30662	35707	37291	44218	51231	56678	72640
100249	119892	130112	152853	165720	186469	206408	215215
1325000	1462744	2353504	2240715	2457966	2608843	2836074	3096939
77511	64376	96100	89367	94095	98249	105211	112384
586663	662117	1393814	1007329	1118729	1195986	1299933	1376549
571852	644933	1368694	979718	1097331	1166379	1265248	1348741
14811	17184	25120	27611	21398	29607	34685	27808
660826	736251	863590	1144019	1245142	1314608	1430930	1608006
146712	159684	169912	172077	198906	212898	238173	286270
38166	44993	50872	58581	63858	67164	74010	77266
1839699	2658838	2760729	4029697	4559762	5098626	5751966	6377922
971395	1601725	1463384	2494323	2756749	3122243	3540624	3854017
887999	1505901	1353167	2342987	2637287	2956428	3352450	3605869
83396	95824	110217	151336	119462	165815	188174	248148
868304	1057113	1297345	1535374	1803013	1976383	2211342	2523905
249385	271121	341431	326792	378260	392229	435558	516995
133084	164093	201212	241568	274678	299346	336376	354095

2—12 主要年份支出法地区生产总值(1990-2015)

单位：万元

年份	支出法地区生产总值	最终消费	居民消费	政府消费	资本形成总额	固定资本形成	存货增加	净出口	最终消费率(%)	资本形成率(%)
1990	530595	373451	332881	40570	132307	79825	52482	24837	70.4	24.9
1991	635739	436543	382237	54306	165464	114605	50859	33732	68.7	26.0
1992	806564	538865	456385	82480	204319	135917	68402	63380	66.8	25.3
1993	1064773	677196	586562	90633	373105	282991	90114	14472	63.6	35.0
1994	1474276	883091	768289	114802	545622	411994	133628	45563	59.9	37.0
1995	1917105	1123424	956459	166964	635442	465134	170308	158239	58.6	33.1
1996	2269996	1232608	1053478	179130	834665	646848	187817	202723	54.3	36.8
1997	2551168	1275584	1082516	193068	981858	776692	205166	293726	50.0	38.5
1998	2912147	1371621	1111956	259665	1228958	1054229	174729	311568	47.1	42.2
1999	3195401	1466689	1187184	279505	1398862	1203943	194919	329850	45.9	43.8
2000	3560000	1615395	1306056	309339	1347826	1075216	272609	596780	45.4	37.9
2001	3884892	1759856	1425300	334556	1711526	1422306	289220	413510	45.3	44.1
2002	4182349	1898786	1529652	369134	1671921	1363058	308863	611642	45.4	40.0
2003	4721352	2148215	1731446	416769	1768386	1425422	342964	804751	45.5	37.5
2004	5535504	2524673	2072208	452465	2063494	1649048	414446	947337	45.6	37.3
2005	6610414	2983818	2454641	529177	2447843	1998696	449147	1178753	45.1	37.0
2006	7551957	3385663	2728566	657097	2889367	2403760	485607	1276927	44.8	38.3
2007	8776292	3912549	3120923	791626	3671263	3130714	540549	1192480	44.6	41.8
2008	10023875	4357227	3539374	817853	4542479	3873810	668669	1124169	43.5	45.3
2009	11780103	4951136	3962800	988336	5680908	4906872	774036	1148059	42.0	48.2
2010	14307097	5649848	4504866	1144982	7447361	6613259	834102	1209888	39.5	52.1
2011	17682006	6764941	5372176	1392765	9425733	8495208	930525	1491332	38.3	53.3
2012	20129163	7821958	6221519	1600439	11027258	10151967	875291	1279947	38.9	54.8
2013	22462294	8837469	7082628	1754841	11989452	11042011	947441	1635373	39.3	53.4
2014	25063612	9919525	8035923	1883602	13632673	12607026	1025647	1511414	39.6	54.4
2015	27673482	10840895	8831040	2009855	15214658	14090054	1124604	1617929	39.2	55.0

2—13 最终消费与资本形成总额指数(1990–2015)

(以上年为 100)

年 份	最终消费			资本形成总额		
		居民消费	政府消费		固定资本形成	存货增加
1990	108.3	108.1	110.0	102.1	102.3	101.8
1991	113.6	111.5	132.1	117.9	126.9	109.0
1992	118.3	115.5	139.4	123.0	126.5	119.0
1993	115.9	116.9	110.0	124.8	134.4	113.0
1994	118.4	117.1	126.9	127.3	135.7	115.0
1995	115.8	116.0	114.4	111.0	110.1	112.5
1996	112.7	111.4	120.3	119.5	129.3	103.0
1997	111.2	109.6	120.6	116.5	120.0	109.0
1998	110.7	109.8	115.3	120.0	126.4	105.0
1999	109.4	109.0	111.4	113.7	117.1	104.0
2000	110.0	110.0	110.3	108.0	109.5	103.1
2001	112.0	112.1	111.6	109.1	109.6	107.0
2002	110.3	110.0	111.3	106.0	105.8	107.1
2003	109.9	109.4	112.3	111.9	112.6	109.2
2004	109.7	109.5	111.0	112.1	113.0	108.2
2005	108.7	108.0	111.7	114.0	115.6	107.2
2006	112.6	110.2	123.9	115.4	117.9	104.4
2007	112.5	111.7	115.8	123.5	125.2	114.5
2008	107.0	108.8	99.9	120.5	121.0	117.4
2009	113.6	111.7	121.6	124.2	125.3	117.7
2010	110.1	109.8	111.4	125.9	129.7	103.4
2011	113.2	112.9	114.3	118.5	120.3	105.0
2012	113.9	114.1	113.3	116.3	118.7	94.5
2013	110.4	111.2	107.1	110.3	110.6	107.3
2014	111.4	112.2	108.0	113.2	113.8	107.2
2015	109.2	110.0	106.1	113.1	113.4	108.8

2—14 漳州市各个计划时期地区生产总值平均增长速度

单位：%

	1953-1978	1953-2015	1979-2015	"一五"时期（1953-1957）	"二五"时期（1958-1962）	调整时期（1963-1965）	"三五"时期（1966-1970）	"四五"时期（1971-1975）
地区生产总值	**4.6**	**9.0**	**11.9**	**8.8**	**-0.6**	**10.2**	**-0.2**	**3.9**
第一产业	3.1	5.4	6.9	6.8	-3.9	11.4	-0.3	2.5
第二产业	11.3	14.0	15.5	27.6	6.5	14.4	-0.3	9.3
工　业	10.7	14.1	16.1	27.1	4.9	13.8	0.6	8.3
建筑业	14.5	13.8	12.9	31.5	16.0	16.8	-4.0	14.2
第三产业	6.8	10.6	13.0	13.0	7.6	4.6	0.1	4.5
# 交通运输、仓储和邮政业	7.1	9.1	10.3	14.1	1.1	10.9	-0.5	8.8
批发和零售业	6.6	8.9	10.2	12.5	6.2	3.3	0.9	6.4
人均地区生产总值	1.7	7.1	8.7	5.7	-3.2	6.9	-3.2	1.1

注:2004 年及以前年份批发和零售业包括餐饮业。

2—14 续表

单位：%

	"五五"时期（1976-1980）	"六五"时期（1981-1985）	"七五"时期（1986-1990）	"八五"时期（1991-1995）	"九五"时期（1996-2000）	"十五"时期（2001-2005）	"十一五"时期（2006-2010）	"十二五"时期（2011-2015）
地区生产总值	**9.4**	**8.9**	**8.9**	**18.6**	**12.4**	**10.5**	**13.9**	**12.2**
第一产业	7.0	8.1	4.2	12.6	12.2	4.1	4.3	4.4
第二产业	13.7	10.3	13.5	26.1	10.3	16.1	18.0	15.6
工　业	14.4	11.2	14.3	27.3	9.1	17.6	18.4	14.8
建筑业	11.0	6.1	8.6	14.7	22.7	7.6	15.1	20.1
第三产业	12.3	9.2	13.2	19.2	15.4	10.2	14.1	11.1
# 交通运输、仓储和邮政业	3.6	11.8	11.6	13.2	10.8	10.8	15.5	8.3
批发和零售业	10.6	8.1	8.0	16.3	13.7	9.5	9.9	6.8
人均地区生产总值	7.6	7.3	7.1	17.3	11.2	9.9	13.4	11.4

2—15 总 产 出(2015年)

单位：万元、%

	按当年价格计算	按可比价格计算	以上年为100的发展速度
总产出	**76894861**	**72748437**	**112.3**
1、农、林、牧、渔业	6837206	5631574	105.0
农　业	3515388	2807591	107.2
林　业	256292	217589	114.9
畜牧业	573482	460010	87.5
渔　业	2128506	1821992	105.0
农、林、牧、渔服务业	363538	324391	111.1
2、工　业	44570239	44421862	110.1
采矿业	252839	235803	111.1
制造业	41244309	41334849	111.0
电力、燃气及水的生产和供应业	3073091	2851209	97.4
3、建筑业	7999138	7365694	126.3
房屋建筑业	6760815	6225636	112.5
土木工程建筑业	995574	915724	652.9
建筑安装业	127420	117637	102.4
建筑装饰和其他建筑业	115329	106697	258.1
4、批发和零售业	2083232	1891522	105.3
批发业	1008819	892221	109.8
零售业	1074412	999301	101.6
5、交通运输、仓储和邮政业	3195756	2994167	116.0
铁路运输业	114820	100896	177.3
道路运输业	2643940	2495974	113.5
水上运输业	50540	44535	155.4
装卸搬运和运输代理业	138362	126487	115.5
仓储业	162060	142218	116.3
邮政业	86035	84057	129.9
6、住宿和餐饮业	948559	739483	105.3
住宿业	151715	106585	102.6
餐饮业	796844	632898	105.7
7、信息传输、软件和信息技术服务业	707289	698093	115.3
电信、广播电视和卫星传输服务	671852	665557	115.0
互联网和相关服务	27093	24829	119.3
软件和信息技术服务业	8345	7707	124.2
8、金融业	1662758	1451148	123.0
货币金融服务	1169490	1017199	122.4
资本市场服务	59407	55018	138.3

2—15 续表　　　　单位：万元、%

	按当年价格计算	按可比价格计算	以上年为100的发展速度
保险业	422133	367690	122.2
其他金融业	11728	11241	136.0
9、房地产业	1531661	1247379	100.4
房地产开发经营业	622872	549271	106.4
物业管理业	40386	33466	103.0
房地产中介服务业	6010	4336	104.1
自有房地产经营活动	673715	450459	104.1
其他房地产业	188679	209847	81.8
10、租赁和商务服务业	1133733	901854	129.9
租赁业	27847	23321	114.6
商务服务业	1105886	878533	130.3
11、科学研究和技术服务业	108382	86978	120.8
研究和试验发展	5406	4870	122.2
专业技术服务业	89118	71279	121.5
科技推广和应用服务业	13857	10829	115.7
12、水利、环境和公共设施管理业	92912	73037	123.0
水利管理业	32689	26348	134.7
生态保护和环境治理业	15173	12110	93.0
公共设施管理业	45050	34579	129.0
13、居民服务、修理和其他服务业	2617020	2240897	123.9
居民服务业	936937	813307	118.1
机动车、电子产品和日用产品修理业	66943	58523	122.3
其他服务业	1613141	1369068	122.3
14、教　育	773397	679358	117.2
15、卫生和社会工作	704142	598755	122.9
卫　生	651454	556693	122.8
社会工作	52688	42062	124.7
16、文化、体育和娱乐业	545586	499255	120.4
广播、电视、电影和影视录音制作业	114944	105673	130.7
文化艺术业	24742	22711	127.9
体　育	22750	20971	132.2
娱乐业	383151	349900	118.9
17、公共管理、社会保障和社会组织	1383851	1227382	121.2
第一产业	6473669	5307182	104.7
第二产业	52569377	51787556	112.1
第三产业	17851816	15653699	115.7

2—16 地区生产总值项目结构(2015年)

单位：万元

	增加值	劳动者报酬	生产税净额	固定资产折旧	营业盈余
地区生产总值	**27673482**	**14889589**	**3309032**	**3096939**	**6377922**
1、农、林、牧、渔业	3916811	3797270		119541	
农　业	2076363	2029761		46602	
林　业	150167	145302		4865	
畜牧业	297799	289519		8280	
渔　业	1184367	1131730		52637	
农、林、牧、渔服务业	208115	200958		7157	
2、工　业	11179980	3985519	2239851	1348741	3605869
采矿业	77228	31426	18182	14524	13096
制造业	10380184	3719994	2113268	1119825	3427096
电力、燃气及水的生产和供应业	722568	234098	108401	214392	165677
3、建筑业	2251189	1766650	208583	27808	248148
房屋建筑业	1930374	1527673	176620	19696	206385
土木工程建筑业	256714	193078	24103	5091	34442
建筑安装业	28793	18616	4401	1081	4695
建筑装饰和其他建筑业	35308	27283	3459	1940	2626
4、批发和零售业	1426914	780338	215215	77266	354095
批发业	701950	235409	141007	32358	293177
零售业	724964	544929	74208	44908	60918
5、交通运输、仓储和邮政业	1651192	775286	72640	286270	516995
铁路运输业	62142	32056	15630	10239	4217
道路运输业	1392638	672002	44662	233642	442332
水上运输业	38300	15859	1313	8699	12428
装卸搬运和运输代理业	79738	24817	7102	18866	28953
仓储业	41853	10619	1572	7770	21893
邮政业	36521	19932	2361	7054	7173
6、住宿和餐饮业	347455	256910	30462	27371	32712
住宿业	54195	31811	6992	9864	5528
餐饮业	293261	225099	23470	17507	27184
7、信息传输、软件和信息技术服务业	410606	81423	20482	124076	184625
电信、广播电视和卫星传输服务	389826	70146	19467	121370	178843
互联网和相关服务	16322	9131	759	2196	4235
软件和信息技术服务业	4458	2147	255	510	1546
8、金融业	1024430	308453	110594	41270	564112
货币金融服务	873673	246802	93699	36808	496362
资本市场服务	46824	11085	618	293	34829

2—16 续表 单位：万元

	增加值	劳动者报酬	生产税净额	固定资产折旧	营业盈余
保险业	94174	47677	15471	3643	27383
其他金融业	9759	2889	806	527	5538
9、房地产业	1320982	101128	255391	609332	355131
房地产开发经营业	570944	69528	223267	9799	268350
物业管理业	24892	7952	6097	781	10062
房地产中介服务业	4617	2191	925	218	1283
自有房地产经营活动	596954			596954	
其他房地产业	123575	21457	25102	1580	75436
10、租赁和商务服务业	590208	252756	36443	49165	251844
租赁业	16775	9898	1287	2473	3117
商务服务业	573433	242858	35156	46693	248727
11、科学研究和技术服务业	65120	37668	5130	4849	17472
研究和试验发展	3632	3115	17	322	177
专业技术服务业	53843	30097	4375	3835	15536
科技推广和应用服务业	7645	4456	738	692	1759
12、水利、环境和公共设施管理业	62739	33193	1549	17025	10972
水利管理业	25149	10725	263	11328	2832
生态保护和环境治理业	11116	9553	103	1065	395
公共设施管理业	26474	12914	1184	4631	7744
13、居民服务、修理和其他服务业	1396619	1080354	64127	118292	133846
居民服务业	451325	313458	20245	41356	76267
机动车、电子产品和日用产品修理业	37676	30516	1744	3082	2334
其他服务业	907618	736380	42139	73854	55245
14、教　育	589727	513165	5454	49845	21264
15、卫生和社会工作	363899	279296	11516	27313	45774
卫　生	323922	248636	3830	25683	45772
社会工作	39977	30660	7686	1629	2
16、文化、体育和娱乐业	342875	234728	24117	48966	35063
广播、电视、电影和影视录音制作业	77929	47130	4320	17715	8765
文化艺术业	18090	14728	159	2016	1187
体　育	14821	8643	628	1460	4091
娱乐业	232035	164228	19011	27776	21020
17、公共管理、社会保障和社会组织	732736	605451	7477	119808	
第一产业	3708696	3596312		112384	
第二产业	13431169	5752169	2448434	1376549	3854017
第三产业	10533617	5541108	860598	1608006	2523905

2—17 按可比价格计算的地区生产总值(2015年)

单位：万元、%

	总　　量	以上年为100的发展速度
地区收入总值	**25306602**	**111.0**
地区生产总值	**25272584**	**111.0**
1、农、林、牧、渔业	3175362	104.5
农　业	1625960	105.4
林　业	122981	111.0
畜牧业	220212	87.3
渔　业	1025260	106.1
农、林、牧、渔服务业	180949	109.1
2、工　业	11312401	110.0
采矿业	70162	107.0
制造业	10477486	111.2
电力、燃气及水的生产和供应业	764753	96.2
3、建筑业	1981697	111.1
房屋建筑业	1697288	108.4
土木工程建筑业	226028	149.4
建筑安装业	26201	67.1
建筑装饰和其他建筑业	32180	117.3
4、批发和零售业	1278108	104.6
批发业	588736	109.6
零售业	689372	100.6
5、交通运输、仓储和邮政业	1539572	116.1
铁路运输业	51232	159.2
道路运输业	1308262	113.9
水上运输业	31797	144.2
装卸搬运和运输代理业	74575	115.9
仓储业	37932	119.5
邮政业	35774	131.1
6、住宿和餐饮业	262536	105.9
住宿业	35569	103.6
餐饮业	226967	106.3
7、信息传输、软件和信息技术服务业	431480	117.6
电信、广播电视和卫星传输服务	411073	117.3
互联网和相关服务	16156	121.8
软件和信息技术服务业	4251	128.6
8、金融业	792344	123.1
货币金融服务	671959	122.5
资本市场服务	38361	138.0

2—17 续表

单位：万元、%

	总　　量	以上年为100的发展速度
保险业	74230	120.9
其他金融业	7794	124.8
9、房地产业	1041414	102.9
房地产开发经营业	473068	107.9
物业管理业	24280	103.4
房地产中介服务业	3357	105.5
自有房地产经营活动	412755	105.0
其他房地产业	127954	83.4
10、租赁和商务服务业	463965	128.5
租赁业	13410	114.9
商务服务业	450555	129.0
11、科学研究和技术服务业	47378	121.5
研究和试验发展	2879	121.9
专业技术服务业	38728	122.1
科技推广和应用服务业	5772	117.6
12、水利、环境和公共设施管理业	48953	122.5
水利管理业	19726	132.9
生态保护和环境治理业	8441	93.2
公共设施管理业	20786	129.4
13、居民服务、修理和其他服务业	1193676	123.6
居民服务业	374420	116.9
机动车、电子产品和日用产品修理业	32797	123.9
其他服务业	786459	127.1
14、教　育	485401	113.9
15、卫生和社会工作	293929	121.0
卫　生	261621	120.9
社会工作	32309	122.1
16、文化、体育和娱乐业	312988	121.5
新闻和出版业	4260	80.9
广播、电视、电影和影视录音制作业	73501	129.5
文化艺术业	16967	123.6
体　育	14013	130.8
娱乐业	204247	119.3
17、公共管理、社会保障和社会组织	611380	119.8
第一产业	2994413	104.2
第二产业	13294098	110.2
第三产业	8984073	114.8
地区外净要素收入	34018	106.4

2—18 按支出法计算的地区生产总值(2015年)

单位：万元

	按当年价格计算	按2010可比价格计算	
		绝 对 数	以上年为100的速度
支出法地区生产总值	**27673482**	**25272584**	**111.0**
一、最终消费支出	10840895	9792904	109.2
居民消费支出	8831040	7976396	110.0
农村居民	2777445	2547849	110.5
城镇居民	6053595	5428547	109.7
政府消费支出	2009855	1816508	106.1
二、资本形成总额	15214658	14307385	113.1
固定资本形成总额	14090054	13277809	113.4
存货增加	1124604	1029576	108.8
三、货物和服务净流出	1617929	1172295	102.5
流 出	6708236	5752433	96.7
流 入	5090307	4580138	95.3

2—19 最终消费支出(当年价)

单位：万元

	2015		2015
最终消费支出	10840895	(二)城镇居民	6053595
一、居民消费支出	8831040	1、食品烟酒	2229510
(一)农村居民	2777445	2、衣 着	374575
1、食品烟酒	1135006	3、居住(含自有住房服务)	1065761
2、衣 着	130080	4、生活用品及服务	372098
3、居住(含自有住房服务)	653348	5、交通和通信	635816
4、生活用品及服务	151683	6、教育文化娱乐	579821
5、交通和通信	251652	7、医疗保健	405931
6、教育文化娱乐	218107	8、银行中介服务	57797
7、医疗保健	158623	9、保险服务	72596
8、银行中介服务	15013	10、其他商品和服务	259690
9、保险服务	6328	二、政府消费支出	2009855
10、其他商品和服务	57605		

2—20 分县(市、区)总产出(2015年)

单位：万元、%

	总产出		第一产业		第二产业		#工业		建筑业		第三产业	
	总量	增速	总量	增速	总量	增速	总量	增速	总量	增速	总量	增速
漳州市	**76894861**	**12.3**	**6473669**	**4.7**	**52569377**	**12.1**	**44570239**	**10.1**	**7999138**	**26.3**	**17851816**	**15.7**
市区	17248597	13.4	237678	-3.5	11634571	13.1	9455742	10.4	2178829	28.6	5376348	14.9
龙海市	18503117	12.2	968790	3.4	13983814	12.4	11620563	8.9	2363251	39.1	3550513	13.3
云霄县	4197434	15.0	475351	5.6	2810448	16.3	2444628	13.7	365820	38.3	911635	16.5
漳浦县	8186313	1.8	1148871	3.2	4907624	-4.7	3921959	-3.8	985665	-7.6	2129818	18.1
诏安县	5046293	20.8	667648	10.2	3060056	22.8	2608728	21.1	451328	35.2	1318589	22.0
长泰县	5954856	12.0	283367	2.0	4765540	12.0	4577691	11.0	187849	38.7	905949	15.8
东山县	4372766	12.5	558061	5.7	3000587	12.6	2670533	11.2	330054	27.5	814118	16.6
南靖县	6094881	12.8	780905	3.8	4142369	13.2	3778367	11.9	364002	30.5	1171607	17.6
平和县	4483656	13.6	930777	5.6	2283694	17.0	1829502	13.5	454192	34.6	1269185	13.6
华安县	2806951	14.0	422221	5.9	1980674	15.2	1662526	14.1	318148	21.4	404056	14.1

2—20 续表1

单位：万元、%

	#交通运输、仓储邮政业		信息传输计算机服务和软件业		批发和零售业		住宿和餐饮业		金融业		房地产业		租赁和商务服务业	
	总量	增速	总量	增速	总量	增速	总量	增速	总量	增速	总量	增速	总量	增速
漳州市	**3195756**	**16.0**	**707289**	**15.3**	**2083232**	**5.3**	**948559**	**5.3**	**1662758**	**23.0**	**1531661**	**0.4**	**1133733**	**29.9**
市区	1094900	15.3	274345	16.4	699935	4.5	212383	-2.6	800323	19.7	402425	3.1	474933	29.2
龙海市	691456	18.0	110622	12.9	329452	1.3	166798	3.0	257808	26.4	490746	-2.9	129010	18.4
云霄县	122325	17.5	47489	5.9	111710	6.1	93841	10.7	63593	12.4	59659	2.7	30732	32.8
漳浦县	376205	16.0	71981	2.1	173970	2.4	102759	11.1	141144	54.7	151010	11.1	94870	23.1
诏安县	156521	22.6	32127	45.6	151429	6.8	89283	5.6	69666	19.3	95451	1.0	174379	53.2
长泰县	163142	11.2	33298	26.2	98493	18.2	69481	11.6	99660	26.7	81808	-8.8	58451	17.2
东山县	118567	16.4	46414	23.0	89585	10.9	57606	7.3	73513	23.3	78919	3.3	42525	27.7
南靖县	265947	16.8	25407	18.2	138221	4.9	76583	6.8	64625	16.8	63536	-0.3	51208	34.4
平和县	160860	8.2	46499	21.0	246350	7.4	50707	11.0	50862	10.1	77007	2.9	56634	23.6
华安县	45832	16.3	19108	9.1	44087	7.1	29118	12.0	41564	18.3	31099	-6.0	20990	24.9

2—20 续表2

单位：万元、%

	科学研究、技术服务和地质勘查业		水利、环境和公共设施管理业		居民服务和其他服务业		教育		卫生、社会保障和社会福利业		文化、体育和娱乐业		公共管理和社会组织	
	总量	增速	总量	增速	总量	增速	总量	增速	总量	增速	总量	增速	总量	增速
漳州市	**108382**	**20.8**	**92912**	**23.0**	**2617020**	**3.9**	**773397**	**17.2**	**704142**	**22.9**	**545586**	**20.4**	**1383851**	**21.2**
市区	68226	25.7	11037	–22.0	355325	15.4	172264	13.4	248191	25.0	206288	16.6	335294	32.2
龙海市	14193	9.6	27745	80.2	403147	22.8	159443	22.3	114456	21.2	51994	12.4	546524	19.3
云霄县	4276	18.7	7814	25.6	155675	21.0	47374	25.7	58885	59.2	25718	32.7	55794	15.0
漳浦县	5254	15.4	8264	17.4	618564	24.5	79854	15.7	66961	12.0	54927	25.6	100708	17.4
诏安县	1545	4.3	3127	4.5	331667	31.4	45188	8.9	42745	4.4	15643	36.9	69333	16.6
长泰县	2369	26.8	4971	19.4	116305	16.3	38258	24.2	25389	29.3	32071	15.2	68690	26.0
东山县	2818	25.4	3457	23.1	96482	21.2	44651	21.4	34981	22.4	42125	21.7	51305	18.5
南靖县	2557	6.9	3998	10.1	244925	38.2	41544	10.5	23815	13.7	69778	25.2	68906	7.9
平和县	5824	19.7	21933	21.5	212315	25.3	121659	19.0	73657	21.9	34859	22.6	59107	23.1
华安县	1320	–1.7	565	192.9	82616	19.3	23160	12.0	15062	16.8	12183	30.6	28191	16.8

2—21 分县(市、区)地区生产总值(2015年)

单位：万元、%

	地区生产总值		第一产业		第二产业		#工业		建筑业		第三产业		#交通运输、仓储邮政业	
	总量	增速	总量	增速	总量	增速	总量	增速	总量	增速	总量	增速	总量	增速
漳州市	**27673482**	**11.0**	**3708696**	**4.2**	**13431169**	**10.2**	**11179980**	**10.0**	**2251189**	**11.1**	**10533617**	**14.8**	**1651192**	**16.1**
市区	6292453	11.4	127367	–3.2	2927369	9.7	2314265	11.0	613104	4.0	3237717	14.0	542211	15.9
龙海市	6403289	12.4	575368	3.7	3636115	13.1	2970818	10.7	665297	29.1	2191806	13.4	365723	16.0
云霄县	1575635	13.2	289943	5.4	744098	14.1	641158	13.3	102940	19.7	541594	16.6	61797	16.4
漳浦县	3187611	3.7	622951	3.1	1291241	–6.3	1013883	–3.9	277358	–14.0	1273419	16.7	193062	16.0
诏安县	1892021	13.2	392790	5.8	835417	14.2	708415	12.6	127002	25.7	663814	16.7	69905	16.4
长泰县	1863645	12.2	168172	2.4	1143089	11.6	1090229	11.0	52860	22.4	552384	17.2	81027	16.2
东山县	1563020	11.4	308588	5.4	742785	11.5	649909	10.6	92876	18.6	511647	15.1	76945	16.1
南靖县	2122076	11.2	445717	3.5	1041493	12.0	939069	11.4	102424	18.5	634866	15.9	132640	16.0
平和县	1727214	10.7	517386	5.9	532474	12.2	404668	13.5	127806	7.8	677354	13.4	104492	17.0
华安县	1046518	11.7	260414	6.0	537088	12.6	447566	14.0	89522	6.4	249016	14.0	23391	16.1

备注：1.增长速度按可比价格计算；2.年平均人口使用的是常住人口数据。

2—21 续表1

单位：万元、%

	信息传输计算机服务和软件业		批发和零售业		住宿和餐饮业		金融业		房地产业		租赁和商务服务业		科学研究、技术服务和地质勘查业	
	总量	增速	总量	增速	总量	增速	总量	增速	总量	增速	总量	增速	总量	增速
漳州市	**410606**	**17.6**	**1426914**	**4.6**	**347455**	**5.9**	**1024430**	**23.1**	**1320982**	**2.9**	**590208**	**28.5**	**65120**	**21.5**
市区	149956	16.5	505361	3.6	79354	-1.3	509250	19.1	356257	4.0	255158	29.0	41386	26.2
龙海市	68707	12.9	243620	1.6	64623	3.1	192392	27.0	417202	2.3	80763	28.5	10026	9.7
云霄县	26128	4.5	81024	6.1	34265	13.2	36461	22.0	54340	8.0	16263	38.4	2502	27.9
漳浦县	43668	2.0	127829	2.6	40205	10.8	73262	54.6	137889	9.0	44462	23.1	1968	15.4
诏安县	20942	38.0	109620	5.3	30770	9.5	22724	20.9	66557	3.1	82358	37.0	1097	13.4
长泰县	19995	32.0	76183	18.9	20018	13.7	60748	25.4	68441	-4.8	30603	17.2	1447	26.0
东山县	21751	23.4	67356	9.1	21314	6.9	37355	22.7	74867	2.8	20698	27.6	1475	24.6
南靖县	14256	17.7	93429	4.8	27275	5.9	31260	15.9	53239	-1.2	27542	34.0	1567	6.3
平和县	32791	53.9	90008	4.3	17539	11.1	38768	19.0	66186	持平	21661	16.9	2859	18.4
华安县	12411	29.4	32486	5.6	12092	10.3	22209	16.3	26005	-0.8	10700	17.7	793	16.1

2—21 续表2

单位：万元、%

	水利、环境和公共设施管理业		居民服务和其他服务业		教育		卫生、社会保障和社会福利业		文化、体育和娱乐业		公共管理和社会组织		人均GDP	
	总量	增速	总量	增速	总量	增速	总量	增速	总量	增速	总量	增速	总量(元)	增速
漳州市	**62739**	**22.5**	**1396619**	**23.6**	**589727**	**13.9**	**363899**	**21.0**	**342875**	**21.5**	**732736**	**19.8**	**55569**	**10.2**
市区	8709	-21.2	212742	11.7	138449	13.4	102586	25.8	127177	19.1	199004	32.6	81466	10.8
龙海市	17879	79.7	251380	27.5	129276	11.4	79349	21.3	37496	11.7	201862	19.3	68938	11.6
云霄县	6647	22.4	92285	29.0	38581	23.5	27602	30.6	15861	32.9	34290	8.7	37762	12.5
漳浦县	6421	17.4	360283	23.1	64059	15.7	35449	12.3	36572	25.9	61190	17.4	39073	2.9
诏安县	2513	13.7	99077	31.5	37209	12.4	26385	12.8	10054	32.4	60200	10.6	31291	12.2
长泰县	3828	26.0	65043	17.2	32420	24.2	15874	29.5	21854	17.2	43632	26.0	85606	11.4
东山县	1857	22.5	49914	21.1	31252	21.0	26067	22.5	24426	21.4	34679	17.8	71550	10.9
南靖县	2603	9.0	117141	37.5	31727	10.1	12173	13.7	39302	25.0	39090	7.3	62359	10.5
平和县	11896	23.7	100603	21.6	67737	7.4	29226	14.1	21714	29.6	39123	6.8	34393	9.9
华安县	386	17.4	48152	17.9	19018	17.8	9188	16.0	8420	26.1	19666	17.4	64282	10.8

2—22 分县(市、区)支出法地区生产总值(2015年)

单位：万元、%

	支出法GDP		最终消费		居民消费		农村居民		城镇居民	
	总量	增速	总量	增速	总量	增速	总量	增速	总量	增速
漳州市	**27673482**	**11.0**	**10840895**	**9.2**	**8831040**	**10.0**	**2777445**	**10.5**	**6053595**	**9.7**
市区	6292453	11.4	2588716	7.9	2146751	8.9	114824	8.4	2031927	8.9
龙海市	6403289	12.4	2146395	10.6	1712597	10.7	585626	5.7	1126971	13.5
云霄县	1575635	13.2	696382	12.4	577263	14.4	230623	15.4	346640	13.7
漳浦县	3187611	3.7	1512450	4.8	1291070	5.6	523305	15.1	767765	-0.1
诏安县	1892021	13.2	976322	10.4	830505	9.3	356597	5.3	473908	12.5
长泰县	1863645	12.2	529186	11.4	397438	13.8	175246	17.2	222192	11.2
东山县	1563020	11.4	629912	11.8	476221	12.8	163616	11.7	312605	13.4
南靖县	2122076	11.2	654783	6.0	497850	9.0	209808	8.4	288042	9.4
平和县	1727214	10.7	825692	12.3	662689	13.7	334809	17.4	327880	10.3
华安县	1046518	11.7	281057	10.4	238656	9.8	82991	3.0	155665	13.7

2—22 续表1

单位：万元、%

	政府消费		资本形成总额		固定资本形成		存货增加		货物和服务净出口	
	总量	增速	总量	增速	总量	增速	总量	增速	总量	增速
漳州市	**2009855**	**6.1**	**15214658**	**13.1**	**14090054**	**13.4**	**1124605**	**8.8**	**1617929**	**2.5**
市区	441965	3.6	3585291	13.9	3460856	14.4	124435	2.9	118446	7.3
龙海市	433798	10.0	3649561	15.1	3260506	16.1	389055	7.0	607333	4.8
云霄县	119119	3.9	860923	15.7	809663	16.3	51260	6.8	18330	-68.7
漳浦县	221380	0.6	1501425	2.7	1444046	2.6	57379	4.0	173736	19.8
诏安县	145817	18.0	727260	21.0	520476	22.4	206784	17.8	188439	-0.7
长泰县	131748	5.2	1137435	12.6	1026915	2.8	110520	10.3	197024	16.3
东山县	153691	8.8	862808	12.9	836236	13.0	26572	10.4	70300	-37.6
南靖县	156933	-2.5	1386753	14.2	1322671	14.8	64082	2.9	80540	2.2
平和县	163003	7.0	738762	9.8	658159	9.8	80603	9.6	162760	3.1
华安县	42401	14.5	764441	12.3	750526	12.1	13915	23.2	1020	7.8

2—22 续表2 单位：万元、%

	出口		进口		居民消费水平		农村居民		城镇居民	
	总量	增速	总量	增速	当年价	可比价增速	当年价	可比价增速	当年价	可比价增速
漳州市	**6708236**	**-3.3**	**5090307**	**-4.7**	**17733**	**9.2**	**12205**	**11.9**	**22385**	**7.1**
市区	1856329	-7.5	1737882	-9.0	27793	8.3	13461	14.1	29573	7.6
龙海市	928667	-10.3	321334	-31.3	18439	9.9	13708	8.2	22468	9.6
云霄县	121687	7.5	103357	24.2	13835	13.6	10314	16.3	17900	11.1
漳浦县	1338051	2.7	1164315	2.7	15826	4.8	12348	16.1	19586	-2.6
诏安县	200448	-2.4	12009	-20.7	13735	8.4	9997	6.3	19113	8.8
长泰县	441067	14.7	244043	14.5	18256	12.9	16595	18.8	19821	8.1
东山县	1206562	-3.2	1136262	-2.4	21800	12.2	16645	13.4	26018	10.9
南靖县	344207	7.6	263667	8.9	14630	8.3	11860	9.8	17628	6.4
平和县	238308	5.6	75548	8.4	13196	12.9	11513	18.5	15510	6.9
华安县	32910	1.5	31890	1.5	14659	8.9	10135	6.8	19239	7.8

2—23 分县(市、区)三次产业增加值构成

	2015年三次产业增加值构成(%)			2014年三次产业增加值构成(%)		
	第一产业	第二产业	第三产业	第一产业	第二产业	第三产业
漳州市	**13.4**	**48.5**	**38.1**	**14.0**	**49.8**	**36.2**
市区	2.0	46.5	51.5	2.1	48.2	49.7
龙海市	9.0	56.8	34.2	9.7	56.8	33.5
云霄县	18.4	47.2	34.4	17.4	48.8	33.8
漳浦县	19.5	40.5	40.0	19.3	46.3	34.4
诏安县	20.8	44.1	35.1	21.4	44.6	34.0
长泰县	9.0	61.3	29.7	9.5	62.4	28.1
东山县	19.8	47.5	32.7	19.9	48.6	31.5
南靖县	21.0	49.1	29.9	23.9	48.3	27.8
平和县	30.0	30.8	39.2	32.9	30.3	36.8
华安县	24.9	51.3	23.8	22.1	53.9	24.0

主要统计指标解释

国民总收入(简称GNI) 是指一个国家(或地区)所有常住单位在一定时期内收入初次分配的最终结果。一国常住单位从事生产活动所创造的增加值在初次分配过程中主要分配给该国的常住单位,但也有一部分以生产税及进口税(扣除生产和进口补贴)、劳动者报酬和财产收入等形式分配给非常住单位;同时,国外生产所创造的增加值也有一部分以生产税及进口税(扣除生产和进口补贴)、劳动者报酬和财产收入等形式分配给该国的常住单位,从而产生了国民总收入的概念,它等于国内生产总值加上来自国外的净要素收入。与国内生产总值不同,国民总收入是一个收入概念,而国内生产总值是一个生产概念。各地区GNI中文译名为地区收入总值。

国内生产总值(简称GDP) 是按市场价格计算的一个国家(或地区)所有常住单位在一定时期内生产活动的最终成果。国内生产总值有三种表现形态,即价值形态、收入和产品形态。从价值形态看,它是所有常住单位在一定时期内所生产的全部货物和服务价值超过同期投入的全部非固定资产货物和服务价值的差额,即所有常住单位的增加值之和;从收入形态看,它是所有常住单位在一定时期内所创造并分配给常住单位和非常住单位的初次收入之和;从产品形态看,它是所有常住单位在一定时期内最终使用的货物和服务价值减去进口货物和服务价值。各地区GDP中文译名为地区生产总值。

在核算中,国内生产总值的三种表现形态表现为三种计算方法,即生产法、收入法和支出法。三种方法分别从不同的方面反映了国内生产总值及其构成。

按生产法计算,它等于各部门增加值之和;按收入法计算,它等于固定资产折旧、劳动者报酬、生产税净额和营业盈余之和;按支出法计算,它等于总消费、总投资和净出口之和。

在国内生产总值定义中,常住单位的概念对于确定计算国内生产总值的口径,明确各种的交易的范围具有十分重要的意义。所谓常住单位是指在一国经济领土上具有经济利益中心的经济单位。一国经济领土是由该国政府控制或拥有的地理领土组成的。若一个经济单位在一国的经济领土之内拥有一定的活动场所(住宅、厂房或其他建筑物等),从事一定规模的经济活动,并超过一定的时期(一般在一年以上),则称该经济单位在该国具有经济利益中心。国内生产总值反映了所有常住单位生产活动的最终成果。在这里,最终成果有双重含义:一是从使用价值形态上看,它包括了一切用于现期消费、投资和净出口的货物和服务,而不包括用于生产过程中的货物和服务;二是从价值形态上看,生产过程也是价值的转移过程,生产中耗用的产品(中间产品)价值随同生产过程转移到新产品价值之中,因此,必须在总产出基础上扣除一切中间产品的转移价值,以避免产品价值的重复计算。

三次产业 是根据社会生产活动历史发展的顺序对产业结构的划分,产品直接取自自然界的部门称为第一产业,对初级产品进行再加工的部门称为第二产业,为生产和消费提供各种服务的部门称为第三产业。它是世界上较为通用的产业结构分类,但各国的划分不尽一致。

我国的三次产业划分根据《国民经济行业分类》(GB/T 4754-2011)划分为:

第一产业:指农、林、牧、渔业(不含农、林、牧、渔服务业)。

第二产业:指采矿业(不含开采辅助活动),制造业(不含金属制品、机械和设备修理业),电力、热力、燃气及水生产和供应业,建筑业。

第三产业:即服务业,是指除第一产业、第二产业以外的其他行业。包括:批发和零售业,交通运输、仓储和邮政业,住宿和餐饮业,信息传输、软件和信息技术服务业,金融业,房地产业,租赁和商务服务业,科学研究和技术服务业,水利、环境和公共设施管理业,居民服务、修理和其他服务业,教育,卫生和社会工作,文化、体育和娱乐业,公共管理、社会保障和社会组织,国际组织,以及农、林、牧、渔业中的农、林、牧、渔服务业,采矿业中的开采辅助活动,制造业中的金属制品、机械和设备修理业。

支出法国内生产总值 指一个国家(或地区)所有常住单位在一定时期内用于最终消费、资本形成总额,以及货物和服务的净出口总额,它反映本期生产的国内生产总值的使用及构成。

最终消费 指常住单位在一定时期内对于货物和服务的全部最终消费支出,也就是常住单位为满足物质、文化和精神生活的需要,从本国经济领土和国外购买的货物和服务的支出; 不包括非常住单位在本国经济领土内的消费支出。最终消费分为居民消费和政府消费。

资本形成总额 指常住单位在一定时期内获得的减去处置的固定资产加存货的变动,包括固定资本形成总额和存货增加。

劳动者报酬 指劳动者因从事生产活动所获得的全部报酬。包括劳动者获得的各种形式的工资、奖金和津贴,既包括货币形式的,也包括实物形式的;还包括劳动者所享受的公费医疗和医药卫生费、上下班交通补贴和单位支付的社会保险费、住房公积金等。对于个体经济来说,其所有者所获得的劳动报酬和经营利润不易区分,这两部分统一作为劳动者报酬处理。

生产税净额 指生产税减生产补贴后的余额。生产税指政府对生产单位生产、销售和从事经营活动以及因从事生产活动使用某些生产要素(如固定资产、土地、劳动力)所征收的各种税、附加费和规费。生产补贴与生产税相反,指政府对生产单位的单方面转移支出,因此视为负生产税,包括政策亏损补贴、价格补贴等。

固定资产折旧 指一定时期内为弥补固定资产损耗按照规定的固定资产折旧率提取的固定资产折旧,或按国民经济核算统一规定的折旧率虚拟计算的固定资产折旧。它反映了固定资产在当期生产中的转移价值。各类企业和企业化管理的事业单位的固定资产折旧是指实际计提并计入成本费中的折旧费; 不计提折旧的政府机关、非企业化管理的事业单位和居民住房的固定资产折旧是按照统一规定的折旧率和固定资产原值计算的虚拟折旧。原则上,固定资产折旧应按固定资产的重置价值计算,但是目前我国尚不具备对全社会固定资产进行重估价的基础,所以暂时只能采用上述办法。

营业盈余 指常住单位创造的增加值扣除劳动者报酬、生产税净额和固定资产折旧后的余额。它相当于企业的营业利润加上生产补贴,但要扣除从利润中开支的工资和福利等。

第三篇　人口与劳动力

3—1 主要年份全国、全省、全市年末常住人口及自然增长率

年份	全国		全省		漳州	
	常住人口（万人）	自然增长率（‰）	常住人口（万人）	自然增长率（‰）	常住人口（万人）	自然增长率（‰）
1949	54167	16.0	1186		155.47	
1950	55196	19.0	1211	18.8	160.11	
1951	56300	20.0	1238	21.6	164.35	
1952	57482	20.0	1270	24.6	169.49	
1953	58796	23.0	1303	24.1	174.03	
1954	60266	24.8	1342	27.8	180.02	
1955	61465	20.3	1379	26.5	185.35	
1956	62828	20.5	1416	24.4	190.41	
1957	64653	23.2	1461	27.8	197.24	36.5
1958	65994	17.2	1506	25.7	202.92	22.9
1959	67207	10.2	1537	17.6	212.57	21.8
1960	66207	-4.6	1547	4.7	215.81	16.2
1961	65859	3.8	1558	7.0	217.18	8.1
1962	67295	27.0	1602	29.6	223.91	34.8
1963	69172	33.3	1656	36.5	231.56	38.8
1964	70499	27.6	1703	29.9	237.46	30.6
1965	72538	28.4	1759	33.3	245.47	35.6
1966	74542	26.2	1812	29.4	253.27	31.8
1967	76368	25.5	1857	27.6	259.97	29.5
1968	78534	27.4	1912	29.8	269.13	32.5
1969	80671	26.1	1966	28.7	278.14	31.4
1970	82992	25.8	2020	27.3	286.10	29.3
1971	85229	23.3	2078	27.9	295.25	31.2
1972	87177	22.2	2135	27.0	304.28	28.5
1973	89211	20.9	2194	26.4	312.82	26.3
1974	90859	17.5	2245	22.9	319.76	22.8
1975	92420	15.7	2297	22.6	326.72	21.6
1976	93717	23.7	2351	22.6	332.99	18.7
1977	94974	12.1	2402	21.0	339.04	17.7
1978	96259	12.0	2446	19.0	344.49	15.9
1979	97542	11.6	2487	16.6	349.21	13.5
1980	98705	11.9	2519	12.4	354.11	12.9
1981	100072	14.6	2563	17.2	359.72	12.6

3—1 续表

年份	全国		全省		漳州	
	常住人口（万人）	自然增长率（‰）	常住人口（万人）	自然增长率（‰）	常住人口（万人）	自然增长率（‰）
1982	101654	15.7	2620	21.6	365.81	13.1
1983	103008	13.3	2668	18.2	370.83	11.9
1984	104357	13.1	2720	19.4	375.91	11.7
1985	105851	14.3	2769	17.7	380.96	10.9
1986	107507	15.6	2820	18.2	386.35	12.9
1987	109300	16.6	2875	19.2	392.08	13.7
1988	111026	15.7	2929	18.5	398.21	13.1
1989	112704	15.0	2984	18.6	403.64	11.8
1990	114333	14.4	3037	17.7	416.70	26.5
1991	115823	13.0	3079	13.8	420.90	11.3
1992	117171	11.6	3116	12.2	423.33	6.6
1993	118517	11.5	3150	11.1	426.64	8.3
1994	119850	11.2	3183	10.3	429.45	7.7
1995	121121	10.6	3227	9.3	436.81	8.0
1996	122389	10.4	3261	7.3	440.36	8.1
1997	123626	10.1	3282	6.3	443.62	7.4
1998	124761	9.1	3299	5.3	446.84	7.3
1999	125786	8.2	3316	5.2	449.75	6.5
2000	126743	7.6	3410	5.8	458.17	6.2
2001	127627	7.0	3440	6.0	460.00	6.4
2002	128453	6.5	3466	5.8	461.84	6.1
2003	129227	6.0	3488	5.9	464.00	5.9
2004	129988	5.9	3511	6.0	468.00	6.0
2005	130756	5.9	3535	6.0	470.00	5.9
2006	131448	5.3	3558	6.3	472.00	5.8
2007	132129	5.2	3581	6.1	474.00	5.8
2008	132802	5.1	3604	6.3	477.00	5.9
2009	133474	5.1	3627	6.2	480.00	6.5
2010	134091	4.8	3693	6.1	481.16	6.0
2011	134735	4.8	3720	6.2	484.00	6.4
2012	135404	5.0	3748	7.0	490.00	7.7
2013	136072	4.9	3774	6.2	493.00	5.9
2014	136782	5.2	3806	7.5	496.00	7.3
2015	137462	5.0	3839	7.8	500.00	8.2

注:1、全国、全省 1981 及以前数据为户籍统计数;1982、1990、2000、2010 年数据为当年人口普查数据推算数;其余年份数据为在年度人口抽样调查基础上,根据人口普查数据修订数。2、漳州 1994 及以前数据为户籍统计数。

3—2 主要年份全国、全省、全市全社会从业人员年末数及指数

以上年为100

年份	全国		全省		漳州	
	绝对数（万人）	指数（%）	绝对数（万人）	指数（%）	绝对数（万人）	指数（%）
1949					62.39	100.0
1950					67.66	108.4
1951					69.47	102.7
1952	20729		473.66		73.58	105.9
1953	21364	103.1	484.37	102.3	75.89	103.1
1954	21832	102.2	492.09	101.6	78.29	103.2
1955	22328	102.3	507.27	103.1	80.03	102.2
1956	23018	103.1	520.64	102.6	79.67	99.6
1957	23771	103.3	531.68	102.1	81.58	102.4
1958	26600	111.9	567.91	106.8	90.28	110.7
1959	26173	98.4	587.54	103.5	88.74	98.3
1960	25880	98.9	619.03	105.4	90.53	102.0
1961	25590	98.9	597.16	96.5	85.79	94.8
1962	25910	101.3	582.96	97.6	85.19	99.3
1963	26640	102.8	590.24	101.2	86.38	101.4
1964	27736	104.1	611.27	103.6	89.88	104.1
1965	28670	103.4	633.15	103.6	92.77	103.2
1966	29805	104.0	656.35	103.7	94.47	101.8
1967	30814	103.4	675.85	103.0	99.86	105.7
1968	31915	103.6	696.30	103.0	102.42	102.6
1969	33225	104.1	722.41	103.7	106.29	103.8
1970	34432	103.6	759.43	105.1	109.94	103.4
1971	35620	103.5	794.99	104.7	113.74	103.5
1972	35854	100.7	805.81	101.4	118.65	104.3
1973	36652	102.2	817.59	101.5	121.65	102.5
1974	37369	102.0	830.14	101.5	124.49	102.3
1975	38168	102.1	854.32	102.9	128.60	103.3
1976	38834	101.7	867.19	101.5	130.62	101.6
1977	39377	101.4	882.13	101.7	130.89	100.2
1978	40152	102.0	824.41	93.5	134.76	103.0
1979	41024	102.2	953.72	115.7	140.44	104.2
1980	42361	103.3	963.72	101.0	144.29	102.7
1981	43725	103.2	1001.75	103.9	148.59	103.0

3—2 续表

以上年为100

年份	全国		全省		漳州	
	绝对数（万人）	指数（%）	绝对数（万人）	指数（%）	绝对数（万人）	指数（%）
1982	45295	103.6	1027.96	102.6	153.07	103.0
1983	46436	102.5	1056.72	102.8	155.95	101.9
1984	48197	103.8	1101.82	104.3	157.87	101.2
1985	49873	103.5	1152.09	104.6	169.10	107.1
1986	51282	102.8	1188.93	103.2	173.44	102.6
1987	52783	102.9	1237.74	104.1	181.01	104.4
1988	54334	102.9	1281.07	103.5	189.39	104.6
1989	55329	101.8	1301.81	101.6	193.97	102.4
1990	64749	117.0	1348.38	103.6	194.57	100.3
1991	65491	101.1	1436.50	106.5	198.62	102.1
1992	66152	101.0	1489.61	103.7	202.88	102.1
1993	66808	101.0	1531.42	102.8	213.86	105.4
1994	67455	101.0	1553.57	101.4	217.71	101.8
1995	68065	100.9	1567.09	100.9	217.85	100.1
1996	68950	101.3	1594.37	101.7	216.67	99.5
1997	69820	101.3	1613.41	101.2	217.57	100.4
1998	70637	101.2	1621.87	100.5	215.46	99.0
1999	71394	101.1	1630.85	100.6	222.68	103.4
2000	72085	101.0	1660.19	101.8	220.65	99.1
2001	72979	101.2	1677.79	101.1	220.04	99.7
2002	73280	100.4	1711.32	102.0	222.08	100.9
2003	73736	100.6	1756.71	102.7	227.09	102.3
2004	74264	100.7	1814.03	103.3	231.86	102.1
2005	74647	100.5	1868.50	103.0	239.85	103.4
2006	74978	100.4	1949.58	104.3	250.08	104.3
2007	75321	100.5	2015.33	103.4	260.29	104.1
2008	75564	100.3	2079.78	103.2	258.79	99.4
2009	75828	100.3	2168.86	104.3	263.45	101.8
2010	76105	100.4	2181.33	100.6	275.36	104.5
2011	76420	100.4	2250.00	103.1	289.21	105.0
2012	76704	100.4	2568.93	104.4	294.80	101.9
2013	76977	100.4	2555.85	99.5	299.65	101.6
2014	77253	100.4	2648.51	103.6	304.26	101.5
2015	77451	100.3	2768.41	104.5	310.42	102.0

3—3 主要年份年末户籍统计人口数和人口变动系数

年份	年末户籍总人口（万人）	平均人口（万人）	人口出生率（‰）	人口死亡率（‰）	人口自然增长率（‰）
1952	169.49	166.92			
1957	197.24	193.83	43.60	6.95	36.50
1962	223.91	220.55	43.30	8.32	34.80
1965	245.47	241.47	43.40	7.63	35.60
1970	286.10	282.12	35.60	6.65	29.30
1975	326.72	323.24	28.70	6.97	21.60
1978	344.49	341.77	22.10	6.10	15.90
1979	349.21	346.85	19.59	6.08	13.51
1980	354.11	351.66	17.36	5.80	12.86
1981	359.72	356.92	18.39	5.82	12.57
1982	365.81	362.77	18.80	5.75	13.05
1983	370.83	368.32	17.90	5.99	11.91
1984	375.91	373.37	17.18	5.47	11.71
1985	380.96	378.44	16.29	5.42	10.87
1986	386.35	383.66	18.23	5.36	12.86
1987	392.08	389.22	15.45	5.30	13.72
1988	398.21	395.15	18.29	5.22	13.07
1989	403.64	400.93	16.81	4.98	11.83
1990	416.70	410.17	22.66	6.14	16.52
1991	420.90	418.80	16.39	5.11	11.27
1992	423.33	422.12	11.98	5.41	6.57
1993	426.64	424.99	13.53	5.23	8.30
1994	429.45	428.05	12.94	5.22	7.72
1995	432.22	430.84	13.57	5.57	8.00
1996	436.23	434.23	16.81	5.59	11.22
1997	438.76	437.50	13.04	5.27	7.77
1998	441.54	440.15	12.17	5.37	6.80
1999	445.49	443.52	13.54	5.18	8.36
2000	450.27	447.88	16.42	5.78	10.64
2001	451.96	451.12	11.63	4.95	6.68
2002	453.25	452.61	10.03	4.45	5.58
2003	453.93	453.59	8.78	5.38	2.41
2004	455.84	454.89	9.31	5.17	4.14
2005	457.37	456.61	9.93	4.48	5.46
2006	459.14	458.26	10.03	4.38	5.65
2007	463.10	461.12	12.55	5.03	7.52
2008	468.50	465.80	16.41	6.72	9.69
2009	471.77	470.14	11.74	6.06	5.69
2010	476.36	474.07	18.19	10.01	8.18
2011	479.23	477.80	12.86	7.08	5.76
2012	482.47	480.85	13.84	5.91	7.93
2013	489.46	485.41	19.40	5.04	14.36
2014	497.41	493.97	20.47	4.15	16.32
2015	502.08	499.70	16.73	4.86	11.87

3—4 主要年份按城乡劳动者分全社会从业人员数(年底数)

单位：万人

年 份	合 计	城镇职工				城镇个私劳动者	乡村劳动者	其他从业人员
			国有单位	城镇集体单位	其他单位			
1952	73.58							
1957	81.58	5.47	5.47				68.37	
1962	85.19	9.83	9.83				74.04	
1965	92.77	11.32	11.32				78.56	
1970	109.94	13.08	13.08				91.73	
1975	128.60	18.94	14.12	4.82			110.53	
1978	134.76	25.27	18.91	6.36		0.21	115.57	
1979	140.44	26.99	20.10	6.87				
1980	144.29	28.87	21.54	7.33		0.44	121.19	
1981	148.59	30.52	22.68	7.84				
1982	153.07	31.44	23.36	8.08				
1983	155.95	31.49	23.59	7.90				
1984	157.87	32.40	22.93	9.47				
1985	169.10	33.12	23.61	9.47	0.04	2.26	133.76	
1986	173.44	33.87	24.44	9.39	0.04			
1987	181.01	35.14	25.32	9.63	0.19			
1988	189.39	36.50	26.38	9.63	0.48			
1989	193.97	36.10	25.99	9.31	0.80			
1990	194.57	36.80	25.87	9.61	1.32	3.74	153.10	
1991	198.62	37.26	26.10	9.05	2.11	4.09	161.36	
1992	202.88	38.03	26.37	9.13	2.53	3.35	164.84	
1993	213.86	36.67	25.60	7.58	3.49		168.75	0.78
1994	217.71	38.03	25.17	8.26	4.60	6.72	170.35	0.71
1995	217.85	38.32	25.46	7.66	5.21	10.41	169.11	0.65
1996	216.67	37.08	24.57	6.62	5.89	10.80	169.89	0.45
1997	217.57	36.14	23.43	6.59	6.12	8.95	171.82	0.61
1998	215.46	33.04	20.87	4.41	7.76	7.50	174.29	0.62
1999	222.68	31.28	20.00	3.40	7.88	7.10	174.59	0.62
2000	220.65	30.49	18.92	3.27	8.31	6.98	182.55	0.63
2001	220.04	28.42	17.27	2.92	8.22	6.50	184.01	0.71
2002	222.08	29.39	16.71	2.43	10.24	6.50	185.32	0.87
2003	227.09	31.14	16.16	2.53	12.45	7.41	187.60	0.94
2004	231.86	33.10	15.96	2.10	15.04	8.79	188.79	1.18
2005	239.85	34.90	15.86	2.08	16.96	8.83	194.90	1.22
2006	250.08	35.92	15.67	2.03	18.22	10.20	202.54	1.42
2007	260.29	36.43	15.95	1.98	18.51	11.58	210.17	2.11
2008	267.35	35.31	14.82	1.64	18.85	13.74	206.53	3.21
2009	275.86	34.76	16.78	1.62	20.25	15.75	209.05	3.89
2010	275.36	35.79	14.26	1.16	20.36	19.69	215.56	4.32
2011	289.21	40.87	14.58	1.41	24.88	23.73	219.77	4.84
2012	294.80	43.58	13.72	1.26	28.60	27.23	218.94	5.05
2013	299.65	44.78	12.82	0.99	30.97	31.07	218.00	5.80
2014	304.26	45.86	12.97	0.98	31.91	36.43	214.89	7.08
2015	310.42	47.46	13.24	0.89	33.33	41.97	213.27	7.72

注:1998 年起职工的统计口径为“在岗职工”。1998 年以前国有单位统计口径为国有经济单位,集体单位统计口径为集体经济单位,其他单位统计口径为其他各种经济类型单位。

3—5 主要年份户籍统计人口构成

单位：%

年 份	按 性 别 分		按户口性质分	
	男	女	农 业	非 农 业
1952	50.2	49.8	86.2	13.8
1957	50.3	49.7	84.6	15.4
1962	50.4	49.6	85.1	14.9
1965	50.4	49.6	85.9	14.1
1970	50.3	49.7	89.3	10.7
1975	50.3	49.7	89.4	10.6
1978	50.5	49.5	89.3	10.7
1979	50.5	49.5	88.4	11.6
1980	50.5	49.5	88.0	12.0
1981	50.6	49.4	87.5	12.5
1982	50.7	49.3	87.1	12.9
1983	50.8	49.2	86.8	13.2
1984	50.8	49.2	86.2	13.8
1985	50.9	49.1	85.9	14.1
1986	51.0	49.0	85.8	14.2
1987	51.0	49.0	85.6	14.4
1988	51.1	48.9	85.5	14.5
1989	51.2	48.8	85.4	14.6
1990	51.1	48.9	85.6	14.4
1991	51.2	48.8	85.5	14.5
1992	51.3	48.7	85.2	14.8
1993	51.3	48.7	84.9	15.1
1994	51.3	48.7	84.7	15.3
1995	51.4	48.6	84.5	15.5
1996	51.3	48.7	84.1	15.9
1997	51.4	48.6	83.8	16.2
1998	51.4	48.6	83.5	16.5
1999	51.4	48.6	83.3	16.7
2000	51.3	48.7	82.9	17.1
2001	51.3	48.7	82.8	17.2
2002	51.4	48.6	69.0	31.0
2003	51.4	48.6	72.3	27.7
2004	51.3	48.7	71.8	28.2
2005	51.4	48.6	71.7	28.3
2006	51.4	48.6	71.6	28.4
2007	51.4	48.6	71.0	29.0
2008	51.4	48.6	71.2	28.8
2009	51.4	48.6	70.1	29.9
2010	51.3	48.7	70.9	29.1
2011	51.4	48.6	71.0	29.0
2012	51.3	48.7	71.1	28.9
2013	51.3	48.7	71.2	28.8
2014	51.4	48.6	71.2	28.8
2015	51.4	48.6	71.3	28.7

注：从2002年起，人口统计年报已取消原有农业、非农业户口性质的统计，改为按照《关于统计上划分城乡的规定》对常住户籍人口进行城乡人口的统计。

3—6 按三次产业分全社会从业人员、构成及登记失业情况

年份	从业人员数(万人)				构成(%)			城镇登记失业人数(人)	城镇登记失业率(%)
	合计	第一产业	第二产业	第三产业	第一产业	第二产业	第三产业		
1952	73.58	64.86	3.71	5.01	88.15	5.04	6.81		
1957	81.58	69.08	5.81	6.69	84.68	7.12	8.20		
1962	85.19	70.00	6.92	8.27	82.17	8.12	9.71		
1965	92.77	75.65	6.89	10.23	81.55	7.43	11.03		
1970	109.94	89.39	9.06	11.49	81.31	8.24	10.45		
1975	128.60	105.38	10.80	12.42	81.94	8.40	9.66		
1978	134.76	105.80	13.72	15.24	78.51	10.18	11.31		
1979	140.44	110.01	14.59	15.84	77.33	10.39	12.28		
1980	144.29	112.09	15.41	16.79	77.68	10.68	11.64		
1981	148.59	114.32	16.69	17.58	76.94	11.23	11.83		
1982	153.07	116.30	17.84	18.93	75.98	11.65	12.37		
1983	155.95	117.13	17.99	20.83	75.11	11.54	13.35		
1984	157.87	117.16	17.23	23.48	74.21	10.91	14.88		
1985	169.10	117.88	23.24	27.98	69.71	13.74	16.55		
1986	173.44	122.00	21.85	29.59	70.34	12.60	17.06		
1987	181.01	125.77	25.24	30.00	69.48	13.94	16.58		
1988	189.39	128.89	27.07	33.43	68.06	14.29	17.65		
1989	193.97	133.88	26.42	33.67	69.02	13.62	17.36		
1990	194.57	135.90	26.42	32.25	69.85	13.58	16.58		
1991	198.62	137.14	27.94	33.54	69.05	14.07	16.89		
1992	202.88	135.57	29.88	37.43	66.82	14.73	18.45		
1993	213.86	133.69	30.56	49.61	62.51	14.29	23.20		
1994	217.71	134.12	28.49	55.10	61.60	13.09	25.31		
1995	217.85	131.04	28.00	58.81	60.15	12.85	27.00		
1996	216.67	130.53	26.95	59.19	60.24	12.44	27.32		
1997	217.57	132.40	29.50	55.67	60.85	13.56	25.59		
1998	215.46	128.64	36.83	49.99	59.70	17.09	23.20		
1999	222.68	127.62	36.38	58.68	57.31	16.34	26.35		
2000	220.65	128.70	38.66	53.29	58.33	17.52	24.15		
2001	220.04	128.00	38.70	53.34	58.17	17.59	24.24		
2002	222.08	127.85	41.83	52.40	57.57	18.84	23.60		
2003	227.09	125.89	44.47	56.73	55.44	19.58	24.98	12708	4.06
2004	231.86	121.62	49.85	60.39	52.50	21.50	26.00	12829	4.09
2005	239.85	114.76	57.08	66.84	47.85	23.80	27.87	12400	3.96
2006	250.08	113.40	67.72	68.96	45.35	27.08	27.57	13889	3.83
2007	260.29	112.03	78.35	69.91	43.04	30.10	26.86	13562	3.80
2008	258.79	107.97	78.74	74.93	41.72	30.43	28.95	10920	3.10
2009	263.45	103.11	82.40	77.94	41.88	29.87	28.25	11938	3.00
2010	275.36	103.66	88.75	82.95	37.65	32.23	30.12	11430	2.58
2011	289.21	119.07	88.93	81.21	41.17	30.75	28.08	9876	2.02
2012	294.80	118.72	91.97	84.11	40.27	31.20	28.53	9817	2.00
2013	299.65	118.41	92.93	88.31	39.52	31.01	29.47	9722	1.99
2014	304.26	116.87	94.01	93.38	38.41	30.90	30.69	10775	2.02
2015	310.42	116.23	96.22	97.97	37.44	31.00	31.56	11767	2.05

3—7 城镇单位从业人员数(2015年)

单位：万人

	从业人员	国有单位	城镇集体单位	其他单位
合　计	**55.17**	**16.00**	**1.03**	**38.14**
#女　性	22.58	6.73	0.50	15.34
按国民经济行业分				
农、林、牧、渔业	1.83	1.80		0.03
采矿业	0.15	0.13		0.01
制造业	21.54	0.04	0.06	21.44
电力、热力、燃气及水的生产和供应业	0.97	0.11	0.03	0.83
建筑业	9.97	0.07	0.03	9.87
批发和零售业	1.57	0.24	0.06	1.27
交通运输、仓储和邮政业	1.07	0.33	0.04	0.70
住宿和餐饮业	0.51	0.16		0.34
信息传输、计算机服务和软件业	0.37	0.04		0.33
金融业	1.55	0.98	0.16	0.40
房地产业	1.55	0.12		1.43
租赁和商务服务业	0.73	0.14	0.02	0.58
科学研究、技术服务业	0.53	0.42	0.05	0.06
水利、环境和公共设施管理业	0.53	0.43	0.02	0.08
居民服务、修理和其他服务业	0.09	0.03		0.06
教　育	5.38	4.88		0.50
卫生和社会工作	2.30	1.61	0.54	0.16
文化、体育和娱乐业	0.27	0.23		0.04
公共管理、社会保障和社会组织	4.25	4.25		
按三次产业分				
第一产业	1.83	1.80		0.03
第二产业	32.63	0.35	0.13	32.16
第三产业	20.71	13.85	0.90	5.95

3—8 城镇单位在岗职工人数(2015 年)

单位：万人

	在岗职工	国有单位	城镇集体单位	其他单位
合　计	**45.19**	**12.62**	**0.86**	**31.71**
按国民经济行业分				
农、林、牧、渔业	0.32	0.29		0.03
采矿业	0.13	0.11		0.01
制造业	20.52	0.04	0.06	20.42
电力、热力、燃气及水的生产和供应业	0.85	0.10	0.03	0.72
建筑业	5.57	0.05	0.03	5.50
批发和零售业	1.36	0.22	0.06	1.08
交通运输、仓储和邮政业	0.76	0.27	0.02	0.47
住宿和餐饮业	0.48	0.15		0.32
信息传输、软件和信息技术服务业	0.29	0.03		0.26
金融业	0.99	0.63	0.13	0.23
房地产业	1.36	0.10		1.25
租赁和商务服务业	0.70	0.12	0.01	0.57
科学研究、技术服务业	0.46	0.35	0.05	0.06
水利、环境和公共设施管理业	0.37	0.30		0.07
居民服务、修理和其他服务业	0.08	0.02		0.06
教　育	5.03	4.58		0.45
卫生和社会工作	2.08	1.47	0.46	0.15
文化、体育和娱乐业	0.24	0.20		0.04
公共管理、社会保障和社会组织	3.60	3.60		
按三次产业分				
第一产业	0.32	0.29		0.03
第二产业	27.07	0.30	0.12	26.66
第三产业	17.80	12.03	0.75	5.02

3—9 城镇单位分行业在岗职工人数(年底数)

单位：万人

	2005	2006	2007	2008	2009	2010	2011	2012	2013	2014	2015
合　计	**34.90**	**35.92**	**36.43**	**35.31**	**34.76**	**35.79**	**39.10**	**41.53**	**42.43**	**43.82**	**45.19**
按国民经济行业分											
农、林、牧、渔业	2.80	2.69	2.86	1.49	0.80	0.73	0.54	0.41	0.33	0.32	0.32
采矿业	0.31	0.30	0.25	0.23	0.26	0.25	0.14	0.11	0.06	0.06	0.13
制造业	16.04	16.81	16.71	46.44	16.33	17.23	19.31	22.76	19.64	20.03	20.52
电力、热力、燃气及水的生产和供应业	0.79	0.83	0.81	0.92	0.94	1.00	1.01	0.91	0.84	0.87	0.85
建筑业	1.90	1.98	2.56	2.95	2.94	2.81	3.25	1.79	4.85	5.04	5.57
批发和零售业	0.65	0.69	0.70	0.63	0.62	0.60	0.59	1.62	1.46	1.44	1.36
交通运输、仓储和邮政业	0.23	0.30	0.25	0.19	0.33	0.31	0.20	0.51	0.70	0.76	0.76
住宿和餐饮业	1.05	1.12	1.08	1.11	0.94	0.97	1.35	0.49	0.44	0.52	0.48
信息传输、软件和信息技术服务业	0.24	0.25	0.23	0.26	0.25	0.28	0.38	0.24	0.24	0.23	0.29
金融业	0.80	0.83	0.82	0.83	0.84	0.85	0.86	0.89	0.91	0.96	0.99
房地产业	0.35	0.40	0.47	0.46	0.51	0.56	0.72	0.81	1.09	1.28	1.36
租赁和商务服务业	0.20	0.18	0.15	0.14	0.15	0.16	0.18	0.18	0.53	0.62	0.70
科学研究、技术服务业	0.25	0.26	0.26	0.26	0.26	0.26	0.26	0.41	0.45	0.48	0.46
水利、环境和公共设施管理业	0.39	0.39	0.37	0.38	0.39	0.38	0.38	0.35	0.36	0.40	0.37
居民服务、修理和其他服务业	0.07	0.04	0.05	0.05	0.05	0.05	0.06	0.06	0.03	0.04	0.08
教　育	4.72	4.70	4.67	4.61	4.61	4.64	4.97	4.89	5.00	5.06	5.03
卫生和社会工作	1.07	1.09	1.09	1.20	1.26	1.30	1.44	1.60	1.79	1.93	2.08
文化、体育和娱乐业	0.26	0.26	0.26	0.27	0.29	0.29	0.28	0.21	0.23	0.23	0.24
公共管理、社会保障和社会组织	2.78	2.81	2.93	2.91	2.99	3.11	3.17	3.29	3.49	3.56	3.60
按三次产业分											
第一产业	2.80	2.69	2.86	1.49	0.80	0.73	0.54	0.41	0.33	0.32	0.32
第二产业	19.04	19.92	20.33	20.53	20.47	21.29	23.70	25.56	25.38	26.00	27.07
第三产业	13.06	13.31	13.24	13.30	13.49	13.77	14.86	15.56	16.72	17.50	17.80

3—10　城镇单位其他从业人员数(年底数)

单位：人

	2003	2004	2005	2006	2007	2008	2009	2010	2011	2012	2013	2014	2015
合　计	**9367**	**11836**	**12242**	**14235**	**21124**	**32125**	**38926**	**43200**	**48351**	**50548**	**58002**	**70766**	**77167**
# 聘用离退休人员	903	900	935	936	918								
聘用港澳台和外籍人员	573	591	627	654	792								
按企事业机关分													
企　业	7641	9922	9508	11180	17422	26947	33384	36542	41940	43622	50301	62360	67637
事　业	1178	1356	2096	2422	2877	4042	4258	5078	4582	4708	5155	5362	6037
机　关	548	558	638	633	825	1136	1284	1580	1829	2218	2546	3044	3493
按国民经济行业分													
农、林、牧、渔业	1293	2202	1102	1365	1227	11767	18752	19354	17549	14340	13947	13761	15008
采矿业	67	66	33	32	32	56	62	61	63	42	43	43	240
制造业	2220	2566	3272	2549	8024	4397	5286	4472	3580	4779	3926	4789	5746
电力、热力、燃气及水的生产和供应业	32	63	85	48	292	404	386	695	676	368	94	83	569
建筑业	973	1513	1004	3216	3739	5536	5271	5734	14976	18635	26176	37779	37807
批发和零售业	399	476	664	569	626	508	455	691	164	806	845	717	701
交通运输、仓储和邮政业	769	879	959	1354	1366	1030	189	400	227	3499	536	433	456
住宿和餐饮业	668	487	425	504	619	993	845	938	645	98	60	71	130
信息传输、软件和信息技术服务业	38	83	129	213	153	283	317	60	45	360	170	29	38
金融业	1137	1413	1719	1223	1223	1972	1797	4051	3248	3093	3170	3079	4474
房地产业	149	181	178	234	195	272	238	329	657	443	976	910	1740
租赁和商务服务业	157	124	153	132	145	218	120	134	117	103	104	117	242
科学研究、技术服务业	144	156	156	192	172	162	261	226	161	200	375	305	405
水利、环境和公共设施管理业	50	75	533	579	961	[illegible]	962	1076	1133	1215	1293	1262	1334
居民服务、修理和其他服务业	20	11	15	10	30	47	24	25	56	42	64	66	80
教　育	344	439	545	608	441	1124	1208	1372	1593	1883	1850	2021	2344
卫生和社会工作	289	551	484	647	913	1041	1260	1727	1291	1223	1499	1746	1923
文化、体育和娱乐业	71	64	104	78	90	130	173	224	274	251	202	297	244
公共管理、社会保障和社会组织	547	487	682	682	876	1173	1320	1631	1896	2318	2672	3258	3686
按三次产业分													
第一产业	1293	2202	1102	1365	1227	11767	18752	19354	17549	14340	13947	13761	15008
第二产业	3292	4208	4394	5845	12087	10393	11005	10962	19295	23824	30239	42694	44362
第三产业	4782	5426	6746	7025	7810	9965	9169	12884	11507	12384	13816	14311	17797

说明：2002 年行业分类与该分类有出入，不便归类。

3—11 城镇私营及个体劳动者人数(2010-2015)

单位：人

	2010			2011			2012		
	小 计	个 体	私 营	小 计	个 体	私 营	小 计	个 体	私 营
合 计	**339050**	**147080**	**191970**	**400878**	**179729**	**221149**	**454017**	**208592**	**245425**
农、林、牧、渔业	13582	3250	10332	17677	4565	13112	22577	6615	15962
采矿业	1910	742	1168	1763	630	1133	1828	606	1222
制造业	99580	16024	83556	107789	18594	89195	116615	22502	94113
电力、燃气及水的生产和供应业	5050	470	4580	4945	475	4470	4919	497	4422
建筑业	8433	144	8289	9923	193	9730	11665	242	11423
交通运输、仓储和邮政业	5621	667	4954	7029	757	6272	7858	879	6979
信息传输、计算机服务和软件业	6516	1149	5367	6639	1010	5629	6909	1122	5787
批发和零售业	135758	94689	41069	168382	115658	52724	192088	132187	59901
住宿和餐饮业	15715	13030	2685	19094	16001	3093	21288	18063	3225
金融业							857		857
房地产业	7553	257	7296	8303	454	7849	9175	508	8667
租赁和商务服务业	13383	1545	11838	16247	1643	14604	19784	2084	17700
广告业	2913	43	2870	3550	49	3501	4228	165	4063
科学研究、技术服务和地质勘查业							5214	41	5173
水利、环境和公共设施管理业							1298	27	1271
居民服务和其他服务业	18170	14040	4130	23173	18330	4843	27131	21460	5671
教 育							497	30	467
卫生、社会保障和社会福利业	859	372	487	942	467	475	1045	577	468
文化、体育和娱乐业	2478	595	1883	2847	840	2007	3269	1152	2117
其他行业	4442	106	4336	6125	112	6013			

3—11 续表

单位：人

	2013			2014			2015		
	小 计	个 体	私 营	小 计	个 体	私 营	小 计	个 体	私 营
合 计	**310689**	**117152**	**193537**	**364290**	**144045**	**220245**	**419707**	**167440**	**252267**
农、林、牧、渔业	15338	2366	12972	16597	2799	13798	17407	3239	14168
采矿业	878	87	791	953	112	841	1009	108	901
制造业	61940	6437	55503	63675	7421	56254	73016	8096	64920
电力、燃气及水的生产和供应业	1525	63	1462	1610	64	1546	1688	74	1614
建筑业	12314	139	12175	14874	194	14680	17440	310	17130
交通运输、仓储和邮政业	6273	496	5777	7415	572	6843	175187	101002	74185
信息传输、计算机服务和软件业	5568	367	5201	6802	388	6414	8571	698	7873
批发和零售业	130716	75587	55129	154579	89322	65257	30016	25906	4110
住宿和餐饮业	17209	14195	3014	24044	20560	3484	8447	483	7964
金融业	723		723	1019	1	1018	1353	1	1352
房地产业	8248	551	7697	8805	699	8106	9581	886	8695
租赁和商务服务业	19528	1353	18175	25868	2024	23844	3046	2610	27851
广告业									
科学研究、技术服务和地质勘查业	6009	440	5569	8177	485	7692	9868	544	9324
水利、环境和公共设施管理业	1300	9	1291	1387	25	1362	1632	29	1603
居民服务和其他服务业	19173	13981	5192	23780	17881	5899	28198	21519	6679
教 育	357	12	345	432	53	379	522	97	425
卫生、社会保障和社会福利业	853	421	432	872	478	394	1014	570	444
文化、体育和娱乐业	2709	642	2067	3379	967	2412	4275	1268	3007
其他行业	28	6	22	22		22	22		22

3—12 城镇单位企业、事业、机关年末从业人数(1991-2015)

单位：万人

年份	总计	企业	事业	机关	其他
1991	37.26				
1992	38.03				
1993	36.67				
1994	38.03				
1995	38.32				
1996	37.08				
1997	36.14	25.91	7.23	2.99	
1998	33.04	22.33	7.78	2.93	
1999	31.28	20.49	7.84	2.95	
2000	30.49	19.56	7.97	2.96	
2001	28.42	17.47	7.74	3.21	
2002	29.39	18.79	7.61	2.99	
2003	31.14	20.76	7.32	3.06	
2004	33.10	22.78	7.31	3.01	
2005	34.90	24.76	7.38	2.76	
2006	35.92	25.81	7.31	2.80	
2007	36.43	26.31	7.30	2.82	
2008	38.52	27.70	7.81	3.01	
2009	38.66	27.69	7.89	3.08	
2010	40.11	28.79	8.11	3.21	
2011	45.70	33.93	8.38	3.39	
2012	48.64	36.82	8.37	3.45	
2013	50.58	38.46	8.42	3.65	0.04
2014	52.94	40.49	8.61	3.80	0.05
2015	55.17	42.42	8.75	3.96	0.05

3—13 分县(市、区)人

	人口抽查				年末户籍总户数(户)	年末户籍总人口(人)					
	常住人口数(万人)	出生率(‰)	自然增长率(‰)	城镇化率(%)		合计	其中:非农业人口	性别		年	
								男	女	18岁以下	18-35岁
合计	**500.00**	**14.7**	**8.2**	**54.8**	**1381021**	**502.08**	**1438617**	**2579462**	**2441350**	**1035854**	**1284470**
市区	77.48	11.1	6.2	89.2	191178	59.27	387348	294327	298421	112645	133479
芗城区	58.78	10.0	5.8	90.2	151013	45.1	347586	223285	227746	82459	97256
龙文区	18.7	14.7	7.3	86.2	40165	14.17	39762	71042	70675	30186	36223
龙海市	93.28	16.0	8.8	54.0	232421	86.18	165843	433832	428006	169044	228398
龙海市辖	——	——	——	——	187023	70.86	112990	358276	350360	136968	187435
漳州开发区	——	——	——	——	5516	1.78	17777	8625	9152	5001	4680
台商投资区	——	——	——	——	39882	13.54	35076	66931	68494	27075	36283
云霄县	41.89	14.8	8.0	46.9	112310	45.33	71534	238871	214471	95556	117214
漳浦县	81.94	15.6	8.9	48.6	235285	89.84	263066	461950	436423	189432	237303
诏安县	60.74	15.8	9.1	41.5	163635	65.09	91189	339960	310935	146651	173299
长泰县	21.86	15.0	8.5	52.2	61092	20.63	37427	104735	101614	39122	55145
东山县	21.92	14.2	7.0	55.5	61682	21.53	112831	108440	106908	38554	53475
南靖县	34.17	14.7	8.2	48.5	98383	36.1	92047	184391	176605	66974	86251
平和县	50.43	14.8	8.4	42.7	174107	61.28	160735	325963	286864	143580	159554
华安县	16.35	15.2	8.6	49.7	50928	16.81	56597	86993	81103	34296	40352

3—14 分县(市、区)城镇

	2011					2012					
	从业人员	国有	集体	其他	在岗职工	从业人员	国有	集体	其他	在岗职工	从业人员
全市	**457015**	**172801**	**16658**	**267556**	**390976**	**486360**	**162194**	**13508**	**310658**	**415282**	**505790**
市直	67982	38762	2211	27009	42778	44599	31475	1803	11321	35958	36082
芗城区	45735	8686	2111	34938	42115	91356	11840	1116	78400	66119	88751
龙文区	25754	4817	142	20795	24124	31456	4683	27	26746	27121	33890
龙海市	89472	19309	2070	68093	83212	76655	19079	2023	55553	72046	108027
云霄县	24396	15739	2567	6090	17617	28435	15405	748	12282	21624	29884
漳浦县	61615	27459	1480	32676	50266	59217	22766	1896	34555	50862	58726
诏安县	29935	15167	868	13900	24880	37721	14725	1243	21753	30785	35020
长泰县	33121	6276	1111	25734	31913	36536	6673	501	29362	35371	36827
东山县	18950	9478	308	9164	17370	19168	9185	372	9611	17403	15816
南靖县	23921	9333	1573	13015	22851	22626	9370	755	12501	21372	22091
平和县	20879	12169	1486	7224	19707	21710	11380	1952	8378	20994	24231
华安县	15255	5606	731	8918	14143	16881	5613	1072	10196	15627	16445

口及其变动情况

龄		本年度人口变动(人)									
		出生			死亡			迁入		迁出	
35-60岁	60岁以上	合计	男	女	合计	男	女	省内迁入	省外迁入	迁往省内	迁往省外
1925949	**774539**	**83594**	**5062**	**38532**	**24298**	**13898**	**10400**	**37431**	**9164**	**43908**	**15286**
243673	102951	7753	4065	3688	3278	1902	1376	14953	1397	11358	1318
190025	81291	5413	2794	2619	2629	1541	1088	11817	1031	10172	1150
53648	21660	2340	1271	1069	649	361	288	3136	366	1186	168
326265	138131	14758	7860	6898	4963	2796	2167	5551	2030	6657	1709
269298	114935	12226	6550	5676	4371	2465	1906	3298	902	5635	1406
6399	1697	363	166	197	19	15	4	1262	495	207	46
50568	21499	2169	1144	1025	573	316	257	991	633	815	257
173472	67100	7612	4191	3421	2062	1152	910	1845	605	2934	1312
343957	127681	17683	9836	7847	4275	2411	1864	3995	1520	5162	1525
235569	95376	12965	6977	5988	2929	1659	1270	2373	1311	3299	6050
80108	31974	3513	1898	1615	592	374	218	1889	326	2215	378
87552	35767	2930	1559	1371	1032	584	448	1644	345	2013	485
147823	59948	4836	2606	2230	1879	1111	768	1895	460	3303	849
219574	90119	8965	4736	4229	2397	1385	1012	2465	902	5223	1381
67956	25492	2579	1334	1245	891	524	367	821	268	1744	279

单位从业人员年末人数

单位：人

2013				2014					2015				
国有	集体	其他	在岗职工	从业人员	国有	集体	其他	在岗职工	从业人员	国有	集体	其他	在岗职工
152312	**11419**	**342059**	**424268**	**529392**	**154241**	**11192**	**363959**	**438176**	**551733**	**160022**	**10291**	**381420**	**451877**
28491	324	7267	29531	30627	27430	258	2939	25884	34068	29535	241	4292	26742
10294	1327	77130	59102	93346	11478	1155	80713	66679	98262	11323	1142	85797	73303
4690	44	29156	30006	35300	4683	48	30569	30781	36693	5274	44	31375	30966
17326	1938	88763	96544	117305	18115	1850	97340	91429	118663	18813	1354	98496	92292
14848	756	14280	23706	32815	15081	786	16948	26247	34579	15239	789	18551	26821
22058	1952	34716	47773	64861	22303	2013	40545	54838	64790	23660	2135	38995	53971
14539	949	19532	28889	37425	14481	961	21983	31325	38042	15705	987	21350	30691
6475	630	29722	34986	37178	6355	686	30137	36175	42581	6405	697	35479	40814
8828	308	6680	14255	15505	8976	308	6221	13368	16645	8672	232	7741	13111
8940	778	12373	20889	23356	8798	808	13750	22050	24561	8879	876	14806	22912
10642	1648	11941	23554	25131	11127	1524	12480	24281	24898	11114	994	12790	23899
5181	765	10499	15033	16543	5414	795	10334	15119	17951	5403	800	11748	16355

主要统计指标解释

人口数 指一定时点、一定地区范围内的有生命的个人的总和。

出生率(又称粗出生率) 指在一定时期内(通常为一年)出生的人数与同期平均人数的比率,一般用千分率表示。

出生人数 指活产婴儿,即胎儿脱离母体时(不管怀孕月数),有过呼吸或其他生命现象。

死亡率(又称粗死亡率) 指在一定时期内(通常为一年)一定地区的死亡人数与同期平均人数(或期中人数)之比,一般用千分率表示。

人口自然增长率 指在一定时期内(通常为一年)人口自然增加数(出生人数减死亡人数)与该时期内平均人数(或期中人数)之比,一般用千分率表示。

人口自然增长率=人口出生率-人口死亡率

从业人口(又称就业人口) 指十五周岁及十五周岁以上人口中从事一定的社会劳动并取得劳动报酬或经营收入的人口。

社会负担系数 指社会劳动人口与被抚养人口的比例。

计算公式:社会负担系数=被抚养人口÷劳动人口×100%。

老年负担系数 指社会劳动人口与老年人口的比例。

计算公式:老年负担系数=老年人口÷劳动人口×100%

少年负担系数 指社会劳动人口与少年儿童比例。

计算公式:少年负担系数=少年儿童人口÷劳动人口×100%

从业人员 指从事一定社会劳动并取得劳动报酬或经营收入的人员。包括:

(1)在岗职工

(2)再就业的离退休人员

(3)私营业主

(4)个体户主

(5)私营和个体从业人员

(6)乡镇企业从业人员

(7)农村从业人员

(8)其他从业人员(包括宗教职业者等)

单位从业人员 指在各级国家机关、政党机关、社会团体及企业、事业单位中工作,并取得工资或其他形式的劳动报酬的全部人员。包括在岗职工、再就业的离退休人员以及在各单位中工作的外方人员和港、澳、台方人员、兼职人员、借用的外单位人员和第二职业者。不包括离开本单位仍保留劳动关系的职工。

在岗职工 指在国有单位、城镇集体单位、联营经济、股份制经济、外商和港、澳、台投资、其他经济单位及其附属机构工作,并由其支付工资的职工,不包括:返聘的离退休人员、雇用的外方人员和港、澳、台人员。

城镇私营和个体从业人员 城镇私营从业人员指在工商管理部门注册登记,其经营地址设在县城关镇(含城关镇)以上的私营企业从业人员。包括:私营企业投资者和雇工。城镇个体从业人员指在工商管理部门注册登记,并持有城镇户口或在城镇长期居住,经批准从事个体工商经营的从业人员。包括:个体经营者和在个体工商户劳动的家庭帮工和雇工。

第四篇　固定资产投资

4—1 主要年份全国、全省、全市全社会固定资产投资额及指数

以上年为100

年份	全国		全省		漳州	
	绝对数(亿元)	指数(%)	绝对数(亿元)	指数(%)	绝对数(亿元)	指数(%)
1949						
1950			0.38			
1951			0.37	97.4		
1952			0.62	167.6	0.012	
1953			0.82	132.3	0.014	119.8
1954			1.18	143.9	0.020	142.4
1955			2.16	183.1	0.034	169.2
1956			5.41	250.5	0.092	275.5
1957			2.42	44.7	0.080	86.9
1958			5.79	239.3	0.376	468.3
1959			8.16	140.9	0.642	170.8
1960			10.09	123.7	0.712	110.9
1961			3.87	38.4	0.291	40.9
1962			3.23	83.5	0.224	76.9
1963			3.29	101.9	0.195	87.0
1964			4.29	130.4	0.311	159.8
1965			4.94	115.2	0.207	66.4
1966			4.58	92.7	0.243	117.5
1967			3.01	65.7	0.084	34.4
1968			2.76	91.7	0.074	88.8
1969			3.41	123.6	0.187	251.6
1970			7.21	211.4	0.271	145.0
1971			8.45	117.2	0.335	123.7
1972			9.74	115.3	0.399	119.1
1973			9.09	93.3	0.461	115.6
1974			9.09	100.0	0.402	87.2
1975			10.26	112.9	0.446	110.9
1976			9.09	88.6	0.515	115.6
1977			8.60	94.6	0.582	112.8
1978			13.35	155.2	1.04	178.8
1979			15.30	114.6	1.30	125.0
1980			18.30	119.6	1.38	106.2
1981	961.0	105.5	18.47	100.9	1.23	89.1

4—1 续表

以上年为100

年　份	全　国		全　省		漳　州	
	绝对数（亿元）	指　数（%）	绝对数（亿元）	指　数（%）	绝对数（亿元）	指　数（%）
1982	1230.4	128.0	24.45	132.4	2.85	231.7
1983	1430.1	116.2	26.97	110.3	3.10	108.8
1984	1832.9	128.2	34.61	128.3	2.78	89.7
1985	2543.2	138.8	55.62	160.7	3.67	132.0
1986	3120.6	122.7	64.46	115.9	5.08	138.4
1987	3791.7	121.5	81.60	126.6	6.77	133.3
1988	4753.8	125.4	100.29	122.9	7.32	108.1
1989	4410.4	92.8	101.64	101.3	7.72	105.5
1990	4517.0	102.4	115.41	113.5	7.95	103.0
1991	5594.5	123.9	145.62	126.2	11.41	143.5
1992	8080.1	144.4	227.55	156.3	13.53	118.6
1993	13072.3	161.8	368.45	161.9	28.17	208.2
1994	17042.1	130.4	538.86	146.3	40.96	145.4
1995	20019.3	117.5	681.17	126.4	46.31	113.1
1996	22974.0	114.8	790.00	116.0	64.40	139.1
1997	24941.1	108.6	898.47	113.7	77.32	120.1
1998	28406.2	113.9	1048.52	116.7	105.32	136.2
1999	29854.7	105.1	1040.00	99.2	119.86	113.8
2000	32917.7	110.3	1082.47	104.1	136.51	113.9
2001	37213.5	113.1	1134.48	104.8	141.59	103.7
2002	43499.9	116.9	1230.76	108.5	135.69	95.8
2003	55566.6	127.7	1507.87	122.5	141.90	104.6
2004	70477.4	126.8	1899.10	125.9	163.88	115.5
2005	88773.6	126.0	2344.73	123.5	195.22	119.1
2006	109998.2	123.9	3115.08	132.9	239.44	122.6
2007	137323.9	124.8	4321.74	138.7	327.04	136.6
2008	172828.4	125.9	5301.69	122.7	441.40	135.0
2009	224598.8	130.0	6362.03	120.0	579.21	131.2
2010	251683.8	112.1	8273.42	130.0	837.11	144.5
2011	311485.1	123.8	10119.47	127.1	1115.71	138.4
2012	374694.8	120.3	12709.66	125.5	1486.90	133.3
2013	444618.0	118.7	15526.87	122.2	1761.48	118.5
2014	512021.0	115.2	18449.48	118.8	2134.84	121.2
2015	562000.0	109.8	21628.31	117.2	2573.73	120.6

4—2 主要年份全社会固定资产投资额

单位：亿元

年份	全社会固定资产投资额	固定资产投资	#项目投资	#房地产开发	农村农户投资	全社会固定资产投资比上年增长(%)	全社会固定资产投资相当于GDP比重(%)
1952	0.01	0.01	0.01			262.5	0.7
1957	0.08	0.08	0.08			591.4	3.1
1962	0.22	0.22	0.22			179.1	6.9
1965	0.21	0.21	0.21			-7.7	4.9
1970	0.27	0.27	0.27			31.0	6.1
1975	0.45	0.45	0.45			64.6	7.1
1978	1.04	1.04	1.04			133.9	11.7
1979	1.30	1.30	1.30			24.5	12.7
1980	1.38	1.38	1.38			6.0	11.8
1981	1.23	1.23	1.23			-10.5	8.8
1982	2.85	2.18	2.18		0.67	131.4	18.1
1983	3.10	2.60	2.60		0.50	8.7	18.5
1984	2.78	2.13	2.13		0.65	-10.2	14.1
1985	3.67	2.85	2.85		0.82	32.1	16.1
1986	5.08	4.03	4.03		1.05	38.3	19.7
1987	6.77	4.87	4.87		1.90	33.3	22.0
1988	7.32	5.04	5.04		2.28	8.1	17.5
1989	7.72	5.42	5.42		2.30	5.4	15.5
1990	7.95	5.57	5.06	0.51	2.38	3.0	15.0
1991	11.41	8.23	7.52	0.71	3.18	43.6	17.9
1992	13.53	10.53	9.06	1.47	3.00	18.6	16.8
1993	28.17	23.26	18.23	4.83	5.11	108.2	26.5
1994	40.96	33.64	27.61	6.03	7.32	45.4	27.8
1995	46.31	38.16	28.97	9.19	8.15	13.0	24.2
1996	64.40	55.87	47.77	8.10	8.53	39.1	28.4
1997	77.32	69.46	63.00	6.46	7.86	20.1	30.3
1998	105.32	94.39	87.36	7.03	10.93	36.2	36.2
1999	119.86	104.41	93.05	11.36	15.45	13.8	37.5
2000	136.51	122.61	104.68	17.93	13.90	13.9	38.6
2001	141.59	131.52	114.41	17.11	10.07	3.7	36.4
2002	135.69	126.55	109.18	17.37	9.14	-4.2	32.4
2003	141.90	135.11	114.12	20.99	6.79	4.6	30.1
2004	163.88	154.48	121.75	32.73	9.40	15.5	29.6
2005	195.22	182.15	140.49	41.66	13.07	19.1	31.1
2006	239.44	221.08	165.69	55.39	18.36	22.7	33.4
2007	327.04	300.22	216.69	83.53	26.82	36.6	38.3
2008	441.40	413.22	301.18	112.04	28.18	35.0	44.1
2009	579.21	546.05	446.74	99.31	33.16	31.2	52.0
2010	837.11	800.07	640.45	159.62	37.04	44.5	58.5
2011	1115.71	1075.65	852.17	223.48	40.06	38.4	63.1
2012	1486.90	1443.25	1188.76	254.49	43.65	33.3	73.9
2013	1761.48	1711.88	1355.78	356.10	49.60	18.5	78.7
2014	2134.84	2081.85	1609.61	472.24	52.99	21.2	85.2
2015	2573.73	2516.08	2013.57	502.51	57.65	20.6	93.0

注：1、1999-2006年农村集体系非农户投资(下同)；2、按国家制度要求，为剔除与“农村投资”重复计算因素，从1999年始全社会投资均扣除城关镇以下私人建房投资；3、自2006年开始城镇工矿区私人建房投资纳入项目统计；4、2015年起全社会固定资产投资取消城镇和农村分组。

4—3 主要年份按经济类型分全社会固定资产投资额

单位：亿元

年份	国有经济	集体经济	个人投资	其他经济
1952	0.01			
1957	0.08			
1962	0.22			
1965	0.20			
1970	0.26			
1975	0.43			
1978	0.98	0.06		
1979	1.28	0.02		
1980	1.35	0.03		
1981	1.16	0.07		
1982	1.58	0.53	0.73	
1983	1.86	0.65	0.58	
1984	1.24	0.71	0.84	
1985	1.73	0.89	1.05	
1986	2.63	0.95	1.50	
1987	3.39	1.01	2.36	
1988	3.30	1.09	2.93	
1989	3.14	1.22	3.35	
1990	3.56	1.08	3.31	
1991	5.64	1.19	4.58	
1992	7.31	1.89	4.32	
1993	15.15	2.15	8.36	2.51
1994	20.34	3.14	10.36	7.12
1995	22.98	5.28	10.75	7.30
1996	26.71	4.76	13.63	19.29
1997	32.85	6.02	13.45	25.00
1998	32.86	6.98	20.18	45.31
1999	46.96	8.29	24.50	40.10
2000	52.72	6.04	25.08	52.67
2001	50.64	2.64	20.48	67.83
2002	44.83	2.88	20.60	67.38
2003	44.29	2.95	19.33	75.34
2004	53.54	3.60	11.84	94.90
2005	45.70	2.84	15.86	130.81
2006	48.04	2.32	18.36	170.71
2007	66.21	3.72	26.82	230.29
2008	115.37	10.31	28.18	287.54
2009	154.61	8.77	33.16	382.67
2010	208.58	15.10	37.04	576.39
2011	263.64	13.26	40.06	798.75
2012	400.13	21.20	43.74	1021.83
2013	449.41	51.60	51.31	1209.20
2014	545.35	60.23	57.04	1472.23
2015	664.99	79.81	59.44	1769.49

4—4 按行业分全社会固定

	2002	2003	2004	2005	2006	2007
合　　计	**1356944**	**1419036**	**1638773**	**1952181**	**2394352**	**3270423**
#国　有	448302	442881	535365	396308	604047	663536
A、农林牧渔业	26225	43551	42863	62754	43242	69251
B、采矿业	1660	2405	4696	6625	8193	9430
C、制造业	180937	332684	327998	493527	806518	1200147
D、电力、燃气及水的生产和供应业	289620	249406	290890	361645	411619	278195
#电力生产与供应	260991	219956	249062	350643	396743	254526
E、建筑业	52605	74133	63733	76050	120297	198765
F、交通运输、仓储和邮政业	323938	226372	295813	209796	139222	222065
G、信息传输、计算机服务和软件		57102	82642	42501	39939	55999
H、批发和零售业	20534	4543	4727	7032	7320	9024
I、住宿和餐饮业		2659	10987	22133	9785	29705
J、金融业	3220	128	36	3821	3499	4122
K、房地产业(含商品房投资)	197640	247299	358739	472615	603101	874685
L、租赁和商务服务业		4250	2516	11457	6340	3136
M、科研、技术服务和地质勘查业	13011	4297	300	210	865	3090
N、水利、环境和公共设施管理业	6547	29611	39138	34178	62443	164927
O、居民服务和其他服务业	64974	6897	14766	12060	990	9867
P、教　育	27162	83415	56315	55433	52938	57454
Q、卫生、社会保障和社会福利业	6396	9730	7902	9722	7300	17209
R、文化、体育和娱乐业	11148	11307	10446	18740	12278	7978
S、公共管理和社会组织	28831	28967	24266	31238	58463	55464
按三次产业分						
第一产业	26225	43551	42863	62754	43242	69251
第二产业	524822	658628	687317	937847	1346627	1686537
第三产业	805897	716857	908593	951580	1004483	1514725

注:本表国民经济行业分类标准采用GB/T 4754-2002。

资产投资额(2002–2015)

单位：万元

2008	2009	2010	2011	2012	2013	2014	2015
4413992	**5792055**	**8371065**	**11157079**	**14869041**	**17614783**	**21348444**	**25737312**
1153748	1546055	2085824	2636430	4001325	4494066	5453468	6649975
88601	157174	160390	99837	233813	490115	982887	1052128
23910	28984	10188	17063	25863	62397	161239	58420
1622300	2441957	3628972	5067468	6455307	6945458	7532870	9281731
175305	223915	163280	275944	491704	586123	823500	707081
133379	118422	103054	219828	374458	474059	420691	391833
2950	8525	3428	15115	20505	216426	442973	161275
553694	692647	1183570	1315594	1996721	1876052	1967073	2943877
53875	54309	34746	52807	64840	78334	159113	203432
14501	36023	128329	230187	314809	225723	175702	211453
36922	33610	134597	180918	254526	380449	331438	418136
4732	7276	8319	5100	2166	6410	2339	29885
1376585	1255340	1941966	2612068	3187566	4278508	5848964	5772014
23437	32230	56001	97996	100445	84609	81237	377367
1170	5031	7496	14729	13093	19712	37394	55776
225553	499796	637267	800379	1152814	1519089	1892989	3202730
5111	3464	468	27822	8882	34278	41416	46438
58629	110742	133348	155159	206963	156767	266086	271753
18983	33701	50606	77594	95719	154113	95862	160987
7064	24370	34379	36695	132173	282373	298480	479349
120670	142962	53715	74604	111132	217847	206882	303480
88601	157174	160390	99837	233813	490115	982887	1052128
1824465	2703381	3805868	5375590	6993379	7810404	8960582	10208507
2500926	2931500	4404807	5681652	7641849	9314264	11404975	14476677

4—5 分行业固定资产投资项目数(不含房地产开发企业)

(2006-2015) 单位:个

	2006	2007	2008	2009	2010	*2010	2011	2012	2013	2014	2015
合　计	**905**	**1122**	**1371**	**1622**	**1748**	**1422**	**1672**	**1859**	**1826**	**2205**	**3244**
#国　有	218	240	290	406	429	346	467	638	606	666	894
民营投资	397	579	749	917	1020	856	987	813	1053	1380	2106
农、林、牧、渔业	7	8	16	28	22	16	28	45	79	109	382
采矿业	3	6	11	8	8	8	7	6	7	13	10
制造业	618	798	915	988	1051	891	978	935	829	1034	1288
电力、燃气及水的生产和供应	37	41	57	77	59	50	62	81	95	96	107
建筑业	9	9	3	6	3	2	6	8	31	41	15
交通运输、仓储和邮政业	45	46	71	96	155	121	137	182	172	231	318
信息传输、计算机服务和软件业	14	14	14	10	8	8	5	7	12	29	20
批发和零售业	10	8	19	23	42	34	33	55	51	47	47
住宿和餐饮业	6	11	11	14	37	37	38	37	38	31	38
金融业	5	7	4	6	6	2	4	3	2	2	9
房地产业(不含房地产开发企业)	7	7	15	14	25	23	20	40	21	61	38
租赁和商务服务业	4	4	6	9	10	9	6	15	16	12	27
科学研究、技术服务和地质勘查业	1	2	2	4	10	3	6	4	4	9	13
水利、环境和公共设施管理业	47	58	78	151	162	131	180	194	228	274	602
居民服务和其他服务业		5	4	6	1	1	6	5	9	11	18
教　育	34	22	41	53	56	33	71	96	62	55	75
卫生、社会保障和社会福利业	8	15	16	21	29	17	30	45	42	31	40
文化、体育和娱乐业	11	9	8	14	22	15	20	27	51	41	93
公共管理和社会组织	39	52	80	94	42	21	35	74	77	78	104

注:从2011年起,固定资产投资统计口径由原计划总投资50万元以上调整为500万元以上,表中“*2010”为调整基数后的2010年总量。2、2006—2014年为城镇以上固定资产投资项目数(不含房地产开发企业)

4—6 亿元以上投资项目完成情况(2008-2015)

	单 位	2008	2009	2010	2011	2012	2013	2014	2015
项目数	个	133	140	246	313	422	463	505	569
计划总投资额	万元	4853836	5930392	11577697	13741308	18938833	18518071	19825248	22337371
实际完成投资额	万元	912131	1474062	2900537	4437473	6956732	7691263	8600299	11258278
其中：一产项目数	个	1	2	2	2	5	10	20	17
一产投资额	万元	4059	10293	12594	6046	52135	124264	246487	255432
二产项目数	个	88	95	158	192	265	291	297	301
二产投资额	万元	601687	1117406	2089516	3173012	4565075	5106134	5061252	5784359
三产项目数	个	44	43	86	119	152	162	188	251
三产投资额	万元	306385	346363	798427	1258415	2339522	2460865	3292560	5218487
新增项目数	个	35	37	142	132	197	228	298	333
计划总投资额	万元	1743595	2418506	6389347	3644988	7130030	6367263	9839112	11585367
实际完成投资额	万元	220409	693651	1313913	1346870	3581459	3839537	5545317	6997871

4—7 按各类分组的全社会固定资产投资额及房屋建筑面积(2002-2015)

	2002	2003	2004	2005	2006	2007	2008
一、全社会固定资产投资(万元)	1356944	1419036	1638773	1952181	2394352	2792841	4413992
按隶属关系分							
中 央	21783	382983	31646	6123	21312	54071	409166
地 方	1335161	1036053	1607127	1946058	2373040	2738770	4004826
#省	65941	77389	80255	109733	114781	134276	114157
按构成分							
建筑安装工程	720822	871609	954616	1185697	1304648	1597495	2587650
设备工具器具购置	345925	371584	404428	425721	594986	522261	763791
其他费用	178899	175843	279729	340763	494718	673085	1062551
按工程用途分							
第一产业	26225	43551	42863	62754	43242	7990	88601
第二产业	524822	658628	687317	937847	1346627	1356720	1824465
第三产业	805897	716857	908593	951580	1004483	1428131	2500926
二、资金来源(亿元)	122.76	131.40	175.64	199.89	263.69	354.84	549.19
本年资金来源合计	114.95	121.94	128.36	160.06	230.03	335.15	515.82
#上年末结余资金	7.81	9.46	19.74	15.91	15.29	19.70	33.37
国家预算内资金	6.73	4.28	4.23	7.36	3.44	15.35	52.42
国内贷款	22.24	22.43	27.91	21.96	30.85	39.45	43.98
债 券	0.73	0.16	0.11	0.25	0.27	0.05	0.07
利用外商投资	22.51	23.23	15.35	19.83	25.13	26.51	40.58
自筹资金	56.47	80.12	65.65	110.01	148.74	192.61	284.90
三、房屋建筑面积(万平方米)							
施工面积	516.49	737.49	719.48	641.31	1285.50	1528.24	2447.35
#住 宅	145.12	387.17	346.96	293.50	725.47	771.58	1360.19
竣工面积	348.69	437.68	477.36	408.14	510.43	348.08	691.71
#住 宅	253.94	201.32	210.70	272.13	340.81	171.06	415.15

4—7 续表

	2009	2010	2011	2012	2013	2014	2015
一、全社会固定资产投资(万元)	5792055	8371065	11157079	14869041	17614783	21348444	25737312
按隶属关系分							
中　央	81998	78528	133381	142135	76388	34005	93592
地　方	5710057	8292537	11023698	14726906	17538395	21314439	25643720
#省	568093	788638	980544	1140803	1102868	878499	854064
按构成分							
建筑安装工程	3391226	4883474	7533571	10283322	12796821	14745293	18263222
设备工具器具购置	1387109	1651418	1970346	2784586	2804401	3615810	3900186
其他费用	1013720	1836173	1653162	1801133	2013561	2987341	3573904
按工程用途分							
第一产业	157174	160390	99837	233813	490115	982887	1052128
第二产业	2703381	3805868	5375590	6993379	7810404	8960582	10208507
第三产业	2931500	4404807	5681652	7641849	9314264	11404975	14476677
二、资金来源(亿元)	689.97	998.01	1199.98	1580.72	1894.68	2282.47	2556.85
本年资金来源合计	665.27	946.19	1127.48	1485.76	1750.01	2148.63	2412.41
#上年末结余资金	24.70	51.82	72.49	94.96	144.67	132.84	144.44
国家预算内资金	39.29	22.18	30.67	42.96	43.74	43.25	89.73
国内贷款	94.53	152.65	117.13	150.10	144.48	148.55	145.66
债　券	0.25	0.37	0.55	0.56			
利用外商投资	50.63	79.77	81.56	120.45	84.88	34.52	33.15
自筹资金	364.80	574.22	738.82	978.47	1150.60	1558.86	1827.38
三、房屋建筑面积(万平方米)							
施工面积	2889.59	3372.13	5051.08	5215.72	5988.56	7087.21	6914.18
#住　宅	759.23	1561.18	2132.10	1902.62	2221.93	2770.21	2702.12
竣工面积	839.17	947.28	1393.00	1456.77	1766.09	1878.88	1597.20
#住　宅	434.21	487.45	394.79	222.87	369.56	457.98	318.83

4—8 主要年份全社会新增固定资产

单位：万元

年 份	全社会新增固定资产	城 镇	农 村
1952	104		
1957	646		
1962	1301		
1965	1506		
1970	654		
1975	2057		
1978	6037		
1979	15819		
1980	10618		
1981	11396		
1982	23639		
1983	23217		
1984	32651		
1985	37078		
1986	44597		
1987	64650		
1988	60130		
1989	77309		
1990	75543		
1991	92274	58933	33341
1992	122213	85294	36919
1993	237741	168657	69084
1994	258499	165214	93285
1995	347292	235782	111510
1996	526674	394397	132277
1997	415354	368460	46894
1998	476334	434441	41893
1999	790277	733288	56989
2000	1512318	1410000	102318
2001	1016197	927423	88774
2002	1006235	964701	41534
2003	1038993	937885	101108
2004	1361338	1127776	233562
2005	830794	581845	248949
2006	1109252	827042	282210
2007	1652268	1248167	404101
2008	1989906	1545453	444453
2009	2781662	2326939	454723
2010	3139533	2516927	622606
2011	4832080	4170417	661663
2012	8760551	7900697	859854
2013	12198466	11071459	1127007
2014	15896774	14626510	1270264
2015	17564652		

注:2015 年起全社会新增固定资产取消城镇和农村分组。

4—9 按行业分新增固定资产(不含农户)(2003-2015)

单位：万元

	2003	2004	2005	2006	2007	2008
合　计	**937885**	**2771271**	**406826**	**634078**	**922405**	**1545453**
农、林、牧、渔业	14243	10729	7505	8078	3240	21371
采矿业	300		1449	605	2903	14034
制造业	180793	327911	188208	337195	534457	618848
电力、燃气及水的生产和供应业	32874	1785351	65329	113675	151621	121202
建筑业	23427	250		4720	6070	2060
交通运输、仓储和邮政业	526532	389353	35238	47217	57666	98533
信息传输、计算机服务和软件业	55888	80148	37385	16130	32669	37165
批发和零售业	1220	4987	1390	4338	1756	10011
住宿和餐饮业	485	8582	12649	3341	18633	32475
金融业	180		3429	4034	3880	4782
房地产业		3460	5770	3916	1050	394780
租赁和商务服务业	5545				2120	12589
科学研究、技术服务和地质勘查业	5195			815	90	3170
水利、环境和公共设施管理业	21095	76131	10383	11689	33721	75540
居民服务和其他服务业	3294	5930			979	1367
教　育	25655	40150	7560	55946	39082	12473
卫生、社会保障和社会福利业	4586	5188	6625	1320	4005	15733
文化、体育和娱乐业	2656	15034	2349	284	680	2563
公共管理和社会组织	33917	18067	21557	20775	27783	66757
其　他						

注:1、本表国民经济行业分类标准采用GB/T 4754-2002;2003-2014年为城镇新增固定资产。

4—9 续表

单位：万元

	2009	2010	2011	2012	2013	2014	2015
合　计	**2326939**	**2516927**	**4170417**	**7900697**	**11071459**	**14626510**	**17246773**
农、林、牧、渔业	43587	37961	34960	78562	268060	435049	1054148
采矿业	22554	8486	11902	16892	28637	109617	33484
制造业	970429	1224375	2589958	4833577	5475484	7749069	7808365
电力、燃气及水的生产和供应业	183604	95583	215555	356231	465347	634978	518166
建筑业	5945		9565	11673	77263	369889	117682
交通运输、仓储和邮政业	133192	163751	166796	718546	770512	557462	1411023
信息传输、计算机服务和软件业	51145	30467	45715	51540	68313	94173	163078
批发和零售业	21493	14470	60377	100929	180863	127575	221765
住宿和餐饮业	11772	35778	104956	87941	322719	131779	341481
金融业	4961	5770		7090	6360		21547
房地产业	497815	609618	499131	541778	1686043	2214873	1417945
租赁和商务服务业	907	24658	19708	38993	54534	39539	281230
科学研究、技术服务和地质勘查业	4935	5394	3745	5546	14687	8112	66369
水利、环境和公共设施管理业	237476	167628	271473	805477	1094390	1484367	2820765
居民服务和其他服务业	2696		10400	11342	20394	23326	50473
教　育	41182	38938	78962	122122	98020	63276	201007
卫生、社会保障和社会福利业	10089	7201	9494	33433	57329	135625	160272
文化、体育和娱乐业	2603	13250	10310	25778	211220	267965	217841
公共管理和社会组织	80554	33599	27410	53247	171284	179836	340132
其　他							

4—10 按各类分组的新增固定资产(不含农户)(2002-2015)

单位：万元

	2002	2003	2004	2005	2006	2007	2008
合　　计	**964701**	**937885**	**1127776**	**581845**	**827042**	**1248167**	**1545453**
按登记注册类型分							
国　有	390772	684813	530071	166077	187642	183479	369623
集　体	2732	6662	3813	4740	4037	4640	21620
股份合作	1977	1250	1098	2410	2554	867	7930
联　营	2824		617		2500		
有限责任公司	107464	30803	141453	91962	83192	208568	254797
股份有限公司	29113	33879	23118	13819	24291	15860	46082
私营企业	2448	25130	40634	122654	190937	443770	447535
港澳台商投资企业	353923	107584	329030	124205	138705	265190	254363
外商投资企业	69048	46794	53126	51342	152002	118919	135860
其他企业	4400	970	1628	4636	41182	6874	7643
个体经营							
按隶属关系分							
中　央	392633	15599	35284	5320	5296	13696	5461
地　方	680044	922286	1092492	576525	821746	1234471	1539992
#省	195413	39370	92448	71118	73501	60840	87469
按建设性质分							
新　建	689459	753111	889812	441042	545163	1073201	1288090
扩　建	154543	130155	157791	63111	126149	93874	109488
改　建	106052	45315	57608	24647	104773	46244	72146

4—10 续表

单位：万元

	2009	2010	2011	2012	2013	2014	2015
合　　计	**2326939**	**2516927**	**4170417**	**7900697**	**11071459**	**14626510**	**17246773**
按登记注册类型分							
国　有	653484	523734	710101	2023721	2465868	3208730	3651743
集　体	19626	41041	56389	121676	290542	255198	705824
股份合作	767	4939			600	4607	7846
联　营	4626	1018			11500	8800	
有限责任公司	216798	420995	819726	1493718	3279568	3700281	5311950
股份有限公司	43260	40599	130462	234765	512406	160189	197263
私营企业	903862	1009116	1683592	2308635	3188191	4127737	4908299
港澳台商投资企业	294806	282777	456615	835928	862533	1103545	1186850
外商投资企业	134679	189603	254383	852482	351327	1859517	550490
其他企业	55031	3105	59149	29772	91833	188237	706116
个体经营					17091	9669	20392
按隶属关系分							
中　央	43722	39438	42340	224210	96678	20609	33510
地　方	2283217	2477489	4128077	7676487	10974781	14605901	17213263
#省	92953	60439	151417	209676	303524	234574	399787
按建设性质分							
新　建	1719224	1658896	2670078	4984986	7237780	9111611	9701870
扩　建	254534	449967	1207367	2486900	2274305	3236481	4360085
改　建	179485	209219	218329	292365	1397260	1682092	3184818

注:1、2001 年没有分本年新增固定资产,而 2005 年、2006 年、2007 年没有按自开始建设累计新增固定资产分,因此此表 2001 年新增固定资产采用自开始建设累计新增固定资产。2、2002-2014 年为城镇新增固定资产。

4—11 全社会住宅投资额和竣工面积(1981-2015)

单位：万元

年份	全社会住宅投资额(万元)	#房地产开发	#城乡个人	城镇	农村	全社会住宅竣工面积(万平方米)	#房地产开发	#城乡个人	城镇	农村
1981										
1982										
1983								119.07	8.67	110.40
1984			6706	1831	4875			127.04	28.41	98.63
1985	12974		9146	2115	7031	154.03		31.81	31.81	
1986										
1987	15378					130.28		113.31	30.18	83.13
1988	21386		17129	6401	10728	125.33		108.74	32.88	75.86
1989	24736		20973	9935	11038	140.93		125.23	50.46	74.77
1990	27569	4607	19977	8151	11826	128.07	8.78	108.48	36.53	71.95
1991	36920	6291	26374	10197	16177	148.59	10.97	124.85	40.91	83.94
1992	46673	11647	30329	12308	18021	158.67	13.54	134.09	44.16	89.93
1993	104242	40667	52651	28685	23966	192.65	34.87	136.42	54.66	81.76
1994	140156	53963	70427	27440	42987	217.47	23.87	172.01	61.80	110.21
1995	152471	59380	71019	25928	45091	218.98	42.04	145.04	45.63	99.41
1996	157812	37643	86413	38928	47485	269.91	41.24	186.54	80.50	106.04
1997	157927	3006	91928	50435	41493	269.09	37.23	184.40	100.10	84.30
1998	195102	48288	116312	71607	44705	263.85	34.85	220.47	116.27	104.20
1999	215676	62431	128068	76312	51756	325.46	56.12	230.44	124.55	105.89
2000	333105	15310	178867	63461	115406	436.40	61.52	328.49	107.49	221.00
2001	217548	108243	86826	24190	62636	273.61	96.19	151.68	29.68	122.00
2002	179756	94202	75766	17840	57926	253.94	99.60	139.85	23.85	116.00
2003	170931	102980	50610	20812	29798	201.32	79.47	85.82	28.82	57.00
2004	232529	167337	56064	21878	34186	210.70	74.63	124.11	29.04	95.07
2005	284727	211092	67137	9856	57281	272.13	114.26	150.09	7.64	84.64
2006	436954	278603	145149	8662	136487	353.40	87.47	250.59	12.59	238.00
2007	737834	502342	202931	10077	192854	537.67	145.70	366.61	7.21	359.40
2008	908165	666756	192448	1207	191241	415.15	150.90	244.82		244.82
2009	896138	601708	261821		261821	434.21	202.27	224.60		224.60
2010	1164684	841754	284385		284385	487.45	244.24	220.71		220.71
2011	1908564	1534852	324416		324416	394.79	141.40	234.29		234.29
2012	2151152	1728570	347041		374041	485.59	164.37	262.73		262.73
2013	2968745	2427727	398773		398773	667.66	328.34	298.10		298.10
2014	3856217	3361762	440645		440645	801.48	427.88	332.38		332.38
2015	4223974	3676189				673.81	314.89			

注:2015 年起全社会住宅投资额和竣工面积取消城镇和农村分组。

4—12　投资项目数及计划总投资(1991–2015)

年　　份	施工项目 (个)	全部建成投产项目 (个)	计划总投资 (亿元)
1991	677	398	
1992	593	368	
1993	585	361	
1994	592	320	45.36
1995	637	415	56.29
1996	744	523	83.29
1997	713	438	202.96
1998	884	504	266.31
1999	1013	625	317.27
2000	735	418	320.79
2001	739	402	331.51
2002	600	278	275.16
2003	590	293	325.31
2004	924	433	470.03
2005	642	285	516.96
2006	1027	533	634.22
2007	1122	457	579.60
2008	1315	470	828.98
2009	1486	627	1062.63
2010	1522	543	1693.51
2011	1672	774	1885.16
2012	1859	1105	2432.97
2013	1924	1157	2419.18
2014	2205	1449	2856.87
2015	3244	2595	3223.08

注:1、本表不含城镇私人和房地产开发。2、1991–2014 年为城镇投资项目数及计划总投资。

4—13 主要年份房地产开发投资完成情况(2002-2015)

项目	2002	2003	2004	2005	2006	2007	2008
企业个数(个)	205	197	231	255	286	326	400
完成投资额(万元)	173671	209877	327280	416573	553932	835318	1120375
新增固定资产(万元)	155316	146478	141467	175019	192964	325762	390274
本年资金来源(万元)	256975	281105	422014	567242	867516	1316968	1561471
上年末结余资金	37952	39810	56411	81985	81767	148618	199711
国内贷款	57020	55830	65506	73633	156403	197964	252641
利用外资	20993	7003	3262	8174	16423	29972	54968
自筹资金	53073	64619	166565	188013	277472	405779	545936
其他资金来源	87827	112458	129694	215437	335451	534635	508215
#定金及预收款	79811	94937	118155	171734	209621	246069	225371
施工面积(万平方米)	270.60	278.90	366.96	478.66	567.30	882.10	1115.29
#新开工面积	128.88	124.50	219.56	223.77	250.01	406.67	399.70
#住　宅	100.18	91.22	176.62	165.47	213.93	344.63	343.86
本年竣工面积(万平方米)	126.31	137.34	102.22	141.26	112.87	186.32	178.74
#住　宅	99.60	79.47	74.63	114.26	87.47	145.70	150.91
土地开发投资额(万元)	14583	35499	42460	30112	60880	38895	61297
土地购置费(万元)	37171	47223	108151	131359	166027	202437	303635
完成土地开发面积(万平方米)	158.25	352.11	140.55	174.80	196.95	514.85	185.42
土地购置面积(万平方米)	443.78	413.92	375.02	752.34	16.60	999.06	468.00
商品房屋销售额(万元)	148606	205684	131622	356216	446130	806343	561318
#住　宅(万元)	86217	195749	99481	276193	351450	709418	475689

4—13 续表

项目	2009	2010	2011	2012	2013	2014	2015
企业个数(个)	403	429	478	501	393	404	409
完成投资额(万元)	993051	1596212	2234841	2544853	3561031	4722441	5025111
新增固定资产(万元)	470840	590665	479136	446783	1551916	1711189	1313713
本年资金来源(万元)	1723901	2664178	3535378	3891973	5710000	6882231	7151470
上年末结余资金	182227	361494	504201	748118	1126314	1142918	1273277
国内贷款	299737	246905	245412	394122	502730	812729	906277
利用外资	22622	50793	26447	22933	13552	11112	17025
自筹资金	458167	1018535	1314722	1176128	1693119	2116635	2291478
其他资金来源	761148	986451	1444596	1550672	2374285	2798837	2663413
#定金及预收款	376075	498723	876990	869162	1224554	1769121	1426909
施工面积(万平方米)	1182.82	1395.70	2140.86	2397.12	3051.92	3783.93	3733.35
#新开工面积	261.35	453.50	1014.73	462.48	810.36	1113.48	742.22
#住　宅	208.39	337.89	731.59	336.98	507.49	787.33	533.97
本年竣工面积(万平方米)	240.75	292.19	178.61	203.01	509.59	539.84	412.92
#住　宅	202.27	244.24	141.40	164.37	328.34	427.88	314.89
土地开发投资额(万元)	46994						
土地购置费(万元)	215418	469778	368608	223918	456942	1003322	1108495
完成土地开发面积(万平方米)	260.85						
土地购置面积(万平方米)	245.53	351.38	297.66	112.69	233.29	323.42	249.21
商品房屋销售额(万元)	979037	1222134	1846884	1968689	3008386	2755838	3443618
#住　宅	886594	1054516	1473151	1546742	2533835	2328178	3024486

4—14 按各类分组的房地产开发投资(2004-2015)

项　　目	2004	2005	2006	2007	2008	2009
完成投资额(万元)	**327280**	**416573**	**553932**	**835318**	**1120375**	**993051**
按登记注册类型分						
国　有	32332	37683	50874	36683	97633	69663
集　体	434	376	60	180		286
股份合作	1130		3678	9813		
联　营	34422					
有限责任公司	88379	112596	133622	225712	282933	286925
股份有限公司	6580	11228	11746	15338	24521	24277
私营企业	90975	116585	169213	282340	394635	341824
港澳台商投资企业	52156	78984	107188	185599	237048	154985
外商投资企业	20872	59121	76881	77169	82307	92345
其他企业				2484	1298	393
按构成分						
# 建筑工程	188289	241343	305073	542947	703345	681025
安装工程	3213	7306	5650	13603	12167	19196
设备工器具购置	550	800	1575	6104	4915	5331
按工程用途分						
住　宅	167337	211092	278603	502342	666756	601708
办公楼	5368	3794	1785	1252	2907	5026
商业营业用房	33466	41948	46421	56944	57835	57271
其　他	121109	159739	227123	274780	392877	329046
按隶属关系分						
中　央					19628	8725
地　方	327280	241343	553932	835318	1100747	984326
#省	17759				2160	200

4—14 续表

项　　目	2010	2011	2012	2013	2014	2015
完成投资额(万元)	**1596212**	**2234841**	**2544853**	**3561031**	**4722441**	**5025111**
按登记注册类型分						
国　有	56505	82480	98172	169519	85354	207366
集　体	885	5671	6146	4162	2493	4753
股份合作						
联　营						
有限责任公司	499251	573803	854446	1924017	2799007	3130832
股份有限公司	45770	89665	94503	143009	127651	195044
私营企业	742716	1172873	1072140	945805	1127523	840767
港澳台商投资企业	183777	214303	227112	185855	307050	253029
外商投资企业	67308	96046	145658	215907	99641	67126
其他企业						
按构成分						
# 建筑工程	928357	1608646	1920437	2731451	3374920	3530249
安装工程	36347	37069	46955	71234	119072	162755
设备工器具购置	7594	5592	57393	46716	31342	29620
按工程用途分						
住　宅	841754	1537684	1729343	2427727	3361762	3676189
办公楼	18730	26652	96981	90089	93901	44291
商业营业用房	137986	265263	395913	538443	626270	569938
其　他	597742	405242	322616	504772	640508	734693
按隶属关系分						
中　央	17946	22221	43631			
地　方	1578266	2212620	2501222	3561031	4722441	997467
#省	1009	1427	1964	1930	7456	7925

4—15　房地产开发施工、竣工和销售情况

	合　计	住　宅	#90平方米以　　下	#140平方米以　　下	# 别　墅高档公寓	办公楼	商业营业	其　他
房屋施工面积(平方米)	37333531	26589315	8621033	2854286	582386	726298	4100701	5917217
#新开工面积	7422162	5339717	1757143	469903	116580	73131	610080	1399234
房屋竣工面积(平方米)	4129179	3148928	1138577	432608	40589	7679	370515	602057
住宅竣工套数(套)		32355	16401	2364	171			
竣工房屋价值(万元)	1024914	784237	268155	113127	12234	2212	93629	144836
出租房屋面积(平方米)	122441	46722	46722			1272	37843	36604
商品房销售面积(平方米)	5518029	4983191	972471	519339	117642	37622	304729	192487
# 现房销售面积	753290	570876	191102	115196	13628	861	75692	105861
期房销售面积	4764739	4412315	781369	404143	104014	36761	229037	86626
商品房销售额(万元)	3443618	3024486	541843	463391	106596	24061	319908	75163
# 现房销售额	345472	248069	60063	73834	12914	1250	62702	33451
期房销售额	3098146	2776417	481780	389557	93682	22811	257206	41712
住宅销售套数(套)		47259	13512	2794	947			
# 现　房		5847	2782	596	52			
期　房		41412	10730	2198	895			
年(月)末待售面积(平方米)	2919288	1563153	345646	494038	164177	19934	642462	693739
# 待售1-3年(含1年)	1027458	558374	88406	141497	43918	16049	171921	281114
待售3年以上(含3年)	179143	58651	12433	39377	16759	231	46448	73813

4—16 项目投资平衡表

单位：万元

项目	计划总投资	新开工项目计划总投资	自开始建设累计完成投资	本年完成投资	其中:住宅
总计	**32501339**	**18324232**	**26300526**	**19801910**	**66601**
按登记注册类型分					
内资企业	29306838	17090387	23672037	17855208	66601
国有企业	8038310	4750784	6224876	4540026	10099
集体企业	910601	559379	880217	793320	7548
股份合作企业	58595	7615	54619	33562	
联营企业	32928		27899	1486	
国有联营企业	32928		27899	1486	
有限责任公司	10347203	5888432	8049467	5901593	46424
国有独资公司	3316264	1466257	2119228	1192750	
其他有限责任公司	7030939	4422175	5930238	4708843	46424
股份有限公司	877955	413956	568103	377977	2530
私营企业	8206386	4856409	7065172	5470902	
私营独资企业	1278452	455116	1096613	716813	
私营合伙企业	131513	53310	90838	59816	
私营有限责任公司	6677521	4326483	5762193	4627770	
私营股份有限公司	118900	21500	115528	66503	

4—16 续表 1 单位：万元

项目	计划总投资	新开工项目计划总投资	自开始建设累计完成投资	本年完成投资	其中:住宅
其他企业	834860	613812	801684	736342	
港、澳、台商投资企业	1893142	813750	1604604	1188760	
合资经营企业(港或澳、台资)	714163	333415	598250	560767	
港、澳、台商独资经营企业	997329	390985	866286	548229	
港、澳、台商投资股份有限公司	171800	79500	130218	69914	
其他港、澳、台商投资企业	9850	9850	9850	9850	
外商投资企业	1277959	406345	999235	740065	
中外合资经营企业	638311	53700	614473	461129	
外资企业	621348	334345	369142	263316	
其他外商投资企业	18300	18300	15620	15620	
个体经营	23400	13750	24650	17877	
个体户	16400	11750	17650	15135	
个人合伙	7000	2000	7000	2742	
按隶属关系分					
中　央	122433	113013	97919	93592	
省(自治区、直辖市)	876670	542615	732538	512352	
地区(州、盟、省辖市)	3880942	1678938	2419468	1336855	
县(旗、县级市)	6786596	3760299	5370495	3957131	8764
其　他	20834698	12229367	17680106	13901980	57837
按建设性质分					
新　建	21114489	11905190	15790718	11225201	63546
扩　建	7327212	4448764	6684619	5302252	
改建和技术改造	2553027	1673703	2358941	1985282	3055
单纯建造生活设施	39354	17465	42269	35264	
迁　建	469611	268222	440872	295296	
恢　复	57103	10888	28327	7948	
单纯购置	940543		954780	950667	
按控股情况分					
国有控股	12171796	6682524	9007441	6159064	10099
集体控股	1158097	697451	1121120	1005676	7548
私人控股	14755657	8970666	12481001	9829877	48954
港澳台商控股	1554014	588622	1317441	974215	
外商控股	808776	450195	512492	403280	
其　他	2052999	934774	1861031	1429798	
按期末项目建设状况分					
在　建	16167921	9866083	9084985	6645942	51815
全部投产	16212878	8458149	17177927	13152684	14786
全部停缓建	120540		37614	3284	
按国民经济行业分					
农、林、牧、渔业	1272434	652833	1234552	1012371	
农　业	397231	265447	370073	296752	
林　业	65899	43199	54506	43748	
畜牧业	82337	57337	81016	64926	
渔　业	620593	200003	623272	516849	
农、林、牧、渔服务业	106374	86847	105685	90096	
采矿业	74535	27735	71445	58420	
黑色金属矿采选业	3260	3260	3260	3260	
非金属矿采选业	31275	24475	32153	32153	
其他采矿业	40000		36032	23007	
制造业	13100107	7907637	11436323	9278362	
农副食品加工业	1253181	922634	1155150	1003539	
食品制造业	865658	563181	793982	604975	

4—16 续表 2

单位：万元

项目	计划总投资	新开工项目计划总投资	自开始建设累计完成投资	本年完成投资	其中:住宅
酒、饮料和精制茶制造业	366341	308409	302294	269474	
纺织业	107600	78600	104972	95020	
纺织服装、服饰业	203082	81760	195472	140035	
皮革、毛皮、羽毛及其制品和制鞋业	177510	161760	186806	183502	
木材加工和木、竹、藤、棕、草制品业	208304	179504	184476	166277	
家具制造业	479048	305938	441373	328253	
造纸及纸制品业	366284	244234	319609	269027	
印刷和记录媒介复制业	110630	29350	125187	87499	
文教、工美、体育和娱乐用品制造业	426101	204686	388952	335710	
石油加工、炼焦和核燃料加工业	604801	115801	481238	343741	
化学原料和化学制品制造业	504508	256582	374787	304240	
医药制造业	146982	85082	113611	71783	
化学纤维制造业	98000	48000	79165	31342	
橡胶和塑料制品业	731317	356957	564425	454077	
非金属矿物制品业	1334872	777900	1228757	896747	
黑色金属冶炼和压延加工业	408664	220323	428459	426231	
有色金属冶炼和压延加工业	82270	58450	78189	71814	
金属制品业	1023995	650781	948162	806049	
通用设备制造业	447965	230965	432757	351744	
专用设备制造业	558313	415983	499815	419817	
汽车制造业	249590	139090	227322	198047	
铁路、船舶、航空航天和其他运输设备制造业	186890	160100	95398	89293	
电气机械和器材制造业	1400240	866750	1026559	819703	
计算机、通信和其他电子设备制造业	515639	297875	412438	319049	
仪器仪表制造业	70832	53932	72230	63576	
其他制造业	125430	61450	126215	82065	
废弃资源综合利用业	43060	31560	45523	42733	
金属制品、机械和设备修理业	3000		3000	3000	
电力、热力、燃气及水的生产和供应业	1208748	700535	968163	707081	
电力、热力生产和供应业	593632	376954	513649	391833	
燃气生产和供应业	170119	93121	108582	41469	
水的生产和供应业	444997	230460	345932	273779	
建筑业	208917	193717	162863	159263	
房屋建筑业	18720	3520	21208	17608	
土木工程建筑业	187137	187137	138595	138595	
建筑装饰和其他建筑业	3060	3060	3060	3060	
批发和零售业	236622	155554	251977	205529	
批发业	106558	60238	109768	80994	
零售业	130064	95316	142209	124535	
交通运输、仓储和邮政业	6041434	2910823	4210935	2582761	
铁路运输业	200700		125800	25500	
道路运输业	5010589	2674326	3467145	2234090	
水上运输业	386077	112541	262666	157919	
管道运输业	237820	35664	179168	50147	
装卸搬运和运输代理业	124280	20300	118741	63189	
仓储业	76882	65492	52944	47896	
邮政业	5086	2500	4471	4020	
住宿和餐饮业	986235	291235	732514	418136	
住宿业	899206	264720	644463	368485	
餐饮业	87029	26515	88051	49651	
信息传输、软件和信息技术服务业	219835	213793	209207	203361	
电信、广播电视和卫星传输服务	206035	204993	194619	193769	

4—16 续表3 单位：万元

项目	计划总投资	新开工项目计划总投资	自开始建设累计完成投资	本年完成投资	其中:住宅
互联网和相关服务	13800	8800	14588	9592	
金融业	48639	44199	32114	29885	
货币金融服务	48639	44199	32114	29885	
房地产业	474346	309931	308854	252882	52568
租赁和商务服务业	821789	674425	439140	375852	
商务服务业	821789	674425	439140	375852	
科研研究和技术服务业	85440	56524	80723	55776	
研究和试验发展	16610	12610	17986	15256	
专业技术服务业	38220	31304	27934	20960	
科技推广和应用服务业	30610	12610	34803	19560	
水利、环境和公共设施管理业	5177249	2788367	4406117	3202730	7548
水利管理业	595685	362074	545755	431394	
生态保护和环境治理业	204380	49179	211446	126853	
公共设施管理业	4377184	2377114	3648916	2644483	7548
居民服务、修理和其他服务业	54897	26358	54183	43932	
居民服务业	53547	25758	52737	42486	
机动车、电子产品和日用产品修理业	750		750	750	
其他服务业	600	600	696	696	
教育	581850	122547	533324	271753	5709
卫生和社会工作	391142	244893	259397	160987	642
卫生	377042	240393	250760	152916	
社会工作	14100	4500	8637	8071	642
文化、体育和娱乐业	1110036	671957	558828	479349	
广播、电视、电影和影视录音制作业	5514		3743	232	
文化艺术业	814854	570616	369222	329178	
体育	236336	48009	133855	97931	
娱乐业	53332	53332	52008	52008	
公共管理、社会保障和社会组织	407084	331169	349867	303480	134
国家机构	214989	154087	155677	118261	134
群众团体、社会团体和其他成员组织	12001	6513	11882	9346	
基层群众自治组织	180094	170569	182308	175873	
按县(市、区)分					
漳州市	32501339	18324232	26300526	19801910	66601
市辖区	137394	137394	137394	137394	
芗城区	2274489	1710840	1705600	1374517	46424
龙文区	1418007	740944	1217577	799215	
龙海市	7264763	3740538	4905491	3689194	627
其中:龙海市辖	4474869	2052511	2618486	1550347	627
漳州开发区	314752	79875	237297	119605	
台商投资区	2475142	1608152	2049708	2019242	
云霄县	3157192	1717115	2357332	1711447	134
其中:云霄县辖	2829847	1466875	1976396	1356632	
常山开发区	327345	250240	380936	354815	134
漳浦县	4491514	1375490	3837438	2352495	
其中:漳浦县辖	2704008	1112090	2407004	1492557	
古雷开发区	1787506	263400	1430434	859938	
诏安县	2238671	1400780	2003907	1787280	8190
长泰县	4251233	2309321	3594425	2526367	
东山县	1983204	1351405	1713848	1436790	2530
南靖县	2508581	1857484	2286486	1881766	
平和县	1806377	1172268	1657706	1341660	8696
华安县	969914	810653	883322	763785	

4—17 按构成分的项目投资和新增固定资产

单位：万元

项目	按构成分的投资额						本年新增固定资产
	1、建筑工程	2、安装工程	3、设备工器具购置	4、其他费用	旧建筑物购置费	土地购置费	
总计	**12991287**	**826013**	**3802059**	**2182551**	**20781**	**1426518**	**15933060**
按登记注册类型分							
内资企业	12147769	648233	2997153	2062053	15750	1389317	14424222
国有企业	3424838	208564	363737	542887	13467	302677	3622511
集体企业	543340	39976	164563	45441	423	38478	705824
股份合作企业	20314	5	8768	4475		912	7846
联营企业	1486						
国有联营企业	1486						
有限责任公司	3626290	194340	1089395	991568	968	737399	4644547
国有独资公司	590015	5559	48719	548457		407844	480800
其他有限责任公司	3036275	188781	1040676	443111	968	329555	4163747
股份有限公司	282923	15726	37650	41678	238	32696	195303
私营企业	3710146	167444	1205460	387852	644	254716	4542075
私营独资企业	470784	47557	153847	44625	227	38795	616042
私营合伙企业	47564	44	8074	4134		3303	52952
私营有限责任公司	3135920	118008	1036189	337653	417	211442	3795936
私营股份有限公司	55878	1835	7350	1440		1176	77145
其他企业	538432	22178	127580	48152	10	22439	706116
港、澳、台商投资企业	590222	28302	508892	61344	5031	22355	1084234
合资经营企业(港或澳、台资)	181974	12543	347569	18681		3172	481209
港、澳、台商独资经营企业	345954	13570	154912	33793		16244	534686
港、澳、台商投资股份有限公司	52444	2189	6411	8870	5031	2939	58489
其他港、澳、台商投资企业	9850						9850
外商投资企业	238324	147936	294666	59139		14831	404212
中外合资经营企业	55488	142497	212600	50544		7856	133586
外资企业	167932	5439	81956	7989		6418	255451
其他外商投资企业	14904		110	606		557	15175
个体经营	14972	1542	1348	15		15	20392
个体户	12972	800	1348	15		15	17650
个人合伙	2000	742					2742
按隶属关系分							
中央	82175	1088	5674	4655		1590	33510
省(自治区、直辖市)	174717	156468	154833	26334		9214	394297
地区(州、盟、省辖市)	674291	6653	63982	591929	11000	411921	589600
县(旗、县级市)	2985214	60114	413082	498721	8435	308053	3468135
其他	9074890	601690	3164488	1060912	1346	695740	11447518
按建设性质分							
新建	8017454	353934	1245088	1608725	18561	1106659	8388157
扩建	3541504	379861	1015006	365881	10	213999	4360085
改建和技术改造	1176839	88389	532950	187104	2210	90513	1834604
单纯建造生活设施	29156	2237	535	3336		2449	40399
迁建	219572	1592	57813	16319		11778	360646
恢复	6762			1186		1120	4970
单纯购置			950667				944199
按控股情况分							
国有控股	4352904	218720	430647	1156793	13467	757264	4518502
集体控股	679431	42286	225277	58682	433	46870	866070
私人控股	6345267	387191	2339611	757808	882	510735	8306385
港澳台商控股	512184	20047	393349	48635	5031	20685	876851
外商控股	229235	5874	152157	16014		12874	359405
按期末项目建设状况分							
在建	4614526	221972	501755	1307689	13270	881072	626485
全部投产	8375546	601993	3300304	874841	7511	545446	15306575
全部停缓建	1215	2048		21			
按国民经济行业分							
农、林、牧、渔业	537588	71951	327144	75688		61356	1054148
农业	207731	29444	37100	22477		16934	292025
林业	23701	569	2267	17211		10893	27323
畜牧业	51478	422	8625	4401		4347	69597

4—17 续表 1 单位：万元

项目	按构成分的投资额						本年新增固定资产
	1、建筑工程	2、安装工程	3、设备工器具购置	4、其他费用	旧建筑物购置费	土地购置费	
渔业	197088	34357	263782	21622		21039	570115
农、林、牧、渔服务业	57590	7159	15370	9977		8143	95088
采矿业	36258	3371	16175	2616		2486	33484
黑色金属矿采选业	270		2990				3260
非金属矿采选业	12981	3371	13185	2616		2486	30224
其他采矿业	23007						
制造业	5416329	436962	2826666	598405	15	373149	7808365
农副食品加工业	639000	71841	238933	53765		48550	908210
食品制造业	356721	12878	184324	51052		41405	686082
酒、饮料和精制茶制造业	176656	12260	57740	22818		18636	252343
纺织业	61846	4029	22935	6210		5710	81884
纺织服装、服饰业	110301	832	17979	10923		10808	157735
皮革、毛皮、羽毛及其制品和制鞋业	154647	688	22895	5272		4400	169705
木材加工和木、竹、藤、棕、草制品业	117662	13308	26876	8431		4262	116404
家具制造业	197830	8009	103436	18978		16196	314420
造纸和纸制品业	165504	3244	75494	24785	15	6649	252338
印刷和记录媒介复制业	52365	305	33527	1302		1302	119323
文教、工美、体育和娱乐用品制造业	137416	17848	159682	20764		15696	333264
石油加工、炼焦和核燃料加工业	21812	141126	140642	40161		1989	800
化学原料和化学制品制造业	190996	11543	84140	17561		13420	212573
医药制造业	49953	1760	16643	3427		2821	47122
化学纤维制造业	20526	85	7067	3664		2637	66846
橡胶和塑料制品业	319202	7458	103801	23616		15631	302593
非金属矿物制品业	556329	22317	257288	60813		39881	696644
黑色金属冶炼和压延加工业	55740	13664	344076	12751		1502	403469
有色金属冶炼和压延加工业	33212	9014	25422	4166		2186	70367
金属制品业	446207	10141	265566	84135		32873	766681
通用设备制造业	221916	13899	94280	21649		14071	339953
专用设备制造业	277070	16047	97385	29315		24058	332637
汽车制造业	113893	27903	46376	9875		7599	172069
铁路、船舶、航空航天和其他运输设备制造业	61715	1348	23732	2498		1948	88397
电气机械和器材制造业	569315	2075	213926	34387		19403	529787
计算机、通信和其他电子设备制造业	182523	8354	109697	18475		14696	201281
仪器仪表制造业	53411	251	5693	4221		2070	22181
其他制造业	50792	3684	25863	1726		1085	117055
废弃资源综合利用业	21769	1051	18248	1665		1665	43202
金属制品、机械和设备修理业			3000				3000
电力、热力、燃气及水的生产和供应业	317129	134268	197279	58405	11000	18557	518166
电力、热力生产和供应业	89205	118799	160817	23012		3108	321354
燃气生产和供应业	29119	1040	2645	8665		5600	38386
水的生产和供应业	198805	14429	33817	26728	11000	9849	158426
建筑业	125639	123	990	32511		4526	117682
房屋建筑业	16953			655		655	16953
土木工程建筑业	105626	123	990	31856		3871	97669
建筑安装业							
建筑装饰和其他建筑业	3060						3060
批发和零售业	163246	3878	27710	10695		9756	221765
批发业	62332	255	13110	5297		4484	87935
零售业	100914	3623	14600	5398		5272	133830
交通运输、仓储和邮政业	1861933	29591	75440	615797	805	394686	1411023
铁路运输业	25500						
道路运输业	1585874	8912	38412	600892	805	385956	1254468
水上运输业	133175	9090	9763	5891		2520	34504
管道运输业	30474	11032	8641				52028
装卸搬运和运输代理业	48599	58	13025	1507		1507	32259
仓储业	36841	499	3049	7507		4703	34914
邮政业	1470		2550				2850
住宿和餐饮业	276235	34249	45490	62162		33228	341481
住宿业	236748	33640	40836	57261		28702	259170

4—17 续表2

单位：万元

项目	按构成分的投资额						本年新增固定资产
	1、建筑工程	2、安装工程	3、设备工器具购置	4、其他费用	旧建筑物购置费	土地购置费	
餐饮业	39487	609	4654	4901		4526	82311
信息传输、软件和信息技术服务业	73274	43960	86127				163078
电信、广播电视和卫星传输服务	71594	40715	81460				148490
互联网和相关服务	1680	3245	4667				14588
金融业	11465	419	3220	14781		2720	21547
货币金融服务	11465	419	3220	14781		2720	21547
房地产业	185831	342	13830	52879		47982	104232
房地产业	185831	342	13830	52879		47982	104232
租赁和商务服务业	324037	1429	17146	33240	62	28948	281230
商务服务业	324037	1429	17146	33240	62	28948	281230
科研研究和技术服务业	40199	2256	7616	5705		4846	66369
研究和试验发展	13772			1484		1484	17986
专业技术服务业	11093	1402	6076	2389		1870	19663
科技推广和应用服务业	15334	854	1540	1832		1492	28720
水利、环境和公共设施管理业	2610309	49212	73686	469523	3262	324034	2820765
水利管理业	388130	5745	8631	28888		16046	399999
生态保护和环境治理业	69531	729	1889	54704		3443	128571
公共设施管理业	2152648	42738	63166	385931	3262	304545	2292195
居民服务、修理和其他服务业	35244		1943	6745	5031	1710	50473
居民服务业	34576		1193	6717	5031	1682	49027
机动车、电子产品和日用产品修理业			750				750
其他服务业	668			28		28	696
教育	256876	123	1744	13010		3878	201007
教育	256876	123	1744	13010		3878	201007
卫生和社会工作	111493	2934	35257	11303		5427	160272
卫生	103435	2934	35257	11290		5427	155742
社会工作	8058			13			4530
文化、体育和娱乐业	341590	5612	24161	107986	596	102452	217841
广播、电视、电影和影视录音制作业	232						
文化艺术业	212540	5308	15551	95779	596	94171	118739
体育	86530		3105	8296		6060	49917
娱乐业	42288	304	5505	3911		2221	49185
公共管理、社会保障和社会组织	266612	5333	20435	11100	10	6777	340132
国家机构	92768	4356	16479	4658		2376	132803
群众团体、社会团体和其他成员组织	8886			460		420	10686
基层群众自治组织	164958	977	3956	5982	10	3981	196643
按县(市、区)分							
漳州市	12991287	826013	3802059	2182551	20781	1426518	15933060
市辖区	4532	97023	22456	13383			137394
芗城区	687626	53415	517034	116442		98315	1334939
龙文区	552642	11502	103204	131867	11000	71139	558206
龙海市	2082386	41078	1037911	527819	5031	213380	2932750
其中:龙海市辖	961853	33067	219599	335828	5031	139638	1027181
漳州开发区	118185			1420		1130	75194
台商投资区	1002348	8011	818312	190571		72612	1830375
云霄县	1264575	59572	324369	62931		57360	867856
其中:云霄县辖	991699	27159	274843	62931		57360	488912
常山开发区	272876	32413	49526				378944
漳浦县	1326799	198932	308527	518237	1030	359855	1675043
其中:漳浦县辖	1192102	46628	165290	88537	1030	71806	1566627
古雷开发区	134697	152304	143237	429700		288049	108416
诏安县	1245130	159138	300866	82146		77186	1868131
长泰县	2043161	14991	151635	316580	1467	227732	2111996
东山县	1012231	13828	249771	160960	10	133216	1181649
南靖县	1189217	150069	383561	158919	661	113689	1463522
平和县	1135746	26385	142063	37466	1582	30016	1071115
华安县	447242	80	260662	55801		44630	730459

备注:本表不包括省局反馈高速公司、铁路;各县(市、区)不包括跨地区项目。

4—18 项目房屋施工竣工面积和项目个数

单位：万元、平方米、个

项　　目	本年施工房屋面积	其中：住宅	本年竣工房屋面积	其中：住宅	本年竣工房屋价值	其中：住宅	施工项目个数	其中：本年新开工	本年投产项目个数
总　　计	**31916976**	**431862**	**11851570**	**39389**			**2883**	**2193**	**2221**
按登记注册类型分									
内资企业	27992653	431862	10191699	39389			2737	2093	2118
国有企业	2997808	69413	777702	39389			893	675	688
集体企业	617036	41040	135371				186	154	164
股份合作企业	5615						4	3	3
联营企业							1		
国有联营企业							1		
有限责任公司	9541511	307249	3482425				672	503	512
国有独资公司	546480		147439				88	38	50
其他有限责任公司	899531	307249	3334986				584	465	462
股份有限公司	414891	14160	81962				49	35	29
私营企业	13688600		5522616				766	581	587
私营独资企业	1719851		1272992				115	70	92
私营合伙企业	373828		26143				11	6	9
私营有限责任公司	11495073		4193385				631	500	478
私营股份有限公司	99848		30096				9	5	8
其他企业	727192		191623				166	142	135
港、澳、台商投资企业	2810064		1397655				95	68	68
合资经营企业(港或澳、台资)	898411		376081				29	22	19
港、澳、台商独资经营企业	1751502		976350				58	42	44
港、澳、台商投资股份有限公司	160151		45224				7	3	4
外商投资企业	1088837		262216				45	28	29
中外合资经营企业	45150		45150				14	7	10
外资企业	1003477		209466				28	18	17
其他外商投资企业	40210		7600				3	3	2
个体经营	25422						6	4	6
个体户	25422						4	3	4
个人合伙							2	1	2
按隶属关系分									
中　央	19113		650				13	8	9
省(自治区、直辖市)	58199		6876				35	22	22
地区(州、盟、省辖市)	1080058		357945				100	50	46
县(旗、县级市)	3366601	57421	919880	39389			673	480	503
其　他	27393005	374441	10566219				2062	1633	1641
按建设性质分									
新　建	17003901	403162	5856729	10689			1796	1361	1345
扩　建	11732483		4595471				681	520	537
改建和技术改造	1684829	28700	752282	28700			351	275	294
单纯建造生活设施	10000						11	6	11
迁　建	1204375		647088				40	28	33
恢　复	281388						4	3	1

4—18 续表1

单位：万元、平方米、个

项　　目	本年施工房屋面积	其中：住宅	本年竣工房屋面积	其中：住宅	本年竣工房屋价值	其中：住宅	施工项目个数	其中：本年新开工	本年投产项目个数
按控股情况分									
国有控股	4065107	69413	1192348	39389			1051	762	788
集体控股	694273	41040	191681				216	181	182
私人控股	22431029	321409	8541653				1297	1012	1012
港澳台商控股	2580438		1407655				89	63	63
外商控股	1126235		228616				37	25	22
按期末项目建设状况分									
在　建	12616591	339441	8730				659	511	
全部投产	18970580	92421	11842840	39389			2221	1682	2221
全部停缓建	329805						3		
按国民经济行业分									
农、林、牧、渔业	1167578		570912				168	137	141
农　业	386817		283205				68	53	53
林　业	12000						8	5	6
畜牧业	100421		81031				18	16	16
渔　业	464072		182926				54	48	49
农、林、牧、渔服务业	204268		23750				20	15	17
采矿业	62862		57720				8	7	6
黑色金属矿采选业							1	1	1
非金属矿采选业	62220		57720				6	6	5
其他采矿业	642						1		
制造业	22108650		9188326				1146	897	888
农副食品加工业	2303008		867037				151	121	118
食品制造业	1474240		717080				104	87	82
酒、饮料和精制茶制造业	454024		230240				62	53	53
纺织业	239155		133468				16	14	13
纺织服装、服饰业	572841		328538				23	17	17
皮革、毛皮、羽毛及其制品和制鞋业	675225		505230				21	18	20
木材加工和木、竹、藤、棕、草制品业	347948		96100				31	27	22
家具制造业	1027780		722293				43	35	32
造纸和纸制品业	686760		468302				42	32	29
印刷和记录媒介复制业	373507		366507				7	6	7
文教、工美、体育和娱乐用品制造业	787202		245885				45	33	35
石油加工、炼焦和核燃料加工业	161302						4	2	1
化学原料和化学制品制造业	1532766		133318				42	28	28
医药制造业	244813		98049				14	9	11
化学纤维制造业	147247		47964				3	2	1
橡胶和塑料制品业	1030987		399549				64	48	49
非金属矿物制品业	1780664		706329				120	96	91
黑色金属冶炼和压延加工业	101110		54160				20	19	19
有色金属冶炼和压延加工业	155445		44060				10	8	9
金属制品业	1603223		776088				87	69	74

4—18 续表2 单位：万元、平方米、个

项目	本年施工房屋面积	其中：住宅	本年竣工房屋面积	其中：住宅	本年竣工房屋价值	其中：住宅	施工项目个数	其中：本年新开工	本年投产项目个数
通用设备制造业	897327		341162				43	34	37
专用设备制造业	997692		309423				54	45	39
汽车制造业	523560		12157				18	16	14
铁路、船舶、航空航天和其他运输设备制造业	80960		46790				10	7	7
电气机械和器材制造业	2442648		1048195				54	31	39
计算机、通信和其他电子设备制造业	942378		255218				30	22	17
仪器仪表制造业	192355		48990				8	5	6
其他制造业	269671		135134				13	8	11
废弃资源综合利用业	62812		51060				7	5	7
电力、热力、燃气及水的生产和供应业	532173		9000				102	73	76
电力、热力生产和供应业	21686						42	32	32
燃气生产和供应业							8	6	6
水的生产和供应业	510487		9000				52	35	38
建筑业	74717						15	14	7
房屋建筑业	5000						3	2	3
土木工程建筑业	69717						11	11	3
建筑装饰和其他建筑业							1	1	1
批发和零售业	535387		113330				47	34	45
批发业	192906		43659				22	16	20
零售业	342481		69671				25	18	25
交通运输、仓储和邮政业	620447		317155				322	230	213
铁路运输业							1		
道路运输业	364749		258624				289	214	198
水上运输业							8	3	2
管道运输业							5	1	2
装卸搬运和运输代理业	117131		5600				6	3	3
仓储业	130984		52931				11	8	7
邮政业	7583						2	1	1
住宿和餐饮业	1193673		275628				38	22	28
住宿业	995941		243712				29	15	20
餐饮业	197732		31916				9	7	8
信息传输、软件和信息技术服务业	650		650				20	17	18
电信、广播电视和卫星传输服务	650		650				17	15	15
互联网和相关服务							3	2	3
金融业	43408						9	7	7
货币金融服务	43408						9	7	7
房地产业	823367	356809	145846	28700			38	28	26
租赁和商务服务业	1053596		137710				27	18	18
商务服务业	1053596		137710				27	18	18
科研研究和技术服务业	78436		47845				13	10	10
研究和试验发展	4280		4280				4	3	4
专业技术服务业	46461		16334				5	4	4

4—18　续表3　　　　单位：万元、平方米、个

项　　目	本年施工房屋面积	其中：住宅	本年竣工房屋面积	其中：住宅	本年竣工房屋价值	其中：住宅	施工项目个数	其中：本年新开工	本年投产项目个数
科技推广和应用服务业	27695		27231				4	3	2
水利、环境和公共设施管理业	938903	41040	253166				602	450	484
水利管理业	12894		1504				139	104	116
生态保护和环境治理业	7250						21	16	18
公共设施管理业	918759	41040	251662				442	330	350
居民服务、修理和其他服务业	46883		7190				18	15	15
居民服务业	46883		7190				17	14	14
其他服务业							1	1	1
教　育	842294	28721	284650	10689			76	47	51
卫生和社会工作	516016	3500	123288				37	25	24
卫　生	493997		123288				34	23	22
社会工作	22019	3500					3	2	2
文化、体育和娱乐业	668468		146715				91	80	77
广播、电视、电影和影视录音制作业	11000						1		
文化艺术业	451810		87928				52	46	45
体　育	147871		26820				24	20	19
娱乐业	57787		31967				14	14	13
公共管理、社会保障和社会组织	609468	1792	172439				106	82	87
国家机构	453564	1792	83655				50	32	41
群众团体、社会团体和其他成员组织	30621		14111				6	3	6
基层群众自治组织	125283		74673				50	47	40
按县(市、区)分									
漳州市	31916976	431862	11851570	39389			2883	2193	2221
市辖区							4	4	4
芗城区	2648386	307249	1579629				134	93	106
龙文区	580985						166	106	117
龙海市	4859400	10900	486714	4200			446	337	357
其中：龙海市辖	2799100	10900	486714	4200			231	149	177
漳州开发区	266778						11	2	3
台商投资区	1793522						204	186	177
云霄县	3788639	1792	1284921				188	125	128
其中：云霄县辖	3224224		1284921				141	89	81
常山开发区	564415	1792					47	36	47
漳浦县	5083316		2205776				367	263	257
其中：漳浦县辖	4751526		2189442				337	258	250
古雷开发区	331790		16334				30	5	7
诏安县	1931694	44540	160153				274	213	260
长泰县	6321068		3447223				226	135	139
东山县	1684733	14160	296858				270	204	192
南靖县	2349164		583122				263	221	195
平和县	1257170	53221	747282	35189			341	307	277
华安县	1412421		1059892				204	185	189

4—19 项 目

项目	一、本年资金来源合计	1、上年末结余资金	2、本年资金来源小计	(1)国家预算内资金	(2)国内贷款	(3)债券
总计	**18417002**	**171074**	**18245928**	**897273**	**550288**	
按登记注册类型分						
内资企业	16813760	158380	16655380	897073	421601	
国有企业	4268269	43038	4225231	580093	136960	
集体企业	785248		785248	32237	3000	
股份合作企业	33563		33563			
联营企业	3100		3100		1300	
国有联营企业	3100		3100		1300	
有限责任公司	5368493	47783	5320710	255995	187830	
国有独资公司	1002597	20670	981927	201413	41000	
其他有限责任公司	4365896	27113	4338783	54582	146830	
股份有限公司	369094	1491	367603		5000	
私营企业	5277432	66068	5211364	25923	86711	
私营独资企业	71153	24452	686601	5657	1000	
私营合伙企业	59098	2292	56806	7392	781	
私营有限责任公司	4445910	39324	4406586	12874	84930	
私营股份有限公司	61371		61371			
其他企业	708561		708561	2825	800	
港、澳、台商投资企业	1168030	3534	1164496		118087	
合资经营企业(港或澳、台资)	554369	1000	553369		109927	
港、澳、台商独资经营企业	552853	2444	550409		6160	
港、澳、台商投资股份有限公司	50958	90	50868		2000	
其他港、澳、台商投资企业	9850		9850			
外商投资企业	419236	9160	410076	200	10600	
中外合资经营企业	147339	5832	141507		10600	
外资企业	256214	3328	252886			
其他外商投资企业	15683		15683	200		
个体经营	15976		15976			
个体户	13234		13234			
个人合伙	2742		2742			
按隶属关系分						
中央	96792	351	96441	26035		
省(自治区、直辖市)	518080	2599	515481	62800	104346	
地区(州、盟、省辖市)	1295517	30166	1265351	127438	8914	
县(旗、县级市)	3421880	16268	3405612	451328	193927	
其他	13084733	121690	12963043	229672	243101	
按建设性质分						
新建	10582513	124398	10458115	677360	224840	
扩建	4732910	36165	4686745	168122	192440	
改建和技术改造	1895590	5497	1890093	41323	22581	
单纯建造生活设施	35279	95	35184	2486		
迁建	210803	2932	207871	1450	500	
恢复	8332	100	8232	6532		
单纯购置	951575	1887	949688		109927	
按控股情况分						
国有控股	5576997	64327	5512670	836088	179260	
集体控股	992312		992312	32247	3000	
私人控股	9392729	95383	9297346	26123	237091	
港澳台商控股	972458	3534	968924		117087	
外商控股	375789	3960	371829			
按期末项目建设状况分						
在建	6014849	76593	5938256	405448	112840	
全部投产	12396887	89415	12307472	491825	437448	
全部停缓建	5266	5066	200			
按国民经济行业分						
农、林、牧、渔业	992967	16442	976525	11559	3971	
农业	294919	8505	286414		2081	
林业	33655	507	33148	3231		

资　金　来　源

单位：万元

(4)利用外资	其中:外商直接投资	(5)自筹资金	其中:企事单位自有资金	其中:股东投入资金	其中:借入资金	(6)其他资金来源	二、本年各项应付款	其中:工程款
314462	**169352**	**15982331**	**1990444**	**285793**	**43543**	**501574**	**2440747**	**1515309**
26856	1696	14808276	1909494	271637	43543	501574	1985912	1419312
22256	1696	3117868	234772	10000	12907	368054	501490	384368
		704247	82083			45764	24414	19198
		33563		1433				
		1800		1000	800			
		1800		1000	800			
		4860008	665777	129687	25386	16877	784920	497041
		738208	15955			1306	220733	142340
		4121800	649822	129687	25386	15571	564187	354701
		362603	9027	53118	520		41624	25149
		5090263	916579	75454	3930	8467	599341	469582
		679944	140328	30858			61023	50961
		48633	25553				1794	
		4300315	750698	44100	3930	8467	527259	409626
		61371		496			9265	8995
4600		637924	1256	945		62412	34123	23974
215405	102652	831004	39880	10648			93390	49120
40300	8445	403142	2600	3880			27136	18848
175105	94207	369144	32647	6768			42306	29294
		48868	4633				23948	978
		9850						
72201	65004	327075	41070	3508			359216	44648
16511	9314	114396		3000			313847	
55690	55690	197196	40770				45369	44648
		15483	300	508				
		15976					2229	2229
		13234					2229	2229
		2742						
560		69846						
		321660	2519	1000	800	26675	14177	3140
1696	1696	1103513	17065	22245	19398	23790	159756	143504
20000		2409778	260730	19565	5307	330579	719253	410583
292206	167656	12077534	1710130	242983	18038	120530	1547561	958082
112453	70453	9048826	1091491	166639	40023	394636	1282674	906749
174189	95399	4137789	636457	85005	3520	24205	933955	459073
20623	3500	1728880	155408	22228		76686	112362	83524
		27326				5372		
		205921	60041	11921			110900	65107
		1700					856	856
7197		831889	47047			675		
22256	1696	4090735	251470	23245	25505	384331	928903	588832
		911301	82083	1433		45764	33052	22464
4600		9020465	1426985	249959	17518	9067	1002787	780693
224719	111966	627118	35247	10648			57569	33849
62887	55690	308942	40770	508			66489	44648
107193	69510	5092208	605527	106700	21127	220567	1206228	603724
207269	99842	10889923	1384917	179093	22416	281007	1234519	911585
		200						
10255	10255	938145	45161	2784	885	12595	39879	31919
10255	10255	262083	6476	945		11995	7833	6856
		29917	4800				10160	3333

4—19 续表1

项目	一、本年资金来源合计	1、上年末结余资金	2、本年资金来源小计	(1)国家预算内资金	(2)国内贷款	(3)债券
畜牧业	64463	1304	63159			
渔业	504863	6126	498737	600		
农、林、牧、渔服务业	95067		95067	7728	1890	
采矿业	59413		59413			
黑色金属矿采选业	3260		3260			
非金属矿采选业	32153		32153			
其他采矿业	24000		24000			
制造业	8650662	83853	8566809	11250	241237	
农副食品加工业	895341	3609	891732		15400	
食品制造业	562463		562463		6960	
酒、饮料和精制茶制造业	269599		269599		2000	
纺织业	99541		99541			
纺织服装、服饰业	131622	2899	128723			
皮革、毛皮、羽毛及其制品和制鞋业	183156		183156			
木材加工和木、竹、藤、棕、草制品业	177157	67	177090		1800	
家具制造业	324226	4016	320210		3000	
造纸和纸制品业	248887	6815	242072			
印刷和记录媒介复制业	106637	12312	94325			
文教、工美、体育和娱乐用品制造业	331525	3055	328470			
石油加工、炼焦和核燃料加工业	19100	4700	14400		10600	
化学原料和化学制品制造业	289185	6013	283172		3000	
医药制造业	69846	3663	66183		3000	
化学纤维制造业	30172		30172			
橡胶和塑料制品业	453291	2514	450777		1400	
非金属矿物制品业	847988	10468	837520	450	9750	
黑色金属冶炼和压延加工业	424896		424896		117927	
有色金属冶炼和压延加工业	70514		70514		8000	
金属制品业	791626	1493	790133		11900	
通用设备制造业	337377		337377		17000	
专用设备制造业	412533		412533	3800	11300	
汽车制造业	210529		210529		5000	
铁路、船舶、航空航天和其他运输设备制造业	88381		88381		3000	
电气机械和器材制造业	770937	20012	750925		10200	
计算机、通信和其他电子设备制造业	332106	1550	330556			
仪器仪表制造业	56616	667	55949			
其他制造业	75442		75442			
废弃资源综合利用业	36969		36969	7000		
金属制品、机械和设备修理业	3000		3000			
电力、热力、燃气及水的生产和供应业	733439	8814	724625	61596	112546	
电力、热力生产和供应业	384073	14	384059	34425	103046	
燃气生产和供应业	47021		47021	25485		
水的生产和供应业	302345	8800	293545	1686	9500	
建筑业	157924		157924	860		
房屋建筑业	17614		17614			
土木工程建筑业	137250		137250	860		
建筑装饰和其他建筑业	3060		3060			
批发和零售业	189695		189695		1000	
批发业	74300		74300		1000	
零售业	115395		115395			
交通运输、仓储和邮政业	2179146	21670	2157476	344658	62190	
铁路运输业						
道路运输业	1865651	18991	1846660	336971	30000	
水上运输业	158407	93	158314	2415	32190	
管道运输业	47125		47125			
装卸搬运和运输代理业	63232		63232			
仓储业	39295		39295	5272		
邮政业	5436	2586	2850			

单位：万元

(4)利用外资	其中:外商直接投资	(5)自筹资金	其中:企事单位自有资金	其中:股东投入资金	其中:借入资金	(6)其他资金来源	二、本年各项应付款	其中:工程款
		63159	7416				1488	1488
		498137	26106	1839	885		18742	18742
		84849	363			600	1656	1500
		59413						
		3260						
		32153						
		24000						
243786	155097	7952622	1396890	112451	7853	117914	1209608	701474
3806	3806	872526	241781	30134			130595	66966
4150	4150	551353	104447	11111			79694	34109
22400	17800	245199	24046	5693			6500	2960
31925	31925	67616	2517				9027	8726
		128723	28360				18792	8775
48614	26614	134542	66229				27559	27559
		175290	32725				8850	8850
10244	6055	306966	79032	496			25154	24874
		242072	3867	1324			42980	38807
		94325	5865	500	500		3885	300
18982	18982	309488	13373				9964	7125
		3800		3000			324641	11364
25103	7980	255069	42178				26585	24820
		59907	14998			3276	3077	2049
		30172					2200	2200
3500	3500	445877	69005	18450			29682	18469
		827320	108922	12321	4853		70600	66653
		306969					1467	1157
		62514	4690	2768			3050	3050
6000	6000	657595	37760	13030	2500	114638	93031	84977
23013	23013	297364	50899				52645	45467
5272	5272	392161	69691	10224			60790	51887
		205529	83834				7644	7274
		85381					1611	591
31855		708870	119584				111461	101931
8922		321634	144591	3400			28136	25190
		55949					7650	6680
		75442	35243				13304	13304
		29969	13253				9034	5360
		3000						
		541268	44210	17145		9215	41745	32843
		243420	22869			3168	12574	4472
		21536	2158					
		276312	19183	17145		6047	29171	28371
		153816	7947			3248	2364	2364
		17614	3058					
		133142	1829			3248	2364	2364
		3060	3060					
		183930	12642	43979		4765	18226	15668
		73300	4042				8378	5820
		110630	8600	43979		4765	9848	9848
24000	4000	1662881	89880	3060	12598	63747	508312	266904
							25500	25500
20000		1422617	75157	2060	11798	37072	462777	234238
		123709		1000	800		4174	4174
		20450				26675	4080	
		63232						
4000	4000	30023	14723				11781	2992
		2850						

4—19 续表2

项　　目	一、本年资金来源合计	1、上年末结余资金	2、本年资金来源小计	(1)国家预算内资金	(2)国内贷款	(3)债　券
住宿和餐饮业	406829	2550	404279		62200	
住宿业	356256	2550	353706		62200	
餐饮业	50573		50573			
信息传输、软件和信息技术服务业	206596		206596			
电信、广播电视和卫星传输服务	197004		197004			
互联网和相关服务	9592		9592			
金融业	30258	351	29907	2500		
货币金融服务	30258	351	29907	2500		
房地产业	251963	3185	248778	122		
房地产业	251963	3185	248778	122		
租赁和商务服务业	401269	690	400579	1169	32230	
商务服务业	401269	690	400579	1169	32230	
科研研究和技术服务业	53546	226	53320			
研究和试验发展	15256		15256			
专业技术服务业	20134	226	19908			
科技推广和应用服务业	18156		18156			
水利、环境和公共设施管理业	2934763	23965	2910798	328571		
水利管理业	381403	1828	379575	77192		
生态保护和环境治理业	62475	8603	53872	16771		
公共设施管理业	2490885	13534	2477351	234608		
居民服务、修理和其他服务业	43081		43081			
居民服务业	41635		41635			
机动车、电子产品和日用产品修理业	750		750			
其他服务业	696		696			
教　育	260927	8467	252460	35369	28000	
教　育	260927	8467	252460	35369	28000	
卫生和社会工作	146123	122	146001	27928	3914	
卫　生	138052	122	137930	24387	3914	
社会工作	8071		8071	3541		
文化、体育和娱乐业	441496	471	441025	22306	3000	
广播、电视、电影和影视录音制作业	232		232			
文化艺术业	295112	458	294654	10649	3000	
体　育	97087	13	97074	6000		
娱乐业	49065		49065	5657		
公共管理、社会保障和社会组织	276905	268	276637	49385		
国家机构	112320	268	112052	45253		
群众团体、社会团体和其他成员组织	7670		7670			
基层群众自治组织	156915		156915	4132		
按县(市、区)分						
漳州市	18417002	171074	18245928	897273	550288	
市辖区	137394		137394		103046	
芗城区	1403420	468	1402952	34837	17644	
龙文区	824374		824374	21586		
龙海市	3356492	10202	3346290	296335	187927	
其中:龙海市辖	1216420	7802	1208618	236335		
漳州开发区	120830	2400	118430	60000		
台商投资区	2019242		2019242		187927	
云霄县	1842277	93934	1748343	91767		
其中:云霄县辖	1526164	93934	1432230	21766		
常山开发区	316113		316113	70001		
漳浦县	2023621	43945	1979676	70615	79450	
其中:漳浦县辖	1476678	15250	1461428	70615	36660	
古雷开发区	546943	28695	518248		42790	
诏安县	1830906	1730	1829176	77070		
长泰县	2002590	860	2001730	34228	40500	
东山县	1024137	8155	1015982	206324	800	
南靖县	1832817	10800	1822017	43191	120921	
平和县	1364317	980	1363337	14920		
华安县	774657		774657	6400		

单位：万元

(4)利用外资	其中:外商直接投资	(5)自筹资金	其中:企事单位自有资金	其中:股东投入资金	其中:借入资金	(6)其他资金来源	二、本年各项应付款	其中:工程款
		342079	12690	4000			38821	6967
		291506	9478	4000			38223	6369
		50573	3212				598	598
		202445				4151		
		192853				4151		
		9592						
		26365				1042		
		26365				1042		
		220975	26121	24300		27681	9450	8336
		220975	26121	24300		27681	9450	8336
		367180	22806		520		5156	5066
		367180	22806		520		5156	5066
		53320	5000				5990	5163
		15256						
		19908	5000				827	
		18156					5163	5163
35861		2334339	257003	70274	12907	212027	432317	334790
		289842	38179			12541	58851	9116
		37101					76510	61945
35861		2007396	218824	70274	12907	199486	296956	263729
		42385				696	4160	1640
		41635					4160	1640
		750						
						696		
560		153779	8033			34752	31117	28663
560		153779	8033			34752	31117	28663
		111492	12207			2667	18531	10915
		106962	12207			2667	18531	10915
		4530						
		410582	45774	7800		5137	42819	40779
		232						
		279005	45774			2000	37672	36527
		87937		7800		3137	1382	487
		43408					3765	3765
		225315	4080			1937	32252	21818
		66660				139	6269	4807
		7670					1727	1342
		150985	4080			1798	24256	15669
314462	169352	15982331	1990444	285793	43543	501574	2440747	1515309
		34348						
		1350471	251114	29276	12318		62703	62287
		744543	12560	6520		58245		
20000		2559018	116540	60		283010	378775	212270
20000		914000	116540	60		38283	374645	208491
		58430					4130	3779
		1586588				244727		
78785	20885	1540488	552951	105424		37303	54840	40672
72900	15000	1300261	418148			37303	16138	1970
5885	5885	240227	134803	105424			38702	38702
79517	79517	1728961	270236	45273	1300	21133	401106	27837
79517	79517	1253503	265236	36373	500	21133	74700	16473
		475458	5000	8900	800		326406	11364
		1701059	198628		5307	51047		
90950	68950	1836052	369783	86031	14953		966460	919479
560		808298	797	7516	9665		453962	152147
		1642393	181009			15512	109674	100617
40050		1273043	36826	5693		35324	13227	
4600		763657						

4—20 房地产开发投资情况(一)

单位：个、万元

项目	计划总投资	自开始建设累计完成投资	本年完成投资			本年新增固定资产
				按工程用途分:商品住宅	其中:配套工程投资	
总计	**21090562**	**16966611**	**5025111**	**3676189**		**1313713**
按登记注册类型分						
内资企业	19137034	15138751	4704956	3463032		1064819
国有企业	599245	379189	207366	160274		29232
集体企业	16290	6760	4753	3972		
国有独资公司	1185370	710841	374560	290761		56746
其他有限责任公司	12260193	9707597	3130832	2275502		610657
股份有限公司	448343	366385	146678	114579		1960
私营独资企业	6000	9061	894	770		
私营合伙企业						
私营有限责任公司	4385769	3808742	791507	576885		366224
私营股份有限公司	235824	150176	48366	40289		
港澳台商投资企业	1347124	1131340	253029	164853		102616
与港澳台商合资经营企业	878288	807165	193597	132385		41504
港澳台商独资经营企业	468836	324175	59432	32468		61112
外商投资企业	606404	696520	67126	48304		146278
中外合资经营企业	250442	319950	49048	38605		11387
外资企业	355962	376570	18078	9699		134891
按控股情况分						
国有控股	3147753	1827651	993664	753256		95262
集体控股	22978	13448	4753	3972		
私人控股	11890204	9805098	2574362	1877695		757189
港澳台商控股	1304534	1078390	252996	164821		61112
外商控股	460746	489048	31488	21077		146278
其他	4264347	3752976	1167848	855368		253872
按隶属关系分						
省(自治区、直辖市)	20000	24011	7925	6690		5490
地区(州、盟、省辖市)	1557413	850660	384346	300810		54967
县(区、市、旗)	2030571	1419439	589209	458044		150368
镇	148488	124309	15987	14634		6836
乡	6688	6688				
其他	17327402	14541504	4027644	2896011		1096052
按企业营业状态分						
营业	20574413	16581533	4851075	3549235		1294571
停业(歇业)	164771	156596	60565	40088		6702
其他						
按企业资质等级分						
一级						
二级	1799656	1439921	297859	210060		97763
三级	6155786	5745470	974368	709530		717455
四级	1622413	1208033	314654	271921		88915
暂级	9052984	7035798	2597542	1947313		354341
其他	2459723	1537389	840688	537365		55239
按市、县分						
漳州市	21090562	16966611	5025111	3676189		1313713
芗城区	2043870	2062901	370528	276409		469732
龙文区	4932994	4213941	1274791	926101		105381
龙海市	5468841	3437775	1271762	961588		160325
其中:龙海市辖	2096024	1297393	439261	312295		83390
漳州开发区	1692248	973610	400621	345921		60121
台商投资区	1680569	1166772	431880	303372		16814
云霄县	1119323	774699	249791	175369		75975
其中:云霄县辖	1015150	694458	234066	168995		55464
常山开发区	104173	80241	15725	6374		20511
漳浦县	2611791	2861253	888065	638176		138372
其中:漳浦县辖	1605791	1433294	614243	435024		138372
古雷开发区	1006000	1427959	273822	203152		
诏安县	604290	347614	140537	95146		30191
长泰县	1305688	1193755	274384	215268		13378
东山县	1020353	697094	165083	119950		268187
南靖县	802344	511176	179294	141167		17208
平和县	806400	597079	172045	93784		29739
华安县	374668	269324	38831	33231		5225

4—20 房地产开发投资情况(二)

单位：万元

项目	按构成分					
	建筑工程	安装工程	设备工器具购置	其他费用	旧建筑物购置费	土地购置费
总计	**3530249**	**162755**	**29620**	**1302487**	**3618**	**1108495**
按登记注册类型分						
内资企业	3271741	156111	29398	1247706	3618	1064917
国有企业	122774			84592		69292
集体企业	1788			2965		2855
国有独资公司	285384	4600	532	84044	2500	35566
其他有限责任公司	2086914	115837	23169	904912	1118	815533
股份有限公司	122732	6306	1418	16222		1170
私营独资企业	774	120				
私营合伙企业						
私营有限责任公司	604497	29248	4279	153483		139013
私营股份有限公司	46878			1488		1488
港澳台商投资企业	221213	6017	196	25603		17476
与港澳台商合资经营企业	187774	5823				
港澳台商独资经营企业	33439	194	196	25603		17476
外商投资企业	37295	627	26	29178		26102
中外合资经营企业	24801		26	24221		21596
外资企业	12494	627		4957		4506
按控股情况分						
国有控股	555889	4794	2919	430062	3330	354036
集体控股	1788			2965		2855
私人控股	1886225	76892	20915	590330	288	515406
港澳台商控股	221180	6017	196	25603		17476
外商控股	22901	962	43	7582		4506
其他	842266	74090	5547	245945		214216
按隶属关系分						
省(自治区、直辖市)	6690		532	703		
地区(州、盟、省辖市)	256798	8634	5599	113315		90993
县(区、市、旗)	371758	4638	1150	211663	3330	174522
镇	13185	61		2741		532
乡						
其他	2881818	149422	22339	974065	288	842448
按企业营业状态分						
营业	3409411	156728	29620	1255316	3618	1082616
停业(歇业)	42032	6012		12521		
其他						
按企业资质等级分						
一级						
二级	147649			150210		141292
三级	803327	27825	1270	141946		91059
四级	243958	5544	4342	60810	830	41947
暂级	1896729	84891	23988	591934	2636	507043
其他	438586	44495	20	2357587	152	327154
按市、县分						
漳州市	3530249	162755	29620	1302487	3618	1108495
芗城区	260367	20815	855	88491		73743
龙文区	895556	23973	1418	353844		323378
龙海市	814685	71210	4770	381097		329450
其中:龙海市辖	337115	8295	248	93603		52394
漳州开发区	213021	12532	415	174653		169593
台商投资区	264549	50383	4107	112841		107463
云霄县	166473	7830	96	75392		63922
其中:云霄县辖	152394	6673	96	74903		63733
常山开发区	14079	1157		489		189
漳浦县	615114	13204	10152	249595	2636	216263
其中:漳浦县辖	352459	13204	7456	241124	2636	211437
古雷开发区	262655		2696	8471		4826
诏安县	123153	2300	2632	12452	152	9589
长泰县	227489	1605	752	44538		20245
东山县	117613	7456	1542	38472		24495
南靖县	133633	11012	6964	27685	830	19369
平和县	144213	165	439	27228		26871
华安县	31953	3185		3693		1170

4—20(二) 续表 单位：万元

项　　目	按工程用途分						
	住　宅	90平方米以下住房	140平方米以上住房	别墅、高档公寓	办公楼	商业营业用房	其　他
总　　计	**3676189**	**1225890**	**599171**	**123713**	**44291**	**569938**	**734693**
按登记注册类型分							
内资企业	3463032	1177432	562181	114333	43087	515893	682944
国有企业	160274	101397	9975		259	13918	32915
集体企业	3972	664				130	651
国有独资公司	290761	72676	37319	1		20850	62949
其他有限责任公司	2275502	746924	444179	109721	30981	346944	477405
股份有限公司	114579	41632	17469		7303	7632	17164
私营独资企业	770	325	376	124			124
私营合伙企业							
私营有限责任公司	576885	199497	39773	4487	4544	118542	91536
私营股份有限公司	40289	14317	13090			7877	200
港澳台商投资企业	164853	41888	34902	8046	1204	47790	39182
与港澳台商合资经营企业	132385	34616	23305	8046	624	37691	22897
港澳台商独资经营企业	32468	7272	11597		580	10099	16285
外商投资企业	48304	6570	2088	1334		6255	12567
中外合资经营企业	38605	2592	1338			1625	8818
外资企业	9699	3978	750	1334		4630	3749
按控股情况分							
国有控股	753256	251793	163847	29355	8780	57781	173847
集体控股	3972	664				130	651
私人控股	1877695	633521	278674	49187	34104	292420	370143
港澳台商控股	164821	41888	34872	8046	1204	47790	39181
外商控股	21077	12987	2088	1334		5162	5249
其　他	855368	285037	119690	35791	203	166655	145622
按隶属关系分							
省(自治区、直辖市)	6690	2306	2099			532	703
地区(州、盟、省辖市)	300810	110068	40600	8037	2350	19438	61748
县(区、市、旗)	458044	153415	65112	33418	2251	49792	79122
镇	14634	4083	2406	1		648	705
乡							
其　他	2896011	956018	488954	82257	39690	499528	592415
按企业营业状态分							
营　业	3549235	1161305	563055	105644	36876	547927	717037
停　业(歇业)	40088	31933	1196		7303	8218	4956
其　他							
按企业资质等级分							
一　级							
二　级	210060	77865	27223	6600	1992	30172	55635
三　级	709530	247327	88453	16991	12343	119913	132582
四　级	271921	139351	37075	611	305	25168	17260
暂　级	1947313	638941	306909	78446	26314	270569	353346
其　他	537365	122406	139511	21065	3337	124116	175870
按市、县分							
漳州市	3676189	1225890	599171	123713	44291	569938	734693
芗城区	276409	99933	13906		3829	32427	57863
龙文区	926101	227337	239593	14637	19759	125787	203144
龙海市	961588	400511	66497	39016	11693	102423	196058
其中：龙海市辖	312295	87244	42504	13031	3055	27322	96589
漳州开发区	345921	151097	22828	22985	98	11387	43215
台商投资区	303372	162170	1165	3000	8540	63714	56254
云霄县	175369	72045	17840	411	1420	30263	42739
其中：云霄县辖	168995	69162	17776	407	1420	22536	41115
常山开发区	6374	2883	64	4		7727	1624
漳浦县	638176	181002	111585	47861		140301	109588
其中：漳浦县辖	435024	105836	80986	47861		128971	50248
古雷开发区	203152	75166	30599			11330	59340
诏安县	95146	39336	3826		3182	15458	26751
长泰县	215268	67211	81091	19532	1922	26883	30311
东山县	119950	68814	19095	2191	563	19807	24763
南靖县	141167	29774	26944	65	4	22786	15337
平和县	93784	28304	18589		1919	50864	25478
华安县	33231	11623	205			2939	2661

4—21 土地开发面积

单位：平方米、万元

项　　　目	待开发 土地面积	本年购置 土地面积	本年土地 成交价款
总　计	**2287725**	**2492109**	**812981**
按登记注册类型分			
内资企业	1846318	2389450	770099
国有企业		237926	47986
其他有限责任公司		28011	4250
股份有限公司	1595418	1541647	561383
私营独资企业	217704	581866	156480
私营有限责任公司	33196		
私营股份有限公司	257429	68858	17476
港澳台商投资企业	89087		
与港澳台商合资经营企业	168342	68858	17476
港澳台商独资经营企业	183978	33801	25406
外商投资企业		17986	20900
中外合资经营企业	183978	15815	4506
外资企业			
按控股情况分			
国有控股	134110	304826	65736
私人控股	1187391	1643709	526599
港澳台商控股	257429	68858	17476
外商控股	183978	15815	4506
其　他	524817	458901	198664
按隶属关系分			
省(自治区、直辖市)			
地区(州、盟、省辖市)	35857	276815	61486
县(区、市、旗)	221720	28011	4250
镇			
乡			
其　他	2030148	2187283	747245
按企业营业状态分			
营　业	2073828	2401331	788677
停　业(歇业)			
其　他			
按企业资质等级分			
一　级			
二　级	100000	253741	52492
三　级	93154	60477	21530
四　级	79911	25958	11569
暂　级	1619119	1737039	452156
其　他	395541	414894	275234
按市、县分			
漳州市	2287725	2492109	812981
芗城区	167593	278581	63722
龙文区		68224	129136
龙海市	573677	632952	352330
其中：龙海市辖	352454	45997	25150
漳州开发区	105521	447982	181180
台商投资区	115702	138973	146000
云霄县	162194	194060	38497
其中：云霄县辖	162194	166036	36767
常山开发区		28024	1730
漳浦县	617168	612005	119370
其中：漳浦县辖	617168	612005	119370
古雷开发区			
诏安县	26032	87269	23756
长泰县	325057	21920	6828
东山县	150498	211578	26877
南靖县	35857	81882	21843
平和县	206829	280818	28126
华安县	22820	22820	2496

4—22 房　地　产　开

项　　目	本年资金来源合计	1、上年末结余资金	2、本年资金来源小计	(1)国内贷款	银行贷款
总　　计	**7151470**	**1273277**	**5878193**	**906277**	**741778**
按登记注册类型分					
内资企业	6442190	1173938	5268252	762777	598278
国有企业	245508	39205	206303	31699	
集体企业	4643		4643		
国有独资公司	361682	26991	334691	173158	173158
其他有限责任公司	4127647	682894	3444753	433513	311213
股份有限公司	211096	16312	194784	6000	6000
私营独资企业	924	30	894		
私营合伙企业					
私营有限责任公司	1450460	401643	1048817	117007	106507
私营股份有限公司	40230	6863	33367	1400	1400
港澳台商投资企业	528744	60120	468624	70000	70000
与港澳台商合资经营企业	393603	29210	364393	70000	70000
港澳台商独资经营企业	135141	30910	104231		
外商投资企业	180536	39219	141317	73500	73500
中外合资经营企业	105734	2309	103425	73500	73500
外资企业	74802	36910	37892		
按控股情况分					
国有控股	1127075	157205	969870	227857	194158
集体控股	10726	185	10541		
私人控股	4002701	849485	3153216	431570	404870
港澳台商控股	520417	58585	461832	70000	70000
外商控股	92226	37997	54229		
其　他	1398325	169820	1228505	176850	72750
按隶属关系分					
省(自治区、直辖市)	11507	1384	10123		
地区(州、盟、省辖市)	692175	81714	610461	243199	211500
县(区、市、旗)	611382	89559	521823	74658	72658
街　道					
镇	17715	2479	15236		
村委会	6083	185	5898		
其　他	5812608	1097956	4714652	588420	457620
按企业营业状态分					
营　业	6889353	1237794	5651559	899291	734792
停　业(歇业)	134949	21752	113197	6000	6000
其　他					
按企业资质等级分					
一　级					
二　级	334224	78470	255754	50399	7500
三　级	1998211	439610	1558601	159089	145089
四　级	469409	99094	370315	20000	20000
暂　级	3394196	549359	2844837	506789	441189
其　他	955430	106744	848686	170000	128000
按市、县分					
漳州市	7151470	1273277	5878193	906277	741778
芗城区	946918	276884	670034	42699	7000
龙文区	1501785	131891	1369894	166500	155300
龙海市	2305936	488402	1817534	508696	488196
其中:龙海市辖	756578	110435	646143	279071	268571
漳州开发区	899405	243254	656151	144195	134195
台商投资区	649953	134713	515240	85430	85430
云霄县	361762	59643	302119	5000	5000
其中:云霄县辖	337790	58870	278920	5000	5000
常山开发区	23972	773	23199		
漳浦县	904667	64936	839731	131200	40100
其中:漳浦县辖	662445	43986	618459	131200	40100
古雷开发区	242222	20950	221272		
诏安县	173485	46520	126965	8865	8865
长泰县	289009	83313	205696	29017	25017
东山县	218273	53632	164641		
南靖县	188789	12122	176667	7800	7800
平和县	219793	48597	171196	6500	4500
华安县	41053	7337	33716		

发资金来源

单位：万元

(2)利用外资	外商直接投资	(3)自筹资金	自有资金	(4)其他资金来源	定金及预收款	个人按揭贷款	本年各项应付未付款	工程款
17025	**17025**	**2291478**	**1037679**	**2663413**	**1426909**	**840563**	**1151155**	**516332**
		2200802	1035273	2304673	1169074	759566	1118417	489556
		122570	57600	52034	2807	8681	13705	705
				4643			4643	
		91094	44020	70439	21773	8746	176757	19336
		1517500	653004	1493740	798649	482605	709633	293617
		79711	73411	109073	52697	56376	13560	13550
		894	894					
		370890	188201	560920	286085	196397	184706	146935
		18143	18143	13824	7063	6761	15413	15413
14372	14372	77390	721	306862	231522	58707	31996	26259
		57507	721	236886	190871	29880	27469	21777
14372	14372	19883		69976	40651	28827	4527	4482
2653	2653	13286	1685	51878	26313	22290	742	517
		10501		19424	10230	5919	131	131
2653	2653	2785	1685	32454	16083	16371	611	386
		454036	182931	287977	132297	67914	221873	40086
				10541	5898		4643	
		1397324	704005	1324322	618842	502526	693093	405400
14372	14372	77390	721	300070	224887	58550	26306	26239
2653	2653	11563	1685	40013	20478	19535	611	386
		351165	148337	700490	424507	192038	204629	44221
				10123	3887	6236		
		134461	2000	232801	137376	88657	54218	13675
		233594	146796	213571	92344	34299	149839	58806
		8490	6289	6746	2619	4127	12790	816
				5898	5898			
17025	17025	1914933	882594	2194274	1184785	707244	934308	443035
7025	7025	2142015	951247	2603228	1395202	812085	1112025	490333
		61010	61010	46187	18810	27377		
		107797	66303	97558	44003	52716	11628	9366
4372	4372	308036	112852	1087104	585472	307531	185488	108552
		218308	112528	132007	37619	40600	29985	22093
12653	12653	1208949	606737	1116446	675865	385088	634867	275806
		448388	139259	230298	83950	54628	289187	100515
17025	17025	2291478	1037679	2663413	1426909	840563	1151155	516332
4372	4372	145770	44101	477193	274011	164842	51258	32478
		644748	211717	558646	214618	173708	207556	116607
2653	2653	538820	198168	767365	424085	236416	314399	111426
		183711	37295	183361	114861	54969	127951	25044
2653	2653	226075	107888	283228	152224	123331	51697	33897
		129034	52985	300776	157000	58116	134751	52485
		176203	116266	120916	37781	50471	57738	32366
		156404	116260	117516	36830	48102	56670	31408
		19799	6	3400	951	2369	1068	958
		305161	217251	403370	317463	84616	226610	33561
		305161	217251	182098	96191	84616	170540	33561
				221272	221272		56070	
		61087	47850	57013	27171	29835	32164	20103
		126801	45085	49878	22404	12075	88185	58136
10000	10000	77252	45029	77389	37210	24363	40800	31542
		98437	38506	70430	31928	31202	52570	23757
		92135	53012	72561	32766	31855	67968	44449
		25064	20694	8652	7472	1180	11907	11907

4—23 商品房施工面积

单位：平方米

项目	合计	按用途分				
		住宅	别墅、高档公寓	办公楼	商业用房	其他
总计	**37333531**	**26589315**	**582386**	**726298**	**4100701**	**5917217**
按登记注册类型分						
内资企业	33632384	24452093	487348	516979	3295529	5367783
国有企业	1459436	1115827		1913	77017	264679
集体企业	48599	40420			1400	6779
国有独资公司	1974657	1500102	3413	2361	133697	338497
其他有限责任公司	21295838	15122359	461362	382005	2224759	3566715
股份有限公司	936369	678501		71317	47225	139326
私营独资企业	69619	43528	744			26091
私营合伙企业						
私营有限责任公司	7580911	5723575	21829	59383	787016	1010937
私营股份有限公司	266955	227781			24415	14759
港澳台商投资企业	2696683	1409600	51300	209319	686742	391022
与港澳台商合资经营企业	1499704	713256	51300	168504	446888	171056
港澳台商独资经营企业	1196979	696344		40815	239854	219966
外商投资企业	1004464	727622	43738		118430	158412
中外合资经营企业	223357	178203			17156	27998
外资企业	781107	549419	43738		101274	130414
按控股情况分						
国有控股	4941917	3813588	18413	31664	283118	813547
集体控股	48599	40420			1400	6779
私人控股	21201552	15159492	278685	484484	2383756	3173820
港澳台商控股	2589441	1327724	51300	209319	686742	365656
外商控股	1040001	780787	43738		116211	143003
其他	7512021	5467304	190250	831	629474	1414412
按隶属关系分						
省(自治区、直辖市)	72960	59842			5707	7411
地区(州、盟、省辖市)	2902149	2159023	38991	20163	126133	596830
县(区、市、旗)	2944488	2286997	48387	19404	231178	406909
镇	149235	110025	3413		26843	12367
村委会						
其他	31264699	21973428	491595	686731	3710840	4893700
按企业营业状态分						
营业	36380273	25934564	544763	651732	3982217	5811760
停业(歇业)	418814	241765		71317	48336	57396
其他						
按企业资质等级分						
一级						
二级	2135350	1522923	24543	15130	209043	388254
三级	12057657	8931506	224006	264148	1210998	1651005
四级	3002955	2448154	14925	1963	283767	269071
暂级	16733342	11373849	235060	415910	1908719	3034864
其他	3404227	2312883	83852	29147	488174	574023
按市、县分						
漳州市	37333531	26589315	582386	726298	4100701	5917217
芗城区	4907405	3580763		55684	388666	882292
龙文区	6325574	4414994	63534	267999	813495	829086
龙海市	9553362	6368668	193053	303326	856562	2024806
其中：龙海市辖	3287318	2017707	31120	61582	289415	918614
漳州开发区	3072281	2575121	117433	1484	96361	399315
台商投资区	3193763	1775840	44500	240260	470786	706877
云霄县	1915668	1309799	5924	11147	366614	228108
其中：云霄县辖	1695487	1164185	4674	11147	305777	214378
常山开发区	220181	145614	1250		60837	13730
漳浦县	6233677	4595007	134512		621337	1017333
其中：漳浦县辖	2924937	2150220	134512		398895	375822
古雷开发区	3308740	2444787			222442	641511
诏安县	1365945	1022261		34283	183779	125622
长泰县	1702322	1245332	93164	18385	159978	278627
东山县	1983675	1568784	87216	461	181952	232478
南靖县	1425521	1072696	4983	17000	182882	152943
平和县	1226402	855479		18013	253104	99806
华安县	693980	555532			92332	46116

4—24 新开工商品房面积

单位：平方米

项目	合计	按用途分				
		住宅	别墅、高档公寓	办公楼	商业用房	其他
总计	**7422162**	**5339717**	**116580**	**73131**	**610080**	**1399234**
按登记注册类型分						
内资企业	7073382	5128630	116580	73131	536448	1335173
国有企业	930138	652974			59792	217372
集体企业	40319	32140			1400	6779
国有独资公司	842343	647330			38452	156561
其他有限责任公司	3890800	2765758	116580	29653	292674	802715
股份有限公司	189611	169888		1193	13969	4561
私营独资企业						
私营合伙企业						
私营有限责任公司	1101891	799338		42285	127842	132426
私营股份有限公司	78280	61202			2319	14759
港澳台商投资企业	106506	47401			41399	17706
与港澳台商合资经营企业	150				150	
港澳台商独资经营企业	106356	47401			41249	17706
外商投资企业	242274	163686			32233	46355
中外合资经营企业	131438	105229			3044	23165
外资企业	110836	58457			29189	23190
按控股情况分						
国有控股	2387509	1730150		27390	124487	505482
集体控股	40319	32140			1400	6779
私人控股	3449469	2479242	88036	45741	337146	587340
港澳台商控股	106506	47401			41399	17706
外商控股	15546	94504			30014	30946
其　他	1282895	956280	28544		75634	250981
按隶属关系分						
省(自治区、直辖市)						
地区(州、盟、省辖市)	1451746	979097			62788	409861
县(区、市、旗)	867058	685990			52211	128857
镇	14195	14195				
村委会						
其　他	5089163	3660435	116580	73131	495081	860516
按企业营业状态分						
营　业	7213900	5201200	84207	71938	557459	1383303
停　业(歇业)	38420	19813		1193	12853	4561
其　他						
按企业资质等级分						
一　级						
二　级	784872	513948	24543		56644	214280
三　级	1336932	910661		42578	79193	304500
四　级	614727	513299		1963	54330	45135
暂　级	3648993	2629512	59664	28590	333244	657647
其　他	1036638	772297	32373		86669	177672
按市、县分						
漳州市	7422162	5339717	116580	73131	610080	1399234
芗城区	1282716	772014		68775	123945	317982
龙文区	1214426	925466	24543	1193	43950	243817
龙海市	2335179	1691422	31120	900	139484	503373
其中：龙海市辖	740714	559394	31120		30428	150892
漳州开发区	954101	727758			18489	207854
台商投资区	640364	404270		900	90567	144627
云霄县	389875	265892		300	77152	46531
其中：云霄县辖	330023	245638		300	43747	40338
常山开发区	59852	20254			33405	6193
漳浦县	825677	628108	28544		68634	128935
其中：漳浦县辖	825677	628108	28544		68634	128935
古雷开发区						
诏安县	220760	188558		1963	15341	14898
长泰县	435984	372103	32373		22868	41013
东山县	218916	141459			45825	31632
南靖县	199496	148368			25447	25681
平和县	249962	159351			45239	45372
华安县	49171	46976			2195	

4—25 竣工商品房面积

单位：平方米

项目	合计	按用途分				
		住宅	别墅、高档公寓	办公楼	商业用房	其他
总计	**4129179**	**3148928**	**40589**	**7679**	**370515**	**602057**
按登记注册类型分						
内资企业	3338060	2557636	40589	4899	274515	501010
国有企业	107006	98994			4288	3724
集体企业						
国有独资公司	208385	159604		2360	17559	28862
其他有限责任公司	1710295	1235934	36862	2539	147631	324191
股份有限公司						
私营独资企业						
私营合伙企业						
私营有限责任公司	1312374	1063104	3727		105037	144233
私营股份有限公司						
港澳台商投资企业	343294	264687		2780	15789	60038
与港澳台商合资经营企业	107242	81876				25366
港澳台商独资经营企业	236052	182811		2780	15789	34672
外商投资企业	447825	326605			80211	41009
中外合资经营企业	62405	43460			14112	4833
外资企业	385420	283145			66099	36176
按控股情况分						
国有控股	360222	293570		2360	27275	37017
集体控股						
私人控股	2252934	1698032	40589	1708	188158	365036
港澳台商控股	236052	182811		2780	15789	34672
外商控股	447825	326605			80211	41009
其　他	832146	647910		831	59082	124323
按隶属关系分						
省(自治区、直辖市)	26810	18485			1893	6432
地区(州、盟、省辖市)	160950	133753			3785	23412
县(区、市、旗)	503073	405412		2360	28061	67240
镇	24488	16862			3478	4148
村委会						
其　他	3413858	2574416	40589	5319	333298	500825
按企业营业状态分						
营　业	4048776	3086447	40589	5319	361754	595256
停　业(歇业)	30391	21964			4546	3881
其　他						
按企业资质等级分						
一　级						
二　级	328700	242577			47111	39012
三　级	2060302	1524570	36862	4264	130162	401306
四　级	378850	315243			20757	42850
暂　级	1126313	858021	3727	3415	149288	115589
其　他	235014	208517			23197	3300
按市、县分						
漳州市	4129179	3148928	40589	7679	370515	602057
芗城区	1479555	1138809		2780	116635	221331
龙文区	387707	324765			41891	21051
龙海市	636615	396318		3844	30991	205462
其中：龙海市辖	384459	202554		2360	16504	163041
漳州开发区	159901	123700		1484	6955	27762
台商投资区	92255	70064			7532	14659
云霄县	299945	208455		831	62475	28184
其中：云霄县辖	223931	169632		831	29051	24417
常山开发区	76014	38823			33424	3767
漳浦县	412045	328567			47846	35632
其中：漳浦县辖	412045	328567			47846	35632
古雷开发区						
诏安县	113130	91540			14652	6938
长泰县	80775	64893			2341	13541
东山县	541024	451946	40589	224	36110	52744
南靖县	34954	26778			3478	4698
平和县	133858	109481			11901	12476
华安县	9571	7376			2195	

4—26 竣工商品房价值

单位：万元

项目	合计	按用途分				
		住宅	别墅、高档公寓	办公楼	商业用房	其他
总计	**1024914**	**784237**	**12234**	**2212**	**93629**	**144836**
按登记注册类型分						
内资企业	823296	630710	12234	1467	68653	122466
国有企业	19608	18090			828	690
集体企业						
国有独资公司	52728	40070		590	4758	7310
其他有限责任公司	482599	355870	11022	877	42860	82992
股份有限公司						
私营独资企业						
私营合伙企业						
私营有限责任公司	268361	216680	1212		20207	31474
私营股份有限公司						
港澳台商投资企业	84615	64574		745	4025	15271
与港澳台商合资经营企业	33625	25672				7953
港澳台商独资经营企业	50990	38902		745	4025	7318
外商投资企业	117003	88953			20951	7099
中外合资经营企业	11387	7930			2575	882
外资企业	105616	81023			18736	6217
按控股情况分						
国有控股	81475	65169		590	6843	8873
集体控股						
私人控股	530462	399013	12234	660	45541	85248
港澳台商控股	50990	38902		745	4025	7318
外商控股	117003	88953			20951	7099
其他	244984	192200		217	16269	36298
按隶属关系分						
省(自治区、直辖市)	5490	3785			387	1318
地区(州、盟、省辖市)	54959	46127			1367	7465
县(区、市、旗)	125762	99132		590	6975	19065
镇	6836	5048			1043	745
村委会						
其他	831867	630145	12234	1622	83857	116243
按企业营业状态分						
营业	1006130	769639	12234	1622	91539	143330
停业(歇业)	6702	4790			1136	776
其他						
按企业资质等级分						
一级						
二级	92638	71594			13335	7709
三级	531835	400829	11022	1291	29847	99868
四级	69540	55985			4264	9291
暂级	275662	206834	1212	921	40737	27170
其他	55239	48995			5446	798
按市、县分						
漳州市	1024914	784237	12234	2212	93629	144836
芗城区	365327	284825		745	20655	53702
龙文区	100296	83223			10863	6210
龙海市	158869	102588		1136	7933	47212
其中:龙海市辖	82565	42764		590	3936	35275
漳州开发区	59490	47054		546	2624	9266
台商投资区	16814	12770			1373	2671
云霄县	73755	47600		217	18653	7285
其中:云霄县辖	53464	39265		217	7597	6385
常山开发区	20291	8335			11056	900
漳浦县	107574	85793			12228	9553
其中:漳浦县辖	107574	85793			12228	9553
古雷开发区						
诏安县	28962	23449			4112	1401
长泰县	11848	9445			545	1858
东山县	137390	114053	12234	114	9129	14094
南靖县	8700	6815			1043	842
平和县	29733	24381			2673	2679
华安县	2460	2065			395	

4—27 商 品 房

项 目	合 计	住 宅	别墅、高档公寓	办公楼	商业营业用 房	其他房屋	现 房
总 计	**5518029**	**4983191**	**117642**	**37622**	**304729**	**192487**	**753290**
按登记注册类型分							
内资企业	4945142	4476033	115264	34001	265601	169507	648543
国有企业	76033	61666			8074	6293	57754
集体企业	12580	12580					7485
国有独资公司	121985	111340			8375	2270	69720
其他有限责任公司	3383233	3071699	103343	25442	208815	77277	218103
股份有限公司	121378	118553		99	756	1970	2405
私营独资企业							
私营合伙企业							
私营有限责任公司	1206754	1077909	11921	8460	38688	81697	292265
私营股份有限公司	23179	22286			893		811
港澳台商投资企业	411235	374554	240	3621	17537	15523	33712
与港澳台商合资经营企业	261394	244924	240	1694	5177	9599	17789
港澳台商独资经营企业	149841	129630		1927	12360	5924	15923
外商投资企业	161652	132604	2138		21591	7457	71035
中外合资经营企业	69198	59163			4759	5276	42567
外资企业	92454	73441	2138		16832	2181	28468
按控股情况分							
国有控股	448046	400778	690		17593	29675	171295
集体控股	34692	30992			3700		29597
私人控股	2627156	2378480	71417	27543	97613	123520	383434
港澳台商控股	408978	372297	240	3621	17537	15523	32319
外商控股	105721	83160	2138		20240	2321	36079
其 他	1893436	1717484	43157	6458	148046	21448	100566
按隶属关系分							
省(自治区、直辖市)	17689	17142			547		182
地区(州、盟、省辖市)	362933	338082		6542	8555	9754	13942
县(区、市、旗)	307894	263796	14217	8944	20184	14970	151793
街 道	28152	25937			2072	143	1236
镇	22112	18412			3700		22112
村委会	4779249	4319822	103425	22136	269671	167620	564025
其 他							
按企业营业状态分	5393125	4861371	108504	37523	303643	190588	711126
营 业	67244	64814		99	432	1899	9714
停 业(歇业)							
按企业资质等级分							
一 级							
二 级	154882	129944		8944	9357	6637	32098
三 级	1510252	1382023	23062	3301	63595	61333	261657
四 级	264883	239059	11443		17106	8718	107072
暂 级	3120182	2821720	61570	25377	157709	115376	240857
其 他	467830	410445	21567		56962	423	111606
按市、县分							
漳州市	5518029	4983191	117642	37622	304729	192487	753290
芗城区	652532	593308			26587	32637	112299
龙文区	883627	847234		1793	14440	20160	171199
龙海市	1268637	1069722	73335	22208	71451	105256	191080
其中:龙海市辖	382840	269094	34154	12379	27269	74098	150761
漳州开发区	502974	493640	18811		7713	1621	1044
台商投资区	382823	306988	20370	9829	36469	29537	39275
云霄县	297784	274179	5454		17461	6144	76181
其中:云霄县辖	268511	252329	354		10038	6144	59069
常山开发区	29273	21850	5100		7423		17112
漳浦县	1451996	1332126	14038	6458	110572	2840	20469
其中:漳浦县辖	359006	292815	14038	6458	56893	2840	20469
古雷开发区	1092990	1039311			53679		
诏安县	133687	126966			6721		3126
长泰县	140690	119910	9763	211	10391	10178	41303
东山县	262254	246398	15052		9625	6231	81192
南靖县	226864	203897			16077	6890	12485
平和县	168878	143410		6952	16365	2151	41375
华安县	31080	26041			5039		2581

销　售　面　积

单位：平方米

商品房销售面积										
住宅	别墅、高档公寓	办公楼	商业营业用房	其他房屋	期房	住宅	别墅、高档公寓	办公楼	商业营业用房	其他房屋
570876	**13628**	**861**	**75692**	**105861**	**4764739**	**4412315**	**104014**	**36761**	**229037**	**86626**
500501	12706	861	55873	91308	4296599	3975532	102558	33140	209728	78199
51601			5813	340	18279	10065			2261	5953
7485					5095	5095				
62916			5938	866	52265	48424			2437	1404
150027	9359	861	33083	34132	3165130	2921672	93984	24581	175732	43145
2334				71	118973	116219		99	756	1899
225327	3347		11039	55899	914489	852582	8574	8460	27649	25798
811					22368	21475			893	
19489	240		6137	8086	377523	355065		3621	11400	7437
9019	240		3459	5311	243605	235905		1694	1718	4288
10470			2678	2775	133918	119160		1927	9682	3149
50886	682		13682	6467	90617	81718	1456		7909	990
32532			4759	5276	26631	26631				
18354	682		8923	1191	63986	55087	1456		7909	990
137315	690		12753	21227	276751	263463			4840	8448
25897			3700		5095	5095				
303600	12016		20041	59793	2243722	2074880	59401	27543	77572	63727
18096	240		6137	8086	376659	354201		3621	11400	7437
22417	682		12331	1331	69642	60743	1456		7909	990
63551		861	20730	15424	1792870	1653933	43157	5597	127316	6024
			182		17507	17142			365	
5207			3751	4984	348991	332875		6542	4804	4770
134988			13044	3761	156101	128808	14217	8944	7140	11209
1165				71	26916	24772			2072	72
18412			3700							
411104	13628	861	55015	97045	4215224	3908718	89797	21275	214656	70575
529366	13628	861	75038	105861	4681999	4332005	94876	36662	228605	84727
9714					57530	55100		99	432	1899
21787			7700	2611	122784	108157		8944	1657	4026
194755	2911		32314	34588	1248595	1187268	20151	3301	31281	26745
100214	4269		6064	794	157811	138845	7174		11042	7924
143420	6448	861	29094	67482	2879325	2678300	55122	24516	128615	47894
110700			520	386	356224	299745	21567		56442	37
570876	13628	861	75692	105861	4764739	4412315	104014	36761	229037	86626
85200			12563	14536	540233	508108			14024	18101
150869			9601	10729	712428	696365		1793	4839	9431
89074	2841		26889	75117	1077557	980648	70494	22208	44562	30139
75852			21309	53600	232079	193242	34154	12379	5960	20498
716			92	236	501930	492924	18811		7621	1385
12506	2841		5488	21281	343548	294482	17529	9829	30981	8256
70320			5861		221603	203859	5454		11600	6144
56919			2150		209442	195410	354		7888	6144
13401			3711		12161	8449	5100		3712	
16698	3300	861	2727	183	1431527	1315428	10738	5597	107845	2657
16698	3300	861	2727	183	338537	276117	10738	5597	54166	2657
					1092990	1039311			53679	
2685			441		130561	124281			6280	
32668	4269		7508	1127	99387	87242	5494	211	2883	9051
74417	3218		3288	3487	181062	171981	11834		6337	2744
10778			1047	660	214379	193119			15030	6230
36976			4377	22	127503	106434		6952	11988	2129
1191			1390		28499	24850			3649	

4—28 商 品 房

项目	合计	住宅	别墅、高档公寓	办公楼	商业营业用房	其他房屋	现房
总计	**3443618**	**3024486**	**106596**	**24061**	**319908**	**75163**	**345472**
按登记注册类型分							
内资企业	3005948	2644406	104163	21605	275974	63963	269595
国有企业	41905	23110			12673	6122	22425
集体企业	2732	2732					1305
国有独资公司	53516	48105			4463	948	22517
其他有限责任公司	2077756	1821204	90361	16809	214379	25364	107499
股份有限公司	62368	60901		53	683	731	801
私营独资企业							
私营合伙企业							
私营有限责任公司	749905	671041	13802	4743	43323	30798	114176
私营股份有限公司	17766	17313			453		872
港澳台商投资企业	323100	289871	122	2456	23597	7176	22989
与港澳台商合资经营企业	215279	202369	122	945	7375	4590	14772
港澳台商独资经营企业	107821	87502		1511	16222	2586	8217
外商投资企业	114570	90209	2311		20337	4024	52888
中外合资经营企业	48659	39271			6724	2664	28847
外资企业	65911	50938	2311		13613	1360	24041
按控股情况分							
国有控股	338509	309093	716		18796	10620	54755
集体控股	8815	7335			1480		7388
私人控股	1616106	1460189	72416	16188	93586	46143	165273
港澳台商控股	321399	288170	122	2456	23597	7176	21960
外商控股	72619	55808	2311		15409	1402	27732
其他	1086170	903891	31031	5417	167040	9822	68364
按隶属关系分							
省(自治区、直辖市)	8583	7870			713		284
地区(州、盟、省辖市)	323958	301767		5102	11392	5697	12929
县(区、市、旗)	157104	123032	8639	3273	20340	10459	59826
街道	10836	9814			970	52	281
镇	6083	4603			1480		6083
村委会	2937054	2577400	97957	15686	285013	58955	266069
其他							
按企业营业状态分	3384509	2966863	102150	24008	319186	74452	333640
营业	34641	33449		53	428	711	2010
停业(歇业)							
按企业资质等级分							
一级							
二级	101164	85009		3273	9701	3181	26673
三级	1065665	964856	19112	2345	66539	31925	159397
四级	135171	106998	7360		20612	7561	47445
暂级	1773679	1567618	64385	18443	155252	32366	94731
其他	367939	300005	15739		67804	130	17226
按市、县分							
漳州市	3443618	3024486	106596	24061	319908	75163	345472
芗城区	516815	464891			33781	18143	84278
龙文区	630159	599052		998	19798	10311	57588
龙海市	947876	816897	72958	14102	89349	27528	86440
其中:龙海市辖	241452	189564	37823	6131	25781	19976	67102
漳州开发区	399023	392428	19866		6268	327	751
台商投资区	307401	234905	15269	7971	57300	7225	18587
云霄县	147934	123302	789		18393	6239	32194
其中:云霄县辖	138876	116850	191		15787	6239	26450
常山开发区	9058	6452	598		2606		5744
漳浦县	734659	621749	10964	5417	106582	911	10693
其中:漳浦县辖	205752	156139	10964	5417	43285	911	10693
古雷开发区	528907	465610			63297		
诏安县	65966	59299			6667		1717
长泰县	98019	85607	10492	148	6134	6130	22312
东山县	127229	113543	11393		11140	2546	34892
南靖县	91855	75136			14384	2335	2848
平和县	73498	57703		3396	11379	1020	11581
华安县	9608	7307			2301		929

销 售 额

单位：万元

商品房销售额										
住宅	别墅、高档公寓	办公楼	商业营业用房	其他房屋	期房	住宅	别墅、高档公寓	办公楼	商业营业用房	其他房屋
248069	**12914**	**1250**	**62702**	**33451**	**3098146**	**2776417**	**93682**	**22811**	**257206**	**41712**
202245	12133	1250	40388	25712	2736353	2442161	92030	20355	235586	38251
18627			3629	169	19480	4483			9044	5953
1305					1427	1427				
18859			3064	594	30999	29246			1399	354
72792	7922	1250	24164	9293	1970257	1748412	82439	15559	190215	16071
781				20	61567	60120		53	683	711
89009	4211		9531	15636	635729	582032	9591	4743	33792	15162
872					16894	16441			453	
11227	122		7690	4072	300111	278644		2456	15907	3104
6878	122		5188	2706	200507	195491		945	2187	1884
4349			2502	1366	99604	83153		1511	13720	1220
34597	659		14624	3667	61682	55612	1652		5713	357
19459			6724	2664	19812	19812				
15138	659		7900	1003	41870	35800	1652		5713	357
43248	716		7814	3693	283754	265845			10982	6927
5908			1480		1427	1427				
132184	11417		15037	18052	1450833	1328005	60999	16188	78549	28091
10198	122		7690	4072	299439	277972		2456	15907	3104
16991	659		9696	1045	44887	38817	1652		5713	357
39540		1250	20985	6589	1017806	864351	31031	4167	146055	3233
			284		8299	7870			429	
4297			5978	2654	311029	297470		5102	5414	3043
50373			7135	2318	97278	72659	8639	3273	13205	8141
261				20	10555	9553			970	32
4603			1480							
188535	12914	1250	47825	28459	2670985	2388865	85043	14436	237188	30496
236531	12914	1250	62408	33451	3050869	2730332	89236	22758	256778	41001
2010					32631	31439		53	428	711
18257			6670	1746	74491	66752		3273	3031	1435
111671	3146		29569	18157	906268	853185	15966	2345	36970	13768
42740	4992		4496	209	87726	64258	2368		16116	7352
58520	4776	1250	21725	13236	1678948	1509098	59609	17193	133527	19130
16881			242	103	350713	283124	15739		67562	27
248069	12914	1250	62702	33451	3098146	27765417	93682	22811	257206	41712
64571			11756	7951	432537	400320			22025	10192
39708			12578	5302	572571	559344		998	7220	5009
45062	3378		23377	18001	861436	771835	69580	14102	65972	9527
35114			17379	14609	174350	154450	37823	6131	8402	5367
553			148	50	398272	391875	19866		6120	277
9395	3378		5850	3342	288814	225510	11891	7971	51450	3883
28548			3646		115740	94754	789		14747	6239
24103			2347		112426	92747	191		13440	6239
4445			1299		3314	2007	598		1307	
8029	1700	1250	1348	66	723966	613720	9264	4167	105234	845
8029	1700	1250	1348	66	195059	148110	9264	4167	41937	845
					528907	465610			63297	
1153			564		64249	58146			6103	
17649	4992		3937	726	75707	67958	5500	148	2197	5404
31382	2844		2251	1259	92337	82161	8549		8889	1287
2090			629	129	89007	73046			13755	2206
9348			2216	17	61917	48355		3396	9163	1003
529			400		8679	6778			1901	

4—29 商品房待售面积

单位：平方米

指标名称	合计	按用途分				
		住宅	别墅、高档公寓	办公楼	商业用房	其他
总计	**2919288**	**1563153**	**164177**	**19934**	**642462**	**693739**
按登记注册类型分						
内资企业	2465409	1347262	146575	17154	530372	570621
国有企业	64624	57599		231	989	5805
集体企业	51360	51360				
国有独资公司	76896	47209		2360	18177	9150
其他有限责任公司	1225697	692276	112304	7204	262345	263872
股份有限公司	85221	19933		5125	40989	19174
私营独资企业						
私营合伙企业						
私营有限责任公司	952675	469949	34271	2234	207872	272620
私营股份有限公司	8936	8936				
港澳台商投资企业	167245	81323	11980	2780	33788	49354
与港澳台商合资经营企业	58404	19986	11980		26585	11833
港澳台商独资经营企业	108841	61337		2780	7203	37521
外商投资企业	286614	134568	5622		78302	73764
中外合资经营企业	100428	47028			19408	33992
外资企业	186206	87540	5622		58894	39772
按控股情况分						
国有控股	207381	125216	3285	2591	36001	43573
集体控股	53376	51360				2016
私人控股	1904592	1006500	143290	13269	441373	443450
港澳台商控股	164413	78491	11980	2780	33788	49354
外商控股	212719	94109	5622		72205	46405
其他	376807	207477		1294	59095	108941
按隶属关系分						
省(自治区、直辖市)	4012	1809			2203	
地区(州、盟、省辖市)	30031	2607			14457	12967
县(区、市、旗)	271642	152913		2591	45911	70227
镇	16103	7761		5125	2625	592
村委会	2016					2016
其他	2595484	1398063	164177	12218	577266	607937
按企业营业状态分						
营业	2868825	1537082	164177	17574	628426	685743
停业(歇业)	18176	11500			6676	
其他						
按企业资质等级分						
一级						
二级	187169	81580	1274		39257	66332
三级	1349427	639722	66223	10924	317223	381558
四级	402739	293840	31969	231	71704	36964
暂级	835579	439016	64711	8779	185005	202779
其他	144374	108995			29273	6106
按市、县分						
漳州市	2919288	1563153	164177	1934	642462	693739
芗城区	650917	325949	2703	5014	97095	222859
龙文区	359021	151358			142253	65410
龙海市	455212	181592	26094	8501	75363	189754
其中：龙海市辖	277465	97343		2591	44094	133437
漳州开发区	6268	1648			3058	1562
台商投资区	171479	82601	26094	5910	28213	54755
云霄县	248216	164008	13474		62761	21447
其中：云霄县辖	177063	137764	13474		18612	20687
常山开发区	71153	26244			44149	760
漳浦县	156027	36713	4781	1294	78316	39704
其中：漳浦县辖	156027	36713	4781	1294	78316	39704
古雷开发区						
诏安县	46929	32405			14524	
长泰县	147881	102167	31969		18999	26715
东山县	587822	441638	85156		89461	56723
南靖县	115660	48005		5125	16817	45713
平和县	70744	35429			27749	7566
华安县	80859	43889			19122	17848

4—30 待售一年以上三年以下的商品房面积

单位：平方米

项目	合计	按用途分				
		住宅	别墅、高档公寓	办公楼	商业用房	其他
总计	**1027458**	**558374**	**43918**	**16049**	**171921**	**281114**
按登记注册类型分						
内资企业	833657	453677	27590	13269	128813	237898
国有企业	33185	33185				
集体企业						
国有独资公司	34348	19651			8650	6047
其他有限责任公司	423570	241977	27590	5910	65224	110459
股份有限公司	41249	15059		5125	2625	18440
私营独资企业						
私营合伙企业						
私营有限责任公司	301305	143805		2234	52314	102952
私营股份有限公司						
港澳台商投资企业	122689	71850	11980	2780	21254	26805
与港澳台商合资经营企业	34916	17963	11980		16443	510
港澳台商独资经营企业	87773	53887		2780	4811	26295
外商投资企业	71112	32847	4348		21854	16411
中外合资经营企业	26513	6569			13311	6633
外资企业	44599	26278	4348		8543	9778
按控股情况分						
国有控股	100183	64336			18337	17510
集体控股						
私人控股	597798	310337	27590	13269	97423	176769
港澳台商控股	119857	69018	11980	2780	21254	26805
外商控股	71112	32847	4348		21854	16411
其他	138508	81836			13053	43619
按隶属关系分						
省(自治区、直辖市)	1342	783			559	
地区(州、盟、省辖市)						
县(区、市、旗)	179671	97713			26148	55810
镇	16103	7761		5125	2625	592
村委会						
其他	830342	452117	43918	10924	142589	224712
按企业营业状态分						
营业	1009282	546874	43918	16049	165245	281114
停业(歇业)	18176	11500			6676	
其他						
按企业资质等级分						
一级						
二级	28723				3011	25712
三级	650848	347869	22809	10924	101011	191044
四级	160694	114032	14899		21673	24989
暂级	186032	95312	6210	5125	46226	39369
其他	1161	1161				
按市、县分						
漳州市	1027458	558374	43918	16049	171921	281114
芗城区	377464	197241	1429	5014	33935	141274
龙文区	32633	2625			16703	13305
龙海市	208791	114727	22809	5910	40482	47672
其中:龙海市辖	97786	49054			21610	27122
漳州开发区	3058				3058	
台商投资区	107947	65673	22809	5910	15814	20550
云霄县	88997	77328			10679	990
其中:云霄县辖	68031	67041				990
常山开发区	20966	10287			10679	
漳浦县	62651	20187	4781		23246	19218
其中:漳浦县辖	62651	20187	4781		23246	19218
古雷开发区						
诏安县	11778	10914			864	
长泰县	49148	35765	14899		5009	8374
东山县	34128	20484			6245	7399
南靖县	73045	41427		5125	7009	19484
平和县	59291	25992			27749	5550
华安县	29532	11684				17848

4—31 分县(市、区)全社会固定资产投资完成额

单位：万元

	全社会固定资产投资			1、固定资产投资			(1)项目投资		
	总量	上年	增长%	总量	上年	增长%	总量	上年	增长%
总计	**25737312**	**21348444**	**20.6**	**25160808**	**20818569**	**20.9**	**20135697**	**16096128**	**25.1**
市直	382381	449173	-14.9	382381	449173	-14.9	383027	449173	-14.7
芗城区	1802780	1416351	27.3	1779533	1394512	27.6	1409005	965687	45.9
龙文区	2086865	1675875	24.5	2074006	1664035	24.6	799215	717783	11.3
龙海市	5098457	3976116	28.2	5012462	3897221	28.6	3740700	2806611	33.3
其中:龙海市辖	2112316	1715268	23.1	2041114	1649943	23.7	1601853	1294823	23.7
漳州开发区	521494	383398	36.0	520226	382237	36.1	119605	93521	27.9
台商投资区	2464647	1877450	31.3	2451122	1865041	31.4	2019242	1418267	42.4
云霄县	2009124	1540753	30.4	1961238	1496700	31.0	1711447	1285013	33.2
其中:云霄县辖	1637530	1249673	31.0	1590698	1206589	31.8	1356632	1004089	35.1
常山开发区	371594	291080	27.7	370540	290111	27.7	354815	280924	26.3
漳浦县	3354449	2904294	15.5	3240560	2800000	15.7	2352495	1777431	32.4
其中:漳浦县辖	2220689	1804294	23.1	2106800	1700000	23.9	1492557	1381077	8.1
古雷开发区	1133760	1100000	3.1	1133760	1100000	3.1	859938	396354	117.0
诏安县	1993255	1542820	29.2	1927817	1482675	30.0	1787280	1373371	30.1
长泰县	2833518	2413006	17.4	2800751	2382833	17.5	2526367	2070626	22.0
东山县	1634694	1330030	22.9	1601873	1300057	23.2	1436790	1091413	31.6
南靖县	2116985	1759596	20.3	2063866	1710090	20.7	1884572	1548202	21.7
平和县	1594053	1311535	21.5	1513705	1238024	22.3	1341660	1097488	22.2
华安县	830750	1028895	-19.3	802616	1003249	-20.0	763785	913330	-16.4

4—31 续表

单位：万元

	其中:工业			(2)房地产开发投资			2、农户投资		
	总量	上年	增长%	总量	上年	增长%	总量	上年	增长%
总计	**10043863**	**8514332**	**18.0**	**5025111**	**4722441**	**6.4**	**576504**	**529875**	**8.8**
市直	137394	111985	22.7						
芗城区	671434	561840	19.5	370528	428825	-13.6	23247	21839	6.5
龙文区	278163	221271	25.7	1274791	946252	34.7	12859	11840	8.6
龙海市	1754455	1649188	6.4	1271762	1090610	16.6	85995	78895	9.0
其中:龙海市辖	584485	610267	-4.2	439261	355120	23.7	71202	65325	9.0
漳州开发区	8414	31964	-73.7	400621	288716	38.8	1268	1161	9.2
台商投资区	1161556	1006957	15.4	431880	446774	-3.3	13525	12409	9.0
云霄县	1081518	879678	22.9	249791	211687	18.0	47886	44053	8.7
其中:云霄县辖	883302	718834	22.9	234066	202500	15.6	46832	43084	8.7
常山开发区	198216	160844	23.2	15725	9187	71.2	1054	969	8.8
漳浦县	1143311	773726	47.8	888065	1022569	-13.2	113889	104294	9.2
其中:漳浦县辖	780644	605689	28.9	614243	318923	92.6	113889	104294	9.2
古雷开发区	362667	168037	115.8	273822	703646	-61.1			
诏安县	775596	594640	30.4	140537	109304	28.6	65438	60145	8.8
长泰县	1575697	1272581	23.8	274384	312207	-12.1	32767	30173	8.6
东山县	279854	308256	-9.2	165083	208644	-20.9	32821	29973	9.5
南靖县	1278010	1041351	22.7	179294	161888	10.8	53119	49506	7.3
平和县	663695	556874	19.2	172045	140536	22.4	80348	73511	9.3
华安县	404736	542942	-25.5	38831	89919	-56.8	28134	25646	9.7

4—32 分县(市、区)按构成分的全社会固定资产投资额

单位：万元

	合 计	按构成分：1、建筑工程	2、安装工程	3、设备工器具购置	4、其他费用
全社会固定资产投资	**25737312**	**17274454**	**988768**	**3900186**	**3573904**
1、农户投资	576504	498235		68507	9762
2、固定资产投资	25160808	16776219	988768	3831679	3564142
市 直	471181	259215	97023	22456	92487
芗城区	1745045	947993	74230	517889	204933
龙文区	2074006	1448198	35475	104622	485711
龙海市	4960956	2897071	112288	1042681	908916
其中:龙海市辖	1989608	1298968	41362	219847	429431
漳州开发区	520226	331206	12532	415	176073
台商投资区	2451122	1266897	58394	822419	303412
云霄县	1961238	1431048	67402	324465	138323
其中:云霄县辖	1590698	1144093	33832	274939	137834
常山开发区	370540	286955	33570	49526	489
漳浦县	3240560	1941913	212136	318679	767832
其中:漳浦县辖	2106800	1544561	59832	172746	329661
古雷开发区	1133760	397352	152304	145933	438171
诏安县	1927817	1368283	161438	303498	94598
长泰县	2800751	2270650	16596	152387	361118
东山县	1601873	1129844	21284	251313	199432
南靖县	2061060	1322850	161081	390525	186604
平和县	1513705	1279959	26550	142502	64694
华安县	802616	479195	3265	260662	59494

主要统计指标解释

全社会固定资产投资 是以货币形式表现的在一定时期内全社会建造和购置固定资产的工作量以及与此有关的费用的总称。该指标是反映固定资产投资规模、结构和发展速度的综合性指标,又是观察工程进度和考核投资效果的重要依据。全社会固定资产投资按登记注册类型可分为国有、集体、联营、股份制、私营和个体、港澳台商、外商、其他等。

固定资产投资(不含农户) 指城镇和农村各种登记注册类型的企业、事业、行政单位及城镇个体户进行的计划总投资500万元及500万元以上的建设项目投资和房地产开发投资,包含原口径的城镇固定资产投资加上农村企事业组织项目投资,该口径自2011年起开始使用(自2015年起固定资产投资取消城镇和农村分组)。

房地产开发投资 指各种登记注册类型的房地产开发法人单位统一开发的包括统代建、拆迁还建的住宅、厂房、仓库、饭店、宾馆、度假村、写字楼、办公楼等房屋建筑物,配套的服务设施,土地开发工程(如道路、给水、排水、供电、供热、通讯、平整场地等基础设施工程)和土地购置的投资;不包括单纯的土地开发和交易活动。

固定资产投资的实际到位资金 根据固定资产投资的资金来源不同,分为国家预算资金、国内贷款、利用外资、自筹资金和其他资金。

(1)国家预算资金 国家预算包括一般预算、政府性基金预算、国有资本经营预算和社保基金预算。各类预算中用于固定资产投资的资金全部作为国家预算资金填报,其中一般预算中用于固定资产投资的部分包括基建投资、车购税、灾后恢复重建基金和其他财政投资。各级政府债券也应归入国家预算资金。

(2)国内贷款 指报告期固定资产项目投资单位向银行及非银行金融机构借入用于固定资产投资的各种国内借款,包括银行利用自有资金及吸收存款发放的贷款、上级主管部门拨入的国内贷款、国家专项贷款(包括煤代油贷款、劳改煤矿专项贷款等),地方财政专项资金安排的贷款、国内储备贷款、周转贷款等。

(3)利用外资 指报告期收到的境外(包括外国及港澳台地区)资金(包括设备、材料、技术在内)。包括对外借款(外国政府贷款、国际金融组织贷款、出口信贷、外国银行商业贷款、对外发行债券和股票)、外商直接投资、外商其他投资(包括利用外商投资收益在国内进行固定资产再投资活动的资金)。不包括我国自有外汇资金(国家外汇、地方外汇、留成外汇、调剂外汇和国内银行自有资金发放的外汇贷款等)。各类外资按报告期末的外汇牌价(中间价)折成人民币计算。

(4)自筹资金 指固定资产投资单位在报告期收到的,由各企、事业单位筹集用于固定资产投资的资金,包括各类企事业单位的自有资金和从其他单位筹集的用于固定资产投资的资金,但不包括各类财政性资金、从各类金融机构借入资金和国外资金。

(5)其他资金 指在报告期收到的除以上各种资金之外的用于固定资产投资的资金,包括社会集资、个人资金、无偿捐赠的资金及其他单位拨入的资金等。

固定资产投资按国民经济行业分 指根据其从事的社会经济活动性质对各类单位进行的分类。应根据建设项目建成投产后的主要产品种类或主要用途及社会经济活动种类来划分,不能根据项目单位本身的行业类别来划分。如果项目投产后有几种产品,应根据主要产品来确定行业类别。一般情况下,一个建设项目只能属于一种国民经济行业。

固定资产投资按隶属关系分 是按建设单位或企业、事业、行政单位的主管上级机关确定的。

(1)中央 是指中共中央、人大常委会和国务院各部、委、局、总公司以及直属机构直接领导的建设项目和企业、事业、行政单位。这些单位的固定资产投资计划由国务院各部门直接编制和下达,统一组织或委托下级实施。包括有中央垂直管理的部门(如国家统计局各级调查队)和中央直属企业、事业单位(如工商银行、中国电信、中国石油)等。

(2)地方 是由省(自治区、直辖市)、地(区、市、州、盟)、县(区、市、旗)三级政府及业务主管部门直接领导和管理的建设项目、企业、事业、行政单位。地方项目还包括不隶属以上各级政府及主管部门的建设项目和企业、事业单位,如外商投资企业和无主管部门的企业等。

固定资产投资按建设性质分 按整个建设项目情况来确定。建设项目的性质一般分为新建、扩建、改建和技术改造、单纯建造生活设施、迁建、恢复、单纯购置。房地产开发单位、农户投资不划分建设性质。

(1)新建 指从无到有"平地起家"开始建设的项目。现有企业、事业、行政单位投资的项目一般不属于新建。但如有的单位原有基础很小,经过建设后新增的固定资产价值超过该企业、事业、行政单位原有固定资产价值(原值)三倍以上的,也应作为新建。

(2)扩建 指在厂内或其他地点,为扩大原有产品的生产能力(或效益)或增加新的产品生产能力,而增建的生产车间(或主要工程)、分厂、独立的生产线的企业、事业单位。行政、事业单位在原单位增建业务性用房(如学校增建教学用房、医院增建门诊部、病房等)也作为扩建。

现有企、事业单位为扩大原有主要产品生产能力或增加新的产品生产能力，增建一个或几个主要生产车间（或主要工程）、分厂，同时进行一些更新改造工程的，也应作为扩建。

（3）改建和技术改造　指现有企业、事业单位对原有设施进行技术改造或更新（包括相应配套的辅助性生产、生活福利设施）的建设项目。改建项目包括现有企业、事业单位为适应市场变化的需要，而改变企业的主要产品种类（如军工企业转民产品等）的建设项目，原有产品生产作业线由于各工序（车间）之间能力不平衡，为填平补齐充分发挥原有生产能力而增建不增加本企业主要产品设计能力的车间的建设项目。技术改造是指企业、事业单位在现有基础上，用先进的技术代替落后的技术，用先进的工艺和装备代替落后的工艺和装备，以改变企业落后的技术经济面貌，实现以内涵为主的扩大再生产，达到提高产品质量、促进产品更新换代、节约能源、降低消耗、扩大生产规模、全面提高社会经济效益的目的。技术改造具体包括以下内容：机器设备和工具的更新改造；生产工艺改革、节约能源和原材料的改造；厂房建筑和公共设施的改造；保护环境进行的"三废"治理改造；劳动条件和生产环境的改造等。

固定资产投资按构成分：

（1）建筑工程　指各种房屋、建筑物的建造工程，又称建筑工作量。这部分投资额必须兴工动料，通过施工活动才能实现，是固定资产投资额的重要组成部分。

（2）安装工程　指各种设备、装置的安装工程，又称安装工作量。

在安装工程中，不包括被安装设备本身价值。

（3）设备工具器具购置　指报告期内购置或自制的，达到固定资产标准的设备、工具、器具的价值。新建单位及扩建单位的新建车间，按照设计或计划要求购置或自制的全部设备、工具、器具，不论是否达到固定资产标准均计入"设备工具器具购置"中。

（4）其他费用　指在固定资产建造和购置过程中发生的，除建筑安装工程和设备、工器具购置投资完成额以外的应当分摊计入固定资产投资的费用，不指经营中财务上的其他费用。

施工项目个数　是指本年正式进行过建筑或安装施工活动的建设项目个数。包括本年新开工项目，以前年度开工跨入本年继续施工项目，本年全部建成投产项目、以前年度全部停缓建在本年恢复施工的项目，本年进行过施工又在本年内全部停缓建的项目。施工项目个数可以反映一定时期固定资产投资的实际规模，与同期全部建成投产项目个数相比，可以从建设速度的角度反映固定资产投资的效果。

本年投产项目个数　指报告期内按设计文件规定建成主体工程和相应配套的辅助设施，形成生产能力或工程效益，经过验收合格，并且已正式投入生产或交付使用的建设项目。

新增生产能力（或工程效益）　指通过固定资产投资活动而增加的设计能力（或工程效益）。主要指标包括建设规模、本年施工规模、自开始建设累计新增生产能力（或工程效益）、本年新增生产能力（或工程效益）等。

建设规模　指建设项目或工程设计文件中规定的全部设计能力（或工程效益）。包括已经建成投产和尚未建成投产的工程的生产能力（或工程效益）。

本年施工规模　指报告期内施工的单项工程（或更新改造项目）的设计能力（或工程效益），包括报告期以前已开工跨入本年继续施工的工程的设计能力和报告期新开工工程的设计能力。也包括报告期内建成投产或报告期施工后又停缓建的单项工程设计能力。不包括在报告期以前建成投产或已经停、缓建的工程，以及报告期内尚未正式开工的工程的设计能力。

自开始建设累计新增生产能力（或工程效益）　指自开始建设至本年底止建成投产的全部单项工程累计新增生产能力（或工程效益）。

本年新增生产能力（或工程效益）　指在本年度内按照新增生产能力(或工程效益)的计算条件和标准，实际建成投入生产或交付使用的生产能力（或工程效益）。

新增固定资产　是指已经完成建造和购置过程，并已交付生产或使用单位的固定资产的价值，包括已经建成投入生产或交付使用的工程投资和达到固定资产标准的设备、工具、器具的投资及有关应摊入的费用。该指标是表示固定资产投资成果的价值指标，也是反映建设进度，计算固定资产投资效果的重要指标。

商品房销售面积　指报告期内出售商品房屋的合同总面积（即双方签署的正式买卖合同中所确定的建筑面积）。本月销售面积指从本月 1 日起至本月最后一天止出售商品房屋的合同总面积。商品房销售面积由现房销售面积和期房销售面积两部分组成。

（1）现房销售面积：指在报告期内正式签订买卖合同、已经竣工达到入住条件的商品房屋建筑面积。包括以一次性付款方式和分期付款方式销售的现房建筑面积。

（2）期房销售面积：指在报告期内正式签订买卖合同、正在建设尚未竣工交付使用的商品房屋建筑面积。包括以一次性付款方式和分期付款方式销售的商品房屋建筑面积。期房销售建筑面积竣工后不再结转为现房销售建筑面积。

商品房销售额 指报告期内出售商品房屋的合同总价款(即双方签署的正式买卖合同中所确定的合同总价)。本月销售额指从本月1日起至本月最后一天止出售商品房屋的合同总价款。该指标与商品房销售面积同口径,由现房销售额和期房销售额两部分组成。

(1)现房销售额:指报告期内销售的已竣工商品房屋的合同总价款。包括现房销售前期预收的定金、预收款、首付款及全部按揭贷款的本金等款项。该指标与现房销售面积同口径。

(2)期房销售额:指报告期内销售的正在建设尚未竣工的商品房屋的合同总价款。包括预售房屋前期预收的定金、预收款、首付款及全部按揭贷款的本金等项。该指标与期房销售面积同口径。

待售面积 指报告期末已竣工的可供销售或出租的商品房屋建筑面积中,尚未销售或出租的商品房屋建筑面积,包括以前年度竣工和本期竣工的房屋面积,但不包括报告期已竣工的拆迁还建、统建代建、公共配套建筑、房地产公司自用及周转房等不可销售或出租的房屋面积。按照商品房待售时间的长短可以划分为待售一年以下、待售一到三年(含一年)和待售三年以上(含三年)。

第五篇　人民生活

5—1 主要年份全国、全省、全市城镇单位在岗职工平均工资及指数

(以上年为100)

年 份	全 国		全 省		漳 州	
	职工平均工资(元)		职工平均工资(元)		职工平均工资(元)	
	绝对数	指数(%)	绝对数	指数(%)	绝对数	指数(%)
1949					285	
1950					347	121.8
1951					364	104.9
1952	445		385		382	104.9
1953	495	111.2	435	113.0	401	105.0
1954	517	104.4	469	107.8	428	106.7
1955	527	101.9	482	102.8	436	101.9
1956	601	114.0	533	110.6	443	101.6
1957	624	103.8	516	96.8	466	105.2
1958	536	85.9	433	83.9	381	81.8
1959	512	95.5	434	100.2	396	103.9
1960	511	99.8	423	97.5	402	101.5
1961	510	99.8	433	102.4	395	98.3
1962	551	108.0	470	108.5	431	109.1
1963	576	104.5	492	104.7	461	107.0
1964	586	101.7	503	102.2	478	103.7
1965	590	100.7	501	99.6	473	99.0
1966	583	98.8	507	101.2	470	99.4
1967	587	100.7	510	100.6	454	96.6
1968	577	98.3	510	100.0	455	100.2
1969	575	99.7	512	100.4	442	97.1
1970	561	97.6	492	96.1	452	102.3
1971	560	99.8	505	102.6	442	97.8
1972	588	105.0	536	106.1	501	113.3
1973	587	99.8	535	99.8	484	96..6
1974	584	99.5	543	101.5	513	106.0
1975	580	99.3	538	99.1	499	97.3
1976	575	99.1	537	99.8	491	98.4
1977	576	100.2	538	100.2	499	101.6
1978	615	106.8	567	105.4	497	99.6
1979	668	108.6	610	107.6	541	108.9
1980	762	114.1	703	115.2	631	116.6

5—1 续表 (以上年为100)

年 份	全 国		全 省		漳 州	
	职工平均工资(元)		职工平均工资(元)		职工平均工资(元)	
	绝对数	指数(%)	绝对数	指数(%)	绝对数	指数(%)
1981	772	101.3	715	101.7	663	105.1
1982	798	103.4	765	107.0	702	105.9
1983	826	103.5	827	108.1	749	106.7
1984	974	117.9	921	111.4	828	110.5
1985	1148	117.9	1059	115.0	926	111.8
1986	1329	115.8	1243	117.4	1088	117.5
1987	1459	109.8	1319	106.1	1158	106.4
1988	1747	119.7	1644	124.6	1421	122.7
1989	1935	110.8	1895	115.3	1636	115.1
1990	2140	110.6	2162	114.1	1833	112.0
1991	2340	109.3	2420	111.9	2024	110.4
1992	2711	115.9	2780	114.9	2292	113.2
1993	3371	124.3	3480	125.2	2723	118.8
1994	4538	134.6	4890	140.5	3867	142.0
1995	5500	121.2	5857	119.8	4483	115.9
1996	6210	112.9	6683	114.1	5246	117.0
1997	6470	104.2	7559	113.1	5968	113.8
1998	7479	106.6	8531	112.9	6717	112.6
1999	8346	111.6	9490	111.2	7508	111.8
2000	9371	112.3	10584	111.5	8235	109.7
2001	10870	116.0	12013	113.5	9555	116.0
2002	12422	114.3	13306	110.8	10283	107.6
2003	14040	113.0	14310	107.5	11077	107.7
2004	16024	114.1	15603	109.0	11964	108.0
2005	18364	114.6	17146	109.9	13339	111.5
2006	21001	114.4	19318	112.7	14969	112.2
2007	24932	118.7	22283	115.3	18024	120.4
2008	29229	117.2	25702	115.3	22270	123.6
2009	32736	112.0	28666	111.5	25055	112.5
2010	37147	113.5	32647	113.9	29535	117.9
2011	42452	114.3	38989	119.4	34898	118.2
2012	47593	112.1	44979	115.4	42137	120.7
2013	52388	110.1	49328	109.7	46610	110.6
2014	57346	109.5	54235	109.9	51495	110.5
2015	63241	110.3	58719	108.3	56237	109.2

注:本表1998年起“职工平均工资”统计口径为“在岗职工平均工资”。

5—2 城镇单位从业人员工资总额

单位：万元

	单位从业人员工资总额	在岗职工工资总额	劳务派遣人员工资总额	其他从业人员工资总额
合计	**2833696**	**2530948**	**98584**	**204165**
按企事业机关分				
企业	2021212	1753937	85435	181839
事业	541770	520204	6865	14701
机关	268653	254744	6284	7625
民间非营利组织				
其他	2062	2062		
按国民经济行业分				
农、林、牧、渔业	33009	15269	428	17312
采矿业	3714	3435		279
制造业	1001413	961783	18069	21562
电力、热力、燃气及水的生产和供应业	67166	62267	4447	452
建筑业	445584	304337	26883	114365
批发和零售业	71458	63898	5564	1996
交通运输、仓储和邮政业	62521	44373	16648	1501
住宿和餐饮业	19604	18818	469	317
信息传输、软件和信息技术服务业	29423	24948	4418	58
金融业	139255	119045	6908	13302
房地产业	90727	81315	1000	8412
租赁和商务服务业	25083	24288	314	481
科学研究、技术服务业	33625	31967	898	760
水利、环境和公共设施管理业	21977	18045	855	3078
居民服务、修理和其他服务业	3623	3253	120	250
教育	337415	330214	2337	4864
卫生和社会工作	147992	140596	938	6458
文化、体育和娱乐业	13831	12814	468	549
公共管理、社会保障和社会组织	286276	270284	7820	8171
按三次产业分				
第一产业	33009	15269	428	17312
第二产业	1517877	1331821	49398	136657
第三产业	1282811	1183857	48757	50196

5—3 城镇单位分行业在岗职工工资总额(2003-2015)

单位：万元

	2003	2004	2005	2006	2007	2008
合　计	**338667**	**389335**	**452783**	**538365**	**657522**	**793355**
农、林、牧、渔业	12257	15591	16328	16795	20586	17983
采矿业	2032	2164	2376	2335	2418	2361
制造业	118664	150016	186076	228814	274942	322028
电力、热力、燃气及水生产和供应业	12479	15980	20371	23825	28143	33886
建筑业	19709	19074	22726	38228	47239	64925
批发和零售业	8903	9890	9905	11327	13520	15160
交通运输、仓储和邮政业	7744	7592	8112	9674	10544	10270
住宿和餐饮业	10601	11453	12184	15195	16674	21690
信息传输、软件和信息技术服务业	2218	2345	2262	2667	2889	3975
金融业	14921	16965	21050	23825	29461	37986
房地产业	3283	3841	5534	7298	9784	11922
租赁和商务服务业	2002	2511	2646	2679	2812	2828
科学研究、技术服务业	3608	3591	3744	4244	5222	6955
水利、环境和公共设施管理业	3504	4858	5081	5485	6929	9518
居民服务、修理和其他服务业	958	948	994	721	949	1216
教　育	58742	63289	67540	74330	95529	112604
卫生和社会工作	13966	15383	17591	17983	23116	30441
文化、体育和娱乐业	2681	2896	3162	3390	4310	5444
公共管理、社会保障和社会组织	40398	40949	45101	49550	62455	82164

5—3 续表

单位：万元

	2009	2010	2011	2012	2013	2014	2015
合　计	**858932**	**1041195**	**1367888**	**1769409**	**1967174**	**2282935**	**2530948**
农、林、牧、渔业	13481	14428	16237	13111	11539	12484	15269
采矿业	3093	3618	3606	3516	1882	1969	3435
制造业	322413	401342	559539	887705	834076	925278	961783
电力、热力、燃气及水生产和供应业	38728	50031	55658	58681	52068	58644	62267
建筑业	68375	73031	108095	58289	200114	269927	304337
批发和零售业	15326	18053	22616	53753	54492	61918	63898
交通运输、仓储和邮政业	13981	15493	14894	23887	35251	42063	44373
住宿和餐饮业	21405	25191	38410	14776	13892	17955	18818
信息传输、软件和信息技术服务业	4538	6309	10688	18149	19216	20223	24948
金融业	42704	62387	73242	89672	99320	110479	119045
房地产业	14105	17665	30072	41452	54387	72359	81315
租赁和商务服务业	4095	4654	5887	6542	14092	19122	24288
科学研究、技术服务业	7466	9056	10645	16913	23172	28004	31967
水利、环境和公共设施管理业	8903	10541	12037	12394	13518	17199	18045
居民服务、修理和其他服务业	1324	1603	2185	2002	1197	2145	3253
教　育	138089	157846	197286	218673	244404	270672	330214
卫生和社会工作	35928	43851	56748	73153	91111	114311	140596
文化、体育和娱乐业	6415	8137	9728	9283	10259	11634	12814
公共管理、社会保障和社会组织	98565	117960	140317	167459	193184	226549	270284

5—4 城镇单位企事业机关在岗职工工资总额(1978-2015)

单位:万元

年份	合计	企业	事业	机关	民间非营利组织	其他
1978	11937					
1979	13780					
1980	16982					
1981	18597					
1982	21008					
1983	22703					
1984	25282					
1985	29024					
1986	35373					
1987	38988					
1988	49619					
1989	57921					
1990	65734					
1991	73364					
1992	84669					
1993	97912					
1994	137745	93488	30327	13886		
1995	162594	114549	33184	14861		
1996	175138	114735	41900	18503		
1997	199014	129263	48185	21566		
1998	219488	135905	58945	24638		
1999	232795	134740	68959	29096		
2000	249316	141010	76736	31570		
2001	267602	144313	84841	38449		
2002	288718	159960	90269	38489		
2003	338667	207728	90677	40262		
2004	389335	247990	100496	40849		
2005	452783	300637	107290	44855		
2006	538365	373599	115366	49401		
2007	657522	447150	148119	62253		
2008	793355	531519	179984	81852		
2009	858932	549222	211990	97721		
2010	1041195	674503	250267	116426		
2011	1367888	926173	303233	138482		
2012	1769409	1263560	343877	161971		
2013	1967174	1405630	376329	183536	54	1625
2014	2282935	1638837	427180	215075		1843
2015	2530948	1753937	520204	254744		2062

注:本表1998年起"职工工资总额"统计口径为"在岗职工工资总额"。

5—5 按登记注册类型分城镇单位在岗职工工资总额(1978–2015)

单位：万元

年 份	合 计	国有单位	集体单位	其他单位
1978	11856	9035	2959	
1979	13688	10500	3311	
1980	16982	13051	4114	
1981	18597	14193	4908	
1982	21008	16068	5197	
1983	22703	17549	5412	
1984	25283	18391	7216	
1985	28991	21492	7823	
1986	35347	26964	8649	
1987	38988	29475	9765	
1988	49619	37627	11874	118
1989	57921	43683	12690	1548
1990	65734	49291	14357	2088
1991	73364	53660	15267	4437
1992	84669	61109	16909	6651
1993	97912	69228	17048	11636
1994	137745	94045	24035	19665
1995	162594	107751	27148	27695
1996	175138	116740	24111	34287
1997	199014	132905	26984	39126
1998	219488	141861	23044	54583
1999	232795	154613	19941	58241
2000	249316	163730	22231	63355
2001	267602	175155	22341	70106
2002	288718	182439	17138	89141
2003	338667	186962	23650	128056
2004	389335	202699	19373	167263
2005	452783	222036	22018	208728
2006	538365	247463	25051	265851
2007	657522	306067	28408	323046
2008	793355	372912	30050	390393
2009	858932	423669	31264	404000
2010	1041196	506587	33990	500619
2011	1367888	580033	46748	741107
2012	1769409	653953	53318	1062138
2013	1967174	662100	50323	1254751
2014	2282935	748606	58223	1476106
2015	2530948	890991	57380	1582576

5—6 各行业城镇单位在岗职工工资总额

单位：万元

	在岗职工工资总额	国有单位	集体单位	其他单位
合　　计	**2530948**	**890991**	**57380**	**1582576**
按国民经济行业分				
农、林、牧、渔业	15269	14315	60	894
采矿业	3435	2802	164	470
制造业	961783	2258	1480	958046
电力、热力、燃气及水的生产和供应业	62267	8998	2062	51207
建筑业	304337	2779	1416	300141
批发和零售业	63898	20320	1503	42075
交通运输、仓储和邮政业	44373	14447	920	29006
住宿和餐饮业	18818	6302	109	12408
信息传输、软件和信息技术服务业	24948	2361		22587
金融业	119045	71103	21174	26768
房地产业	81315	5846	29	75440
租赁和商务服务业	24288	6684	868	16736
科学研究、技术服务业	31967	24954	3163	3850
水利、环境和公共设施管理业	18045	15089	166	2790
居民服务、修理和其他服务业	3253	1174	130	1949
教　育	330214	299416		30798
卫生和社会工作	140596	110152	24107	6337
文化、体育和娱乐业	12814	11708	32	1074
公共管理、社会保障和社会组织	270284	270284		
按三次产业分				
第一产业	15269	14315	60	894
第二产业	1331821	16837	5121	1309863
第三产业	1183857	859839	52199	271819

5—7 城镇单位人均工资总额

单位：元

	单位从业人员人均工资总额	在岗职工人均工资	劳务派遣人员人均工资	其他从业人员人均工资总额
合计	**53000**	**56931**	**42835**	**30433**
按企事业机关分				
企业	49513	52797	46888	31464
事业	62541	66446	27625	25122
机关	68267	75814	27214	22146
民间非营利组织				
其他	44348	44348		
按国民经济行业分				
农、林、牧、渔业	18155	47896	35364	11640
采矿业	24824	27328		11653
制造业	47825	48177	45674	37163
电力、热力、燃气及水的生产和供应业	69215	73437	40066	39313
建筑业	48220	53106	46254	39048
批发和零售业	46483	48320	39100	27494
交通运输、仓储和邮政业	57655	60859	53529	33883
住宿和餐饮业	39154	40014	26806	24550
信息传输、软件和信息技术服务业	79308	89099	50372	17636
金融业	94977	121400	61298	35671
房地产业	61618	64494	31655	46731
租赁和商务服务业	35239	35534	30221	26883
科学研究、技术服务业	64738	69918	30345	23310
水利、环境和公共设施管理业	41318	48955	26968	23385
居民服务、修理和其他服务业	43809	44748	66444	30512
教育	63134	65912	21580	21503
卫生和社会工作	66121	69382	38455	34460
文化、体育和娱乐业	51590	55282	38041	22883
公共管理、社会保障和社会组织	67843	75577	27900	22504
按三次产业分				
第一产业	18155	47896	35364	11640
第二产业	48494	49941	131994	38556
第三产业	63043	67767	542714	29932

5—8 城镇单位分行业在岗职工平均工资(2002-2015)

单位：元

	2002	2003	2004	2005	2006	2007	2008	2009	2010	2011	2012	2013	2014	2015
合　　计	**10283**	**11077**	**11964**	**13339**	**14969**	**18024**	**22270**	**25055**	**29535**	**34898**	**42137**	**46610**	**51495**	**56237**
农、林、牧、渔业	4793	4896	5734	6210	6354	7175	11938	16673	19900	29467	32698	35021	39536	47437
采矿业	6550	7001	7543	7902	7907	9591	9875	12405	14524	26852	31086	33486	34721	27328
制造业	9188	10045	10804	12032	13446	16106	18884	19920	23559	28976	38441	42019	46546	48128
电力、热力、燃气及水的生产和供应业	15613	16393	20197	25773	28725	34680	38877	41065	49497	53087	58530	58818	63958	69574
建筑业	8860	12697	12953	13267	2006	20644	23920	25448	27673	32245	32595	44840	47731	52475
批发和零售业	14212	12070	13418	14921	16266	19464	23592	24960	30029	37865	33827	38544	43126	47424
交通运输、仓储和邮政业	11651	29068	31818	36135	34245	41173	53211	45437	55117	57109	45736	48603	53443	58668
住宿和餐饮业	7574	8722	9573	11522	13787	15321	19878	22812	27349	29253	30344	31007	35789	39540
信息传输、软件和信息技术服务业	8210	8050	8695	9541	10583	12346	15761	18253	22644	28148	66272	67750	74949	79862
金融业	15480	17397	20765	25968	28309	35885	46671	50929	73830	79036	95038	103376	109680	115205
房地产业	13124	13633	13763	16715	19713	23239	26658	28283	32448	41390	52434	50989	57252	63692
租赁和商务服务业	10719	10429	12002	13258	14616	18672	20172	26957	28659	33488	35972	26930	31718	35455
科学研究、技术服务业	13610	13140	13876	14881	15937	20272	26699	28119	35170	40327	46964	50805	57855	67512
水利、环境和公共设施管理业	10829	10403	11511	13352	14236	18658	24890	22905	27784	31333	35536	37333	43046	47214
居民服务、修理和其他服务业	9285	11032	12929	14897	15608	18859	25027	28174	33958	35269	34411	43293	50527	45272
教　育	11778	12274	13273	14271	15774	20444	24342	29938	34110	39898	44906	49100	53465	64974
卫生和社会工作	12402	13074	14689	16541	16674	21151	25991	29122	34474	40784	46757	53252	61051	69014
文化、体育和娱乐业	11379	10994	11106	12247	13145	16796	19861	21781	28087	34227	38369	43919	50471	54413
公共管理、社会保障和社会组织	12780	13150	14571	16283	17726	22132	28368	33200	38219	43930	50203	54872	62588	72111

备注：在岗职工包含劳务派遣人员。

5—9 按登记注册类型分城镇单位在岗职工平均工资（1978–2015）

单位：元

年份	合计	国有单位	集体单位	其他单位
1978	497	515	466	
1979	541	567	482	
1980	631	656	562	
1981	663	676	626	
1982	702	722	644	
1983	749	770	685	
1984	828	855	762	
1985	926	968	827	
1986	1088	1153	923	
1987	1158	1212	1014	
1988	1421	1490	1233	
1989	1636	1712	1363	1936
1990	1833	1956	1494	1594
1991	2024	2111	1687	2103
1992	2292	2391	1852	2629
1993	2723	2764	2252	3325
1994	3867	3804	2926	4451
1995	4483	4479	3772	5525
1996	5246	5355	4027	6130
1997	5968	6159	4482	6807
1998	6717	6890	5301	7054
1999	7508	7705	6040	7624
2000	8235	8628	6858	7862
2001	9555	10207	7884	8750
2002	10283	10982	7369	9754
2003	11077	11591	9727	10660
2004	11964	12711	9380	11511
2005	13339	14278	10950	12740
2006	14969	15771	12883	14566
2007	18024	19324	15084	17221
2008	22270	25375	18819	20195
2009	25055	30239	22976	21363
2010	29535	35784	30058	25074
2011	34898	42108	35198	30650
2012	42137	49249	45114	38612
2013	46610	53728	53395	43451
2014	51495	59727	61663	47891
2015	56237	69520	67671	50582

备注：在岗职工包含劳务派遣人员。

5—10 城镇单位企事业机关在岗职工平均工资(1978-2015)

单位:元

年份	合计	企业	事业	机关	其他
1978	497				
1979	541				
1980	631				
1981	663				
1982	702				
1983	749				
1984	828				
1985	926				
1986	1088				
1987	1158				
1988	1421				
1989	1636				
1990	1833				
1991	2024				
1992	2292				
1993	2723				
1994	3867	3388	4450	4729	
1995	4483	4308	4922	5065	
1996	5246	5015	5629	6045	
1997	5968	5541	6829	7280	
1998	6717	6138	7783	8329	
1999	7580	6641	8879	9858	
2000	8235	7253	9706	10778	
2001	9555	8416	11062	12061	
2002	10283	9142	11887	12895	
2003	11077	10288	12385	13150	
2004	11964	11160	13367	14572	
2005	13339	12625	14542	16288	
2006	14969	14454	15744	17709	
2007	18024	16959	20279	22146	
2008	22270	20969	24357	28356	
2009	25055	22960	28535	33330	
2010	29535	27336	33139	38465	
2011	34898	32805	39079	44049	
2012	42137	40750	44295	50910	
2013	46610	45191	48852	55461	39449
2014	51495	49709	54186	63260	40856
2015	56237	52489	65251	72689	44348

注:本表1998年起"职工平均工资"统计口径为"在岗职工平均工资"。2012年职工平均工资统计口径调整为包含全部在岗职工和劳务派遣人员。

5—11 城镇单位各行业在岗职工平均工资

单位：元

	合计	国有单位	集体单位	其他单位
合计	**56237**	**69520**	**67671**	**50582**
按国民经济行业分				
农、林、牧、渔业	47437	49225	66667	29318
采矿业	27328	25751	40900	36419
制造业	48128	61680	24784	48173
电力、热力、燃气及水的生产和供应业	69574	84873	73381	67433
建筑业	52475	56838	57105	52423
批发和零售业	47424	89879	25864	40282
交通运输、仓储和邮政业	58668	64978	44774	56065
住宿和餐饮业	39540	40837	41731	38912
信息传输、软件和信息技术服务业	79862	67742		81387
金融业	115205	110098	148280	108705
房地产业	63692	54801	36000	64566
租赁和商务服务业	35455	56347	60472	30204
科学研究、技术服务业	67512	68720	61768	64811
水利、环境和公共设施管理业	47214	49301	33878	39379
居民服务、修理和其他服务业	45272	59627	52000	38746
教　育	64974	64705		67668
卫生和社会工作	69014	75744	53992	46153
文化、体育和娱乐业	54413	58174	31900	32325
公共管理、社会保障和社会组织	72111	72111		

5—12 分县(市、区)从业人员平均工资

单位：元

	2014					2015				
	从业人员平均工资	在岗工资	国有	集体	其他	从业人员平均工资	在岗工资	国有	集体	其他
全　市	**49046**	**51495**	**52677**	**57428**	**47227**	**53000**	**56237**	**69520**	**67671**	**50582**
市　直	72606	77909	74973	33081	54058	81246	88509	89466	40285	83391
芗城区	45005	46059	57977	36807	43344	47531	49231	69910	43102	46482
龙文区	55464	54976	64596	61938	54111	53570	53887	75600	72000	50251
龙海市	53315	55735	59748	71584	51737	57551	60973	73759	62602	58137
云霄县	42226	47535	36691	59164	46586	46225	53332	60563	74197	48030
漳浦县	45294	50230	37654	58897	49216	48625	54003	56108	71554	52111
诏安县	35756	39874	33909	48538	36422	41086	46220	54208	60438	41221
长泰县	50809	51097	62460	83137	47554	53844	54161	71473	89885	50143
东山县	46797	49589	53180	83802	37187	53824	59328	68852	110070	44814
南靖县	46912	47446	52928	37377	43579	50044	51021	67908	48503	41506
平和县	43651	44079	45569	51265	40841	49925	50298	56755	81369	41777
华安县	51549	53069	53168	68298	49431	56786	58355	65795	74441	54015

5—13 主要年份全国、全省、全市城乡

年份	全国							
	城镇居民家庭人均可支配收入(元)		农村居民家庭人均可支配收入(元)		城镇居民家庭恩格尔系数(%)	农村居民家庭恩格尔系数(%)	城镇居民家庭人均可支配收入(元)	
	绝对数	指数	绝对数	指数			绝对数	指数
1949								
1952							106	
1957							165	
1962							203	
1965							217	
1970								
1975							333	
1978	343		134		57.5	67.7	371	
1979	405	115.7	160	119.2		64.0		
1980	478	109.7	191	116.6	56.9	61.8	450	
1981	500	102.2	223	115.4	56.7	59.9	452	100.4
1982	535	104.9	270	119.9	58.6	60.7	520	115.0
1983	565	103.9	310	114.2	59.2	59.4	573	110.2
1984	652	112.2	355	113.6	58.0	59.2	582	101.6
1985	739	101.1	398	107.8	53.3	57.8	733	125.9
1986	901	113.9	424	103.2	52.4	56.4	929	126.7
1987	1002	102.2	463	105.2	53.5	55.8	1021	109.9
1988	1180	97.6	545	106.4	51.4	54.0	1236	121.1
1989	1374	100.1	602	98.4	54.5	54.8	1555	125.8
1990	1510	108.5	686	101.8	54.2	58.8	1749	112.5
1991	1701	107.1	709	102.0	53.8	57.6	1953	111.7
1992	2027	109.7	784	105.9	53.0	57.6	2351	120.4
1993	2577	109.5	922	103.2	50.3	58.1	2923	124.3
1994	3496	108.5	1221	105.0	50.0	58.9	3935	134.6
1995	4283	104.9	1578	105.3	50.1	58.6	4853	123.3
1996	4839	103.8	1926	109.0	48.8	56.3	5574	114.9
1997	5160	103.4	2090	104.6	46.6	55.1	6144	110.2
1998	5425	105.8	2162	104.3	44.7	53.4	6486	105.6
1999	5854	109.3	2210	103.8	42.1	52.6	6860	105.8
2000	6280	106.4	2253	102.1	39.4	49.1	7432	108.3
2001	6860	108.5	2366	104.2	38.2	47.7	8313	111.9
2002	7703	113.4	2476	104.8	37.7	46.2	9189	110.5
2003	8472	109.0	2622	104.3	37.1	45.6	10000	108.8
2004	9422	107.7	2936	106.8	37.7	47.2	11175	111.8
2005	10493	109.6	3255	106.2	36.7	45.5	12321	110.3
2006	11759	110.4	3587	107.4	35.8	43.0	13753	111.6
2007	13786	112.2	4140	109.5	36.3	43.1	15505	112.7
2008	15781	114.5	4761	115.0	37.9	43.7	17961	115.8
2009	17175	108.8	5153	108.2	36.5	41.0	19577	109.0
2010	19109	111.3	5919	114.9	35.7	41.1	21781	111.3
2011	21810	114.1	6977	117.9	36.3	40.4	24907	114.4
2012	24565	112.6	7917	113.5	36.2	39.3	28055	112.6
2013	26955	109.7	8896	112.4	35.0	37.7	30816	109.8
2014	28844	109.0	10489	111.2	30.0	33.6	30722	109.0
2015	31195	108.2	11422	108.9			33275	108.3

注:①1990-1996年可支配收入=实际收入-个人所得税-家庭副业生产支出;②1997-2001年可支配收入=实际收入-支出-记帐补贴;④2002年以前全市汇总数采用简单法计算,2002年起采用加权法计算。⑤2008年城镇居民家庭人均可支配

居民家庭人均收入及恩格尔系数

（上年 =100）

全省				全市					
农村居民家庭人均可支配收入(元)		城镇居民家庭恩格尔系数(%)	农村居民家庭恩格尔系数(%)	城镇居民家庭人均可支配收入(元)		农村居民家庭人均可支配收入(元)		城镇居民家庭恩格尔系数(%)	农村居民家庭恩格尔系数(%)
绝对数	指数			绝对数	指数	绝对数	指数		
				94		65			
70	114.4			126	105.0	87	113.0		
112	105.9			166	113.7	104	106.1		
155	123.5			137	105.4	95	96.0		
129	95.7			149	94.3	113	95.8		
121	104.8			192	131.5	94	89.5		
100	90.3			257	94.1	119	111.2		
138	116.2			323	121.4	158	114.5		
142	103.4			341	105.6	179	113.3		
172	120.8			399	117.0	208	116.2		
232	134.9	62.1		413	103.5	264	126.9		
268	115.8	60.7		447	108.2	306	115.9		
302	112.6	63.4		462	103.4	304	99.3		
345	114.3	62.4		487	105.4	348	114.5		
396	114.9	54.0	62.4	558	114.6	403	115.8		61.7
419	105.6	55.9	60.2	739	132.4	613	152.1		60.9
485	115.9	58.8	60.0	771	104.3	517	84.3		59.1
613	126.5	62.6	57.1	963	124.9	690	133.5		59.1
697	113.7	63.7	58.1	1241	128.9	799	115.8		60.8
764	109.6	63.5	60.0	1378	111.0	822	102.9		62.4
850	111.2	60.5	59.0	1498	108.7	958	116.5		62.8
984	115.8	58.3	58.9	1988	132.7	1089	113.7	62.4	62.1
1211	123.0	57.9	60.6	2524	127.0	1315	120.8	60.4	47.1
1578	130.3	58.7	62.4	3270	129.6	1672	127.1	66.1	51.1
2049	129.8	61.1	61.0	4305	131.7	2164	129.4	65.6	51.4
2492	121.7	59.9	60.1	4960	115.2	2664	123.1	63.6	52.2
2786	111.8	52.8	55.1	5214	105.1	2980	111.9	61.7	55.9
2946	105.8	51.8	54.4	5753	110.3	3218	108.0	58.5	55.0
3091	104.9	51.4	52.0	6508	113.1	3378	105.0	55.6	51.0
3230	104.5	44.7	48.7	7059	108.5	3530	104.5	47.8	45.0
3381	104.7	44.1	47.5	7417	105.1	3695	104.7	48.2	53.2
3539	104.7	43.4	45.9	8364	112.8	3761	101.8	42.5	51.7
3734	105.5	42.1	45.1	9053	108.2	3982	105.9	42.4	49.5
4089	109.5	41.6	46.7	10117	111.8	4320	108.5	44.9	57.0
4450	108.8	40.9	46.1	11241	111.1	4690	108.6	43.3	50.9
4835	108.6	39.3	45.2	12511	111.3	5075	108.2	40.3	45.9
5467	113.1	38.9	46.1	14153	113.1	5696	112.2	41.0	47.1
6196	113.3	40.6	45.9	16023	115.9	6506	114.2	43.1	47.3
6680	107.8	39.7	46.1	16616	110.0	7054	108.4	44.1	47.1
7427	111.2	39.3	46.1	18482	111.2	7861	111.4	42.1	46.7
8779	118.2	39.2	46.4	21137	114.4	9128	116.1	44.3	47.8
9967	113.5	39.4	46.0	23951	113.3	10389	113.8	43.3	46.4
11184	112.2	37.0	44.2	26471	110.5	11639	112.0	41.8	45.2
12650	110.9	33.2	38.2	25741	109.6	12690	110.5	37.8	40.8
13793	109.0	33.0	37.6	28092	109.1	13866	109.3	37.6	40.5

个人所得税－家庭副业生产支出－记帐补贴；③2002–2007 年可支配收入＝家庭总收入－个人所得税－个人交纳的社会保障收入指数是省核定数。⑥2013 年及以前，农村居民家庭人均可支配收入为农村居民家庭人均纯收入口径，2014 年起采用新口径。

5—14 主要年份城镇居民家庭基本情况

年份	平均每户家庭人口（人）	平均每户就业人数（人）	平均每户就业面（%）	平均一就业者负担人数（人）	平均每人全年可支配收入（元）	平均每人消费性支出（元）	平均每人住房使用面积（平方米）
1952					126	123	
1957					166	161	
1959					137	135	
1965					149	146	
1975					257	251	
1978					323	315	
1979					341		
1980					399	380	
1981					413		
1982					447		
1983					462		
1984					487		
1985					558	528	
1986					739		
1987					771		
1988					963		
1989					1241		
1990					1378	1373	
1991					1498	1497	
1992	3.78	2.14	56.61	1.77	1988	1906	11.30
1993	3.74	2.16	57.75	1.73	2524	2420	12.00
1994	3.67	2.16	58.86	1.70	3270	2928	13.75
1995	3.59	2.16	60.17	1.66	4305	3508	14.34
1996	3.52	2.15	61.08	1.64	4960	3964	14.50
1997	3.63	2.19	60.33	1.66	5214	4123	14.78
1998	3.51	2.09	59.54	1.68	5753	4461	15.42
1999	3.45	2.10	60.87	1.64	6508	4986	16.21
2000	3.32	1.91	57.53	1.74	7059	5285	17.20
2001	3.29	1.94	58.97	1.70	7417	5540	17.80
2002	3.10	1.80	48.06	1.72	8364	6236	20.23
2003	2.98	1.84	61.74	1.62	9053	6648	22.91
2004	2.84	1.48	52.11	1.92	10117	7427	23.83
2005	2.82	1.66	58.87	1.70	11241	8172	24.42
2006	3.00	1.83	61.00	1.64	12511	8961	24.35
2007	2.91	1.77	60.82	1.64	14153	10504	32.70
2008	2.94	1.73	58.84	1.70	16023	11506	30.90
2009	2.96	1.71	57.77	1.73	16616	11615	32.68
2010	3.00	1.71	57.00	1.75	18482	12665	32.44
2011	3.04	1.78	58.55	1.71	21137	14314	35.30
2012	3.00	1.77	59.00	1.69	23951	16231	35.41
2013	2.90	1.78	61.38	1.63	26471	17802	39.40
2014	3.33	1.95	58.61	1.71	25741	18484	40.10
2015	3.35	1.94	57.89	1.73	28092	19978	40.50

备注:2014 年数据为一体化新口径。

5—15 城镇居民人均消费支出(2004-2015)

单位：元

	2004	2005	2006	2007	2008	2009
消费支出	**7427**	**8172**	**8961**	**10504**	**11506**	**11615**
#服务性消费支出	2066	2201	2590	3185	3579	3127
食品烟酒	3333	3535	3609	4306	4955	5117
衣　着	456	634	655	929	1060	1043
生活用品及服务	444	357	366	694	510	718
医疗保健	359	414	315	378	499	552
交通通信	816	1080	1129	1135	1302	1400
教育文化娱乐服务	1048	1036	1373	1598	1588	1189
居　住	761	830	1138	1040	1099	1085
其他用品和服务	211	286	376	424	494	510

5—15 续表

单位：元

	2010	2011	2012	2013	2014	2015
消费支出	**12665**	**14314**	**16231**	**17802**	**18484**	**19978**
#服务性消费支出	3254	3669	4068	—	—	—
食品烟酒	5333	6335	7035	7446	6982	7512
衣　着	1041	1182	1353	1437	1273	1320
生活用品及服务	857	1013	1142	1438	1243	1326
医疗保健	560	605	746	591	749	921
交通通信	1784	1540	1921	2520	2310	2447
教育文化娱乐服务	1423	1765	2070	1813	1727	1942
居　住	1155	1351	1392	1870	3661	3939
其他用品和服务	513	523	572	686	538	572

备注:2014 年起数据为一体化新口径。

5—16 城镇居民家庭每百户耐用消费品拥有量(2004-2015)

	2004	2005	2006	2007	2008	2009	2010	2011	2012	2013	2014	2015
摩托车(辆)	65.0	75.0	79.0	84.3	74.2	83.6	82.7	79.4	80.8	84.2	85.5	68.8
助力车(辆)	3.0	6.0	11.0	16.8	27.0	29.1	30.5	32.0	34.6	33.4	43.6	56.6
家用汽车(辆)	1.0	1.0	1.0	3.8	4.9	5.0	6.3	8.7	11.0	22.9	15.7	20.9
洗衣机(台)	85.0	90.0	94.0	87.8	93.6	94.3	94.4	96.0	98.7	84.7	88.0	88.7
电冰箱(台)	95.0	98.0	101.0	99.4	99.4	99.7	99.2	103.1	103.9	101.9	98.3	100.3
彩色电视机(台)	133.0	142.0	145.0	141.0	141.2	139.0	138.9	128.0	129.9	113.5	112.6	112.2
家用电脑(台)	42.0	61.0	70.0	74.3	74.8	76.9	83.3	87.7	90.7	70.2	68.0	72.4
组合音响(套)	30.0	40.0	43.0	45.0	26.2	32.1	33.3	30.5	29.3	11.7	9.2	8.8
摄像机(架)	2.0	3.0	5.0	7.7	9.6	8.7	9.6	5.5	4.8	4.9	2.5	4.1
照相机(架)	30.0	32.0	46.0	40.6	27.3	30.6	31.8	35.1	34.8	22.7	18.8	20.1
其他中高档乐器(件)	6.0	6.0	8.0	7.8	2.9	3.5	2.7	2.5	2.6	4.1	4.1	5.9
微波炉(台)	66.0	74.0	81.0	82.4	85.9	86.5	92.0	87.2	87.2	73.0	74.2	74.2
空调器(台)	110.0	125.0	144.0	158.4	144.3	147.3	153.4	183.8	188.3	156.7	128.5	141.5
淋浴热水器(台)	91.0	93.0	92.0	103.7	102.3	103.4	104.5	114.4	115.4	99.3	96.8	99.2
消毒碗柜(台)	56.0	59.0	64.0	63.0	51.9	61.3	62.0	67.3	67.6	64.2	68.2	62.8
洗碗机(台)	1.0	1.0	1.0	1.9		0.2	1.0	1.4	1.4	3.0	1.4	1.5
健身器材(套)	5.0	8.0	10.0	9.6	3.1	4.7	4.0	7.7	7.9	4.3	5.3	5.2
普通电话(部)	101.0	103.0	104.0	104.0	89.2	89.5	89.4	91.9	91.8	67.3	75.1	66.9
移动电话(部)	130.0	156.0	192.0	194.7	185.6	191.9	196.4	214.4	217.6	225.8	222.5	232.5

注:2014年数据为一体化新口径。

5—17 分县(市、区)城镇居民家庭基本情况

	平均每户家庭人口(人)	平均每户就业人数(人)	平均每户就业面(%)	平均每一就业者负担人数(人)	平均每人全年可支配收入(元)	平均每人全年消费性支出(元)
漳州市	**3.35**	**1.94**	**57.89**	**1.73**	**28092**	**19978**
芗城区	2.76	1.40	50.71	1.97	30917	21893
龙文区	3.13	1.77	56.58	1.77	32054	23828
龙海市	3.77	2.13	56.63	1.77	28825	19824
云霄县	3.63	2.30	63.46	1.58	25310	18602
漳浦县	3.52	2.12	60.13	1.66	27924	19557
诏安县	3.66	2.33	63.78	1.57	23746	18918
长泰县	3.36	1.73	51.50	1.94	28627	20348
东山县	3.34	2.09	62.39	1.60	28143	19308
南靖县	3.35	1.81	54.16	1.85	26088	17454
平和县	3.69	1.90	51.47	1.95	25281	17996
华安县	3.06	2.17	70.89	1.41	26324	18475

5—18　主要年份农民家庭基本情况

年　份	平均每户常住人口（人）	平均每户整半劳力（人）	平均每个劳力负担人口（人）	平均每人可支配收入（元）	平均每人生活消费支出（元）	#平均每人食品烟酒支出（元）	#平均每人文化生活服务支出（元）	平均每人使用住房面积（平方米）
1952				87				
1957				104				
1962				95				
1965				113				
1970				94				
1978				158	146			
1979				179				
1980				208	187			
1981				264				
1982				306				
1983				304				
1984	6.06	3.01	2.01	348	272			
1985	5.84	3.00	1.95	403	363	224	7	13.61
1986	5.72	2.96	1.93	613	389	237	12	14.10
1987	5.53	2.96	1.87	517	470	278	23	14.41
1988	5.44	2.98	1.82	690	609	360	30	14.04
1989	5.41	3.00	1.80	799	729	443	40	15.11
1990	5.48	3.16	1.74	822	773	482	26	15.98
1991	5.39	3.12	1.73	958	829	521	30	16.59
1992	5.27	3.74	1.41	1089	933	579	41	16.87
1993	5.10	3.22	1.58	1315	1293	609	47	17.86
1994	4.99	3.17	1.57	1672	1559	796	89	20.48
1995	4.82	3.15	1.53	2164	1966	1010	174	18.88
1996	4.72	3.16	1.49	2664	2201	1148	216	20.43
1997	4.65	3.06	1.52	2980	2128	1190	246	22.00
1998	4.56	3.04	1.50	3218	2161	1189	231	22.71
1999	4.52	3.04	1.49	3378	2176	1109	238	23.60
2000	4.39	2.75	1.60	3530	2636	1187	242	24.28
2001	4.23	2.95	1.43	3695	2370	1260	217	26.42
2002	4.18	2.89	1.45	3761	2498	1291	216	27.54
2003	4.08	2.93	1.39	3982	2652	1314	220	25.76
2004	4.04	2.91	1.39	4320	2588	1474	217	29.14
2005	3.94	2.75	1.43	4690	3124	1590	321	31.63
2006	3.90	2.77	1.41	5075	3777	1732	329	32.73
2007	3.87	2.76	1.40	5696	4267	2010	304	33.85
2008	3.89	2.81	1.39	6506	4798	2271	326	35.18
2009	3.91	2.86	1.36	7054	5079	2349	357	36.25
2010	3.88	2.86	1.36	7861	5525	2577	361	36.97
2011	4.02	2.73	1.47	9128	6650	3181	424	40.00
2012	3.73	2.73	1.49	10389	7582	3522	435	41.20
2013	3.88	2.74	1.46	11639	8267	3763	578	40.00
2014	3.56	2.55	1.40	12690	9267	3784	831	39.30
2015	3.48	2.52	1.38	13866	10055	4071	910	41.90

备注:2013年及以前,平均每人可支配收入为平均每人纯收入口径,2014年起数据为一体化新口径。

5—19　农民人均生活消费支出(2004-2015)

单位：元

	2004	2005	2006	2007	2008	2009	2010	2011	2012	2013	2014	2015
总　计	**2858**	**3312**	**3720**	**4267**	**4798**	**5079**	**5525**	**6650**	**7582**	**8267**	**9267**	**10055**
食品烟酒	1474	1590	1732	2010	2271	2349	2577	3181	3522	3736	3784	4071
衣　着	129	158	181	212	223	231	254	304	381	419	476	503
居　住	346	492	696	853	922	1065	1104	1017	1273	1339	1888	2078
生活用品及服务	135	160	181	212	275	294	364	392	500	530	597	635
交通通信	389	371	405	427	500	503	558	903	944	988	977	1100
教育文化娱乐	217	321	329	304	326	357	361	424	435	578	831	910
医疗保健	103	142	98	142	154	152	153	258	323	437	504	545
其它用品和服务	65	79	99	106	129	128	153	171	204	240	210	212

5—20　平均每百户农民家庭主要耐用消费品拥有量(2004-2015)

	2004	2005	2006	2007	2008	2009	2010	2011	2012	2013	2014	2015
洗衣机(台)	29.6	23.0	25.1	35.3	40.0	41.5	45.8	46.8	48.5	46.1	51.2	57.2
电冰箱(台)	29.7	34.2	44.7	51.6	53.0	60.8	73.4	87.9	78.3	89.6	88.7	89.3
摩托车(辆)	109.3	98.2	100.1	107.0	110.0	112.5	120.0	122.9	126.4	129.1	127.9	127.6
彩色电视(台)	112.9	106.0	107.3	106.0	105.0	104.0	110.7	109.9	111.7	107.3	108.3	109.1
照相机(架)	4.1	2.5	2.1	1.5	2.0	1.8	2.7	5.2	5.3	3.7	5.1	4.6
抽油烟机(台)	8.2	12.6	15.1	25.8	22.0	24.7	29.2	42.4	46.3	42.9	49.3	50.4
空调机(台)	6.2	8.8	12.6	17.3	24.0	23.4	29.6	43.9	50.5	40.3	43.0	47.1
热水器(台)	36.0	43.0	48.5	55.2	58.0	59.9	67.0	77.1	82.4	77.2	79.3	81.0
微波炉(台)	13.7	17.3	22.2	30.4	27.0	28.1	35.3	49.9	50.7	50.0	54.9	57.9
电话机(部)	104.4	99.9	98.6	94.0	95.0	94.8	96.2	71.1	70.0	56.0	68.9	59.5
移动电话(部)	78.9	94.2	110.4	131.0	142.0	147.0	171.1	220.3	227.9	212.5	218.2	224.0
摄像机(台)	0.1	1.4	0.3	3.6	1.0	2.2	2.1	1.9	2.7	0.5	1.5	1.8
中高档乐器(件)		0.1		1.0	1.0	1.0	1.0	1.5	1.5	0.9	1.2	1.4
家用计算机								28.4	35.3	23.7	24.2	26.7

5—21 分县(市、区)农民家庭基本情况

	平均每户常住人口(人)	平均每户整半劳动力(人)	平均每个劳动力负担人口(人)	平均每人可支配收入(元)	平均每人使用住房面积(平方米)	平均每人生活消费支出(元)
漳州市	**3.48**	**2.52**	**1.38**	**13866**	**41.9**	**10055**
芗城区	3.49	2.55	1.37	13846	46.2	11674
龙文区	3.59	2.85	1.26	15074	57.6	13162
龙海市	3.71	2.65	1.40	14571	54.0	11076
云霄县	3.44	2.53	1.36	12758	35.4	8826
漳浦县	3.25	2.27	1.43	14856	45.3	10617
诏安县	3.55	2.48	1.43	12394	28.8	9368
长泰县	3.64	2.79	1.30	14736	56.0	11991
东山县	3.59	2.82	1.27	16043	47.2	11649
南靖县	3.40	2.34	1.45	13012	33.3	9707
平和县	3.45	2.10	1.64	13504	32.4	8303
华安县	3.27	2.58	1.27	13650	57.8	9268

主要统计指标解释

从业人员劳动报酬 指各单位在一定时期内直接支付给本单位全部从业人员的劳动报酬总额。包括职工工资总额和本单位其他从业人员劳动报酬两部分。

职工工资总额 指各单位在一定时期内直接支付给本单位全部职工的劳动报酬总额。包括:计时工资、计件工资、奖金、津贴和补贴、加班加点工资和其他工资。

其他从业人员劳动报酬 指各单位在一定时期内直接支付给本单位其他从业人员的全部劳动报酬。

职工平均工资 指企业、事业、机关单位职工在一定时期内平均每人所得的货币工资额。是反映职工工资水平的主要指标。

城镇家庭人口 指居住在一起,经济上合在一起共同生活的家庭成员。凡计算为家庭人口的成员其全部收支都包括在本家庭中。

城镇就业面 指就业人口占家庭人口的百分比。

城镇就业者负担人数 指家庭人口与就业人口之比。

城镇家庭总收入 指家庭成员得到的工薪收入、经营净收入、财产性收入、转移性收入之和,不包括出售财物收入和借贷收入。

城镇家庭可支配收入 指家庭成员得到可用于最终消费支出和其它非义务性支出以及储蓄的总和,即居民家庭可以用来自由支配的收入。它是家庭总收入扣除交纳的所得税、个人交纳的社会保障支出以及记账补贴后的收入。计算公式为:

可支配收入=家庭总收入-交纳所得税-个人交纳的社会保障支出-记账补贴

城镇家庭总支出 指除借贷支出以外的全部家庭支出。包括消费性支出、购房建房支出、转移性支出、财产性支出、社会保障支出。

城镇家庭消费性支出 指家庭用于日常生活的支出,包括食品、衣着、家庭设备用品及服务、医疗保健、交通和通信、娱乐教育文化服务、居住、杂项商品和服务等八大类支出。

城镇家庭服务性消费支出 指家庭用于支付社会提供的各种非商品性服务费用。

城镇家庭收入分组方法 是将所有调查户按户人均可支配收入由低到高排队,按10%,10%,20%,20%,20%,10%,10%的比例依次分成:最低收入户、低收入户、中等偏下收入户、中等收入户、中等偏上收入户、高收入户、最高收入户等七组。总体中最低5%的户为困难户。

农村住户 指农村常住户。农村常住户指长期(一年以上)居住在乡镇(不包括城关镇)行政管理区域内的住户,以及长期居住在城关镇所辖行政村范围内的农村住户。户口不在本地而在本地居住一年及以上的住户也包括在本地农村常住户范围内;有本地户口,但举家外出谋生一年以上的住户,无论是否保留承包耕地都不包括在本地农村住户范围内。

常住人口 指全年经常在家或在家居住6个月以上,而且经济和生活与本户连成一体的人口。外出从业人员在外居住时间虽然在6个月以上,但收入主要带回家中,经济与本户连为一体,仍视为家庭常住人口;在家居住,生活和本户连成一体的国家职工、退休人员也为家庭常住人口。但是现役军人、中专及以上(走读生除外)的在校学生、以及常年在外(不包括探亲、看病等)且已有稳定的职业与居住场所的外出从业人员,不算家庭常住人口。家庭常住人口主要作为计算农村住户平均每人收入、消费和积累水平及分析家庭人口状况的依据。

整、半劳动力 整劳动力指男子18周岁到50周岁,女子18周岁到45周岁;半劳动力指男子16周岁到17周岁,51周岁到60周岁;女子16周岁到17周岁,46周岁到55周岁,同时具有劳动能力的人。虽然在劳动年龄之内,但已丧失劳动能力的人,不应算为劳动力;超过劳动年龄,但能经常参加劳动,计入半劳动力数内。常住人口中的职工,若这些职工为劳动力,就包括在本户的整半劳动力中。

总收入 指调查期内农村住户和住户成员从各种来源渠道得到的收入总和。按收入的性质划分为工资性收入、家庭经营收入、财产性收入和转移性收入。

工资性收入 指农村住户成员受雇于单位或个人,靠出卖劳动而获得的收入。

家庭经营收入 指农村住户以家庭为生产经营单位进行生产筹划和管理而获得的收入。农村住户家庭经营活动按行业划分为农业、林业、牧业、渔业、工业、建筑业、交通运输业邮电业、批发和零售贸易餐饮业、社会服务业、文教卫生业和其他家庭经营。

财产性收入 指金融资产或有形非生产性资产的所有者向其他机构单位提供资金或将有形非生产性资产供其支配,作为回报而从中获得的收入。

转移性收入 指农村住户和住户成员无须付出任何对应物而获得的货物、服务、资金或资产所有权等,不包括无偿提供的用于固定资本形成的资金。一般情况下,是指农村住户在二次分配中的所有收入。

现金收入 指农村住户和住户成员在调查期内得到以现金形态表现的收入。按来源分成工资性收入、家庭经营现金收入、财产性收入、转移性收入。

纯收入 指农村住户当年从各个来源得到的总收入相应地扣除所发生的费用后的收入总和。计算方法:

纯收入 = 总收入 – 税费支出 – 家庭经营费用支出 – 生产性固定资产折旧 – 赠送农村亲友支出

纯收入主要用于再生产投入和当年生活消费支出,也可用于储蓄和各种非义务性支出。"农民人均纯收入"按人口平均的纯收入水平,反映的是一个地区或一个农户农村居民的平均收入水平。

总支出 指农村住户用于生产、生活和再分配的全部支出。家庭经营费用支出、购置生产性固定资产支出、生产性固定资产折旧、税费支出、生活消费支出、财产性支出和转移性支出。

恩格尔系数 是用来衡量一个国家和地区人民生活水平的重要指标,指食品支出金额在生活消费支出金额中所占的比例。计算公式为:

恩格尔系数 = 食物支出额 ÷ 消费支出总额 × 100%

基尼系数 基尼系数是国际上通常用来判定收入分配差异程度的指标。基尼系数是根据分组资料计算的,等于实际收入分配线与绝对平均线所夹面积同绝对平均线对不平均线所夹面积之比。当基尼系数为 0.2 以下时,表示绝对平等;在 0.2–0.3 之间为比较平均;0.3–0.4 之间表示较为合理;0.4–0.5 之间表示差距较大;0.5 以上为差距悬殊。

第六篇　价格指数

6—1 主要年份全国、全省、全市各种价格指数

(上年=100)

年份	全国		全省		全市	
	居民消费价格指数	工业生产者出厂价格指数	居民消费价格指数	工业生产者出厂价格指数	居民消费价格指数	工业生产者出厂价格指数
1978	100.7	100.1	100.2		100.8	
1979	101.9	101.5	102.8		102.3	
1980	107.5	100.5	105.3		103.5	
1981	102.5	100.2	102.7		103.1	
1982	102.0	99.8	103.4		103.0	
1983	102.0	99.9	101.3		101.7	
1984	102.7	101.4	102.1		102.5	
1985	109.3	108.7	111.3		113.7	
1986	106.5	103.8	106.5		105.9	
1987	107.3	107.9	109.4		108.2	
1988	118.8	115.0	126.5		128.6	
1989	118.0	118.6	118.9		120.1	
1990	103.1	104.1	99.3		98.6	
1991	103.4	106.2	103.5		101.8	
1992	106.4	106.8	105.9	102.7	106.9	
1993	114.7	124.0	115.4	117.1	115.1	
1994	124.1	119.5	125.3	116.9	126.4	
1995	117.1	114.9	115.2	115.7	116.6	
1996	108.3	102.9	105.9	101.8	106.3	
1997	102.8	99.7	101.7	100.3	101.9	
1998	99.2	95.9	99.7	95.7	98.8	
1999	98.6	97.6	99.1	96.6	100.4	
2000	100.4	102.8	102.1	100.5	101.8	
2001	100.7	98.7	98.7	98.1	98.6	
2002	99.2	97.8	99.5	97.6	99.3	
2003	101.2	102.3	100.8	100.7	101.5	99.5
2004	103.9	106.1	104.0	102.6	104.3	103.6
2005	101.8	104.9	102.2	100.2	102.1	101.1
2006	101.5	103.0	100.8	99.2	100.6	99.9
2007	104.8	103.1	105.2	100.8	104.7	102.9
2008	105.9	106.7	104.6	102.7	104.6	101.5
2009	99.3	94.6	98.2	95.5	98.1	98.2
2010	103.3	105.5	103.2	103.2	103.4	102.2
2011	105.4	106.0	105.3	103.9	105.0	104.8
2012	102.6	98.3	102.4	98.7	102.5	99.8
2013	102.6	98.1	102.5	98.4	102.5	99.1
2014	102.0	98.1	102.0	98.6	102.0	99.1
2015	101.4	94.8	101.7	97.0	101.6	97.7

6—2 主要年份各种价

年 份	居民消费价格指数	城 市	农 村	1、消费品价格指数	城 市	农 村	食 品	烟酒及用品
1979	102.3							
1980	105.9							
1981	109.2							
1982	112.4	101.3	102.8	102.3	101.3	102.7	104.0	119.9
1983	114.3	104.6	104.0	103.7	104.6	103.4	105.8	118.9
1984	117.2	107.5	110.9	109.3	107.5	110.3	107.2	118.9
1985	133.3	126.3	131.6	130.0	128.6	130.6	133.8	120.5
1986	141.1	135.3	139.4	138.7	137.6	138.8	144.7	123.3
1987	152.7	146.4	150.7	150.5	150.4	150.2	161.5	124.6
1988	196.4	191.6	187.6	189.9	195.8	185.2	214.0	154.1
1989	235.8	225.9	220.1	227.1	231.3	224.1	257.8	165.6
1990	232.5	223.4	214.6	221.9	226.6	216.9	249.3	164.4
1991	236.7	227.4	218.6	225.4	230.0	220.8	249.6	172.3
1992	253.1	245.6	230.9	241.7	248.2	233.4	271.0	180.6
1993	291.3	283.2	266.2	275.8	283.2	266.1	313.0	199.2
1994	368.2	358.0	336.5	340.3	348.1	329.7	413.2	230.6
1995	429.3	422.8	389.0	388.9	398.5	376.8	491.7	239.2
1996	456.3	458.7	412.7	411.5	425.2	397.6	520.2	249.4
1997	465.0	470.2	420.2	414.0	426.5	401.5	519.2	262.7
1998	459.4	464.5	414.7	406.5	418.4	394.3	510.3	266.1
1999	461.3	459.0	417.2	396.4	409.2	383.7	495.0	266.9
2000	469.6	465.8	424.7	394.8	413.7	379.8	486.1	264.7
2001	463.0	458.4	419.2	386.1	404.6	371.4	469.1	275.6
2002	459.7	458.4	415.4	381.5	402.2	366.2	463.0	279.2
2003	466.6	460.7	422.5	386.0	403.0	371.4	473.2	283.4
2004	486.7	482.3	440.2	404.2	425.9	387.7	515.8	287.0
2005	496.9	489.6	450.3	410.2	429.8	393.9	531.3	289.3
2006	499.9	495.0	452.6	416.4	434.9	400.2	545.1	289.9
2007	523.4	520.7	473.4	441.0	461.0	423.4	607.8	293.4
2008	547.5	554.5	493.3	472.3	501.1	451.8	688.0	298.7
2009	537.1	539.5	484.9	461.3	487.1	442.8	674.2	300.2
2010	555.4	559.5	500.9	480.2	509.5	460.5	720.7	305.9
2011	583.2	586.4	525.9	510.5	540.6	489.5	780.0	312.6
2012	597.8	601.7	538.9	527.3	557.4	505.8	824.4	318.3
2013	612.7	616.8	552.4	540.5	571.3	518.5	845.1	326.3
2014	624.7	629.3	563.2	552.6	584.0	530.1	880.5	325.3
2015	634.7	637.1	572.6	558.9	586.7	537.0	902.8	330.4

注:除居民消费价格指数外,其它消费分类项以1982年为基期;工业生产者出厂价格指数以2002年为100,2010年及以前称

格 总 指 数(以1978年价格为100)

消费品价格分类指数						2、服务项目价格指数			工业生产者出厂价格指数
衣着	家庭设备用品及维修服务	医疗保健和个人用品	交通和通讯	娱乐教育文化用品及服务	居住		城市	农村	
98.4	101.4	100.6	100.0	99.5	101.3	100.8	100.5	101.2	
99.5	100.5	107.3	100.0	99.0	103.0	104.0	104.3	103.9	
99.2	100.8	120.4	100.0	98.5	104.2	110.7	111.8	110.3	
101.1	103.3	121.4	100.0	100.4	104.3	113.2	114.6	112.5	
103.6	110.0	121.6	112.5	101.3	108.3	121.5	123.8	118.9	
105.3	116.3	124.4	123.2	101.7	112.2	129.0	132.7	126.2	
126.4	132.6	167.0	123.2	111.4	113.8	147.0	139.7	140.6	
146.8	147.4	204.6	153.9	114.2	115.2	170.3	162.6	161.8	
190.4	147.7	203.5	209.1	112.3	112.1	182.8	175.0	171.3	
177.0	149.9	217.0	270.8	109.0	140.0	189.2	183.0	174.8	
180.2	152.8	245.2	275.7	106.9	155.6	203.5	198.6	184.5	
183.5	160.9	257.2	344.3	108.1	206.5	258.9	250.8	238.8	
190.3	180.7	279.3	373.9	117.7	249.5	332.4	359.2	283.2	
231.9	196.9	303.3	391.8	121.2	283.2	421.8	552.8	341.2	
267.6	204.2	333.4	382.8	128.9	305.8	460.3	665.0	368.2	
294.1	205.0	370.1	366.0	126.4	339.8	515.0	730.8	413.1	
308.2	200.9	387.1	342.9	121.3	346.5	544.4	745.4	441.2	
296.2	195.3	400.6	327.2	115.7	354.9	718.6	786.4	643.8	
284.4	190.4	409.8	307.9	109.8	386.4	1008.9	940.6	942.5	
275.3	184.7	421.1	308.5	108.8	387.2	1041.2	957.6	978.3	
271.4	179.4	425.1	306.0	108.9	387.2	1062.0	987.2	994.0	
272.2	173.4	422.1	302.9	113.4	400.4	1092.8	1006.9	1024.8	99.5
270.1	170.7	424.2	302.0	117.0	422.8	1121.2	1009.9	1058.6	103.1
269.8	169.1	418.7	301.0	123.6	449.4	1178.4	1046.3	1120.0	104.2
261.2	169.5	409.1	310.4	116.8	462.5	1149.0	1059.9	1083.0	104.1
262.7	172.9	417.3	311.4	115.6	476.8	1158.2	1084.3	1087.4	107.1
261.6	176.0	427.3	306.1	108.2	504.9	1119.9	1073.5	1089.6	108.7
257.2	173.2	428.6	301.5	106.1	480.7	1109.8	1048.8	1083.1	106.8
252.8	174.4	438.9	303.9	106.8	507.6	1120.9	1055.1	1095.0	109.1
256.8	178.2	455.1	306.6	105.8	529.9	1142.2	1074.1	1115.8	113.9
267.0	181.1	467.9	307.2	104.0	532.7	1148.8	1089.0	1120.2	113.7
273.7	185.7	479.6	314.9	106.6	546.0	1177.5	1116.3	1148.3	112.6
280.5	186.7	483.3	314.4	107.3	551.4	1192.6	1133.4	1162.4	111.6
288.3	189.5	505.9	310.1	107.6	553.8	1224.9	1169.7	1192.6	109.0

“工业品出厂价格指数”。

6—3 主要年份各种价

年 份	居民消费价格指数	城 市	农 村	1、消费品价格指数	城 市	农 村	食 品	烟酒及用品
1979	102.3							
1980	103.5							
1981	103.1							
1982	103.0	101.3	102.8	102.3	101.3	102.7	104.0	119.9
1983	101.7	103.3	101.2	101.4	103.3	100.7	101.7	99.2
1984	102.5	102.7	106.6	105.4	102.7	106.6	101.4	99.6
1985	113.7	117.5	118.7	119.0	119.6	118.4	124.8	101.3
1986	105.9	107.1	106.2	106.6	107.0	106.3	108.1	102.3
1987	108.2	109.2	108.1	108.5	109.3	108.2	111.6	101.1
1988	128.6	130.9	120.5	126.2	130.2	123.3	132.5	123.7
1989	120.1	117.9	121.1	119.6	118.1	121.0	120.5	107.4
1990	98.6	98.9	97.5	97.7	98.0	96.8	96.7	99.3
1991	101.8	101.8	101.8	101.6	101.5	101.8	100.1	104.8
1992	106.9	108.0	105.7	107.2	107.9	105.7	108.6	104.8
1993	115.1	115.3	115.3	114.1	114.1	114.0	115.5	110.3
1994	126.4	126.4	126.4	123.4	122.9	123.9	132.0	115.8
1995	116.6	118.1	115.6	114.3	114.5	114.3	119.0	103.7
1996	106.3	108.5	106.1	105.8	106.7	105.5	105.8	104.3
1997	101.9	102.5	101.8	100.6	100.3	101.0	99.8	105.3
1998	98.8	98.8	98.7	98.2	98.1	98.2	98.3	101.3
1999	100.4	98.8	100.6	97.5	97.8	97.3	97.0	100.3
2000	101.8	101.5	101.8	99.6	101.1	99.0	98.2	99.2
2001	98.6	98.4	98.7	97.8	97.8	97.8	96.5	104.1
2002	99.3	100.0	99.1	98.8	99.4	98.6	98.7	101.3
2003	101.5	100.5	101.7	101.2	100.2	101.4	102.2	101.5
2004	104.3	104.7	104.2	104.7	105.7	104.4	109.0	101.3
2005	102.1	101.5	102.3	101.5	100.9	101.6	103.0	100.8
2006	100.6	101.1	100.5	101.5	101.0	101.6	102.6	100.2
2007	104.7	105.2	104.6	105.9	106.0	105.8	111.5	101.2
2008	104.6	106.5	104.2	107.1	108.7	106.7	113.2	101.8
2009	98.1	97.3	98.3	97.8	97.2	98.0	98.0	100.5
2010	103.4	103.7	103.3	104.1	104.6	104.0	106.9	101.9
2011	105.0	104.8	105.0	106.3	106.1	106.3	111.0	102.2
2012	102.5	102.6	102.5	103.3	103.1	103.3	105.7	101.8
2013	102.5	102.7	102.4	102.7	102.6	102.7	105.3	99.5
2014	102.0	102.0	102.0	102.2	102.2	102.2	104.2	99.7
2015	101.6	101.2	101.7	101.1	100.5	101.3	102.5	101.6

格 总 指 数(以上年价格为100)

消费品价格分类指数						2、服务项目价格指数			工业生产者出厂价格指数
衣着	家庭设备用品及维修服务	医疗保健和个人用品	交通和通讯	娱乐教育文化用品及服务	居住		城市	农村	
98.4	101.4	100.6	100.0	99.5	101.3	100.8	100.5	101.2	
101.1	99.1	106.7	100.0	99.5	101.7	103.2	103.8	102.7	
99.7	100.3	112.2	100.0	99.5	101.1	106.4	107.2	106.1	
101.9	102.5	100.8	100.0	101.9	100.1	102.3	102.5	102.0	
102.5	106.5	100.2	112.5	100.9	103.9	107.3	108.0	105.7	
101.6	105.7	102.3	109.5	100.4	103.6	106.3	107.2	106.1	
120.1	114.0	134.2	100.0	109.6	101.4	113.8	115.3	111.4	
116.1	111.2	122.5	124.9	102.5	101.2	115.9	116.4	115.1	
103.9	100.2	99.5	135.9	98.3	97.3	107.3	107.6	105.9	
101.8	101.5	106.6	129.5	97.1	124.9	103.5	104.6	102.0	
101.8	101.9	113.0	101.8	98.0	111.2	107.6	108.5	105.6	
103.7	105.3	104.9	124.9	101.2	132.7	127.2	126.3	129.4	
121.7	112.3	108.6	108.6	108.8	120.8	128.4	143.2	118.6	
115.4	109.0	109.9	104.8	103.0	113.5	126.9	153.9	120.5	
109.9	103.7	111.0	97.7	106.4	108.0	109.1	120.3	107.9	
104.8	100.4	104.6	95.6	98.0	111.1	111.9	109.9	112.2	
96.1	98.0	103.6	93.7	96.0	102.0	105.7	102.0	106.8	
96.0	97.2	102.3	95.4	95.4	102.4	132.0	105.5	145.9	
96.8	97.5	102.9	94.1	94.9	108.9	140.4	119.6	146.4	
98.6	97.0	100.8	100.2	99.1	100.2	103.2	101.8	103.8	
100.3	97.1	99.3	99.2	100.1	100.0	102.0	103.1	101.6	
99.2	96.7	100.5	99.0	104.1	103.4	102.9	102.0	103.1	99.5
99.9	98.4	98.7	99.5	103.2	105.6	102.6	100.3	103.3	103.6
96.8	99.1	97.7	99.7	105.6	106.3	105.1	103.6	105.8	101.1
99.7	100.2	99.1	103.1	94.5	102.9	97.5	101.3	96.7	99.9
100.6	102.0	102.0	100.3	99.0	103.1	100.8	102.3	100.4	102.9
99.6	101.8	102.4	98.3	93.6	105.9	96.7	99.0	96.2	101.5
98.3	98.4	100.3	98.5	98.1	95.2	99.1	97.7	99.4	98.2
98.3	100.7	102.4	100.8	100.7	105.6	101.0	100.6	101.1	102.2
101.6	102.2	103.7	100.9	99.1	104.4	101.9	101.8	101.9	104.8
104.0	101.6	102.8	100.2	98.3	100.5	100.6	101.4	100.4	99.8
101.9	101.1	101.0	100.4	102.5	100.8	102.1	103.2	101.9	99.1
102.5	100.6	100.8	99.9	100.7	101.0	101.3	101.5	101.2	99.1
102.8	101.5	104.7	98.6	100.3	100.4	102.7	103.2	102.6	97.7

6—4 居民消费价格指数

(以上年价格为 100)

项　　目	全　市	城　市	农　村
居民消费价格指数	**101.6**	**101.2**	**101.7**
一、按商品和非商品分			
消费品价格指数	101.1	100.5	101.3
服务项目价格指数	102.7	103.2	102.6
二、按类别分			
食　品	102.5	100.7	102.9
烟酒及用品	101.6	100.9	101.7
衣　着	102.8	105.0	102.2
家庭设备用品及维修服务	101.5	103.3	101.1
医疗保健和个人用品	104.7	101.8	105.4
交通和通讯	98.6	98.5	98.6
娱乐教育文化用品及服务	100.3	100.1	100.4
居　住	100.4	102.1	100.1

6—5 居民消费价格分类指数(1991-2015)

(以上年价格为100)

	1991	1992	1993	1994	1995	1996	1997	1998	1999	2000	2001	2002
居民消费价格指数	**101.8**	**107.3**	**115.2**	**126.4**	**116.6**	**106.3**	**101.8**	**98.8**	**100.4**	**101.8**	**98.6**	**99.3**
1、食 品	100.1	108.6	115.5	132.0	119.0	105.8	100.3	98.3	97.0	98.2	96.5	98.7
#粮 食	118.2	113.6	127.3	162.4	131.1	98.9	88.2	98.2	97.6	87.1	94.8	97.2
干豆类及豆制品						118.0	108.5	100.8	97.0	101.5	100.8	96.0
油 脂						98.7	99.0	95.5	98.1	96.1	89.4	99.7
淀粉及薯类						113.8	98.5	99.3	96.7	101.6	87.3	104.3
肉禽及其制品						108.1	103.0	91.5	90.5	97.7	95.9	96.6
蛋						115.6	87.0	97.2	97.3	84.7	105.2	108.5
水产品						105.7	102.8	96.2	94.0	106.3	94.3	96.5
菜						108.1	107.6	107.0	101.5	108.1	100.1	98.4
调味品						107.2	101.8	99.9	99.2	98.6	96.7	103.5
糖						98.7	100.8	93.6	88.6	106.4	107.7	96.1
茶及饮料						106.2	104.6	101.3	101.3	98.2	99.7	100.4
干鲜瓜果						109.8	109.8	109.8	109.8	109.8	109.8	109.8
糕点饼干						106.4	86.9	101.8	99.2	99.3	102.1	101.1
奶及奶制品						108.8	106.3	95.1	99.7	100.6	98.4	97.3
在外用膳食品						107.7	105.0	99.4	102.2	100.7	98.5	99.5
其他食品及加工服务费						105.3	104.3	100.6	101.4	102.2	97.0	99.2
2、烟酒及用品	104.8	104.8	110.3	117.0	103.2	102.4	107.8	101.3	100.6	99.8	104.1	101.3
3、衣 着	101.8	101.8	103.7	121.9	115.4	109.9	102.7	96.1	96.0	96.8	98.6	102.7
#服 装						110.9	102.2	94.2	94.2	95.6	98.1	100.3
衣着材料						105.4	100.5	99.2	100.2	99.0	100.1	99.6
鞋袜帽						110.3	107.2	101.0	99.4	100.8	99.8	99.2
衣着加工服务费											100.6	103.2
4、家庭设备用品及维修服务费	101.5	101.9	105.3	112.3	109.0	103.7	100.0	98.0	97.2	97.5	97.0	102.1
#耐用消费品						101.8	98.0	96.6	95.8	95.9	94.9	97.1
室内装饰品						102.0	109.9	102.2	98.0	98.9	100.4	95.5
床上用品						105.2	102.0	100.0	100.5	99.6	99.2	103.0
家庭日用杂品						106.2	104.4	99.5	98.6	99.0	99.3	99.9
5、医疗保健和个人用品	106.6	113.0	104.9	108.6	109.9	111.0	104.7	103.5	102.3	102.9	100.8	99.3
6、交通和通讯	101.0	103.4	127.9	108.6	104.8	97.7	96.1	93.7	95.4	94.1	100.2	99.2
#交 通						98.3	97.6	94.7	95.8	97.0	98.2	97.8
通 信						96.0	90.1	90.7	93.8	85.1	103.4	101.5
7、娱乐教育文化用品及服务	97.1	98.0	101.2	108.8	103.0	106.4	96.6	96.0	95.4	94.9	99.1	100.1
#文娱用耐用消费品及服务						98.3	92.7	92.5	93.5	91.2	92.4	90.7
教 育						155.3	109.7	102.2	104.7	100.0	102.1	104.6
文化娱乐用品						116.3	106.5	101.9	97.2	102.1	100.3	99.8
8、居 住	101.9	113.2	136.9	120.8	113.5	108.0	109.9	102.0	102.4	108.9	100.2	100.0
#建房及装修材料						106.8	107.7	104.9	99.2	103.7	98.6	98.9
水、电、燃料						108.7	110.8	100.5	103.9	111.3	102.6	101.0

6—5 续表 （以上年价格为 100）

	2003	2004	2005	2006	2007	2008	2009	2010	2011	2012	2013	2014	2015
居民消费价格指数	**101.5**	**104.3**	**102.1**	**100.6**	**104.7**	**104.6**	**98.1**	**103.4**	**105.0**	**102.5**	**102.5**	**102.0**	**101.6**
1、食　品	102.2	109.0	103.0	102.6	111.5	113.2	98.0	106.9	111.0	105.7	105.3	104.2	102.5
#粮　食	107.2	130.0	98.6	104.6	110.6	105.6	100.3	114.1	115.7	102.7	102.0	102.8	100.5
干豆类及豆制品	102.1	109.3	101.3	101.3	107.5	125.9	95.4	112.6	109.1	99.9	105.4	104.7	101.7
油　脂	107.9	115.5	97.9	100.2	118.3	118.5	84.9	104.2	110.9	100.8	101.9	96.7	95.8
淀粉及薯类	96.5	101.8	100.8	103.1	107.5	118.5	98.9	111.3	112.2	103.7	106.9	106.1	106.0
肉禽及其制品	101.1	110.6	103.3	98.0	127.0	120.5	89.7	101.8	120.3	103.4	102.4	101.4	105.6
蛋	92.5	110.6	104.1	96.7	117.1	105.2	100.7	107.0	113.0	97.1	112.2	105.6	95.3
水产品	100.6	107.2	105.5	102.1	104.4	108.8	98.4	108.9	108.6	107.7	109.2	108.2	103.0
菜	105.0	100.8	109.8	107.9	112.4	126.2	104.0	117.8	96.8	123.3	111.2	104.4	107.0
调味品	100.7	100.2	99.9	100.1	101.8	102.7	101.2	104.5	103.8	101.7	103.0	104.8	102.6
糖	96.0	106.9	107.9	114.3	98.8	100.8	103.8	112.4	112.0	101.7	98.7	98.5	98.9
茶及饮料	99.9	99.5	100.8	100.4	98.9	103.2	100.9	101.1	102.2	102.7	102.5	101.3	100.9
干鲜瓜果	109.8	109.8	105.6	123.6	106.3	107.4	113.5	113.3	118.3	105.2	109.9	113.8	97.2
糕点饼干	98.7	101.4	100.0	100.3	103.1	106.1	102.0	102.1	104.9	102.4	103.0	102.9	103.6
奶及奶制品	98.3	98.7	100.2	100.7	101.5	110.5	97.4	100.2	103.9	100.7	103.2	104.3	100.5
在外用膳食品	101.4	102.2	102.0	100.2	102.4	105.8	100.6	102.0	106.8	105.7	103.1	102.4	100.5
其他食品及加工服务费	97.8	101.4	97.9	99.3	102.7	105.3	102.7	102.6	108.9	104.2	105.3	102.3	100.2
2、烟酒及用品	101.5	101.3	100.8	100.2	101.2	101.8	100.5	101.9	102.2	103.2	99.5	99.7	101.6
3、衣　着	99.2	99.9	96.8	99.7	100.6	99.6	98.3	98.3	101.6	102.3	101.9	102.5	102.8
#服　装	98.6	99.4	97.7	99.8	100.8	99.7	98.1	98.1	101.4	104.8	102.4	103.4	103.5
衣着材料	102.0	102.1	99.7	101.4	102.5	102.2	98.7	103.2	105.7	102.6	100.5	99.9	100.6
鞋袜帽	100.2	101.2	94.7	99.3	99.8	99.1	98.7	99.1	102.2	101.1	100.1	98.9	100.0
衣着加工服务费	100.9	98.4	99.6	100.0	100.6	100.2	101.7	100.9	102.0	105.4	103.1	103.6	104.2
4、家庭设备用品及维修服务费	96.7	97.5	99.1	100.2	102.0	101.8	98.4	100.7	102.2	101.6	101.1	100.6	101.5
#耐用消费品	96.1	99.9	98.5	100.4	102.5	100.2	95.6	99.8	101.2	100.1	100.0	100.1	100.4
室内装饰品	97.3	101.1	100.2	100.1	99.8	102.4	99.5	100.8	101.9	100.2	100.2	102.7	100.6
床上用品	98.5	98.8	99.4	101.0	99.2	99.6	97.7	103.2	105.0	101.0	99.9	100.6	103.9
家庭日用杂品	96.3	98.7	99.8	99.8	101.9	104.1	102.0	101.3	103.1	104.3	102.7	100.1	100.2
5、医疗保健和个人用品	100.5	99.5	97.7	99.1	102.0	102.4	100.3	102.4	102.2	102.8	101.0	100.8	104.7
6、交通和通讯	99.0	100.0	99.7	100.7	100.3	98.3	98.5	100.8	100.9	100.2	100.4	99.9	98.6
#交　通	100.1	98.9	100.9	103.6	101.4	102.9	99.5	102.5	102.4	101.1	101.2	100.1	97.9
通　信	97.8	103.2	98.2	97.7	99.1	93.6	97.3	91.6	99.4	99.2	99.5	99.5	99.4
7、娱乐教育文化用品及服务	104.1	95.6	105.6	94.5	99.0	93.6	98.1	100.7	99.1	98.3	102.5	100.7	100.3
#文娱用耐用消费品及服务	94.8	107.2	93.0	96.0	96.8	95.4	89.9	97.0	96.9	96.5	97.7	98.0	98.3
教　育	109.9	100.0	112.2	90.2	98.8	87.3	99.8	100.5	98.1	95.6	103.2	102.2	102.6
文化娱乐用品	100.6	100.0	100.0	100.2	101.2	102.0	103.3	100.9	101.3	101.8	102.5	100.7	100.7
8、居　住	103.4	105.6	106.3	102.9	104.4	105.9	95.2	105.6	104.4	100.5	100.8	101.0	100.4
#建房及装修材料	99.5	107.3	103.8	104.7	106.8	104.5	97.3	103.9	106.8	101.1	101.7	101.3	99.9
水、电、燃料	108.7	105.9	110.1	102.8	101.3	107.0	94.8	107.4	103.1	98.8	97.8	99.5	96.6

6—6 城市居民消费价格分类指数(1991–2015)

(以上年价格为100)

	1991	1992	1993	1994	1995	1996	1997	1998	1999	2000	2001	2002
居民消费价格指数	**101.8**	**108.0**	**115.2**	**126.9**	**118.1**	**108.5**	**102.5**	**98.8**	**98.8**	**101.5**	**98.4**	**100.0**
1、食　品	99.6	109.6	116.4	128.4	119.7	107.6	98.0	99.0	97.3	99.6	94.1	97.8
#粮　食	121.9	114.9	127.0	157.8	133.1	100.3	84.0	100.9	98.7	83.3	89.6	95.6
干豆类及豆制品						125.0	100.8	99.4	95.2	101.5	98.6	93.5
油　脂						92.8	96.4	99.8	100.1	98.1	82.1	96.7
淀粉及薯类						115.1	91.7	99.4	95.0	109.8	97.7	118.0
肉禽及其制品						107.0	104.4	89.0	87.9	100.1	.93.1	95.0
蛋						115.7	81.9	103.1	94.8	83.2	106.9	105.4
水产品						107.3	97.3	99.4	90.8	121.1	89.4	91.3
菜						116.0	109.2	107.6	105.2	120.8	95.3	104.2
调味品						109.9	103.6	96.4	97.6	99.3	85.6	97.6
糖						98.5	98.3	93.1	82.9	98.6	114.3	118.6
茶及饮料						102.3	107.1	94.5	106.0	93.9	99.3	100.0
干鲜瓜果						106.9	99.5	115.2	101.5	99.8	98.4	101.4
糕点饼干						109.8	91.1	101.1	100.4	91.0	103.1	100.5
奶及奶制品						107.8	95.9	99.7	100.0	100.0	99.5	99.8
在外用膳食品						126.0	103.9	100.0	100.0	100.0	99.9	101.7
其他食品及加工服务费						106.5	101.4	100.2	100.0	113.0	94.1	92.8
2、烟酒及用品	107.6	108.0	110.6	119.3	96.0	114.2	99.4	98.6	102.5	100.0	113.1	108.1
3、衣　着	103.3	102.5	104.2	133.9	116.3	114.9	109.8	93.6	97.5	97.9	99.4	103.2
#服　装						115.5	111.7	91.1	96.5	97.3	99.8	100.4
衣着材料						102.2	100.0	100.0	100.0	100.0	100.4	104.7
鞋袜帽						120.2	111.0	103.3	100.1	99.9	97.9	100.1
衣着加工服务费											100.4	99.5
4、家庭设备用品及维修服务费	102.3	102.1	105.5	118.4	107.9	106.3	102.7	99.7	98.3	97.5	99.2	96.8
#耐用消费品						102.7	103.2	99.5	97.6	96.2	97.0	115.1
室内装饰品						98.7	99.3	99.7	97.9	105.7	105.0	101.4
床上用品						102.5	100.0	100.0	99.5	99.4	101.1	99.6
家庭日用杂品						114.5	104.0	99.8	99.9	99.4	99.8	101.0
5、医疗保健和个人用品	105.5	113.2	105.0	115.7	115.0	108.7	104.3	100.4	101.8	103.4	97.6	97.6
6、交通和通讯	101.0	103.0	127.0	108.6	111.0	96.8	93.1	94.0	100.4	100.0	101.5	101.7
#交　通						96.2	97.3	96.2	102.0	103.7	96.8	98.9
通　信						97.9	89.7	88.6	89.5	75.0	105.8	104.8
7、娱乐教育文化用品及服务	96.6	97.9	101.1	108.9	101.1	110.7	105.5	98.3	98.1	99.1	97.2	99.5
#文娱用耐用消费品及服务						100.3	102.1	92.4	100.0	95.7	91.5	87.8
教　育						147.7	109.9	100.7	104.3	98.9	102.8	108.9
文化娱乐用品						121.1	109.4	102.2	94.9	103.0	100.7	100.2
8、居　住	102.5	113.2	136.9	116.8	105.3	101.2	118.5	101.3	100.1	107.6	102.0	100.8
#建房及装修材料						92.9	108.7	113.4	92.0	97.9	100.6	95.6
水、电、燃料						106.6	125.1	95.5	103.3	113.3	104.9	102.4

6—6 续表 （以上年价格为100）

	2003	2004	2005	2006	2007	2008	2009	2010	2011	2012	2013	2014	2015
居民消费价格指数	**100.5**	**104.7**	**101.5**	**101.1**	**105.2**	**106.5**	**97.3**	**103.7**	**104.8**	**102.6**	**102.7**	**102.0**	**101.2**
1、食　品	99.8	111.3	103.4	100.8	112.3	117.4	98.2	110.3	112.4	103.7	103.8	104.0	100.7
#粮　食	106.8	137.3	101.1	102.2	106.6	105.6	100.9	114.7	119.9	104.4	105.0	100.8	99.4
干豆类及豆制品	101.5	115.9	103.4	100.8	107.3	121.0	97.7	127.0	134.4	100.0	109.1	105.6	100.1
油　脂	107.7	118.1	99.4	99.5	106.7	112.0	89.8	107.7	116.1	105.6	100.9	97.7	94.1
淀粉及薯类	89.5	100.6	100.0	109.6	121.0	152.2	99.4	105.9	109.9	102.3	106.5	97.7	104.8
肉禽及其制品	99.0	120.9	105.7	97.0	131.8	122.3	85.5	105.2	120.2	101.5	100.0	100.6	104.1
蛋	91.6	122.0	104.4	98.1	110.9	108.9	103.0	109.5	112.8	99.3	114.5	104.9	96.6
水产品	99.0	99.5	97.6	97.3	101.7	110.1	101.7	115.4	105.4	106.0	103.4	110.2	96.5
菜	95.4	110.8	96.6	104.2	115.2	135.3	101.4	124.3	102.7	114.4	111.1	102.3	107.7
调味品	97.2	100.6	100.3	100.1	103.5	107.8	104.8	107.8	104.2	104.1	105.2	104.2	105.9
糖	96.6	96.9	107.6	113.6	105.4	105.2	112.2	103.8	113.5	99.8	94.2	99.3	97.7
茶及饮料	99.7	95.1	97.6	100.8	98.9	106.9	102.5	100.8	100.1	103.8	103.9	100.9	100.4
干鲜瓜果	105.2	90.8	116.5	116.6	105.6	107.4	103.3	119.5	116.9	99.0	108.4	114.6	99.1
糕点饼干	97.4	98.4	98.2	98.8	105.5	110.8	106.6	105.3	111.6	106.4	104.2	99.7	103.0
奶及奶制品	99.2	98.3	100.9	102.6	102.5	119.7	97.9	100.2	101.3	97.5	105.0	104.8	101.6
在外用膳食品	98.7	102.4	105.7	101.9	106.5	116.1	104.4	104.6	112.1	103.3	101.6	103.4	98.3
其他食品及加工服务费	94.2	109.5	101.3	98.4	104.5	110.5	106.9	105.5	116.4	99.0	97.9	97.9	100.6
2、烟酒及用品	99.6	102.9	101.6	100.0	99.0	101.0	100.0	102.7	101.7	102.2	100.6	98.7	100.9
3、衣　着	97.3	98.8	92.8	101.8	97.5	94.7	92.3	91.3	100.1	105.2	101.2	103.3	105.0
#服　装	97.0	98.2	94.9	103.1	98.5	95.3	93.1	90.3	99.2	107.0	102.3	105.6	106.0
衣着材料	101.0	102.7	109.5	109.7	111.8	107.2	95.3	102.4	104.7	100.0	99.6	98.9	101.2
鞋袜帽	98.5	100.7	83.1	96.5	93.0	91.5	88.8	94.7	103.0	98.6	96.6	94.2	100.6
衣着加工服务费	100.0	100.0	100.0	100.0	104.1	100.0	100.0	103.1	100.5	114.7	113.4	102.4	106.5
4、家庭设备用品及维修服务费	95.3	98.7	100.0	99.5	101.4	102.0	100.1	99.3	99.6	102.2	99.0	99.6	103.3
#耐用消费品	96.2	99.4	100.0	99.4	100.6	99.0	98.1	98.4	96.2	98.7	97.7	100.1	103.4
室内装饰品	90.1	99.0	99.1	102.1	101.4	100.6	101.5	100.4	103.6	102.5	96.0	95.0	95.7
床上用品	100.1	98.7	95.6	94.7	95.4	98.3	100.4	101.4	104.8	97.5	92.4	97.4	100.2
家庭日用杂品	91.9	96.9	101.0	100.5	103.9	107.2	102.8	99.8	103.2	108.6	101.8	97.9	99.5
5、医疗保健和个人用品	98.7	97.9	95.1	99.0	101.5	103.4	100.1	101.0	102.9	103.3	102.2	101.8	101.8
6、交通和通讯	99.0	99.5	99.2	103.1	100.7	98.4	97.8	100.3	100.9	99.9	100.0	100.0	98.5
#交　通	101.3	100.4	100.7	107.8	102.4	103.1	98.7	101.1	102.3	101.4	100.4	100.0	97.6
通　信	98.0	99.0	98.3	97.3	98.6	92.7	96.7	99.2	99.2	98.0	99.4	99.9	99.7
7、娱乐教育文化用品及服务	102.2	100.3	102.0	98.9	98.2	95.0	97.7	101.0	100.2	99.3	102.6	100.6	100.1
#文娱用耐用消费品及服务	90.0	95.9	89.2	91.9	95.6	97.6	93.8	96.3	93.4	95.2	96.3	97.6	97.7
教　育	109.9	104.6	111.7	100.5	100.5	86.3	98.0	100.4	99.6	94.8	101.8	103.5	103.3
文化娱乐用品	102.3	100.3	99.8	100.5	100.8	103.0	109.2	103.1	102.5	101.1	103.2	100.4	102.2
8、居　住	109.2	104.2	106.4	103.5	104.9	105.7	90.6	104.3	103.2	103.1	105.0	101.3	102.1
#建房及装修材料	93.7	106.1	103.7	104.9	102.3	101.9	97.9	102.7	105.6	102.1	105.6	102.6	100.9
水、电、燃料	114.2	104.9	108.6	102.5	101.9	104.0	92.3	106.6	101.9	104.9	106.2	100.1	97.7

6—7　农村居民消费价格分类指数(1991–2015)

(以上年价格为100)

	1991	1992	1993	1994	1995	1996	1997	1998	1999	2000	2001	2002
居民消费价格指数	**101.8**	**105.7**	**115.3**	**126.4**	**115.6**	**106.1**	**101.9**	**98.7**	**100.6**	**101.8**	**98.7**	**99.1**
1、食　品	101.0	105.8	112.9	134.2	117.6	105.6	99.8	98.1	96.8	97.6	97.3	99.0
#粮　食	111.8	109.3	128.3	164.7	130.3	98.8	87.4	97.5	97.0	88.4	96.0	97.6
干豆类及豆制品						116.5	106.9	101.2	97.4	101.6	101.8	97.1
油　脂						99.2	98.4	94.8	96.8	95.6	91.3	100.4
淀粉及薯类						113.5	97.5	99.3	97.7	99.1	84.2	100.2
肉禽及其制品						108.2	103.1	92.1	92.0	96.9	97.1	97.3
蛋						115.5	86.0	95.4	99.0	85.5	104.5	109.7
水产品						105.5	101.6	95.1	96.1	101.8	96.2	98.9
菜						106.8	107.9	106.9	98.7	102.2	102.5	95.7
调味品						107.0	102.1	100.6	100.5	98.5	100.5	105.2
糖						98.8	100.4	93.9	91.4	107.9	106.7	92.1
茶及饮料						102.5	104.9	103.0	98.8	99.8	99.8	100.4
干鲜瓜果						106.1	103.5	103.4	100.3	99.7	91.1	109.3
糕点饼干						109.8	87.8	102.1	98.0	103.9	101.6	101.4
奶及奶制品						106.3	104.0	93.9	99.2	101.0	97.3	95.0
在外用膳食品						106.3	104.7	99.2	104.9	101.6	98.1	99.0
其他食品及加工服务费						107.8	103.8	100.7	101.0	96.0	97.2	99.9
2、烟酒及用品	102.7	103.9	109.7	116.2	104.4	104.0	106.8	102.0	100.3	99.8	101.4	99.0
3、衣　着	100.5	100.7	102.8	115.6	116.7	109.3	104.8	96.6	95.4	96.5	98.3	99.1
#服　装						110.5	104.9	95.0	93.1	95.1	97.5	98.1
衣着材料						105.7	100.4	99.1	100.3	98.7	100.0	98.8
鞋袜帽						108.0	100.8	100.5	99.1	101.2	100.5	102.8
衣着加工服务费											100.6	102.5
4、家庭设备用品及维修服务费	100.8	101.6	105.1	109.6	108.4	103.4	100.4	97.7	96.7	97.6	96.5	96.8
#耐用消费品						101.7	98.7	96.1	94.8	95.8	94.7	95.9
室内装饰品						102.3	107.3	103.0	98.2	98.1	99.2	98.4
床上用品						105.3	101.7	100.0	100.7	99.7	98.8	99.1
家庭日用杂品						105.4	104.3	99.5	98.0	99.0	99.1	97.9
5、医疗保健和个人用品	107.5	112.7	104.8	106.7	110.1	111.2	104.6	104.0	102.6	102.8	101.8	99.8
6、交通和通讯	100.9	104.2	129.4	108.3	102.6	97.8	95.6	93.9	94.3	93.1	99.8	98.3
#交　通						98.4	97.5	94.7	94.2	95.9	98.5	97.6
通　信						95.8	90.0	91.3	94.4	85.8	102.2	99.7
7、娱乐教育文化用品及服务	97.7	98.1	101.4	106.8	102.7	106.0	98.0	95.0	93.8	93.3	99.7	100.3
#文娱用耐用消费品及服务						98.2	93.9	91.9	91.2	89.8	92.9	92.3
教　育						156.2	109.8	104.5	104.8	100.4	102.0	103.7
文化娱乐用品						115.9	107.1	101.8	98.7	101.4	100.1	99.6
8、居　住	101.8	113.7	137.5	123.3	116.8	108.7	111.1	102.2	104.2	109.4	99.6	99.7
#建房及装修材料						108.4	107.9	103.4	97.9	105.6	98.2	99.3
水、电、燃料						108.9	112.8	101.5	104.5	111.3	101.5	100.1

6—7 续表

(以上年价格为100)

	2003	2004	2005	2006	2007	2008	2009	2010	2011	2012	2013	2014	2015
居民消费价格指数	**101.7**	**104.2**	**102.3**	**100.5**	**104.6**	**104.2**	**98.3**	**103.3**	**105.0**	**102.5**	**102.4**	**102.0**	**101.7**
1、食　品	102.9	118.3	102.9	103.1	111.1	112.2	98.0	105.9	110.7	106.1	105.6	104.2	102.9
#粮　食	107.6	128.8	98.1	105.2	111.4	105.7	100.2	113.9	114.9	102.4	101.3	103.2	100.7
干豆类及豆制品	102.3	107.2	100.6	101.5	107.5	126.9	94.8	108.4	103.5	99.9	104.3	104.5	102.2
油　脂	107.9	114.9	97.6	100.4	121.4	120.1	83.9	103.2	109.8	99.7	102.1	96.5	96.2
淀粉及薯类	98.8	102.0	100.9	102.0	105.0	109.8	98.7	113.3	112.7	104.0	106.9	107.9	106.2
肉禽及其制品	101.5	107.8	102.5	98.2	125.3	119.9	90.8	100.7	120.4	103.8	102.8	101.6	105.9
蛋	93.1	108.3	104.0	96.4	119.0	104.2	99.9	106.2	113.0	96.6	111.7	105.7	95.0
水产品	101.3	110.1	108.4	103.1	105.0	108.6	97.8	107.2	109.3	108.0	110.4	107.8	104.3
菜	109.5	98.0	114.7	108.9	110.9	123.7	105.1	115.7	95.7	125.2	111.2	104.8	106.8
调味品	101.3	100.2	99.8	100.1	101.4	101.6	100.3	103.6	103.7	101.2	102.5	104.9	101.9
糖	95.3	107.8	107.9	114.4	97.3	99.5	101.9	114.6	111.7	102.1	99.6	98.4	99.1
茶及饮料	100.0	100.1	101.2	100.3	101.3	102.2	100.4	101.2	102.8	102.4	102.1	101.4	101.0
干鲜瓜果	104.6	97.9	101.5	125.1	106.3	107.5	115.6	111.9	118.7	106.7	110.3	113.6	96.8
糕点饼干	99.1	102.5	100.7	100.5	102.3	104.7	100.8	101.2	103.5	101.5	102.7	103.7	103.7
奶及奶制品	97.7	99.2	99.4	100.2	101.2	107.9	97.3	100.2	104.5	101.4	102.8	104.2	100.2
在外用膳食品	101.9	102.0	100.1	99.7	100.7	102.6	99.3	100.9	105.2	106.4	103.6	102.0	101.2
其他食品及加工服务费	98.3	99.9	97.2	99.5	102.3	104.2	101.8	101.9	107.6	105.2	106.7	103.0	100.1
2、烟酒及用品	101.9	101.0	100.6	100.2	101.6	102.0	100.2	101.8	102.3	101.8	99.3	99.9	101.7
3、衣　着	100.0	100.2	98.1	99.3	101.6	100.7	99.8	100.7	101.9	103.7	102.1	102.3	102.2
#服　装	99.6	99.8	97.8	99.2	101.6	100.7	99.5	100.7	101.9	104.2	102.4	102.9	102.9
衣着材料	102.1	102.1	99.2	100.3	101.0	101.2	99.5	103.5	105.8	103.1	100.7	100.0	100.5
鞋袜帽	100.9	101.3	98.7	99.9	101.9	100.8	100.9	100.6	102.1	101.7	100.9	100.0	99.9
衣着加工服务费	101.0	99.8	99.6	100.0	100.2	100.2	102.0	100.5	102.2	104.3	101.8	103.7	103.8
4、家庭设备用品及维修服务费	97.0	98.4	98.9	100.4	102.0	101.8	98.1	101.0	102.8	101.5	101.6	100.8	101.1
#耐用消费品	96.2	96.9	98.0	100.6	102.8	100.6	95.2	100.2	102.3	100.4	100.5	100.1	99.8
室内装饰品	99.1	100.0	100.3	99.7	99.5	102.8	99.1	100.8	101.6	99.7	101.2	104.5	101.6
床上用品	98.1	101.5	100.0	102.3	100.1	100.0	97.2	103.6	105.0	101.7	101.5	101.2	104.6
家庭日用杂品	97.5	99.3	99.5	99.7	101.4	103.4	101.8	101.6	103.1	103.3	102.9	100.6	100.3
5、医疗保健和个人用品	100.8	99.1	98.5	99.1	102.6	102.3	100.4	102.6	103.8	102.7	100.7	100.5	105.4
6、交通和通讯	99.1	99.5	99.9	100.1	102.0	98.3	98.6	100.9	100.9	100.2	100.5	99.8	98.6
#交　通	99.9	99.9	101.0	102.4	100.1	102.9	99.8	102.9	102.4	101.0	101.4	100.2	98.0
通　信	97.8	98.8	98.2	97.8	101.0	93.8	97.4	98.9	99.4	99.5	99.5	99.5	99.3
7、娱乐教育文化用品及服务	104.4	103.7	106.6	93.6	99.2	93.3	97.7	100.7	98.9	98.1	102.4	100.7	100.4
#文娱用耐用消费品及服务	95.8	95.4	94.8	96.8	97.1	94.9	89.3	97.2	97.7	96.8	98.0	98.1	98.4
教　育	109.4	107.5	112.3	88.5	98.4	87.3	100.1	100.5	97.8	95.8	103.5	101.9	102.5
文化娱乐用品	99.9	99.8	100.1	100.2	101.3	101.8	102.1	100.3	101.1	101.9	102.3	100.8	100.4
8、居　住	101.2	106.0	106.2	102.8	102.6	105.8	96.2	105.9	104.7	100.0	100.0	100.9	100.1
#建房及装修材料	100.0	107.1	103.8	104.6	107.9	105.2	97.0	104.2	107.1	100.9	100.9	101.0	99.6
水、电、燃料	104.7	106.3	110.7	102.9	101.2	107.5	95.2	107.6	103.3	97.6	96.1	99.3	96.3

6—8 分县(市、区)居民消费价格指数

(以上年价格为100)

	居民消费价格总指数	其中:①服务项目价格指数	②消费品价格指数
全 市	**101.6**	**102.7**	**101.1**
市 区	101.3	103.2	100.5
龙海市	101.5	101.6	101.4
云霄县	101.6	102.9	101.1
漳浦县	101.6	103.3	100.9
诏安县	101.7	103.2	101.2
长泰县	101.7	103.3	101.0
东山县	101.5	103.2	100.9
南靖县	101.3	102.4	100.9
平和县	101.8	102.2	101.7
华安县	101.3	102.5	101.0

6—9 工业生产者出厂价格指数(2004-2015)

(以上年价格为100)

	2004	2005	2006	2007	2008	2009	2010	2011	2012	2013	2014	2015
总指数	**103.6**	**101.1**	**99.9**	**102.9**	**101.5**	**98.2**	**102.2**	**104.8**	**99.8**	**99.1**	**99.1**	**97.7**
按轻重分												
轻工业	103.0	100.3	100.0	103.7	100.0	100.0	101.5	105.6	100.4	99.2	98.9	99.1
以农产品为原料	103.8	100.9	102.9	107.3	101.0	100.5	104.5	108.7	100.4	98.7	99.1	97.9
以非农产品为原料	101.9	99.7	97.3	100.2	99.0	99.4	98.2	99.5	100.5	100.4	98.5	101.4
重工业	105.0	103.2	99.8	101.6	104.1	95.9	103.4	103.8	99.0	98.9	99.3	96.1
采掘工业	100.6	101.8	101.0	100.4	103.6	105.3	101.0	105.8	102.0	102.9	104.7	100.2
原料工业	104.0	100.7	100.1	101.0	100.8	100.3	102.1	103.5	103.3	99.5	98.8	94.2
加工工业	106.3	106.4	99.4	102.3	108.8	92.1	104.5	103.9	97.4	98.6	99.5	96.7
按两大部类分												
生产资料	105.1	103.6	99.8	101.6	104.0	96.6	102.4	103.9	99.0	98.3	98.9	95.9
采掘工业	100.6	101.8	101.0	100.4	103.6	105.3	101.0	105.8	102.0	102.9	104.7	100.2
原料工业	104.0	100.8	100.3	100.8	100.2	100.4	102.1	103.6	103.3	99.5	98.9	94.2
加工工业	105.7	105.8	99.5	102.3	106.9	94.8	102.6	104.0	97.7	98.0	98.9	96.3
生活资料	102.3	99.4	100.1	104.1	99.1	101.1	101.9	105.8	100.7	100.0	99.3	99.9
食　品	103.7	100.8	104.4	110.7	100.8	99.4	105.0	110.8	101.1	99.2	99.8	98.6
衣　着	107.8	101.9	100.3	95.0	101.3	103.6	99.6	110.0	100.6	101.0	100.2	99.4
一般日用品	100.7	101.8	101.6	102.0	101.1	100.3	99.1	101.8	102.3	99.9	100.1	100.0
耐用消费品	92.6	96.1	94.7	98.6	96.1	98.5	98.0	97.9	99.1	101.3	97.7	102.3
按工业部门分												
冶金工业	104.3	109.4	96.5	103.9	111.7	86.2	104.0	105.8	93.4	97.0	96.9	90.1
电力工业	103.8	100.8	100.0	100.3	100.0	102.8	101.1	101.7	104.6	99.2	98.9	96.3
煤炭及炼焦工业	100.0							100.7	100.2	100.2	100.7	100.5
石油工业						73.4	104.9	107.7	103.6	105.1	98.6	70.7
化学工业	104.0	107.9	100.2	104.5	107.0	89.4	103.8	106.8	103.1	100.9	99.8	97.0
机械工业	101.7	98.2	97.2	99.3	97.7	98.8	98.8	99.8	99.5	100.3	99.7	102.3
建筑材料工业	105.4	101.7	101.5	100.2	102.8	102.8	99.9	105.3	98.0	96.5	100.4	94.8
森林工业	99.3	100.3	100.3	99.6	97.2	99.1	102.1	100.4	101.5	100.5	100.5	98.5
食品工业	104.4	100.6	104.4	111.1	101.0	98.8	104.7	110.1	101.1	99.2	99.7	98.0
纺织工业	100.7	104.6	97.6	100.5	100.7	96.7	106.7	106.1	98.5	95.6	98.1	97.7
缝纫工业	112.5	102.5	102.6	95.3	100.3	105.8	99.3	113.1	100.6	100.9	100.6	98.2
皮革工业	102.2	103.8	97.3	96.1	102.7	100.2	101.1	99.1	100.1	101.7	99.0	102.4
造纸工业	104.2	100.8	97.3	100.2	104.3	96.6	107.1	104.1	98.1	94.6	95.9	97.5
文教艺术用品工业	101.2	101.2	101.2	100.4	99.8	101.8	97.5	101.0	100.1	98.8	98.8	99.7
其它工业	100.7	101.6	102.5	101.5	100.8	100.7	102.1	104.6	102.8	101.0	100.5	99.0

6—10 分行业工业生产者出厂价格指数(2004–2015)

(以上年价格为100)

	2004	2005	2006	2007	2008	2009	2010	2011	2012	2013	2014	2015
煤炭开采和洗选业	—	—	—	—	—	—	—	—				
有色金属矿采选业	99.7	100.9	100.6	—	—	100.6	99.8	—				
非金属矿采选业	100.6	101.8	101.1	100.4	103.4	106.8	101.1	105.8	102.0	102.9	104.7	100.2
农副食品加工业	108.0	100.4	104.0	114.0	102.7	98.1	105.5	109.5	100.2	99.3	99.0	96.9
食品制造业	100.8	101.3	106.7	106.5	96.8	98.8	103.3	112.4	101.0	97.9	101.4	101.5
饮料制造业	100.0	99.9	100.5	100.4	101.3	100.2	104.9	106.9	108.6	102.3	100.5	95.4
纺织业	100.9	102.1	96.8	101.6	101.5	97.6	104.8	105.1	99.8	96.6	99.2	98.7
纺织服装、鞋、帽制造业	114.4	103.4	103.4	95.3	100.3	106.1	98.8	114.6	100.6	101.3	100.5	97.7
皮革、毛皮、羽毛(绒)及其制品业	102.2	103.8	97.3	96.1	102.7	100.0	101.3	100.7	99.1	102.9	100.4	97.9
木材加工及木、竹、藤、棕、草制品业	100.6	100.9	101.0	102.3	99.4	98.9	100.6	99.5	102.3	100.8	103.1	99.2
家具制造业	96.6	102.4	99.1	99.1	99.3	99.2	96.8	102.8	97.9	98.0	98.8	99.3
造纸及纸制品业	104.2	100.8	97.3	100.2	104.3	96.6	107.1	104.1	98.1	94.6	95.9	97.5
印刷业和记录媒介的复制	102.7	102.6	98.3	100.5	100.8	103.1	88.3	101.4	100.3	97.4	97.3	99.2
文教体育用品制造业	101.0	101.1	102.2	100.4	99.4	100.6	100.2	100.8	100.4	99.2	99.4	99.9
石油加工、炼焦及核燃料加工业	—	—	—	—	—	73.4	104.9	107.7	103.6	105.1	98.6	70.7
化学原料及化学制品制造业	106.2	108.4	99.2	105.1	112.2	91.3	104.7	108.3	104.2	100.5	99.2	94.5
医药制造业	102.1	106.9	99.9	100.1	100.4	100.4	106.9	112.8	115.9	109.7	99.4	99.6
橡胶制品业	99.9	97.3	100.6	99.3	—	100.0	90.5	96.9	98.9	98.4	100.9	105.1
塑料制品业	104.0	112.4	102.0	106.1	103.4	85.8	101.8	102.5	101.2	100.5	100.0	101.5
非金属矿物制品业	105.9	101.8	101.5	100.4	103.8	102.4	99.9	105.2	98.0	96.2	100.2	94.8
黑色金属冶炼及压延加工业	105.4	111.0	93.8	106.9	117.4	81.8	111.3	108.8	90.7	95.3	95.1	86.4
有色金属冶炼及压延加工业	—	101.8	120.4	103.2	98.3	91.9	114.6	101.7	94.2	95.6	95.2	93.2
金属制品业	104.1	108.7	98.5	100.9	106.5	96.1	94.9	101.9	100.3	100.4	100.0	98.1
通用设备制造业	107.5	106.4	109.3	101.1	98.6	98.6	102.1	100.8	100.2	102.8	100.6	97.9
专用设备制造业	99.7	100.1	96.5	103.0	103.5	100.0	100.2	103.3	100.6	100.4	98.4	99.9
交通运输设备制造业	104.3	99.3	97.8	95.9	104.3	98.9	100.2	102.3	97.8	98.5	102.6	101.6
电气机械及器材制造业	104.8	99.2	98.8	101.6	100.1	100.5	100.2	96.4	100.3	97.9	99.0	100.2
通信设备、计算机及其他电子设备制造业	83.0	82.8	87.9	95.2	90.5	94.5	93.6	95.2	99.7	108.2	96.2	107.2
仪器仪表及文化、办公用机械制造业	102.1	102.4	103.1	101.5	100.7	101.9	97.8	105.1	103.0	100.0	98.9	100.4
工艺品及其他制造业	99.2	101.2	103.2	101.9	99.2	101.2	103.5	103.6	103.4	101.2	99.9	100.0
电力、热力的生产和供应业	103.8	100.8	100.0	100.3	100.0	102.8	101.1	101.7	104.6	99.2	98.9	96.3
水的生产和供应业	100.0	100.0	104.4	102.6	100.0	100.0	100.0	100.0	100.0	100.0	100.7	104.6

6—11 分县(市、区)工业生产者出厂价格指数(2004-2015)

(以上年价格为100)

	2004	2005	2006	2007	2008	2009	2010	2011	2012	2013	2014	2015
全 市	**103.6**	**101.1**	**99.9**	**102.9**	**101.5**	**98.2**	**102.2**	**104.8**	**99.8**	**99.1**	**99.1**	**97.7**
市 直	103.9	101.1	101.1	98.0	102.1	102.5	—	—				
芗 城	101.5	102.1	99.0	100.6	105.1	96.5	102.2	104.5	97.9	98.3	98.8	93.3
龙 文	102.1	103.1	100.7	101.9	102.2	97.2	100.5	105.3	100.9	99.3	100.1	99.3
龙 海	103.7	102.1	100.3	103.8	103.2	99.0	102.2	105.8	101.6	99.2	99.8	98.5
云 霄	103.1	102.5	100.7	100.5	101.8	99.5	103.1	104.9	101.5	99.6	100.5	98.4
漳 浦	102.4	101.7	101.3	101.1	101.6	103.0	101.7	105.3	101.8	100.9	100.7	98.5
诏 安	100.7	102.2	100.6	99.9	101.7	98.2	102.1	104.1	102.8	100.3	101.0	100.2
长 泰	103.9	102.6	102.2	101.7	104.4	93.9	103.2	103.8	102.5	97.5	98.0	98.6
东 山	105.0	100.8	100.8	100.3	100.3	93.5	101.4	101.1	101.7	102.7	102.9	99.7
南 靖	98.6	89.2	92.9	98.8	95.7	99.4	102.2	103.0	99.9	99.6	98.2	99.3
平 和	103.5	102.0	107.1	103.7	100.1	96.9	102.3	106.3	100.8	98.7	99.1	98.6
华 安	105.4	103.3	99.9	104.9	107.4	97.5	102.7	106.3	102.3	97.2	100.3	95.2

主要统计指标解释

居民消费价格指数 是度量一组代表性消费商品及服务项目价格水平随着时间而变动的相对数,是反映居民家庭购买并用于消费的商品和服务价格水平变动趋势和变动幅度的统计指标。它是分析和制定货币政策、价格政策、居民消费政策、工资政策以及进行国民经济核算的重要依据。其按年度计算的变动率通常被用来作为反映通货膨胀(或紧缩)程度的指标。

工业生产者出厂价格指数 是反映工业品出厂价格在一定时期内变动幅度的相对数。工业生产者出厂价格是工业品进入流通领域的初始价格,是制定其他销售价格的基础。通过它可以观察轻工业与重工业、生产资料与生活资料及分部门工业产品价格的变动趋势和变动幅度,消除价格变动因素,真实反映工业产成品实际价值量。

第七篇　财政金融

7—1 主要年份全国、全省、全市财政收支总额及增长速度

单位：亿元、%

年份	全国				全省				漳州			
	公共财政总收入		公共财政支出		公共财政总收入		公共财政支出		公共财政总收入		公共财政支出	
	总额	增速	总额	增速	总额	增速	总额	增速	总额	增速	总额	增速
1950	62.17		68.05		0.83		0.42		0.04	139.2		
1951	124.96	101.0	122.07	79.4	1.58	90.4	0.75	78.6	0.06	39.5		
1952	173.94	39.2	172.07	41.0	2.20	39.2	1.25	66.7	0.14	149.6		
1953	213.24	22.6	219.21	27.4	1.98	−10.0	1.40	12.0	0.32	129.4	0.08	
1954	245.17	15.0	244.11	11.4	2.32	17.2	1.49	6.4	0.36	14.8	0.08	0.3
1955	249.27	1.7	262.73	7.6	2.46	6.0	1.49	0.0	0.35	−2.8	0.10	24.7
1956	280.19	12.4	298.52	13.6	2.96	20.3	2.44	63.8	0.38	7.7	0.11	11.7
1957	303.20	8.2	295.95	−0.9	3.22	8.8	2.47	1.2	0.41	7.0	0.15	29.8
1958	379.62	25.2	400.36	35.3	5.52	71.4	6.77	174.1	0.72	76.5	0.41	174.9
1959	487.12	28.3	543.17	35.7	7.38	33.7	8.97	32.5	0.57	−20.8	0.23	−43.9
1960	572.29	17.5	643.68	18.5	7.31	−0.9	11.05	23.2	0.57	0.4	0.25	11.3
1961	356.06	−37.8	356.09	−44.7	4.95	−32.3	5.78	−47.7	0.34	−40.6	0.17	−33.2
1962	313.55	−11.9	294.88	−17.2	5.07	2.4	3.60	−37.7	0.52	52.1	0.14	−15.6
1963	342.25	9.2	332.05	12.6	5.20	2.6	4.17	15.8	0.62	20.5	0.27	86.1
1964	399.54	16.7	393.79	18.6	5.92	13.8	4.52	8.4	0.63	1.9	0.23	−12.5
1965	473.32	18.5	459.97	16.8	6.60	11.5	4.99	10.4	0.76	19.5	0.25	8.4
1966	558.71	18.0	537.65	16.9	6.70	1.5	5.36	7.4	0.79	3.7	0.24	−3.2
1967	419.36	−24.9	439.84	−18.2	5.26	−21.5	4.43	−17.4	0.65	−16.8	0.24	−0.7
1968	361.25	−13.9	357.84	−18.6	3.50	−33.5	3.33	−24.8	0.57	−13.5	0.20	−19.3
1969	526.76	45.8	525.86	47.0	5.18	48.0	5.34	60.4	0.56	−1.2	0.30	54.1
1970	662.90	25.8	649.41	23.5	6.45	24.5	8.34	56.2	0.65	16.6	0.39	28.3
1971	744.73	12.3	732.17	12.7	6.85	6.2	9.11	9.2	0.79	20.5	0.51	31.3
1972	766.56	2.9	765.86	4.6	8.59	25.4	9.15	0.4	1.03	31.7	0.53	3.4
1973	809.67	5.6	808.78	5.6	9.58	11.5	10.24	11.9	0.84	−18.9	0.59	11.1
1974	783.14	−3.3	790.25	−2.3	9.29	−3.0	10.18	−0.6	0.75	−10.3	0.56	−5.1
1975	815.61	4.1	820.88	3.8	9.59	3.2	9.86	−3.1	0.78	3.5	0.60	7.4
1976	776.58	−4.8	806.20	−1.8	8.91	−7.1	10.14	2.8	0.69	−11.9	0.63	5.1
1977	874.46	12.6	843.53	4.6	10.48	17.6	11.35	11.9	0.94	36.8	0.12	−81.3
1978	1132.26	29.5	1122.09	33.0	15.13	44.4	15.14	33.4	1.30	38.7	0.94	696.7
1979	1146.38	1.2	1281.79	14.2	12.72	−15.9	16.03	5.8	1.23	−5.8	1.05	12.4
1980	1159.93	1.2	1228.83	−4.1	15.33	20.5	15.05	−6.1	1.41	15.0	1.11	5.2
1981	1175.79	1.4	1138.41	−7.5	14.52	−5.3	14.27	−5.2	1.51	7.4	1.21	9.5
1982	1212.33	3.1	1229.98	8.0	13.67	−5.8	16.42	15.1	1.60	5.6	1.27	4.6

7—1 续表 单位：亿元、%

年份	全国				全省				漳州			
	公共财政总收入		公共财政支出		公共财政总收入		公共财政支出		公共财政总收入		公共财政支出	
	总额	增速	总额	增速	总额	增速	总额	增速	总额	增速	总额	增速
1983	1366.95	12.8	1409.52	14.6	12.37	-9.5	17.55	6.9	1.51	-5.7	1.37	8.4
1984	1642.86	20.2	1701.02	20.7	16.78	35.7	20.52	17.0	1.52	0.8	1.63	18.8
1985	2004.82	22.0	2004.25	17.8	25.08	49.5	30.64	49.3	1.79	17.8	2.01	23.3
1986	2122.01	5.8	2204.91	10.0	29.14	16.2	37.62	22.8	2.12	18.2	2.72	35.3
1987	2199.35	3.6	2262.18	2.6	33.16	13.8	39.99	6.3	2.59	22.2	2.82	3.7
1988	2357.24	7.2	2491.21	10.1	40.16	21.1	49.29	23.3	3.43	32.5	3.71	31.3
1989	2664.90	13.1	2823.78	13.3	53.01	32.0	60.48	22.7	4.61	34.4	4.30	16.0
1990	2937.10	10.2	3083.59	9.2	57.06	7.6	68.45	13.2	5.15	11.6	4.87	13.3
1991	3149.48	7.2	3386.62	9.8	69.70	22.2	78.13	14.1	5.72	11.1	5.36	10.1
1992	3483.37	10.6	3742.20	10.5	75.35	8.1	84.50	8.2	6.41	12.1	6.12	14.2
1993	4348.95	24.8	4642.30	24.1	110.58	46.7	113.88	34.8	9.56	49.1	8.76	43.1
1994	5218.10	20.0	5792.62	24.8	149.66	35.3	137.73	20.9	12.20	27.6	10.13	15.6
1995	6242.20	19.6	6823.72	17.8	184.58	23.3	171.58	24.6	15.36	25.9	12.60	24.4
1996	7407.99	18.7	7937.55	16.3	215.11	16.5	200.31	16.7	18.66	21.5	15.60	23.8
1997	8651.14	16.8	9233.56	16.3	251.30	16.8	224.36	12.0	21.98	17.8	18.49	18.5
1998	9875.95	14.2	10798.18	16.9	281.42	12.0	254.87	13.6	25.28	15.0	21.15	14.4
1999	11444.08	15.9	13187.67	22.1	312.57	11.1	279.24	9.6	28.97	14.6	24.44	15.6
2000	13395.23	17.0	15886.50	20.5	369.67	18.3	324.18	16.1	31.60	9.1	26.40	8.0
2001	16386.04	22.3	18902.58	19.0	428.33	15.9	373.19	15.1	30.11	-4.7	24.91	-5.6
2002	18903.64	15.4	22053.15	16.7	476.20	11.2	397.56	6.5	27.82	-7.6	23.21	-6.8
2003	21715.25	14.9	24649.95	11.8	551.00	15.7	452.30	13.8	30.96	11.3	26.40	13.7
2004	26396.47	21.6	28486.89	15.6	622.57	13.0	516.68	14.2	38.10	23.1	31.14	18.0
2005	31649.29	19.9	33930.28	19.1	788.11	26.6	593.07	14.8	50.61	32.8	39.80	27.8
2006	38760.20	22.5	40422.73	19.1	1012.77	28.5	728.70	22.9	63.75	26.0	49.57	24.5
2007	51321.78	32.4	49781.35	23.2	1282.84	26.7	910.64	25.0	83.84	31.5	68.30	37.8
2008	61330.35	19.5	62592.66	25.7	1516.51	18.2	1137.72	24.9	101.58	21.2	92.26	35.1
2009	68518.30	11.7	76299.93	21.9	1694.63	11.7	1411.82	24.1	113.79	12.0	120.73	30.9
2010	83101.51	21.3	89874.16	17.8	2056.01	21.3	1695.09	20.1	139.40	22.5	147.52	22.2
2011	103874.43	25.0	109247.79	21.6	2597.01	26.3	2198.18	29.7	174.53	25.2	182.43	23.7
2012	117253.52	12.9	125952.97	15.3	3008.88	15.9	2607.50	18.6	205.48	17.7	221.77	21.6
2013	129209.64	10.1	140212.10	11.3	3430.35	14.0	3068.80	17.7	237.79	15.7	262.25	18.3
2014	140370.03	8.6	151785.56	8.3	3828.02	11.6	3306.70	7.8	263.84	11.0	274.50	4.7
2015	152269.23	5.8	175877.77	13.2	4143.71	8.2	3995.77	20.8	274.75	4.1	355.82	29.6

注：1、在国家财政收支中，价格补帖1985年以前冲减财政收入，1986年以后列为财政支出。为了可比，本表将1985年以前冲减财政收入的价格补帖改列在财政支出中。2、从2000年起，财政支出中包括国内外债务付息支出。

7—2 主要年份全国、全省、全市公共财政总收入及相当于 GDP 比例

单位：亿元、%

年份	全国			全省			漳州		
	公共财政总收入	国内生产总值	公共财政总收入相当于GDP比例	公共财政总收入	地区生产总值	公共财政总收入相当于GDP比例	公共财政总收入	地区生产总值	公共财政总收入相当于GDP比例
1949							0.02	1.12	1.5
1950	62.17			0.83	9.54	8.7	0.04	1.30	3.1
1951	124.96			1.58	10.41	15.2	0.06	1.41	3.9
1952	173.94	679.00	25.6	2.20	12.73	17.3	0.14	1.61	8.6
1953	213.24	824.00	25.9	1.98	14.38	13.8	0.32	1.79	17.7
1954	245.17	859.80	28.5	2.32	14.86	15.6	0.36	1.90	19.2
1955	249.27	911.60	27.3	2.46	16.45	15.0	0.35	1.97	18.0
1956	280.19	1030.70	27.2	2.96	20.81	14.2	0.38	2.48	15.4
1957	303.20	1071.40	28.3	3.22	22.03	14.6	0.41	2.62	15.6
1958	379.62	1312.30	28.9	5.52	24.39	22.6	0.72	3.14	22.9
1959	487.12	1447.50	33.7	7.38	29.22	25.3	0.57	3.47	16.4
1960	572.29	1470.10	38.9	7.31	29.58	24.7	0.57	3.75	15.3
1961	356.06	1232.30	28.9	4.95	23.25	21.3	0.34	3.32	10.2
1962	313.55	1162.20	27.0	5.07	22.12	22.9	0.52	3.23	16.0
1963	342.25	1248.30	27.4	5.20	23.60	22.0	0.62	3.31	18.8
1964	399.54	1469.90	27.2	5.92	25.95	22.8	0.63	3.78	16.8
1965	473.32	1734.00	27.3	6.60	28.81	22.9	0.76	4.23	17.9
1966	558.71	1888.70	29.6	6.70	32.13	20.9	0.79	4.67	16.8
1967	419.36	1794.20	23.4	5.26	29.25	18.0	0.65	4.44	14.7
1968	361.25	1744.10	20.7	3.50	26.06	13.4	0.57	4.03	14.0
1969	526.76	1962.20	26.8	5.18	31.12	16.6	0.56	4.29	13.0
1970	662.90	2279.70	29.1	6.45	34.70	18.6	0.65	4.44	14.7
1971	744.73	2456.90	30.3	6.85	41.03	16.7	0.79	5.09	15.4
1972	766.56	2552.40	30.0	8.59	44.50	19.3	1.03	5.87	17.6
1973	809.67	2756.20	29.4	9.58	43.64	22.0	0.84	5.68	14.8
1974	783.14	2827.70	27.7	9.29	45.16	20.6	0.75	5.83	12.9
1975	815.61	3039.50	26.8	9.59	46.48	20.6	0.78	6.29	12.4
1976	776.58	2988.60	26.0	8.91	46.92	19.0	0.69	6.66	10.3
1977	874.46	3250.00	26.9	10.48	52.41	20.0	0.94	7.74	12.1
1978	1132.26	3678.70	30.8	15.13	66.37	22.8	1.30	8.91	14.6
1979	1146.38	4100.50	28.0	12.72	74.11	17.2	1.23	10.26	11.9
1980	1159.93	4587.60	25.3	15.33	87.06	17.6	1.41	11.67	12.1
1981	1175.79	4935.80	23.8	14.52	105.62	13.7	1.51	13.95	10.9

7—2 续表 单位：亿元、%

年份	全国			全省			漳州		
	公共财政总收入	国内生产总值	公共财政总收入相当于GDP比例	公共财政总收入	地区生产总值	公共财政总收入相当于GDP比例	公共财政总收入	地区生产总值	公共财政总收入相当于GDP比例
1982	1212.33	5373.40	22.6	13.67	117.81	11.6	1.60	15.77	10.1
1983	1366.95	6020.90	22.7	12.37	127.76	9.7	1.51	16.77	9.0
1984	1642.86	7278.50	22.6	16.78	157.06	10.7	1.52	19.72	7.7
1985	2004.82	9098.90	22.0	25.08	200.48	12.5	1.79	22.79	7.9
1986	2122.01	10376.20	20.5	29.14	222.54	13.1	2.12	25.74	8.2
1987	2199.35	12174.60	18.1	33.16	279.24	11.9	2.59	30.75	8.4
1988	2357.24	15180.40	15.5	40.16	383.21	10.5	3.43	41.84	8.2
1989	2664.90	17179.70	15.5	53.01	458.40	11.6	4.61	49.86	9.3
1990	2937.10	18872.90	15.6	57.06	522.28	10.9	5.15	53.06	9.7
1991	3149.48	22005.60	14.3	69.70	619.87	11.2	5.72	63.57	9.0
1992	3483.37	27194.50	12.8	75.35	784.68	9.6	6.41	80.66	8.0
1993	4348.95	35673.20	12.2	110.58	1114.20	9.9	9.56	106.48	9.0
1994	5218.10	48637.50	10.7	149.66	1644.39	9.1	12.20	147.43	8.3
1995	6242.20	61339.90	10.2	184.58	2094.90	8.8	15.36	191.71	8.0
1996	7407.99	71813.60	10.3	215.11	2484.25	8.7	18.66	227.00	8.2
1997	8651.14	79715.00	10.9	251.30	2870.90	8.8	21.98	255.12	8.6
1998	9875.95	85195.50	11.6	281.42	3159.91	8.9	25.28	291.21	8.7
1999	11444.08	90564.40	12.6	312.57	3414.19	9.2	28.97	319.54	9.1
2000	13395.23	100280.10	13.4	369.67	3764.54	9.8	31.60	356.00	8.9
2001	16386.04	110863.10	14.8	428.33	4072.85	10.5	30.11	388.49	7.8
2002	18903.64	121717.40	15.5	476.21	4467.55	10.7	27.82	418.23	6.7
2003	21715.25	137422.00	15.8	551.00	4983.67	11.1	30.96	472.14	6.6
2004	26396.47	161840.20	16.3	622.57	5763.35	10.8	38.10	553.55	6.9
2005	31649.29	187318.90	16.9	788.11	6554.69	12.0	50.61	661.04	7.7
2006	38760.20	219438.50	17.7	1012.77	7583.85	13.4	63.75	755.20	8.4
2007	51321.78	270232.30	19.0	1282.84	9248.53	13.9	83.84	877.63	9.6
2008	61330.35	319515.50	19.2	1516.51	10823.01	14.0	101.58	1002.39	10.1
2009	68518.30	349081.40	19.6	1694.63	12236.53	13.8	113.79	1178.01	9.7
2010	83101.51	413030.30	20.1	2056.01	14737.12	14.0	139.40	1430.71	9.7
2011	103874.43	489300.60	21.2	2597.01	17560.18	14.8	174.53	1768.20	9.9
2012	117253.52	540367.40	21.7	3008.88	19701.78	15.3	205.48	2012.92	10.2
2013	129209.64	595244.40	21.7	3430.35	21868.49	15.7	237.79	2236.82	10.6
2014	140349.74	643974.00	21.8	3828.02	24055.76	15.9	263.84	2506.36	10.5
2015	152217.00	676708.00	22.5	4143.71	25979.82	15.9	274.75	2767.35	9.9

注:根据国家统计局规定,省及省以下各地区的"国内生产总值"现已改称为"地区生产总值"。2015年全国生产总值为初步核算数。

7—3 历年财政收支(一)

单位：万元

年份	公共财政总收入	其中：(一)地方公共财政收入	(二)上划中央收入	公共财政支出	1、经济建设类支出	2、各项事业行政经费支出	其中：文教科卫经费	行政管理费	抚恤社会救济	另：地方基金收入	地方基金支出
1949	166	166									
1950	397	397									
1951	554	554									
1952	1383	1383									
1953	3173	3173		816	20	796	258	447	77		
1954	3643	3643		818	27	792	247	476	61		
1955	3541	3541		1021	96	925	329	506	89		
1956	3812	3812		1141	92	1048	287	626	122		
1957	4080	4080		1480	255	1225	504	582	102		
1958	7200	7200		4069	2679	1390	628	627	75		
1959	5706	5706		2283	994	1289	625	650	78		
1960	5727	5727		2540	908	1632	829	721	63		
1961	3399	3399		1697	218	1480	669	739			
1962	5169	5169		1433	124	1310	559	577	119		
1963	6228	6228		2667	917	1750	581	595	364		
1964	6348	6348		2334	665	1669	693	644	146		
1965	7583	7583		2529	809	1720	707	667	127		
1966	7866	7866		2448	596	1853	791	727	183		
1967	6545	6545		2431	623	1808	852	612	165		
1968	5659	5659		1961	311	1651	744	600	132		
1969	5590	5590		3022	712	2310	1071	717	141		
1970	6518	6518		3879	939	2939	1083	1095	130		
1971	7851	7851		5091	1870	3221	1346	1387	146		
1972	10339	10339		5266	1797	3469	1623	1450	226		
1973	8381	8381		5851	2403	3448	1733	1206	209		
1974	7518	7518		5553	1886	3666	1976	1113	236		
1975	7779	7779		5962	2107	3855	2098	1110	213		
1976	6857	6857		6268	2344	3924	2221	1155	248		
1977	9377	9377		1175	2939	-1764	2343	1261	314		
1978	13007	13007		9361	4387	4974	2848	1472	316		
1979	12256	12256		10525	4909	5616	3110	1478	348		
1980	14092	14092		11070	3954	7116	3895	1826	509		
1981	15141	15141		12119	588	11531	4540	2070	872		
1982	15996	15996		12673	943	11730	5081	1810	466		
1983	15089	15089		13742	634	13107	3726	381	1506		
1984	15210	15210		16320	2452	13868	6125	3000	648		
1985	17918	17918		20116	3297	16819	7495	3158	996		
1986	21187	21187		27225	3775	23450	9181	3861	910		
1987	25900	25900		28226	2654	25572	9601	5110	918		
1988	34328	34328		37060	3820	33239	11605	5923	1107		
1989	46126	46126		43003	4772	38231	14725	7953	1138		
1990	51492	51492		48703	3478	45225	19469	8857	1540		

7—3 历 年 财

年 份	公共财政总收入	其中：(一)地方公共财政收入	(二)上划中央收入	公共财政支出	基本建设支出	企业挖改资金	科技三项费用	流动资金
1991	57185	57185		53581	1172	1358	221	
1992	64138	64138		61196	1345	1898	288	
1993	95593	95593		87607	2898	5499	788	
1994	122047	81114	40933	101333	2838	3115	453	
1995	153552	106496	47056	126003	5310	3496	547	
1996	186595	138749	47846	155980	10067	3106	795	
1997	219787	164364	55423	184934	9130	5043	1277	616
1998	252759	192996	59763	211490	13176	4003	3248	
1999	289716	226776	62940	244362	6872	4920	2779	
2000	316045	244246	71799	263957	5172	3115	2778	
2001	301149	221304	79845	249088	5014	3907	2366	
2002	278244	170837	107407	232145	5601	2251	1839	
2003	309591	172466	137125	264043	7394	4248	3210	
2004	380998	201046	179952	311437	8802	6284	2533	
2005	506111	269649	236462	357975	15665	5911	4004	
2006	637469	350550	286919	495690	17959	10122	3507	
2007	838398	474086	364312	682974				
2008	1015750	604859	410891	922578				
2009	1137870	709464	428406	1207303				
2010	1393953	885656	508297	1475168				
2011	1745278	1120936	624342	1824288				
2012	2054776	1317078	737698	2217738				
2013	2377933	1548628	829305	2622539				
2014	2638403	1689911	948492	2745041				
2015	2747531	1791025	956506	3558161				

注：本部分所采用的财政数字均为当年决算定案数。2002年起口径有调整。
各项事业行政经费支出＝财政支出－经济建设类支出
农业类支出＝农业支出＋林业支出＋水利气象支出
工交商事业费支出＝工业交通等部门事业费＋流通部门事业费
文教科卫经费＝文体广播事业费＋教育支出＋科学支出＋医疗卫生支出
行政管理费＝行政管理费
抚恤社会救济＝抚恤社会福利救济
各项事业行政经费支出＝财政支出－基本建设支出－企业挖改支出－科技三项费用－流动资金

政 收 支(二)

单位：万元

各项事业行政经费支出	其中：						另：	
	农业类支出	工交商事业费	城市维护费	文教科卫经费	行政管理费	抚恤社会救济	地方基金收入	地方基金支出
50830	7404	557	2283	18824	7412	1217		
57665	7103	667	2321	21076	8532	1270		
78422	7372	810	3153	24683	11339	1258		
94927	8959	932	4026	35027	15645	1460		
116650	12794	824	5710	40433	18318	2036		
142012	14818	967	6722	48722	20136	3611		
168868	15792	1538	7508	60006	24505	4388	5982	4823
191063	17435	1666	8041	64487	24649	4544	6132	7054
229791	18676	2072	8002	71049	26934	4949	3918	4607
252892	20103	1916	9560	76928	29089	5369	4598	5920
237801	20760	1562	8384	81064	26858	6043	12876	11979
222454	15642	1730	6178	84233	26686	7956	15277	12114
249191	15521	1834	7493	88437	29317	9668	70739	27588
293818	17898	3044	7063	99256	34878	13266	39854	37280
332395	20936	5556	8943	103764	41089	16044	36228	27867
464102	27510	6097	26824	133874	49563	30511	74812	66517
							257864	221085
							255700	281043
							346697	347063
							899144	781330
							735257	860833
							947417	1087286
							1663813	1704914
							1800326	1743905

7—4 主要年份分税种财

	2001	2002	2003	2004	2005	2006
收入合计	**221304**	**170837**	**172466**	**201046**	**269649**	**350550**
1、增值税	25039	28506	34165	22954	59298	71504
2、营业税	37403	41670	46218	55737	63694	78506
3、企业所得税	22888	8793	11808	17965	24427	30957
4、企业所得税退税						
5、个人所得税	25606	11919	10724	11802	13859	16378
6、资源税	449	707	835	1137	1657	1837
7、固定资产投资方向调节税	35	8				
8、城市维护建设税	4860	5266	5683	6741	8810	10328
9、房产税	4988	5950	7051	8074	9158	10775
10、印花税	1360	1766	2346	3217	4383	5252
11、城镇土地使用税	882	951	996	1182	1541	3924
12、土地增值税	1020	1724	1282	1758	3995	6938
13、车船使用和牌照税	642	798	1071	1021	1070	1190
14、屠宰税	550	633	52			
15、农业税	2449	3805	3220	3768		
16、农业特产税(烟叶税)	15530	19813	462	583	37	125
17、耕地占用税	1628	2649	3070	2959	5408	7698
18、契　税	5133	5034	5959	8753	13087	17603
19、国有资产经营收益	10014	2808	3818	6025	5958	15043
20、国有企业计划亏损补贴	-31					
21、行政性收费收入	3398	4076	5275	8818	9969	15257
22、罚没收入	12502	16651	20894	23910	28585	36708
23、海域场地矿区使用费收入(国有资源有偿使用收入)			39	71	502	403
24、专项收入	3745	3830	3746	5492	7433	9726
25、其他收入	41214	3480	3752	9079	6778	10398

政地方级一般预算收入

单位：万元

2007	2008	2009	2010	2011	2012	2013	2014	2015
474086	**604859**	**709464**	**885656**	**1120936**	**1317078**	**1548628**	**1689911**	**1791025**
85447	93769	94812	100469	117913	146553	170605	196888	194168
112852	128561	160873	205084	257531	300776	368231	394252	384614
48997	59388	59815	90229	122770	137521	159373	202723	210184
22061	25935	28369	33574	41327	43694	49603	60036	56457
2594	2921	4527	5030	8005	9672	10222	12159	12270
13679	15757	18244	24554	42599	50984	58456	63955	63711
11657	14626	15380	18490	25346	24956	46431	46103	46377
6480	7609	7824	11700	15234	16383	20520	24048	21125
8031	21194	20271	27579	28924	22477	43723	43367	39992
13046	39437	42437	67208	91461	133436	162616	183532	185385
1761	3384	4370	5393	6105	8402	10020	11378	12864
24	51	1		152	18	79	41	24
9144	17982	41350	47105	66105	68740	59207	51861	35559
26600	36550	33431	39962	45180	44966	69924	78443	68753
12581	15955	27309	29534	36206	67412	58093	37524	78044
22528	39341	40748	45446	62030	76087	84622	92417	86120
43733	53162	49906	41584	48851	61895	64971	53194	59808
13746	3254	11300	23708	23573	33452	56087	64439	75100
13877	16969	13527	18116	27980	33364	38083	45846	108835
5248	9014	34970	50891	53644	36290	17762	27705	51635

7—5 主要年份财

	1978	1980	1985	1990	1991	1992
支出合计	**9361**	**11070**	**20116**	**48703**	**53581**	**61196**
1、基本建设支出	151	113	462	797	1172	1345
2、企业挖潜改造资金	1110	230	489	1469	1358	1898
3、地质勘探费						
4、科技三项费用	52	41	134	169	221	288
5、流动资金	263	509				
6、农业支出	2652	2754	1156	3613	4625	3931
7、林业支出						
8、水利和气象支出			1999	2730	2779	3172
9、工业交通等部门的事业费	62	80	169	491	554	650
10、流通部门事业费					3	17
11、文体广播事业费					2795	2742
12、教育支出					12039	13856
13、科学支出					216	278
14、医疗卫生支出					3774	4200
15、其他部门的事业费					2464	3186
16、抚恤和社会福利救济费	316	509	996	1540	1217	1270
17、行政事业单位离退休经费					443	618
18、社会保障补助支出			37	26		
19、国防支出	97	15	75	131	126	146
20、行政管理费	1472	1826	3158	6270	7412	8532
21、外交外事支出(简易建筑费)			131	526	619	887
22、武装警察部队支出						
23、公检法司支出、				2586	2637	3012
24、城市维护费	85	334	553	2054	2283	2321
25、政策性补贴支出			1579	2541	1221	2650
26、支援不发达地区支出				493	238	227
27、海域开发建设和场地使用费支出						
28、车辆税费支出						
29、专项支出			64	326	1000	1039
30、其他支出	152	553	1462	3471	4385	4931

政一般预算支出

单位：万元

1993	1994	1995	1996	1997	1998	1999	2000
87607	**101333**	**126003**	**155980**	**184934**	**211490**	**244362**	**263957**
2898	2838	5310	10067	9130	13176	6872	5172
5499	3115	3496	3106	5043	4003	4920	3115
							15
788	453	547	795	1277	3248	2779	2778
				616			
4060	4610	6728	6915	7417	7980	9465	9650
3312	4348	6066	7903	8375	9455	9211	10453
805	932	813	905	1155	1389	1439	1029
5		11	62	383	277	633	887
3126	4061	8069	5785	6770	6579	7295	7762
16297	24295	27813	33865	42379	46216	50836	56991
346	434	535	631	958	1035	964	925
4914	6237	4016	8441	9899	10657	11954	11250
4517	5789	7270	10418	12207	12118	12829	12329
1258	1460	2036	3611	4388	4544	4949	5369
665	1074	1009		256	10377	17606	20791
					1605	2898	7872
168	241	292	563	477	623	797	585
11339	15645	18318	20136	24505	24649	26934	29089
1036	1073	1171	352	824	587		
			329	461	760	831	798
3792	6836	9191	11897	14110	13408	15361	18226
3153	4026	5710	6722	7508	8041	8002	9560
4311	2930	3287	3702	4227	4522	4247	3906
246	252	271	358	198	293	939	1270
					1721	5229	2
1461	1983	2295	2533		2306	3341	3095
13611	8701	11749	16884	22371	21921	34031	41038

7—5 续表 单位：万元

	2001	2002	2003	2004	2005	2006
支出合计	**249088**	**232145**	**264043**	**311437**	**357975**	**495690**
1、基本建设支出	5014	5601	7394	8802	15665	17959
2、企业挖潜改造资金	3907	2251	4248	6284	5911	10122
3、地质勘探费	63	50		95		110
4、科技三项费用	2366	1839	3210	2533	4004	3507
5、流动资金						
6、农业支出	8968	5383	9142	10060	12527	15998
7、林业支出			2209	2567	2961	2873
8、水利和气象支出	11792	10259	4170	5271	5448	8639
9、工业交通等部门的事业费	937	1078	1114	2295	4770	5318
10、流通部门事业费	625	652	720	749	786	779
11、文体广播事业费	7951	8021	8800	11451	12855	15995
12、教育支出	61135	64256	66806	72556	75223	94673
13、科学支出	984	949	866	913	1116	1355
14、医疗卫生支出	10994	11007	11965	14336	14570	21851
15、其他部门的事业费	11762	12744	14300	17656	21185	24631
16、抚恤和社会福利救济费	6043	7956	9668	13266	16044	30511
17、行政事业单位离退休经费	24901	28374	30718	34130	38488	44807
18、社会保障补助支出	2433	2073	1952	2959	3649	4892
19、国防支出	691	582	629	1119	918	1114
20、行政管理费	26858	26686	29317	34878	41089	49563
21、外交外事支出(简易建筑费)						
22、武装警察部队支出	787	692	956	1386	2113	2780
23、公检法司支出	18533	19178	22697	25875	34418	41491
24、城市维护费	8384	6178	7493	7063	8943	26824
25、政策性补贴支出	2747	1484	2500	2227	2241	13892
26、支援不发达地区支出	529	623	2149	2803	591	851
27、海域开发建设和场地使用费支出	11	27	12	105	339	320
28、车辆税费支出				33	20	
29、专项支出	3600	2977	3248	2611	5290	9113
30、其他支出	27073	11225	17760	27414	26811	45722

7—6 财政一般预算支出(2007-2015)

单位：万元

	2007	2008	2009	2010	2011	2012	2013	2014	2015	增长%
支 出 合 计	**682974**	**922578**	**1207303**	**1475168**	**1824288**	**2217738**	**2622539**	**2745041**	**3558161**	**29.6**
一、一般公共服务	126239	150421	161254	174635	209123	246144	275275	245112	226599	-7.6
二、国　防	1672	1897	2218	1834	2949	2511	6236	4626	4045	-12.6
三、公共安全	68892	86600	95256	104158	126180	148408	163365	171498	203240	18.5
四、教　育	127179	167884	231053	286072	334937	405553	477182	518165	626027	20.8
其中：教育附加及基金支出	5713	8524								
五、科学技术	8210	12770	14804	18014	25778	30894	40040	44054	44655	1.4
其中：技术研究与开发	4822	8361								
六、文化体育与传媒	10430	11746	15095	16038	19113	26524	40073	46283	60308	30.3
七、社会保障和就业	88751	102882	134926	152155	190276	231454	251454	270529	377859	39.7
八、医疗卫生	42007	72157	94318	116421	157347	191799	239700	317391	406948	28.2
九、节能环保	3759	13506	39505	38133	28761	56189	56168	64992	90193	38.8
其中：污染防治	2264	9783								
十、城乡社区事务	73292	94565	139513	179000	173611	228925	213345	268246	380174	41.7
十一、农林水事务	42313	60821	141163	160568	246671	296413	422075	366403	524610	43.2
十二、交通运输	10528	12202	31310	39062	61823	54305	64149	60829	135098	122.1
十三、商业服务业等事务	50814	90514		27460	34512	42963	39597	33123	55130	66.4
十四、资源勘探电力信息等事务			37279	44955	51471	71821	126529	105510	84920	-19.5
十五、粮油物资储备管理等事务			20001	6545	6917	7481	8951	11801	24208	105.1
十六、金融监管支出			43	136	233	578	555	926	3720	301.7
十七、地震灾后恢复重建支出		4643	6064	7114						
十八、援助其他地区支出							941	907	1729	90.6
十九、国债还本付息支出			1334	6782	8550	15704	13427	31386	12238	-61.0
二十、其他支出	28888	39970	42167	44774	52557	68929	85164	75034	123497	64.6
二十一、国土资源气象等事务				17970	23717	25274	33644	27104	34523	27.4
二十二、住房保障支出				33342	66124	65428	64669	81122	138440	70.7
二十三、储备事务支出					3638	441				

备注：2012年起，储备事务支出中填写的数据为援助其他地区支出。2015年国债还本付息支出为债务付息支出与债务发行费用支出。

7—7 分县(市、区)预算内财政收支

单位：万元

	公共财政总收入										
	2006	2007	2008	2009	2010	2011	2012	2013	2014	2015	增长%
漳州市	**637469**	**838398**	**1015750**	**1137870**	**1393953**	**1745283**	**2054776**	**2377933**	**2638403**	**2747531**	**4.1**
市本级	144901	190037	218521	215430	255418	334618	375575	440307	478896	517930	8.2
市区县合计	492568	648361	797229	922440	1138535	1410665	1679201	1937626	2159507	2229601	3.2
芗城区	80624	100097	113678	126716	150219	182279	204928	216315	221951	235726	6.2
龙文区	22309	29633	36506	41537	50359	71273	88807	111137	123968	139407	12.5
龙海市	212885	278840	336308	377604	453464	517385	551767	616412	706284	738126	4.5
龙海市属	187506	231006	277306	313407	374608	416189	262596	295683	331725	345320	4.1
漳州开发区	25379	47834	59002	64197	78856	101196	111889	118114	130015	140540	8.1
台商投资区							177282	202615	244545	252267	3.2
云霄县	17033	22812	29608	35809	44802	51988	63806	74919	86718	93438	7.7
云霄县属	13418	18000	23588	29000	36500	41188	50008	58100	67513	74016	9.6
常山开发区	3615	4812	6020	6809	8302	10800	13799	16820	19205	19422	1.1
漳浦县	37625	52169	67263	81646	106688	150169	208689	252859	294217	315538	7.2
漳浦县属							153526	165959	180023	201685	12.0
古雷开发区							55163	86900	114194	113853	–0.3
诏安县	16957	22088	28011	32246	40650	51812	62857	73748	81413	80294	–1.4
长泰县	22508	31539	43208	55228	73509	106860	150103	180018	200114	203124	1.5
东山县	18715	24669	32068	42340	66072	95398	124558	154146	173949	182713	5.0
南靖县	37368	48088	60980	70668	75368	79259	93616	109169	120089	110578	–7.9
平和县	15626	20808	26290	31676	42018	54214	67008	78198	85008	76008	–10.6
华安县	10918	17618	23309	26970	35386	50028	63063	70707	70803	59653	–15.7

备注：公共财政总收入指地方级收入＋中央级收入。

7—7 续表1

	#地方公共财政收入										
	2006	2007	2008	2009	2010	2011	2012	2013	2014	2015	增长%
漳州市	**350550**	**474086**	**604859**	**709464**	**885656**	**1120936**	**1317078**	**1548628**	**1689911**	**1791025**	**6.0**
市本级	85955	116233	139531	136660	157553	212008	234649	285980	303911	325777	7.2
市区县合计	264595	357853	465328	572804	728103	908928	1082429	1262648	1386000	1465248	5.7
芗城区	49775	60146	68766	75482	87549	103332	119040	131163	134285	137639	2.5
龙文区	11820	16551	22282	27613	34308	49259	58764	75966	83662	96449	15.3
龙海市	96634	135727	180581	219744	281132	330406	352123	389729	429449	466425	8.6
龙海市属	82523	106363	142998	174029	228732	265932	171670	184470	188182	201595	7.1
漳州开发区	14111	29364	37583	45715	52400	64474	68138	78433	89656	104266	16.3
台商投资区							112315	126826	151611	160564	5.9
云霄县	12402	17415	23116	28346	35076	38202	46893	53645	60725	66338	9.2
云霄县属	9827	13739	18416	23166	28917	30918	38385	43598	50007	55300	10.6
常山开发区	2575	3676	4700	5180	6159	7284	8508	10047	10718	11038	3.0
漳浦县	23084	32266	41557	51369	66386	96648	140901	172068	203342	219386	7.9
漳浦县属							96545	107368	120242	134630	12.0
古雷开发区							44356	64700	83100	84756	2.0
诏安县	12207	16392	21612	24480	30866	38922	44072	51148	57300	58796	2.6
长泰县	11309	15533	24029	31266	44689	63116	85623	109185	118404	131392	11.0
东山县	12080	16673	21685	28916	45268	65000	83008	98020	107016	113099	5.7
南靖县	18050	23489	31839	46248	51182	54415	62601	76142	84318	83526	–0.9
平和县	10908	13656	17424	22440	29656	37800	48139	57269	63124	56999	–9.7
华安县	6326	10005	12437	16900	21991	31828	41265	48313	49374	40199	–18.6

7—7 续表 2 单位：万元

	公共财政支出										
	2006	2007	2008	2009	2010	2011	2012	2013	2014	2015	增长%
漳州市	**495690**	**682974**	**922578**	**1207303**	**1475168**	**1824288**	**2217738**	**2622539**	**2745041**	**3558161**	**29.6**
市本级	121577	145511	164055	182213	206170	247489	288421	337950	338364	402170	18.9
市区县合计	374113	537463	758523	1025090	1268998	1576799	1929317	2284589	2406677	3155991	31.1
芗城区	40415	50529	62127	68992	86591	97624	125172	146716	150528	187906	24.8
龙文区	11497	17039	22422	30756	46508	43441	70460	79864	93681	124734	33.1
龙海市	98261	145679	222557	279221	351108	418689	463450	501227	519865	706004	35.8
龙海市属	83972	118139	184305	233672	297491	353944	270551	306381	297758	409836	37.6
漳州开发区	14289	27540	38252	45549	53617	64745	66690	61101	69626	128874	85.1
台商投资区							126209	133745	152481	167294	9.7
云霄县	30293	40677	58217	80489	94846	112211	134842	177221	191808	253958	32.4
云霄县属	26967	35499	51268	73685	86494	102506	122302	159645	173606	230201	32.6
常山开发区	3326	5178	6949	6804	8352	9705	12540	17576	18202	23757	30.5
漳浦县	52025	70673	90842	146229	154155	211087	291075	343229	369780	479862	29.8
漳浦县属											
古雷开发区											
诏安县	28603	39490	53501	75628	87914	127336	138908	189035	206119	271468	31.7
长泰县	19506	33127	45793	64251	85259	106092	144124	166646	174274	237603	36.3
东山县	19793	30845	61252	68303	90903	151484	186369	200818	197483	276915	40.2
南靖县	28085	43003	59903	87389	111943	118796	140611	165597	180078	220356	22.4
平和县	31701	42772	50776	79831	109064	122175	150109	208741	208954	264659	26.7
华安县	13934	23629	31133	44001	50707	67864	84197	105495	114107	132526	16.2

7—8 分县(市、区)财政一般预算收支平衡表

单位：万元

	收支部分									
	地方公共财政收入									
	收入合计	税收收入								
		小计	增值税	营业税	企业所得税	个人所得税	资源税	城市维护建设税	耕地占用税	契税
漳州市	**1791025**	**1331483**	**194168**	**384614**	**210184**	**56457**	**12270**	**63711**	**35559**	**68753**
市本级	325777	250895	36365	58442	39363	10854	621	15415		26808
市区县合计	1465248	1080588	157803	326172	170821	45603	11649	48296	35559	41945
芗城区	137639	102646	17014	24931	16725	7478	268	8101	1276	
龙文区	96449	85180	8139	22906	11972	2232	344	3696	3357	
龙海市	461425	369944	49940	117040	79414	13057	4002	14026	4679	18106
龙海市属	196595	141545	25076	35723	42810	5841	1953	5311	3326	4344
漳州开发区	104266	92845	6311	35915	12702	3257	397	2709		6040
台商投资区	160564	135554	18553	45402	23902	3959	1652	6006	1353	7722
云霄县	66338	50175	6079	17988	5352	2059	407	1917	3446	3194
云霄县属	55300	41811	3821	16250	4552	1834	346	1514	2441	2897
常山开发区	11038	8364	2258	1738	800	225	61	403	1005	297
漳浦县	219386	180011	17387	72058	254477	6326	1953	6302	4039	8094
漳浦县属										
古雷开发区										
诏安县	58796	35412	4764	10773	4285	1623	487	1384	2499	1627
长泰县	131392	85983	15826	18295	11022	6668	1970	3836	9606	3610
东山县	113099	70390	20129	14061	6588	1661	1125	4636	20	3070
南靖县	83526	44140	6752	13057	4009	2025	418	1914	3024	2020
平和县	56999	30505	6184	8112	3674	1487	246	1224	2722	1677
华安县	40199	26202	5589	6951	2333	987	429	1260	891	547

7—8 续表1

单位：万元

	收支部分								
	地方公共财政收入								
	税收收入		非税收入						
	烟叶税	其他各项收入	小计	专项收入	行政事业性收费收入	罚没收入	国有资本经营收入	国有资源(资产)有偿使用收入	其他收入
漳州市	**24**	**305743**	**459542**	**108835**	**86120**	**59808**	**78044**	**75100**	**51635**
市本级		63027	74882	34112	18195	13120		7938	1517
市区县合计	24	242716	384660	74723	67925	46688	78044	67162	50118
芗城区		26853	34993	5431	3874	2374		7067	16247
龙文区		32534	11269	2762	1551	1329		2662	2965
龙海市		69680	91481	32301	17928	10432	25118	3817	1885
龙海市属		17161	55050	9026	12791	5839	25118	1811	465
漳州开发区		25514	11421	7446	3075	392		508	
台商投资区		27005	25010	15829	2062	4201		1498	1420
云霄县		9733	16163	2846	4852	1654		3450	3361
云霄县属		8156	13489	1826	4793	1339		3431	2100
常山开发区		1577	2674	1020	59	315		19	1261
漳浦县		38405	39375	8474	8356	9292	4519	7335	1399
漳浦县属									
古雷开发区									
诏安县		7970	23384	1797	5785	3025		9881	2896
长泰县		15150	45409	4881	2952	7573	21073	7442	1488
东山县		19100	42709	3796	8568	1634	134	15960	12617
南靖县		10921	39386	3311	4626	4448	21560	1644	3797
平和县		5179	26494	5182	6771	3022	5115	2941	3463
华安县	24	7191	13997	3942	2662	1905	525	4963	

7—8 续表2

单位：万元

	收支部分										
	支出										
	支出合计	一般公共服务	国防	公共安全	教育	科学技术	文化体育与传媒	社会保障和就业	医疗卫生与计划生育支出	节能环保	城乡社区支出
漳州市	**3558161**	**226599**	**4045**	**203240**	**626027**	**44655**	**60308**	**377859**	**406948**	**90193**	**380174**
市本级	402170	34921	2034	57844	64602	8533	12582	53269	35161	7374	40659
市区县合计	3155991	191678	2011	145396	561425	36122	47726	324590	371787	82819	339515
芗城区	187906	16167	365	9201	33129	2582	2513	36250	22863	4137	10275
龙文区	124734	11931	155	5843	29708	2789	2224	9724	14102	915	13980
龙海市	706004	45722	77	32528	113079	6041	8539	57895	82401	19808	122507
龙海市属	409836	29299		22252	85481	5787	7087	47296	72209	4726	21469
漳州开发区	128874	7365	77	2548	11482	10	824	1125	1647	10832	30279
台商投资区	167294	9058		7728	16116	244	628	9474	8545	4250	70759
云霄县	253958	11460	383	10380	56733	795	6410	22715	32114	4007	23027
云霄县属	230201	9124	371	10141	53810	783	4888	21237	30449	2906	20004
常山开发区	23757	2336	12	239	2923	12	1522	1478	1665	1101	3023
漳浦县	479862	20910	267	23774	84192	7935	6554	48695	60700	6121	66023
漳浦县属											
古雷开发区											
诏安县	271468	16879		13378	44324	4445	2046	38685	38290	3435	6020
长泰县	237603	16878	90	10918	37877	2591	4036	15708	21058	20749	24451
东山县	276915	13771		11237	33459	1952	2656	16025	18688	4312	39682
南靖县	220356	12175	317	10318	42409	2134	7049	29100	27029	10288	13103
平和县	264659	16772	199	10920	64669	3599	2345	32598	41301	5536	15561
华安县	132526	9013	158	6899	21846	1259	3354	17195	13241	3511	4886

7—8 续表3

单位：万元

	收支部分											
	支出											
	农林水支出	交通运输支出	资源勘探信息等支出	商业服务业等支出	金融支出	援助其他地区支出	国土海洋气象等支出	住房保障支出	粮油物资储备支出	债务付息支出	债务发行费用支出	其他支出
漳州市	**524610**	**135098**	**84920**	**55130**	**3720**	**1729**	**34523**	**138440**	**24208**	**11414**	**824**	**123497**
市本级	14518	5421	4025	3421	1671		5361	24868	4162	1608	14	20122
市区县合计	510092	129677	80895	51709	2049	1729	29162	113572	20046	9806	810	103375
芗城区	8325	12184	17945	3554	20		565	2759	1275	13	11	3773
龙文区	7493	950	3689	11551	59	124	511	8141	778	8	6	53
龙海市	74323	47370	24132	4877	62	1514	5141	13303	4577	1985	54	40069
龙海市属	68760	4101	5097	1919			4201	11347	4577	248	22	13958
漳州开发区	555	42591	13563	1705			505	770				2996
台商投资区	5008	678	5472	1253	62	1514	435	1186		1737	32	23115
云霄县	53339	5880	1782	6958		91	3043	9450	1721	1262	48	2360
云霄县属	50608	5866	1007	4462		91	2842	6890	1597	1262	44	1819
常山开发区	2731	14	775	2496			201	2560	124		4	541
漳浦县	51692	9000	6753	5685	1600		7096	39708	1662	2462	519	28514
漳浦县属												
古雷开发区												
诏安县	69406	14773	1045	1668	56		2881	4687	2698	595	9	6148
长泰县	52617	6443	3484	2771	25		936	12843	1890	467	23	1748
东山县	76512	17327	2943	4714	80		3896	11263	900	23	36	17439
南靖县	40882	4110	10278	3398	32		2335	2980	1330	312	21	756
平和县	39791	7674	7362	5651	70		1916	4959	2524	807	36	369
华安县	35712	3966	1482	882	45		842	3479	691	1872	47	2146

7—9 国税系统分产业税收收入

单位：万元

	合计	第一产业	第二产业								
			小计	采掘业	制造业	电力、煤气及水的生产和供应业	建筑业	小计	批发和零售业	交通运输、仓储及邮政业	住宿和餐饮业
税收收入合计	**1399267**	**5303**	**833585**	**4626**	**661987**	**160750**	**6222**	**560379**	**196336**	**19324**	**428**
1、增值税收入	684032	3357	538390	4304	443258	90741	87	142285	108774	14986	18
其中：一般纳税人	660753	3228	531699	3812	437358	90490	39	125826	98832	13326	
2、消费税收入	68485		13468		13468			55017	54992		
3、企业所得税	167321	1229	50317	211	40848	6271	2987	115775	29402	1660	164
4、外商投资企业外国企业所得税	173299	686	123719	109	56766	63711	3133	48894	2911	2547	245
5、个人所得税	2							2			
6、车辆购置税	46835	31	231	2	187	27	15	46573	257	131	1
7、其他各税（海关）	259293		107460		107460			151833			

7—9 续表

单位：万元

	第三产业										
	信息传输、计算机服务和软件业	金融业	房地产业	租赁和商务服务业	科学研究和技术服务业	居民服务、修理和其他服务业	教育	卫生和社会工作	文化、体育和娱乐业	公共管理、社会保障和社会组织	其它行业
税收收入合计	**17879**	**49506**	**69095**	**4896**	**2740**	**1527**	**370**	**28**	**426**	**151875**	**45949**
1、增值税收入	10101	609	78	3882	2193	1021	4		322	7	290
其中：一般纳税人	9889	331		1224	1220	450			273		281
2、消费税收入		25									
3、企业所得税	7060	48367	26549	781	510	414	358	22	86		402
4、外商投资企业外国企业所得税	1	426	42438	211	13	86			13	3	
5、个人所得税											2
6、车辆购置税	717	79	30	22	24	6	8	6	5	32	45255
7、其他各税（海关）										151833	

7—10 国税系统分企业类型税收收入

单位：万元

	合计	内资企业					
		小计	国有企业	集体企业	股份合作企业	联营企业	股份公司
税收收入合计	**1730820**	**1266136**	**690830**	**11064**	**24168**	**62**	**311787**
1、增值税收入	1213433	938872	571458	3654	1215	57	193710
其中：一般纳税人	674159	416994	57643	3369	1113	53	190969
小规模纳税人	28625	11229	3166	285	102	4	2741
2、消费税收入	118980	101093	98624				2268
3、企业所得税	347631	181336	20726	7408	22950	1	95193
4、个人所得税	4						
5、车辆购置税	50772	44835	22	2	3	4	20616

7—10 续表

单位：万元

	内资企业			港澳台投资企业	外商投资企业	个体经营	附列资料：乡(镇)企业
	其中：国有控股	私营企业	其它企业				
税收收入合计	**37729**	**226198**	**2027**	**329106**	**109908**	**25670**	
1、增值税收入	10768	167230	1548	180479	74402	19680	
其中：一般纳税人	10768	162790	1057	180176	74319	2670	
小规模纳税人		4440	491	303	83	17010	
2、消费税收入		193	8	14281	3537	69	
3、企业所得税	26961	34697	361	134331	31964		
4、个人所得税						4	
5、车辆购置税		24078	110	15	5	5917	

7—11 地税系统分行

项目	收入总计	国内税收合计	营业税	企业所得税		个人所得税
				内资企业	外资企业	
税收收入合计	**1867776**	**1334711**	**451134**	**221503**	**34**	**141142**
一、第一产业	22872	4208	456	113		585
二、第二产业	642396	423815	162037	74547	21	67325
(一)采矿业	6683	4482	1035	311		607
1、煤炭开采和洗选业	11					
2、石油和天然气开采业	2	2				
其中:原油	2	2				
3、黑色金属矿采选业	3					
4、有色金属矿采选业	6	1				
5、非金属矿采选业	4920	2846	1035	311		266
6、其他采矿业	1741	1633				341
(二)制造业	290147	135427	4193	13579	1	30346
1、农副食品加工业	28994	13367	68	1141		2583
2、食品制造业	15897	6631	334	398		610
3、酒、饮料和精制茶制造业	8807	3867	36	262		508
①酒的制造	2851	1360		231		51
其中:酒精	11					
②饮料制造	2668	1029	15	30		150
③精制茶制造	3288	1478	21	1		307
4、烟草制品业	13	13				
其中:卷烟制造						
5、纺织业	4852	1447	2	4		154
6、纺织服装、服饰业	5135	1462	66	13		154
7、皮革、毛皮、羽毛及其制品和制鞋业	6321	2455	36	86		294
8、木材加工及木竹藤棕草制品业	3587	1458	4	11		278
9、家具制造业	8007	3846	64	16		320
10、造纸及纸制品业	12203	5329	180	314		476
11、印刷和记录媒介复制业	1971	541	3	95		66
12、文教、工美、体育和娱乐用品制造业	9216	3493	182	95		373
13、石油加工、炼焦及核燃料加工业	354	193				54
其中:成品油	285	147				53
14、化学原料和化学制品制造业	20983	11467	87	3369		2437
15、医药制造业	12800	9679	345	6040		1323
16、化学纤维制造业	547	313	24			13
17、橡胶和塑料制品业	11234	4801	81	106		644
18、非金属矿物制品业	25054	12710	60	173		3621
19、黑色金属冶炼及压延加工业	4744	2366	7	45		314
20、有色金属冶炼及压延加工业	6235	2898	621	33		198
21、金属制品业	18601	7730	159	202	1	953
22、通用设备制造业	16783	7317	262	29		2740
23、专用设备制造业	5568	2251	158	14		184
24、汽车制造业	8709	3202	126	35		485
25、铁路、船舶、航空航天和其他运输设备制造业	3639	1403	6	29		375
其中:铁路运输设备制造	106	60				11
船舶及相关装置制造	3161	1178	6	29		329
航空、航天及设备制造	5					
摩托车制造	59	38				3
26、电气机械及器材制造业	24555	14376	940	16		8765
27、计算机、通信和其他电子设备制造业	13653	6626	96	969		1900
28、仪表仪器制造业	5604	1821	72	66		186
29、其他制造业	6081	2365	174	18		338
(三)电力、热力、燃气及水的生产和供应业	44673	20106	2674	6187	-8	4628
1、电力、热力的生产和供应业	37127	15587	1556	4165		4247
①电力生产	13888	7048	1097	1267		2356

业分税种税收收入

单位：万元

城市维护建设税	房产税	印花税	城镇土地使用税	土地增值税	车船税	耕地占用税	契税	其他各税
64017	**46375**	**21124**	**39992**	**185386**	**12865**	**35557**	**103290**	**12292**
119	205	231	208	32		461	1794	4
34570	23106	10655	22868	2297	1	11024	3993	11371
226	25	21	36					2221
			2					
			2					
1								
209	25	21	34					945
16								1276
22734	21965	7424	22230	1776	1	6809	3100	1269
3454	2190	1341	1831	36		481	242	
1382	847	392	983	175		1009	501	
1122	1092	136	689			1	14	7
494	360	35	185				4	
89	416	51	271					7
539	316	50	233			1	10	
							13	
295	409	75	412			74	22	
429	321	56	368	55				
505	523	151	617	33		192	18	
307	210	85	430	8		42	83	
835	729	315	1022	49		418	78	
1075	1296	456	1307	3		144	74	4
127	108	23	119					
542	895	112	1148	138			8	
36	10	39	53				1	
29	6	38	21					
1472	1090	851	1142	19	1	798	201	
1004	266	42	373			272	14	
31	38	12	95	100				
1019	1378	268	964	86		136	119	
1922	2484	437	2472	98		34	213	1196
183	789	285	574			167	2	
159	1239	258	340			43	6	1
1222	1341	499	1910	33		1056	352	2
947	1208	277	946	17		627	264	
341	327	94	520	87		440	86	
775	645	202	830	91		6	7	
316	232	87	357					1
40	1	6	2					
253	207	76	277					1
3	3		29					
1092	787	444	998	484		335	515	
1210	796	295	862	28		390	80	
492	381	78	369	34		87	56	
440	334	114	499	202		57	131	58
3537	861	555	392	177		964	138	1
3362	695	425	240			821	76	
930	290	305	85			642	76	

7—11 续表

项 目	收入总计	国内税收合计	营业税	企业所得税		个人所得税
				内资企业	外资企业	
②电力供应	22908	8421	408	2898		1852
③热力生产和供应业	331	118	51			39
2、燃气生产和供应业	1081	570	326		-8	90
3、水的生产和供应业	6465	3949	792	2022		291
(四)建筑业	300893	263800	154135	54470	28	31744
1、房屋建筑业	143733	125427	71092	30864		13194
2、土木工程建筑业	50333	44508	25378	8521		4993
3、建筑安装业	58826	52196	31593	9697	13	6994
4、建筑装饰和其他建筑业	48001	41669	26072	5388	15	6563
三、第三产业	1202508	906688	288641	146843	13	73232
(一)批发和零售业	75736	29774	2104	1979		5799
1、批发业	46357	19154	1167	1018		3023
其中：烟草制品批发	15800	7668	137			1132
煤炭及制品批发	93	38	4	2		4
石油及其制品批发	3071	1371	163	134		223
汽车及零配件批发	927	305	23	34		54
2、零售业	29379	10620	937	961		2776
(二)交通运输、仓储及邮政业	21588	10485	1153	2134		2395
1、交通运输业	16640	7754	910	1499		1786
2、仓储业	1618	822	18	23		119
3、邮政业	3330	1909	225	612		490
(三)住宿和餐饮业	21635	14393	8341	498	3	1939
1、住宿业	11508	7134	4077	202		620
2、餐饮业	10127	7259	4264	296	3	1319
(四)信息传输、软件和信息技术服务业	8887	4309	747	24		1516
1、电信、广播电视和卫星传输服务业	8010	3980	649	6		1457
其中：电信	7017	3639	474			1341
2、互联网和相关服务	132	24		1		19
3、软件和信息技术服务业	745	305	98	17		40
(五)金融业	132596	113274	64844	1118	9	22492
1、货币金融服务	92798	78762	55453	1029		15689
其中：银 行	90998	77147	54503	460		15650
金融租赁	470	454	100	326		20
2、资本市场服务	9851	8815	2952	89		1113
3、保险业	29549	25359	6361			5457
4、其他金融	398	338	78		9	233
(六)房地产业	664269	640528	182390	120745	1	24263
1、房地产开发经营业	533804	516967	163942	118027		12688
2、物业管理	10336	5750	3276	249		266
3、房地产中介服务	1246	1049	429	255		23
4、自有房地产经营活动	81	79	15			
5、其他房地产业	118802	116683	14728	2214	1	11286
(七)租赁和商务服务业	116606	53595	18758	16953		3320
1、租赁业	1522	1138	447	66		168
2、商务服务业	115084	52457	18311	16887		3152
(八)科学研究和技术服务业	60119	7729	2452	1621		1634
(九)居民服务、修理和其他服务业	18266	8446	4384	452		1614
其中：居民服务业	10579	3437	1446	159		596
机动车、电子产品和日用产品修理业	1457	485	69	4		170
(十)教 育	28185	2778	329	12		2251
(十一)卫生和社会工作	12964	4132	71	138		3729
其中：卫 生	12382	3809	62	126		3449
(十二)文化、体育和娱乐业	5477	3067	1459	303		683
其中：新闻和出版业	224	85	1	45		29
广播、电视、电影和影视录音制作业	527	121	13	1		48
体 育	719	308	144	4		40
娱乐业	3538	2468	1276	240		539
(十三)公共管理、社会保障和社会组织	30535	11442	952	86		1295
(十四)其他行业	5645	2736	657	780		302

单位：万元

城市维护建设税	房产税	印花税	城镇土地使用税	土地增值税	车船税	耕地占用税	契税	其他各税
2424	400	114	146			179		
8	5	6	9					
37	23	31	31			40		
138	143	99	121	177		103	62	1
8073	255	2655	210	344		3251	755	7880
3711	116	1031	94	319		1084	543	3379
1275	44	631	44	1		1675	197	1749
1716	80	542	47	7		194	15	1298
1371	15	451	25	17		298		1454
29328	23064	10238	16916	183057	12864	24072	97503	917
10329	3475	3162	1953	125		458	300	90
8470	1241	2486	1197	80		211	183	78
5827	179	294	75					24
13	3	7	5					
220	72	348	150	18		9	34	
55	56	43	40					
1859	2234	676	756	45		247	117	12
686	1116	339	971		37	1413	149	92
594	621	269	430		37	1381	135	92
33	73	59	451			32	14	
59	422	11	90					
520	2450	45	389	11		140	49	8
250	1476	38	263	11		140	49	8
270	974	7	126					
678	975	82	230			52	5	
658	967	69	174					
645	946	60	173					
1	3							
19	5	13	56			52	5	
4028	1780	1397	181	4209	12804		412	
3473	1607	851	164	382			114	
3424	1604	846	164	382			114	
5	1	2						
195	16	326	1	3825			298	
351	156	212	16	2	12804			
9	1	8						
10443	11240	3619	11181	174418	1	9375	92294	558
9420	5222	2812	7870	162124		7108	27196	558
207	744	19	168		1	820		
23	14	4	32	269				
1	43	1	11	8				
792	5217	783	3100	12017		1447	65098	
1466	1069	802	929	313		8071	1793	121
34	287	40	87					9
1432	782	762	842	313		8071	1793	112
350	135	91	66	631		652	84	13
298	201	172	79	773	16	171	268	18
72	102	20	28	773		26	201	14
30	51	71	31		4	32	23	
21	88	5	21	47			4	
6	74	83	31					
5	53	83	31					
100	224	6	288					4
6	3		1					
17	36	2	4					
8	44		64					4
66	136	2	209					
305	108	82	356	2530	6	3567	2145	10
98	129	353	241			173		3

7—12 地税系统分企

项目	合计	内资企业					
		小计	国有企业	集体企业	股份合作企业	联营企业	其中：国有控股
总计	**1867776**	**1541474**	**96594**	**9835**	**18326**	**706**	**327**
一、税收收入合计	1334711	1102964	58594	4086	14912	287	220
1、增值税收入							
其中：一般纳税人							
小规模纳税人							
2、消费税收入							
3、营业税	451134	405812	25391	1379	5596	52	18
4、企业所得税	221537	221503	4086	1177	1864	177	160
5、个人所得税	141142	106598	6843	411	6443	17	7
6、资源税	12268	11363	635	141	29	1	
7、固定资产投资方向调节税							
8、城市维护建设税	64017	50084	8953	209	393	7	2
9、房产税	46375	28619	2534	357	256	19	19
10、印花税	21124	16491	993	53	183	1	1
11、城镇土地使用税	39992	25446	1087	137	61	13	13
12、土地增值税	185386	156103	2368	185	20		
13、车船税	12865	12299	1045				
14、车辆购置税							
15、烟叶税	24	24					
16、耕地占用税	35557	33483	3034				
17、契　税	103290	35139	1625	37	67		
18、其他税收							
二、非税收入合计	533065	438510	38000	5749	3414	419	107
1、教育费附加收入	35147	26644	4074	118	207	1	1
2、地方教育附加	23305	17637	2716	78	137	1	1
3、文化事业建设费收入	810	649	9				
4、海上石油矿区使用费收入							
5、税务部门罚没收入	196	140	72	1			
6、残疾人就业保障基金	7325	5960	525	31	123	2	2
7、社会保障基金收入	448823	371632	29640	5437	2875	413	103
基本养老保险基金收入	261714	209882	19245	4395	1000	96	88
失业保险基金收入	19810	16249	2165	184	284	4	3
基本医疗保险基金收入	145009	128567	7374	740	1405	312	11
工伤保险基金收入	15257	11390	363	74	58		
生育保险基金收入	7033	5544	493	44	128	1	1
其他社会保险基金收入							
8、其他非税收入	17459	15848	964	84	72	2	
地方水利建设基金收入	6738	5873	561	17	52		
价格调节基金收入	10721	9975	403	67	20	2	
其他收入							
附列资料:工会经费收入	8110	5939	351	44	236	4	2

业类型税收收入

单位：万元

股份公司	其中：国有控股	私营企业	其它企业	港澳台投资企业	其中：国有控股	外商投资企业	其中：国有控股	个体经营
948443	**164612**	**320086**	**147484**	**124867**	**11539**	**84006**	**3984**	**117429**
746597	123618	244141	34347	77059	9300	45024	1857	109664
284779	47270	81511	7104	22845	4721	9226	235	13251
157559	31575	54648	1992	17		17	9	
66567	10872	15506	10811	5887	962	7904	850	20753
7084	541	2134	1339	214		75		616
29455	6184	10229	838	7720	309	5088	279	1125
16974	4323	7133	1346	8127	438	6386	207	3243
10447	2134	4145	669	2170	43	1911	89	552
17548	2713	6375	225	9861	2675	3915	187	770
97687	6419	51543	4300	18222	151	8189		2872
11233	5628	4	17	534	1	24	1	8
24								
21723	3515	3880	4846	1091		605		378
25517	2444	7033	860	371		1684		66096
201846	40994	75945	113137	47808	2239	38982	2127	7765
16139	2979	5610	495	4153	183	3737	159	613
10762	1987	3722	221	2768	123	2491	106	409
232		407	1	32		12		117
20	2	13	34	7				49
3030	749	946	1303	796	37	569	38	
161052	34539	61360	110855	39564	1811	31684	1800	5943
108869	21006	42801	33476	25877	1268	20519	1165	5436
8643	2848	2985	1984	1904	110	1632	99	25
35458	9218	12143	71135	8647	360	7453	408	342
5116	682	2366	3413	2359	40	1396	91	112
2966	785	1065	847	777	33	684	37	28
10611	738	3887	228	488	85	489	24	634
3884	617	1271	88	404	85	401	24	60
6727	121	2616	140	84		88		574
3604	680	1464	236	1244	28	924	41	3

7—13 地税系统分行

项目	其他非税收入合计	教育费附加收入	地方教育附加	文化事业建设费收入	税务部门其他罚没收入	残疾人就业保障基金	
							合计
合计	**533065**	**35148**	**23305**	**810**	**196**	**7324**	**448823**
一、第一产业	18664	85	58			100	18392
二、第二产业	218581	20361	13544		19	2982	170253
(一)采矿业	2201	177	118			9	1895
1、煤炭开采和洗选业	11						11
2、石油和天然气开采业							
其中:原油							
3、黑色金属矿采选业	3						3
4、有色金属矿采选业	5						5
5、非金属矿采选业	2074	134	90			9	1839
6、其他采矿业	108	43	28				37
(二)制造业	154720	12777	8490		12	2413	130720
1、农副食品加工业	15627	1873	1237		1	280	12225
2、食品制造业	9266	879	578			156	7631
3、酒、饮料和精制茶制造业	4940	543	361			61	3968
①酒的制造	1491	233	156			18	1081
其中:酒精	11						11
②饮料制造	1639	45	29			14	1548
③精制茶制造	1810	265	176			29	1339
4、烟草制品业							
其中:卷烟制造							
5、纺织业	3405	176	118		1	21	3086
6、纺织服装、服饰业	3673	245	164			43	3216
7、皮革、毛皮、羽毛及其制品和制鞋业	3866	288	192			65	3316
8、木材加工和木竹藤棕草制品业	2129	199	132			29	1764
9、家具制造业	4161	432	283			74	3357
10、造纸和纸制品业	6874	634	422		1	105	5688
11、印刷和记录媒介复制业	1430	61	40			20	1306
12、文教、工美、体育和娱乐用品制造业	5723	301	202		5	70	5140
13、石油加工、炼焦和核燃料加工业	161	22	15			6	118
其中:成品油	138	18	12			5	103
14、化学原料和化学制品制造业	9516	817	548			164	7958
15、医药制造业	3121	440	293			27	2348
16、化学纤维制造业	234	20	14			2	197
17、橡胶和塑料制品业	6433	600	400		4	141	5272
18、非金属矿物制品业	12344	1202	803			336	9986
19、黑色金属冶炼及压延加工业	2378	108	73			39	2157
20、有色金属冶炼及压延加工业	3337	105	70			35	3126
21、金属制品业	10871	694	464			177	9500
22、通用设备制造业	9466	511	341			116	8482
23、专用设备制造业	3317	179	120			59	2956
24、汽车制造业	5507	386	255			52	4804
25、铁路、船舶、航空航天和其他运输设备制造业	2236	241	161			20	1813
其中:铁路运输设备制造	46	18	11				17
船舶及相关装置制造	1983	209	138			16	1619
航空、航天及设备制造	5						5
摩托车制造	21	2	1				18
26、电气机械和器材制造业	10179	670	450			91	8947
27、计算机、通信和其他电子设备制造业	7027	658	438			108	5798
28、仪表仪器制造业	3783	228	154			59	3334
29、其他制造业	3716	265	162			57	3227
(三)电力、热力、燃气及水的生产和供应业	24567	2828	1884		1	377	19408
1、电力、热力生产和供应业	21540	2733	1819		1	313	16638
①电力生产	6840	1548	1032			66	4194
②电力供应	14487	1181	784		1	245	12243
③热力生产和供应业	213	4	3			2	201

业分项目其他收入

单位：万元

社会保险基金收入						其他				
基本养老保险费	失业保险费	医疗保险费	工伤保险费	生育保险费	其他社会保险基金收入	合计	地方水利建设基金收入	价格调节基金收入	其他收入	附列资料：工会经费收入
261712	**19810**	**145010**	**15257**	**7034**		**17459**	**6738**	**10721**		**8110**
15249	214	2590	202	136		29	14	15		178
117076	8973	33593	7587	3027		11422	2287	9135		5034
1486	75	250	63	21		2	1	1		30
11										
3										
4		1								
1442	74	244	58	21		2	1	1		30
26	1	5	5							
88699	6568	26256	6819	2381		308	288	20		4392
8359	590	2563	476	237		11	11			429
5492	362	1285	375	117		22	19	3		208
2621	194	946	121	86		7	7			119
762	63	213	23	20		3	3			18
10	1									
1013	76	370	56	33		3	3			41
846	55	363	42	33		1	1			60
2325	152	409	164	36		3	3			80
2380	159	504	127	46		5	5			111
2289	154	664	148	61		5	5			103
1278	73	199	196	18		5	5			49
2128	161	556	462	50		15	15			100
3914	268	1032	382	92		24	19	5		253
963	65	202	57	19		3	3			33
3537	245	1008	258	92		5	5			160
87	8	17	4	1						8
78	7	13	4	1						7
5458	426	1618	310	146		29	28	1		189
1739	201	323	55	30		13	13			85
150	10	29	5	3		1	1			5
3644	268	985	288	87		16	16			251
6893	513	1828	583	169		17	16	1		489
1355	95	443	224	40		1	1			66
2127	180	635	127	57		1	1			36
6240	460	2096	516	188		36	32	4		322
5826	586	1607	315	148		16	14	2		297
2066	160	548	134	48		3	3			91
2913	173	1254	353	111		10	10			86
1289	71	291	144	22		1	1			59
5	9	3								
1147	50	265	138	19		1	1			44
5										
14	1	3								1
5429	422	2384	493	219		21	20	1		373
3728	256	1409	276	129		25	23	2		194
2282	168	730	87	67		8	8			101
2187	148	691	139	62		5	4	1		95
13106	1429	4108	395	370		69	39	30		458
11199	1283	3510	329	317		36	29	7		375
2787	250	972	100	85						103
8264	1025	2500	226	228		33	29	4		269
148	8	38	3	4		3		3		3

7—13 续表

项目	其他非税收入合计	教育费附加收入	地方教育附加	文化事业建设费收入	税务部门其他罚没收入	残疾人就业保障基金	合计
2、燃气生产和供应业	511	21	13			15	442
3、水的生产和供应业	2516	74	52			49	2328
(四)建筑业	37093	4579	3052		6	183	18230
1、房屋建筑业	18306	2043	1363		3	49	9846
2、土木工程建筑业	5825	768	511			32	2711
3、建筑安装业	6630	992	658		3	69	2581
4、建筑装饰和其他建筑业	6332	776	520			33	3092
三、第三产业	295820	14702	9703	810	177	4242	260178
(一)批发和零售业	45962	4883	3242		2	570	35944
1、批发业	27203	3950	2625			365	19499
其中：烟草制品批发	8132	2497	1665			83	3618
煤炭及制品批发	55	5	3			2	45
石油及其制品批发	1700	112	76			32	1395
汽车及零配件批发	622	38	15			12	542
2、零售业	18759	933	617		2	205	16445
(二)交通运输、仓储和邮政业	11103	388	260			237	10093
1、交通运输业	8886	340	228			173	8060
2、仓储业	796	18	12			11	752
3、邮政业	1421	30	20			53	1281
(三)住宿和餐饮业	7242	258	173	165	5	84	5519
1、住宿业	4374	122	81	58	3	52	3488
2、餐饮业	2868	136	92	107	2	32	2031
(四)信息传输、软件和信息技术服务业	4578	322	213	6		120	3434
1、电信、广播电视和卫星传输服务业	4030	314	210	6		114	2911
其中:电信	3378	306	202	6		107	2300
2、互联网和相关服务	108						108
3、软件和信息技术服务业	440	8	3			6	415
(五)金融业	19322	1955	1301			793	14810
1、货币金融服务	14036	1672	1111			644	10246
其中:银　行	13851	1642	1095			637	10120
金融租赁	16	3	2				11
2、资本市场服务	1036	89	59			26	852
3、保险业	4190	190	128			123	3659
4、其他金融业	60	4	3				53
(六)房地产业	23741	5566	3721		41	582	11815
1、房地产开发经营业	16837	5010	3349		9	470	6128
2、物业管理	4586	100	66			86	4305
3、房地产中介服务	197	12	8			2	173
4、自有房地产经营活动	2				1		1
5、其他房地产业	2119	444	298		31	24	1208
(七)租赁和商务服务业	63011	734	494		1	395	61175
1、租赁业	384	18	11			7	341
2、商务服务业	62627	716	483		1	388	60834
(八)科学研究和技术服务业	52390	158	106		72	385	51600
(九)居民服务、修理和其他服务业	9820	154	102	27	8	43	9455
其中:居民服务业	7142	39	26	9	1	26	7029
机动车、电子产品和日用产品修理业	972	13	7			6	944
(十)教　育	25407	10	5		34	365	24986
(十一)卫生和社会工作	8832	2	1			83	8742
其中:卫　生	8573	2	1			82	8485
(十二)文化、体育和娱乐业	2410	49	30	611	14	33	1467
其中:新闻和出版业	139	3	2			4	130
广播、电视、电影和影视录音制作业	406	7	5			6	387
体　育	411	5	2	51		9	325
娱乐业	1070	32	20	563	15	4	252
(十三)公共管理、社会保障和社会组织	19093	174	22			493	18398
(十四)其他行业	2909	49	33	1		59	2740

单位：万元

社会保险基金收入						其他				
基本养老保险费	失业保险费	医疗保险费	工伤保险费	生育保险费	其他社会保险基金收入	合计	地方水利建设基金收入	价格调节基金收入	其他收入	附列资料：工会经费收入
296	24	101	14	7		20	3	17		13
1611	122	497	52	46		13	7	6		70
13785	901	2979	310	255		11043	1959	9084		154
7640	438	1479	160	129		5002	800	4202		70
1925	132	543	63	48		1803	204	1599		36
1752	225	514	48	42		2327	511	1816		24
2468	106	443	39	36		1911	444	1467		24
129387	10623	108827	7468	3871		6008	4437	1571		2898
25476	1662	7721	470	617		1321	1293	28		722
13316	1022	4565	249	348		764	742	22		449
2632	235	658	32	61		269	269			103
34	3	8								1
916	74	339	37	29		85	85			25
367	29	125	9	12		15	15			17
12160	640	3156	221	269		557	551	6		273
5949	962	2634	314	234		125	100	25		210
4914	844	1872	264	166		85	60	25		180
488	38	191	17	18		3	3			15
547	80	571	33	50		37	37			15
3663	274	1372	92	118		1038	44	994		167
2013	200	1115	65	95		570	29	541		127
1650	74	257	27	23		468	15	453		40
1197	430	1733	23	51		483	286	197		31
848	401	1604	17	41		475	282	193		26
595	362	1316	7	19		457	275	182		
65	5	33	2	3						
284	24	96	4	7		8	4	4		5
4506	2058	7333	249	656		463	463			417
1565	1721	6195	203	554		363	363			329
1491	1718	6152	203	551		357	357			319
8		3								1
601	66	164	7	14		10	10			16
2303	270	960	39	87		90	90			71
37	1	14		1						1
7742	649	2949	223	248		2016	1976	40		558
4013	341	1537	106	127		1871	1833	38		438
2823	225	1063	101	93		29	28	1		109
112	9	48	1	3		2		2		3
1										
793	74	301	15	25		114	114			8
41908	2207	13477	2603	980		212	177	35		352
153	8	49	127	4		7	5	2		2
41755	2199	13428	2476	976		205	172	33		350
22929	744	24720	2991	212		69	7	22		160
8301	121	913	64	56		31	16	15		56
6446	72	442	38	31		12	5	7		34
715	22	190	8	9		2	1	1		5
2529	615	21622	80	140		7	7			96
1579	418	6162	186	397		4	4			55
1557	414	5940	182	392		3	3			54
478	62	857	27	43		206	5	201		23
1	11	109	3	6						
51	16	299	7	14		1	1			4
194	17	102	7	5		19	1	18		9
169	9	64	4	6		184	1	183		7
2123	289	15820	100	66		6	2	4		6
1007	132	1514	46	53		27	17	10		45

7—14 主要年份金融系统年末分项存贷款余额及人民币对美元中间价

单位：万元

	2007	2008	2009	2010	2011	2012	2013	2014	2015
1、各项存款	6140446	7196186	8681223	11073445	12775456	15257351	18510442	20966119	23462077
企业存款	1397939	1525534	2045866	2078534			8457416	9690614	6750885
活　期	1101723	1188567	1600656	1605422			4520623	4806219	3332704
定　期	296216	336967	445210	473113			1289368	1769194	932319
财政存款	88127	65868	113963	212035	189602	209808	350433	599429	815445
机关团体存款	310017	384158	489303	1326287					3497962
储蓄存款	3584748	4357289	5031383	6033326	6985614	8186142	9478317	10404583	11885004
活　期	1761344	1960016	2359649	3044432					
定　期	1823404	2397274	2671734	2988895					
农业存款	195147	217394	283953	452824					
信托存款									
委托存款	1605	1161	445	10964	2062	23592	18124	25261	
其他存款	1106376	528035	299760	740962	52575	61626	89623	107330	271389
2、各项贷款	4405146	4958763	6558024	8362029	10080141	12126343	14203847	16387231	19063970
#短期贷款	2323984	2578593	3503756	4651458	5653721	6648851	7423439	8217283	8877210
#工业贷款	915954	1084028	1457245						
商业贷款	172174	171972	225079						
农业贷款	521110	615012	771086						
三资企业贷款	76028	129191	114812						
中长期贷款	1926626	2170493	2607802	3269849	4294416	5371309	6639136	7963664	9503571
# 基本建设贷款	1065750	1175174	1212930						
信托贷款									
融资贷款									
委托贷款									
3、国家银行年末存款余额									
国家银行年末贷款余额									
4、商业银行年末存款余额	4410225	4428977	5217062						
商业银行年末贷款余额	3376793	3272028	4223871						
5、人民币兑美元中间价	7.8087	6.8346	6.8282	6.6227	6.3009	6.2855	6.0969	6.1190	6.4936

注：1、2001 年及以后年份商业银行包括范围与以前年份不一致；2、2004 年起含外资银行；3、从 2000 年度起，各项存、贷款均用本外币口径；4、2015 年其他存款含非银行业金融机构存款和境外存款。

7—15 分县(市、区)金融系统年末人民币存贷款余额

单位：万元

	金融系统年末存款余额	金融系统年末贷款余额	居民储蓄存款年末余额
漳州市	**23113647**	**18708561**	**11833827**
市区	9045397	8801472	3448240
龙海市	4254994	3741057	2312450
云霄县	1074333	581377	706637
漳浦县	3034103	2069480	1652609
诏安县	1049951	508289	708932
长泰县	1055195	647201	614162
东山县	888832	744775	541514
南靖县	983483	736514	659700
平和县	1243453	581449	897881
华安县	483906	296948	291701

7—16 国内保险业务主要指标

单位：万元

指标	2014年	2015年	增长(%)
保险费收入	577084	627124	8.7
财产保险	203507	227139	11.6
#机动车辆险	179009	170242	-4.9
企业财产险	6327	6063	-4.2
家庭财产险	835	892	6.8
人身保险	373577	399985	7.1
人寿保险	328158	341396	4.0
健康保险	33705	45404	34.7
意外伤害	11708	13185	12.6
有效保单赔款及给付金额	159629	191957	20.3
财产保险	102102	113173	10.8
#机动车辆险	71706	81383	13.5
企业财产险	3310	4559	37.7
家庭财产险	181	223	23.2
人身保险	57527	78784	37.0
人寿保险	56104	72674	29.5
健康保险	2273	2638	16.1
意外伤害	2925	3472	18.7

主要统计指标解释

财政收入 指国家财政参与社会产品分配所取得的收入，是实现国家职能的财力保证。财政收入所包括的内容几经变化，目前主要包括：

(1) 各项税收：包括增值税、营业税、消费税、土地增值税、城市维护建设税、资源税、城市土地使用税、印花税、个人所得税、企业所得税、关税、农牧业税和耕地占用税等。

(2) 专项收入：包括征收排污费收入、征收城市水资源费收入、教育费附加收入等。

(3) 其他收入：包括基本建设贷款归还收入、基本建设收入、捐赠收入等。

(4) 国有企业亏损补贴:这项为负收入，冲减财政收入。

财政支出 国家财政将筹集起来的资金进行分配使用，以满足经济建设和各项事业的需要，主要包括:基本建设支出、企业挖潜改造资金、地质勘探费用、科技三项费用、支援农村生产支出、农林水利气象等部门的事业费用、工业交通商业等部门的事业费、文教科学卫生事业费、抚恤和社会福利救济费、国防支出、行政管理费、价格补贴支出。

中央财政收入和地方财政收入 指按财政体制划分的中央本级收入和地方本级收入。1994 年分税制财政体制以后，属于中央财政的收入包括关税、海关代征消费税和增值税，消费税，中央企业所得税，地方银行和外资银行及非银行金融企业所得税，铁道、银行总行、保险总公司等集中缴纳的营业税、所得税、利润和城市维护建设税，增值税的 75%部分，证券交易税（印花税）50%部分和海洋石油资源税。属于地方财政的收入包括营业税，地方企业所得税，个人所得税，城镇土地使用税，固定资产投资方向调节税，城镇维护建设税，房产税，车船使用税，印花税，屠宰税，农牧业税，农业特产税，耕地占用税，契税，增值税 25%部分，证券交易税（印花税）50%部分和除海洋石油资源税以外的其他资源税。

中央财政支出和地方财政支出 指根据政府在经济和社会活动中的不同职责，划分中央和地方政府的责权，按照政府的责权划分确定的支出。中央财政支出包括国防支出，武装警察部队支出，中央级行政管理费和各项事业费，重点建设支出以及中央政府调整国民经济结构、协调地区发展、实施宏观调控的支出。地方财政支出主要包括地方行政管理和各项事业费，地方统筹的基本建设、技术改造支出，支援农村生产支出，城市维护和建设经费，价格补贴支出等。

存款 指企业、机关、团体或居民根据资金必须收回的原则，把货币资金存入银行或其他信用机构保管并取得一定利息的一种信用活动形式。根据存款对象的不同可划分为企业存款、财政存款、机关团体存款、基本建设存款、城镇储蓄存款、农村存款等科目。它是银行信贷资金的主要来源。

贷款 指银行或其他信用机构根据资金必须归还的原则，按一定利率，为企业、个人等提供资金的一种信用活动形式。我国银行贷款分为流动资金贷款、固定资产贷款、城乡个体工商户贷款以及农业贷款等科目。

第八篇　农　业

8—1 主要年份全国、全省、全市农业总产值及指数

(以上年为100)

年　份	全　国		全　省		漳　州	
	绝对数(亿元)	指　数(%)	绝对数(亿元)	指　数(%)	绝对数(亿元)	指　数(%)
1949					1.28	
1950					1.38	112.3
1951					1.49	108.1
1952	461		11.07		1.65	106.1
1953	510	102.4	11.89	105.0	1.78	106.5
1954	535	103.2	11.97	101.6	1.78	100.6
1955	575	108.4	12.92	105.4	1.76	99.0
1956	610	106.4	14.94	112.7	2.13	120.3
1957	537	105.6	17.05	113.4	2.18	110.3
1958	566	102.5	15.47	90.1	2.27	102.4
1959	497	86.4	15.29	96.4	2.21	97.0
1960	457	87.4	12.61	81.7	2.45	97.0
1961	559	97.6	13.49	82.4	2.61	94.1
1962	584	106.3	14.81	111.4	2.50	94.5
1963	642	111.6	15.71	114.3	2.71	108.1
1964	720	113.5	16.35	116.0	2.99	116.7
1965	833	108.1	18.80	113.1	3.24	108.8
1966	910	108.7	20.67	106.9	3.52	104.1
1967	924	101.6	18.79	90.9	3.27	92.0
1968	928	97.4	18.01	95.8	3.12	96.5
1969	948	101.1	19.91	110.4	3.40	109.2
1970	1021	111.6	21.12	106.4	3.30	98.3
1971	1068	103.0	25.11	110.0	3.96	107.8
1972	1075	99.8	27.12	108.0	4.58	105.5
1973	1173	108.4	25.84	94.9	4.22	91.0
1974	1215	104.1	26.71	103.6	4.29	101.8
1975	1260	104.7	27.06	101.2	4.69	108.3
1976	1258	102.5	26.54	97.6	4.82	101.2
1977	1253	101.7	29.27	109.9	5.49	112.6
1978	1397	94.8	36.33	111.6	6.24	110.0
1979	1698	107.6	43.11	106.8	7.36	106.0
1980	1923	101.4	45.49	105.2	7.91	106.8
1981	2181	106.5	56.11	105.8	10.51	108.3

8—1　续表

(以上年为100)

年　份	全　国		全　省		漳　州	
	绝对数(亿元)	指　数(%)	绝对数(亿元)	指　数(%)	绝对数(亿元)	指　数(%)
1982	2483	111.3	63.73	107.6	11.79	108.2
1983	2750	107.8	68.08	105.1	11.73	102.9
1984	3214	112.3	80.66	113.9	13.83	113.8
1985	3619	103.4	99.05	108.4	16.23	105.2
1986	4013	103.4	107.07	102.2	17.38	101.9
1987	1676	105.8	132.97	109.1	20.81	108.0
1988	5865	103.9	182.00	107.7	29.36	108.3
1989	6535	103.1	209.92	106.5	33.70	107.7
1990	7662	107.6	227.12	103.8	34.46	102.4
1991	8157	103.7	253.51	108.1	40.31	112.3
1992	9085	106.2	295.24	108.3	48.55	114.8
1993	10996	108.0	386.34	110.9	60.72	111.2
1994	15750	108.6	574.05	114.2	94.64	117.7
1995	20341	110.9	738.63	113.6	123.71	116.1
1996	22354	109.4	850.67	110.7	147.56	114.3
1997	23788	106.7	925.56	112.3	157.18	113.4
1998	24542	105.9	973.37	106.1	175.03	112.8
1999	24519	104.7	1010.82	106.4	185.20	109.6
2000	24916	103.6	1037.27	103.1	196.17	106.9
2001	26180	104.2	1061.61	103.9	206.04	106.9
2002	27391	104.9	1125.29	103.5	205.02	101.9
2003	29692	104.0	1170.54	102.2	219.70	104.0
2004	36239	107.5	1315.10	103.3	246.31	105.0
2005	39451	105.7	1317.01	103.2	267.19	104.7
2006	40811	105.4	1449.78	101.5	285.17	104.0
2007	48893	103.9	1692.16	104.2	329.66	105.0
2008	58002	105.7	1965.02	105.2	376.51	105.4
2009	60361	104.6	2001.24	105.0	386.43	105.2
2010	69320	104.4	2307.06	103.5	448.77	104.2
2011	81304	104.5	2730.94	104.1	517.85	104.2
2012	89453	104.9	3007.18	104.3	558.85	104.5
2013	96995	104.0	3281.96	104.5	600.93	104.7
2014	102226	104.2	3522.31	104.5	644.29	104.8
2015	107056	103.9	3717.87	103.9	683.89	104.5

8—2 农 业 生

	2005	2006	2007	2008
一、乡村人口和从业人员				
乡村户数(万户)	95.84	96.59	97.34	101.02
乡村人口(万人)	378.59	380.79	382.99	389.71
1、男(万人)				
2、女(万人)				
乡村劳动力资源数(万人)	213.43	218.24	223.06	228.20
1、男(万人)				
2、女(万人)				
乡村从业人员数(万人)	194.90	198.31	201.73	206.53
1、男(万人)	102.27	104.12	105.97	108.40
其中:从事农业人员(万人)				
2、女(万人)	92.62	94.19	95.76	98.14
其中:从事农业人员(万人)				
二、农村基础设施				
自来水受益村数(个)	1040	1094	1148	1415
通有线电视村数(个)				
通宽带村数(个)				
三、农业主要物质消耗				
农用化肥施用量(折纯)(万吨)	42.22	40.24	38.25	37.06
其中:氮　肥(万吨)	15.55	14.65	13.75	13.09
磷　肥(万吨)	5.23	5.16	5.08	5.24
钾　肥(万吨)	9.90	9.70	9.50	8.69
复合肥(万吨)	11.53	10.73	9.92	10.03
农用塑料薄膜使用量(万吨)	0.58	0.57	0.56	0.57
其中:地膜使用量(万吨)	0.21	0.23	0.24	0.26
地膜覆盖面积(亩)				
农用柴油使用量(万吨)	34.29	33.60	32.91	33.45
农药使用量(万吨)	1.12	1.10	1.08	1.15
农村用电量(万千瓦时)	87847	102481	117116	130538
村委会数(个)	1661	1661	1661	1662

产　条　件(2005–2015)

	2009	2010	2011	2012	2013	2014	2015
	101.74	104.10	105.82	106.51	106.08	105.27	104.53
	393.14	397.27	399.72	401.69	399.82	396.16	393.08
							201.90
							191.19
	234.31	241.51	247.17	246.31	245.27	241.42	240.16
							125.66
							114.50
	209.05	215.56	219.77	218.94	218.00	214.89	213.27
	110.17	113.63	116.08	116.15	114.89	113.35	112.56
							54.20
	98.89	101.93	103.69	102.79	103.11	101.54	100.71
							47.86
	1486	1606	1621	1628	1624	1635	1640
							1629
							1661
	38.55	38.73	39.21	39.12	39.00	40.63	40.53
	13.84	13.85	14.18	14.12	14.00	14.35	14.22
	5.71	5.79	5.73	5.69	5.55	5.90	6.08
	8.81	9.00	8.95	8.86	8.95	9.28	9.13
	10.19	10.09	10.35	10.45	10.51	11.10	11.09
	0.55	0.60	0.63	0.64	0.68	0.70	0.75
	0.26	0.29	0.30	0.31	0.33	0.33	0.34
							223127
	33.67	34.04	34.32	34.59	34.75	34.94	35.44
	1.18	1.20	1.20	1.17	1.19	1.17	1.16
	146623	116821	169543	183873	199118	212429	230527
	1666	1664	1664	1665	1660	1661	1661

8—3 农业机械拥有量(1996-2015)

	1996	1997	1998	1999	2000	2001	2002	2003	2004	2005
农业机械总动力(万千瓦)	108.46	107.39	117.17	123.67	128.85	133.42	142.61	152.29	161.60	167.34
柴油发动机动力	87.89	86.42	9.42	103.83	109.52	113.49	119.35	128.10	140.42	141.57
汽油发动机动力	4.75	4.57	5.57	3.74	3.18	4.80	6.07	6.18	4.07	7.80
电动机动力	15.50	16.02	17.10	15.79	16.15	15.13	17.18	17.94	17.10	17.97
其他机械动力	0.33	0.37	0.31	0.31				0.08		
1、耕作机械(万千瓦)	21.29	20.46	20.47	20.05	19.74			17.09	16.65	18.45
大中型拖拉机(台)	544	490	481	357	273	168	192	138	94	57
小型拖拉机(台)	21534	20767	20692	20550	17695	18678	15506	15021	12573	11549
2、排灌机械(万千瓦)	12.83	11.95	12.55	13.40	14.88	14.36	20.18	20.12	20.95	21.88
农用水泵(台)	15072	16133	16544	17619	20157	19402	36013	33827	37418	38664
3、收获机械(万千瓦)	1.65	1.90	2.36	2.37	0.06	0.06	0.06	0.06	0.05	0.05
4、植保机械(万千瓦)	3.01	2.23	2.51	3.64	3.83	5.30	6.22	7.70	10.20	12.92
5、畜牧机械(万千瓦)	2.19	2.26	2.41	2.25	2.50	2.17	2.06	2.25	2.47	2.42
饲料粉碎机(台)	3091	3341	3466	3637		3235		3305	3315	3284
6、林业机械(万千瓦)							0.22	0.30	0.30	0.31
7、渔业机械(万千瓦)	16.80	17.26	24.47	30.00	32.41	38.00	39.36	47.78	56.40	56.89
8、农产品加工机械(万千瓦)	10.61	10.70	10.81	9.80	9.20	9.11	9.40	9.65	8.98	8.91
9、运输机械(万千瓦)	37.22	38.16	39.18	39.24	39.73	39.77	41.46	40.82	38.99	38.65
农用载重汽车(辆)	1792	1774	1867	1954	1798	1826	1962	1963	1929	1957
农用运输车(辆)	6853	7147	7244	7385	8411	8181	8444	8133	7866	7681
10、其他农业机械(万千瓦)	2.85	2.46	2.41	2.91	3.64	3.39	3.79	4.20	4.55	4.77

注:2002年及以前年份小型拖拉机含变型拖拉机。

8—3　续表

	2006	2007	2008	2009	2010	2011	2012	2013	2014	2015
农业机械总动力(万千瓦)	168.79	174.23	190.46	191.88	196.92	203.69	207.31	213.36	213.26	213.82
柴油发动机动力	141.47	145.86	145.86	141.29	142.88	142.78	144.37	146.78	144.78	144.18
汽油发动机动力	8.35	7.36	20.73	24.22	26.38	30.84	32.47	33.39	34.36	34.91
电动机动力	18.97	21.01	23.87	26.37	27.65	29.65	30.43	33.05	34.06	34.69
其他机械动力										0.04
1、耕作机械(万千瓦)	20.63	26.59	48.69	52.41	56.27	63.14	64.92	67.11	69.54	70.02
大中型拖拉机(台)	35	52	60	90	148	186	234	285	314	373
小型拖拉机(台)	10430	10992	7131	12050	7889	12081	12458	12471	11745	11298
2、排灌机械(万千瓦)	22.20	23.56	23.64	24.40	25.83	28.21	28.89	29.37	30.96	31.07
农用水泵(台)	38140	39350	41197	42530	46697	51926	53111	51946	49772	52075
3、收获机械(万千瓦)	0.10	0.14	0.39	0.51	0.53	0.59	0.60	0.62	0.67	0.69
4、植保机械(万千瓦)	12.98	13.64						32.58	33.11	33.08
5、畜牧机械(万千瓦)	2.30	2.97	2.89	2.89	2.45	2.65	3.04	3.30	3.26	3.58
饲料粉碎机(台)	2969	3435								
6、林业机械(万千瓦)	0.32	0.80	1.32	1.33	1.33	0.33	0.36	0.39	0.40	0.43
7、渔业机械(万千瓦)	55.19	57.83	63.49	59.36	61.11	59.97	60.19	62.92	60.81	57.58
8、农产品加工机械(万千瓦)	8.77	10.05	13.08	14.61	14.71	15.53	15.80	16.37	17.17	17.26
9、运输机械(万千瓦)	37.37	26.36	36.52	36.45	35.63	34.95	36.09	36.22	36.09	39.10
农用载重汽车(辆)	1926	662	118							
农用运输车(辆)	7112	6893	5736	5813	5774	5677	5964	5948	6005	6452
10、其他农业机械(万千瓦)	6.76									

8—4 主要年份常用耕地面积(年底数)

年份	耕地面积(万亩)	#水田	#有效灌溉面积	人均耕地面积(亩/人) 按全市人口计算	人均耕地面积(亩/人) 按农村劳动力计算
1952	289.55	214.58		1.73	4.46
1957	289.93	216.39		1.50	4.20
1962	272.83	201.42		1.24	3.90
1965	274.50	204.47	229.21	1.14	3.63
1970	276.94	206.86	225.42	0.98	3.10
1975	277.49	207.90	229.65	0.86	2.63
1978	277.81	207.94	212.51	0.81	2.63
1980	276.26	206.34	191.90	0.79	2.46
1985	267.75	199.45	174.00	0.71	2.27
1986	262.66	196.86	222.60	0.68	2.15
1987	260.28	195.39	220.50	0.67	2.07
1988	258.76	194.38	221.27	0.65	2.01
1989	258.67	194.06	222.99	0.65	1.93
1990	258.09	193.47	224.42	0.63	1.90
1991	256.78	192.43	225.29	0.61	1.87
1992	256.30	192.64		0.61	1.89
1993	252.26			0.59	1.89
1994	250.06	188.36		0.58	1.86
1995	248.99			0.58	1.90
1996	246.48			0.57	1.89
1997	244.17			0.56	1.84
1998	241.83			0.55	1.88
1999	239.20			0.54	1.87
2000	245.15	181.09	142.47	0.55	1.90
2001	240.04	176.44	155.83	0.53	1.88
2002	234.83	172.27	144.65	0.52	1.84
2003	230.68	168.46	136.01	0.51	1.83
2004	226.84	164.77	133.12	0.50	1.87
2005	224.15	162.79	136.17	0.49	1.95
2006	267.28	193.11		0.58	2.36
2007	265.79	191.94		0.58	2.37
2008	265.45	191.71		0.57	2.28
2009	270.61	217.54		0.56	1.29
2010	269.98	216.83		0.56	1.25
2011	269.93	216.45		0.56	1.23
2012	268.74	215.53		0.55	1.10
2013	270.39			0.55	1.10
2014	269.11	215.07			
2015					

注:2006年以后耕地面积为国土资源局统计数据。

8—5 常用耕地增减变动情况(1996-2015)

单位：亩

	1996	1997	1998	1999	2000	2001	2002	2003	2004	2005
1、当年新增的耕地面积	3130	3371	1811	5321	21452	2617	1862	3836	4114	3393
# 新开荒	666	290	90	244	607	623	34	755	77	78
围垦(已利用)		10	6	8	10				1	2
2、当年减少的耕地	28208	24621	25138	31645	363994	53709	53925	45325	42541	30322
# 国家基建	11077	6058	4468	10506	8918	4235	16351	14342	9980	14706
乡村集体基建	1937	1791	1914	1258	1348	1636	1749	1841	5244	1824
农民个人建房占地	694	919	877	535	673	461	694	360	597	408
退耕造林	19	557	17	216	33013	4120	903	908	102	280
退耕改果	8896	12660	15492	16930	134941	26930	9400	10083	13324	4485
退耕改渔	802	780	799	358	11235	10468	14478	2669	3505	2216
灾害毁地	4625	929	1179	1706	129700	831	835	787	355	268

8—5 续表

单位：亩

	2006	2007	2008	2009	2010	2011	2012	2013	2014	2015
1、当年新增的耕地面积	3030	3161	2764	25314	17884	20225	16633	15596	7935	10015
# 新开荒		286	1273	9996	11601	14503	8782	8336	4816	2530
围垦(已利用)			74					566	113	365
2、当年减少的耕地	41421	18054	14842	10717	24339	20684	20400	15886	14026	9549
# 国家基建	10205	13495						3544	4358	1950
乡村集体基建								128	97	183
农民个人建房占地								642	1651	1091
退耕造林										
退耕改果	30770	2166		46	1271	1379	989	605		
退耕改渔				180	102	457	777	458	353	54
灾害毁地	316	1952	1236							

8—6 主要年份农作物播种面积

单位：万亩

年份	合计	粮食作物	#谷物	非粮作物	复种指数(%)
1952	486.36	428.61	348.76	57.75	1.68
1957	560.13	480.27	355.20	79.86	1.93
1962	500.79	460.94	344.40	39.85	1.84
1965	543.64	469.85	358.97	73.79	1.98
1970	556.37	467.94	372.15	88.43	2.01
1975	625.15	527.39	382.43	97.76	2.25
1978	634.91	530.99	378.48	103.92	2.29
1979	624.23	514.47	371.02	109.76	2.25
1980	595.11	489.65	367.49	105.46	2.15
1981	581.68	468.24	361.14	113.44	2.11
1982	574.33	458.38	354.03	115.95	2.09
1983	570.09	468.71	357.15	101.38	2.08
1984	557.57	434.74	339.79	122.83	2.04
1985	536.83	389.23	301.81	147.60	2.00
1986	544.72	397.68	308.93	147.04	2.07
1987	567.31	419.98	312.53	147.33	2.18
1988	570.38	421.50	309.99	148.88	2.20
1989	577.04	440.43	318.56	136.61	2.23
1990	583.04	444.15	314.76	138.89	2.26
1991	600.00	449.10	307.00	150.90	2.34
1992	611.72	442.79	298.00	168.93	2.39
1993	587.05	393.67	281.46	193.38	2.33
1994	594.94	402.24	277.84	192.70	2.38
1995	593.56	398.32	276.81	195.24	2.38
1996	613.62	403.43	275.49	210.19	2.49
1997	611.10	403.18	276.10	207.92	2.50
1998	610.96	395.42	268.12	215.54	2.53
1999	603.21	389.15	267.35	214.06	2.52
2000	559.93	321.07	215.11	238.86	2.28
2001	540.01	293.59	198.13	246.42	2.25
2002	504.23	254.54	163.67	249.69	2.15
2003	489.88	242.70	159.10	247.18	2.12
2004	479.19	245.92	167.77	233.27	2.11
2005	469.26	241.73	165.65	227.53	2.09
2006	387.71	171.09	128.34	216.62	1.74
2007	371.60	163.97	122.44	207.63	1.40
2008	380.76	170.99	126.62	209.77	1.43
2009	382.20	176.62	126.92	205.58	1.41
2010	387.78	178.72	126.32	209.06	1.44
2011	385.84	176.69	122.81	209.15	1.43
2012	387.58	175.75	122.43	211.83	1.43
2013	390.05	174.21	117.99	215.84	1.44
2014	395.53	171.69	121.60	223.84	1.47
2015	400.20	169.69	118.71	230.51	

注:2002年起粮食播种面积中稻谷面积为抽样调查数,其他为全面统计数,2006、2007年为农业普查调整数据。

8—7　粮食作物播种面积(1996-2015)

单位:亩

	1996	1997	1998	1999	2000	2001	2002	2003	2004	2005
总　计	**4034310**	**4031811**	**3954216**	**3891532**	**3210737**	**2935907**	**2545396**	**2427007**	**2459244**	**2417341**
按收获季节分										
春收粮食	415643	391748	371620	361148	297062	237516	223998	212338	196076	197193
夏收粮食	1656447	1663235	1657825	1629291	1291805	1191117	940579	941637	971665	967572
秋收粮食	1962220	1976828	1924771	1901093	1621870	1507274	1380819	1273032	1291503	1252576
按品种分										
稻　谷	2754901	2761041	2681218	2673543	2151124	1981339	1636718	1591195	1677666	1656564
早　稻	1367596	1359466	1348366	1338023	1046116	963134	726003	752641	793939	797636
中　稻							69127	42893	63599	54068
晚　稻	1387305	1401595	1332852	1335520	1105008	1018205	841588	795661	820128	804860
大小麦	217620	172117	133370	101368	63565	29170	20033	14660	9121	7450
#小　麦	217495	172117	133298	101368	63565	29170	20033	14660	9121	7450
甘　薯	591683	576418	601779	611588	563838	532919	506972	476176	443622	424436
马铃薯	39769	68541	71134	76399	56528	41475	45492	48870	48519	51824
杂　粮	117117	106658	123025	93093	58095	56733	46623	37906	38329	39842
大　豆	189757	210192	207176	204114	186975	175605	155254	138489	134590	130499
杂　豆	123463	136794	136514	131335	130575	118666	134304	119711	107397	106726

注:2004 年之前中稻包含一季晚稻,晚稻为双季晚稻,2006、2007 年为农业普查调整数据。

8—7　续表

单位:亩

	2006	2007	2008	2009	2010	2011	2012	2013	2014	2015
总　计	**1710869**	**1639695**	**1709912**	**1766157**	**1787243**	**1766897**	**1757511**	**1742085**	**1716928**	**1696889**
按收获季节分										
春收粮食	141683	113305	114378	143498	159188	164833	167982	173599	174342	180195
夏收粮食	679128	672274	692290	717984	717975	708673	719578	711596	698309	685889
秋收粮食	890059	854116	903244	904675	910080	893391	869951	856890	844277	830805
按品种分										
稻　谷	1283393	1224376	1266186	1269241	1263179	1228118	1224342	1179882	1145240	1107528
早　稻	613008	593063	604186	621876	612460	599045	604935	587151	574024	553606
中　稻	42422	31166	31387	37239	42858	41797	43068	42242	41998	39826
晚　稻	627963	600147	630613	610126	607862	587276	576339	550489	529218	514096
大小麦	1935	1240	1444	937	676	618	562	640	501	279
#小　麦	1935	1240	1444	937	676	618	562	640	501	279
甘　薯	254803	243055	261051	275681	279411	282717	268881	276804	284025	289017
马铃薯	37558	38168	40388	59645	66985	68299	68013	71098	69049	69205
杂　粮	22997	28455	25844	35379	42006	50273	56477	66767	70244	79260
大　豆	70959	68044	64245	66491	69688	71177	71246	74548	76046	78322
杂　豆	39224	36357	50754	58783	65298	65695	67990	72346	71823	73278

8—8 主要非粮作物

	1996	1997	1998	1999	2000	2001	2002	2003	2004
油　料	331387	312798	300497	292476	288485	297615	265134	257657	248581
#花　生	323657	306061	294370	288698	283650	293703	262753	255440	246765
油菜籽	7230	6637	5977	3228	4363	3802	2121	1865	1521
芝　麻	500		150	150			240	352	295
甘　蔗	280438	283384	276891	181186	101465	114909	125766	126183	104226
麻　类	1435	2210	385	219	767	765	745	442	245
烟　叶	32895	60885	35967	38698	28442	25105	19169	14563	11734
#烤　烟	22160	47490	21410	20737	12775	9175	6227	4789	2211
莲　籽	1010								
蔬　菜	969239	960505	1136025	1201615	1448929	1531984	1592008	1603744	1651092
西　瓜	48182	47137	39238	37363	36075	35867	30730	26565	26864
绿　肥	18445		19121	19273			22910	14718	13784
青饲料	195157	175549	182274	173570	178566	179191	161851	168332	155834

注:2006、2007 年为农业普查调整数据。

8—9 年末各类水果和亚热带

	1994	1995	1996	1997	1998	1999	2000	2001	2002	2003
水果合计	1810967	2022796	2223949	2422327	2545662	2648709	2688849	2631376	2577098	2547948
#柑　桔	310515	309241	329102	336844	328917	313711	306569	590216	580939	571135
龙　眼	234002	294662	369942	433143	456218	461208	442127	433386	426399	410096
荔　枝	338047	391656	441387	499401	540654	555531	555149	571839	563697	553493
香　蕉	269709	281086	282398	288380	325070	409981	439789	404700	365242	363808
枇　杷	9333	10045	10052	11128	12081	17541	29658	39302	49600	60056
蜜　柚	139195	172647	76043	251158	265694	277856	288566	309072	316229	324214
青　梅								132537	138714	139027
菠　萝	59733	60293	58782	51382	53357	45887	42058	45018	44479	53485
橄　榄	72307	79022	72772	72742	74101	78215	71788	64691	60840	52387
柿	47808	58408	67688	79430	80817	78509	76824	72896	69456	67424
桃	48006	55585	56934	52217	50820	49027	49396	52996	52124	49432
李	130307	139590	96012	148155	148496	141067	131755	130617	121857	118605
梨	4816	4892	5051	4569	4616	6342	6314	5260	4867	4179
葡　萄	527	1498	1011	1081	1067	225	218	220	204	194
杨　梅	25100	25453	27961	32716	37497	37533	40096	42980	44381	54120
橡　胶	43730	30753	25934	16670	13260	12812	9674			
香料作物	2616	829	2393	1889	1991	1920	1852			
剑　麻	13505	10984	9300	8218	5255	5750	5700			
花　卉								50959	56481	85028

播 种 面 积(1996–2015)

单位:亩

2005	2006	2007	2008	2009	2010	2011	2012	2013	2014	2015
244503	162512	149306	176539	183894	189427	189941	186864	188420	193053	197343
242536	160080	146936	173241	181355	187315	188064	184365	185579	189803	193874
1512	1412	2030	1611	1116	1280	1278	1596	2087	1811	2423
455	490	200	215	246	430	250	575	745	900	1037
96108	81297	74595	73893	71738	64272	55757	53882	55084	44789	22996
237	216	231	218							
12566	6175	3890	3279	4622	5198	4807	4563	4248	3708	3807
3680	1919	1209	653	600	490	470	384	270	276	221
									20	20
1621213	1594863	1577705	1550048	1515810	1549792	1556108	1579008	1596632	1644655	1708819
28161	26240	27052	24938	21968	19029	17762	17823	17158	16527	17245
11039	12160	9713	7516	4983	3641	3388	3223	2785	2803	2880
164080	163439	154868	147823	140584	137401	136307	132403	131462	130741	129488

作物实有面积(1994–2015)

单位：亩

2004	2005	2006	2007	2008	2009	2010	2011	2012	2013	2014	2015
2511396	2586662	2561090	2500995	2573593	2539904	2530287	2492978	2485967	2514199	2537039	2577050
593651	662086	697695	678472	719211	747067	763622	768719	812881	854069	894513	924103
405730	376780	369273	353907	350883	328069	319769	311866	306054	291398	284715	277174
528144	544236	503650	482850	519009	486863	477252	461089	428406	418351	410504	400746
363794	371821	366874	363575	363906	365686	363098	343532	336406	331367	327824	339505
62169	74107	74734	77339	78155	80150	83810	84478	85203	85618	84144	86699
364415	444627	501700	513319	570646	609407	641544	664490	707398	745945	783589	813395
135126	133610	134852	136043	132857	132765	134811	131832	131263	134363	136682	137315
42363	46393	51968	50716	50446	48792	42583	37200	36570	36168	32312	32489
50279	39687	38066	38726	33506	32256	28642	28339	25956	23701	22115	19647
62796	60790	48874	44585	39694	34756	34032	29760	25686	24957	23827	23545
43540	39855	40253	37300	35251	33810	30678	28016	27414	27345	26105	26445
105161	104120	106771	101673	96417	88654	81066	78800	76040	76316	75874	75666
2969	2937	2684	2688	2730	2708	2616	2579	2464	2315	2331	2329
197	222	55	579	553	553	580	825	805	1055	1106	1193
57308	61302	63400	70504	87540	93754	101577	118741	118692	119578	122182	123267
69267	54937	59802	60873	71969	73276	82110	89110	108062	126798	121706	146850

8—10 主要年份茶叶、水果、食用菌实有面积

单位：万亩

年份	茶叶	水果	食用菌
1952	0.71	6.64	
1957	1.72	16.74	
1962	2.99	17.77	
1965	3.26	26.09	
1970	7.60	26.27	
1975	10.17	37.45	
1978	11.48	41.29	
1980	14.56	40.78	
1986	16.12	67.13	
1987	16.44	86.60	
1988	16.41	93.74	
1989	15.60	101.80	
1990	14.74	106.19	
1991	14.01	127.96	
1992	13.97	147.30	
1993	14.12	159.28	
1994	13.90	181.10	
1995	12.85	202.28	
1996	11.94	222.39	0.15
1997	11.63	242.23	0.29
1998	11.74	254.57	0.21
1999	10.00	264.87	0.24
2000	11.46	268.88	0.26
2001	12.47	263.14	0.22
2002	13.58	257.71	0.21
2003	16.90	254.79	0.37
2004	20.37	251.14	0.36
2005	27.45	258.67	0.40
2006	28.78	256.11	0.45
2007	33.10	250.10	0.70
2008	37.88	257.36	0.62
2009	38.25	253.99	0.67
2010	40.42	253.03	1.35
2011	40.45	249.30	3.19
2012	41.20	248.60	2.77
2013	43.28	251.42	2.86
2014	43.85	253.70	2.88
2015	45.29	257.71	2.86

8—11　水产品养殖面积（1991-2015）

单位：公顷

	1991	1992	1993	1994	1995	1996	1997	1998	1999	2000	2001	2002	2003
总　计	**26115**	**30486**	**33565**	**35618**	**37843**	**40428**	**45015**	**48142**	**51158**	**53428**	**53428**	**55235**	**55794**
1、海水养殖	16059	20179	21914	22595	23910	26217	30063	32811	35559	37531	37531	38533	38734
# 滩涂养殖													
2、淡水养殖	10055	10306	11652	13023	13932	14211	14952	15331	15599	15897	15897	16702	17060
# 池塘养殖	2772	3215	4471	5759	6551	6826	7238	7349	7521	7866	7866	8812	9340
湖泊养殖													
河沟养殖	2250	2301	2328	2404	2404	2418	2365	2502	2593	2558	2558	2495	2241
水库养殖	4816	4722	4501	4550	4557	4567	4908	4969	4865	4804	4804	4925	5124

8—11　续表

单位：公顷

	2004	2005	2006	2007	2008	2009	2010	2011	2012	2013	2014	2015
总　计	**56367**	**56804**	**44472**	**44466**	**44801**	**46085**	**46410**	**47114**	**48401**	**51550**	**54015**	**54779**
1、海水养殖	39105	39123	29407	29440	29695	31023	31270	31867	32603	35588	37872	38390
# 滩涂养殖						11267	11488	11381	11680	11198	11916	11696
2、淡水养殖	17262	17681	15065	15026	15106	15062	15140	15247	15798	15962	16143	16389
# 池塘养殖	9728	10050	9788	9670	9212	9448	9527	9635	10223	10386	10499	10716
湖泊养殖				48								
河沟养殖	2236	1859	1627	1589	2372	1824	1819	1857	1648	1658	1693	1696
水库养殖	4949	4918	3058	3184	3372	3615	3620	3549	3760	3739	3738	3741

8—12 分项农林牧渔业增加值(1993–2015)

单位：万元

年份	合计	农业	林业	牧业	渔业	农林牧渔服务业
1993	356808	212136	16152	52466	76054	
1994	537366	314785	17799	81459	123323	
1995	683508	393744	20396	100518	168850	
1996	829914	472975	24012	126287	206640	
1997	876536	459121	27156	140615	249644	
1998	1001655	529056	40950	139857	291792	
1999	1062451	562972	40223	129809	329447	
2000	1136606	582133	40541	141357	372575	
2001	1194146	624383	25659	132972	411132	
2002	1185913	615790	30683	131144	408296	
2003	1274289	659203	32063	148748	427515	6760
2004	1427847	716369	36553	182279	484004	8642
2005	1548486	781337	43221	183523	530961	9444
2006	1630271	839213	45015	156487	507332	82222
2007	1864427	931507	50532	206275	582452	93661
2008	2118852	1011756	63934	259240	678714	105208
2009	2186524	1086853	71975	216866	699261	111570
2010	2547028	1296286	79222	226703	822103	122714
2011	2933039	1468663	93260	294624	938147	138343
2012	3204531	1597538	98109	320646	1037378	150860
2013	3439647	1733482	121127	320477	1095724	168836
2014	3693756	1945781	139121	302837	1117398	188619
2015	3916811	2076361	150167	297799	1184367	208116

注:2003年起采用国民经济行业分类GB/T 4754-2002,其他年份均采用GB/T 4754-94;2006、2007年为农业普查调整数据。

8—13　主要年份农林牧渔业总产值

单位：万元

年　份	合　计	农　业	林　业	牧　业	渔　业	农林牧渔服务业
1952	16511	14166		1503	759	
1957	21752	17032	827	2784	1109	
1962	24963	19970	749	2771	1473	
1965	32414	25348	972	4473	1621	
1970	33003	25808	858	3993	2344	
1975	46912	37717	1407	5723	2065	
1978	62448	49521	1686	8555	2686	
1979	73605	57964	2208	10487	2944	
1980	79071	58513	2754	12785	5019	
1981	105149	78879	5448	14748	6074	
1982	117852	87290	4997	18102	7463	
1983	117332	84407	5824	18598	8503	
1984	138283	99368	6116	22312	10487	
1985	162296	112362	7310	29280	13344	
1986	173820	115581	6931	31325	19983	
1987	208098	129892	6579	39203	32424	
1988	293590	183471	8000	52567	49552	
1989	337043	214294	8333	63518	50898	
1990	344570	209349	9551	67620	58050	
1991	403146	246485	11719	75333	69609	
1992	485515	287933	21876	88297	87409	
1993	607217	352683	22042	105254	127238	
1994	946407	534523	25148	175934	210802	
1995	1237111	678794	30871	228139	299307	
1996	1475615	803606	37061	273724	361224	
1997	1571835	779255	40620	303846	448115	
1998	1750332	880847	54656	299269	515560	
1999	1851952	939419	58994	282569	570970	
2000	1961735	955342	60046	304169	642178	
2001	2060353	1021708	41784	300740	696121	
2002	2050153	1012624	48508	294596	694425	
2003	2197003	1070819	51444	323287	738266	13187
2004	2463064	1156439	58775	390482	842800	14568
2005	2690061	1284222	70262	392720	926285	16572
2006	2851743	1389899	73563	343961	894650	149670
2007	3296611	1564106	82903	446676	1036118	166809
2008	3765113	1702650	106420	562383	1209924	183737
2009	3864278	1834317	120283	464210	1250040	195428
2010	4487707	2186507	133326	483697	1469577	214600
2011	5178478	2474077	161596	624578	1678079	240148
2012	5588514	2694672	168577	607085	1855054	263125
2013	6009293	2926093	208349	616458	1963684	294710
2014	6442936	3287681	238969	582373	2004424	329489
2015	6838903	3515383	256390	574887	2128427	363816

注:2003 年起采用国民经济行业分类 GB/T 4754-2002,其他年份均采用 GB/T 4754-94;2006、2007 年为农业普查调整数据。

8—14 主要年份农林牧渔业总产值指数(以上年为100)

年 份	合 计	农 业	林 业	牧 业	渔 业	农林牧渔服务业
1949	100.0	100.0	100.0	100.0	100.0	
1950	112.3	107.6	100.0	138.0	132.6	
1951	108.1	113.4	100.0	83.0	149.0	
1952	106.1	114.1	100.0	133.0	120.7	
1953	106.5	102.5	167.0	108.4	107.8	
1954	100.6	92.7	255.4	107.3	118.6	
1955	99.0	99.6	73.6	76.2	98.5	
1956	120.3	128.2	166.8	139.4	120.4	
1957	110.3	89.4	167.9	137.8	89.3	
1958	102.4	89.6	120.0	92.6	107.7	
1959	97.0	98.5	110.6	68.0	99.6	
1960	97.0	94.4	89.9	83.4	84.5	
1961	94.1	94.7	65.7	109.8	99.8	
1962	94.5	101.2	83.9	128.2	109.0	
1963	108.1	108.3	131.7	114.9	125.5	
1964	116.7	100.7	103.5	121.2	89.0	
1965	108.8	132.6	100.7	123.1	104.9	
1966	104.1	101.9	101.6	106.1	116.4	
1967	92.0	92.1	48.2	85.4	90.4	
1968	96.5	91.7	162.5	103.6	109.4	
1969	109.2	109.5	90.1	102.8	105.5	
1970	98.3	112.3	127.3	94.0	121.4	
1971	107.8	106.1	158.1	115.7	86.8	
1972	105.5	105.5	114.5	100.9	98.4	
1973	91.0	91.8	63.5	86.4	58.6	
1974	101.8	98.8	134.1	99.8	113.9	
1975	108.3	109.2	94.4	108.2	138.6	
1976	101.2	101.7	107.6	94.9	87.7	
1977	112.6	115.5	89.3	119.5	132.1	
1978	110.0	114.1	123.9	105.0	110.2	
1979	106.0	104.6	113.8	112.3	105.0	
1980	106.8	113.4	91.1	76.9	99.4	
1981	108.3	103.2	164.2	125.2	137.8	

8—14　续表

年　份	合　计	农　业	林　业	牧　业	渔　业	农林牧渔服务业
1982	108.2	107.4	116.7	108.9	113.2	
1983	102.9	99.0	121.2	113.2	123.6	
1984	113.8	116.8	98.3	111.5	94.6	
1985	105.2	98.4	135.1	126.5	129.0	
1986	101.9	99.4	82.1	107.6	132.3	
1987	108.0	107.1	92.8	102.2	134.7	
1988	108.3	107.8	107.0	108.2	112.8	
1989	107.7	108.3	101.9	101.7	113.7	
1990	102.4	86.9	81.2	113.1	191.2	
1991	112.3	112.3	112.2	109.4	113.7	
1992	114.8	112.1	183.3	110.4	115.8	
1993	111.2	109.4	94.4	110.9	119.6	
1994	117.7	114.9	117.0	110.7	129.3	
1995	116.1	114.4	116.0	114.5	120.6	
1996	114.3	113.8	122.3	107.3	117.8	
1997	113.4	109.1	107.8	110.4	124.3	
1998	112.8	112.6	117.7	105.8	115.6	
1999	109.6	112.5	112.9	96.5	109.3	
2000	106.9	102.4	106.6	108.9	114.0	
2001	106.9	113.4	103.7	102.8	107.1	
2002	101.9	102.3	121.3	97.9	101.5	
2003	104.0	101.8	113.1	107.8	106.1	
2004	105.0	103.1	111.7	106.0	106.7	
2005	104.7	104.0	114.9	101.6	106.2	
2006	104.0	103.5	101.5	101.8	105.5	
2007	105.0	105.3	107.2	96.6	107.0	108.4
2008	105.4	104.1	110.7	105.0	107.0	105.3
2009	105.2	104.7	111.1	101.9	106.5	108.3
2010	104.2	103.8	106.2	104.3	104.1	106.4
2011	104.2	104.3	108.2	104.8	103.2	106.3
2012	104.5	104.3	104.0	105.5	103.9	107.0
2013	104.7	104.7	110.4	102.3	104.2	109.3
2014	104.8	105.1	110.2	96.2	105.8	109.6
2015	104.5	105.8	110.0	86.9	106.1	108.6

8—15 主要年份农林牧渔业总产值指数(以1952年为100)

年份	合计	农业	林业	牧业	渔业
1952	100.0	100.0	100.0	100.0	100.0
1957	110.3	89.4	167.9	137.8	89.3
1962	120.6	86.6	577.7	125.9	133.4
1965	165.5	125.2	792.6	215.8	156.4
1970	164.2	132.7	723.4	195.7	230.5
1975	187.3	147.2	1053.8	213.3	182.3
1978	234.8	197.5	1255.2	254.0	232.9
1979	248.9	206.6	1428.5	285.3	244.5
1980	265.8	234.3	1301.3	219.4	243.1
1981	287.9	241.8	2136.8	274.7	335.0
1982	311.5	259.7	2493.6	299.1	379.2
1983	320.6	257.1	3022.3	338.6	468.7
1984	364.8	300.3	2970.9	377.5	443.3
1985	383.8	295.5	4013.7	477.6	571.9
1986	391.1	293.7	3295.2	513.9	756.7
1987	422.3	314.5	3058.0	525.2	1019.2
1988	457.4	339.1	3272.1	568.2	1149.7
1989	492.6	367.2	3334.2	577.9	1307.2
1990	504.4	319.1	2707.4	653.6	2499.3
1991	566.5	358.4	3037.7	715.0	2841.7
1992	650.3	401.7	5568.1	789.4	3290.7
1993	723.2	439.5	5256.3	875.4	3935.7
1994	851.2	505.0	6149.8	969.1	5088.8
1995	988.2	577.7	7133.8	1109.6	6137.1
1996	1129.5	657.4	8724.6	1190.6	7229.6
1997	1280.9	717.2	9405.2	1314.5	8986.3
1998	1444.8	807.6	11069.9	1390.7	10388.2
1999	1583.5	908.5	12497.9	1342.0	11354.3
2000	1692.8	930.3	13322.8	1461.5	12943.9
2001	1809.6	1055.0	13815.7	1502.4	13862.9
2002	1843.9	1079.3	16758.4	1470.8	14070.9
2003	1917.7	1098.7	18953.8	1585.6	14929.2
2004	2013.6	1132.8	21171.4	1680.7	15929.4
2005	2108.2	1178.1	24325.9	1707.6	16917.1
2006	2192.6	1219.3	24690.8	1738.3	17847.5
2007	2302.2	1283.9	26468.6	1679.2	19096.8
2008	2426.5	1336.6	29300.7	1763.2	20433.6
2009	2552.7	1399.4	32553.1	1796.7	21761.8
2010	2659.9	1452.6	34517.4	1873.9	22654.0
2011	2771.6	1515.1	37406.3	1963.8	23378.9
2012	2895.0	1580.7	38898.8	2072.4	24293.0
2013	3031.0	1655.0	42944.2	2120.1	25313.4
2014	3176.5	1739.4	47324.5	2039.5	26781.6
2015	3319.4	1840.5	52066.4	1772.5	28423.3

8—16 农林牧渔业分项产值

单位：万元

	2014	2015	2015年比2014年增长(%)
农林牧渔业总产值	**6442935.70**	**6838902.81**	**4.5**
一、农业产值	**3287680.61**	**3515382.97**	**5.8**
谷物及其他作物	318874.98	331032.77	-4.3
谷 物	138713.18	143602.88	
薯 类	71533.22	48239.75	
油 料	37245.69	65015.49	
豆 类	20063.18	22928.13	
棉 花			
麻 类			
糖 料	30383.40	24938.20	
烟 叶	1774.46	1853.56	
其他农作物	19161.85	24454.76	
蔬菜、食用菌及园艺作物	1511713.40	1770381.12	6.7
蔬菜(含菜用瓜)	754974.14	944283.25	
作物蔬菜			
食用菌	341368.93	325634.08	
花 卉	295372.73	423344.78	
水果、饮料和香料作物	1405776.45	1333559.20	4.5
水果(含果用瓜)	990054.04	978955.67	
园林水果	984119.44	972545.41	
果用瓜类	5934.60	6410.26	
茶 叶	415692.00	354586.12	
香料作物			

8—16 续表 单位：万元

	2014	2015	2015年比2014年增长(%)
中药材	51315.78	80409.87	79.1
二、林业产值	**238969.47**	**256390.40**	**10.0**
林木的培育和种植	48144.21	47534.40	7.4
竹木采运	114009.66	131760.89	11.3
#村及村以下			
林产品	76815.60	77095.11	9.7
三、牧业产值	**582373.09**	**574886.55**	**-13.1**
牧畜饲养	49661.42	64813.89	24.3
牛的饲养	40959.98	50790.16	
羊的饲养	4963.20	5402.13	
奶 类	3738.25	8621.60	
#牛 奶	2504.25	7213.60	
猪的饲养	416936.22	319145.26	-25.7
家禽饲养	97608.54	168280.68	16.9
#肉 禽	83601.66	153639.63	
禽 蛋	14006.88	14641.07	
狩猎和捕捉动物	422.47	344.81	-17.8
其他畜禽产品	17744.43	22301.96	13.3
四、渔业产品	**2004423.90**	**2128426.87**	**6.1**
海水产品	1631547.38	1746739.74	5.9
内陆水域水产品	372876.52	381687.09	7.2
五、农林牧渔服务业	**329488.63**	**363816.06**	**8.6**

注:2005年起牧业产值中的猪、禽产量用抽样数计算。

8—17　主要年份粮食总产量及单位播种面积产量

年　份	粮食总产量（万吨）	#稻　谷	粮食单产（公斤/亩）	#稻　谷
1952	61.81		144	
1957	77.20		161	
1962	70.40		153	
1965	95.00		202	
1970	102.40		219	
1975	109.70		208	
1978	127.30		240	
1980	135.30		276	
1986	113.94		287	
1987	128.95		307	
1988	126.88		301	
1989	141.97		322	
1990	144.40	115.50	325	367
1991	146.00	111.50	325	363
1992	150.40	118.50	340	389
1993	144.80	114.90	368	408
1994	144.70	113.00	360	407
1995	147.30	114.30	370	413
1996	151.00	115.70	374	420
1997	154.40	117.10	383	424
1998	152.70	114.20	386	426
1999	145.00	106.90	373	400
2000	123.70	89.80	385	417
2001	113.00	82.10	385	414
2002	94.20	64.20	370	392
2003	93.00	64.70	383	407
2004	96.20	69.60	391	415
2005	94.70	68.90	392	416
2006	61.96	46.74	362	364
2007	61.93	46.62	378	381
2008	67.58	50.86	395	402
2009	68.56	49.80	370	384
2010	70.08	50.39	392	399
2011	70.55	49.83	399	406
2012	70.26	49.84	400	407
2013	69.27	47.77	398	405
2014	69.13	46.56	403	407
2015	69.15	45.70	408	413

注：1988年起粮食总产量及单产中稻谷部分为抽样调查数据（下表同）。

8—18 各 类 粮

	1996	1997	1998	1999	2000	2001	2002	2003	2004
合 计	**151.04**	**154.35**	**152.65**	**145.03**	**123.70**	**112.99**	**94.21**	**93.01**	**96.20**
按收获季节分									
春收粮食	11.04	11.16	10.63	11.10	9.54	7.83	7.51	7.38	6.71
夏收粮食	65.51	66.61	66.74	66.64	50.83	46.24	32.59	35.31	37.61
秋收粮食	74.49	76.58	75.28	67.29	63.33	58.92	54.11	50.32	51.88
按品种分									
稻 谷	115.74	117.13	114.20	106.93	89.80	82.11	64.18	64.75	69.57
早 稻	60.88	61.51	61.04	61.15	46.11	41.81	28.10	31.36	33.79
中 稻	1.70	2.04	2.16	2.24	2.56	2.67	2.68	1.68	2.53
晚 稻	53.16	53.58	50.99	43.54	41.13	37.62	33.39	31.71	31.74
大小麦	4.87	3.91	2.83	2.21	1.36	0.63	0.42	0.37	0.23
#小 麦	4.86	3.91	2.83	2.21	1.36	0.63	0.42	0.37	0.23
甘 薯	22.45	23.29	24.59	25.06	22.99	21.86	20.97	19.93	18.82
马铃薯	1.39	2.63	2.74	3.07	2.36	1.55	1.69	1.76	1.57
杂 粮	1.88	1.95	2.27	1.76	1.23	1.16	0.96	0.77	0.83
豆 类									
#大 豆	2.81	3.31	3.47	3.39	3.16	3.05	2.68	2.39	2.43
杂 豆	1.90	2.13	2.55	2.61	2.80	2.62	3.33	3.04	2.74

注:2004年之前中稻含一季晚稻,晚稻为双季晚稻。

8—19 非 粮 作

	1996	1997	1998	1999	2000	2001	2002	2003	2004
蔬 菜	1332800	1400613	1616510	1775176	2071607	2231499	2345875	2359406	2446795
油菜籽	843	658	752	279	466	409	261	200	186
芝 麻	125	12	23	24	47	11	26	91	42
黄红麻	218	433	72	45	173	167	185	104	85
苎 麻	14	17	15	23					
烟 叶	3466	6683	3812	4086	3290	2826	1993	1774	1347
莲 籽	107	104	125	140					
西 瓜	75953	69227	60753	55670	53369	53765	48924	42284	43432

注:2006、2007年为农业普查调整数据。

食　　产　　量(1996–2015)

单位：万吨

2005	2006	2007	2008	2009	2010	2011	2012	2013	2014	2015
94.70	**61.96**	**61.93**	**67.58**	**68.56**	**70.08**	**70.55**	**70.26**	**69.27**	**69.13**	**69.15**
6.58	4.71	4.23	4.44	5.59	6.23	6.48	6.48	6.96	7.15	7.55
37.62	22.49	24.54	26.79	28.11	28.62	28.50	28.81	27.95	27.64	27.51
50.50	34.77	33.15	36.36	34.87	35.23	35.57	34.97	34.36	34.34	34.09
68.88	46.74	46.62	50.86	49.80	50.39	49.83	49.84	47.77	46.56	45.70
33.94	21.32	22.95	24.79	25.60	25.76	25.38	25.40	24.31	23.82	23.30
2.14	1.53	1.16	1.23	1.41	1.63	1.62	1.68	1.66	1.66	1.58
32.79	23.87	22.51	24.84	22.78	23.00	22.83	22.76	21.81	21.08	20.82
0.20	0.05	0.05	0.04	0.02	0.02	0.01	0.01	0.01	0.01	0.01
0.20	0.05	0.05	0.04	0.02	0.02	0.01	0.01	0.01	0.01	0.01
17.96	11.29	11.08	11.86	12.20	12.35	12.79	11.94	12.24	12.82	13.01
1.64	1.27	1.39	1.65	2.31	2.64	2.67	2.71	2.98	2.98	3.17
0.86	0.49	0.72	0.65	1.31	1.58	1.95	2.19	2.60	2.88	3.27
2.47	1.28	1.31	1.22	1.45	1.44	1.60	1.75	1.80	1.93	1.96
2.69	0.84	0.76	1.30	1.48	1.67	1.69	1.81	1.87	1.96	2.02

物　　产　　量(1996–2015)

单位：吨

2005	2006	2007	2008	2009	2010	2011	2012	2013	2014	2015
2400422	2297061	2307248	2307429	2314556	2373741	2451547	2547427	2650994	2795174	2975880
183	208	261	223	257	190	187	214	287	245	347
53	47	28	37	34	44	13	31	38	57	66
82	74	342	74							
1498	843	505	433	689	875	847	835	806	875	914
										2
43814	35062	36582	33857	34213	29851	26953	27229	25440	23802	21552

8—20　主要年份茶叶、水果产量

年　份	茶　叶 （吨）	水　果 （万吨）
1952	126	2.72
1957	172	4.30
1962	206	1.70
1965	247	3.60
1970	848	4.50
1975	1674	3.90
1978	2074	3.60
1980	2573	4.20
1986	4101	11.47
1987	4743	14.19
1988	5640	20.16
1989	5304	23.38
1990	5818	24.80
1991	6688	37.50
1992	7176	48.60
1993	7404	62.40
1994	7889	81.70
1995	8263	99.20
1996	8293	118.90
1997	8588	135.30
1998	9867	152.80
1999	10455	168.90
2000	12183	167.00
2001	13745	181.80
2002	14336	185.70
2003	17716	195.20
2004	21415	202.10
2005	28299	214.20
2006	33682	214.00
2007	38757	218.99
2008	42481	240.23
2009	46614	244.11
2010	49425	251.52
2011	50728	270.28
2012	55173	272.66
2013	59726	288.56
2014	61584	313.87
2015	70593	335.63

8—21 各类茶叶、水果、食用菌产量(1996–2015)

单位：吨

	1996	1997	1998	1999	2000	2001	2002	2003	2004	2005
乌龙茶	8293	8588	9867	10455	12138	13745	14336	17716	21410	28233
水 果	1189248	1353088	1527527	1689312	1670335	1817892	1856987	1952211	2021306	2141835
柑 桔	296477	306290	291549	263646	253104	585704	612668	648573	677411	738559
龙 眼	70314	44210	48330	72305	43846	62329	81808	83352	108290	102900
荔 枝	75302	84960	83041	134399	73208	110173	138641	119076	164361	152185
香 蕉	459879	518080	600997	647757	718634	737609	708092	777266	754528	798325
枇 杷	5223	6015	6636	6507	7488	9844	11041	15283	21891	33422
蜜 柚	84865	134800	209889	263734	287857	354526	390711	434167	486247	557360
菠 萝	47256	45562	43726	38607	28396	31061	31492	33318	34679	31091
橄 榄	4653	5195	6618	11536	9283	10620	10320	10525	9160	9208
柿	7014	8173	8140	11139	20299	22019	17712	17814	17534	16217
桃	32513	35042	42183	41476	38174	54702	53224	52274	32671	37617
李	71426	87323	92724	91096	74566	88612	77419	82722	73791	77032
梨	872	1135	1633	1058	1196	1084	1152	936	698	805
葡 萄	347	246	254	107	120	72	75	99	86	116
杨 梅	6264	7762	8929	11657	11128	12449	12483	14822	14948	17814
食用菌	128936	116746	124873	145345	170658	155045	142406	144066	150404	170713
#蘑 菇	118220	105191	111712	128742	151486	138356	114224	117038	120922	130650
香 菇	1086	949	1415	1579	1725	1789	1683	1748	959	964
白木耳						30	30	7	53	33
黑木耳	6502	7195	8242	11050	11433	10039	8006	8417	8554	5826

8—21 续表 单位：吨

	2006	2007	2008	2009	2010	2011	2012	2013	2014	2015
乌龙茶	33682	37547	41573	45814	49425	50728	55173	59726	61584	70593
水　果	2139633	2189942	2402302	2441099	2515212	2702821	2726574	2885576	3138666	3356349
柑　桔	781221	824608	921435	988207	1036266	1223821	1200682	1309428	1466267	1569818
龙　眼	102359	94815	134085	116776	128807	134832	130735	125802	152246	166153
荔　枝	125651	102697	155441	118410	139010	138377	139347	142344	173785	183365
香　蕉	790431	824068	820191	844016	823809	808047	839316	847481	847063	876539
枇　杷	43089	45354	47548	51124	58000	59265	62646	67857	69806	77975
蜜　柚	619435	685755	784068	855089	907835	1112994	1083525	1193304	1339564	1436630
菠　萝	33717	32635	33086	32777	31218	30232	28957	27626	29870	30638
橄　榄	6584	8988	8255	7457	8455	8928	8911	8878	7961	7718
柿	13949	13787	13016	11416	12863	10382	10079	9810	7757	7333
桃	28462	29841	28950	28611	28057	28233	27971	27599	26984	27665
李	70752	67648	72765	61710	62542	62792	60535	61224	64321	65910
梨	585	614	772	731	583	584	509	386	399	418
葡　萄	620	869	850	950	1082	920	916	865	1153	1425
杨　梅	14809	18590	21719	25233	37209	38575	41213	44273	44690	47477
食用菌	176761	194068	215426	209862	219536	233539	250582	281340	304654	335188
#蘑　菇	127831	149092	169680	155684	155146	161888	173764	193782	209120	227871
香　菇	787	304	234	167	136	83	74	81	65	80
白木耳	26	26	14	15	13	15	14	33	6	4
黑木耳	6147	6451	6729	7410	8060	8965	9237	9124	11735	15270

8—22　主要年份林业、牧业、水产品产量

年　份	造林面积 （万亩）	猪牛羊肉产量 （万吨）	猪出栏数 （万头）	水产品产量 （万吨）
1952				2.70
1957				3.30
1962				3.20
1965				4.00
1970				5.50
1975				5.40
1978			67.00	6.40
1980		4.60	74.00	6.90
1985		7.71	94.07	10.58
1986		8.05	98.97	11.66
1987		8.86	107.23	15.40
1988		9.96	113.79	15.73
1989		10.35	117.73	17.27
1990		10.99	124.94	17.00
1991	78.68	11.78	133.62	19.40
1992	135.07	12.96	149.03	26.10
1993	17.41	14.58	163.05	34.50
1994	14.87	15.89	173.21	44.10
1995	12.13	18.27	195.98	50.80
1996	14.03	20.11	209.32	56.40
1997	8.22	21.23	222.23	96.20
1998	5.26	22.30	237.20	107.60
1999	5.42	21.80	233.41	115.80
2000	4.79	23.90	255.13	125.50
2001	3.50	24.50	265.49	128.90
2002	1.82	24.40	261.61	132.40
2003	4.86	25.20	276.79	136.40
2004	4.32	27.00	301.23	141.90
2005	8.62	27.30	302.03	147.60
2006	8.38	19.38	266.35	130.48
2007	11.06	18.33	243.77	134.44
2008	13.84	21.18	283.43	138.15
2009	14.09	21.42	291.93	141.87
2010	5.17	21.95	297.66	144.52
2011	43.25	22.62	306.06	149.04
2012	39.14	23.39	315.88	154.40
2013	64.67	23.21	309.51	160.91
2014	17.91	21.55	275.74	170.28
2015	21.56	15.89	194.10	180.64

注:2006、2007 年为农业普查调整数据。

8—23 造 林

	1996	1997	1998	1999	2000	2001	2002	2003	2004
1、当年造林面积	140309	82245	52601	54197	47879	35023	18159	48643	43168
其中:用材林	34411	20950	17736	18519	3492	9200	6024	24817	20483
经济林	67397	44340	21315	28214	26233	10900	300	3290	
防护林	18059	10569	8050	5604	13491	13923	7588	20527	22685
薪炭林	20442	6386	5500	1860	4663	1000	4247		
2、迹地更新面积	72386	131019	100958	71523	82955	80103	69013	45535	100656
3、零星植树(万株)	930	694	764	558	585	490	562	502	442
4、封山育林面积	2721392	2859865	2782141	2771143	1186943	1143574	1480533	703351	717703
5、育苗面积	590	865	878	428	450	450	565	304	276
6、幼林抚育作业面积	821098	624252	407371	364264	382526	355717	427190	333632	329062
7、成林抚育作业面积	386163	251594	232360	261200	215244	218152	416770	93703	89900

注:1985 年以前造林面积成活率 45%以上统计,1986 年及以后各年成活率 85%以上统计。

8—24 主 要 林 产

	1996	1997	1998	1999	2000	2001	2002	2003	2004
木材产量(立方米)	38870	52273	52149	35469	37466	35518	34865		
毛竹采伐量(万根)	818	1220	1715	1408	1502	2102	2492		
篙竹采伐量(万根)	554	417	712	574	639	1171	1782		
油桐籽(吨)	567	521	526	141	143	129	113	20	21
油茶籽(吨)	282	189	182	155	169	128	66	25	70
乌桕籽(吨)									
棕片(吨)	113	94	120	205	320	577	605	216	481
松脂(吨)	1716	648	762	336	366	423	440	306	227
笋干(吨)	6675	6350	9846	11329	14158	12031	13520	14508	15324
板栗(吨)	87	127	174	119	214	328	344	338	260
山苍籽(吨)	6	3	4	4	4				

注:本表 2002 年及以前木材、竹材采伐量均为村及村以下数据,2003 年起为全社会采伐数据。

面　积(1996–2015)

单位:亩

2005	2006	2007	2008	2009	2010	2011	2012	2013	2014	2015
86188	83786	110566	138426	79572	51658	432518	391406	646700	179056	215613
73644	75085	105574	127152	42260	29974	238662	79825	201604	78026	73379
1243	3967	1069		2110	5733	29633	181	14611	5125	3516
11301	4734	3923	11274	34523	15951	163389	50142	3135	14864	26037
							38	850		
152775	179535	151064	119369	174023	172067	302912	248092			137292
178	168	91	724	323	162	860	1131	820	819	858
195678	127244	747346	1535097	1574337	1607212	1631102	170000	200000	942253	376035
235	414	207	373	91	1605	1834	899	999	2192	2481
423890	410657	670236	996597	765899	812438	1606609	2262916	2490034	1469274	2555689
111789	91239	72696	90020	98073	185538	234713	446558	544229	767974	1516974

品　产　量(1996–2015)

2005	2006	2007	2008	2009	2010	2011	2012	2013	2014	2015
		325422	342779	532612	858037	731478	1019793	1345258	1563459	1610363
		688	672	658	663	718	898	1092	2436	2743
		894	651	670	672	722	973	1407	1611	1759
9	6	8	1	1	1			337	372	352
62	265	51	46	48	47	43	45	12049	13276	12912
641										
471	119	140	191	157	211	204	157	362	360	365
246	189	225	93	100	110	180	160	182	180	182
15785	16885	19140	19441	18267	18866	19720	22104	24575	26728	31234
232	187	205	181	167	122	86	26	24	28	29
	1									

8—25 主 要 畜 禽

	1996	1997	1998	1999	2000	2001	2002	2003	2004
1、肉类产量(吨)	201073	212291	223302	218124	238652	245134	243613	251728	270392
猪肉(吨)	156172	165601	174938	171488	188364	193822	189665	197946	215729
牛肉(吨)	3358	3492	3937	4004	4393	4620	5056	4974	6165
羊肉(吨)	309	421	423	331	438	481	441		513
禽肉(吨)	40834	42265	43448	41765	44672	45339	47683	48173	47314
兔肉(吨)	400	512	556	536	785	872	768	635	671
2、牛奶产量(吨)	2964	4635	4930	5721	6647	6197	5782	5828	5737
羊奶产量(吨)	2839	4317	4900	5655	6573	6125	5711	5729	5571
3、蜂蜜产量(吨)	1703	1392	1522	1744	1955	2293	2583	2297	2343
4、禽蛋产量(吨)	21134	23307	26927	26658	28874	29701	29831	29829	29275
5、肉猪出栏数(头)	2093174	2222263	2371953	2334098	2551339	2654930	2616065	2767936	3012333
出栏率(%)	116.38	134.34	141.86	143.07	152.44	154.95	155.56	171.26	164.47
肉羊出栏数(头)	17814	20485	25239	22525	26579	30602	31104		36543
肉牛出栏数(头)	37673	38223	42703	42799	46043	48790	54636	54815	64330
6、家禽出栏数(只)	30617900	32155447	33729216	33731681	34460927	34577189	35880266	37094473	36229948
7、家兔出栏数(只)	236848	305000	376673	404123	520867	587986	466755	468338	456261

注:2006、2007年为农业普查调查数据。

8—26 畜 禽 存

	1996	1997	1998	1999	2000	2001	2002	2003	2004
1、大牲畜存栏数(万头)	30.78	28.40	26.67	26.20	25.25	24.22	22.53	21.53	20.91
# 役畜(万头)	21.03	19.40	17.76	17.41	16.88	14.53	14.38	12.17	11.62
牛(万头)	30.78	28.40	26.67	26.20	25.25	24.22	22.53	21.53	20.91
#奶牛(万头)							0.14	0.19	0.16
2、猪存栏数(万头)	179.85	165.43	167.21	163.14	167.37	171.34	168.17	161.63	183.15
#能繁殖母猪(万头)	12.86	13.67	12.41	11.36	11.93	12.54	11.45	13.44	14.33
3、羊存栏数(万头)	2.50	2.77	2.89	3.03	3.44	3.10	3.09		3.54
4、蜜蜂年末箱数(万箱)	4.67	4.03	6.11	5.70	7.25	7.77	7.34	9.11	8.12
5、家兔年末数(万只)	17.35	19.95	20.90	20.79	28.05	36.95	29.29	22.91	24.91
6、家禽年末数(万只)	1830.56	1749.49	1910.28	1803.67	1664.59	1671.78	1531.15	1567.99	1472.20

注:2006、2007年为农业普查调整数据。

产 品 产 量(1996–2015)

2005	2006	2007	2008	2009	2010	2011	2012	2013	2014	2015
273335	223046	208168	242146	244278	256930	271560	279232	284279	254841	206609
217560	193753	180334	208751	210788	215804	222282	229831	227579	210716	153041
6226	2783	2583	2678	3029	3274	3439	3608	4071	4309	5313
565	382	367	379	424	430	448	446	463	495	582
48179	25471	24335	27304	27533	34965	43339	44654	51464	38612	46539
805	656	549	494	451	506	610	659	669	687	1097
5286	15103	14634	9453	6774	5258	5424	5495	5490	4663	4824
5036	310	406	354	334	351	361	483	523	617	680
2314	2344	2099	1751	2334	2064	2176	2470	2787	2973	3242
28485	23129	23747	19407	20766	21418	21887	22925	23041	18273	13693
3020329	2663449	2437653	2834311	2919340	2976562	3060590	3158831	3095132	2757403	1940986
169.45	167.97	125.01	140.54	151.31	147.30	147.41	150.00	160.00		
38860	27652	26071	27188	29487	29795	31297	30895	32133	34340	40409
63697	27556	26129	27835	30311	30397	33427	35676	40131	37889	50377
36280906		17124597	19225604	20002177	25589456	33132577	34012864	38466761	30681501	40280873
488269	389760	317475	301878	287042	321895	406171	440402	412601	418441	639588

栏 数(1996–2015)

2005	2006	2007	2008	2009	2010	2011	2012	2013	2014	2015
20.19	8.91	8.54								
10.76	6.32	5.47								
20.19	8.32	7.99	10.78	10.60	10.49	10.24	10.35	9.83	10.10	10.33
0.13	0.55	0.59	0.29	0.29	0.33	0.35	0.42	0.38	0.40	0.54
178.24	179.03	195.00	201.68	192.94	202.08	207.62	211.08	193.32	152.63	123.36
13.74	13.09	23.43	31.30	30.22	29.15	30.11	30.14	26.45	17.45	13.10
3.82	2.66	2.71	2.99	3.09	3.01	3.01	3.15	3.62	3.98	4.36
9.15	7.92	8.34	7.78	7.83	7.17	8.11	8.53	9.06	9.58	10.02
24.37	19.78	17.41	16.64	17.05	21.08	21.53	28.18	28.08	29.57	50.40
1368.21	1038.66	1081.50	909.09	972.02	1281.58	1399.94	1190.83	1168.80	1046.88	1023.74

8—27 水 产 品

	1996	1997	1998	1999	2000	2001	2002	2003	2004
淡水产品产量	79728	97194	104327	114274	124192	136677	159229	158049	179978
海水产品产量	480667	865152	964550	1036509	1130373	1152790	1164538	1194077	1239225
#鱼 类			302828	285991	275618	284070	312430	309958	313614
虾蟹类			60957	68479	96836	100398	92624	100433	105090
贝 类			565964	635805	699742	707155	709302	703364	731191
藻 类			31061	43341	43972	49832	49305	47220	53321
#海水养殖产量	176503	492396	552659	631592	712309	735702	753238	779960	815173
#鱼 类	8730	10305	21855	15255	19943	21446	23522	27116	29272
虾蟹类	7238		11375	12430	21347	17610	20150	26674	25719
贝 类	128084	439149	488368	560566	627047	646556	660261	678944	707109
藻 类	32451	34927	31061	43341	43972	49832	49305	47220	53067
主要品种产量									
大黄鱼	370	131	1565	1380	637	515	891	821	1389
带 鱼	15429	18465	18883	27027	28965	28524	24473	20017	34348
鲳 鱼	3016	3425	8394	7755	14170	16937	14897	15916	13286
鳓 鱼									6439
马鲛鱼	2708	3317	11139	12510	15101	18906	15862		6537
鲷 鱼	244	724	890	2764	7675	8914	25429	17714	19903
鲐 鱼			6607	3151	2804	7991	13168	13192	12755
鳗 鱼			1637	1773	1824	2476	2120	3012	7240
墨 鱼	19780								13088
海蜇皮	390								1133
对 虾	5262	4351	11192	10036	12468	15492	15909	17186	17652
毛 虾	419	897	1364	1551	2222	2901	2377	2947	2996
梭子蟹		3317	24861	17745	33567	45211	42085	42826	45113
蛏	16141	17204	20685	17879	20867	19495	18651	19094	20148
蛤	40798	99394	68646	100356	100977	102023	114705	17672	149931
蚶	2731	5712	7577	9914	11825	15520	14972	121157	18885
牡 蛎	22889	240690	282397	313649	373478	392019	393040	421213	437189
海 带	25848	27144	20178	29200	28993	32404	32339	29383	32411
紫 菜	2044	1651	1214	2374	2661	3838	3552	3839	6620

注:2006、2007年为农业普查调整数据。

产　量(1996-2015)

单位：吨

2005	2006	2007	2008	2009	2010	2011	2012	2013	2014	2015
179264	179197	194346	207817	216466	222401	233163	248036	259878	275576	294417
1281934	1125612	1150088	1173712	1202190	1222769	1257207	1295974	1349239	1427174	1511936
312544	282849	288441	290737	299961	303500	309158	314941	323617	332821	363168
104952	90438	97841	101513	106951	106861	113520	510869	128289	140497	145317
771459	669858	682834	698424	712393	725313	745608	479789	786915	835653	878003
54249	48121	49010	49307	48190	50580	52520	17100	72880	80029	84369
858650	749093	765094	784730	807769	822970	853018	885691	935789	1000107	1057278
30608	27302	27481	28602	33511	33806	38478	43875	50391	54729	67254
26735	23008	24655	25319	30010	29629	33395	40319	42785	47785	45768
747214	650895	664111	681622	695597	708075	728514	734229	769104	816918	857791
54089	47885	48808	49004	47916	50338	51933	65691	72168	79316	83324
1412	1311	937	825	934	896	958	1041	1060	1162	1360
36320	32086	31516	31395	39045	40686	39214	38679	37823	39211	30746
15267	12587	12135	10894	6201	7423	7586	6821	6038	6335	6814
6653	5408	975	944	1213	1226	1366	1419	1420	1508	1607
6492			6071	5371	5562	5521	6929	6299	6561	7044
21026	22759	24631	27561	30822	31123	32011	34238	36356	37540	37437
13414	12788	13659	8906	6765	6386	6682	6621	6583	7857	23393
8517	6874	7642	7134	5982	5974	5283	4411	3920	4011	4702
12998			11284	11513	12258	12629	14450	14566	15018	14782
1465	876	1040	1467	1668	1780	1711	2266	1892	1913	1925
18256	17581	18209	17130	4231	16975	19346	24806	26929	31760	33028
2660	1591	2875	4222	17617	4478	4507	4907	4912	5110	5635
43688	37843	39128	39713	42511	42099	42587	49220	49931	54190	56392
21257	19083	19675	18990	14931	15039	16381	16134	17178	20051	27488
157071	126506	132380	132031	134538	134782	140547	149393	152652	162566	168497
20950	17799	18104	18538	23270	19324	19984	22831	24443	25580	28965
466519	404112	412219	428957	430228	439914	449401	452187	471130	497845	513998
33736	29842	29379	28118	25108	24817	22817	26183	27777	29816	32825
4740	3785	4961	5282	6445	5837	5593	6121	6188	6516	6400

8—28 海水、淡水养殖面积与产量

单位：公顷、吨

	面积	产量		面积	产量
一、海水养殖合计	**38390**	**1057278**	海带	967	32825
(一)贝类	23227	857791	紫菜	1379	6400
贻贝	558	26128	其他藻类	1777	44099
扇贝	506	8240	(三)鱼类	2650	67254
蛏	877	27458	(四)虾蟹类	8135	45768
蚶	1482	28965	其中:对虾	5332	25562
蛤	7588	168497	**二、淡水养殖**	**16389**	**279740**
牡蛎	9320	513998	池塘	10716	190781
鲍	1295	13056	水库	3741	54735
(二)藻类	4123	83324	河沟	1696	27513

8—29 分县（市、区）农村劳动力资源及实有劳动力构成情况

单位：人

	乡村劳动力资源数	1、男	2、女	乡村从业人员数	1、男	2、女
漳州市	**2401564**	**125657**	**1145007**	**2132732**	**1125627**	**1007105**
市区	179178	94626	84552	151192	82824	68368
芗城区	113392	59719	53673	99250	54402	44848
龙文区	65786	34907	30879	51942	28422	23520
龙海市	428130	221853	206277	391289	202687	188602
云霄县	204133	107471	96662	171905	90013	81892
漳浦县	487431	251288	236143	442707	231314	211393
诏安县	351938	188619	163319	316469	168580	147889
长泰县	98449	50886	47563	90478	46366	44112
东山县	88466	44881	43585	81303	41260	40043
南靖县	179319	95437	83882	149623	78823	70800
平和县	302274	159012	143262	261645	144413	117232
华安县	82246	42484	39762	76121	39347	36774

8—30　分县（市、区）农林牧渔业总产值

单位:万元

	农林牧渔总产值	一、农业产值	(一)谷物及其他农作物	1、谷物	其中:小麦	稻谷	玉米	2、薯类	其中:马铃薯
漳州市	**6838903**	**3515383**	**331033**	**143603**	**19**	**135865**	**6823**	**48240**	**6191**
市　区	258156	141337	6149	669		631	37	883	95
芗城区	150864	88147	5650	643		606	37	739	77
龙文区	107292	53190	499	25		25		144	18
龙海市	1025909	371396	32456	20515		19765	664	4940	2907
云霄县	502101	282742	42050	20869		20237	293	7008	11
漳浦县	1232217	507040	98075	33567		32197	1243	18821	1315
诏安县	708132	282997	48969	22453		22052	251	7790	1272
长泰县	298627	188370	27606	12389		9028	3361	1223	57
东山县	589232	38733	6100	298		274	18	1586	3
南靖县	811461	549453	17578	11679		11558	107	1432	108
平和县	981688	820612	34288	17282	19	16466	641	3278	384
华安县	431380	332703	17763	3881		3658	210	1278	38

8—30　续表1

单位:万元

	3、油料	其中:花生	油菜籽	4、豆类	其中:大豆	5、糖料	6、烟草	7、其他农作物	其中:饲料作物
漳州市	**65015**	**64785**	**159**	**22928**	**12368**	**24938**	**1854**	**24455**	**5825**
市　区	761	753		557	484	3051		228	1
芗城区	653	645		510	459	2901		203	
龙文区	108	108		47	25	150		24	1
龙海市	4165	4155		126	118	602		2109	29
云霄县	6960	6960		2877	1835	995		3341	994
漳浦县	25675	25537	106	9100	3711	3994		6918	1513
诏安县	11149	11120	16	3639	2005		2	3936	1182
长泰县	3599	3555	35	514	390	7706		2175	663
东山县	3575	3575		102	59			539	363
南靖县	1560	1558	2	1452	362	22	47	1386	
平和县	6407	6407		4390	3276		385	2546	296
华安县	1165	1165		174	129	8568	1420	1277	784

8—30 续表2

	(二)蔬菜、食用菌及花卉盆景园艺产品	1、蔬菜(含菜用瓜)	2、食用菌	3、花卉	4、盆景园艺	(三)水果、坚果、茶、饮料和香料	1、水果(含果用瓜)	园林水果	其中:梨
漳州市	**1770381**	**944283**	**325634**	**423345**	**77119**	**1333559**	**978956**	**972545**	**134**
市区	107369	31174	42569	33626		25556	24483	24478	2
芗城区	55164	20555	34609			25071	24034	24029	2
龙文区	52206	10620	7960	33626		486	449	449	
龙海市	307294	128055	116015	40427	22796	31404	31328	31328	
云霄县	99253	43612	3501	52140		114334	108189	106433	40
漳浦县	287512	176719	23839	48206	38748	117161	114668	111617	
诏安县	95343	85086	5377	1280	3600	127428	81406	80416	
长泰县	106086	79040	12788	5110	9147	54528	31593	31163	
东山县	29236	24635		4540	62	3397	3397	3397	
南靖县	327080	123070	87721	116290		199011	110207	110199	
平和县	239409	219633	17292	2484		529834	452275	452192	91
华安县	171799	33259	16533	119242	2765	130906	21410	21324	

8—30 续表3

	2、造林	3、抚育和管理	(二)竹木采运	其中:村及村以下	(三)林产品	三、牧业产值	(一)牲畜饲养	1、牛的饲养	2、羊的饲养
漳州市	**3366**	**42680**	**131761**	**6440**	**77095**	**574887**	**64814**	**50790**	**5402**
市区	80	785	3178		4014	63739	7324	3461	351
芗城区	38	524	2656		4014	32039	5962	2333	323
龙文区	42	261	523			31700	1362	1129	28
龙海市	333	2142	9099	1148	3734	89753	7720	4470	1070
云霄县	388	2426	6028	849	1731	30577	4929	4620	298
漳浦县	439	6438	10427	234	3801	65099	8959	7557	1056
诏安县	390	2858	8993	243	8	29024	4915	4767	149
长泰县	357	5449	16020	975	1299	49190	5883	4067	774
东山县	118	271	275			11729	1477	844	633
南靖县	354	3905	29749	846	39751	138067	8362	7684	339
平和县	391	10693	22180	1017	13778	54712	9509	8676	233
华安县	514	7713	25812	1128	8979	42997	5736	4645	501

单位:万元

柑桔	果用瓜类	2、坚果	其中:板栗	3、茶及饮料原料	其中:茶叶	(四)中草药材	二、林业产值	(一)林木的培育和种植	1、育种育苗
433158	**6410**	**17**	**17**	**354586**	**354586**	**80410**	**256390**	**47534**	**1489**
4353	5			1073	1073	2263	8173	980	115
4353	5			1036	1036	2263	7277	607	45
				37	37		896	373	70
235				77	77	241	15668	2835	360
10976	1757			6144	6144	27105	10673	2914	100
5546	3051			2493	2493	4293	21436	7208	330
8838	990			46023	46023	11258	12333	3332	84
11506	430	13	13	22921	22921	150	23257	5938	132
90							685	410	21
16801	8			88804	88804	5784	73880	4379	120
364839	83			77560	77560	17081	47215	11257	173
9976	86	4	4	109492	109492	12235	43072	8281	54

单位:万元

3、其他牲畜饲养	4、奶产品	其中:牛奶	(二)猪的饲养	(三)家禽饲养	1、肉禽	2、禽蛋	(四)狩猎和捕捉动物	(五)其他畜牧业	其中:兔
22302	**8622**	**7214**	**319145**	**168281**	**153640**	**14641**	**345**	**22302**	**6133**
209	3512	3261	23997	32210	31775	435		209	95
134	3306	3076	21321	4622	4310	312		134	95
75	206	185	2675	27588	27465	123		75	
900	2181	1664	46095	35037	28244	6793		900	835
793	12	6	19276	5575	4134	1441	4	793	176
564	346	135	45622	9954	8885	1069		564	45
566			17754	5784	5448	336	4	566	55
482	1042	929	31136	11689	9791	1898		482	123
223			8720	1309	1040	268		223	223
2744	339	284	71407	55394	54449	944	159	2744	432
3893	600	393	32922	8222	7360	862	165	3893	2655
11927	590	542	22216	3107	2513	594	12	11927	1493

8—30 续表4 单位:万元

	四、渔业产值	(一)海水产品	1、鱼类	2、虾蟹类	3、贝类	4、藻类	5、其他
漳州市	**2128427**	**1746740**	**446403**	**713319**	**458619**	**51095**	**77305**
市区	24429	1984	1317	546	50		71
芗城区	14880						
龙文区	9549	1984	1317	546	50		71
龙海市	491973	333197	116255	156115	38701	1347	20780
云霄县	151360	134280	11583	15416	106920	362	
漳浦县	555296	475551	133493	136912	156530	37967	10649
诏安县	343294	307618	40310	197836	60654	120	8698
长泰县	23969						
东山县	506915	494111	143446	206495	95764	11300	37106
南靖县	19505						
平和县	8238						
华安县	3449						

8—30 续表5 单位:万元

	(二)淡水产品	1、鱼类	2、虾蟹类	3、贝类	4、其他	五、农林牧渔服务业产值
漳州市	**381687**	**236985**	**112426**	**11814**	**20462**	**363816**
市区	22455	17674	4561	98	112	20479
芗城区	14880	11811	2987	42	40	8522
龙文区	7566	5862	1575	56	72	11957
龙海市	158776	69518	65595	10666	12996	57119
云霄县	17079	15332	1279	72	397	26749
漳浦县	79746	40765	35290	909	2781	83346
诏安县	35677	32147	3365	44	121	40484
长泰县	23969	23063	96	14	795	13842
东山县	12804	10349	1522		933	31171
南靖县	19505	17356	560	7	1582	30557
平和县	8238	7960	24	2	251	50912
华安县	3449	2821	134	1	493	9159

8—31　分县（市、区）农林牧渔业增加值

单位：万元

	农林牧渔业总产值(现价)					
	合　计	农　业	林　业	牧　业	渔　业	服务业
漳州市	**6838903**	**3515383**	**256390**	**574887**	**2128427**	**363816**
市　区	258156	141337	8173	63739	24429	20479
芗城区	150864	88147	7277	32039	14880	8522
龙文区	107292	53190	896	31700	9549	11957
龙海市	1025909	371396	15668	89753	491973	57119
云霄县	502101	282742	10673	30577	151360	26749
漳浦县	1232217	507040	21436	65099	555296	83346
诏安县	708132	282997	12333	29024	343294	40484
长泰县	298627	188370	23257	49190	23969	13842
东山县	589232	38733	685	11729	506915	31171
南靖县	811461	549453	73880	138067	19505	30557
平和县	981688	820612	47215	54712	8238	50912
华安县	431380	332703	43072	42997	3449	9159

8—31 续表1

	农林牧渔业中间消耗				
	合　计	农　业	林　业	牧　业	渔　业
漳　州　市	**2922091**	**1165610**	**106223**	**277087**	**944060**
市　　区	120673	47556	3112	31061	12440
芗　城　区	66217	29046	2826	16251	8102
龙　文　区	54455	18511	285	14810	4339
龙　海　市	419034	110059	4258	40191	214540
云　霄　县	198608	77209	3859	15458	59703
漳　浦　县	562165	192979	9981	34821	266446
诏　安　县	290938	75582	3560	12990	142284
长　泰　县	119183	64888	9344	23062	10273
东　山　县	258954	16400	124	4675	224933
南　靖　县	354123	204465	30781	69486	8265
平　和　县	431550	288265	22114	26507	3530
华　安　县	166864	88207	19091	18837	1647

8—31 续表2

	劳　务　支　出				
	合　计	农　业	林　业	牧　业	渔　业
漳　州　市	**538956**	**273412**	**32423**	**47393**	**185727**
市　　区	25479	16141	263	7385	1690
芗　城　区	8070	5729	160	2053	128
龙　文　区	17409	10412	103	5332	1562
龙　海　市	64685	24375	1172	2751	36387
云　霄　县	45469	29181	555	5034	10700
漳　浦　县	62293	21693	1832	1435	37332
诏　安　县	133676	40442	1482	3001	88751
长　泰　县	18230	9045	5244	2306	1636
东　山　县	10180	3342	33	2203	4603
南　靖　县	52946	22193	12954	14682	3117
平　和　县	81380	72975	2958	4366	1081
华　安　县	44619	34026	5930	4231	431

单位：万元

服务业	物质消耗					
	合　计	农　业	林　业	牧　业	渔　业	服务业
155700	**2227436**	**1165610**	**73800**	**229694**	**758332**	
10362	84832	47556	2849	23676	10750	
4264	53883	29046	2666	14198	7974	
6098	30949	18511	183	9479	2777	
25612	328737	110059	3086	37440	178153	
13200	139940	77209	3304	10425	49003	
36244	463628	192979	8149	33386	229114	
16080	141182	75582	2078	9989	53533	
2570	98382	64888	4100	20756	8638	
9481	239293	16400	91	2472	220330	
18934	282243	204465	17827	54804	5148	
18159	332010	288265	19156	22141	2449	
5057	117188	88207	13160	14606	1216	

单位：万元

服务业	农林牧渔业增加值					
	合　计	农　业	林　业	牧　业	渔　业	服务业
155700	**3916811**	**2076361**	**150167**	**297799**	**1184367**	**208116**
10362	137484	77640	5061	32678	11988	10117
4264	84647	53373	4451	15788	6778	4258
6098	52837	24267	610	16890	5210	5859
25612	606875	236962	11410	49563	277434	31507
13200	303492	176353	6815	15119	91657	13549
36244	670052	292368	11454	30278	288850	47101
16080	417194	166974	8773	16033	201010	24404
2570	179444	114437	13912	26128	13695	11271
9481	330278	18991	561	7054	281982	21690
18934	457339	322795	43099	68582	11240	11622
18159	550139	459372	25100	28205	4708	32753
5057	264515	210470	23982	24160	1802	4101

8—32 分县（市、区）农

	农作物总播种面积	一、粮食作物合计			(1)春收粮食		
		播种面积	总产量	亩产	播种面积	总产量	亩产
漳州市	**4001955**	**1696889**	**691493**	**408**	**180195**	**75483**	**419**
市区	104648	20690	6491	314	1805	791	438
芗城区	78755	19703	5752	292	1760	701	398
龙文区	25893	987	739	749	45	90	2000
龙海市	499990	214308	91780	428	37771	16954	449
云霄县	401261	229257	96527	421	19660	6944	353
漳浦县	1033649	475754	195525	411	64724	27310	422
诏安县	512369	273884	109845	401	33786	14557	431
长泰县	276530	107911	47228	438	1051	563	536
东山县	89899	19692	7021	357	2059	585	284
南靖县	372595	122057	45075	369	2941	1054	358
平和县	558422	196386	76379	389	14660	5876	401
华安县	152592	36950	15622	423	1738	849	488

8—32 续表1

	①早稻			②中稻			③一季晚稻	
	播种面积	总产量	亩产	播种面积	总产量	亩产	播种面积	总产量
漳州市	**553606**	**232997**	**421**	**39826**	**15839**	**398**	**29822**	**11316**
市区	2891	1103	382					
芗城区	2621	1009	385					
龙文区	270	94	348					
龙海市	78751	35025	445				16396	6246
云霄县	85731	36391	425					
漳浦县	148746	64437	433				1350	604
诏安县	92093	38815	422					
长泰县	31560	13127	416	6224	2451	394		
东山县	1333	559	419					
南靖县	38064	13829	363	26174	10456	400	4758	1966
平和县	65359	25939	397				4884	1520
华安县	9078	3772	416	7428	2932	395	2434	980

作物播种面积与产量

单位：亩、吨、公斤

(2)夏收粮食			(3)秋收粮食			1、稻　谷		
播种面积	总产量	亩　产	播种面积	总产量	亩　产	播种面积	总产量	亩　产
685889	**275119**	**401**	**830805**	**340891**	**410**	**1107528**	**457039**	**413**
6948	1797	259	11937	3903	327	5616	2126	379
6553	1661	253	11390	3390	298	5346	2032	380
395	136	344	547	513	938	270	94	348
84649	37339	441	91888	37487	408	156852	66704	425
100200	40391	403	109397	49192	450	161394	68327	423
192253	76925	400	218777	91290	417	258069	109837	426
113646	43247	381	126452	52041	412	180239	74311	412
51060	23012	451	55800	23653	424	73422	29970	408
2225	702	316	15408	5734	372	2234	935	419
45144	16134	357	73972	27887	377	101707	3744	373
79144	31128	393	102582	39375	384	138540	54979	397
10620	4444	418	24592	10329	420	29455	11906	404

单位：亩、吨、公斤

	④双季晚稻			2、大小麦			①小　麦		
亩　产	播种面积	总产量	亩　产	播种面积	总产量	亩　产	播种面积	总产量	亩　产
380	**484274**	**196887**	**407**	**279**	**63**	**226**	**279**	**63**	**226**
	2725	1023	375						
	2725	1023	375						
381	61705	25433	412						
	75663	31936	422						
447	107973	44796	415						
	88146	35496	403						
	35638	14392	404						
	901	376	417						
413	32711	11693	358						
311	68297	27520	403	279	63	226	279	63	226
403	10515	4222	402						

8—32 续表2

	3、甘薯			①春收甘薯			②夏、秋收甘薯	
	播种面积	总产量	亩产	播种面积	总产量	亩产	播种面积	总产量
漳州市	**289017**	**130093**	**450**	**94309**	**39034**	**414**	**194708**	**91059**
市区	8149	2845	349	850	305	359	7299	2540
芗城区	7684	2361	307	850	305	359	6834	2056
龙文区	465	484	1041				465	484
龙海市	16688	6706	402	4881	1942	398	11807	4764
云霄县	41031	20857	508	14887	5689	382	26144	15168
漳浦县	124766	56666	454	44321	18726	423	80445	37940
诏安县	43883	21079	480	16248	7010	431	27635	14069
长泰县	3200	1532	479	683	270	395	2517	1262
东山县	15656	5779	369	1446	483	334	14210	5296
南靖县	8260	3410	413	1162	426	367	7098	2984
平和县	23013	8924	388	8432	3529	419	14581	5395
华安县	4371	2295	525	1399	654	468	2972	1641

8—32 续表3

	秋收马铃薯			5、杂粮			①玉米	
	播种面积	总产量	亩产	播种面积	总产量	亩产	播种面积	总产量
漳州市				**79260**	**32687**	**412**	**66178**	**29577**
市区				413	154	373	398	154
芗城区				413	154	373	398	154
龙文区								
龙海市				7227	3256	451	5349	2909
云霄县				8662	2343	271	4475	1261
漳浦县				16619	6011	362	13157	5373
诏安县				6429	1587	247	4011	1077
长泰县				27157	14607	538	27157	14607
东山县				544	103	189	400	78
南靖县				1530	507	331	1409	458
平和县				8541	3180	372	7739	2748
华安县				2138	939	439	2083	912

单位：亩、吨、公斤

	4、马铃薯			春收马铃薯			夏收马铃薯		
亩　产	播种面积	总 产 量	亩　产	播种面积	总 产 量	亩　产	播种面积	总 产 量	亩　产
468	**69205**	**31749**	**459**	**69205**	**31749**	**459**			
348	955	486	509	955	486	509			
301	910	396	435	910	396	435			
1041	45	90	2000	45	90	2000			
404	32655	14910	457	32655	14910	457			
580	136	55	404	136	55	404			
472	15362	6746	439	15362	6746	439			
509	12696	6522	514	12696	6522	514			
501	368	293	796	368	293	796			
373	48	16	333	48	16	333			
420	1593	555	348	1593	555	348			
370	5053	1971	390	5053	1971	390			
552	339	195	575	339	195	575			

单位：亩、吨、公斤

	②高　粱			③其　他			在杂粮中:春收杂粮		
亩　产	播种面积	总 产 量	亩　产	播种面积	总 产 量	亩　产	播种面积	总 产 量	亩　产
447	**5746**	**985**	**171**	**7336**	**2125**	**290**	**5281**	**1426**	**270**
387				15					
387				15					
544	1577	219	139	301	128	425	195	90	462
282	413	99	240	3774	983	261	2878	748	260
408	3462	638	184						
269	250	24	96	2168	486	224	1805	432	239
538									
195	44	5	114	100	20	200	100	20	200
325				121	49	405	121	49	405
355				802	432	539	182	87	478
438				55	27	491			

8—32 续表4

	夏收杂粮			秋收杂粮			6、大豆	
	播种面积	总产量	亩产	播种面积	总产量	亩产	播种面积	总产量
漳州市	**43815**	**19386**	**443**	**30164**	**11875**	**394**	**78322**	**19632**
市区	90	32	356	323	122	378	5126	768
芗城区	90	32	356	323	122	378	5040	728
龙文区							86	40
龙海市	5377	2217	412	1655	949	573	814	187
云霄县	3031	898	296	2753	697	253	10343	2913
漳浦县	10319	3641	353	6300	2370	376	27130	5891
诏安县	2802	669	239	1822	486	267	16388	3182
长泰县	16890	9347	553	10267	5260	512	2919	619
东山县	384	67	175	60	16	267	626	94
南靖县	657	253	385	752	205	273	2427	574
平和县	2950	1669	566	5409	1424	263	12071	5200
华安县	1315	593	451	823	346	420	478	204

8—32 续表5

	其中:绿豆			红小豆			二、油料合计	
	播种面积	总产量	亩产	播种面积	总产量	亩产	播种面积	总产量
漳州市	**7047**	**1389**	**197**	**940**	**183**	**195**	**197343**	**44029**
市区	330	79	239				3265	528
芗城区	209	48	230				3090	483
龙文区	121	31	256				175	45
龙海市	11	2	182	2	1	500	13404	2517
云霄县	631	124	197	233	55	236	19260	5006
漳浦县	2805	656	234	510	104	204	78171	17928
诏安县	1219	218	179	183	18	98	31514	6858
长泰县	216	80	370				14849	2758
东山县	27	4	148				15499	2826
南靖县							3387	945
平和县	1808	226	125				15087	3869
华安县				12	5	417	2907	794

单位：亩、吨、公斤

	①春大豆			②秋大豆			7、杂豆类		
亩 产	播种面积	总产量	亩 产	播种面积	总产量	亩 产	播种面积	总产量	亩 产
251	**50723**	**12098**	**239**	**27599**	**7534**	**273**	**73278**	**20230**	**276**
150	3687	594	161	1439	174	121	431	112	260
144	3629	570	157	1411	158	112	310	81	261
465	58	24	414	28	16	571	121	31	256
230	494	93	188	320	94	294	72	17	236
282	7630	2116	277	2713	797	294	7691	2032	264
217	17442	3813	219	9688	2078	215	33808	10374	307
194	11312	2022	179	5076	1160	229	14249	3164	222
212	2141	385	180	778	234	301	845	207	245
150	481	72	150	145	22	152	584	94	161
237	1048	279	266	1379	295	214	6540	2085	319
431	6273	2649	422	5798	2551	440	8889	2062	232
427	215	75	349	263	129	491	169	83	491

单位：亩、吨、公斤

	1、花 生			夏花生			秋花生		
亩 产	播种面积	总产量	亩 产	播种面积	总产量	亩 产	播种面积	总产量	亩 产
223	**193874**	**43615**	**225**	**147331**	**32364**	**220**	**46543**	**11251**	**242**
162	3165	519	164	2509	397	158	656	122	186
156	2990	474	159	2484	391	157	506	83	164
257	175	45	257	25	6	240	150	39	260
188	13311	2503	188	8908	1565	176	4403	938	213
260	19260	5006	260	15134	4033	267	4126	973	236
229	76093	17677	232	60793	13599	224	15300	4078	267
218	31025	6805	219	21331	4372	205	9694	2433	251
186	14149	2675	189	12097	2265	187	2052	410	200
182	15499	2826	182	13644	2514	184	1855	312	168
279	3378	941	279	2102	591	281	1276	350	274
256	15087	3869	256	8708	2429	279	6379	1440	226
273	2907	794	273	2105	599	285	802	195	243

8—32 续表6

	2、油菜籽			3、芝麻			4、其他油料(含油	
	播种面积	总产量	亩产	播种面积	总产量	亩产	播种面积	总产量
漳州市	**2423**	**347**	**143**	**1037**	**66**	**64**	**9**	**1**
市区				100	9	90		
芗城区				100	9	90		
龙文区								
龙海市	20	9	450	73	5	69		
云霄县								
漳浦县	1454	212	146	624	39	63		
诏安县	480	52	108				9	1
长泰县	460	70	152	240	13	54		
东山县								
南靖县	9	4	444					
平和县								
华安县								

8—32 续表7

	五、烟叶合计			1、烤烟			2、晒烟	
	播种面积	总产量	亩产	播种面积	总产量	亩产	播种面积	总产量
漳州市	**3807**	**914**	**240**	**221**	**34**	**154**	**3586**	**880**
市区								
芗城区								
龙文区								
龙海市								
云霄县								
漳浦县								
诏安县	6	1	167				6	1
长泰县								
东山县								
南靖县	166	23	139	166	23	139		
平和县	651	190	292				651	190
华安县	2984	700	235	55	11	200	2929	689

单位：亩、吨、公斤

沙豆）	四、甘蔗			1、糖蔗			2、果蔗		
亩产	播种面积	总产量	亩产	播种面积	总产量	亩产	播种面积	总产量	亩产
111	**22996**	**124691**	**5422**	**18619**	**104801**	**5629**	**4377**	**19890**	**4544**
	2994	15256	5096	2844	14506	5101	150	750	5000
	2844	14506	5101	2844	14506	5101			
	150	750	5000				150	750	5000
	937	3009	3211	937	3009	3211			
	905	4973	5495	295	1690	5729	610	3283	5382
	4461	19971	4477	883	4339	4914	3578	15632	4369
111									
	6184	38532	6231	6184	38532	6231			
	19	108	5684				19	108	5684
	7496	42842	5715	7476	42725	5715	20	117	5850

单位：亩、吨、公斤

	六、药材类			七、蔬菜瓜、果类合计			1、蔬菜		
亩产	播种面积	总产量	亩产	播种面积	总产量	亩产	播种面积	总产量	亩产
245	**26848**	**21788**	**812**	**1726389**	**3001411**	**1739**	**1708819**	**2975880**	**1742**
	163	261	1601	65070	96999	1491	65060	96980	1491
	163	261	1601	51410	59969	1166	51400	59950	1166
				13660	37030	2711	13660	37030	2711
	563	54	96	230491	372131	1615	230491	372131	1615
	7279	10841	1489	109060	132566	1216	103973	125193	1204
	2500	912	365	375901	610496	1624	367123	598114	1629
167	4341	2219	511	178128	299177	1680	175745	295772	1683
	316	30	95	122326	250055	2044	121408	248421	2046
				44140	75296	1706	44140	75296	1706
	3861	1494	387	218874	378228	1728	218843	378215	1728
292	4359	2195	504	328929	684604	2081	328754	684257	2081
235	3466	3782	1091	53470	101859	1905	53282	101501	1905

8—32　续表 8

	2、瓜 果 类			西　瓜		
	播种面积	总 产 量	亩　产	播种面积	总 产 量	亩　产
漳　州　市	**17570**	**25531**	**1453**	**14659**	**21552**	**1470**
市　　区	10	19	1900	5	10	2000
芗 城 区	10	19	1900	5	10	2000
龙 文 区						
龙 海 市						
云 霄 县	5087	7373	1449	4302	6194	1440
漳 浦 县	8778	12382	1411	7461	10503	1408
诏 安 县	2383	3405	1429	1710	2606	1524
长 泰 县	918	1634	1780	818	1534	1875
东 山 县						
南 靖 县	31	13	419			
平 和 县	175	347	1983	175	347	1983
华 安 县	188	358	1904	188	358	1904

8—32　续表 9

	八、花卉	1、席　草			2、木　薯	
	播种面积	播种面积	总 产 量	亩　产	播种面积	播种面积
漳　州　市	**146850**	**362**	**536**	**1481**	**4682**	**4843**
市　　区	11081					
芗 城 区						
龙 文 区	11081					
龙 海 市	25410					
云 霄 县	1470				1874	1450
漳 浦 县	48157					
诏 安 县	69					
长 泰 县	8309	202	517	2559	628	1453
东 山 县	321					
南 靖 县	17329	140			1380	740
平 和 县	788	20	19	950	90	108
华 安 县	33916				710	1092

单位：亩、吨、公斤

甜瓜			草莓			其他瓜果		
播种面积	总产量	亩产	播种面积	总产量	亩产	播种面积	总产量	亩产
1592	**2093**	**1315**	**400**	**554**	**1385**	**919**	**1332**	**1449**
5	9	1800						
5	9	1800						
80	185	2313	100	38	380	605	956	1580
1027	1544	1503				290	335	1155
480	355	740	169	403	2385	24	41	1708
			100	100	1000			
			31	13	419			

单位：亩、吨、公斤

	3、青饲料			4、绿肥	5、其它		
亩产	播种面积	总产量	亩产	播种面积	播种面积	总产量	亩产
1034	**129488**	**133580**	**1032**	**2880**	**14017**	**7843**	**560**
	40	20	500				
	40	20	500				
	750	652	869		1653	922	558
774	32162	22326	694				
	33190	34744	1047	320	4310	1939	450
	23533	27071	1150	322	281	156	555
2314	13392	15549	1161	528	460	460	1000
	8380	8356	997				
536					5665	3344	590
1200	8613	6917	803	1710	1648	1022	620
1538	9428	17945	1903				

8—33 分县(市、区)茶

	一、茶叶合计				其中:乌龙毛茶	二、园林水果合计		
	年末实有面积	其中:采摘面积	当年新植面积	产量	产量	年末实有面积	其中:采摘面积	当年新植面积
漳州市	**452873**	**393866**	**8329**	**70593**	**70593**	**2577050**	**2245647**	**52116**
市区	1906	1906		221	221	80413	79518	
芗城区	1532	1532		213	213	76960	76960	
龙文区	374	374		8	8	3453	2558	
龙海市	1441	664		24	24	174806	133841	6605
云霄县	11088	10192	610	1451	1451	272258	241425	7669
漳浦县	9258	8317	20	531	531	334864	261303	2997
诏安县	49153	43539	3208	9622	9622	383455	357662	5637
长泰县	32500	22149	126	4554	4554	105723	92814	1756
东山县						22106	19693	70
南靖县	94476	93958	150	16899	16899	244709	241759	14
平和县	121530	84668	3736	16538	16538	898829	760948	24528
华安县	131521	128473	479	20753	20753	59887	56684	2840

8—33 续表1

	柑				桔				
	年末实有面积	其中:采摘面积	当年新植面积	产量	年末实有面积	其中:采摘面积	当年新植面积	产量	年末实有面积
漳州市	**70625**	**67680**	**1012**	**85261**	**31209**	**29498**	**783**	**38935**	**7427**
市区	4016	4016		6931	880	880		1500	350
芗城区	4016	4016		6931	880	880		1500	350
龙文区									
龙海市	497	497		497					
云霄县	4938	4810	2	8299	876	683		1362	94
漳浦县	2788	2300	151	2608					281
诏安县	11667	10858	724	14096	5223	4936	287	8263	234
长泰县	4749	4094	121	4839	14663	13733	221	17301	1353
东山县	206	204		245					
南靖县	19179	19128		15833	456	456		440	2294
平和县	22585	21773	14	31913	307	288		134	2044
华安县					8804	8522	279	9935	777

叶、水果生产情况

单位：亩、吨

	1、梨				2、柑桔类			
产 量	年末实有面积	其中：采摘面积	当年新植面积	产 量	年末实有面积	其中：采摘面积	当年新植面积	产 量
3356349	**2329**	**2329**		**418**	**924103**	**789056**	**27443**	**1569818**
90706	5	5		7	7911	7911		13232
89510	5	5		7	7911	7911		13232
1196								
84744					702	702		763
286516	171	171		126	28522	26793	1172	38536
337845					15128	11914	882	19499
227873					30567	27113	2991	27738
101822					34746	30535	612	35913
9064					240	238		279
502787					51040	50757	3	56319
1637923	2153	2153		285	732317	612443	20156	1344412
77069					22930	20650	1631	33127

单位：亩、吨

橙			柚				其他柑桔类			
其中：采摘面积	当年新植面积	产 量	年末实有面积	其中：采摘面积	当年新植面积	产 量	年末实有面积	其中：采摘面积	当年新植面积	产 量
6957	**134**	**8286**	**813395**	**683513**	**25514**	**1436630**	**1447**	**1408**		**706**
350		584	2665	2665		4217				
350		584	2665	2665		4217				
			205	205		266				
94		48	21314	19906	1170	28184	1300	1300		643
240		353	12059	9374	731	16538				
166	51	98	13443	11153	1929	5281				
1135	78	1293	13981	11573	192	12480				
			34	34		34				
2284		1644	29111	28889	3	38362				40
1953	5	3119	707234	588321	20137	1309223	147	108		23
735		1147	13349	11393	1352	22045				

8—33 续表2

	4、热带亚热带水果				香蕉				
	年末实有面积	其中：采摘面积	当年新植面积	产量	年末实有面积	其中：采摘面积	当年新植面积	产量	年末实有面积
漳州市	**1379846**	**1206915**	**22433**	**1601335**	**339505**	**328015**	**6283**	**876539**	**32489**
市区	71412	70517		75991	45061	45031		54494	500
芗城区	67975	67975		74803	44706	44706		54389	500
龙文区	3437	2542		1188	355	325		105	
龙海市	168825	128156	6437	77143	10531	10081	20	18050	19649
云霄县	237805	208828	6433	239392	27137	25873	2180	49446	5335
漳浦县	266467	200069	1955	260885	43484	41021	978	114157	3684
诏安县	202406	193834	1670	118561	11250	11149	98	24444	755
长泰县	55505	49409	1059	53110	15982	15433	927	31319	539
东山县	21866	19455	70	8785	157	157		103	
南靖县	173560	171533	11	440216	129666	127659	1	406312	1546
平和县	151477	135364	3695	287089	42174	37666	1013	147295	461
华安县	30523	29750	1103	40163	14063	13945	1066	30919	20

8—33 续表3

	枇杷				橄榄				
	年末实有面积	其中：采摘面积	当年新植面积	产量	年末实有面积	其中：采摘面积	当年新植面积	产量	年末实有面积
漳州市	**86699**	**80692**	**1864**	**77975**	**19647**	**18824**	**9**	**7718**	**123267**
市区	114	114		45	366	366		489	
芗城区	114	114		45	366	366		489	
龙文区									
龙海市					250	250		35	85500
云霄县	76576	71583	1599	72597	302	242		217	861
漳浦县	3456	2785	205	2926	180	125		47	23125
诏安县	4667	4416	42	787	13756	13723	6	5671	11772
长泰县	364	280	18	84	1460	842		104	32
东山县	47	39		15					
南靖县	762	762		1250	1605	1605		40	194
平和县	300	300		172	152	113		70	974
华安县	413	413		99	1576	1558	3	1045	809

单位：亩、吨

菠萝			荔枝				龙眼			
其中：采摘面积	当年新植面积	产量	年末实有面积	其中：采摘面积	当年新植面积	产量	年末实有面积	其中：采摘面积	当年新植面积	产量
22319	**7681**	**30638**	**400746**	**326876**	**712**	**183365**	**277174**	**234785**	**349**	**166153**
500		261	8529	7959		4822	13439	13144		9613
500		261	6910	6910		4216	11991	11991		9176
			1619	1049		606	1448	1153		437
10715	6049	12119	34690	24929	243	15152	17240	11792		6991
5098	1008	7351	67567	51630		33945	42446	36790		44430
3376		6403	101879	65155		58793	78317	58744		46775
165	614	47	103852	99551	469	42208	49980	46874	346	32077
539		503	17731	14916		6223	14096	12682		2709
			4950	4323		1009	13719	12121		4503
1546		340	10633	10633		4961	22736	22736		7725
360	6	3609	45285	42225		14871	18604	13815		9207
20	4	5	5630	5555		1381	6597	6087	3	2123

单位：亩、吨

杨梅			芒果				青枣			
其中：采摘面积	当年新植面积	产量	年末实有面积	其中：采摘面积	当年新植面积	产量	年末实有面积	其中：采摘面积	当年新植面积	产量
102857	**317**	**47477**	**3098**	**2890**	**107**	**3646**	**53014**	**47753**	**4119**	**125771**
		42	1205	1205		1429	1025	1025		2992
		42	1205	1205		1429	1010	1010		2952
							15	15		40
69482	125	23927					15	15		25
801	10	575	722	696	107	650	4884	4140	1228	16918
19179	118	19831	10	8		1	11142	8658	647	11016
11664	37	2212	152	152		87	517	515	2	1196
32		27	693	543		894	967	907		1006
			61	61		16	2105	2002	70	2423
194		10	30	30		382	5794	5774	10	18578
748		443	154	124		134	26545	24697	2162	71596
757	27	410	71	71		53	20	20		21

8—33 续表4

	番石榴				其他热带亚热带水果				
	年末实有面积	其中：采摘面积	当年新植面积	产量	年末实有面积	其中：采摘面积	当年新植面积	产量	年末实有面积
漳州市	**27504**	**25616**	**688**	**59944**	**16703**	**16288**	**304**	**22109**	**270772**
市区	1173	1173		1804					1085
芗城区	1173	1173		1804					1069
龙文区									16
龙海市	755	702		605	195	190		239	5279
云霄县	185	185		154	11790	11790	301	13109	5760
漳浦县	1065	893	7	759	125	125		177	53269
诏安县	4173	4096	53	7686	1532	1529	3	2146	150482
长泰县	3481	3155	114	10174	160	80		67	15472
东山县	305	259		297	522	493		419	
南靖县	4	4		10	590	590		608	20109
平和县	16344	15130	514	38433	484	186		1259	12882
华安县	19	19		22	1305	1305		4085	6434

8—33 续表5

	葡萄				柿子				
	年末实有面积	其中：采摘面积	当年新植面积	产量	年末实有面积	其中：采摘面积	当年新植面积	产量	年末实有面积
漳州市	**1193**	**1129**	**14**	**1425**	**23545**	**21675**		**7333**	**506**
市区	130	130		121					
芗城区	130	130		121					
龙文区									
龙海市					25	25		36	
云霄县	489	475	14	707	225	220		214	7
漳浦县					10				
诏安县					3094	2044		268	
长泰县	475	425		568	911	854		384	434
东山县									
南靖县					11152	10532		3681	20
平和县					8098	7970		2726	45
华安县	99	99		29	30	30		24	

单位：亩、吨

5、其他水果			桃				李			
其中：采摘面积	当年新植面积	产量	年末实有面积	其中：采摘面积	当年新植面积	产量	年末实有面积	其中：采摘面积	当年新植面积	产量
247347	**2240**	**184778**	**26445**	**24003**	**700**	**27665**	**75666**	**64894**	**497**	**65910**
1085		1476	304	304		318	651	651		1037
1069		1468	294	294		313	645	645		1034
16		8	10	10		5	6	6		3
4983	168	6838	2390	2380	10	3612	2743	2457	158	2929
5633	64	8462	1604	1551	20	2504	1667	1652	30	3016
49320	160	57461	15157	14002	10	17245	34545	31863	100	39555
136715	976	81574	2223	1771	4	649	12885	8596	87	4000
12870	85	12799	1138	1027		1647	11822	9586	16	8862
19469	4	6252	1089	1089		458	3136	3116		1136
10988	677	6137	2289	1628	656	1060	2163	1069		1821
6284	106	3779	251	251		172	6054	5904	106	3554

单位：亩、吨

柰			青梅				其他鲜果			
其中：采摘面积	当年新植面积	产量	年末实有面积	其中：采摘面积	当年新植面积	产量	年末实有面积	其中：采摘面积	当年新植面积	产量
474		**714**	**137315**	**129339**	**885**	**77862**	**6102**	**5833**	**144**	**3869**
							121	121		261
7		4	195	195		260	1573	1533		1757
			250	200		40	3307	3255	50	621
			132130	124204	885	76587	150	100		70
402		593					692	576	69	745
20		5	4708	4708		939	4	4	4	33
45		112	32	32		36	255	244	21	382

8—34 分县(市、区)

	一、蔬菜			1、叶菜类			菠菜	
	播种面积(亩)	产量(吨、万粒、万枝、盆)	亩产(公斤、粒、枝、盆/亩)	播种面积(亩)	产量(吨、万粒、万枝、盆)	亩产(公斤、粒、枝、盆/亩)	播种面积(亩)	产量(吨、万粒、万枝、盆)
漳州市	**1708819**	**2975880**	**1742**	**323042**	**503572**	**1559**	**56404**	**80904**
市区	65060	96980	1491	13895	18219	1311	2314	2458
芗城区	51400	59950	1166	12407	15353	1237	1983	1780
龙文区	13660	37030	2711	1488	2866	1926	331	678
龙海市	230491	372131	1615	46799	72928	1558	7919	11243
云霄县	103973	125193	1204	28852	29691	1029	5735	6105
漳浦县	367123	598114	1629	48288	60523	1253	11399	12687
诏安县	175745	295772	1683	25020	32773	1310	4481	5312
长泰县	121408	248421	2046	18204	25578	1405	4303	3931
东山县	44140	75296	1706	4128	3632	880	772	611
南靖县	218843	378215	1728	37418	60579	1619	2748	3609
平和县	328754	684257	2081	85017	173364	2039	14201	30785
华安县	53282	101501	1905	15421	26285	1705	2532	4163

8—34 续表1

	蕹菜(空心菜)			其他叶菜类			2、白菜类	
	播种面积(亩)	产量(吨、万粒、万枝、盆)	亩产(公斤、粒、枝、盆/亩)	播种面积(亩)	产量(吨、万粒、万枝、盆)	亩产(公斤、粒、枝、盆/亩)	播种面积(亩)	产量(吨、万粒、万枝、盆)
漳州市	**134399**	**208976**	**1555**	**54644**	**96115**	**1759**	**113587**	**181984**
市区	6878	10030	1458	1243	1579	1270	2775	4786
芗城区	6388	9069	1420	957	1034	1081	1749	1996
龙文区	490	961	1961	286	545	1906	1026	2790
龙海市	19712	29706	1507	8159	14969	1835	7375	10976
云霄县	17170	17507	1020	1341	1265	943	6184	8158
漳浦县	16584	20674	1247	8178	11333	1386	20961	32133
诏安县	9751	14521	1489	6167	7383	1197	21483	30495
长泰县	5554	8318	1489	2662	4335	1629	4791	8417
东山县	1273	1394	1095	645	538	834	1968	2440
南靖县	14544	23678	1628	6121	12869	2102	27640	42210
平和县	35957	70556	1962	18363	38873	2117	16269	34684
华安县	6976	12592	1805	1765	2971	1683	4141	7685

蔬菜及特种作物生产情况

	芹菜			包菜			油菜		
亩产(公斤、粒、枝、盆/亩)	播种面积(亩)	产量(吨、万粒、万枝、盆)	亩产(公斤、粒、枝、盆/亩)	播种面积(亩)	产量(吨、万粒、万枝、盆)	亩产(公斤、粒、枝、盆/亩)	播种面积(亩)	产量(吨、万粒、万枝、盆)	亩产(公斤、粒、枝、盆/亩)
1434	**39861**	**58686**	**1472**	**126881**	**218429**	**1722**	**37734**	**58891**	**1561**
1062	1239	1228	991	4454	9421	2115	2221	2924	1317
898	1182	1109	938	2470	3634	1471	1897	2361	1245
2048	57	119	2088	1984	5787	2917	324	563	1738
1420	4587	7344	1601	13631	22969	1685	6422	9666	1505
1065	1755	1783	1016	10037	14658	1460	2851	3031	1063
1113	7974	9240	1159	41432	67945	1640	4153	6589	1587
1185	3095	3539	1144	15382	22958	1493	1526	2018	1322
914	2115	3100	1466	6874	14314	2082	3570	5894	1651
792	740	551	745	1332	1809	1358	698	538	771
1313	10014	15914	1589	13750	25930	1886	3991	4509	1130
2168	7318	14528	1985	17203	33065	1922	9178	18622	2029
1644	1024	1459	1425	2786	5360	1924	3124	5100	1633

	大白菜			其他白菜			3、瓜类		
亩产(公斤、粒、枝、盆/亩)	播种面积(亩)	产量(吨、万粒、万枝、盆)	亩产(公斤、粒、枝、盆/亩)	播种面积(亩)	产量(吨、万粒、万枝、盆)	亩产(公斤、粒、枝、盆/亩)	播种面积(亩)	产量(吨、万粒、万枝、盆)	亩产(公斤、粒、枝、盆/亩)
1602	**97288**	**159245**	**1637**	**16299**	**22739**	**1395**	**212411**	**457119**	**2152**
1725	2325	3795	1632	450	991	2202	11923	23264	1951
1141	1749	1996	1141				7279	8328	1144
2719	576	1799	3123	450	991	2202	4644	14936	3216
1488	6229	9851	1582	1146	1125	982	21958	41031	1869
1319	5573	7420	1331	611	738	1208	4906	7389	1506
1533	18589	28083	1511	2372	4050	1707	30141	49399	1639
1420	16231	25821	1591	5252	4674	890	17443	27158	1557
1757	4791	8417	1757				27577	80964	2936
1240	1621	1996	1231	347	444	1280	2690	3955	1470
1527	27011	41403	1533	629	807	1283	30507	66954	2195
2132	12921	28743	2225	3348	5941	1775	56572	137792	2436
1856	1997	3716	1861	2144	3969	1851	8694	19213	2210

8—34 续表2

	黄瓜			冬瓜			丝瓜	
	播种面积（亩）	产量（吨、万粒、万枝、盆）	亩产（公斤、粒、枝、盆/亩）	播种面积（亩）	产量（吨、万粒、万枝、盆）	亩产（公斤、粒、枝、盆/亩）	播种面积（亩）	产量（吨、万粒、万枝、盆）
漳州市	**97008**	**203227**	**2095**	**42828**	**104525**	**2441**	**29735**	**54491**
市区	3340	4966	1487	3449	4657	1350	1475	2048
芗城区	2642	2716	1028	3293	3965	1204	1282	1536
龙文区	698	2250	3224	156	692	4436	193	512
龙海市	11121	22633	2035	1437	2008	1397	3401	5343
云霄县	2399	3336	1391	1510	2678	1774	454	623
漳浦县	18977	32397	1707	2653	4416	1665	4937	6889
诏安县	6673	11516	1726	3890	6475	1665	2932	4047
长泰县	10179	28179	2768	7901	28463	3603	3933	8687
东山县	510	597	1171	865	1439	1664	435	762
南靖县	23769	55057	2316	4938	9208	1865	214	276
平和县	16540	36204	2189	14885	42783	2874	10284	22815
华安县	3500	8342	2383	1300	2398	1845	1670	3001

8—34 续表3

	白萝卜			胡萝卜			芋头	
	播种面积（亩）	产量（吨、万粒、万枝、盆）	亩产（公斤、粒、枝、盆/亩）	播种面积（亩）	产量（吨、万粒、万枝、盆）	亩产（公斤、粒、枝、盆/亩）	播种面积（亩）	产量（吨、万粒、万枝、盆）
漳州市	**105029**	**213042**	**2028**	**33552**	**73448**	**2189**	**21547**	**37017**
市区	3377	5290	1567	520	564	1085	3348	3502
芗城区	3092	4343	1405	514	552	1074	3332	3473
龙文区	285	947	3323	6	12	2000	16	29
龙海市	9404	19466	2070	2697	5489	2035	1328	2393
云霄县	8782	12717	1448	330	349	1058	496	560
漳浦县	35922	76654	2134	19676	41923	2131	2555	3741
诏安县	13563	25928	1912	1045	2465	2359	1205	1737
长泰县	4980	11047	2218	340	637	1874	2067	4265
东山县	7355	20187	2745	5363	14954	2788	180	199
南靖县	3087	5507	1784				4881	9664
平和县	14755	28951	1962	3561	7035	1976	4875	9774
华安县	3804	7295	1918	20	32	1600	612	1182

亩 产（公斤、粒、枝、盆/亩）	南 瓜			其他瓜类			4、根茎类		
	播种面积（亩）	产 量（吨、万粒、万枝、盆）	亩 产（公斤、粒、枝、盆/亩）	播种面积（亩）	产 量（吨、万粒、万枝、盆）	亩 产（公斤、粒、枝、盆/亩）	播种面积（亩）	产 量（吨、万粒、万枝、盆）	亩 产（公斤、粒、枝、盆/亩）
1833	**9499**	**22976**	**2419**	**33341**	**71900**	**2157**	**226933**	**410188**	**1808**
1389	13	13	1000	3646	11580	3176	9899	12528	1266
1198	13	13	1000	49	98	2000	9552	11420	1196
2653				3597	11482	3192	347	1108	3193
1571	407	879	2160	5592	10168	1818	14124	28401	2011
1372	79	103	1304	464	649	1399	22683	29164	1286
1395	1548	2623	1694	2026	3074	1517	77159	142589	1848
1380	238	543	2282	3710	4577	1234	16847	31260	1856
2209	634	1963	3096	4930	13672	2773	9357	20454	2186
1752	115	174	1513	765	983	1285	24819	48433	1951
1290				1586	2413	1521	11441	20302	1775
2219	5270	14417	2736	9593	21573	2249	33593	64082	1908
1797	1195	2261	1892	1029	3211	3121	7011	12975	1851

亩 产（公斤、粒、枝、盆/亩）	生 姜			芦 笋			其他根类		
	播种面积（亩）	产 量（吨、万粒、万枝、盆）	亩 产（公斤、粒、枝、盆/亩）	播种面积（亩）	产 量（吨、万粒、万枝、盆）	亩 产（公斤、粒、枝、盆/亩）	播种面积（亩）	产 量（吨、万粒、万枝、盆）	亩 产（公斤、粒、枝、盆/亩）
1718	**21838**	**34529**	**1581**	**42636**	**47355**	**1111**	**2331**	**4797**	**2058**
1046	2654	3172	1195						
1042	2614	3052	1168						
1813	40	120	3000						
1802	285	315	1105				410	738	1800
1129	1332	1659	1246	11727	13863	1182	16	16	1000
1464	605	866	1431	18253	19185	1051	148	220	1486
1442	1034	1130	1093						
2063	1279	2483	1941				691	2022	2926
1106	28	13	464	11873	13062	1100	20	18	900
1980	3298	4909	1489	92	115	1250	83	107	1289
2005	8748	15516	1774	691	1130	1635	963	1676	1740
1931	2575	4466	1734						

8—34　续表 4

	5、茄果类			茄　子			西红柿	
	播种面积（亩）	产　量（吨、万粒、万枝、盆）	亩　产（公斤、粒、枝、盆 / 亩）	播种面积（亩）	产　量（吨、万粒、万枝、盆）	亩　产（公斤、粒、枝、盆 / 亩）	播种面积（亩）	产　量（吨、万粒、万枝、盆）
漳州市	**120872**	**227629**	**1883**	**41431**	**75630**	**1825**	**48888**	**95657**
市区	4646	4766	1026	2843	2581	908	974	1111
芗城区	4048	3376	834	2520	1753	696	839	829
龙文区	598	1390	2324	323	828	2564	135	282
龙海市	19030	38149	2005	2842	4153	1461	13814	31076
云霄县	9077	13383	1474	1437	3028	2107	5374	7283
漳浦县	30936	56361	1822	5012	6219	1241	18458	35497
诏安县	16966	32236	1900	4985	7833	1571	3037	5788
长泰县	10424	18806	1804	6574	11847	1802	1483	3392
东山县	1052	1254	1192	468	543	1160	443	544
南靖县	5690	7259	1276	3936	5576	1417	1134	1066
平和县	20770	51371	2473	11843	31160	2631	4001	9607
华安县	2281	4044	1773	1491	2690	1804	170	293

8—34　续表 5

	蒜　头			蒜苗(大蒜)			韭　菜	
	播种面积（亩）	产　量（吨、万粒、万枝、盆）	亩　产（公斤、粒、枝、盆 / 亩）	播种面积（亩）	产　量（吨、万粒、万枝、盆）	亩　产（公斤、粒、枝、盆 / 亩）	播种面积（亩）	产　量（吨、万粒、万枝、盆）
漳州市	**16936**	**20117**	**1188**	**23923**	**34662**	**1449**	**19782**	**29521**
市区	539	517	959	175	206	1177	586	388
芗城区	539	517	959	142	141	993	560	336
龙文区				33	65	1970	26	52
龙海市	2654	2886	1087	3536	6274	1774	1363	1631
云霄县	206	195	947	2895	2861	988	1919	1697
漳浦县	5751	6645	1156	5657	7940	1404	907	967
诏安县	1932	2250	1165	3456	4007	1159	7779	13593
长泰县	1256	1672	1331	1087	1966	1809	1524	2744
东山县	154	171	1110	690	1342	1945	680	642
南靖县	1618	1312	811	836	1080	1292	298	453
平和县	2383	3982	1671	5282	8663	1640	3937	6509
华安县	443	487	1099	309	323	1045	789	897

	甜椒(青椒)			其他茄果类			6、葱蒜类		
亩　产 (公斤、粒、枝、盆/亩)	播种面积 (亩)	产　量 (吨、万粒、万枝、盆)	亩　产 (公斤、粒、枝、盆/亩)	播种面积 (亩)	产　量 (吨、万粒、万枝、盆)	亩　产 (公斤、粒、枝、盆/亩)	播种面积 (亩)	产　量 (吨、万粒、万枝、盆)	亩　产 (公斤、粒、枝、盆/亩)
1957	**28086**	**52177**	**1858**	**2467**	**4165**	**1688**	**113959**	**191530**	**1681**
1141	759	934	1231	70	140	2000	1762	1508	856
988	689	794	1152				1703	1391	817
2089	70	140	2000	70	140	2000	59	117	1983
2250	1847	2139	1158	527	781	1482	12437	17365	1396
1355	1730	2183	1262	536	889	1659	5726	5389	941
1923	6928	13743	1984	538	902	1677	46727	94878	2031
1906	8894	18517	2082	50	98	1960	14982	22871	1527
2287	2344	3494	1491	23	73	3174	5211	8292	1591
1228	122	146	1197	19	21	1105	5439	11249	2068
940	503	538	1070	117	79	675	3094	3281	1060
2401	4362	9463	2169	564	1141	2023	16310	24242	1486
1724	597	1020	1709	23	41	1783	2271	2455	1081

	小　葱			其他葱蒜类			7、菜用豆类		
亩　产 (公斤、粒、枝、盆/亩)	播种面积 (亩)	产　量 (吨、万粒、万枝、盆)	亩　产 (公斤、粒、枝、盆/亩)	播种面积 (亩)	产　量 (吨、万粒、万枝、盆)	亩　产 (公斤、粒、枝、盆/亩)	播种面积 (亩)	产　量 (吨、万粒、万枝、盆)	亩　产 (公斤、粒、枝、盆/亩)
1492	**15291**	**20697**	**1354**	**38027**	**86533**	**2276**	**224060**	**318367**	**1421**
662	302	274	907	160	123	769	11099	12302	1108
600	302	274	907	160	123	769	10482	11372	1085
2000							617	930	1507
1197	4870	6540	1343	14	34	2429	34519	29299	849
884	706	636	901				13175	13474	1023
1066	4455	6668	1497	29957	72658	2425	41879	47816	1142
1747	834	1078	1293	981	1943	1981	11814	17584	1488
1801	1344	1910	1421				19760	34458	1744
944	623	661	1061	3292	8433	2562	1503	1282	853
1520	69	75	1087	273	361	1322	54564	88196	1616
1653	1358	2107	1552	3350	2981	890	30196	60076	1990
1137	730	748	1025				5551	13880	2501

8—34 续表6

	四季豆(菜豆)			豌豆(荷兰豆、甜豌)			豇豆	
	播种面积(亩)	产量(吨、万粒、万枝、盆)	亩产(公斤、粒、枝、盆/亩)	播种面积(亩)	产量(吨、万粒、万枝、盆)	亩产(公斤、粒、枝、盆/亩)	播种面积(亩)	产量(吨、万粒、万枝、盆)
漳州市	**115716**	**160356**	**1386**	**41905**	**63197**	**1508**	**29010**	**47494**
市区	9114	9824	1078	865	1045	1208		
芗城区	8627	9099	1055	865	1045	1208		
龙文区	487	725	1489					
龙海市	16922	13185	779	5802	5428	936	2087	1739
云霄县	7269	7701	1059	2584	2367	916	2426	2502
漳浦县	16898	19633	1162	9501	12322	1297	1649	1782
诏安县	8360	12023	1438	1640	2303	1404	1158	1465
长泰县	8767	16113	1838	3198	5453	1705	3443	6222
东山县	851	726	853	204	124	608	85	41
南靖县	33218	51438	1549	9796	17826	1820	11208	18540
平和县	12946	27307	2109	7860	15508	1973	3792	6700
华安县	1371	2406	1755	455	821	1804	3162	8503

8—34 续表7

	茭白			荸荠			其他水生菜类	
	播种面积(亩)	产量(吨、万粒、万枝、盆)	亩产(公斤、粒、枝、盆/亩)	播种面积(亩)	产量(吨、万粒、万枝、盆)	亩产(公斤、粒、枝、盆/亩)	播种面积(亩)	产量(吨、万粒、万枝、盆)
漳州市	**15222**	**26036**	**1710**	**1083**	**2478**	**2288**	**2338**	**3772**
市区	925	2513	2717					
芗城区								
龙文区	925	2513	2717					
龙海市	9500	12544	1320					
云霄县	18	14	778				22	22
漳浦县	100	170	1700	65	65	1000		
诏安县				70	120	1714		
长泰县	2248	4629	2059	418	1072	2565		
东山县								
南靖县							2316	3750
平和县	2373	6053	2551	530	1221	2304		
华安县	58	113	1948					

	其他菜用豆类			8、水生菜类			莲藕		
亩产（公斤、粒、枝、盆/亩）	播种面积（亩）	产量（吨、万粒、万枝、盆）	亩产（公斤、粒、枝、盆/亩）	播种面积（亩）	产量（吨、万粒、万枝、盆）	亩产（公斤、粒、枝、盆/亩）	播种面积（亩）	产量（吨、万粒、万枝、盆）	亩产（公斤、粒、枝、盆/亩）
1637	**37429**	**47320**	**1264**	**29783**	**54210**	**1820**	**11140**	**21924**	**1968**
	1120	1433	1280	935	2525	2701	10	12	1200
	990	1228	1240						
	130	205	1577	935	2525	2701	10	12	1200
833	9708	8947	922	17639	30012	1702	8139	17468	2146
1031	896	904	1009	698	827	1185	658	791	1202
1081	13831	14079	1018	267	320	1199	102	85	833
1265	656	1793	2733	801	1362	1700	731	1242	1699
1807	4352	6670	1533	3091	6554	2120	425	853	2007
482	363	391	1077						
1654	342	392	1146	3307	5065	1532	991	1315	1327
1767	5598	10561	1887	2959	7385	2496	56	111	1982
2689	563	2150	3819	86	160	1861	28	47	1679

	9、其他蔬菜			花椰菜			莴笋		
亩产（公斤、粒、枝、盆/亩）	播种面积（亩）	产量（吨、万粒、万枝、盆）	亩产（公斤、粒、枝、盆/亩）	播种面积（亩）	产量（吨、万粒、万枝、盆）	亩产（公斤、粒、枝、盆/亩）	播种面积（亩）	产量（吨、万粒、万枝、盆）	亩产（公斤、粒、枝、盆/亩）
1613	**214602**	**408301**	**1903**	**52591**	**94450**	**1796**	**11231**	**19315**	**1720**
	3672	7661	2086	1314	3075	2340	536	700	1306
	1710	3080	1801	398	509	1279	366	450	1230
	1962	4581	2335	916	2566	2801	170	250	1471
	42839	80761	1885	20257	39096	1930	1245	1574	1264
1000	1817	1840	1013	821	869	1059	197	177	899
	29012	45533	1570	7656	11620	1518	932	1492	1601
	34681	76756	2213	1307	2482	1899	294	977	3323
	16119	30584	1897	5029	8878	1765	3147	6434	2045
	1209	1242	1027	280	278	993	65	91	1400
1619	31432	58439	1859	7175	11681	1628	4186	6706	1602
	48833	96146	1969	6892	13028	1890	306	535	1748
	4988	9339	1872	1860	3443	1851	323	629	1947

8—34 续表8

	芥菜			其他			二、花卉及盆景园艺播种面积（亩）	1、盆栽花	
	播种面积（亩）	产量（吨、万粒、万枝、盆）	亩产（公斤、粒、枝、盆/亩）	播种面积（亩）	产量（吨、万粒、万枝、盆）	亩产（公斤、粒、枝、盆/亩）		播种面积（亩）	产量（吨、万粒、万枝、盆）
漳州市	**127063**	**247785**	**1950**	**23717**	**46751**	**1971**	**173821**	**23096**	**14713**
市区	1612	3082	1912	210	804	3829	11081		
芗城区	946	2121	2242						
龙文区	666	961	1443	210	804	3829	11081		
龙海市	13201	24759	1876	8136	15332	1885	37830	12583	4644
云霄县	338	357	1056	461	437	948	1470	1470	3300
漳浦县	17540	28439	1621	2884	3982	1381	59042	2178	516
诏安县	32575	73115	2245	505	182	360	665	69	81
长泰县	7044	13723	1948	899	1549	1723	10024	469	20
东山县	654	683	1044	210	190	905	426		
南靖县	14946	28066	1878	5125	11986	2339	17329	6327	6152
平和县	36635	70794	1932	5000	11789	2358	788		
华安县	2518	4767	1893	287	500	1742	35166		

8—34 续表9

	康乃馨			满天星			玫瑰		
	播种面积（亩）	产量（吨、万粒、万枝、盆）	亩产（公斤、粒、枝、盆/亩）	播种面积（亩）	产量（吨、万粒、万枝、盆）	亩产（公斤、粒、枝、盆/亩）	播种面积（亩）	产量（吨、万粒、万枝、盆）	亩产（公斤、粒、枝、盆/亩）
漳州市	**31**	**33**	**10742**	**40**	**44**	**10995**	**291**	**613**	**21050**
市区									
芗城区									
龙文区									
龙海市							32	42	13125
云霄县									
漳浦县									
诏安县									
长泰县	31	33	10742	40	44	10995	212	152	7148
东山县							17	119	70000
南靖县							30	300	100000
平和县									
华安县									

	其中:水仙花			2、鲜切花			百合花		
亩 产（公斤、粒、枝、盆/亩）	播种面积（亩）	产 量（吨、万粒、万枝、盆）	亩 产（公斤、粒、枝、盆/亩）	播种面积（亩）	产 量（吨、万粒、万枝、盆）	亩 产（公斤、粒、枝、盆/亩）	播种面积（亩）	产 量（吨、万粒、万枝、盆）	亩 产（公斤、粒、枝、盆/亩）
6370	**16054**	**8923**	**5558**	**2472**	**4870**	**19701**	**12**	**15**	**12083**
3691	11212	4557	4064	105	181	17238			
22449									
2369				528	209	3958			
11739									
424				963	623	6466	12	15	12083
				259	1571	60672			
9723	4842	4366	9017	617	2286	37050			

菊花（含非洲菊）			其他鲜切花			3、盆景园艺			4、其他花卉		
播种面积（亩）	产 量（吨、万粒、万枝、盆）	亩 产（公斤、粒、枝、盆/亩）	播种面积（亩）	产 量（吨、万粒、万枝、盆）	亩 产（公斤、粒、枝、盆/亩）	播种面积（亩）	产 量（吨、万粒、万枝、盆）	亩 产（公斤、粒、枝、盆/亩）	播种面积（亩）	产 量（吨、万粒、万枝、盆）	亩 产（公斤、粒、枝、盆/亩）
565	**811**	**14354**	**1533**	**3355**	**21884**	**26971**	**2754**	**1021**	**121282**	**119545**	**986**
									11081	14756	1332
									11081	14756	1332
73	139	19041				12420	822	662	12722	17231	1354
			528	209	3958	10885	1385	1272	45451	18195	400
						596	120	2013			
437	229	5231	231	151	6528	1715	322	1879	6877	1264	184
25	83	33360	217	1369	63088	105	2	220	62	186	3000
30	360	120000	557	1626	29192				10385	29044	2797
									788	897	1138
						1250	102	816	33916	37972	1120

8—34 续表 10

	三、药材			1、太子参			2、砂仁		
	播种面积（亩）	产量（吨、万粒、万枝、盆）	亩产（公斤、粒、枝、盆/亩）	播种面积（亩）	产量（吨、万粒、万枝、盆）	亩产（公斤、粒、枝、盆/亩）	播种面积（亩）	产量（吨、万粒、万枝、盆）	亩产（公斤、粒、枝、盆/亩）
漳州市	**27966**	**22411**	**801**				**1818**	**151**	**83**
市区	238	381	1601						
芗城区	238	381	1601						
龙文区									
龙海市	566	52	92						
云霄县	7279	10842	1490						
漳浦县	2500	912	365						
诏安县	5299	2240	423						
长泰县	316	30	95				316	30	95
东山县									
南靖县	3888	1491	384						
平和县	4414	2681	607						
华安县	3466	3782	1091				1502	121	81

8—35 分县(市、区)

	一、食用菌总产量		1、香菇产量	2、蘑菇产量	3、黑木耳产量	4、白木耳产量	5、金针菇产量	6、猴头菇产量
	鲜品	干品	干品	鲜品	干品	干品	鲜品	干品
漳州市	**309145**	**26042**	**80**	**227871**	**15270**	**4**	**17925**	**4**
市区	18533	8083		16073	6777		130	
芗城区	16883	6117		14423	4831		130	
龙文区	1650	1966		1650	1946			
龙海市	130601	5987		109349	2946		230	
云霄县	4484	82		2733	6	4	1730	
漳浦县	26682	914		10893			15789	
诏安县	8958	25		8928				
长泰县	16695	704	49	16094	655		30	
东山县								
南靖县	58757	9207	4	24807	4755		10	
平和县	26657	15		22759	15		6	
华安县	17778	1025	27	16235	116			4

3、半　夏			4、枳　壳			5、泽　泻			6、其　他		
播种面积（亩）	产　量（吨、万粒、万枝、盆）	亩　产（公斤、粒、枝、盆/亩）	播种面积（亩）	产　量（吨、万粒、万枝、盆）	亩　产（公斤、粒、枝、盆/亩）	播种面积（亩）	产　量（吨、万粒、万枝、盆）	亩　产（公斤、粒、枝、盆/亩）	播种面积（亩）	产　量（吨、万粒、万枝、盆）	亩　产（公斤、粒、枝、盆/亩）
			344	**87**	**253**				**25804**	**22173**	**859**
									238	381	1601
									238	381	1601
									566	52	92
									7279	10842	1489
									2500	912	365
									5299	2240	423
									3888	1491	383
			344	87	253				4070	2594	637
									1964	3661	1864

食用菌生产情况

单位：吨

7、平菇类产量(含袖珍菇、凤尾菇等)	8、草菇产量	9、杏鲍菇产　量	10、鸡腿菇产　量（9：1）	11、竹荪产量	12、其它菇产量		二、食用菌生产占用耕地面积（亩）	三、蘑菇种植面积（平方米）
鲜　品	鲜　品	干　品	干　品	干　品	鲜　品	干　品		
40176	**5459**	**9919**	**718**	**47**	**17714**		**8619**	**15998893**
742	270	1306			1318		622	1176430
742	270	1286			1318		614	1016930
		20					8	159500
16325	4697	3041					3245	7160348
8	9	25		47	4			176380
		914					576	1086461
30		25					3230	564757
218	353						50	1208070
21505	80	3730	718		12355		77	2337343
205	50				3637		203	998586
1143		878			400		616	1290518

8—36 分县（市、区）

	一、猪						
	当年出栏数	期末存栏数	能繁殖母畜	当年生仔畜	肉产量（或数量）	当年出栏头数	期末存栏头数
漳州市	**1940896**	**1233612**	**131012**	**387480**	**153041**	**50377**	**103337**
市区	146261	55406	6617	21677	11500	3622	10278
芗城区	129820	42820	4606	14549	10206	2485	9434
龙文区	16441	12586	2011	7128	1294	1137	844
龙海市	277040	109752	8411	31958	21968	4564	4890
云霄县	117604	105327	8945	30141	9274	4462	7010
漳浦县	278936	187368	18955	51265	21871	7513	26454
诏安县	106754	99028	13735	37401	8426	4537	14536
长泰县	189587	109324	9081	31365	15186	4101	8531
东山县	52924	38053	3787	11160	4132	812	1436
南靖县	436685	253138	28096	79850	34671	8103	7424
平和县	196161	185214	22602	62323	15548	8553	16402
华安县	138944	91002	10783	30340	10465	4110	6376

8—36 续表1

	2、奶牛						
	当年出栏头数	期末存栏头数	能繁殖母畜	当年生仔畜	肉产量（或数量）	当年出栏头数	期末存栏头数
漳州市	**460**	**5412**	**1998**	**1468**	**48**	**5794**	**39470**
市区	104	2517	1110	938	11	10	1842
芗城区	65	2404	1000	890	7		1790
龙文区	39	113	110	48	4	10	52
龙海市	199	745	87	31	21	1687	1806
云霄县		6	6	3		292	3623
漳浦县		151	81	27			9414
诏安县	60	638			8	1026	7102
长泰县		687	329	209			2042
东山县						98	660
南靖县		366	223	115		75	2815
平和县	37	137			2	979	7246
华安县	60	165	162	145	6	1627	2920

畜牧业生产情况

单位：头、只、吨

二、牛			1、肉　牛				
能繁殖母畜	当年生仔畜	肉产量（或数量）	当年出栏头数	期末存栏头数	能繁殖母畜	当年生仔畜	肉产量（或数量）
31551	**15256**	**5313**	**44123**	**58455**	**17031**	**6928**	**4667**
2045	1648	365	3508	5919	356	225	349
1537	1352	250	2420	5240			239
508	296	115	1088	679	356	225	110
2707	979	460	2678	2339	266	46	266
2635	1538	483	4170	3381	273	132	451
8158	2988	789	7513	16889	5488	1811	789
1301	575	493	3451	6796	648	261	376
1239	676	425	4101	5802	555	220	425
215	125	88	714	776	81	46	78
2147	993	811	8028	4243	1256	515	805
7428	2787	910	7537	9019	6228	2167	824
3676	2947	489	2423	3291	1880	1505	304

单位：头、只、吨

3、役用牛			三、山　羊				
能繁殖母畜	当年生仔畜	肉产量（或数量）	当年出栏头数	期末存栏头数	能繁殖母畜	当年生仔畜	肉产量（或数量）
12522	**6860**	**598**	**40409**	**43608**	**7532**	**14150**	**582**
579	485	5	2600	4478			38
537	462	4	2410	4332			35
42	23	1	190	146			3
2354	902	173	7794	4776	221	401	115
2356	1403	32	2112	1983			31
2589	1150		8057	10398	1870	3785	114
653	314	109	1060	1371	122	198	16
355	247		5998	7074	2308	4190	84
134	79	10	4866	4915	662	1508	68
668	363	6	2544	1898	335	371	37
1200	620	84	1593	2489	155	295	25
1634	1297	179	3785	4226	1859	3402	54

8—36 续表2

	四、家禽			1、鸡			
	当年出栏数	期末存栏数	肉产量（或数量）	当年出栏数	期末存栏数	肉产量（或数量）	蛋鸡期末存栏数
漳州市	**40280873**	**10237363**	**46539**	**20190612**	**5748642**	**25544**	**796286**
市区	12151360	1593393	5202	471554	154538	621	49585
芗城区	948769	263106	1371	302917	81595	346	24982
龙文区	11202591	1330287	3831	168637	72943	275	24603
龙海市	480930	1703548	8873	768856	308932	1383	108803
云霄县	813303	394420	1516	455041	262945	750	119909
漳浦县	1775143	706955	2729	607187	235739	796	32141
诏安县	1058254	362608	1997	312494	140142	541	42538
长泰县	2353813	1149396	3552	1963548	922549	2374	240545
东山县	220032	95585	352	73767	49136	102	33728
南靖县	15452155	3439154	19119	14807319	3282506	17743	68421
平和县	1171820	530987	2302	519394	264121	847	69867
华安县	477063	261317	897	211452	128034	387	30749

8—36 续表3

	五、兔			六、养蜂箱数	七、其他肉产量	八、禽蛋产量		
	当年出栏数	期末存栏数	肉产量（或数量）				1、鸡蛋	2、鸭蛋
漳州市	**639588**	**504018**	**1097**	**100247**	**37**	**13693**	**4513**	**8990**
市区	12320	15294	17	1431	24	398	182	190
芗城区	12320	15294	17	181	4	297	90	181
龙文区				1250	20	101	92	9
龙海市	93443	33456	150	517		6726	697	6026
云霄县	14319	10330	31	5040		1360	793	541
漳浦县	4660	2873	8	4250		960	403	531
诏安县	5245	10956	10	4700	5	309	146	119
长泰县	14023	15358	22	7282		1489	1187	299
东山县	27081	12200	40			237	231	5
南靖县	48149	18708	77	26884		898	332	563
平和县	237756	266508	473	8500	7	746	343	345
华安县	182592	118335	269	41643	1	570	199	371

单位：头、只、吨

2、鸭			3、鹅			4、其他家禽		
当年出栏数	期末存栏数	肉产量（或数量）	当年出栏数	期末存栏数	肉产量（或数量）	当年出栏数	期末存栏数	肉产量（或数量）
8487208	**3050849**	**16137**	**595233**	**191073**	**1333**	**11007820**	**1246799**	**3525**
771693	231462	1262	4185	1377	4	10903928	1206016	3315
611629	166994	990	4160	1365	4	30063	13152	31
160064	63535	270	25	12		10873865	1193797	3286
3972803	1376499	7350	34271	9160	112	32000	8957	28
315322	111553	691	26602	8488	61	16338	11434	14
1110905	453481	1851	37653	14139	57	19398	3596	25
335715	106576	586	409695	115735	868	350	155	2
353574	216571	1058	7969	5932	81	28722	4344	39
120434	31680	185	25831	14769	65			
635641	151789	1359	2111	625	5	7084	4234	12
619084	244394	1315	33342	15342	52		7130	88
252037	127777	482	13574	5506	28			

单位：头、只、吨

3、鹅蛋	4、其他禽蛋	九、奶类产量	牛奶	羊奶	十、兔毛产量（公斤）	十一、蜂蜜产量	十二、蜂蜡产量	十三、肉类总产量
118	**72**	**5504**	**4824**	**680**	**1309**	**3242**	**110**	**206609**
	26	2145	2023	122		15		17146
	26	2003	1893	110		7		11883
		142	130	12		8		5263
3		1517	1260	257	19	12	1	31566
12	14	7	4	3		121	13	11335
1	25	211	110	101		114		25511
43	1					102		10947
3		669	614	55		70		19269
1								4680
2	1	191	163	28	797	429	1	54715
53	5	348	256	92	493	197	31	19265
		416	394	22		2182	64	12175

8—37 分县（市、区）主要林产品生产情况

单位：吨

	林产品采集产量	1、油茶籽	2、棕片	3、松脂	4、竹笋干（鲜笋应折成笋干）	5、茅草	6、其他林产品产量
漳州市	**252673**	**12912**	**365**	**182**	**31234**	**200697**	**6792**
市区	3120		231	182	1707	1000	
芗城区	3120		231	182	1707	1000	
龙文区							
龙海市	1717				1717		
云霄县	151155				75	150270	810
漳浦县	7498	36			1617	4925	920
诏安县	210				110		100
长泰县	12134				561	11573	
东山县							
南靖县	18127		2		17432	603	90
平和县	47279	12810	132		4522	24974	4350
华安县	11433	66			3603	7242	522

8—38 分县（市、区）渔区基本情况

单位:个、户、人

	一、渔业乡	二、渔业村	三、渔业户数	四、渔业人口	五、渔业从业人员	1、渔业专业从业人员	2、渔农兼业从业人员
漳州市	**4**	**45**	**56430**	**236822**	**151648**	**95341**	**43221**
市区		1	1890	6202	3859	1851	1957
芗城区			1630	5400	3570	1730	1840
龙文区		1	260	802	289	121	117
龙海市		6	2601	23504	15656	10458	4196
云霄县			3972	23754	7812	5461	2116
漳浦县	3	18	31267	104303	55757	29197	20250
诏安县		3	5602	31451	25524	15570	8287
长泰县			306	2231	1334	812	487
东山县	1	16	9882	39708	38901	29960	5288
南靖县			280	1900	1117	795	270
平和县			290	1519	838	487	270
华安县		1	340	2250	850	750	100

8—39　分县（市、区）水产品产量

单位：吨

	总产量	其中				
		海洋捕捞	远洋渔业	海水养殖	淡水捕捞	淡水养殖
漳州市	**1806353**	**436565**	**18093**	**1057278**	**14677**	**279740**
市区	20802	1578			602	18622
芗城区	12475				330	12145
龙文区	8327	1578			272	6477
龙海市	424331	122006	6800	177414	6310	111801
云霄县	211960	6636		188286	1162	15876
漳浦县	406230	65277		285470	3699	51784
诏安县	308254	84112		201960	861	21321
长泰县	23653				267	23386
东山县	383184	156956	11293	204148		10787
南靖县	16400				1000	15400
平和县	8053				316	7737
华安县	3486				460	3026

8—40　分县（市、区）农业生产条件

	一、乡村人口和从业人员						
	乡村户数	乡村人口			乡村劳动力资源数		
			1、男	2、女		1、男	2、女
漳州市	**1052727**	**3961637**	**2032279**	**1929358**	**2414156**	**1261077**	**1153079**
市区	78264	287375	148109	139266	183658	97833	85825
芗城区	49933	177328	91111	86217	117443	62717	54726
龙文区	28331	110047	56998	53049	66215	35116	31099
龙海市	182730	711640	359753	351887	426260	220474	205786
云霄县	89594	351128	182050	169078	205680	108399	97281
漳浦县	208459	765359	391992	373367	493521	254343	239178
诏安县	142252	568156	293152	275004	348776	185792	162984
长泰县	45988	155456	78711	76745	98750	51022	47728
东山县	35843	140832	71707	69125	89187	45260	43927
南靖县	84138	309707	159622	150085	179797	95516	84281
平和县	145931	538677	278488	260189	306179	159722	146457
华安县	39528	133307	68695	64612	82348	42716	39632

8—40 续表1

	一、乡村人口和从业人员					二、农村基础设施			三、农业主要物质消耗	
	乡村从业人员数	1、男	其中:从事农业人员	2、女	其中:从事农业人员	自来水受益村数	通有线电视村数	通宽带村数	农用化肥施用量（折纯）	其中:氮肥
漳州市	**2148919**	**1133485**	**552384**	**1015434**	**488772**	**1635**	**1629**	**1661**	**406286**	**143487**
市区	156172	85454	24467	70718	16761	119	119	119	8657	3111
芗城区	103676	56715	20482	46961	13287	82	82	82	8357	2978
龙文区	52496	28739	3985	23757	3474	37	37	37	300	133
龙海市	391193	202744	73981	188449	68555	235	239	239	31599	7547
云霄县	172088	90083	52075	82005	44883	161	151	162	16261	7320
漳浦县	448725	236030	134294	212695	122124	281	291	291	54394	11376
诏安县	318376	167582	94039	150794	84233	217	217	217	32843	11428
长泰县	91031	46542	13060	44489	15812	47	58	58	22081	7243
东山县	82045	41589	14796	40456	15851	61	61	61	5059	880
南靖县	148943	79193	39297	69750	33923	183	176	183	96666	52852
平和县	264584	145219	82886	119365	64990	240	240	240	111832	34189
华安县	75762	39049	23489	36713	21640	91	77	91	26894	7541

8—40 续表2

	三、农业主要物质消耗									村委会个数
	农用化肥施用量（折纯）			农用塑料薄膜使用量	其中:地膜使用量	地膜覆盖面积	农用柴油使用量	农药使用量	农村用电量	
	磷肥	钾肥	复合肥							
漳州市	**59014**	**92765**	**111020**	**7032**	**3323**	**222574**	**349366**	**11737**	**212429**	**1661**
市区	1355	2764	1427	192	113	9209	448	143	24046	119
芗城区	1325	2686	1368	105	38	6099	327	140	11480	82
龙文区	30	78	59	87	75	3110	121	3	12566	37
龙海市	3537	6415	14100	1561	984	33461	84015	1385	80755	239
云霄县	1701	2383	4857	590	273	9677	1809	776	4620	162
漳浦县	8227	16952	17839	686	248	33263	8510	1136	32879	291
诏安县	4279	8076	9060	880	389	22042	23233	1797	13611	217
长泰县	2595	6005	6238	429	230	16245	3175	458	8782	58
东山县	296	720	3163				218936	628	9069	61
南靖县	15924	17953	9937	1231	524	41897	3965	1399	11831	183
平和县	18930	25422	33291	807	252	47815	3736	3043	17228	240
华安县	2170	6075	11108	656	310	8965	1539	972	9608	91

主要统计指标解释

乡镇个数 指农村中经省、自治区、直辖市人民政府批准成立的乡一级行政区划的数量。不包括城关镇、城市街道办事处、工矿区。

村委会个数 指农村中经上级政府批准,按居住地区设立的基层群众性自治组织的个数。含城关镇中的村。

乡村户数 是指长期(一年以上)居住在乡镇(不包括城关镇)行政管理区域内的住户,还包括居住在城关镇所辖行政村范围内的农村住户。户口不在本地而在本地居住一年及以上的住户也包括在本地农村住户内;有本地户口,但举家外出谋生一年以上的住户,无论是否保留承包耕地都不包括在本地农村住户范围内。不包括乡村地区内的国有经济的机关、团体、学校、企业、事业单位的集体户。

乡村人口数 指乡村地区常住居民户数中的常住人口数,即经常在家或在家居住 6 个月以上,而且经济和生活与本户连成一体的人口。外出从业人员在外居住时间虽然在 6 个月以上,但收入主要带回家中,经济与本户连为一体,仍视为家庭常住人口;在家居住,生活和本户连成一体的国家职工、退休人员也为家庭常住人口。但是现役军人、中专及以上(走读生除外)的在校学生、以及常年在外(不包括探亲、看病等)且已有稳定的职业与居住场所的外出从业人员,不应当作家庭常住人口。

乡村劳动力资源数 指乡村人口中劳动年龄以上(16 周岁)能够参加生产经营活动的人员。

乡村从业人员 指乡村人口中 16 周岁以上实际参加生产经营活动并取得实物或货币收入的人员,既包括劳动年龄内经常参加劳动的人员,也包括超过劳动年龄但经常参加劳动的人员。但不包括户口在家的在外学生、现役军人和丧失劳动能力的人,也不包括待业人员和家务劳动者。从业人员年龄为 16 岁以上。从业人员按从事主业时间最长(时间相同按收入)分为农业从业人员、工业从业人员、建筑业从业人员、交通运输仓储及邮电通信业从业人员、批发零售贸易及餐饮业从业人员、其它行业从业人员。

耕地 是指能够种植农作物、经常进行耕锄的田地。包括熟地、当年新开荒地、连续撂荒未满三年的耕地和当年的休闲地(轮歇地)。以种植农作物为主并附带种植桑树、茶树、果树和其它林木的土地及沿海、沿湖地区已围垦利用的"海涂"、"湖田"等也包括在内。但不包括专业性的桑园、茶园、果木苗圃、林地、芦苇地、天然草原等。南方小于一米、北方小于两米宽的渠、路、田埂,包括在耕地中。

农林牧渔业劳动力 指直接从事农业、林业、牧业、渔业生产活动的劳动力,不包括从事工业、建筑业、运输与邮电、批发零售贸易和餐饮业以及其他非农行业的劳动力,也不包括已统计为临时工(合同工)的劳动力。

农用机械总动力 指主要用于农、林、牧、渔业的各种动力机械的动力总和,包括耕作机械、农用排灌机械、收获机械、植保机械、林业机械、畜牧机械、渔业机械,农产品加工机械、农用运输机械、其他农业机械。按能源又分为柴油、汽油、电力和其他动力。总动力按法定计算单位千瓦计算。(注:1 马力 = 735.5 瓦特 = 0.735 千瓦)

农村用电量 指本年度内,扣除在农村中的国有工业、交通、基建等单位的用电量以后的农村生产和生活的全年用电总量(计量单位:千瓦小时,按全年累计数统计)既包括国家电网供电,也包括农村自办电站供电量。

农村化肥施用量 指本年度内实际用于农业生产的化学肥料数量,包括氮肥、磷肥、钾肥和复合肥。施用量要求按折纯量计算数量,即各类化学肥料的实际施用数量按其含氮、含五氧化二磷、含氧化钾的比例折成百分之百计算。

折纯量 = 实物量 × 某种化肥有效成份含量的百分比

农作物播种面积 指实际播种或移植有农作物的面积。凡是实际种植有农作物的面积,不论种植在耕地上还是种植在非耕地上,也不论面积大小,均应如实统计,种什么就报什么,种多少就报多少,不得漏报。

粮食产量 指全社会的产量。包括全民所有制经营的,集体统一经营的和农民家庭经营的粮食产量,还包括农场和其他生产单位产量。粮食除包括稻谷、小麦、玉米、高粱、谷子及其他杂粮外,还包括薯类和大豆。其产量计算方法,豆类按去豆荚后的干豆计算;薯类(包括甘薯和马铃薯,不包括芋头和木薯)1963 年以前按每 4 公斤鲜薯折 1 公斤粮食计算,从 1964 年开始及以后改为按 5 公斤鲜薯折 1 公斤计算。其他粮食一律按脱粒后的原粮计算。

农林牧渔业总产值 以货币表现的农林牧渔全部产品的总量和对农林牧渔业生产活动进行的各种支持性服务活动的价值。它反映一定时期内生产的总规模和总成果。

农林牧渔业中间消耗 指各种经济类型的农业生产单位和农户在农业生产经营过程中投入(或消耗)的各种物质产品和劳务价值的总和。包括中间物质消耗和中间劳务消耗两个部分。计入中间消耗必须具备以下两个条件:一是与总产出相对应的生产过程中消耗的物质产品和劳务活动;二是本期投入并一次消耗的不属于固定资产的非耐用品。

农林牧渔业增加值 指农、林、牧、渔及农林牧渔服务业生产货物或提供服务活动而增加的价值,为农林牧渔业现价总产值扣除农林牧渔业现价中间投入后的余额。增加值的计算方法有两种,一是生产法:农林牧渔业增加值 = 农林牧渔业总产出 − 农林牧渔业中间消耗;二是分配法:农林牧渔业增加值 = 固定资产折旧 + 劳动者报酬 + 生产税净额(生产税 − 生产补贴)+ 营业盈余。

第九篇　工　　业

9—1 主要年份全国、全省、全市工业增加值及指数

以上年为100

年 份	全 国		全 省		漳 州	
	绝对数（亿元）	指 数（%）	绝对数（亿元）	指 数（%）	绝对数（亿元）	指 数（%）
1949					0.08	
1950					0.08	110.8
1951					0.08	104.7
1952	119.8		2.17	145.7	0.12	141.6
1953	163.5	135.7	2.83	131.8	0.14	128.9
1954	184.7	119.3	2.66	94.7	0.17	126.2
1955	191.2	106.6	2.71	102.6	0.20	117.5
1956	224.7	128.6	3.41	126.4	0.31	143.1
1957	271.0	111.4	4.23	124.2	0.38	121.4
1958	414.5	153.4	5.86	138.9	0.65	180.1
1959	538.5	129.1	8.15	139.7	0.84	126.9
1960	568.2	106.1	9.59	118.1	0.90	110.1
1961	362.1	61.0	5.05	52.9	0.58	62.0
1962	325.4	86.7	4.00	79.4	0.53	81.4
1963	365.6	113.3	4.13	103.6	0.54	101.8
1964	461.1	125.6	5.21	126.6	0.66	121.0
1965	546.5	125.8	6.55	126.2	0.84	119.6
1966	648.6	123.8	7.98	122.3	1.00	118.8
1967	544.9	84.9	7.09	89.0	0.96	91.1
1968	490.3	91.8	5.22	75.7	0.69	73.6
1969	626.1	133.0	7.68	143.3	0.77	110.0
1970	828.1	135.2	8.56	112.9	0.94	117.6
1971	926.6	112.3	9.61	111.5	1.11	113.5
1972	989.9	107.6	11.17	117.1	1.29	117.3
1973	1072.5	108.8	12.97	116.8	1.29	102.6
1974	1083.6	101.0	13.23	102.6	1.34	102.4
1975	1244.9	116.0	14.29	108.7	1.40	106.4
1976	1204.6	96.9	14.35	101.0	1.35	100.5
1977	1372.4	114.4	16.86	118.2	1.78	126.7
1978	1602.9	116.4	23.85	138.7	2.02	116.8
1979	1765.2	108.7	26.20	107.0	2.20	112.4
1980	1991.4	112.7	29.55	113.5	2.70	117.2
1981	2043.2	101.7	33.16	113.8	2.97	111.8

9—1 续表

以上年为100

年 份	全国		全省		漳州	
	绝对数（亿元）	指 数（%）	绝对数（亿元）	指 数（%）	绝对数（亿元）	指 数（%）
1982	2156.8	105.8	35.25	104.5	3.20	109.4
1983	2369.6	109.7	37.76	107.4	3.43	102.4
1984	2781.9	114.9	44.47	124.9	3.90	108.9
1985	3439.9	118.2	62.09	124.2	4.93	124.7
1986	3956.9	109.6	67.06	105.2	5.98	113.9
1987	4574.1	113.2	82.69	117.1	7.39	118.7
1988	5762.5	115.3	120.45	132.7	10.29	119.5
1989	6467.5	105.1	142.45	108.5	12.06	112.8
1990	6840.6	103.4	150.55	109.3	12.57	107.2
1991	8066.5	114.4	188.29	123.7	15.26	119.6
1992	10258.4	121.2	241.78	126.8	23.16	151.7
1993	14151.9	120.1	381.95	139.5	33.36	126.4
1994	19431.2	118.9	618.06	133.9	45.40	128.0
1995	24887.2	114.0	748.92	116.4	59.74	113.8
1996	29372.7	112.5	875.50	115.2	66.37	112.5
1997	32837.7	111.3	1039.62	116.5	72.73	111.0
1998	33931.9	108.9	1132.79	112.5	80.54	106.4
1999	35770.3	108.5	1230.22	112.5	85.34	106.3
2000	39931.8	109.8	1422.34	112.2	91.56	109.4
2001	43469.8	108.7	1586.48	110.8	102.84	114.3
2002	47310.7	110.0	1808.95	115.1	117.85	118.1
2003	54805.8	112.8	2061.31	115.4	141.67	122.3
2004	65044.2	111.5	2438.62	115.3	184.25	118.5
2005	77034.4	111.6	2801.88	112.3	232.15	120.5
2006	91078.8	112.9	3230.49	116.0	275.13	117.7
2007	110253.9	114.9	3896.76	118.5	316.29	119.1
2008	129929.1	109.9	4593.24	115.0	391.00	117.9
2009	135849.0	108.8	5106.38	113.0	453.54	114.4
2010	162376.4	112.6	6397.71	118.0	570.56	121.7
2011	191570.8	110.8	7675.09	116.7	723.38	120.3
2012	204539.5	107.9	8541.94	113.8	818.45	115.5
2013	217263.9	107.6	9455.32	112.8	917.41	114.2
2014	227991.0	107.0	10426.71	112.1	1039.95	114.6
2015	228974.0	105.9	10974.42	108.5	1118.00	110.0

9—2 主要年份工业总产值和工业增加值

年份	全部工业总产值			其中:规模工业总产值		规模工业增加值		
	绝对数（亿元）	环比指数（以上年为100）	定基指数（以1949年为100）	绝对数（亿元）	指数（以上年为100）	绝对数（亿元）	指数（以上年为100）	增加值率（%）
1950	0.18	116.7	116.7					
1952	0.28	159.1	173.1					
1957	0.91	121.4	577.0					
1962	1.49	85.0	804.8					
1965	2.20	127.6	1272.8					
1970	2.52	117.6	1375.5					
1975	3.95	106.6	2146.2					
1978	6.41	119.5	3438.9					
1979	7.00	112.4	3865.2					
1980	8.00	117.2	4528.9					
1981	9.30	111.8	5062.5					
1982	10.17	109.4	5538.7					
1983	10.48	102.4	5670.3					
1984	12.07	114.3	6482.3					
1985	15.61	124.7	8085.3					
1986	18.83	116.8	9447.3					
1987	23.45	118.9	11232.7					
1988	36.03	133.9	15044.1					
1989	44.26	112.8	16963.1					
1990	47.16	112.0	18993.3					
1991	61.65	128.3	24360.5					
1992	91.22	149.4	36384.8					
1993	131.78	136.1	49524.1					
1994	195.52	146.9	72765.7					
1995	234.28	118.2	86011.8	122.04	100.0	31.73	100.0	26.0
1996	256.78	112.9	97101.2	136.00	119.0	35.91	118.0	26.4
1997	281.55	111.5	108315.6	155.95	116.4	41.17	114.0	26.4
1998	291.34	106.7	115545.1	161.59	108.6	42.82	108.6	26.5
1999	311.17	107.0	123674.2	177.79	109.0	46.58	109.0	26.2
2000	344.76	109.3	135195.9	207.51	112.2	54.62	112.0	26.3
2001	385.20	114.1	154212.8	239.03	118.0	65.73	117.0	27.5
2002	450.76	117.3	180855.4	290.12	122.0	76.88	121.6	26.5
2003	551.68	120.6	218164.6	375.78	127.0	97.70	127.5	26.0
2004	675.74	120.3	262522.3	489.11	128.0	133.28	124.0	27.3
2005	823.04	121.3	318383.9	620.36	126.7	171.91	125.0	27.7
2006	982.01	122.7	390657.1	785.43	127.6	218.42	123.3	27.8
2007	1209.66	122.3	477773.6	998.87	125.5	265.37	121.8	26.6
2008	1449.50	119.9	572850.6	1243.50	122.5	312.50	118.5	25.1
2009	1648.24	117.6	673672.3	1436.18	119.2	400.42	115.8	27.9
2010	2149.38	130.5	879142.3	1938.92	133.4	542.47	125.3	28.0
2011	2781.62	120.3	1057608.2	2563.40	121.1	715.99	122.0	27.9
2012	3092.97	116.0	1226825.5	2722.37	117.0	755.85	116.9	27.8
2013	3541.59	115.8	1420289.1	3259.21	116.2	895.40	115.7	27.5
2014	4354.18	116.3	1651981.0	4042.14	116.7	1100.31	116.4	27.2
2015	4796.18	111.0	1833074.0	4536.94	111.2	1204.83	110.6	26.6

9—3　规模以上工业企业单位数(2005-2015)

单位：个

	2005	2006	2007	2008	2009	2010	2011（旧）	2011（新）	2012	2013	2014	2015
合　计	**1190**	**1392**	**1582**	**1862**	**2026**	**2274**	**2360**	**1435**	**1692**	**1867**	**2006**	**2147**
#国有及国有控股企业	94	87	49	51	54	53	53	39	39	41	42	44
#民营企业	535	670	829	1044	1227	1436	1538	901	1126	1256	1377	1506
#亿元企业	96	133	186	229	265	370	505	501	587	692	799	952
#“4+4”产业合计	732	852	969	1178	1310	1526	1615	1004	1190	1314	1436	1542
“四大”主导产业	622	723	815	986	1094	1281	1328	835	976	1081	1164	1265
石化工业	112	131	151	176	196	236	243	120	137	159	177	192
装备制造	198	242	286	380	407	486	493	290	333	365	400	444
特殊钢铁	21	29	38	35	36	42	45	40	58	54	45	45
食品工业	291	321	340	395	455	517	547	385	448	503	542	584
“四大”新兴产业	212	258	312	363	401	473	520	301	358	386	429	443
电子信息产业	16	19	20	24	28	42	51	28	36	37	43	43
新材料	187	229	277	318	352	408	445	256	303	328	364	376
新能源	3	4	7	11	11	13	14	10	12	14	15	17
生物医药	9	9	11	14	13	13	14	9	9	9	11	11
按轻重工业分												
轻工业	770	896	1000	1139	1248	1367	1390	865	1015	1131	1189	1268
重工业	420	496	582	723	778	907	970	570	677	736	817	879
按经济类型分												
国　有	73	63	29	29	31	31	28	20	23	6	5	4
集　体	53	46	43	40	33	28	25	14	17	14	13	12
股份制	491	625	784	1001	1164	1389	1511	897	1115	1311	1450	1598
联　营	1	1	1	1	1	1	1					
私　营	419	546	667	863	993	1146	1310	732	895	941	988	1040
外商及港澳台商投资	511	594	664	707	710	727	691	454	488	517	519	509
其　他	36	37	37	62	68	80	84	43	42	15	15	19
按登记注册分												
国　有	73	63	29	29	31	31	28	20	23	6	5	4
集　体	53	46	43	40	33	28	25	14	17	14	13	12
股份合作	26	27	25	23	20	19	21	7	7	4	4	5
联　营	1	1	1	1	1	1	1					
有限责任公司	90	99	135	180	219	302	258	192	241	364	454	544
股份有限公司	17	16	18	19	19	19	19	10	17	20	22	32
私营企业	419	546	667	863	993	1146	1310	732	895	941	988	1040
港澳台商投资企业	366	418	474	486	492	504	466	294	329	356	358	351
外商投资企业	145	176	190	221	218	223	225	160	159	161	161	158
其他企业						1	7	6	4	1	1	1
按经济组织分												
独　资	534	585	604	645	645	655	619	369	405	388	392	386
合作、合伙	40	41	33	33	31	34	43	21	16	9	9	10
股份有限公司	28	37	35	44	38	39	40	20	29	36	39	55
有限责任公司	588	729	910	1140	1312	1546	1658	1025	1240	1432	1564	1693
按企业规模分												
大型企业	2	3	3	3	6	6	8	8	35	43	48	41
中型企业	83	102	120	139	161	209	264	262	307	322	328	342
小型企业	1105	1287	1459	1719	1859	2059	2088	1165	1289	1415	1544	1665
微型企业									61	87	86	99

注：企业规模划分标准 2011 年以前年份按 2003 年大中小型划分标准，2012 年起企业规模划分按 2011 年大中小微型划分标准；规模以上工业企业统计口径 2011（旧）及以前为年主营业务收入 500 万元及以上工业企业，2011（新）和 2012 年起调整为年主营业务收入 2000 万元及以上工业企业。

9—4 按行业分规模以上工业企业数(一)

(2004-2011)　　单位：个

	2004	2005	2006	2007	2008	2009	2010	2011
总　计	**1081**	**1190**	**1392**	**1582**	**1862**	**2026**	**2274**	**2360**
煤炭开采和洗选业	1	1	1	1				
黑色金属矿采选业			1	2	2	2	2	1
有色金属矿采选业	1	2	2	3	3	1	1	1
非金属矿采选业	11	12	14	11	18	22	22	22
农副食品加工业	144	163	188	193	224	257	297	303
食品制造业	99	101	102	115	132	142	162	178
饮料制造业	26	27	31	32	39	56	58	66
纺织业	33	41	46	47	51	51	52	59
纺织服装、鞋、帽制造业	34	50	62	85	80	95	89	59
皮革、毛皮、羽毛(绒)及其制品业	27	38	39	35	45	47	45	47
木材加工及木、竹、藤、棕、草制品业	31	30	36	46	67	72	67	68
家具制造业	49	54	71	94	105	104	121	130
造纸及纸制品业	57	65	84	93	104	107	120	127
印刷业和记录媒介的复制	16	19	18	20	23	25	25	24
文教体育用品制造业	21	26	31	39	42	47	48	49
石油加工、炼焦及核燃料加工业	2	2	2	2	2	1	3	3
化学原料及化学制品制造业	58	61	70	76	85	89	104	109
医药制造业	7	7	8	9	11	11	11	13
化学纤维制造业				1	2	2	4	2
橡胶制品业	2	3	4	4	5	7	8	8
塑料制品业	47	46	55	68	82	97	117	121
非金属矿物制品业	78	79	96	120	140	148	171	194
黑色金属冶炼及压延加工业	24	21	29	38	35	36	42	45
有色金属冶炼及压延加工业	3	3	5	11	14	16	15	22
金属制品业	50	65	75	86	109	114	133	124
通用设备制造业	28	31	40	51	73	79	93	102
专用设备制造业	19	21	25	27	30	40	36	43
交通运输设备制造业	20	20	30	38	61	56	71	69
电气机械及器材制造业	23	27	32	41	60	72	105	106
通信设备、计算机及其他电子设备制造业	16	16	21	23	26	29	43	53
仪器仪表及文化、办公用机械制造业	33	34	40	43	47	46	48	49
工艺品及其他制造业	57	58	67	70	78	89	91	89
废弃资源和废旧材料回收加工业	1	2	2		5	5	5	7
电力、热力的生产和供应业	49	52	50	47	50	50	54	55
燃气生产和供应业	1						1	1
水的生产和供应业	13	13	15	11	12	11	10	11

注：规模以上工业企业统计口径2011年及以前为年主营业务收入500万元及以上工业企业。

9—4　按行业分规模以上工业企业数(二)

(2011-2015)

	2011	2012	2013	2014	2015
总　计	**1435**	**1692**	**1867**	**2006**	**2147**
黑色金属矿采选业	1	1	1	1	1
有色金属矿采选业	1	1	1		
非金属矿采选业	10	13	14	17	14
农副食品加工业	208	244	275	300	324
食品制造业	130	148	171	183	197
酒、饮料和精制茶制造业	48	56	57	59	63
纺织业	26	37	39	40	42
纺织服装、服饰业	40	40	42	40	45
皮革、毛皮、羽毛及其制品和制鞋业	26	36	41	47	47
木材加工及木、竹、藤、棕、草制品业	38	41	45	45	57
家具制造业	78	95	99	94	94
造纸和纸制品业	88	95	97	98	99
印刷和记录媒介复制业	9	14	23	24	26
文教、工美、体育和娱乐用品制造业	44	63	78	86	93
石油加工、炼焦和核燃料加工业	2	2	2	4	4
化学原料和化学制品制造业	63	80	83	94	100
医药制造业	8	8	9	9	9
化学纤维制造业	2	2	3	3	3
橡胶和塑料制品业	50	53	71	76	85
非金属矿物制品业	116	142	159	192	209
黑色金属冶炼和压延加工业	54	58	54	45	45
有色金属冶炼和压延加工业	17	20	18	19	18
金属制品业	82	99	106	119	127
通用设备制造业	39	50	55	57	68
专用设备制造业	23	25	26	31	38
汽车制造业	27	32	37	41	43
铁路、船舶、航空航天和其他运输设备制造业	17	21	21	23	27
电气机械和器材制造业	67	80	88	99	106
计算机、通信和其他电子设备制造业	28	37	42	48	48
仪器仪表制造业	25	26	32	30	35
其他制造业	25	26	29	30	27
废弃资源综合利用业	5	8	8	8	7
金属制品、机械和设备修理业		1	1	1	1
电力、热力生产和供应业	34	33	34	36	37
燃气生产和供应业	1	2	3	3	3
水的生产和供应业	3	3	3	4	5

注:按2011年新行业标准,规模工业标准按年主营业务收入2000万元及以上。

9—5 规模以上工业企业增加值(2005-2015)

单位：亿元

	2005	2006	2007	2008	2009	2010	2011	2012	2013	2014	2015
合　计	**171.92**	**218.43**	**265.37**	**310.63**	**400.42**	**542.47**	**715.99**	**755.85**	**895.40**	**1100.31**	**1204.83**
#国有及国有控股企业	14.69	17.40	16.91	21.53	20.83	27.47	37.90	37.74	40.44	48.24	51.64
#民营企业	37.78	62.38	85.64	109.33	139.48	222.28	325.45	382.08	465.20	549.00	654.14
#亿元企业	112.21	141.28	179.82	208.75	273.46	386.08	538.76	604.35	745.05	948.37	1053.87
#"4+4"产业合计	97.82	132.66	168.93	208.95	267.25	388.05	533.47	567.49	658.46	832.59	918.88
"四大"主导产业	83.63	114.67	146.41	177.74	232.65	338.19	458.54	486.15	553.13	703.84	762.39
石化工业	7.52	13.67	14.94	16.65	20.78	33.69	46.64	52.23	68.28	130.49	94.65
装备制造	42.72	49.73	75.12	88.24	104.66	146.56	181.62	170.62	181.18	211.51	253.05
特殊钢铁	5.69	13.02	14.46	21.89	25.24	32.36	55.57	55.83	60.02	82.76	90.48
食品工业	27.70	38.24	41.90	50.96	81.96	125.58	174.71	207.47	243.64	279.08	324.21
"四大"新兴产业	27.10	42.99	50.23	67.46	77.78	110.26	168.31	172.24	215.75	314.95	316.19
电子信息产业	5.87	7.98	9.22	12.42	12.37	15.18	24.10	19.10	28.15	31.55	35.70
新材料	16.19	30.40	36.50	49.22	56.99	84.06	131.75	139.01	171.74	263.93	256.37
新能源	1.67	1.32	1.51	2.28	3.89	4.48	5.05	5.47	6.33	8.95	11.60
生物医药	3.51	3.41	3.14	3.69	4.91	7.04	8.33	9.28	9.98	11.32	13.36
按轻重工业分											
轻工业	82.96	103.48	127.87	152.67	202.81	280.95	373.85	411.79	495.29	567.49	647.47
重工业	88.96	114.95	137.49	157.96	197.61	261.52	342.14	344.06	400.11	532.81	557.36
按经济类型分											
国　有	9.22	10.57	9.72	12.66	11.11	15.74	18.85	22.41	1.01	0.85	0.88
集　体	2.16	2.38	2.68	2.70	3.17	3.08	3.19	3.23	2.27	2.83	3.35
股份制	41.20	64.52	86.92	111.26	139.45	227.97	339.01	398.45	521.72	629.83	740.48
联　营	0.03	0.04	0.04	0.02	0.04	0.03	0.04				
私　营	28.79	47.01	65.79	87.90	109.17	175.04	257.71	286.33	320.29	359.23	419.75
外商及港澳台商投资	116.32	136.77	161.54	176.82	237.76	285.76	338.31	320.89	366.57	462.38	453.47
其　他	1.33	1.55	1.35	2.79	4.24	7.04	13.19	7.54	2.64	3.50	4.22
按登记注册分											
国　有	9.22	10.57	9.72	12.66	11.11	15.74	18.85	22.41	1.01	0.85	0.88
集　体	2.16	2.38	2.68	2.70	3.17	3.08	3.19	3.23	2.27	2.83	3.35
股份合作	1.70	2.64	3.16	4.40	4.69	2.87	3.43	3.34	1.19	0.92	2.44
联　营	0.03	0.04	0.04	0.02	0.04	0.03	0.04				
有限责任公司	8.23	12.71	15.68	22.44	31.25	50.29	79.60	99.75	170.37	237.88	284.12
股份有限公司	5.48	6.31	6.76	3.69	3.23	9.03	12.70	19.04	32.60	34.62	39.15
私营企业	28.79	47.01	65.79	87.90	109.17	175.04	257.71	286.33	320.29	359.23	419.75
港澳台商投资企业	60.61	68.96	84.05	98.58	141.04	176.35	228.53	241.85	288.30	370.61	354.76
外商投资企业	55.71	67.80	77.49	78.24	96.72	109.40	109.78	79.04	78.27	91.77	98.71
其他企业						0.62	2.15	0.87	1.10	1.60	1.68
按经济组织分											
独　资	85.87	104.21	113.25	113.63	162.34	193.80	221.24	220.20	221.38	246.05	256.24
合作、合伙	2.59	3.51	3.48	4.80	5.37	4.56	8.89	5.12	2.82	3.27	5.20
股份有限公司	5.83	7.33	8.74	7.47	11.20	16.80	22.08	29.91	45.12	49.26	52.35
有限责任公司	77.62	103.37	139.90	184.72	221.50	327.31	463.78	500.53	625.91	801.57	890.54
按企业规模分											
大型企业	16.80	19.24	34.33	35.94	50.47	60.47	85.03	159.86	220.67	320.99	263.04
中型企业	82.94	92.09	108.25	122.88	157.51	238.15	315.47	290.82	348.78	364.16	436.54
小型企业	72.18	107.10	122.78	151.81	192.44	243.85	315.49	295.88	318.46	403.23	481.72
微型企业								9.29	7.49	11.93	23.54

注：企业规模划分标准2011年及以前年份按2003年大中小型划分标准，2012年起企业规模划分按2011年大中小微型划分标准；规模以上工业企业统计口径2011及以前为年主营业务收入500万元及以上工业企业，2012年起调整为年主营业务收入2000万元及以上工业企业。

9—6　规模以上工业企业总产值(2005-2015)

单位：亿元

	2005	2006	2007	2008	2009	2010	2011	2012	2013	2014	2015
合　计	**620.39**	**785.43**	**998.87**	**1243.50**	**1436.18**	**1938.92**	**2563.40**	**2722.37**	**3259.21**	**4042.14**	**4536.94**
#国有及国有控股企业	49.08	56.98	67.04	76.67	87.39	101.42	153.53	156.99	176.43	199.74	207.64
#民营企业	146.19	221.34	331.44	440.38	524.95	810.63	1165.63	1361.08	1687.30	1975.45	2425.02
#亿元企业	394.53	502.36	669.26	856.83	990.54	1396.33	1957.40	2204.91	2716.25	3487.51	3983.31
#"4+4"产业合计	414.76	545.66	694.83	871.33	990.14	1428.55	1902.28	2057.67	2463.91	3142.52	3548.58
#四大主导产业	352.35	470.50	602.16	754.38	865.85	1254.19	1641.66	1778.63	2092.97	2696.37	3003.64
其中：石化工业	29.71	46.98	63.78	71.25	80.81	124.47	176.64	187.93	261.69	573.50	412.62
装备制造	164.75	215.90	278.04	329.78	346.50	491.05	598.99	593.76	661.42	732.89	918.19
特殊钢铁	37.26	57.54	76.15	98.55	114.14	147.22	214.95	233.97	249.45	347.40	400.77
食品工业	120.63	150.09	184.20	254.79	324.40	491.44	651.07	762.97	920.40	1042.58	1272.06
#四大新兴产业	125.35	173.84	224.33	278.64	309.78	428.21	619.34	639.90	816.90	1208.96	1233.70
其中：电子信息产业	40.47	43.95	49.00	60.46	57.49	62.96	90.75	68.05	101.50	114.31	134.47
新材料	75.71	120.24	164.12	202.44	233.04	341.52	498.90	537.01	675.76	1046.38	1040.04
新能源	4.31	4.72	5.46	9.58	12.48	14.13	17.33	20.19	23.90	31.50	39.92
生物医药	5.23	5.28	6.14	6.50	8.01	11.28	15.35	16.69	17.32	19.41	22.13
按轻重工业分											
轻工业	341.35	434.33	522.67	650.50	756.62	1034.21	1327.83	1448.94	1766.93	2008.44	2384.52
重工业	279.04	351.10	476.20	593.00	679.56	904.72	1235.57	1273.43	1492.28	2033.70	2152.42
按经济类型分											
国　有	33.78	38.52	43.67	51.41	60.01	73.19	97.08	116.92	3.30	3.02	3.01
集　体	7.88	8.64	9.73	9.53	10.52	10.75	10.90	11.08	8.50	10.82	12.28
股份制	150.56	222.39	332.85	442.85	520.84	818.33	1202.88	1407.65	1922.07	2363.58	2804.19
联　营	0.05	0.06	0.06	0.06	0.05	0.06	0.08				
私　营	111.32	168.98	254.47	353.68	418.16	641.86	923.59	1017.43	1170.88	1300.60	1560.60
外商及港澳台商投资	416.42	499.95	596.39	716.13	817.34	1000.81	1190.32	1148.92	1310.62	1647.98	1692.84
其　他	4.54	6.07	5.00	10.10	15.28	24.38	48.45	25.57	8.70	11.66	14.79
按登记注册分											
国　有	33.78	38.52	43.67	51.41	60.01	73.19	97.08	116.92	3.30	3.02	3.01
集　体	7.88	8.64	9.73	9.53	10.52	10.75	10.90	11.08	8.50	10.82	12.28
股份合作	7.23	9.86	11.23	13.47	12.18	11.47	13.78	12.24	6.01	5.08	9.82
联　营	0.05	0.06	0.06	0.06	0.05	0.06	0.08				
有限责任公司	29.26	43.44	64.52	87.85	106.83	178.30	288.37	360.35	666.17	975.42	1129.54
股份有限公司	14.47	15.98	18.80	11.36	11.09	20.76	29.43	52.22	90.49	94.21	122.87
私营企业	111.32	168.98	254.47	353.68	418.16	641.86	923.59	1017.43	1170.88	1300.60	1560.60
港澳台商投资企业	261.17	313.17	346.51	423.16	516.66	646.40	782.18	850.33	1020.55	1286.90	1290.21
外商投资企业	155.25	186.78	249.88	292.98	300.68	354.41	408.13	298.59	290.07	361.09	402.63
其他企业						1.72	9.86	3.22	3.23	5.01	5.97
按经济组织分											
独　资	274.34	315.59	373.29	422.37	529.40	634.12	794.90	802.72	737.41	801.73	887.93
合作、合伙	9.79	13.23	12.37	15.15	14.21	16.85	34.70	18.54	11.31	13.07	20.22
股份有限公司	16.25	20.38	25.69	47.61	44.66	54.69	68.65	97.37	143.86	156.52	193.21
有限责任公司	320.00	436.24	587.52	758.38	847.92	1233.26	1665.16	1803.30	2365.99	3070.11	3433.43
按企业规模分											
大型企业	81.26	118.38	128.42	141.83	164.02	212.39	278.57	543.96	787.58	1184.87	1015.97
中型企业	224.87	256.06	360.03	464.32	554.06	820.66	1151.25	1065.34	1211.09	1267.95	1527.80
小型企业	314.26	411.00	510.42	637.34	718.11	905.87	1133.58	1082.04	1228.33	1542.87	1894.68
微型企业								31.03	32.21	46.44	98.48

注：企业规模划分标准2011年及以前年份按2003年大中小型划分标准，2012年起企业规模划分按2011年大中小微型划分标准；规模以上工业企业统计口径2011年及以前为年主营业务收入500万元及以上工业企业，2012年起调整为年主营业务收入2000万元及以上工业企业。

9—7 按产值段分规模以上工业企业数与产值增长情况(2006–2015)

单位：个、万元、%

	2006			2007			2008		
	企业数	工业总产值	增长	企业数	工业总产值	增长	企业数	工业总产值	增长
总计	**1392**	**7854311**	**26.6**	**1582**	**9988735**	**27.2**	**1862**	**12435010**	**22.5**
10亿元以上	8	2303961	15.3	9	2749444	19.3	12	3415614	15.1
5亿元 -10亿元	10	699649	48.4	10	791133	13.1	16	1183561	35.6
2亿元 -5亿元	32	900811	24.5	53	1612198	79.0	71	2175896	34.0
1亿元 -2亿元	83	1119202	48.8	114	1539849	37.6	130	1793231	19.2
亿元以上合计	133	5023622	27.3	186	6692624	33.2	229	8568301	22.9
5000万元 -1亿元	153	1050430	37.1	177	1215704	15.7	200	1378109	23.5
1000万元 -5000万元	660	1491290	23.0	771	1762995	18.2	907	2132614	28.5
1000万元 -1亿元合计	813	2541720	28.5	948	2978699	17.2	1107	3510723	26.5
500万元 -1000万元	395	278083	2.9	444	315818	13.6	510	350772	12.9
500万元 -1亿元合计	1208	2819804	25.4	1392	3294517	16.8	1617	3861495	25.2
500万元以下	51	10885	8.6	4	1595	–85.3	16	5214	–83.6
1000万元以下合计	446	288969	3.1	448	317413	9.8	526	355986	–4.6

9—7 续表1

单位：个、万元、%

	2009			2010			2011		
	企业数	工业总产值	增长	企业数	工业总产值	增长	企业数	工业总产值	增长
总计	**2026**	**14062610**	**19.2**	**2274**	**19389247**	**33.4**	**2360**	**25634009**	**21.1**
10亿元以上	15	3709000	14.6	23	5447105	19.9	31	7361774	18.1
5亿元 -10亿元	20	1279654	41.7	34	2275414	41.7	53	3606419	23.9
2亿元 -5亿元	89	2727775	31.1	116	3577699	36.8	166	5162705	28.6
1亿元 -2亿元	140	1889736	19.1	197	2663120	43.7	255	3443060	29.5
亿元以上合计	264	9606165	22.8	370	13963339	31.6	505	19573958	23.5
5000万元 -1亿元	245	1720410	14.0	351	2421645	43.5	417	2969117	21.8
1000万元 -5000万元	992	2381359	24.4	1085	2672999	42.8	1178	2905502	21.6
1000万元 -1亿元合计	1237	4101769	19.9	1436	5094644	43.1	1595	5874619	21.7
500万元 -1000万元	514	351546	8.0	467	330807	15.8	237	178512	5.6
500万元 -1亿元合计	1751	4453315	18.9	1903	5425451	41.1	1832	6053132	19.6
500万元以下	11	3130	–91.1	1	458	–86.9	23	6920	–65.0
1000万元以下合计	525	354676	–26.6	468	331265	–7.7	260	185432	–45.8

注：本表数据2011年及以前为年主营业务收入500万元及以上工业企业，2012年起规模以上工业企业口径调整为年主营业务收入2000万元及以上工业企业。

9—7 续表 2

单位：个、万元、%

	2012			2013		
	企业数	工业总产值	增长	企业数	工业总产值	增长
总计	**1692**	**27223742**	**17.0**	**1867**	**32592103**	**16.2**
10 亿元以上	34	7930326	17.6	42	10505404	23.5
5 亿元 -10 亿元	48	3632430	12.2	63	4430213	18.2
2 亿元 -5 亿元	200	6150454	20.0	231	7266704	17.7
1 亿元 -2 亿元	299	4228213	24.5	356	4960137	16.9
亿元以上合计	581	21941423	18.6	692	27162457	19.8
5000 万元 -1 亿元	404	3019893	20.6	446	3228372	15.9
1000 万元 -5000 万元	698	2260274	8.7	708	2195640	0.3
1000 万元 -1 亿元合计	1102	5280168	15.6	1154	5424013	9.4
500 万元 -1000 万元	2	1316	-66.9	5	4089	-56.0
500 万元 -1 亿元合计	1104	5281484	13.9	1159	5428101	8.9
500 万元以下	7	835	-74.2	16	1545	-82.0
1000 万元以下合计	9	2151	-71.9	21	5634	-80.0

9—7 续表 3

单位：个、万元、%

	2014			2015		
	企业数	工业总产值	增长	企业数	工业总产值	增长
总计	**2006**	**40421381**	**16.7**	**2147**	**45369386**	**11.2**
10 亿元以上	53	15687021	31.2	56	15455296	3.0
5 亿元 -10 亿元	77	5170324	11.2	106	7231712	15.4
2 亿元 -5 亿元	270	8373788	12.5	342	10733941	21.6
1 亿元 -2 亿元	399	5643989	14.9	449	6412142	24.9
亿元以上合计	799	34875123	20.3	952	39833090	12.7
5000 万元 -1 亿元	447	3265648	9.2	461	3382072	18.0
1000 万元 -5000 万元	737	2273196	-3.8	687	2151367	1.8
1000 万元 -1 亿元合计	1184	5538845	3.8	1148	5533439	11.3
500 万元 -1000 万元	7	5275	-58.2	2	1860	-54.8
500 万元 -1 亿元合计	1191	5544120	2.9	1150	5535299	10.6
500 万元以下	16	2139	-69.2	45	998	-74.5
1000 万元以下合计	23	7414	-67.3	47	2858	-72.9

9—8 规模以上工业企业

	计量单位	2005	2006	2007	2008
原　煤	吨	3500	40300	29500	2000
铜选矿产品含铜量	吨		304	633	573
原　盐	吨	54654	33746	54308	46631
发电量	万千瓦小时	2238804	1953024	2105588	2250038
火　电	万千瓦小时	2093855	1796922	1936510	2011528
水　电	万千瓦小时	143866	152578	161284	216379
自来水(生产量)	万立方米		2410	2524	3564
大　米	吨	46678	69255	72747	91541
精制食用植物油	吨	150749	172624	124219	80941
成品糖	吨	47486	99748	45999	72186
配混合饲料	吨	282448	333719	380818	729083
糖　果	吨	13416	19430	33693	22736
方便面	吨	16175	15837	10992	10538
罐　头	吨	422330	437006	481169	720503
酱　油	吨	712	611	875	937
饮料酒	千升	45300	57506	57178	70095
啤　酒	千升	44655	56713	56473	70067
软饮料	吨	52440	57910	52463	78548
精制茶	吨	2551	2576	3093	3846
纱	吨	244	279	373	7747
布	万米	1887	2836	2613	1367
服　装	万件	3888	6714	8582	10242
梭织服装	万件	3075	3468	3423	3946
羽绒服	万件	17	12	91	72
针织服装	万件	813	3246	5160	6296
轻　革	平方米	2301568	2143305	2792109	8253166
人造板	立方米	66642	115569	198139	412869
胶合板	立方米	9076	2527	3662	108138
纤维板	立方米	42323	63999	137275	216536
刨花板	立方米		33040	46190	79653
人造板表面装饰板	平方米	77782	250194	302983	302874
家　具	件	34906140	42464013	48010502	54283259
木质家具	件	1214260	1718304	1729061	2725620
软体家具	件		7261	9644	99970
金属家具	件	33691880	40738448	46271787	43643025
纸　浆(原生浆及废纸浆)	吨	17556	13367	14083	6839
机制纸及纸板(外购原纸加工除外)	吨	356963	452598	634262	716593
纸制品	吨	222978	184119	329975	813573
瓦楞纸箱	吨	160925	165798	301408	465833
合成氨(无水氨)	吨	57331	59191	65061	99443
农用氮、磷、钾化学肥料总计(折纯)	吨	49719	49010	47681	40263
氮　肥(折含N 100%)	吨	38368	36105	35123	33384
磷　肥(折含P_2O_5 100%)	吨		12328	11661	6879
精甲醇	吨			1305	2556
涂　料	吨	19000	23857	27662	30175

注:本表数据2011年及以前为年主营业务收入500万元及以上工业企业,2012年起规模以上工业企业口径调整为年主营业

主要工业产品产量(2005–2015)

2009	2010	2011	2012	2013	2014	2015	比上年增长%
1590							
60831	43748	71196					
2521656	2097797	2784931	2099797	2489101	2594259	2153736	–17.0
2232036	1729552	2425551	1840817	2223486	2309566	1853443	–19.7
259974	331143	173563	219267	215213	220828	232544	5.3
3599	3939	3753	3416	3642	5310	5525	4.0
124521	110766	120292	136426	167064	182486	166256	–6.6
92182	235712	101253	98025	148141	191883	197405	2.9
58541	37279	100248	69742	36125	89731	21003	–76.6
1294318	1761795	1871082	2299939	3118548	3207169	4010032	25.0
18819	20943	26973	32409	31139	29897	31583	5.6
15940	16506	26107	24278	23542	19535	22397	14.7
720113	938179	995796	1043734	1111954	1178173	1427898	21.1
1012	2659	1547	6023	3011	3933	4803	22.1
93022	87523	104233	156670	228899	229547	265291	14.9
92692	85851	102705	153801	224546	225138	257314	14.3
137689	170402	205682	160867	209073	335071	466774	39.3
5566	6579	8445	10471	10204	13663	15164	11.0
8569	10152	16809	16832	19000	20842	25932	22.5
770	765	1005					
11734	13870	12344	6606	6846	7414	6128	–17.4
6074	7111	6156	4907	4561	4923	4041	–18.0
113	49	32	9	5	83	82	–0.5
5660	6760	6189	1699	2286	2491	2087	–16.2
14684016	21830483	8517989	10064816	12570816	19571661	10788995	–23.0
469536	702159	790527	1223324	1407741	1272302	1319081	4.4
147229	228367	206429	138939	192677	232037	436934	86.7
193412	313667	300628	597409	680195	649165	767767	20.4
124274	157521	283470	465759	516675	391100	114380	–70.8
575411	815520	1197166					
53498706	63895607	78743076	66774284	58183830	63277991	65531348	4.1
2379923	2235564	3463375	4646675	5786244	6460596	8021117	22.5
130967	251395	148968	168430	306015	526298	638169	21.3
50987816	61446906	75130733	61929324	52014384	55696441	56778272	1.8
7694	6019	2403			15447	18755	21.4
1240476	1899502	2625168	2877360	3350619	3797866	4253884	11.6
749914	792156	1168256	1139514	1088674	1384860	1317699	5.5
424961	551821	866136	774755	711932	725700	670039	–3.6
55801	73105	72822	45325	47428	64853	112808	73.9
34779	48888	43867	24414	30264	46882	81506	73.9
30514	43654	41897	24414	30264	46882	81506	73.9
4265	5234	1970					
10328	39287	116831	114657	182418	171353	67280	–60.7
41294	65464	76004	84302	92452	101245	101931	–5.9

务收入 2000 万元及以上工业企业。

9—8 续表

	计量单位	2005	2006	2007	2008
合成洗涤剂	吨	2814	3540	14141	9385
中成药	吨	1174	1006	1281	1355
塑料制品	吨	52671	77452	83188	110659
塑料薄膜	吨	1897	1981	2653	3394
泡沫塑料	吨	5718	5722	5274	5608
日用塑料制品	吨	29448	38828	39383	41392
水泥	吨	691669	759803	2045156	2501012
商品混凝土	立方米	317849	479291	832172	1209727
砖	万块	18770	49256	65850	74751
天然大理石建筑板材	平方米		82300	211374	203985
天然花岗石建筑板材	平方米	1070931	1034238	1118465	4329774
钢化玻璃	平方米		118715	160130	197340
瓷质砖	平方米		55000	53853	95724
卫生陶瓷	件	8565	812443	498453	1700079
石墨及炭素制品	吨	15630	18161	17675	15570
粗钢	吨	37867	40421	35333	54073
钢材	吨	553419	962421	1462888	1618413
中板	吨	25045	36461	30206	30521
冷轧薄板	吨	53298	66731	138947	201642
冷轧薄宽钢带	吨		5693	14351	9609
热轧窄钢带	吨	82	61	94	68
冷轧窄钢带	吨	8038	14539	17247	5704
镀层板(带)	吨	153858	231829	261001	245008
涂层板(带)	吨	97094	99048	132804	124577
电工钢板(带)	吨	3001	2784	1883	2972
无缝钢管	吨		9858	26678	16074
焊接钢管	吨	94224	121071	165891	174934
其它钢材	吨	1931	3529	2899	49982
铁合金	吨	17563	39136	45575	60120
铜材	吨	4131	2779	3882	5512
金属集装箱	立方米	2283340	2357527	4035199	2920230
金属切削机床	万台	0.05	0.05	0.05	0.13
气体压缩机	台	38976	33723	33724	35981
滚动轴承	万套	726	777	879	1049
阀门	吨	553	599	778	51289
改装汽车	辆		2730	3836	4850
交流电动机	千瓦	6300	8120	12374	284815
家用电风扇	台	4009122	4707530	2918623	1278931
微波炉	台	1060000	2545500	3077900	2278300
家用电热烘烤器具	个	22043600	24592500	9393600	7767000
彩色电视机	台		402891	299655	305544
数字激光音视盘机	台	3676565	3322076	3862423	1686555
电工仪器仪表	台		2002273	2313994	2371787
钟	只	67124349	19408913	21700972	37311168
表	只	20568095	14971572	13733744	14847955
眼镜成镜(眼镜)	副	26588231	29663667	24370014	29518070

2009	2010	2011	2012	2013	2014	2015	比上年增长%
23497	39705	115285	157138	111227	124944	117037	-6.3
916	1246	5360	9594	9330	5852	5187	-11.4
139303	130187	155828	159856	188472	256609	337524	24.9
3529	5022	6309	2988	2577	6838	4758	-30.4
30620	9940	10050	9144	11116	13067	13461	3.0
44498	50800	42685	42578	45981	47562	50299	5.8
3219062	3873080	5079461	4616448	5126879	5167816	5756403	11.4
1016536	2193379	4939120	5856903	6390065	8743593	13195105	45.8
94780	104605	120879	80080	107250	155327	209167	27.2
646729	1185784	2177967	981517	596052	1304816	1466850	20.7
3890176	7207085	10956091	12506493	11751828	7742385	10120388	12.0
158946	469863	657014	528629	535555	3300682	3294732	-0.2
37909	59396	2653564	10485510	12482920	40295698	48947520	21.5
2133081	3149629	3995004	4665236	4632250	4101053	6219790	37.7
19458	24024	34269	36886	41631	67408	85740	27.2
97858	73350	65432	2655380	2689363	2710611	2832739	4.6
2119630	1388636	1583651	4770181	5945763	6124475	4781324	-21.1
107412	79033	9900	840				
381250	570593	640720	401212	224974	248165	265409	7.6
14563	38292	32673	35380	34389	42079	26574	-36.0
119	21	19	894749	1616045	1687310	959073	-43.2
5064	22203	11295	4408	23			
248643	259731	346360	173336	167355	349935	458056	30.9
154917	157399	175834	148288	201031	214393	218057	36.0
1670	2144	2615	2610	2516	1397	810	-42.0
19857	34389	27300	15395	19899	34448	25228	-26.8
247312	221664	334810	228178	74751	166782	181858	12.6
63936	3167	232776	277412	222041	20222	14521	-28.2
92762	90866	157006	156704	110796	88619	110044	18.8
10381	8855	14097	20854	25856	32003	27107	-15.3
247830	3021795	3354608	2276612	1596436	2255326	1430407	-36.6
0.05	0.09	0.13	0.03	0.06	685	628	-8.3
31335	44882	47567	51466	45447	54113	50788	-6.1
1498	1416	1973	1681	1588	1678	1535	-8.5
24124	29961	9460	608	547	599	7835	1209.1
4856	6266	5270	4416	5365	2090	1449	-30.7
2756	1498	22070	28818	52969	68724	81329	18.3
1761490	1448041	1669639	1275236	1307302	720754	696947	-3.3
1254184	4248	1565	200				
6011148	7516309	13401006	11049355	10742542	9571069	10786016	12.2
482528	180231	321153	78740	99886	852873	627964	-26.4
600138	611989	853535	170712	191447	833812	382562	-54.1
4604669	6005806	5115445	4908061	4668279	10574807	15547578	46.1
32227468	42776927	48614503	32140444	30164233	31290668	32301372	-0.5
5889037	6010125	6855433	6655139	10049164	10255769	10531467	2.7
24132757	25097591	23498040	14327766	13675391	10220958	32798473	220.9

9—9　主要年份独立核算

年　份	固定资产原值年末数				固定资产净值年末数		
	合　计	国　有	集　体	其　他	合　计	国　有	集　体
1978		0.28	0.04			0.20	
1980		2.98	0.69			2.07	0.49
1985	0.47				0.45		
1990	19.41	13.88	3.18	2.36	14.27	9.92	2.20
1991	21.45	15.02	3.02	3.41	15.82	10.69	2.11
1992	20.80	13.60	3.06	4.13	18.21	11.76	3.06
1993	30.42	18.10	4.20	8.13	23.13	13.21	3.00
1994	44.15	23.39	5.54	15.22	33.27	16.03	3.22
1995	67.67	36.12	8.23	23.32	52.77	26.49	6.38
1996	84.44	38.35	9.13	36.96	66.76	27.90	7.19
1997	99.06	38.59	13.26	47.20	76.84	27.55	10.43
1998	95.08	38.47	5.99	50.62	72.87	28.49	4.64
1999	101.13	37.19	3.29	60.65	76.55	26.46	2.51
2000	174.41	33.80	2.13	138.47	143.31	24.89	1.53
2001	204.03	39.82	2.20	162.01	159.60	28.43	1.52
2002	227.02	45.11	2.01	179.90	172.18	32.83	1.50
2003	265.90	48.88	2.31	214.71	171.23	35.55	1.67
2004	279.41	24.73	2.47	252.21	197.30	16.23	1.77
2005	301.28	22.36	2.71	276.21	203.12	14.86	1.98
2006	356.72	23.85	2.34	330.53	232.70	15.18	1.52
2007	395.40	19.63	2.12	373.65	250.71	14.92	1.34
2008	480.58	26.52	1.95	452.11	312.71	19.29	1.24
2009	580.13	72.01	2.28	505.84	361.15	47.73	1.44
2010	668.32	79.14	1.75	587.43	412.45	50.11	0.90
2011	789.63	102.17	1.88	685.58	487.94	66.62	0.89
2012	873.62	115.19	1.26	757.16	537.95	70.93	0.57
2013	1055.45	5.24	1.50	1048.70	655.52	3.01	0.82
2014	1444.78	3.87	1.25	1439.66	945.70	1.86	0.63
2015	1355.64	3.02	1.04	1351.59	378.22	1.13	0.15

9—9　续表

年　份	利　税　总　额				利　润　总　额		
	合　计	国　有	集　体	其　他	合　计	国　有	集　体
1978		0.11	0.01				
1980						0.55	0.09
1985					0.02		
1990	3.98	3.37	0.43	0.18	1.66	1.47	0.09
1991	4.56	3.77	0.62	0.17	1.81	1.61	0.21
1992	5.77	4.60	0.66	0.51	2.49	1.98	0.26
1993	8.94	6.98	0.88	1.08	5.05	4.14	0.31
1994	9.50	4.92	2.16	2.42	3.72	2.03	0.73
1995	8.68	5.66	1.98	1.04	3.28	2.52	0.82
1996	12.16	8.33	1.97	1.86	5.34	4.74	0.49
1997	12.15	4.08	2.17	5.90	4.90	0.95	0.73
1998	7.64	3.20	0.53	3.91	1.97	0.97	−0.05
1999	7.66	2.39	0.51	4.75	1.75	0.08	0.14
2000	9.53	3.26	0.62	5.65	2.89	1.50	0.27
2001	9.80	1.72	0.54	7.55	1.74	0.36	0.16
2002	16.50	1.26	0.52	14.72	8.22	0.06	0.18
2003	37.28	1.48	0.51	35.29	26.19	0.25	0.14
2004	44.27	1.36	0.41	42.50	30.82	0.19	0.09
2005	48.31	1.67	0.52	46.12	31.93	0.46	0.13
2006	65.79	1.94	1.16	62.69	35.95	0.64	0.57
2007	90.79	2.20	1.22	87.37	58.93	0.81	0.65
2008	93.61	2.25	0.80	90.56	55.67	0.59	0.36
2009	157.12	1.92	1.15	154.05	102.73	−0.31	0.39
2010	236.31	5.01	1.20	230.11	162.03	1.75	0.58
2011	343.15	4.26	1.08	337.81	214.21	0.81	0.47
2012	374.82	7.13	1.22	366.47	222.27	0.71	0.67
2013	461.52	0.24	0.67	460.61	268.49	0.04	0.28
2014	574.07	0.13	0.84	573.10	326.35	−0.03	0.34
2015	615.10	0.12	1.18	613.80	372.11	−0.02	0.57

注：1、表内1998年起统计口径为规模以上工业企业；2、1995年起产品销售收入不含销项锐；3、1998年及以后“国有、集体、其

工业企业主要财务指标

单位：亿元

其 他	流动资产年平均余额 合 计	国 有	集 体	其 他	主营业务收入 合 计	国 有	集 体	其 他
		1.56	0.33			4.71	1.31	
	0.11				0.44			
2.15	16.32	10.54	2.98	2.80	31.16	21.21	6.20	3.74
3.02	19.62	12.73	2.87	4.02	40.71	24.97	7.67	8.08
3.39	24.58	14.25	3.16	7.18	52.76	29.89	9.41	13.46
6.92	32.26	18.95	4.19	9.12	74.02	38.66	14.47	20.89
14.02	43.37	20.93	6.00	16.45	91.77	33.71	21.71	36.35
19.90	61.05	24.49	8.90	27.66	131.82	37.05	32.27	62.51
31.67	63.06	26.03	8.20	28.82	152.22	38.43	36.40	77.40
38.86	76.83	23.18	10.12	43.52	186.23	30.33	42.31	113.60
39.74	75.57	19.62	5.97	49.98	176.25	21.95	24.78	129.51
47.58	77.62	20.94	3.26	53.43	155.53	20.96	14.33	120.24
116.89	99.99	16.34	3.47	80.18	158.15	17.87	9.03	131.24
129.64	105.26	11.69	3.31	90.26	177.04	15.15	8.15	153.74
137.85	115.75	11.14	3.52	101.09	225.00	16.78	9.23	198.99
134.00	164.81	10.33	3.56	150.92	329.92	18.16	8.36	303.39
179.29	238.61	8.48	3.85	226.28	460.42	16.18	8.60	435.63
186.28	300.39	8.08	3.32	288.99	574.76	16.98	7.68	550.10
216.01	347.45	8.26	2.91	336.29	717.89	19.66	8.46	689.77
234.45	405.15	7.70	3.04	394.41	923.39	22.07	9.44	891.88
292.17	483.59	8.96	3.00	471.63	1181.06	51.48	9.19	1120.39
311.98	569.66	10.90	3.13	555.63	1378.37	59.05	10.64	1308.67
361.44	742.82	12.42	3.15	727.25	1903.64	72.09	10.47	1821.07
420.43	983.23	27.89	2.13	953.20	2532.99	92.86	10.75	2429.37
466.45	1071.13	27.85	1.95	1041.33	2693.90	114.99	10.59	2568.31
651.69	1336.80	1.62	1.55	1333.64	3216.99	3.30	8.23	3205.46
943.20	1529.58	1.56	1.87	1526.14	3968.85	3.05	10.86	3954.94
376.94	1631.82	1.60	2.40	1627.83	4507.21	3.06	12.14	4492.01

单位：亿元

其 他	工业增加值 合 计	国 有	集 体	其 他	工业总产值 合 计	国 有	集 体	其 他
						0.42	0.11	
	2.45	1.96	0.49			5.16	1.45	
	0.14				0.51			
0.10	8.81	6.30	1.68	0.83	32.95	21.37	1.13	10.44
-0.01	10.60	7.35	1.96	1.29	43.32	25.13	8.36	9.84
0.25	12.63	8.36	2.09	2.18	56.26	29.81	9.89	16.56
0.59	32.10	10.68	7.66	13.76	84.67	36.31	18.22	30.13
0.96	29.55	11.12	7.11	11.32	115.35	40.71	26.76	47.88
-0.06	38.13	12.76	8.72	16.66	148.53	28.14	32.08	88.30
0.10	52.69	12.63	11.06	29.00	173.88	36.42	43.80	93.66
3.21	60.13	10.35	14.51	35.45	220.19	30.20	48.74	141.24
1.05	49.31	8.29	6.39	34.63	198.99	21.91	26.77	150.31
1.54	43.59	8.46	3.44	31.69	172.18	21.69	15.52	134.96
1.12	44.21	7.46	2.19	34.57	167.97	17.24	9.84	140.89
1.21	52.56	6.64	2.01	43.90	186.32	14.49	8.67	163.16
7.98	72.80	7.27	2.70	62.83	233.69	15.09	9.38	209.23
25.79	94.93	6.27	1.79	86.87	335.17	15.23	8.21	311.72
30.55	135.12	7.40	1.73	125.99	489.11	30.40	8.82	449.89
31.34	171.89	9.22	2.13	160.54	620.36	33.78	7.84	578.74
34.75	218.43	10.57	2.38	205.47	785.43	285.48	38.52	461.43
57.48	265.37	9.72	2.68	252.97	998.87	43.67	9.73	945.47
54.72	304.28	12.84	2.66	288.77	1243.50	51.41	9.53	1182.55
102.65	400.42	11.11	3.17	386.14	1436.18	60.01	10.52	1365.64
159.70	542.47	15.74	3.08	523.64	1938.92	73.19	10.75	1854.99
212.94	715.99	18.85	3.19	693.94	2563.40	97.08	10.90	2455.42
220.89	755.85	22.41	3.23	730.21	2722.37	116.92	11.08	2594.38
268.16	895.40	1.01	2.27	892.12	3259.21	3.30	8.50	3247.40
326.04	1100.31	0.85	2.83	1096.63	4042.14	3.02	10.82	4028.30
371.56	1204.83	0.88	3.35	1200.61	4536.94	3.01	12.28	4521.64

他”为登记注册类型；4、本表及以下各表规模以上工业增加值按生产法计算。

9—10 规模以上工业

项目	企业单位数（个）	工业总产值	工业增加值	工业销售产值	出口交货值	用电量（万千瓦时）
合计	**2147**	**45369386**	**12048328**	**44726251**	**7164907**	**1184108**
# 国有及国有控股企业	44	2076387	516434	2073195	52362	115147
# 民营企业	1506	24250174	6541399	23864301	3264965	506103
# 亿元企业	952	39833090	10538664	39185072	6353749	1032510
#"4+4"产业	1542	35485812	9188812	34929975	5875042	755284
"四大"主导产业	1265	30036406	7623898	29524096	5222361	620415
石化工业	192	4126213	946545	4195991	271449	134227
装备制造	444	9181890	2530515	9045536	1384022	128271
特殊钢铁	45	4007682	904774	3863403	148186	233014
食品工业	584	12720621	3242063	12419165	3418705	124903
"四大"新兴产业	443	12336981	3161892	12204157	937443	439868
电子信息产业	43	1344721	357016	1326099	481630	10015
新材料	376	10400428	2563695	10305879	418052	417495
新能源	17	399187	115998	376840	15135	11219
生物医药	11	221288	133571	224658	22737	1236
一、按轻重工业分						
轻工业	1268	23845214	6474695	23430250	6043158	348176
重工业	879	21524173	5573632	21296001	1121749	835932
二、按经济类型分						
国有	4	30138	8793	30621		399
集体	12	122826	33452	122530		2371
股份制	1598	28041895	7404832	27692590	3762970	657725
联营						
私营	1040	15606030	4197541	15373041	2458990	315228
外商及港澳台商投资	509	16928379	4534696	16644106	3394275	516231
其他	19	147944	42201	142861	630	1810
三、按登记注册分						
国有	4	30138	8793	30621		399
集体	12	122826	33452	122530		2371
股份合作	5	98205	24353	93543	7032	5572
联营						
有限责任公司	544	11295438	2841154	11219296	745556	331893
股份有限公司	32	1228651	391514	1187480	559054	12333
私营企业	1040	15606030	4197541	15373041	2458990	315228
港澳台商投资企业	351	12902062	3547622	12819910	2508536	407788
外商投资企业	158	4026316	987074	3824196	885739	108444
其他企业	1	59721	16823	55634		81
四、按经济组织分						
独资	386	8879294	2562366	8805932	1776501	276356
合作、合伙	10	202152	52029	191986	9898	5987
股份有限公司	55	1932144	523498	1878321	697688	18340
有限责任公司	1693	34334284	8905397	33828590	4664401	883332

企业主要经济指标

单位：万元

资产总额	固定资产原值年末数	固定资产净值年末数	流动资产年末数	主营业务收入	利润总额	利税总额	应交所得税	本年应交增值税
31844197	**13556386**	**3782164**	**16318205**	**45072057**	**3721101**	**6151029**	**315907**	**2199932**
3165357	2220447	554816	875054	2107443	133037	250962	19356	74028
12044946	4429402	2088994	7078546	24109977	2051042	3351958	150459	1185576
27195825	11619910	3125405	13880072	39423505	3476882	5728208	287194	2054301
23481758	8290079	3617883	11878408	35237267	2727745	4630726	212442	1752762
19130782	6392772	2736350	9703395	29777947	2140731	3728760	161119	1469699
5663002	1024721	468286	1862373	4072719	119479	283267	19548	142175
5038917	2069196	548162	3046618	9088791	858588	1367642	53650	476250
2483197	1463993	890180	949102	4016113	113462	294337	5731	166845
5945666	1834862	829723	3845301	12600324	1049202	1783514	82191	684430
10781061	3992951	2030185	4364614	12056971	810219	1420531	67959	545504
905042	222883	93795	681549	1312257	149782	219154	9296	64356
8701621	3336166	1752197	3206126	10152093	544613	1050426	44282	450707
712580	378481	180807	175895	397292	39363	54065	1697	12891
487647	59034	7229	318099	224647	79934	103107	13145	20259
13167378	4542820	1845443	8288618	23621551	2132700	3447844	157434	1209071
18676819	9013566	1936721	8029587	21450506	1588402	2703185	157473	990861
38678	30153	11256	15953	30613		1216	203	1186
33927	10369	1500	23980	121366	5682	11828	324	5364
17092179	6871566	2830272	8726882	28196094	2221925	3698106	173551	1316376
6739130	2434396	981633	4038762	15545818	1293797	2129114	97673	769140
14577898	6581056	906856	7508792	16473630	1475427	2406991	141252	865868
53629	39717	24588	17787	156811	11326	20073	272	6824
38678	30153	11256	15953	30613		1216	203	1186
33927	10369	1500	23980	121366	5682	11828	324	5364
47887	23525	7692	24811	93543	6913	12816	306	4314
8699805	4043634	1692902	3760142	11556801	740886	1309260	55524	480893
1680427	408078	160446	941846	1190295	192552	268323	20626	68923
6739130	2434396	981633	4038762	15545818	1293797	2129114	97673	769140
11097715	4214885		6007141	12482415	1393147	2156050	119416	711257
3480183	2366171	1050156	1501651	3991215	82280	250941	21836	154610
26446	25175	19879	3919	59991	6017	11482		4244
7124995	4289758		4303734	8789230	964656	1469638	95823	471996
95553	55757	32859	35621	196343	15979	28626	646	9601
2118948	490709	193262	1253793	1882375	235039	355468	22798	111488
22489819	8717297	3767676	10712354	34183658	2502699	4293087	196640	1605414

9—10 续表

项目	企业单位数（个）	工业总产值	工业增加值	工业销售产值	出口交货值	用电量（万千瓦时）
五、按企业规模分						
大型企业	41	10159693	2630356	9923856	1900053	229295
中型企业	32	15278033	4365400	15160499	3252282	452733
小型企业	1665	18646840	4817216	18652253	1960117	478797
微型企业	99	984821	235356	989643	52456	23282
六、按行业分						
石油和天然气开采业						
黑色金属矿采选业	1	21666	7072	21581		172
有色金属矿采选业						
非金属矿采选业	14	137859	46578	149532	11321	2418
其他采矿业						
农副食品加工业	324	8219850	1972017	7992138	2332230	73302
食品制造业	197	3530438	966521	3467024	1065365	36763
酒、饮料和精制茶制造业	63	970333	303526	960003	21110	14838
烟草制造业						
纺织业	42	624472	165459	616008	120350	20036
纺织服装、服饰业	45	361217	110596	361490	100549	2791
皮革、毛皮、羽毛及其制品和制鞋业	47	725386	199148	719039	117171	6158
木材加工及木、竹、藤、棕、草制品业	57	608862	177058	608987	133049	16160
家具制造业	94	908419	269158	888799	433754	15149
造纸及纸制品业	99	2566378	745412	2535456	37519	97488
印刷和记录媒介的复制	26	232279	58675	228035	42435	7859
文教、工美、体育和娱乐用品制造业	93	923277	271122	906016	248826	14114
石油加工、炼焦及核燃料加工业	4	140474	21770	166675		997
化学原料及化学制品制造业	100	2878426	600681	2859960	210119	99493
医药制造业	9	205677	128702	208371	22627	1311
化学纤维制造业	3	12668	2396	12275	282	555
橡胶和塑料制品业	85	1094644	321699	1157082	61047	33183
非金属矿物制品业	209	3469507	972618	3423240	94709	127029
黑色金属冶炼及压延加工业	45	4007682	904774	3863403	148186	233014
有色金属冶炼及压延加工业	18	504340	98715	523602	43066	15063
金属制品业	127	2241771	597462	2207916	201972	62885
通用设备制造业	68	1044077	304877	1016870	158221	14001
专用设备制造业	38	215782	54823	213382	21454	1783
汽车制造业	43	2324232	615680	2324062	81683	12298
铁路、船舶、航空航天和其他运输设备制造业	27	446693	137456	443810	17017	4121
电气机械及器材制造业	106	2524422	706379	2466262	702728	29439
计算机、通信和其他电子设备制造业	48	1522326	404435	1501415	491834	10583
仪表仪器制造业	35	384913	113839	373234	200947	3745
其他制造业	27	318027	94580	313858	45338	1777
废弃资源综合利用业	7	59790	12216	57428		6231
金属制品、机械和设备修理业	1	6612	1320	6612		34
电力、热力生产和供应业	37	2040542	625279	2036341		215291
燃气生产和供应业	3	78349	26794	78349		293
水的生产和供应业	5	17996	9493	17996		3738

单位：万元

资产总额	固定资产原值年末数	固定资产净值年末数	流动资产年末数	主营业务收入	利润总额	利税总额	应交所得税	本年应交增值税
6753264	3841988	1884041	3123405	10151308	866124	1529282	25221	596214
14593548	5644852	265788	7160637	15077802	1447413	2320950	165510	802350
9771016	3755308	1474963	5677979	18848679	1372244	2249841	124599	788543
726369	314237	157373	356184	994268	35321	50955	577	12826
3256	962		2887	21581	422	1151		669
85120	28588	27016	46354	144336	13959	26484	789	10265
3690724	943690	364112	2581665	8127938	622274	1141115	38426	494840
1591328	444370	237423	996579	3507259	327380	494667	33415	154104
663614	446803	228187	267057	965127	99548	147731	10350	35486
306213	153048	49692	167785	615667	53687	88523	1725	31999
111620	43072	10846	68826	369563	28930	48436	3782	17449
302744	103256	59242	184722	721746	39771	66722	1187	23351
256702	107611	20936	161997	608286	57222	78721	4413	19592
476258	177992	32824	299533	907232	69948	117275	6757	43194
2134553	989585	537128	1197744	2514857	337609	471697	11600	121856
165605	65700	15677	105665	227215	11049	17600	572	5951
537377	218120	93198	280703	907580	65134	111883	8194	41162
103549	55680	30143	42725	166675			295	1151
4744794	512828	156738	1452770	2799276	34620	137539	11498	85723
468593	57654	4534	306120	208360	77843	98519	12684	17751
16009	7189	939	9935	12275	267	639		338
798651	449024	280466	356943	1094494	91174	150395	7755	54962
2350203	1197412	630357	1087956	3466022	298023	502319	28337	181915
2483197	1463993	890180	949102	4016113	113462	294337	5731	166845
181886	64361	11285	132428	523502	33829	58484	2193	23976
1233477	653135	131604	746503	2214959	163746	275527	17259	104648
1007636	410492	117589	518239	1031177	113698	170732	6818	50168
134122	50179	5984	90845	215255	14062	21259	2049	6218
957101	362223	184688	599412	2310627	304736	464116	7739	155842
168754	61937	17634	71055	453206	38194	60322	997	19454
1329945	425644	69835	890432	2486988	202446	335983	17255	122818
970535	237510	98942	714066	1489380	165454	248896	9325	78188
207883	105586	20828	130132	376579	21706	39702	1534	17104
150423	49159	8824	98635	338543	36664	56159	2985	18293
60758	25735	8096	34443	58543	2896	5190	39	2168
1926	647	456	1375	6612	367	439		69
3920629	3533674		1646313	2069283	263383	398050	59195	91752
125289	69953	46034	41185	78200	20791	21749	178	198
103727	39575		36074	17602	3392	3972	833	437

9—11 规模以上工业企业主要经济效益指标

项目	企业亏损面(%)	资产负债率(%)	销售收入利税率(%)	资金利税率(%)	流动资产周转次数(次)	劳动生产率(元/人)
合计	**8.06**	**54.68**	**8.26**	**19.32**	**2.76**	**269574**
#国有及国有控股企业	20.45	55.80	6.31	7.93	2.41	377428
#民营企业	5.71	49.34	8.51	27.83	3.41	256664
#亿元企业	3.57	55.72	8.82	21.06	2.84	314984
#“4+4”产业	7.78	58.21	7.74	19.72	2.97	269044
“四大”主导产业	7.91	59.26	7.19	19.49	3.07	263081
石化工业	8.85	66.53	2.93	5.00	2.19	317366
装备制造	8.56	49.11	9.45	27.14	2.98	247065
特殊钢铁	11.11	72.82	2.83	11.85	4.23	365167
食品工业	6.85	55.29	8.33	30.00	3.28	244190
“四大”新兴产业	8.35	62.86	6.72	13.18	2.76	325596
电子信息产业	6.98	65.42	11.41	24.21	1.93	255761
新材料	8.24	64.24	5.36	12.07	3.17	335905
新能源	5.88	72.19	9.91	7.59	2.26	255109
生物医药	18.18	17.88	35.58	21.14	0.71	512354
一、按轻重工业分	8.06	54.68	8.26	19.32	2.76	269574
轻工业	7.57	52.27	9.03	26.18	2.85	234438
重工业	8.76	56.38	7.40	14.47	2.67	326402
二、按经济类型分	8.06	54.68	8.26	19.32	2.76	269574
国有	50.00	49.65	-0.56	3.14	1.92	61192
集体	16.67	22.48	4.68	34.86	5.06	270870
股份制	6.45	52.65	7.88	21.64	3.23	263099
联营						
私营	5.96	47.44	8.32	31.59	3.85	244792
外商及港澳台商投资	12.77	57.18	8.96	16.51	2.19	283559
其他	5.26	42.17	7.22	37.43	8.82	264580
三、按登记注册分	8.06	54.68	8.26	19.32	2.76	269574
国有	50.00	49.65	-0.56	3.14	1.92	61192
集体	16.67	22.48	4.68	34.86	5.06	270870
股份合作		60.10	7.39	26.76	3.77	186756
联营						
有限责任公司	6.99	59.95	6.41	15.05	3.07	296482
股份有限公司	12.50	35.46	16.18	15.97	1.26	254875
私营企业	5.96	47.44	8.32	31.59	3.85	244792
港澳台商投资企业	13.39	55.99	11.16	19.43	2.08	292496
外商投资企业	11.39	60.99	2.06	7.21	2.66	255500
其他企业		50.70	10.03	43.42	15.31	445058
四、按经济组织分	8.06	54.68	8.26	19.32	2.76	269574
独资	13.47	40.16	10.98	20.63	2.04	251134
合作、合伙		52.60	8.63	29.73	4.49	255331
股份有限公司	9.09	42.55	12.49	16.78	1.50	258110

9—11 续表

项 目	企业亏损面(%)	资产负债率(%)	销售收入利税率(%)	资金利税率(%)	流动资产周转次数(次)	劳动生产率(元/人)
有限责任公司	6.85	60.44	7.32	19.09	3.19	276231
五、按企业规模分	8.06	54.68	8.26	19.32	2.76	269574
大型企业	2.50	69.27	9.07	24.94	3.09	291824
中型企业	5.26	50.77	9.60	15.90	2.11	247467
小型企业	8.47	50.11	7.28	23.03	3.32	264121
微型企业	13.00	64.67	2.73	7.32	3.97	1483649
六、按行业分	8.06	54.68	8.26	19.32	2.76	269574
黑色金属矿采选业		43.99	1.96	35.36	7.48	736646
有色金属矿采选业						
非金属矿采选业	14.29	23.36	9.67	31.11	3.11	133424
农副食品加工业	7.10	56.84	7.66	30.92	3.15	255737
食品制造业	7.11	51.43	9.33	31.09	3.52	217499
酒、饮料和精制茶制造业	4.76	55.88	10.31	22.26	3.61	270546
纺织业	9.52	44.25	8.72	28.91	3.67	214381
纺织服装、服饰业	8.89	29.19	7.83	43.39	5.37	133828
皮革、毛皮、羽毛及其制品和制鞋业	14.89	52.44	5.51	22.04	3.91	201771
木材加工及木、竹、藤、棕、草制品业	8.77	40.69	9.41	30.67	3.75	249308
家具制造业	8.51	42.50	7.71	24.62	3.03	156278
造纸及纸制品业	6.06	60.72	13.42	22.10	2.10	414556
印刷业和记录媒介的复制	11.54	58.62	4.86	10.63	2.15	194999
文教、工美、体育和娱乐用品制造业	8.60	37.30	7.18	20.82	3.23	157510
石油加工、炼焦及核燃料加工业	50.00	86.79	-3.95	-5.12	3.90	243245
化学原料及化学制品制造业	6.00	69.49	1.24	2.90	1.93	391170
医药制造业	22.22	17.55	37.36	21.02	0.68	544424
化学纤维制造业	66.67	67.83	2.17	3.99	1.24	102811
橡胶和塑料制品业	8.24	46.28	8.33	18.83	3.07	241135
非金属矿物制品业	5.26	52.97	8.60	21.37	3.19	323656
黑色金属冶炼及压延加工业	11.11	72.82	2.83	11.85	4.23	365167
有色金属冶炼及压延加工业	5.56	51.07	6.46	32.15	3.95	476651
金属制品业	5.51	41.57	7.39	22.34	2.97	313349
通用设备制造业	14.71	37.31	11.03	16.94	1.99	255149
专用设备制造业	10.53	45.32	6.53	15.85	2.37	160114
汽车制造业	9.30	71.36	13.19	48.49	3.85	341797
铁路、船舶、航空航天和其他运输设备制造业		55.98	8.43	35.75	6.38	153771
电气机械及器材制造业	8.49	47.77	8.14	25.26	2.79	202645
计算机、通信和其他电子设备制造业	10.42	65.39	11.11	25.65	2.09	252693
仪器仪表制造业	11.43	54.08	5.76	19.10	2.89	184415
其他制造业	3.70	24.41	10.83	37.33	3.43	171434
废弃资源综合利用业	14.29	58.98	4.95	8.54	1.70	185369
金属制品、机械和设备修理业		14.62	5.54	22.79	4.81	231544
电力、热力的生产和供应业	10.81	39.78	12.73	10.15	1.26	850951
燃气生产和供应业	33.33	74.63	26.59	17.36	1.90	583747
水的生产和供应业		44.69	19.27	3.83	0.49	146498

9—12 大中型工业企业

项　　目	企业单位数（个）	工业总产值	工业增加值	销售产值	出口交货值	用电量（万千瓦时）
总　计	**383**	**25437726**	**6995755**	**25084355**	**5152334**	**682028**
非金属矿采选业	2	18540	7539	19000		158
农副食品加工业	70	3777290	991084	3701430	1704643	25702
食品制造业	47	1942627	529128	1916396	827717	13232
酒、饮料和精制茶制造业	11	507602	161994	503129	20711	9828
纺织业	8	184132	56368	176251	33565	13434
纺织服装、服饰业	9	120395	39589	121903	53932	963
皮革、毛皮、羽毛及其制品和制鞋业	9	88107	32981	87296	35385	1610
木材加工及木、竹、藤、棕、草制品业	4	195956	60054	197608	113073	5306
家具制造业	14	377620	118892	370554	259858	4817
造纸及纸制品业	15	1547634	489533	1522157	8863	48444
印刷和记录媒介的复制	2	53667	12973	52338	36197	2867
文教、工美、体育和娱乐用品制造业	16	358505	110768	350846	165520	5608
石油加工、炼焦和核燃料加工业	1	87133	10547	87133		475
化学原料及化学制品制造业	14	1970967	388993	1970335	192657	57685
医药制造业	3	145535	105268	148248	22627	929
橡胶和塑料制品业	9	439369	151367	504890	4245	14380
非金属矿物制品业	24	1518339	456180	1490686	41229	63693
黑色金属冶炼及压延加工业	12	3141668	726400	3008275	140731	166288
有色金属冶炼及压延加工业	2	240200	50736	240234		3568
金属制品业	18	1121735	315607	1116530	98407	18761
通用设备制造业	9	426610	134313	408017	103542	6282
专用设备制造业	4	34548	10970	34139	8565	296
汽车制造业	8	1784871	466832	1778458	57778	5345
铁路、船舶、航空航天和其他运输设备制造业	4	276649	90961	275475		2416
电气机械及器材制造业	31	1787336	504437	1737373	654079	19361
计算机、通信和其他电子设备制造业	15	1196045	321811	1176523	465272	6073
仪器仪表制造业	6	186778	52559	181265	90235	1697
其他制造业	7	162872	50912	162871	13504	541
电力、热力的生产和供应业	8	1677920	522200	1677920		182127

主要经济指标

单位：万元

资产总额	固定资产原值年末数	固定资产净值年末数	流动资产年末数	主营业务收入	利润总额	利税总额	应交所得税	本年应交增值税
21346812	**9486840**	**2149829**	**10284041**	**25229110**	**2313537**	**3850233**	**190731**	**1398564**
14196	10057	6034	5886	19000	1511	3195	237	1502
2015050	469624	182808	1449266	3754461	330417	632432	9855	289633
966905	250782	144619	594113	1928031	199764	306602	19589	101156
458546	310485	150823	188116	503152	66783	94187	5811	19077
129179	74067	17914	66087	171488	19989	28036	348	7590
42897	18633	5481	25531	121903	12561	21570	1746	8238
44329	15477	3703	33070	87296	5063	9070	698	3501
81114	35864	-11769	64572	197608	28218	38232	2672	9419
164276	88402	7916	101418	374181	34740	56594	4152	20555
1575443	721032	466185	875544	1494970	260109	339590	5261	73206
43520	16416	6880	28433	51457	5539	7538	102	1871
206886	69929	14761	114964	352777	28497	54471	5801	23802
14625	16383	-2283	7547	87133	1178	2205	294	915
4252098	361414	93504	1131148	1901828	-42834	12866	3723	44426
409632	42366	214	260427	148237	66789	84128	10224	14895
484708	286312	210765	189767	442608	55899	87947	4734	30497
1353247	836315	488051	488167	1483531	141580	249797	13707	99812
2003917	1346193	859069	639613	3170909	80756	244636	3756	150449
51034	26376	2063	31780	240234	20801	36351		15191
623864	458620	76512	324073	1122854	100771	172194	11120	67950
598397	268789	67958	263828	413956	46726	71477	4605	21720
23226	10054	-2457	16914	34188	2397	4487	298	1686
544598	250819	102357	351363	1780983	236743	364137	3117	126185
109208	47810	10353	34513	274743	26038	42622	221	14634
1011833	325283	27683	696922	1757228	144359	237963	11993	87240
787531	167003	61275	634237	1167387	149437	222593	8225	68731
104772	42596	2808	76003	181265	12024	21202	392	8797
83541	30986	-547	61322	186378	24828	37458	2178	11946
3034241	2822233	-886744	1494129	1712245	231943	344819	55877	73764

9—13 国有控股工业

项目	企业单位数（个）	工业总产值	工业增加值	销售产值	出口交货值	用电量（万千瓦时）
总计	**44**	**2076387**	**516434**	**2073195**	**52362**	**115147**
一、按隶属关系分						
中央企业	6	269958	58118	268249		25368
地方企业	38	1806429	458316	1804946	52362	89779
二、按轻重工业分						
轻工业	9	273856	125547	275068	25153	5472
重工业	35	1802531	390887	1798127	27209	109675
三、按企业规模分						
大型企业	1	704506	129770	704506		
中型企业	13	772052	247813	776759	43021	76700
小型企业	27	576042	128362	568342	9341	21076
微型企业	3	23786	10490	23589		17371
四、按行业分						
非金属矿采选业	1	2665	1782	3127		121
农副食品加工业	2	109692	14055	108441	2527	1423
食品制造业	1	6626	1582	6626		50
酒、饮料和精制茶制造业	1	14218	6624	14225		575
纺织服装、服饰业						
造纸和纸制品业	1	1735	412	1456		55
化学原料及化学制品制造业	1	19556	4695	19576		61
医药制造业	2	118481	96534	121195	22627	905
非金属矿物制品业	4	40020	10507	43522		295
黑色金属冶炼及压延加工业	1	126752	22803	129877	1845	7355
通用设备制造业	5	161127	48666	159525	18550	3088
专用设备制造业	1	11984	2012	10056	6815	100
汽车制造业	1	5666	1324	5666		13
铁路、船舶、航空航天和其他运输设备制造业	1	18553	4288	16844		530
废弃资源综合利用业	1	24546	4670	22584		4048
电力、热力的生产和供应业	19	1408549	293559	1404257		93741
水的生产和供应业	2	6217	2923	6217		2788

企业主要经济指标

单位：万元

资产总额	固定资产原值年末数	固定资产净值年末数	流动资产年末数	主营业务收入	利润总额	利税总额	应交所得税	本年应交增值税
3165357	**2220447**	**554816**	**875054**	**2107443**	**133037**	**250962**	**19356**	**74028**
436671	237426	90323	96503	270487	19040	30634	2360	10504
2728686	1983022	464494	778550	1836956	113998	220328	16996	63524
492756	84909	3258	307834	275093	62207	81035	10669	14898
2672601	2135539	551559	567220	1832350	70830	169928	8687	59131
893589	992777	170693	79191	736109	11991	67702	737	20290
1323391	603944	145727	544190	779364	72071	109902	15328	31705
753098	395949	120190	240216	568390	42480	64713	3290	20015
195279	227778	118207	11456	23579	6495	8647	1	2019
12203	9739	6255	3976	3127	-74	410		391
34509	15938	-409	22707	108510	-3388	-3081		282
2518	1559	18	1617	6626	86	126	35	35
15904	15441	-2288	8495	14225	414	3121	146	1011
1880	1219	-880	1710	1435	65	160	19	88
4138	1895	10	2897	19576	277	765	159	419
403742	41405	-286	256115	121184	64408	79457	10224	12942
46935	18603	9145	29348	43522	4829	6027	1250	1034
298912	174411	74580	77356	129877	-17656	-17656		
377573	73083	15997	184938	158907	34567	41133	1537	5354
9643	10135	-5952	7503	10056	-323	242		505
14167	5232	3580	8470	5666	176	258	44	62
14231	1705	355	13130	16844	490	1059	123	494
12243	14943	1728	1750	23608	1877	3290		1352
1875940	1827645	445831	240187	1438075	46255	134455	5554	49938
40821	7494	7133	14855	6207	1035	1198	267	121

9—14 规模以上外商及港澳台

项目	企业单位数（个）	工业总产值	工业增加值	销售产值	出口交货值	用电量（万千瓦时）
总计	509	16928379	4534696	16644106	3394275	516231
一、按登记注册类型分						
港、澳、台商投资企业	351	12902062	3547622	12819910	2508536	407788
与港澳台商合资经营	100	6031433	1575927	5999874	1306419	174176
与港澳台商合作经营	2	35271	8414	33854	2866	263
港澳台商独资	243	6371129	1898750	6327080	1121975	231265
港澳台商投资股份有限公司	5	450729	61344	445601	63775	2011
其他港澳台投资	1	13501	3188	13501	13501	72
外商投资企业	158	4026316	987074	3824196	885739	108444
中外合资经营	43	1728251	382707	1557809	228925	66254
外资企业	111	2275933	598432	2247429	653896	40664
外商投资股份有限公司	2	14120	4086	11036		1505
其他外商投资	2	8012	1850	7922	2918	21
二、按轻重工业分						
轻工业	344	7473706	2002507	7364727	2652815	136002
重工业	165	9454673	2532189	9279379	741460	380230
三、按企业规模分						
大型企业	17	6469626	1641725	6283086	1108284	183314
中型企业	119	5805786	1729360	5775042	1333650	214629
小型企业	358	4585150	1147147	4520075	935600	118113
微型企业	15	67817	16465	65902	16741	175
四、按行业分						
农副食品加工业	60	1721082	377759	1655076	596691	17797
食品制造业	30	637906	171424	623122	309381	7093
酒、饮料和精制茶制造业	11	466808	142415	458149	21110	1215
纺织业	23	302444	82690	292823	98028	15096
纺织服装、服饰业	22	184690	56751	185645	88547	1469
皮革、毛皮、羽毛及其制品和制鞋业	25	321550	94863	318900	99230	3540
木材加工及木、竹、藤、棕、草制品业	7	146588	44291	145729	128400	2564
家具制造业	24	234279	73288	231477	169120	3668
造纸及纸制品业	27	889846	251006	885312	18611	45208
印刷业和记录媒介的复制业	3	24345	8468	23927	2720	302
文教、工美、体育和娱乐用品制造业	43	449254	135338	439835	187900	7171
石油加工、炼焦和核燃料加工业	1	29086	6120	29086		44
化学原料及化学制品制造业	25	1427925	318973	1408432	86365	44535
医药制造业	2	44358	19058	44298		187
化学纤维制造业	2	8129	1537	8129	49	70
橡胶和塑料制品业	19	440670	145076	503370	53132	16369
非金属矿物制品业	25	811748	240988	788875	78140	20592
黑色金属冶炼及压延加工业	11	2845896	649651	2703196	86342	152596
有色金属冶炼及压延加工业	5	248771	49033	268328	19019	6337
金属制品业	27	747058	191043	745150	138452	10273
通用设备制造业	20	323142	99937	306225	120966	4461
专用设备制造业	8	67087	18446	66664	13894	807
汽车制造业	18	2001081	525394	2006127	69745	7476
铁路、船舶、航空航天和其他运输设备制造业	3	20112	5190	20112	17017	121
电气机械和器材制造业	22	859717	214771	836141	419924	12150
计算机、通信和其他电子设备制造业	11	670792	176787	653972	454418	4203
仪器仪表制造业	11	211568	61362	205790	78106	1928
其他制造业	18	239604	73117	237292	38968	1099
废弃资源综合利用业	1	7819	1743	7506		51
电力、热力的生产和供应业	5	545025	298180	545418		117810

投资工业企业主要经济指标

单位：万元

资产总额	固定资产原值年末数	固定资产净值年末数	流动资产年末数	主营业务收入	利润总额	利税总额	应交所得税	本年应交增值税
14577898	**6581056**	**906856**	**7508792**	**16473630**	**1475427**	**2406991**	**141252**	**865868**
11097715	4214885	-143300	6007141	12482415	1393147	2156050	119416	711257
5388411	1088516	312480	2335283	5685157	547206	903297	39958	324741
15145	4753	3853	3517	33854	2179	2848	140	538
5373791	3088683	-476783	3414854	6306058	819880	1195168	79076	355620
310701	31568	17474	244342	444817	21228	50643	242	28968
9666	1365	-324	9145	12529	2654	4095		1390
3480183	2366171	1050156	1501651	3991215	82280	250941	21836	154610
1794646	1206530	800405	649572	1728928	-53684	-5578	5636	45836
1657490	1148315	249020	838454	2243329	134827	254316	16148	107752
22830	9825	306	10068	11036	1063	2087	52	981
5217	1501	426	3557	7922	73	116		43
5134931	1969645	537423	3361697	7346413	690952	1097180	59725	372364
9442966	4611411	369433	4147095	927217	784475	1309811	81527	493504
3840351	1972570	1202787	1973460	6449887	556128	947376	11808	368853
7753317	3311051	-623686	3746255	5406584	555030	873480	82630	291994
2933937	1281204	326848	1756531	4550418	361616	581563	46761	203286
50292	16232	908	32545	66741	2653	4572	53	1734
1103895	275099	48579	827017	1704650	152233	251261	20751	95203
338195	97466	31727	246139	629638	58794	96728	3997	35356
484024	344795	185248	182951	456948	59935	79228	5703	12927
171441	94952	19179	93323	286486	23561	35681	1113	10680
72483	33885	5983	44472	188691	12718	21874	1852	7873
179285	52793	23708	113863	318480	28178	43580	1011	13398
64601	28263	-11904	52457	145729	13874	20701	2236	6237
144505	66393	6273	91032	231672	15243	27678	2190	11316
730562	309558	117548	441341	853064	96123	156450	6355	56825
25937	17095	3863	13737	23911	1929	3292	27	1345
252591	120176	42581	131883	441602	24219	44861	3442	19021
26932	3536	1320	15446	29086	-2	35	1	33
3064490	201014	75586	810492	1097776	13222	56194	4432	33329
32365	8731	4413	24062	44298	10015	12780	2457	2370
5444	2339	-1703	3807	8129	495	830		304
533239	328885	223353	206886	439565	53424	83154	4397	28079
671975	343572	247671	269628	785248	68570	120842	3652	50249
1620721	1139673	769476	523709	2865338	74892	225961	417	137905
85381	37419	4871	60895	269295	21375	35793	1929	14401
481733	367636	13222	265232	743948	45314	85679	4305	38516
346892	258734	56857	169611	310533	22980	36448	3225	12602
45478	15930	-2688	33969	68111	3345	5813	517	2000
701075	306466	137652	457573	2000189	275497	417347	3730	140397
7280	794	164	3245	20112	567	686	17	99
553810	242848	-48404	371210	842606	55323	87998	5488	29498
608204	134108	47846	488878	647816	83668	125883	1229	39606
124683	67570	2863	82176	205742	15462	28694	1133	12706
117178	34590	-2141	82242	261777	31661	46601	2410	14039
33010	4048	1947	25287	7506	-245	-23		221
1950490	1642689	-1098234	1376232	545686	213056	254946	53236	39337

9—15 规模以上工业企业能源购进、消费及库存

	计量单位	购进量	消费量	工业生产消费	非工业生产消费	年末库存
原 煤	吨	8651330.38	8734742.46	8734330.08	412.38	490189.71
其中：无烟煤	吨	378698.26	383873.91	383873.91		5278.32
一般烟煤	吨	8272632.12	8350868.55	8350456.17	412.38	484506.81
洗精煤	吨	10134.96	10178.76	10178.76		106.20
煤制品	吨	26620.49	26534.49	26532.24	2.25	168.01
焦 炭	吨	278723.94	278518.09	278518.09		7748.67
高炉煤气	万立方米		68856.03	68856.03		
转炉煤气	万立方米		6075.23	6075.23		
发生炉煤气	万立方米	8569.00	8569.00	8569.00		
天然气(气态)	万立方米	13404.51	13420.31	13412.55	7.76	20.12
液化天然气(液态)	吨	11171.57	11169.57	11169.57		2.00
原 油	吨	891556.00	860201.00	860201.00		227988.00
汽 油	吨	6796.49	6884.81	3658.13	3226.68	31.85
煤 油	吨	49.36	49.34	49.34		22.21
柴 油	吨	30100.23	30627.23	26202.45	4424.78	1831.24
燃料油	吨	323845.05	309172.12	308869.00	303.12	77736.48
液化石油气	吨	2190.37	5666.43	5562.76	103.67	103.94
润滑油	吨	159.26	164.52	163.26	1.26	17.00
石 蜡	吨	638.92	626.18	626.18		57.48
溶剂油	吨	144.72	255.23	255.23		1.28
其他石油制品	吨	227.57	229.40	229.40		38.00
热 力	百万千焦	3483679.62	10294879.72	10294805.42	74.30	
电 力	万千瓦时	1010697.55	1184107.74	1176372.76	7734.84	
生物质废料用于燃料	吨	87322.02	87259.60	87259.60		98.95
其他燃料	吨标准煤	405.00	477.28	477.28		8.27

9—16　规模以上工业企业主要能源产品按行业分组消费量

	原煤（吨）	洗精煤（吨）	煤制品（吨）	焦炭（吨）	高炉煤气（万立方米）	转炉煤气（万立方米）	发生炉煤气（万立方米）
合　计	**8734742.46**	**10178.76**	**26534.49**	**278518.09**	**68856.03**	**6075.23**	**8569**
#民营企业	1195871.88	10178.76	13.25	29285.49			
#亿元企业	8558535.98	6927.88	26534.49	277511.91	68856.03	6075.23	8569
#“4+4”产业	1389418.65	10178.76	26534.49	278518.09	68856.03	6075.23	8569
“四大”主导产业	1262886.85	10178.76	26534.49	262289.61	68856.03	6075.23	8569
石化工业	718123.32	466.88	24211.00				
装备制造	11094.28			673.00			
特殊钢铁	190139.53	9711.88		260933.93	68856.03	6075.23	8569
食品工业	343529.82		2323.49	682.68			
“四大”新兴产业	1033786.31	10178.76		277060.71	68856.03	6075.23	8569
电子信息产业							
新材料	1029834.24	10178.76		277060.71	68856.03	6075.23	8569
新能源	3481.07						
生物医药	471.00						
按行业分							
黑色金属矿采选业							
非金属矿采选业	275.00						
农副食品加工业	163388.12		2323.49	682.68			
食品制造业	125956.67						
酒、饮料和精制茶制造业	54185.03						
纺织业	20100.00						
纺织服装、鞋、帽制造业	713.00						
皮革、毛皮、羽毛（绒）等	338.50						
木材加工及木、竹、藤等	1186.00						
家具制造业	1255.32						
造纸及纸制品业	839632.79						
印刷业和记录媒介的复制							
文教体育用品制造业							
石油加工、炼焦及核燃料加工业							
化学原料及化学制品制造业	706552.76	466.88					
医药制造业	471.00						
化学纤维制造业							
橡胶制品业							
塑料制品业	11570.46		24211.00				
非金属矿物制品业	92416.33			16228.48			
黑色金属冶炼及压延加工业	190139.53	9711.88		260933.93	68856.03	6075.23	8569
有色金属冶炼及压延加工业							
金属制品业	4323.31			673.00			
通用设备制造业	1088.90						
专用设备制造业							
铁路、船舶、航空航天和其他运输设备制造业							
电气机械及器材制造业	3728.07						
通信设备、计算机及其他							
仪器仪表及文化、办公用							
其他制造业							
废弃资源综合利用业	17069.63						
电力、热力的生产和供应业	6477384.14						
燃气生产和供应业	21013.90						
水的生产和供应业							

9—16 续表

	天然气（气态）（万立方米）	液化天然气（液态）（吨）	原油（吨）	汽油（吨）	煤油（吨）	柴油（吨）	燃料油（吨）
合计	**13420.31**	**11169.57**	**860201**	**6884.81**	**49.34**	**30627.23**	**309172.12**
#民营企业	3732.78	5162.04		3848.98	30.00	20385.80	266398.13
#亿元企业	12612.60	10720.45	860201	4109.01	3.34	19113.74	305233.52
#“4+4”产业	12587.49	5500.04	860201	4630.36	49.34	24516.07	303344.24
“四大”主导产业	7451.22	420.92	860201	4152.49	19.34	11010.45	12800.09
石化工业	268.78		860201	894.30		2731.89	3671.37
装备制造	1672.61	48.92		1747.43	16.15	3571.22	3174.88
特殊钢铁	5208.97			89.81	3.19	237.68	21.02
食品工业	300.86	372.00		1420.95		4469.66	5932.82
“四大”新兴产业	10601.35	5079.12	860201	1392.53	33.19	16410.11	291498.28
电子信息产业				106.21		220.81	
新材料	10601.35	5079.12	860201	1189.47	33.19	16067.66	290739.28
新能源				69.44		34.12	
生物医药				27.41		87.52	759.00
按行业分							
黑色金属矿采选业						172.50	
非金属矿采选业				358.60		574.72	
农副食品加工业	157.30	372.00		838.37		2199.38	2592.75
食品制造业	143.56			494.47		1947.18	2578.81
酒、饮料和精制茶制造业				88.11		323.10	761.26
纺织业				35.08		43.69	446.73
纺织服装、鞋、帽制造业	10.02			82.98		90.58	
皮革、毛皮、羽毛（绒）等	1.00			271.36		358.92	1196.15
木材加工及木、竹、藤等				31.20		316.56	
家具制造业	47.40			206.45		599.98	
造纸及纸制品业	27.97			496.05		2301.47	
印刷业和记录媒介的复制	136.75			80.63		48.96	
文教体育用品制造业		72.20		170.14		98.12	
石油加工、炼焦及核燃料加工业			30891	31.76		1497.66	
化学原料及化学制品制造业	224.82		829310	436.84		1145.89	3671.37
医药制造业				27.41		87.52	759.00
化学纤维制造业							
橡胶制品业	10.66			353.21		34.76	
塑料制品业	33.30			72.49		53.58	
非金属矿物制品业	5224.81	10676.45		244.15	30.00	12989.28	290065.15
黑色金属冶炼及压延加工业	5208.97			89.81	3.19	237.68	21.02
有色金属冶炼及压延加工业	512.80			37.45		268.22	
金属制品业	1349.96	14.00		691.23	16.00	1316.69	3076.84
通用设备制造业	21.70			216.62	0.15	611.46	97.40
专用设备制造业				36.03		23.80	0.64
铁路、船舶、航空航天和其他运输设备制造业	7.58			100.25		523.14	
电气机械及器材制造业	13.48	10.00		278.37		616.31	
通信设备、计算机及其他	8.34			106.21		223.40	
仪器仪表及文化、办公用				210.33		105.59	
其他制造业				34.58		11.95	
废弃资源综合利用业				16.73			
电力、热力的生产和供应业				501.12		1430.91	3905.00
燃气生产和供应业				14.40			
水的生产和供应业				17.78			

液　化 石油气 （吨）	润滑油 （吨）	石　蜡 （吨）	溶剂油 （吨）	其　它 石油制品 （吨）	热　力 （百万千焦）	电　力 （万千瓦时）	生物质废料 用于燃料 （吨）	其他燃料 （吨标准煤）	能源合计 （吨标准煤）
5666.43	**164.52**	**626.18**	**255.23**	**229.40**	**10294879.72**	**1184107.74**	**87259.60**	**477.28**	**7948414.49**
1313.95	5.02		8.40		1591026.48	506103.44	81002.25	105.00	1894551.48
5394.22	12.71	624.48	248.07	172.80	10227572.70	1032510.17	68154.44	454.28	7560652.80
5248.16	164.47	1.70	255.23	229.40	8363054.94	755283.92	29404.30	406.00	3890873.13
5219.44	164.47	1.70	252.03	229.40	8325846.24	620415.13	25114.50	324.00	3112340.81
3550.00	9.00				8108351.84	134227.22	732.00		1701284.28
472.18	152.26	1.70	11.19	229.40		128271.16	1519.35		197662.93
89.43						233014.19			764107.06
1107.83	3.21		240.84		217494.40	124902.56	22863.15	324.00	449286.54
3668.15	9.00		3.20		5416792.54	439868.12	5021.80	82.00	3056785.18
5.77			3.20		61.20	10015.29			12338.26
3662.38	9.00				5416731.34	417495.09	5021.80	82.00	3025250.90
						11219.42			16227.27
						1235.80			3088.56
						171.67			462.33
						2418.38			4528.58
225.75	3.21		240.84		53183.72	73302.37	22376.15	324.00	238178.97
846.06						36762.60	487.00		147029.62
36.02					164310.68	14837.59			64077.95
					37147.50	20035.67	2864.80	82.00	43983.32
3.50						2790.91			4357.43
0.94					56880.42	6158.31	2607.63		13296.77
1.16		624.48				16160.41	11992.00	71.28	28162.12
235.89	0.05					15149.21	2485.17		22432.52
1.13					1855725.94	97487.86	37680.50		602884.96
						7858.46	3090.00		13047.35
196.47					19218.42	14113.47			18487.36
	9.00				79753.84	996.57			10642.18
3467.00					7540892.00	99492.59			1610090.69
						1310.58			3180.46
						554.99			682.09
					487706.00	6916.49			25649.70
83.00						26266.58	732.00		54219.62
						127028.50	1425.00		761642.95
89.43						233014.19			764107.06
						15062.94			25748.16
214.99			4.03	25.57		62884.67	1063.30		104540.05
56.52	150.50			172.80		14000.59	206.40		19935.59
5.62		1.70	1.96			1782.68			2208.49
						4120.47			5917.94
11.53	1.76		5.20			29439.41			39317.69
5.77			3.20		61.20	10582.78			12986.40
15.27						3745.26			4810.10
2.13						1776.95			2128.69
						6231.02			19776.87
						215290.88			3249318.41
						292.63			5175.20
						3737.98			4432.01

9—17 分县(市、区)规模以上

	企业单位数（个）	亏损企业（个）	工业总产值（当年价格）	工业销售产值（当年价格）	出口交货值	年初存货
漳州市	**2147**	**173**	**45369386**	**44726251**	**7164907**	**4167634**
市区	343	46	9222188	9183664	1149154	757026
#芗城区	206	36	6689644	6684098	483919	489770
龙文区	137	10	2532543	2499567	665235	267256
龙海市	446	44	12183749	11794341	1480711	1149122
其中：龙海市辖	289	19	6054703	5973924	653372	341925
台商投资区	139	17	5384431	5101235	683087	638531
漳州开发区	18	8	744616	719182	144252	168666
云霄县	177	8	2649209	2596829	353502	162413
其中：云霄县辖	136	6	1980221	1945813	155871	113026
常山开发区	41	2	668988	651016	197631	49388
漳浦县	227	22	4584049	4588251	1081395	568070
其中：漳浦县辖	224	19	3367587	3317137	1012318	243141
古雷开发区	3	3	1216462	1271114	69078	324928
诏安县	162	1	2731666	2678636	445299	214255
长泰县	248	28	4299267	4275303	745496	366129
东山县	99	4	2544653	2480369	1265622	377824
南靖县	209	12	3721598	3744004	524247	333975
平和县	109	5	1706132	1702193	62502	74101
华安县	127	3	1726876	1682662	56979	164720

9—17 续表1

	资产总计		负债合计			
	累计折旧	本年折旧		流动负债合计	应付账款	非流动负债合计
漳州市	**5340723**	**873653**	**17413239**	**12216852**	**2798607**	**2228651**
市区	1155751	189487	3364364	2562800	635266	641012
#芗城区	865090	133719	2408679	1695197	442578	594595
龙文区	290662	55768	955685	867603	192689	46416
龙海市	2457991	281393	4616750	3840729	712037	673259
其中：龙海市辖	1621635	103941	1571963	1345799	226256	152649
台商投资区	654930	146901	2434871	1948605	407234	461541
漳州开发区	181426	30551	609916	546325	78547	59069
云霄县	141226	35259	598826	340046	98376	165330
其中：云霄县辖	82055	21021	422800	206898	73841	157368
常山开发区	59172	14239	176026	133148	24535	7962
漳浦县	298031	65865	3917221	1409448	294954	393857
其中：漳浦县辖	273288	51891	907873	774123	180164	119913
古雷开发区	24744	13974	3009347	635324	114790	273944
诏安县	103980	22504	529504	449549	98113	55374
长泰县	309878	74558	1310732	1217113	335535	39029
东山县	220260	50231	978988	857675	182775	87530
南靖县	297841	72624	1283831	976504	266220	37079
平和县	85433	22538	287505	202289	53254	58236
华安县	270330	59196	525517	360703	122076	77947

工业企业主要经济指标

单位：万元

产成品	资产总计	流动资产合计	应收账款	存货	产成品	固定资产合计	固定资产原价
2070411	**31844197**	**16318205**	**3311887**	**4412091**	**2152134**	**9122887**	**13556386**
252787	5865717	3114414	568688	723583	268099	1786824	2805532
145550	4139897	2051564	308103	456410	152310	1296751	2039249
107237	1725820	1062850	260585	267172	115790	490072	766283
491650	9350876	5111030	828758	1136381	545889	3173783	5422038
146918	4311457	2647190	327462	373790	164355	1003604	2515975
309162	4158475	2110470	449761	617853	341134	1799057	2357775
35570	880945	353370	51535	144738	40401	371122	548289
62105	1315906	614180	164950	194407	98645	365658	475723
40098	950026	418415	109565	127532	55425	230352	308624
22007	365880	195765	55386	66875	43220	135305	167099
405731	5594408	1907269	312019	656711	248927	664199	844984
126366	1901846	1086089	298456	308094	155637	609113	787889
279365	3692562	821180	13564	348618	93290	55086	57095
94538	1159451	696381	152983	257424	149765	329607	387154
119871	2711246	1617097	480966	386635	135469	837048	1071349
261212	1689554	988568	286838	382518	255983	539139	727625
244999	2187837	1286237	308979	363289	274422	640748	765510
43432	594799	312734	78011	89986	48066	222227	285562
94086	1374403	670296	129695	221158	126867	563656	770909

单位：万元

所有者权益合计	实收资本	国家资本	集体资本	法人资本	个人资本	港澳台资本	外商资本
14257673	**7693502**	**416427**	**37051**	**2038655**	**1738119**	**2410615**	**1052637**
2430897	1065406	194405	11847	268274	332575	159979	98326
1666641	739952	185357	11347	164508	216767	129567	32406
764256	325454	9048	500	103765	115809	30411	65921
4731685	2626061	14400	3590	667060	368322	1194861	377828
2737053	1219710	1000	590	247440	210561	709592	50528
1723603	1067562	8000	3000	233236	155862	424679	242786
271029	338788	5400		186384	1900	60590	84514
674400	323848	39716	5826	66934	137882	23063	50429
484546	247745	38216	5826	35908	124209	18244	25342
189854	76103	1500		31025	13673	4819	25087
1667204	1408849	32394		197240	115559	683712	379944
983989	531893	32394		181240	115559	140612	62088
683215	876956			16000		543100	317856
617436	236808	9541	5919	88431	77614	48643	6660
1393919	844317		4900	277517	267245	193364	101292
710565	274809	44323	160	101378	102953	13259	12736
891937	432751	8829	3116	161582	175460	68804	14961
301294	121688	2236	278	43198	60423	11168	4384
838336	358966	70584	1415	167043	100084	13764	6076

9—17　续表 2

	营业收入	主营业务收入	营业成本	主营业务成本	营业税金及附加	主营业务税金及附加
漳　州　市	**45205941**	**45072057**	**38721076**	**38584897**	**229996**	**228176**
市　　区	9228150	9200846	7869068	7831096	72731	72159
#芗　城　区	6745395	6725362	5788323	5755082	58930	58359
龙　文　区	2482754	2475484	2080744	2076014	13801	13800
龙　海　市	12074306	12025724	10337767	10297044	30791	30317
其中：龙海市辖	6010546	6005932	5077479	5073586	17418	17140
台商投资区	5318931	5292741	4566459	4544620	12371	12175
漳州开发区	744829	727051	693829	678839	1002	1002
云　霄　县	2604770	2603876	2217077	2216590	10003	9917
其中：云霄县辖	1951738	1951055	1646175	1645717	6467	6393
常山开发区	653032	652821	570903	570873	3536	3524
漳　浦　县	4555213	4545560	4045208	4039953	23818	23639
其中：漳浦县辖	3353851	3346982	2845664	2840420	17752	17573
古雷开发区	1201362	1198578	1199544	1199533	6066	6066
诏　安　县	2722129	2719857	2310514	2305188	22386	22172
长　泰　县	4325655	4311955	3633995	3619996	22136	21969
东　山　县	2559235	2545415	2286995	2274645	9250	9250
南　靖　县	3750862	3736141	3106495	3097700	18737	18627
平　和　县	1704899	1704180	1495113	1494771	97665	9757
华　安　县	1680723	1678503	1418844	1407913	10379	10368

9—17　续表 3

	资产减值损失	公允价值变动收益	投资收益	营业外收入	补贴收入	营业外支出
漳　州　市	**8783**	**2847**	**-673**	**83897**	**37603**	**69316**
市　　区	1995	31	19708	20068	11248	7317
#芗　城　区	1565	31	18825	11556	8303	2401
龙　文　区	430		884	8511	2946	4917
龙　海　市	1887	-586	-1970	24455	6859	17164
其中：龙海市辖	-70		1277	15203	4016	8622
台商投资区	1455	-712	-80	7853	2253	6995
漳州开发区	502	125	-3167	1399	590	1547
云　霄　县	-54		-365	3722	3131	2667
其中：云霄县辖	-54		35	2149	155	199
常山开发区			-400	1573	2975	2468
漳　浦　县	5317	130	-3776	5011	2202	9577
其中：漳浦县辖	-1908	130	-216	3381	1685	9457
古雷开发区	7225		-3559	1630	517	120
诏　安　县	330	-45	3	3182	983	950
长　泰　县	-1341	2890	-16358	8740	5485	3931
东　山　县	573	291	9	8242	5487	1818
南　靖　县	978	36	-29	6212	1514	25142
平　和　县	167		306	2295	469	469
华　安　县	887	101	1800	1970	226	281

单位：万元

其他业务收　入	其他业务利　润	销售费用	管理费用	税　金	财务费用			营业利润
						利息收入	利息支出	
133884	**20579**	**816646**	**1273963**	**62560**	**451116**	**81168**	**442347**	**3706515**
27304	5587	157150	239220	14403	91846	9471	76210	815878
20033	1918	81243	131638	8324	61283	7377	45186	641269
7271	3669	75907	107582	6080	30563	2093	31024	174609
48583	7488	213170	318385	12987	114564	62701	160360	1055185
4614	1115	117108	153359	4193	-4286	50488	38052	650815
26190	5441	86786	133714	6643	104756	10408	108586	412597
17778	932	9276	31312	2151	14094	1806	13722	-8228
894	285	55210	100822	4865	12914	553	9925	208430
683	216	45514	87512	4067	9109	237	7530	157048
211	69	9695	13311	798	3804	316	2395	51382
9654	4083	69016	113107	8771	90317	3334	66913	204788
6870	1658	50086	97288	7900	18757	816	16261	326128
2784	2425	18931	15818	870	71559	2518	50652	-121340
2272	9	63871	92065	2295	11383	235	8970	221537
13701	945	93054	165987	7910	39933	98	32356	358423
13820	957	24377	54192	3278	23461	1797	28584	160685
14721	631	62719	98144	4421	43373	1883	38750	422374
718	94	30636	35775	1582	8886	64	8189	124854
2219		47443	56267	2047	14440	1032	12091	134362

单位：万元

利润总额	应　交所得税	亏损企业亏损总额	利税总额	应交税金及附加	本年应付职工薪酬	本年应交增值税	从业人员平均人数（万人）	工　业增加值
3721101	**315907**	**345648**	**6151029**	**2808395**	**2326405**	**2199932**	**44.7**	**12048328**
828630	43365	9219	1360119	589258	478174	458758	9.3	2433811
650428	22344	4800	1070900	451140	310529	361542	6.2	1714637
178202	21022	4418	289220	138118	167646	97217	3.2	719174
1062477	143944	165529	1580258	674712	600218	486989	10.6	3194025
657398	92914	1801	944458	384166	303992	269642	6.0	1654135
413455	47447	137812	628635	269271	246034	202808	4.1	1379489
-8376	3583	25915	7165	21275	50193	14539	0.5	160401
209487	17127	2955	350711	163216	198598	131221	3.6	730742
159000	15261	2520	264480	124808	155071	99013	2.8	546420
50487	1866	436	86231	38408	43527	32208	0.8	184321
200223	15191	132122	368687	192426	225491	144647	4.1	1139514
320053	15191	12292	474951	177990	203701	137147	3.9	944387
-119830		119830	-106265	14436	21790	7500	0.2	195126
223769	19439	2069	393449	191414	156079	147294	3.4	776078
363232	23745	22276	653648	322071	216718	268281	4.2	1146619
167109	9563	1309	395776	241507	131569	219417	3.1	657230
403443	13716	2586	624663	239357	119904	202484	2.8	1025509
126680	18882	5358	201555	95339	73875	65110	1.5	464520
136052	10937	2225	222164	99096	125778	75732	2.0	480281

9—18 分县(市、区)规模以上工业企业主要经济效益指标

单位：%

项目	企业亏损面	增加值率	产品销售率	总资产贡献率	资产负债率	主营业务收入利税率	成本费用利润率	流动资产周转率
漳州市	**8.06**	**26.56**	**98.58**	**20.71**	**54.68**	**13.65**	**9.05**	**2.76**
芗城区	17.48	25.63	99.92	26.96	58.18	15.92	10.79	3.28
龙文区	7.30	28.40	98.70	18.56	55.38	11.68	7.78	2.33
龙海市	9.87	26.22	96.80	18.61	49.37	13.14	9.71	2.35
其中：龙海市辖	6.57	27.32	98.67	22.79	36.46	15.73	12.31	2.27
漳州开发区	12.23	25.62	94.74	17.73	58.55	11.88	8.49	2.51
台商投资区	44.44	21.54	96.58	2.37	69.23	0.99	-1.14	2.06
云霄县	4.52	27.58	98.02	27.41	45.51	13.47	8.78	4.24
其中：云霄县辖	4.41	27.59	98.26	28.63	44.50	13.56	8.89	4.66
常山开发区	4.88	27.55	97.31	24.22	48.11	13.21	8.45	3.33
漳浦县	9.69	24.86	100.09	7.79	70.02	8.11	4.64	2.38
其中：漳浦县辖	8.48	28.04	98.50	25.83	47.74	14.19	10.65	3.08
古雷开发区	100.00	16.04	104.49	-1.51	81.50	-8.87	-9.18	1.46
诏安县	0.62	28.41	98.06	34.71	45.67	14.47	9.05	3.91
长泰县	11.29	26.67	99.44	25.30	48.34	15.16	9.27	2.67
东山县	4.04	25.83	97.47	25.12	57.94	15.55	7.03	2.57
南靖县	5.74	27.56	100.60	30.32	58.68	16.72	12.22	2.90
平和县	4.59	27.23	99.77	35.26	48.34	11.83	8.07	5.45
华安县	2.36	27.81	97.44	17.04	38.24	13.24	8.92	2.50

9—19 分县(市、区)规模以上经济效益综合指数

单位：%

县(市、区)	工业经济效益综合指数	总资产贡献率	资本保值增值率	资产负债率	流动资产周转率	成本费用利润率	全员劳动生产率(元/人)	产品销售率
漳州市	**303.87**	**20.71**	**112.82**	**54.68**	**2.76**	**9.05**	**269574**	**98.58**
芗城区	331.54	26.96	104.33	58.18	3.28	10.79	278264	99.92
龙文区	265.07	18.56	110.89	55.38	2.33	7.78	227508	98.70
龙海市	318.30	18.61	112.61	49.37	2.35	9.71	302811	96.80
其中：龙海市辖	320.01	22.79	113.74	36.46	2.27	12.31	277274	98.67
漳州开发区	245.27	2.37	104.12	69.23	2.06	-1.14	311276	96.58
台商投资区	335.30	17.73	112.27	58.55	2.51	8.49	339199	94.74
云霄县	290.93	27.41	127.48	45.51	4.24	8.78	202058	98.02
其中：云霄县辖	294.41	28.63	126.37	44.50	4.66	8.89	196618	98.26
常山开发区	286.03	24.22	130.40	48.11	3.33	8.45	220112	97.31
漳浦县	259.73	7.79	102.33	70.02	2.38	4.64	277106	100.09
其中：漳浦县辖	304.76	25.83	115.67	47.74	3.08	10.65	239486	98.50
古雷开发区	708.95	-1.51	87.76	81.50	1.46	-9.18	1155962	104.49
诏安县	316.31	34.71	117.94	45.67	3.91	9.05	227262	98.06
长泰县	315.63	25.30	116.33	48.34	2.67	9.27	274016	99.44
东山县	266.21	25.12	115.23	57.94	2.57	7.03	209142	97.47
南靖县	396.83	30.32	124.70	58.68	2.90	12.22	368160	100.60
平和县	373.44	35.26	114.05	48.34	5.45	8.07	301264	99.77
华安县	275.76	17.04	124.61	38.24	2.50	8.92	237176	97.44

9—20　分县(市、区)规模工业主要能源消费量

县(市、区)	原煤(吨)	无烟煤(吨)	一般烟煤(吨)	洗精煤(吨)	煤制品(吨)	焦炭(吨)	高炉煤气(万立方米)	转炉煤气(万立方米)
漳州市	**8734742.46**	**383873.91**	**8350868.55**	**10178.76**	**26534.49**	**278518.09**	**68856.03**	**6075.23**
市区	317962.92	1812.09	316150.83			249813.58	68856.03	6075.23
其中：芗城区	250931.94	1812.09	249119.85			249813.58	68856.03	6075.23
龙文区	67030.98		67030.98					
龙海市	7254500.28	96696.19	7157804.09		13.25	673.00		
其中：龙海市辖	6538270.50	1521.00	6536749.50		13.25			
漳州开发区	59780.58	33271.00	26509.58					
台商投资区	656449.20	61904.19	594545.01			673.00		
云霄县	8563.99		8563.99					
其中：云霄县辖	7205.99		7205.99					
常山开发区	1358.00		1358.00					
漳浦县	477574.31	22629.79	454944.52					
其中：漳浦县辖	29762.31	22629.79	7132.52					
古雷开发区	447812.00		447812.00					
诏安县	24277.86	6077.07	18200.79			231.48		
长泰县	393776.06	250072.00	143704.06		24211.00			
东山县	4908.55	378.00	4530.55		2310.24			
南靖县	195278.00	4519.46	190758.54			27800.03		
平和县	30042.20	1186.00	28856.20					
华安县	27858.29	503.31	27354.98	10178.76				

9—20　续表1

县(市、区)	发生炉煤气(万立方米)	天然气(气态)(万立方米)	液化天然气(液态)(吨)	原油(吨)	汽油(吨)	煤油(吨)	柴油(吨)	燃料油(吨)	液化石油气(吨)
漳州市	**8569**	**13420.31**	**11169.57**	**860201**	**6884.81**	**49.34**	**30627.23**	**309172.12**	**5666.43**
市区		1351.99			1479.74	16.15	5088.77	759.64	355.42
其中：芗城区		593.46			825.80		2553.72	759.00	334.76
龙文区		758.53			653.94	16.15	2535.05	0.64	20.66
龙海市	8569	7099.21	5123.12	30891	2579.86	3.19	15096.89	16235.35	1167.93
其中：龙海市辖		44.91	5123.12		1385.92		8083.05	4924.00	963.16
漳州开发区		170.67			102.97	3.19	2504.22	97.40	
台商投资区	8569	6883.63		30891	1090.97		4509.62	11213.95	204.77
云霄县		18.00	14.00		245.31		704.45	805.00	85.01
其中：云霄县辖		18.00	14.00		217.92		556.12	280.00	64.01
常山开发区					27.39		148.33	525.00	21.00
漳浦县		17.70	410.20	829310	816.63	30.00	2895.14	33282.66	3716.84
其中：漳浦县辖		17.70	410.20		784.87		2676.48	33282.66	249.84
古雷开发区				829310	31.76	30.00	218.66		3467.00
诏安县					171.22		1204.06	230.43	204.79
长泰县		2694.98	5622.25		197.78		2768.90		98.50
东山县		739.24			485.79		1031.47	257246.50	36.12
南靖县		1463.80			295.16		137.27	285.54	1.82
平和县					482.21		1173.68	327.00	
华安县		35.39			131.11		526.60		

9—20 续表2

县(市、区)	润滑油(吨)	石蜡(吨)	溶剂油(吨)	其它石油制品(吨)	热力(百万千焦)	电力(万千瓦时)	生物质废料用于燃料(吨)	其他燃料(吨标准煤)	能源合计(吨标准煤)
漳州市	**164.52**	**626.18**	**255.23**	**229.40**	**10294879.72**	**1184107.74**	**87259.60**	**477.28**	**7948414.49**
市区		1.70	1.96	229.40	61.20	178621.97	3278.63	71.28	709613.68
其中：芗城区				172.80	61.20	145747.27	3215.40		609104.05
龙文区		1.70	1.96	56.60		32874.70	63.23	71.28	100509.63
龙海市	9.05		244.87		2551806.34	345656.24	72541.19	301.00	4080986.57
其中：龙海市辖	0.05				877691.66	203806.35	69461.19		3347883.52
漳州开发区						13942.41			73154.95
台商投资区	9.00		244.87		1674114.68	127907.48	3080.00	301.00	659948.10
云霄县	1.76		8.40			46475.88	2.67		79040.26
其中：云霄县辖	1.76		8.40			25237.49	2.67		52045.02
常山开发区						21238.39			26995.24
漳浦县	150.50				7677526.26	98898.46	444.63	23.00	1494830.13
其中：漳浦县辖	150.50				56880.42	59689.88	444.63	23.00	150060.53
古雷开发区					7620645.84	39208.58			1344769.60
诏安县						38001.20		82.00	67358.30
长泰县					65485.92	117786.84	4297.64		456188.94
东山县	3.21					52462.23			434304.61
南靖县		624.48				158304.62	4591.84		386612.41
平和县						53110.59	2103.00		93550.44
华安县						94789.71			145929.15

9—20 续表3

县(市、区)	工业取水总量							
	合计		1、地表淡水		2、地下淡水		3、自来水	
	本期(万立方米)	上年同期(万立方米)	本期(万立方米)	上年同期(万立方米)	本期(万立方米)	上年同期(万立方米)	本期(万立方米)	上年同期(万立方米)
漳州市	**19409.17**	**19645.98**	**12152.75**	**12552.81**	**1425.54**	**1432.87**	**5720.06**	**5506.68**
市区	6625.03	6962.83	5606.09	5925.26	155.29	152.60	862.66	884.59
其中：芗城区	5985.82	6315.10	5592.02	5911.80	48.40	41.94	344.41	360.96
龙文区	639.21	647.74	14.07	13.45	106.89	110.66	518.25	523.63
龙海市	3183.54	3257.90	1008.50	972.10	351.77	348.21	1764.92	1840.41
其中：龙海市辖	1749.29	1756.63	559.06	512.24	305.37	317.27	837.33	842.56
漳州开发区	135.35	147.48					132.60	142.93
台商投资区	1298.89	1353.79	449.44	459.86	46.39	30.94	795.00	854.92
云霄县	361.23	319.29	19.31	18.70	29.52	22.75	312.41	277.85
其中：云霄县辖	245.62	226.08	7.83	7.40	16.12	14.72	221.67	203.95
常山开发区	115.61	93.22	11.48	11.30	13.40	8.02	90.73	73.89
漳浦县	2676.10	2946.62	1875.31	2204.59	263.63	250.69	534.74	488.56
其中：漳浦县辖	750.39	703.96	21.60	20.61	255.12	242.04	471.34	438.80
古雷开发区	1925.70	2242.66	1853.71	2183.98	8.51	8.64	63.40	49.77
诏安县	604.29	594.52	29.97	28.16	80.84	74.90	487.61	482.93
长泰县	1020.11	1015.29	480.39	514.27	84.99	72.46	453.97	427.95
东山县	3185.38	2780.10	2291.57	2003.00	91.77	128.68	782.90	629.05
南靖县	1334.54	1360.95	773.90	819.57	321.69	332.92	226.04	196.31
平和县	312.30	268.55	32.28	14.38	13.03	12.32	266.17	240.91
华安县	106.65	139.91	35.43	52.79	33.01	37.35	28.64	38.11

9—20 续表4

县(市、区)	工业取水总量						重复用水
	4、海水		5、雨水		6、其他水		
	本期(万立方米)	上年同期(万立方米)	本期(万立方米)	上年同期(万立方米)	本期(万立方米)	上年同期(万立方米)	(万立方米)
漳州市	**23.38**	**23.73**	**61.43**	**101.85**	**26.01**	**28.05**	**32712.54**
市区			0.99	0.39			260.51
其中：芗城区			0.99	0.39			221.10
龙文区							39.42
龙海市			49.88	88.77	8.46	8.42	975.33
其中：龙海市辖			47.13	84.21	0.39	0.35	728.49
漳州开发区			2.75	4.56			7.45
台商投资区					8.07	8.07	239.39
云霄县							21.38
其中：云霄县辖							2.81
常山开发区							18.57
漳浦县			0.76	0.75	1.65	2.02	29835.53
其中：漳浦县辖			0.76	0.75	1.57	1.76	90.73
古雷开发区					0.08	0.26	29744.80
诏安县	4.24	4.35			1.64	4.18	13.96
长泰县					0.76	0.61	673.12
东山县	19.14	19.38					29.47
南靖县			0.01	0.01	12.90	12.15	791.17
平和县			0.22	0.27	0.59	0.67	23.94
华安县			9.56	11.66			88.13

9—21 分县(市、区)规模以上工业经济效益综合指数(2006-2015)

单位:%

	2006	2007	2008	2009	2010	2011	2012	2013	2014	2015
漳州市	**155.65**	**168.28**	**169.95**	**203.63**	**228.83**	**247.65**	**248.96**	**266.65**	**302.99**	**303.87**
芗城区	184.03	221.10	196.41	214.14	325.88	273.02	216.40	272.73	315.53	331.54
龙文区	139.39	143.43	161.54	165.89	159.17	178.41	182.55	216.12	259.45	263.70
龙海市	173.41	181.91	194.27	252.26	389.62	271.32	245.25	268.91	293.04	394.82
其中：龙海市辖	168.54	178.65	186.69	248.03	250.23	259.70	242.16	288.70	314.36	313.53
漳州开发区	318.19	298.96	341.34	389.59	469.71	465.59	159.62	158.02	183.53	232.89
台商投资区							263.65	269.56	294.90	335.30
云霄县	137.89	151.83	147.21	162.51	175.16	229.96	212.54	249.59	279.00	308.48
其中：云霄县辖	137.88	152.30	150.26	160.75	177.61	226.58	224.36	250.03	279.51	289.77
常山开发区	140.23	155.43	142.56	168.00	180.04	255.81	192.49	255.75	282.99	275.24
漳浦县	109.58	118.24	129.44	150.55	329.78	218.86	249.65	287.95	413.72	398.76
其中：漳浦县辖	109.58	118.24	129.44	150.55	329.78	218.86	249.65	287.19	349.32	297.39
古雷开发区								750.61	3013.83	707.95
诏安县	156.36	185.03	171.53	181.41	192.30	265.66	238.17	275.34	304.44	311.16
长泰县	138.13	159.63	160.74	193.36	272.57	244.12	246.41	295.77	325.41	335.62
东山县	167.23	171.89	159.68	190.82	194.32	219.25	162.78	233.73	246.25	258.75
南靖县	168.35	155.69	166.63	218.31	242.88	294.22	295.52	354.45	403.24	399.49
平和县	151.28	211.21	174.99	171.78	187.20	256.37	268.02	259.91	358.04	363.85
华安县	148.97	177.43	181.63	165.48	236.99	250.45	257.09	276.33	280.96	301.46

9—22 分县(市、区)规模工业万元增加值能耗升降情况

单位:%

县(市、区)	2011年	2012年	2013年	2014年	2015年
漳州市	**1.53**	**-25.16**	**12.77**	**22.43**	**-40.34**
芗城区	11.20	-5.30	-2.43	-3.35	4.46
龙文区	-14.12	-13.60	-3.35	-6.55	-11.69
龙海市	10.11	-27.03	3.87	-13.11	-21.80
云霄县	10.47	-11.94	-9.80	-2.76	-12.28
漳浦县	-4.11	-12.59	733.07	91.37	-61.13
诏安县	5.73	2.15	-4.12	-12.53	-23.75
长泰县	4.26	-12.80	-11.30	-3.57	-8.78
东山县	8.13	33.20	3.33	6.60	-5.60
南靖县	13.77	-27.99	-20.03	-3.48	-5.73
平和县	-0.68	-12.05	-36.11	-14.42	6.23
华安县	12.73	-31.51	-28.81	-9.50	-19.82

注:本表以当量值计算。

9—23 分县(市、区)万元地区生产总值能耗

(2005-2015年)

单位:吨标准煤/万元

县(市、区)	2005年	2006年		2007年		2008年	
		数值	比2005年上升或下降(%)	数值	比2006年上升或下降(%)	数值	比2007年上升或下降(%)
漳州市	**0.730**	**0.713**	**-2.03**	**0.694**	**-2.70**	**0.675**	**-2.79**
芗城区	0.635	0.613	-3.61	0.612	-0.18	0.593	-3.10
龙文区	1.112	1.079	-2.29	1.044	-3.26	0.994	-4.79
龙海市	0.696	0.689	-1.03	0.663	-3.78	0.647	-2.41
云霄县	0.703	0.715	1.70	0.671	-6.12	0.649	-3.28
漳浦县	0.681	0.670	-1.61	0.654	-2.37	0.639	-2.29
诏安县	0.525	0.517	-1.44	0.509	-1.62	0.507	-0.39
长泰县	0.784	0.809	3.12	0.749	-7.39	0.712	-4.94
东山县	0.832	0.788	-5.29	0.774	-1.70	0.750	-3.10
南靖县	0.967	0.930	-3.84	0.898	-3.39	0.868	-3.34
平和县	0.559	0.574	2.57	0.543	-5.46	0.542	-0.18
华安县	1.166	1.091	-6.36	1.072	-1.79	1.040	-2.99

9—23　续表 1

单位：吨标准煤 / 万元

县(市、区)	2009 年		2010 年			2011 年	
	数　值	比 2008 年上升或下降(%)	数　值(2005 价 GDP)	比 2009 年上升或下降(%)	数　值(2010 价 GDP)	数　值(2010 价 GDP)	比 2010 年上升或下降(%)
漳州市	**0.6529**	**-3.23**	**0.6385**	**-2.21**	**0.534**	**0.5188**	**-2.82**
芗城区	0.5808	-2.06	0.5711	-1.68	0.517	0.5106	-1.28
龙文区	0.9367	-5.76	0.9024	-3.66	0.698	0.6664	-4.45
龙海市	0.6250	-3.40	0.6116	-2.14	0.486	0.4687	-3.50
云霄县	0.6399	-1.40	0.6180	-3.43	0.500	0.4840	-3.22
漳浦县	0.6214	-2.75	0.6121	-1.49	0.541	0.5223	-3.45
诏安县	0.5022	-0.94	0.4993	-0.78	0.418	0.4142	-0.83
长泰县	0.6840	-3.93	0.6664	-2.57	0.479	0.4624	-3.43
东山县	0.7265	-3.14	0.7042	-3.07	0.568	0.5457	-3.93
南靖县	0.8143	-6.19	0.7912	-2.83	0.690	0.6650	-3.66
平和县	0.5362	-1.07	0.5312	-0.93	0.464	0.4588	-1.04
华安县	0.9890	-4.90	0.9523	-3.71	0.824	0.7937	-3.67

9—23　续表 2

单位：吨标准煤 / 万元

县(市、区)	2012 年		2013 年		2014 年		2015 年	
	数　值(2010 价 GDP)	比 2011 年上升或下降(%)	数　值(2010 价 GDP)	比 2012 年上升或下降(%)	数　值(2010 价 GDP)	比 2013 年上升或下降(%)	数　值(2010 价 GDP)	比 2014 年上升或下降(%)
漳州市	**0.4960**	**-4.51**	**0.5081**	**2.56**	**0.6160**	**21.30**	**0.448**	**-27.30**
芗城区	0.4964	-2.79	0.4730	-4.70	0.4593	-2.90	0.4543	-1.09
龙文区	0.6267	-5.96	0.5965	-4.82	0.5666	-5.02	0.5060	-10.69
龙海市	0.4465	-4.72	0.4267	-4.44	0.4221	-1.08	0.3613	-14.41
云霄县	0.4607	-4.83	0.4392	-4.67	0.4269	-2.79	0.4149	-2.82
漳浦县	0.4946	-5.31	0.7317	47.94	1.5230	108.13	0.6057	-60.23
诏安县	0.4065	-1.85	0.4058	-0.18	0.4021	-0.91	0.3847	-4.33
长泰县	0.4421	-4.40	0.4311	-2.49	0.4103	-4.81	0.4005	-2.39
东山县	0.5571	2.09	0.5578	0.12	0.5589	0.21	0.4657	-16.68
南靖县	0.5990	-9.92	0.5930	-1.00	0.5789	-2.37	0.5657	-2.28
平和县	0.4483	-2.31	0.4462	-0.45	0.4411	-1.15	0.4405	-0.15
华安县	0.7122	-10.27	0.6976	-2.04	0.6595	-5.46	0.6101	-7.49

9—24 分县(市、区)万元地区生产总值电耗

(2005-2015年)

单位:千瓦小时/万元

县(市、区)	2005年	2006年		2007年		2008年		2009年		2010年	
		数值	比2005年上升或下降(%)	数值	比2006年上升或下降(%)	数值	比2007年上升或下降(%)	数值	比2008年上升或下降(%)	数值(2005价GDP)	比2009年上升或下降(%)
漳州市	**906.72**	**916.80**	**1.11**	**936.44**	**2.14**	**927.08**	**–1.00**	**876.55**	**–5.45**	**860.51**	**–1.83**
芗城区	887.31	926.15	4.38	957.47	3.38	1032.14	7.80	1033.06	0.09	1240.92	20.12
龙文区	1461.34	1355.75	–7.23	1586.19	17.00	1415.34	–10.77	1420.43	0.36	1642.36	15.62
龙海市	869.90	992.46	14.09	967.53	–2.51	1222.93	26.40	1068.59	–12.62	771.60	–27.79
云霄县	838.17	966.18	15.27	883.39	–8.57	1082.11	22.50	1144.39	5.76	1061.03	–7.28
漳浦县	688.86	799.03	15.99	773.67	–3.17	910.87	17.73	961.87	5.60	869.24	–9.63
诏安县	410.18	445.67	8.65	453.69	1.80	511.39	12.72	633.34	23.85	840.15	32.65
长泰县	1099.41	1339.92	21.88	1326.47	–1.00	1330.94	0.34	1265.36	–4.93	1043.35	–17.55
东山县	875.58	856.91	–2.13	751.79	–12.27	749.89	–0.25	839.05	11.89	784.03	–6.56
南靖县	1242.45	763.92	–38.52	812.72	6.39	1148.65	41.33	1205.05	4.91	1154.64	–4.18
平和县	560.36	667.76	19.17	663.57	–0.63	789.71	19.01	885.68	12.15	1123.62	26.86
华安县	2254.54	1420.30	–37.00	1869.14	31.60	2091.72	11.91	2151.83	2.87	2179.58	1.29

9—24 续表

单位:千瓦小时/万元

县(市、区)	2010年	2011年		2012年		2013年		2014年		2015年	
	数值(2010价GDP)	数值(2010价GDP)	比2010年上升或下降(%)	数值(2010价GDP)	比2011年上升或下降(%)	数值(2010价GDP)	比2012年上升或下降(%)	数值(2010价GDP)	比2013年上升或下降(%)	数值(2010价GDP)	比2014年上升或下降(%)
漳州市	**879.89**	**901.51**	**2.46**	**864.35**	**–4.12**	**872.86**	**0.97**	**923.22**	**5.77**	**810.49**	**–12.21**
芗城区	1123.36	1133.59	0.91	1062.40	–6.28	1029.28	–3.12	1125.41	9.34	966.31	–14.14
龙文区	1269.59	1416.26	11.55	1398.63	–1.24	1355.35	–3.09	1481.67	9.32	1152.15	–22.24
龙海市	612.35	681.21	11.25	673.96	–1.06	750.44	11.35	729.95	–2.73	662.58	–9.23
云霄县	858.29	842.72	–1.81	810.08	–3.87	782.09	–3.46	724.22	–7.40	713.49	–1.48
漳浦县	768.13	903.85	17.67	916.06	1.35	852.93	–6.89	1138.06	33.43	740.53	–34.93
诏安县	703.78	682.36	–3.04	720.03	5.52	635.75	–11.71	698.37	9.85	638.82	–8.53
长泰县	750.08	620.49	–17.28	643.74	3.75	658.43	2.28	614.71	–6.64	591.96	–3.70
东山县	632.44	694.58	9.83	773.96	11.43	838.45	8.33	834.68	–0.45	678.65	–18.69
南靖县	1007.14	888.36	–11.79	750.43	–15.53	874.12	16.48	927.53	6.11	1137.35	22.62
平和县	980.77	905.13	–7.71	785.02	–13.27	767.82	–2.19	776.88	1.18	813.15	4.67
华安县	1885.56	1814.67	–3.76	1438.03	–20.76	1397.29	–2.83	1519.55	8.75	1462.08	–3.78

主要统计指标解释

工　业　指从事物质产品生产活动的部门，工业生产活动主要包括以下几个方面：对自然资源的开采如采矿、晒盐等，但禽兽捕猎和水产捕捞按国家标准《国民经济行业分类和代码》的划分，均属农业生产活动，不包括在工业生产活动内。对农副产品的加工、再加工如粮油加工、食品加工、轧花、缫丝、纺织、制革等。对采掘品的加工、再加工如冶金加工、石油加工、化学加工、机械加工、木材加工等，以及电力、煤气及水的生产和供应等。对工业品的修理、翻新如机器设备的修理、交通运输工具（包括小卧车）的修理等。拆船业也是工业生产活动。

工业总产值　指以货币形式表现的工业企业在报告期内生产的工业最终产品或提供工业性劳务活动的总价值量。它是反映一定时间内工业生产总规模和总水平的重要指标，是计算工业生产发展速度和主要比例关系，计算工业产品销售率和其他经济指标的重要依据。

工业增加值　指工业企业在报告期内以货币形式表现的工业生产活动的最终成果，是生产活动创造的新增价值和固定资产使用的转移价值。工业增加值有两种计算方法：一是生产法，即工业总产出减去工业中间投入；二是收入法，即从收入的角度出发，根据生产要素在生产过程中应得到的收入份额计算，具体构成项目有固定资产折旧、劳动者报酬、生产税净额、营业盈余，这种方法也称要素分配法。

轻工业　指主要提供生产消费品和制作手工工具工业。按其所使用的原料不同，可分为两大类：（1）以农产品为原料的轻工业，是指直接或间接以农产品为基本原料的轻工业。主要包括食品制造、饮料制造、烟草加工、纺织、缝纫、皮革和毛皮制作、造纸以及印刷等工业；（2）以非农产品为原料的轻工业，是指以工业品为原料的轻工业。主要包括文教体育用品、化学药品制造、合成纤维制造、日用化学制品、日用玻璃制品、日用金属制品、手工工具制造、医疗器械制造、文化和办公用机械制造等工业。

重工业　指为国民经济各部门提供物质技术基础的主要生产资料的工业。按其生产性质和产品用途，可以分为下列三类：（1）采掘（伐）工业，是指对自然资源的开采，包括石油开采、煤炭开采、金属矿开采和非金属矿开采等工业；（2）原材料工业，指向国民经济各部门提供基础材料、动力和燃料的工业。包括金属冶炼及加工、炼焦及焦炭化学、化工原料、水泥、人造板以及电力、石油和煤炭加工等工业；（3）加工工业，是指对工业原材料进行再加工制造的工业。包括装备国民经济各部门的机械设备制造工业、金属结构、水泥制品等工业，以及为农业提供的生产资料如化肥、农药等工业。

固定资产原值　指企业在建造、购置、安装、改建、扩建、技术改造某项固定资产时所支出的全部货币总额。它一般包括买价、包装费、运杂费和安装费等。

固定资产净值　指固定资产原价减去历年已提折旧额后的净额。

流动资产　流动资产是指可以在一年内或者超过一年的一个经营周期内变现或者运用的资产，包括货币资金、短期投资、应收票据、实收股利、实收利息、应收帐款、预付货款、其他应收款、实收补贴款、存货、待摊费用、一年内到期的长期债权投资和其他流动资产等。

利税总额　指企业利润总额、产品销售税金及附加和应交增值税之和。

资金利税率　指在一定时期内已实现的利润、税金总额与同期的资产（固定资产净值和流动资产）平均总额之比。

工业增加值率　指在一定时期内工业增加值占工业总产出的比重，反映降低中间消耗的经济效益。

流动资产周转次数　指在一定时期内流动资产完成的周转次数，反映流动资产的周转速度。

主营业务收入　指企业经营和提供劳务等主要经营业务取得的业务总额。

全员劳动生产率　指根据产品的价值量指标计算的平均每一个职工在单位时间内的产品生产量。目前全员劳动生产率是将工业企业的工业增加值除以同一时期从业人员的平均人数来计算。

第十篇 建 筑 业

10—1 主要年份全国、全省、全市建筑业企业增加值及指数

以上年为100

年份	全国		全省		漳州	
	绝对数（亿元）	指数（%）	绝对数（亿元）	指数（%）	绝对数（亿元）	指数（%）
1949						
1950						129.5
1951						117.8
1952	22.00		0.25	138.9	0.01	206.7
1953	29.00	136.4	0.33	136.0	0.01	124.4
1954	27.00	96.7	0.51	155.9	0.02	139.2
1955	31.00	113.8	0.78	156.6	0.02	123.5
1956	56.00	170.0	2.27	269.9	0.05	314.4
1957	46.00	92.9	0.97	50.4	0.05	58.5
1958	69.00	150.0	1.37	126.8	0.13	260.3
1959	77.00	105.7	1.99	107.3	0.19	182.9
1960	80.00	101.4	2.42	107.6	0.23	114.9
1961	26.80	34.6	1.36	85.9	0.11	46.8
1962	33.90	123.8	1.12	155.7	0.09	82.2
1963	42.00	125.9	1.25	62.6	0.08	94.8
1964	52.40	125.6	1.71	135.3	0.11	155.0
1965	55.70	110.6	1.76	101.2	0.10	108.4
1966	60.90	109.4	1.64	100.6	0.09	108.7
1967	57.90	95.0	0.95	57.9	0.10	78.3
1968	47.00	81.1	0.64	67.4	0.06	59.8
1969	63.00	134.5	1.03	160.9	0.08	123.5
1970	84.10	130.4	2.08	201.9	0.11	129.4
1971	96.20	112.1	3.24	155.8	0.14	128.1
1972	94.30	97.9	3.57	107.1	0.21	142.2
1973	100.50	103.4	3.15	86.5	0.21	103.2
1974	108.40	106.2	3.43	109.0	0.21	100.0
1975	125.60	113.8	3.52	98.2	0.22	103.3
1976	132.60	104.3	3.02	84.7	0.25	106.0
1977	136.70	101.7	2.94	95.6	0.28	117.9
1978	138.20	99.4	4.34	90.4	0.40	129.5
1979	143.80	102.0	5.17	137.4	0.47	85.2
1980	195.50	126.7	6.13	155.1	0.48	121.9
1981	207.10	103.2	6.59	91.0	0.45	65.5

10—1 续表

以上年为100

年份	全国		全省		漳州	
	绝对数（亿元）	指数（%）	绝对数（亿元）	指数（%）	绝对数（亿元）	指数（%）
1982	220.70	103.4	7.67	134.9	0.64	138.3
1983	270.60	117.1	8.29	106.7	0.69	126.7
1984	316.70	110.9	11.92	93.7	0.72	99.1
1985	417.90	122.2	10.47	115.8	0.84	118.3
1986	525.70	115.9	15.13	177.0	1.03	112.2
1987	665.80	117.9	18.59	75.4	1.24	101.9
1988	810.00	108.0	21.37	67.6	1.45	131.8
1989	794.00	91.6	21.37	51.2	1.73	100.3
1990	859.40	101.2	23.92	63.6	1.74	99.7
1991	1015.10	109.6	29.45	111.2	2.18	113.3
1992	1415.00	121.0	49.82	140.6	2.95	113.4
1993	2266.50	118.0	73.84	112.8	4.00	114.6
1994	2964.70	113.7	102.91	122.0	5.35	119.0
1995	3728.80	112.4	133.42	125.2	6.34	113.5
1996	4387.40	108.5	151.14	107.6	8.21	118.0
1997	4621.60	102.6	175.19	113.4	10.31	128.0
1998	4985.80	109.0	202.26	111.6	12.52	124.0
1999	5172.10	104.3	204.08	101.9	15.48	123.9
2000	5522.30	105.7	206.11	100.4	19.35	120.0
2001	5931.70	106.8	217.02	105.6	21.75	112.4
2002	6465.50	108.8	228.02	104.2	22.20	104.0
2003	7490.80	112.1	279.51	117.7	25.82	112.0
2004	8694.30	108.1	331.87	111.3	28.13	104.0
2005	10367.30	116.0	374.05	111.7	30.65	112.0
2006	12408.60	117.2	464.56	121.5	36.10	115.0
2007	15296.50	116.2	579.66	116.4	43.57	112.7
2008	18743.20	109.5	725.20	115.6	54.96	116.3
2009	22601.10	118.9	898.92	118.8	66.45	120.7
2010	27177.60	113.9	1125.12	119.3	81.48	121.0
2011	32840.00	109.8	1394.11	113.3	112.88	126.6
2012	36804.80	109.8	1646.00	117.4	142.64	129.0
2013	40807.30	109.7	1895.48	113.0	183.81	122.3
2014	44724.80	108.9	2112.03	111.0	207.58	112.5
2015	46456.00	106.8	2268.86	110.1	225.19	111.1

10—2　建筑企业基本情况(1998-2015)

	总　计	#国有经济单　位	#集体经济单　位	#私有经济单　位
一、企业数(个)				
1997	236	20	150	66
1998	201	17	117	67
1999	201	20	110	71
2000	190	21	106	63
2001	177	15	81	81
2002	127	14	34	79
2003	121	9	21	91
2004	105	8	19	78
2005	119	10	14	95
2006	115	10	7	98
2007	118	9	2	107
2008	146	7	4	135
2009	142	8	4	130
2010	147	8	3	136
2011	153	8	3	142
2012	160	7	2	151
2013	183	4	2	177
2014	208	5	2	201
2015	252	3	2	247
二、从业人员(万人)				
1997	3.50	0.81	2.03	0.66
1998	2.85	0.55	1.53	0.77
1999	2.72	0.49	1.19	1.04
2000	2.51	0.48	1.35	0.68
2001	2.86	0.54	1.09	1.23
2002	2.56	0.59	0.56	1.41
2003	3.21	0.17	0.41	2.63
2004	3.83	0.62	0.27	2.94
2005	4.77	1.13	0.21	3.43
2006	6.74	1.21	0.07	5.46
2007	10.47	0.21	0.03	10.23
2008	10.68	0.26	0.03	10.39
2009	9.36	0.21	0.02	9.13
2010	10.62	0.18	0.03	10.41
2011	8.52	0.17	0.07	8.28
2012	11.04	0.21	0.05	10.78
2013	14.72	0.15	0.03	14.54
2014	15.74	0.39	0.03	15.32
2015	16.51	0.07	0.03	16.41
三、总产值(亿元)				
1997	13.03	3.92	6.26	2.85
1998	12.54	3.54	4.69	4.31
1999	14.03	4.10	3.74	6.19
2000	14.10	4.10	5.77	4.23
2001	19.77	3.96	6.23	9.58
2002	19.00	5.41	2.92	10.67
2003	28.81	1.10	2.43	25.28
2004	31.91	0.65	2.43	28.83
2005	62.64	1.86	0.88	59.90
2006	102.25	3.03	0.33	98.89
2007	143.81	2.52	0.19	141.10
2008	163.24	3.18	0.16	159.90
2009	139.48	2.38	0.19	136.91
2010	179.46	2.60	0.29	176.57
2011	168.49	4.39	1.14	162.96
2012	251.68	4.88	0.65	246.15
2013	299.38	2.84	0.54	296.00
2014	379.24	11.89	0.57	366.78
2015	430.73	1.78	0.62	428.33

注：本表1996年及以前年份含农村个体建筑队；1997至2002年为乡及乡以上资质等级四级以上建筑企业；2003年起统计范围为具有新资质等级的建筑企业(下同)。

10—3 建筑企业主要经济指标(2004-2015)

	2004	2005	2006	2007	2008	2009
一、企业单位数(个)	106	119	115	118	146	142
二、总产值(亿元)	31.09	62.64	102.25	143.81	163.24	139.48
竣工产值	26.74	31.96	66.90	99.04	127.75	104.66
三、房屋施工面积(万平方米)	508.72	1000.29	1549.30	2093.52	2154.26	1544.05
# 本年新开工	284.00	499.04	920.29	1174.96	1038.79	621.93
四、房屋竣工面积(万平方米)	236.47	344.21	530.98	812.74	842.00	627.98
# 住　宅	127.75	177.96	308.61	435.09	386.17	319.58
五、职工年末人数(万人)	3.80	4.77	6.74	10.47	10.69	9.36
职工年平均人数	3.75	5.27	6.96	8.73	11.32	11.05
六、全员劳动生产率(万元/人)	9.05	11.89	14.69	16.47	15.27	14.90
七、工资总额(亿元)	4.73	11.03	18.84	23.77	32.54	28.04
八、财务指标(亿元)						
资产合计	49.35	54.27	47.36	84.43	94.27	87.48
流动资产年末数	38.22	45.01	39.22	72.62	77.42	70.86
固定资产原值	8.37	9.31	7.98	12.18	15.62	17.07
固定资产净值	8.01	8.73	7.45	11.62	14.57	15.91
企业总收入	28.93	54.12	61.63	117.33	131.31	109.84
工程结算收入(或主营业务收入)	28.25	53.82	61.21	116.72	127.61	109.51
工程结算成本(或主营业务成本)	25.98	49.71	55.80	105.11	115.77	98.42
利润总额	0.39	1.04	9.01	4.10	3.98	3.44
# 工程结算利润	1.20	2.35	2.95	6.78	6.68	6.45
利税总额	1.47	2.98	3.28	8.88	8.75	7.95

10—3 续表

	2010	2011	2012	2013	2014	2015
一、企业单位数(个)	147	153	160	183	208	252
二、总产值(亿元)	179.46	168.49	251.68	299.38	379.24	430.79
竣工产值	137.96	114.72	157.73	176.11	216.92	279.14
三、房屋施工面积(万平方米)	1860.89	1777.66	2101.69	2151.88	2404.28	2450.90
# 本年新开工	902.16	951.23	982.09	857.09	1054.89	858.22
四、房屋竣工面积(万平方米)	760.24	710.66	952.58	778.33	742.33	723.66
# 住　宅	375.32	309.69	408.54	375.35	250.02	261.86
五、职工年末人数(万人)	10.62	8.52	11.83	14.72	15.74	16.51
职工年平均人数	10.58	8.82	11.54	13.97	14.43	15.67
六、全员劳动生产率(万元/人)	16.96	19.10	21.81	21.43	26.28	27.49
七、工资总额(亿元)	36.84	39.57	41.60	57.88	67.50	75.14
八、财务指标(亿元)						
资产合计	101.90	93.53	129.72	168.29	188.61	248.81
流动资产年末数	86.65	75.87	103.61	138.65	153.53	180.30
固定资产原值	17.39	17.80	19.87	24.71	27.40	29.00
固定资产净值	11.92	11.61	12.60	15.98	17.73	18.86
企业总收入	139.79	140.18	202.30	249.52	297.19	307.79
工程结算收入(或主营业务收入)	139.48	139.65	199.24	248.96	296.75	306.79
工程结算成本(或主营业务成本)	125.75	126.52	179.38	221.20	262.79	270.37
利润总额	4.86	4.58	6.93	7.80	14.91	16.80
# 工程结算利润	8.00					
利税总额	10.45	10.01	15.12	17.29	26.20	28.97

备注:2011 年起财务年报报表取消工程结算利润这一指标。

10—4 国有经济建筑企业主要经济指标(2004-2015)

	2004	2005	2006	2007	2008	2009
一、企业单位数(个)	8	10	10	9	7	8
二、总产值(亿元)	0.65	1.86	3.03	2.52	3.18	2.38
竣工产值	0.12	1.19	1.52	2.16	1.12	1.19
三、房屋施工面积(万平方米)		2.43	1.15			3.66
# 本年新开工		2.43	0.90			1.87
四、房屋竣工面积(万平方米)		2.14				1.16
# 住 宅						
五、职工年末人数(万人)	0.06	0.12	0.18	0.21	0.27	0.21
职工年平均人数	0.07	0.19	0.22	0.21	0.21	0.19
六、全员劳动生产率(万元/人)	9.29	9.79	13.77	12.28	15.14	12.53
七、工资总额(亿元)	0.14	0.32	0.58	0.42	0.65	0.48
八、财务指标(亿元)						
资产合计	2.79	3.35	3.43	3.32	2.89	4.22
流动资产年末数	1.65	2.88	3.09	3.08	1.51	2.73
固定资产原值	0.45	0.46	0.55	0.44	1.60	2.27
固定资产净值	0.42	0.43	0.50	0.43	1.53	1.48
企业总收入	1.21	1.81	3.29	2.40	2.96	2.17
工程结算收入(或主营业务收入)	1.19	1.78	3.28	2.39	2.96	2.16
工程结算成本(或主营业务成本)	1.09	1.60	2.96	2.07	2.62	1.95
利润总额		0.03	0.07	0.07	0.06	0.06
# 工程结算利润	0.06	0.12	0.12	0.23	0.02	0.12
利税总额		0.10	0.20	0.17	0.18	0.14

10—4 续表

	2010	2011	2012	2013	2014	2015
一、企业单位数(个)	8	8	8	4	5	3
二、总产值(亿元)	2.60	4.39	4.88	2.84	11.89	1.78
竣工产值	1.34	1.48	3.05	1.41	4.68	1.30
三、房屋施工面积(万平方米)	6.95	22.57	28.98	15.15	42.00	
# 本年新开工	4.46	18.13	8.32	9.02	31.73	
四、房屋竣工面积(万平方米)	2.51	2.65	14.00	2.73	18.44	
# 住 宅	0.38		11.43	1.07	2.57	
五、职工年末人数(万人)	0.18	0.17	0.25	0.15	0.39	0.07
职工年平均人数	0.17	0.20	0.26	0.14	0.48	0.07
六、全员劳动生产率(万元/人)	15.29	21.95	18.77	20.29	24.77	25.43
七、工资总额(亿元)	0.53	0.85	0.73	0.56	3.10	0.34
八、财务指标(亿元)						
资产合计	4.67	5.36	5.93	4.06	12.27	3.85
流动资产年末数	4.26	3.80	5.13	3.90	11.61	3.66
固定资产原值	0.59	0.64	0.34	0.25	0.74	0.23
固定资产净值	0.39	0.42	0.09	0.15	0.55	0.15
企业总收入	3.12	5.36	5.67	3.05	10.41	2.54
工程结算收入(或主营业务收入)	3.11	5.36	5.67	3.04	10.41	2.54
工程结算成本(或主营业务成本)	2.77	4.64	4.00	2.72	9.27	2.26
利润总额	0.07	0.28	0.37	0.07	0.52	0.06
# 工程结算利润	0.20					
利税总额	0.19	0.51	0.58	0.20	0.95	0.16

备注:2011 年起财务年报报表取消工程结算利润这一指标。

10—5 集体经济建筑企业主要经济指标(2004-2015)

	2004	2005	2006	2007	2008	2009
一、企业单位数(个)	19	14	7	2	4	4
二、总产值(亿元)	2.43	0.88	0.33	0.19	0.16	0.19
竣工产值	2.31	1.04	0.79	0.10	0.24	0.08
三、房屋施工面积(万平方米)	25.83	17.46	7.94	3.97	5.67	4.07
# 本年新开工	11.22	5.60	6.83	2.32	2.65	1.19
四、房屋竣工面积(万平方米)	11.34	10.29	3.01	1.32	2.39	1.19
# 住 宅	5.59	5.48	0.66	0.33	1.70	0.32
五、职工年末人数(万人)	0.27	0.21	0.07	0.03	0.03	0.02
职工年平均人数	0.27	0.18	0.07	0.03	0.03	0.02
六、全员劳动生产率(万元/人)	9.00	4.89	4.71	7.30	5.33	9.50
七、工资总额(亿元)	0.14	0.09	0.06	0.03	0.03	0.04
八、财务指标(亿元)						
资产合计	2.70	2.01	1.70	0.95	1.54	2.28
流动资产年末数	1.88	1.03	1.06	0.84	1.37	1.99
固定资产原值	0.64	0.66	0.32	0.10	0.14	0.27
固定资产净值	0.64	0.64	0.30	0.09	0.14	0.26
企业总收入	0.99	0.71	0.43	0.16	0.12	0.13
工程结算收入(或主营业务收入)	0.98	0.71	0.43	0.16	0.12	0.13
工程结算成本(或主营业务成本)	0.91	0.65	0.39	0.15	0.10	0.12
利润总额	-0.01	0.03	-0.02			
# 工程结算利润	0.04	0.03	0.02			
利税总额	0.01		-0.02	0.01		

10—5 续表

	2010	2011	2012	2013	2014	2015
一、企业单位数(个)	3	3	3	2	2	2
二、总产值(亿元)	0.29	1.14	1.50	0.54	0.57	0.62
竣工产值	0.23	0.81	0.89	1.07	0.34	0.91
三、房屋施工面积(万平方米)	6.43	16.49	16.06	12.35	7.62	13.54
# 本年新开工	3.55	11.29	7.03	5.44	5.15	9.22
四、房屋竣工面积(万平方米)	1.24	7.36	6.79	9.88	3.30	9.24
# 住 宅	1.24	3.31		1.21		
五、职工年末人数(万人)	0.03	0.07	0.09	0.03	0.03	0.03
职工年平均人数	0.03	0.07	0.09	0.03	0.03	0.03
六、全员劳动生产率(万元/人)	9.67	16.71	16.67	18.00	19.00	20.67
七、工资总额(亿元)	0.06	0.18	0.29	0.12	0.15	0.16
八、财务指标(亿元)						
资产合计	1.77	1.69	1.75	1.29	1.27	1.27
流动资产年末数	1.59	1.47	1.48	1.20	1.18	1.17
固定资产原值	0.13	0.34	0.32	0.11	0.11	0.11
固定资产净值	0.11	0.22	0.27	0.09	0.09	0.09
企业总收入	0.23	1.22	1.14	0.34	0.43	0.25
工程结算收入(或主营业务收入)	0.23	1.22	1.14	0.34	0.43	0.25
工程结算成本(或主营业务成本)	0.21	1.01	0.91	0.31	0.39	0.21
利润总额	-0.08	0.10	0.07	0.01	0.01	0.02
# 工程结算利润	0.01					
利税总额	-0.07	0.15	0.03	0.03	0.03	0.03

备注:2011年起财务年报报表取消工程结算利润这一指标。

10—6 各种资质等级建筑企业主要经济指标

	合计	#总承包	一级及以上	二级	三级	#专业承包	一级	二级	三级及不分等级
一、企业单位数(个)	252	211	9	49	153	41	3	18	20
二、总产值(亿元)	430.73	421.21	236.78	112.80	71.63	9.52	1.53	3.97	4.02
竣工产值	279.14	271.86	138.99	80.77	52.09	7.28	0.62	3.27	3.39
三、房屋施工面积(万平方米)	245.09	245.05	117.42	76.68	50.94	0.04			0.04
#本年新开工	85.82	85.80	31.76	29.23	24.81	0.02			0.02
四、房屋竣工面积(万平方米)	723.66	723.46	240.16	268.49	214.81	0.21			0.21
#住宅	261.86	261.83	137.84	80.88	43.12	0.03			0.03
五、职工年末人数(万人)	16.51	16.03	7.24	5.76	3.03	0.48	0.08	0.19	0.21
职工年平均人数	15.67	15.20	6.89	5.51	2.80	0.47	0.08	0.19	0.20
六、全员劳动生产率(万元/人)	47.97	27.71	34.37	20.47	25.58	20.26	19.13	20.89	20.08
七、工资总额(亿元)	75.13	73.12	34.24	24.24	14.64	2.01	0.33	0.80	0.88
八、财务指标(亿元)									
资产合计	248.81	236.05	63.07	106.91	66.07	12.76	0.95	4.97	6.84
流动资产年末数	180.30	169.42	46.56	72.60	50.26	10.88	0.72	4.28	5.88
固定资产原值	29.00	26.85	5.24	11.04	10.56	2.15	0.24	1.04	0.87
固定资产净值	18.86	17.58	2.74	7.19	7.65	1.28	0.10	0.55	0.63
企业总收入	307.79	297.01	134.91	94.87	67.23	10.78	1.69	3.97	5.12
工程结算收入(或主营业务收入)	306.79	296.07	134.63	94.34	67.10	10.72	1.69	3.95	5.08
工程结算成本(或主营业务成本)	270.37	260.97	120.46	82.95	57.56	9.40	1.55	3.33	4.52
利润总额	16.80	16.61	8.17	5.08	3.36	0.19	-0.08	0.13	0.14
利税总额	28.97	28.37	13.02	8.93	6.42	0.60	-0.02	0.30	0.32

10—7　按行业分建筑企业主要经济指标

	房　　屋 建筑业	土木工程 建筑业	建　　筑 安装业	建筑装饰和 其他建筑业	#建　筑 装饰业
一、企业单位数(个)	149	66	13	24	17
二、总产值(亿元)	364.52	53.71	6.94	5.56	3.28
竣工产值	231.93	37.41	5.75	4.06	2.04
三、房屋施工面积(平方米)	2279.06	171.84			
# 本年新开工	758.09	100.13			
四、房屋竣工面积(万平方米)	702.55	21.11			
# 住　宅	256.20	5.67			
五、职工年末人数(万人)	13.28	2.67	0.33	0.23	0.14
职工年平均人数	12.53	2.57	0.33	0.24	0.15
六、全员劳动生产率(万元/人)	29.09	-1.39	21.03	47.20	21.87
七、工资总额(亿元)	61.19	11.31	1.30	1.34	0.80
八、财务指标(亿元)					
资产合计	190.31	42.07	10.59	5.85	4.11
流动资产年末数	131.88	34.39	9.35	4.67	3.56
固定资产原值	20.12	5.64	1.45	1.79	0.65
固定资产净值	13.24	3.98	0.75	0.89	0.35
企业总收入	244.72	45.78	12.03	5.25	3.38
工程结算收入(或主营业务收入)	243.84	45.72	12.01	5.23	3.36
工程结算成本(或主营业务成本)	215.98	39.61	10.60	4.18	2.57
利润总额	13.41	2.80	0.37	0.22	0.20
利税总额	23.26	4.57	0.73	0.42	0.33

10—8 按经济类型分建筑企业主要经济指标

	国有经济	集体经济	其他经济
一、企业单位数(个)	3	2	247
二、总产值(亿元)	1.78	0.62	428.33
竣工产值	1.30	0.91	276.94
三、房屋施工面积(万平方米)		13.54	2437.36
# 本年新开工		9.22	849.00
四、房屋竣工面积(万平方米)		9.24	714.42
# 住　宅			261.86
五、职工年末人数(万人)	0.07	0.03	16.41
职工年平均人数	0.07	0.03	15.57
六、全员劳动生产率(万元/人)	25.43	20.67	27.51
七、工资总额(亿元)	0.34	0.16	74.64
八、财务指标(亿元)			
资产合计	3.85	1.27	243.69
流动资产年末数	3.66	1.17	175.46
固定资产原值	0.23	0.11	28.66
固定资产净值	0.15	0.09	18.62
企业总收入	2.54	0.25	305.00
工程结算收入(或主营业务收入)	2.54	0.22	304.02
工程结算成本(或主营业务成本)	2.26	0.21	267.91
利润总额	0.06	0.02	16.73
利税总额	0.16	0.03	28.78

10—9 建筑企业技术装备情况(2004-2015)

	2004	2005	2006	2007	2008	2009	2010	2011	2012	2013	2014	2015
自有施工机械设备总台数(台)	18683	20057	18283	23076	22286	18022	19529	16323	16020	17941	16364	20392
自有施工机械设备总净值(万元)	25961	37937	31261	28799	58890	62313	69021	74172	73073	86330	131642	148474
自有施工机械设备总功率(万千瓦)	17.99	19.66	16.01	22.85	27.69	32.61	31.02	28.86	26.12	29.72	48.89	64.17
技术装备率(元/人)												
按全部职工计算	7243	7950	4641	6732	5098	5605	6501	8703	6332	6179	8362	8994
按工人计算	6830	7195	4492	5615	5204	5641	6524	8412	6161	6428	10001	10185
动力装备率(千瓦/人)												
按全部职工计算	5.02	4.12	2.38	2.62	2.40	2.93	2.92	3.39	2.26	2.13	3.11	3.89
按工人计算	4.73	3.73	2.30	2.18	2.45	2.95	2.93	3.27	2.20	2.21	3.71	4.40

10—10 按登记注册类型分的建筑企业技术装备情况

	总 计	国有经济	集体经济	其他经济
自有施工机械设备总台数(台)	20392	234	40	20118
自有施工机械设备总净值(万元)	148474	910	51	147514
自有施工机械设备总功率(万千瓦)	64.17	0.67	0.02	63.49
技术装备率(元/人)				
按全部职工计算	8994	13739	1604	8989
按工人计算	10185	12257	1694	10192
动力装备率(千瓦/人)				
按全部职工计算	3.89	10.05	0.47	3.87
按工人计算	4.40	8.97	0.50	4.39

10—11 房屋竣工面积(2004-2015)

单位：万平方米

	2004	2005	2006	2007	2008	2009	2010	2011	2012	2013	2014	2015
总　　计	**236.47**	**334.21**	**530.98**	**812.74**	**813.43**	**627.98**	**760.24**	**710.66**	**952.58**	**778.33**	**742.33**	**723.66**
厂房、仓库	48.47	83.05	107.53	250.54	275.36	216.48	223.71	292.55	265.13	223.11	321.70	326.87
住　宅	127.75	177.96	308.61	435.09	407.95	319.58	375.32	309.69	408.54	375.35	250.02	261.86
办公用房	21.01	41.60	51.74	81.86	72.58	37.94	95.89	27.56	36.77	58.75	58.93	48.39
批发和零售用房	1.72	2.20	4.54	15.40		2.30	1.39	0.09	25.20	8.21	12.25	27.49
住宿和餐饮用房	3.64	2.06	7.61	5.24	23.49	0.75	2.77	3.00	0.58	5.34	6.43	1.53
商务会展用房								1.60	1.31	4.73	0.35	2.34
居民服务业用房	1.80	0.87	12.05	1.17	0.21	1.30	1.03	1.96	8.73	23.82	32.25	12.28
教育用房	15.87	14.82	23.43	12.43	19.22	39.76	21.77	30.20	38.59	33.04	13.94	20.12
文化、体育和娱乐用房	1.33	7.82	5.83	2.07	9.02	2.25	3.89	3.19	1.24	3.07	12.55	2.91
卫生医疗用房	2.51	1.26	2.46	0.58	1.18	2.30	16.45	1.70	6.49	8.60	4.03	7.31
科研用房	2.24	0.25			0.54	0.56	3.59		1.25	2.29	5.38	0.42
其　他	10.13	2.34	7.17	8.35	3.88	4.76	14.43	39.12	1.27	32.02	24.51	12.14

备注：商务会展用房为2011年新增指标。

10—12 分县(市、区)建筑企业数

单位：个

	合计	#总承包				#专业承包			
			一级及以上	二级	三级		一级	二级	三级及不分等级
全　　市	**252**	**211**	**9**	**49**	**153**	**41**	**3**	**18**	**20**
芗城区	122	96	5	21	70	26	2	12	12
龙文区	43	38		6	32	5	1	2	2
龙海市	33	28	2	11	15	5		2	3
其中：龙海市辖	23	19	2	7	10	4		1	3
漳州开发区	1	1		1					
台商投资区	9	8		3	5	1		1	
云霄县	8	7		1	6	1			1
其中：云霄县辖	8	7		1	6	1			1
常山开发区									
漳浦县	11	10		4	6	1			1
诏安县	6	6		1	5				
长泰县	6	5	1	1	3	1		1	
东山县	5	5		2	3				
南靖县	5	5		2	3				
平和县	7	7			7				
华安县	6	4	1		3	2		1	1

10—13 分县(市、区)建筑企业生产情况表

	总产值 (万元)	竣工产值 (万元)	房屋 施工面积 (平方米)
全　市	**4307309**	**2791426**	**24509026**
芗城区	1158539	817458	13469186
龙文区	180920	139359	1305251
龙海市	2217701	1338502	4740947
其中：龙海市辖	2054830	1202604	3309066
漳州开发区	3010	3010	6792
台商投资区	159861	132888	1425089
云霄县	59890	37657	238497
其中：云霄县辖	59890	37657	238497
常山开发区			
漳浦县	60499	48220	691834
诏安县	42878	36888	221041
长泰县	214059	93591	1283842
东山县	240333	201819	941707
南靖县	53555	32343	861694
平和县	37502	22206	378784
华安县	41435	23382	376243

10—14 分县(市、区)房屋竣工面积及价值

	房屋 竣工面积 (平方米)	房屋 竣工价值 (万元)
全　市	**7236617**	**1016736**
芗城区	3189635	519265
龙文区	438265	46902
龙海市	1856281	211978
其中：龙海市辖	910730	118583
漳州开发区	6792	1500
台商投资区	938759	91896
云霄县	98979	12565
其中：云霄县辖	98979	12565
常山开发区		
漳浦县	343892	28405
诏安县	150937	29847
长泰县	488012	79707
东山县	215958	25825
南靖县	227114	30458
平和县	93276	17936
华安县	134268	13847

10—15 分县(市、区)建筑企业年末从业人员数

单位：人

	合计	#总承包				#专业承包			
			一级及以上	二级	三级		一级	二级	三级及不分等级
全　　市	**165084**	**160296**	**72385**	**57624**	**30287**	**4788**	**790**	**1935**	**2063**
芗城区	45740	42266	7579	20826	13861	3474	639	1330	1505
龙文区	7295	6779		3197	3582	516	151	147	218
龙海市	64662	64237	52145	8171	3921	425		271	154
其中：龙海市辖	59746	59391	52145	5078	2168	355		201	154
漳州开发区	109	109		109					
台商投资区	4807	4737		2984	1753	70		70	
云霄县	2472	2362		754	1608	110			110
其中：云霄县辖	2472	2362		754	1608	110			110
常山开发区									
漳浦县	7188	7140		5366	1774	48			48
诏安县	1509	1509		966	543				
长泰县	13992	13900	10967	1894	1039	92		92	
东山县	15773	15773		14700	1073				
南靖县	2056	2056		1750	306				
平和县	1999	1999			1999				
华安县	2398	2275	1694		581	123		95	28

10—16 分县(市、区)建筑企业技术装备情况

	自有施工机械设备总台数（台）	自有施工机械设备总净值（万元）	自有施工机械设备总功率（万千瓦）	技术装备率（元/人）	动力装备率（千瓦/人）
全　　市	**20392**	**148474**	**64.17**	**10184.67**	**4.40**
芗城区	6909	71747	26.06	14346.76	5.21
龙文区	3859	18286	8.13	31285.37	13.92
龙海市	3033	25214	18.90	5363.23	4.02
其中：龙海市辖	2461	14204	10.07	3507.52	2.49
漳州开发区	28	519	0.02	36556.34	1.30
台商投资区	544	10491	8.82	16456.16	13.83
云霄县	214	1781	1.22	5587.70	3.83
其中：云霄县辖	214	1781	1.22	5587.70	3.83
常山开发区					
漳浦县	454	8075	2.72	29752.39	10.02
诏安县	301	2493	1.33	15201.22	8.12
长泰县	940	3144	1.17	2409.15	0.89
东山县	3421	9163	1.67	5805.37	1.06
南靖县	370	2902	0.81	12097.96	3.37
平和县	335	2610	0.77	13765.30	4.05
华安县	556	3060	1.39	13617.27	6.17

10—17 分县(市、区)建筑企业总收入

单位：万元

	企业总收入	#营业收入	#营业成本	#营业利润	#营业外收入
全　市	**3077936**	**3072526**	**2705179**	**163968**	**5410**
芗城区	1057804	1053164	924722	34806	4640
龙文区	153787	153733	130354	6872	54
龙海市	1265896	1265236	1126594	82557	661
其中：龙海市辖	1155941	1155427	1032517	74052	514
漳州开发区	843	843	553	60	
台商投资区	109113	108966	93525	8446	147
云霄县	56063	56053	50698	1726	10
其中：云霄县辖	56063	56053	50698	1726	10
常山开发区					
漳浦县	55690	55684	48106	2346	6
诏安县	40736	40736	33213	4081	
长泰县	138812	138809	120163	11991	3
东山县	195540	195536	174186	14269	4
南靖县	49547	49539	43250	1675	7
平和县	37075	37065	31616	1303	10
华安县	26985	26970	22278	2343	15

10—18 分县(市、区)建筑企业利税总额

单位：万元

	利税总额	利润总额	工程结算税金及附加	管理费用中的税金	产值利税率(%)	资产利税率(%)
全　市	**289736**	**168029**	**115152**	**6556**	**6.7**	**11.6**
芗城区	82924	39040	40094	3790	7.2	6.2
龙文区	13935	6887	6196	852	7.7	7.5
龙海市	130335	82357	46813	1164	5.9	21.9
其中：龙海市辖	116889	73840	42199	851	5.7	22.5
漳州开发区	61	27	28	6	2.0	0.5
台商投资区	13385	8491	4587	308	8.4	20.9
云霄县	4288	1729	2315	244	7.2	9.9
其中：云霄县辖	4288	1729	2315	244	7.2	9.9
常山开发区						
漳浦县	4386	2327	1933	126	7.3	6.5
诏安县	5819	4081	1733	5	13.6	12.5
长泰县	17005	11994	4980	30	7.9	32.0
东山县	20550	14270	6085	195	8.6	29.0
南靖县	3854	1682	2157	15	7.2	16.9
平和县	3166	1313	1773	80	8.4	10.4
华安县	3474	2348	1072	55	8.4	9.9

主要统计指标解释

建筑业总产值（自行完成施工产值） 指建筑业企业或附营建筑业施工单位自行完成的按工程进度计算的建筑安装总价值。它包括建筑工程产值,设备安装工程产值,房屋、构筑物修理产值,非标准设备制造产值。

建筑工程产值 指列入建筑工程预算内的各种工程价值,包括各种用途的房屋、构筑物的建筑工程和列入房屋工程预算内暖气、卫生、通风、照明、煤气等设备价值;设备基础、支柱、操作台、梯子、烟囱、凉水塔的建筑工程;各种锅炉炉体砌筑和金属结构安装工程;施工现场布置,场地平整,施工临时用水、电、道路的铺筑与架设;矿井的开凿,井巷掘进延伸,露天矿的剥离,石油、天然气钻井工程;铁路、公路、港口、桥梁的建筑工程;水利工程;防空、地下建筑等特殊工程。建筑工程产值还包括建筑装饰工程产值。建筑装饰工程的范围,包括抹灰、门窗、玻璃、吊顶、隔断、饰面板(砖)、涂料、裱湖、刷浆、花饰等十项工程。

设备安装工程产值 设备安装工程包括:生产、动力、起重、运输、传动和医疗、实验等各种需要安装设备的装配与安装,与设备相联接的工作台、梯子、栏杆等装设工程,附属于被安装设备的管线敷设工程,被安装设备的绝缘、防腐、保温、油漆等工作;为测定安装工作质量,对单个设备、系统设备进行单机试车和系统联动无负荷试运转工作。设备安装工程产值中不包括被安装设备本身的价值。

房屋、构筑物修理产值 指房屋、构筑物修理所完成的价值,但不包括被修理的房屋、构筑物本身的价值和生产设备的修理价值。

非标准设备制造产值 指加工制造没有定型的、非标准的生产设备的加工费和原材料价值,不论是现场还是附属加工厂为本单位承建工程制造的非标准设备的价值,都应计算产值。

竣工产值 指在报告期内,按照设计所规定的工程内容全部完成,达到了设计规定的交工条件,经质量监督检查部门检查验收鉴定合格的单位工程价值之和。

单位工程施工个数 指在报告期内施过工的全部单位工程个数。它包括本期内新开工的,还包括上期施工跨入本期继续施工的单位工程个数。

单位工程竣工个数 指报告期内按设计规定的工程内容全部完成,达到了使用条件,经质量监督检查部门检查验收鉴定合格的全部单位工程个数。

自有机械设备年末总台数 指归本企业(或单位)所有,属于本企业(或单位)固定资产的生产性机械设备年末总台数。包括施工机械、生产设备、运输设备以及其他设备。

自有机械设备年末总功率 指本企业(本单位)自有施工机械、生产设备、运输设备以及其他设备等列为在册固定资产的生产性机械设备年末总功率,按设计能力或查定能力计算。包括机械本身的动力和为该机械服务的单独动力设备,如电动机等。计量单位用千瓦,动力换算可按 1 马力 = 0.735 千瓦折合成千瓦数。电焊机、变压器、锅炉不计算动力。

施工机械功率 指归本企业所有,属于本企业固定资产的施工机械,以及直接为施工服务的生产设备、运输设备的全部功率。

建筑业增加值 建筑业增加值是建筑业企业在报告期内以货币表现的建筑业生产经营活动的最终成果。建筑业增加值有两种计算方法:一是生产法,即建筑业总产值减去建筑业中间投入后的余额;二是分配法(收入法),即从收入的角度出发,根据生产要素在生产过程中得到的收入份额计算,构成项目有固定资产折旧、劳动者报酬、生产税净额和营业盈余。

工程结算收入 指企业(或单位)按工程的分部分项自行完成的建筑产品价值并已与甲方在报告期内办理结算手续的工程价款收入,以及向甲方收取的除工程价款以外的按规定列作营业收入的各项款项,如临时设施费、劳动保险费、施工机械调迁费以及向甲方收取的各种索赔款。

工程结算利润 指已结算工程实现的利润。如为亏损以“ - ”号表示。其计算公式为:

工程结算利润 = 工程结算收入 - 工程结算成本 - 工程结算税金及附加

企业总收入 指与企业生产经营直接有关的各项收入,包括工程结算收入和其他业务收入,即:企业总收入 = 工程结算收入 + 其他业务收入

房屋建筑施工面积 指在报告期内施工的全部房屋建筑面积。包括本期内新开工的、上期施工跨入本期继续施工、上期停建本期复工的房屋建筑面积;不包括上期开工后又停工,本期未施工的房屋建筑面积。

房屋建筑竣工面积 指在报告期内,按照设计所规定的工程内容全部完成,达到了设计规定的交工条件,经有关部门检查验收鉴定合格的房屋建筑面积。

第十一篇
交通运输和邮电通信业

11—1 主要年份各类运输总量

年　　份	客 运 量（万人）	旅客周转量（万人公里）	货 运 量（万吨）	货物周转量（万吨公里）
1952	30	1888	83	1947
1957	277	9683	273	6950
1962	252	13303	284	25199
1965	367	20425	430	42546
1970	296	20783	301	47403
1975	552	35681	449	61404
1978	745	45074	677	76329
1979	862	50620	731	82566
1980	1122	58973	805	104824
1981	1211	65308	864	60867
1982	1396	74922	969	137451
1983	1588	85735	1049	145110
1984	1794	95432	1117	167256
1985	1828	107252	1367	196230
1986	1729	102688	1461	213869
1987	1831	104701	1705	243648
1988	1902	114317	1904	265299
1989	1596	105005	2319	279257
1990	2502	133075	2639	302059
1991	2786	150302	2849	349806
1992	2785	170444	3170	504050
1993	2960	221471	3857	567643
1994	3285	244182	5473	518813
1995	3376	250391	4659	592104
1996	3568	268216	5919	581980
1997	3505	175807	5290	256989
1998	4223	213020	5164	315868
1999	4287	223089	4969	338378
2000	4722	231604	5054	347917
2001	4776	199379	4202	377696
2002	5760	327303	4008	277058
2003	5779	347654	3700	299763
2004	5605	340320	3158	295471
2005	5715	350888	3243	300226
2006	5852	362970	3418	297437
2007	6061	382404	3956	333985
2008	5369	276788	4577	386463
2009	5532	278136	4712	435428
2010	5471	277079	5670	517252
2011	5632	289632	6338	625651
2012	5489	287726	6101	716323
2013	2984	229720	8420	918436
2014	3546	231656	11000	1050015
2015	3796	224164	12490	1219962

注:1997 年起客、货运周转量均未包括铁路,2008 年数据为公路、水路专项调查结果,2013 年数据根据公路专项调查结果调整。

11—2 主要年份公路、铁路运输情况

年份	公路					铁路			
	汽车数（辆）	客运量（万人）	旅客周转量（万人公里）	货运量（万吨）	货物周转量（万吨公里）	旅客发送量（万人）	旅客周转量（万人公里）	货物发送量（万吨）	货物周转量（万吨公里）
1952	67	16	1357	10	286				
1957	172	247	9040	72	1871				
1962	222	213	10590	28	2283	19	2410	43	18610
1965	379	298	12906	182	4397	23	6720	57	31060
1970	317	242	10681	45	3036	37	9780	69	39120
1975	443	493	18003	69	7059	51	17560	64	47590
1978	575	682	23473	482	10503	60	21520	75	56780
1979	626	794	28100	536	11800	63	22420	74	61010
1980	659	1048	35418	608	13539	69	23440	70	80150
1981	737	1132	39700	680	16200	74	25490	70	33800
1982	791	1309	45300	788	19900	82	29500	81	107460
1983	787	1491	50400	876	23400	93	35260	80	108070
1984	788	1693	57600	938	26500	98	37760	92	123100
1985	889	1723	66135	1149	34881	100	40980	103	137990
1986	3373	1624	65100	1244	37600	83	36880	112	151450
1987	4118	1724	70900	1472	51100	78	32890	118	162700
1988	4994	1783	74600	1663	56200	81	38560	126	176520
1989	5360	1478	66800	2057	72500	76	36940	122	171800
1990	5548	2390	99905	2363	79779	65	31850	125	181980
1991	5950	1335	115919	2442	43731	66	32600	141	209200
1992	6694	1566	120562	2694	101560	74	48100	159	352000
1993	7707	2801	151478	3362	126240	90	69900	153	358800
1994	8961	3134	167470	4873	112986	100	75070	157	312770
1995	9868	3185	172644	4182	123227	100	74700	178	354490
1996	9273	2956	203073	5548	106601	83	62250	176	350500
1997	9447	2806	172951	4939	96576	88		163	
1998	10661	3450	210394	4832	189641	82		142	
1999	11250	4132	220463	4656	209830	77		132	
2000	12702	4310	229008	4315	230674	67		132	
2001	13340	5692	198075	4406	283480	50		151	
2002	14083	5690	325866	3911	191080	54		140	
2003	14646	5697	345537	3593	199044	64		133	
2004	14712	5540	338454	3037	197906	49		148	
2005	17344	5644	349004	3121	210639	41		117	
2006	18968	5780	361000	3274	225428	48		109	
2007	20502	5974	379900	3605	260800	56		110	
2008	22251	5178	274454	3520	358240	63		107	
2009	30361	5337	275537	3609	389293	60		107	
2010	29282	5272	274422	4111	450648	59		95	
2011	31112	5413	286743	4569	514384	61		93	
2012	33741	5340	285324	4490	537903	98		71	
2013	35386	2684	227009	6914	739560	179		49	
2014	37183	2885	227780	9058	968372	399		55	
2015	33957	3089	220138	10403	1125691	480		63	

注:2008 年数据为公路、水路专项调查结果,2013 年数据根据公路专项调查结果调整。

11—3 主要年份水路运输情况

年份	通航里程（公里）	客运量（万人）	旅客周转量（万人公里）	货运量（万吨）	货物周转量（万吨公里）
1952		14	531	73	1661
1957		18	360	135	5079
1962		20	303	117	4305
1965		10	142	129	7084
1970		18	318	81	5244
1975		8	114	94	6747
1978	382	4	77	120	9043
1979	382	5	100	121	9756
1980	382	6	110	128	11134
1981	382	6	118	114	10867
1982	382	6	122	100	10091
1983	382	4	75	93	13640
1984	382	3	72	87	17656
1985	382	5	133	116	23356
1986	382	22	708	105	24819
1987	382	29	911	115	29848
1988	382	37	1157	116	32579
1989	382	42	1265	141	34957
1990	382	47	1308	150	40293
1991	382	60	1783	108	38866
1992	382	27	845	88	31160
1993	382	68	2088	122	76603
1994	382	51	1637	206	85068
1995	382	91	3047	182	123227
1996	382	83	2893	178	106601
1997	360	80	2856	176	96576
1998	360	39	1288	145	116846
1999	360	38	1236	159	127448
2000	360	68	1842	134	83279
2001	360	63	1304	111	94216
2002	360	70	1437	97	85978
2003	384	82	2117	107	100719
2004	384	81	2102	190	98195
2005	384	71	1884	122	89587
2006	384	72	1970	143	72009
2007	384	77	2136	214	72060
2008	384	128	2334	949	28223
2009	369	135	2598	996	46136
2010	423	139	2656	1463	66604
2011	301	157	2889	1676	111267
2012	384	101	2402	1540	178420
2013	384	121	2711	1457	178876
2014	310	262	3877	1887	81643
2015	319	271	4025	2040	94271

注:2008 年数据为公路、水路专项调查结果。

11—4 主要年份客、货运平均运距

单位：公里

	平均运距	公 路	水 运
旅客运输平均运距			
1978	55.07	34.48	20.59
1980	53.41	34.88	18.53
1985	62.82	38.37	24.45
1990	69.69	41.79	27.90
1995	87.67	54.19	33.48
1996	103.29	68.43	34.86
1997	95.71	60.01	35.70
1998	93.75	60.72	33.03
1999	85.89	53.36	32.53
2000	78.80	51.71	27.09
2001	77.57	57.00	20.57
2002	77.84	57.27	20.57
2003	86.46	60.64	25.82
2004	87.05	61.10	25.95
2005	88.38	61.84	26.54
2006	89.97	62.46	27.51
2007	91.44	63.59	27.85
2008	75.87	53.20	22.67
2009	76.37	51.81	24.56
2010	71.39	52.28	19.11
2011	71.65	53.21	18.44
2012	77.21	53.43	23.78
2013	106.92	84.59	22.33
2014	103.96	80.28	23.68
2015	101.00	77.03	23.97
货物运输平均运距			
1978	97.16	21.80	75.36
1980	109.50	22.52	86.98
1985	231.72	30.38	201.34
1990	302.38	33.76	268.62
1995	704.07	27.00	677.07
1996	618.87	20.42	598.45
1997	581.20	32.48	548.73
1998	845.07	39.24	805.83
1999	846.62	45.06	801.56
2000	668.04	46.56	621.49
2001	897.01	45.14	851.86
2002	935.60	48.86	886.74
2003	997.04	55.39	941.65
2004	582.14	65.16	516.98
2005	801.92	67.48	734.44
2006	571.67	68.85	502.82
2007	409.39	72.34	337.04
2008	142.27	103.96	38.31
2009	169.76	108.37	61.39
2010	165.65	109.45	56.20
2011	195.48	112.58	82.90
2012	235.67	119.80	115.87
2013	229.75	107.00	122.75
2014	154.29	107.40	46.89
2015	184.72	135.54	49.18

注：2008 年数据为公路、水路专项调查结果。

11—5 主要年份交通运输线路长度

单位：公里

	1980	1985	1990	1995	1996	1997	1998	1999	2000	2001	2002	2003
铁路营业长度	207	207	207	207	207	207	207	207	207	207	207	207
# 电气化长度			191	191	191	191	191	191	191	191	191	191
公路通车里程	5189	5224	5344	5558	5582	5607	5641	5685	5730	5735	5901	5934
# 二级以上公路里程		44	51	369	457	545	586	647	708	707	875	893
内河通航里程	382	382	382	382	382	360	360	360	360	360	360	384
公路通车里程中												
干线公路												
国　道		269	267	271	271	271	295	295	295	295	435	435
省　道	626	506	508	507	505	504	507	595	683	683	684	684
县级公路	1039	896	905	1166	1166	1166	1167	1383	1600	1599	1618	1629
乡镇公路	3492	3526	2627	3491	3518	3544	3551	3277	3003	3010	3016	3038
专用公路	32	27	27	122	122	122	122	135	148	148	148	148
公路通车里程中												
等级路里程合计						2944	3011	3638	4265	4266	4432	4481
高速公路							20	24	28	28	174	185
一　级				10	9	9	19	27	35	35	40	46
二　级		44	51	359	448	536	547	596	646	645	662	662
三　级		217	266	147	137	128	132	296	460	460	475	492
四　级		1995	2303	2339	2305	2271	2293	2695	3097	3099	3081	3096
公路通车里程中												
晴雨通车里程		3397	3750	3982	4006	4031	4065	4780	5494	5494	5656	5689
绿化里程		608	1796	2395	2430	2465	2626	2749	2872	2872	3028	3133

11—5 续表

单位：公里

	2004	2005	2006	2007	2008	2009	2010	2011	2012	2013	2014	2015
铁路营业长度	207	207	207	207	207	207	207	507	541	647	664	664
# 电气化长度	191	191	191	191	191	191	191	251	285	391	408	408
公路通车里程	6019	6038	9960	10005	10010	10045	10105	10182	10263	11428	11426	11990
# 二级以上公路里程	1121	1128	1130	1160	1221	1232	1276	1272	1385	1590	1667	1762
内河通航里程	384	384	384	384	384	369	423	301	384	384	310	319
公路通车里程中												
干线公路												
国　道	435	435	435	435	514	267	514	514	535	674	682	682
省　道	671	670	670	670	670	671	671	671	664	718	765	832
县级公路	1705	1699	1734	1744	1674	1687	1703	1685	1699	1939	1951	1964
乡镇公路	3059	3085	2825	3499	3504	3513	3553	3553	3607	4316	4342	4344
专用公路	148	148										
公路通车里程中												
等级路里程合计	4714	4941	6795	7553	7717	7655	7886	7483	8167	9009	9138	10020
高速公路	247	247	247	247	247	247	247	247	268	465	519	587
一　级	45	45	45	45	42	59	63	68	68	90	104	112
二　级	828	835	838	868	933	926	967	956	1049	1035	1044	1063
三　级	452	561	602	978	1028	1098	1159	1237	1313	1405	1426	1422
四　级	3141	3253	5062	5415	5467	5326	5451	4975	5470	6014	6045	6836
公路通车里程中												
晴雨通车里程	5809	5883	7537	7523	7570	7567	8120	8297	8587	10453	9792	10377
绿化里程	3256	3303	1451	2132	2162	2230	2210	9551	9602	10296	10222	10328

11—6 各类运输工具拥有量(2002-2015)

	2002	2003	2004	2005	2006	2007	2008	2009	2010	2011	2012	2013	2014	2015
公 路														
全社会机动车拥有量(辆)	28021	26435	22890	23448	25432	27576	25699	30361	31390	33960	35611	36887	37504	35319
汽 车	14083	14646	14712	17344	18968	20502	22251	25914	29282	31112	33741	35386	35963	33957
# 载客汽车	2737	2654	2528	2494	2574	2597	2616	2686	2714	1429	1440	1287	1206	1046
大 型	158	167	164	194	206	263	346	409	422	462	532	534	517	458
中 型	1214	1161	1075	778	881	947	936	898	884	849	798	673	628	541
小 型	60	54	86	318	283	182	129	135	138	118	110	80	61	47
微 型	1305	1272	1203	1204	1204	1205	1205	1244	1270					
载货汽车	11346	11992	12184	14850	16394	17905	19635	23228	26568	29683	32301	34099	34757	32911
重 型	3640	3589	3121	2915	2766	2993	3599	4377	5808	6594	7264	8912	9854	9573
中 型	464	587	731	1367	1505	1459	1058	1061	901	878	887	781	696	491
轻 型	7242	7816	8332	10568	12123	13453	14978	17790	19859	22211	24150	24406	24207	22847
微 型														
水 路														
内 河														
货 轮														
艘数(艘)	111	111	82	69	60	81	92	75	85	124	87	78	75	59
净载重量(吨位)	5617	7215	15200	17680	21310	33580	51628	58513	101489	147470	113366	108411	98820	84421
沿 海														
客 轮														
艘 数(艘)	34	34	32	30	22	23	24	25	25	28	25	25	34	26
载客量(客位)	2673	2585	2292	1684	963	898	951	1014	1014	1193	1115	1122	1762	1129
货 轮														
艘 数(艘)	7	3	2	2	4	4	3	36	32	30	25	26	16	12
总 吨(吨位)	12570	12600	12301	1385	3357	2959	2325	23471	22300	24616	23862	19246	19283	12932
净载重量(吨位)	22568	21498	21198	2000	5190	3906	2808	26572	26005	29440	29437	24660	16492	10936
远 洋														
货 轮														
艘 数(艘)	14	12	11	10	7	7	9	9	11	10	12	8	11	13
总 吨(吨位)	8980	7682	7242	6940	4457	5571	7996	7582	9074	9749	10732	7039	62346	115784
净载重量(吨位)	12030	10057	9733	9283	5826	6086	9291	9291	11816	12368	14058	9165	57177	107279

注:2008 年数据为公路、水路专项调查结果。

11—7 公路运输情况

	单 位	数 量
一、公路通车里程	公里	10990
有铺装路面里程(高级路面)	公里	9519
简易铺装路面里程(次高级路面)	公里	197
未铺装路面里程	公里	2274
二、公里桥梁	米/座	271.37
#永久性桥梁	米/座	233678.94/2677
三、公路养护里程(专养)	公里	1814
五、汽车营运合计(以下均为办理营运)	辆/吨/座位	33957/148077/31735
1、载货汽车	辆/吨位	32911/148077
2、载客汽车	辆/座位	1046/31735
六、手扶拖拉机	辆	10571
七、农用运输车	辆	6452

注:公路通车里程数据不含村道。

11—8 水上运输情况

	单 位	数 量
一、内河航道里程	公里	334
#通航里程	公里	319
二、全港货物吞吐量	万吨	1442
#外 贸	万吨	169
三、旅客吞吐量	万人次	271.37
四、港口(区)个数	个	4
五、海岸线长度	公里	715
六、码头长度	米	3961
七、码头泊位个数	个	31

注:1、所填数据全市港口不包括后石、石码和招银三个港区。2、海岸线长度为整个漳州市行政区的长度。

11—9 港口货物和集装箱吞吐量

单位：吨、TEU

	货物吞吐量					
	合计	#外贸	进口	#外贸	出口	#外贸
全　市	**55645319**	**10705215**	**32068728**	**6138461**	**23576591**	**4566754**
1、招银港区	29799394	7868888	16023201	3360747	13776193	4508141
2、东山港区	3590722	124311	2373399	65698	1217323	58613
3、后石港区	6206402	1149304	6143470	1149304	62932	
4、石码港区	5218107		1725747		3492360	
5、古雷港区	10683494	1562712	5802911	1562712	4880583	
6、九龙江作业点						
7、诏安港区	147200				147200	

11—9 续表

单位：吨、TEU

	集装箱吞吐量					
	合计	#国际集装箱	进口	#国际集装箱	出口	#国际集装箱
全　市	**340078**	**12893**	**171848**	**7831**	**168230**	**5062**
1、招银港区	332220	5035	167914	3897	164306	1138
2、东山港区	7858	7858	3934	3934	3924	3924
3、后石港区						
4、石码港区						
5、古雷港区						
6、九龙江作业点						
7、诏安港区						

11—10 主要年份邮电业务总量

年 份	邮电业务总量（万元）	函件（万件）	报刊杂志期发数（万份）	固定电话年末户数（万户）	邮政业务总量（万元）
1952	49	187.14		0.09	
1957	100	500.40		0.20	
1962	224	835.02		0.44	
1965	234	799.70		0.47	
1970	203	576.26		0.45	
1975	280	613.30		0.59	
1978	346	619.30	6.08	0.77	
1979			6.82		
1980	873	982.00	38.26	0.79	
1981	1039	1797.43		0.80	
1982	1082	831.04		0.87	
1983	1189	832.56		0.90	
1984	1348	897.10		1.01	
1985	1637	986.60	83.72	1.13	
1986	1756	1019.20		1.26	
1987	2220	1115.92		1.18	
1988	3005	1194.77		1.72	
1989	3905	1145.41		2.05	
1990	5302	1120.84	60.18	2.55	
1991	6734	1113.18	66.41	3.28	
1992	10296	1255.95	65.81	4.41	
1993	17298	1556.96	61.25	6.74	
1994	27668	1984.96	63.39	11.10	
1995	40535	2525.04	63.92	16.67	
1996	54061	2392.35	58.67	22.53	
1997	70301	2128.65	65.75	30.60	
1998	113061	2233.72	56.82	38.43	4961
1999	96745	1816.00	82.44	51.01	6481
2000	145894	1749.03	54.31	77.13	8817
2001	184911	2235.88	43.81	99.91	14564
2002	181757	2164.84	46.79	102.10	15132
2003	195693	2792.42	50.31	106.87	17708
2004	213937	2321.56	40.53	109.43	18943
2005	226727	2085.31	53.56	109.24	20883
2006	248481	1493.01	51.17	107.39	22706
2007	282199	1072.75	53.81	104.82	24528
2008	335848	837.90	55.69	108.17	27577
2009	371144	770.36	56.05	121.21	33423
2010	366937	858.52	56.74	104.87	32334
2011	380746	1159.20	72.04	104.74	26271
2012	457829	991.78	52.40	101.84	27068
2013	511985	1149.53	48.54	95.94	60496
2014	747846	1165.19	104.18	92.80	107634
2015	955831	1752.25	69.15	90.40	149576

注:1、函件不含邮送广告,1993年前仅包括国内业务,1993年及以后均包括国内、国际业务;2、邮政业务总量含零售,不含速递和邮储银行业务收入;3、从2012年起,特快专递数据包含民营快递业务量;4、从2015年起,邮电业务总量、邮政业务总量、电信业务总量等指标根据省直相关部门反馈数据,并同口径修订2013、2014年数据。

11—10 续表

年　份	电信业务总　量（万元）	特快专递（万件）	集邮业务（万枚）	移动电话用　户（万户）	互联网用　户（万户）	固定电话交换机容量（万门）
1952						
1957						
1962						
1965						
1970						
1975						
1978						1.41
1979						
1980						1.32
1981						1.38
1982						1.61
1983						1.75
1984						1.75
1985						1.91
1986						1.90
1987						2.85
1988						3.13
1989						4.47
1990		0.49	316.76			4.56
1991		0.98	422.05			5.97
1992		1.80	674.46	0.03		8.71
1993		8.82	663.08	0.09		14.98
1994		7.97	810.75	0.43		23.11
1995		10.81	774.32	1.21		35.19
1996		14.75	626.38	2.96		40.86
1997		16.96	1183.05	7.44		48.83
1998	108101	25.55	919.99	13.87		67.19
1999	90264	34.92	1020.00	26.00		79.96
2000	137077	31.56	572.70	30.00	12.03	130.71
2001	170347	29.95	579.44	72.52	24.44	173.51
2002	166625	32.42	537.77	90.96	39.55	183.31
2003	177985	35.31	464.54	118.69	42.03	154.36
2004	194994	47.61	541.70	155.47	18.20	146.41
2005	205843	59.94	437.05	189.36	15.32	146.78
2006	225775	74.54	427.99	238.85	17.72	147.90
2007	257671	84.40	452.66	261.37	18.64	157.17
2008	308271	134.70	469.74	294.09	23.79	231.22
2009	337721	249.81	438.15	320.12	34.02	160.81
2010	334603	217.44	402.25	363.60	37.63	150.32
2011	354475	212.18	464.59	428.81	57.12	145.14
2012	430761	756.58	410.75	452.44	65.39	145.14
2013	451489	1791.59	414.35	520.82	270.20	119.63
2014	640212	2742.87	400.57	453.70	369.00	133.90
2015	806255	4202.74	458.78	459.60	391.60	104.08

11—11 主要年份邮电通信条件

年份	邮路单程长度（公里）	农村投递路线（公里）	长途电话业务电路（路）	年份	邮路单程长度（公里）	农村投递路线（公里）	长途电话业务电路（路）
1965	10461	8583		1998	3265	7074	9096
1970	9229	8905		1999	2297	7403	11841
1975	9352	8856		2000	2186	7301	17176
1978	8899	8283		2001	2215	7313	19395
1980	8171		171	2002	2016	7410	48340
1985	2571	6533	275	2003	2223	7518	16410
1986	2548	6632	290	2004	2297	7769	17070
1987	2406	6942	404	2005	2173	8216	22830
1988	2397	7099	559	2006	2229	8363	
1989	2339	6852	675	2007	2569	8514	
1990	2285	6884	837	2008	2429	8514	
1991	2293	6892	1072	2009	3114	8109	
1992	2299	6892	1240	2010	2145	8614	
1993	2494	6920	3014	2011	2019	8827	
1994	2378	6936	1955	2012	1970	10387	
1995	2256	6933	3764	2013	1926	10915	
1996	2545	7006	4572	2014	1817	10766	
1997	3284	7018	6418	2015	1995	10572	

注：1、本表长途电话业务电路2004年起包括固定长途电话、移动长途电话、长途数据通信的电路、出租给其他运营商使用的电路。2、自2006年起，长途电路资源部分集中在省公司统计，市级无统计。3、2010年开始邮路不含速递。

11—12 邮电业务基本情况（2002-2015）

		2002	2003	2004	2005	2006	2007	2008
邮电业务总量	（万元）	181757	195693	213937	226727	248481	282199	335848
函　件	（件）	21648353	27924227	23215647	20853114	14930064	10727483	8379495
特快专递	（件）	324244	353065	476052	599397	745418	843998	1346966
报刊期发数	（份）	467904	503055	405319	535631	511706	538060	556926
集邮业务	（枚）	5377693	4645445	5417037	4370491	4279910	4526567	4697389
固定电话长途通话时长	（万分钟）	10747	30718	30130	32155	31749	30968	106582
移动电话长途通话时长	（万分钟）	14080	20045	26689	36582	49909	84585	97903
IP电话通话时长	（万分钟）	14918	18494	14579	14184	13472	11784	48608
移动短信业务量	（万条）	102332	149723	200038	260117	360935	622285	192503
移动电话年末用户	（户）	640323	843349	1071552	1373347	1789540	2750158	2940900
固定电话年末用户	（户）	1020965	1068670	1094301	1092373	1073919	1048169	1081379
城市电话用户	（户）	573830	312539	308824	301002	307878	301479	344939
#住宅电话用户		512494	275009	268625	259248	259336	250115	262605
农村电话用户	（户）	20637	689100	699442	694466	667191	646173	608407
#住宅电话用户		18818	673958	682190	677092	653462	627634	577266
邮政局所	（处）	165	167	162	150	152	149	155
邮路及农村投递路线总长度	（公里）	9426	9741	10066	10389	10592	11083	10943
长途光缆线路长度	（公里）	2066	2067	2136	2167	300	356	1472
长途电话交换机容量	（路端）	22120	22120	22120	22120	15000	44000	52756
局用交换机容量	（门）	1155196	1158997	1099131	1106107	1116208	1215318	1307878
用户交换机容量	（门）	14414	13030	21425	21018	17886	17614	109114
移动电话交换机容量	（线）	1301000	1708446	2556604	2832859	3481906	4808572	5118348
互联网宽带接入端口	（万个）							29

11—12 续表

		2009	2010	2011	2012	2013	2014	2015
邮电业务总量	（万元）	371144	366937	380746	457829	467983	496671	955831
函　件	（件）	7703678	8585290	11592020	9917800	11495277	11651899	17522500
特快专递	（件）	2498137	2174418	2121805	7565800	17915900	27428700	42027400
报刊杂志期发数	（份）	560531	567399	720419	523966	485445	1041797	691518
集邮业务	（枚）	4381498	4022494	4645906	4107543	4143460	4005730	4587816
固定电话长途通话时长	（万分钟）	28630	29810	11256	15427	8202	7512	6213
移动电话长途通话时长	（万分钟）	115466	146377	155060	53241	202560	458787	138411
IP 电话通话时长	（万分钟）	14699	17984	6285	4745	3660	885	275
移动短信业务量	（万条）	292835	273408	89854	14649	144893	147918	87978
移动电话年末用户	（户）	3201232	3635976	4288088	4524404	5208246	4928317	4622630
固定电话年末用户	（户）	1212166	1051680	1047378	1020490	959389	913964	885742
城市电话用户	（户）	324567	353756	363046	346178	375565	314577	334059
#住宅电话用户		246720	256230	247112	236356	271026	194073	40833
农村电话用户	（户）	596109	569022	576971	547779	531373	543595	512820
#住宅电话用户		549976	517656	502976	472194	453182	419529	425287
邮政局所	（处）	151	150	148	146	148	152	152
邮路及农村投递路线总长度	（公里）	11223	10759	10846	12357	12841	12583	12567
长途光缆线路长度	（公里）	766	1042	1828	462	3067	3918	1446
长途电话交换机容量	（路端）	45396	44000	44000	44000	78480	88000	127700
局用交换机容量	（门）	1151371	1151677	1099836	1099836	2047948	2017800	740179
用户交换机容量	（门）	70149	18614	18614	18614	1207151	4857687	5513356
移动电话交换机容量	（线）	7580000	5850000	5700000	4500000	6491000	7464200	6164200
互联网宽带接入端口	（万个）	33	64	109	75	111	148	225

注：1、函件包括国内、国际业务，不含邮送广告。2、邮政业务总量含零售，不含速递和邮储银行业务收入。3、从 2012 年特快专递数据含民营快递业务量。4、从 2002 年起，邮政局所数统计口径为邮政营销网点，含邮政局所和邮政代办点。5、固定电话年末用户包括公用电话用户。6、长途电话交换机容量在 2006 年底口径变动。

主要指标解释

铁路营业里程 指办理客货运输业务的铁路正线总长度。凡是全线或部分建成双线及以上的线路,以第一线的实际长度计算;复线、站线、段管线、岔线和特别用途线以及不计算运费联络线都不计算营业里程。铁路营业里程是反映铁路运输业基础设施发展水平的重要指标,也是计算客货周转量、运输密度和机车车辆运用效率等指标的基础资料。

公路里程 也称"公路通车里程",是反映公路建设发展规模的重要指标,也是计算运输网密度等指标的基础资料;是指实际达到交通部制定的公路工程技术标准规定的等级的公路长度。它包括大中城市的郊区公路以及通过小城镇街道的公路里程,也包括桥梁、渡口的长度,但不包括城市的街道以及厂矿、林区和农业生产用道的里程,两条或多条公路共同经由同一路段,只计算一次,不得重复计算里程长度。

内河航道里程 也称"内河通航里程",是反映内河水运网规模、水平和发展情况的主要指标;是指在枯水季节深0.3米及以上,能通航运输船舶及排筏的天然河流、湖泊水库、运河及通航渠道的长度。包括全年季节性通航累计三个月以上的航道,但不包括仅供零散流放竹、木排的河道。

货(客)运量 指运输业实际运送的货物(旅客)数量。货运按吨计算,货物不论运输距离长短,货物类别,均按实际重量统计。客运按人计算,半价票、小孩票也按一人统计。

货物(旅客)周转量 指运输业运送的货物(旅客)数量与其相应运输距离的乘积之总和。通常以吨公里和人公里为计算单位。计算货物周转量通常按发出站与到达站之间的最短距离,也就是计费距离计算。

沿海主要港口货物吞吐量 指由水运进出沿海主要港区范围,并经过装卸的货物数量,包括邮件及办理托运手续的行李、包裹以及补给运输船舶的燃、物料和淡水。其计量单位为吨。货物吞吐量的货种分类及其主要流向流量,反映了港口在国内外物资交流和对外贸易运输中的地位和作用。吞吐量可分为进口、出口,又可分为国内贸易和对外贸易。

邮电业务总量 指以货币表现的邮电部门用于传递信息和其他邮电服务的总量。它综合反映了一定时期邮电工作的成果,是研究邮电业务量构成和发展趋势的重要指标。它用各种邮电分类业务量,如函件件数、电报份数、长话张数、市内电话和农村电话的年均户数、订销报刊累计份数等,分别乘以相应的平均单价(不变价)、加总后再加上出租电路和设备的收入、代用户维护电话交换机和线路等设备的收入、其他业务收入求得。

移动电话用户 指在电信运营企业营业网点办理开户登记手续,通过移动电话交换机进入移动电话网,占用移动电话号码的各类电话用户。包括GSM数字移动电话用户、CDMA数字移动电话用户和电信运营企业发行的报告期末已激活充值的能异地漫游的各种智能卡用户。

互联网上网人数 指平均每周使用互联网至少1小时的6周岁以上中国公民人数。

固定电话用户 指在电信运营企业营业网点办理开户登记手续并已接入固定电话网上的全部电话用户。包括普通电话用户、公用电话用户、窄带综合业务数字网(N-ISDN)用户、智能网专用接入终端用户等。按行政区划分为城市电话用户和农村电话用户。1997年以前,"市内电话用户"是指接入县城及县以上城市的电话网上的电话用户;"农村电话用户"是指接入县邮电局农话台及县以下农村电话交换点,以县城为中心(除市话用户外)联通县、乡(镇)、行政村、村民小组的用户。从1997年起,电话用户数分组调整为以用户所在区域划分为"城市电话用户"和"乡村电话用户",与过去的按市内电话和农村电话划分方法不同。而电话用户总数、电话机总部数统计范围不变。

城市电话用户 指按行政区划属于中央直辖市、省辖市、地级市、县级市的市区、市郊区及县城区范围内的电话用户。包括分布在农村地区县团级以上建制的独立工矿区、林区、驻军等电话用户。

农村电话用户 指按行政区划属于城市范围以外的乡(镇)、村的电话用户。

住宅电话用户 指私人付费或安装在居民住宅并按照私人或住宅电话用户登记注册和收费的各类电话用户。包括私人付费、单位付费和按规定免费安装的住宅电话用户。

长途电话交换机容量 指用于接入长途电话网的电话交换机的设备额定容量,包括国际电话交换机容量。

局用交换机容量 指安装在电信运营企业内用于接续本地固定电话的电话交换机容量,包括现用和备用的人工或自动交换机的全部容量。不包括用户交换机容量。

移动电话交换机容量 指移动电话交换机根据一定话务模型和交换机处理能力计算出来的最大同时服务用户的数量。

互联网宽带接入端口 指用于接入互联网用户的各类实际安装运行的宽带接入端口的数量,包括xDSL用户接入端口、LAN接入端口以及其他类型宽带用户接入端口等,不包括窄带拨号接入端口。

第十二篇

批发零售与住宿餐饮业

12—1 主要年份全国、全省、全市社会消费品零售总额及指数

单位：亿元

年份	全国		全省		漳州	
	绝对数	指数（上年为100）	绝对数	指数（上年为100）	绝对数	指数（上年为100）
1978	1558.6		30.56		4.18	112.7
1979	1800.0	86.6	35.92	117.5	5.18	123.9
1980	2140.0	118.9	45.47	126.6	5.98	115.6
1981	2350.0	109.8	51.47	113.2	6.62	110.7
1982	2570.0	109.4	56.77	110.3	7.35	111.0
1983	2849.4	110.9	62.59	110.3	8.14	110.7
1984	3376.4	118.5	74.50	119.0	9.06	111.3
1985	4305.0	127.5	96.04	128.9	11.24	124.0
1986	4950.0	115.0	109.07	113.6	12.66	112.6
1987	5820.0	117.6	126.06	115.6	14.98	118.3
1988	7440.0	127.8	173.74	137.8	20.18	134.7
1989	8101.4	108.9	202.30	116.4	25.59	126.8
1990	8300.1	102.5	207.74	102.7	25.92	101.3
1991	9415.6	113.4	230.99	111.2	27.08	104.5
1992	10993.7	116.8	289.38	125.3	31.11	114.9
1993	14270.4	129.8	374.10	129.3	39.55	127.1
1994	18622.9	130.5	504.66	134.9	51.24	129.5
1995	23613.8	126.8	645.47	127.9	67.63	132.0
1996	28360.2	120.1	801.67	124.2	82.83	122.5
1997	31252.9	110.2	950.78	118.6	98.02	118.3
1998	33378.1	106.8	1089.59	114.6	115.24	117.6
1999	35647.9	106.8	1198.55	110.0	128.94	111.9
2000	39105.7	109.7	1320.80	110.2	143.42	111.2
2001	43055.4	110.1	1442.32	109.2	156.41	109.1
2002	48135.9	111.8	1593.76	110.5	170.47	109.0
2003	52516.3	109.1	1797.76	112.8	185.64	108.9
2004	59501.0	113.3	2062.03	114.7	205.74	110.8
2005	68352.6	114.9	2351.72	114.0	226.54	110.1
2006	79145.2	115.8	2717.62	115.6	250.77	110.7
2007	93571.6	118.2	3212.34	118.2	289.08	115.3
2008	114830.1	122.7	3866.69	120.4	342.75	118.6
2009	132678.4	115.5	4480.99	115.9	388.22	113.3
2010	156998.4	118.3	5310.03	118.5	431.15	111.1
2011	183918.6	117.1	6276.19	118.2	493.54	114.5
2012	210307.0	114.3	7256.54	115.6	546.35	110.7
2013	242842.8	115.5	8275.34	114.0	617.85	113.1
2014	271896.1	112.0	9346.74	112.9	692.20	112.0
2015	300930.8	110.7	10505.93	112.4	776.99	112.2

注:本表根据2013年第二次全国经济普查数据,对2009年及以后年份进行调整。

12—2 主要年份按行业分社会消费品零售总额

单位：万元

年份	社会消费品零售总额	批发零售业	住宿和餐饮业	其他行业
1952	5592			
1957	17689			
1962	19023			
1965	21866	23832	1168	137
1970	21619			
1975	30929	34879	1062	961
1978	41784			
1979	51760			
1980	59838	64155	1627	1568
1981	66225			
1982	73542			
1983	81423			
1984	90627	71108	3028	2566
1985	112416	84593	3887	6050
1986	126610	94460	4299	5718
1987	149826			
1988	201797	148083	7481	5758
1989	255908			
1990	259156	228997	10570	9773
1991	270820	246548	11741	9607
1992	311147	283912	19292	7943
1993	395505	366317	18120	11068
1994	512370	454007	40113	18250
1995	676349	610634	42500	23215
1996	828321	747591	59367	21363
1997	980220	885045	70563	24612
1998	1152382	1024754	101952	25676
1999	1289390	1128187	135529	25674
2000	1434175	1248373	155896	29906
2001	1564148	1355450	174167	34531
2002	1704714	1476605	190282	37827
2003	1856434	1609648	203042	43744
2004	2057408	1786216	236483	34709
2005	2265422	1994067	239172	32183
2006	2507712	2211809	260011	35892
2007	2890767	2546522	303812	40433
2008	3427497	3004781	372124	50592
2009	3882237	3408753	400800	72684
2010	4311474	3819966	491508	
2011	4935443	4356399	579044	
2012	5463508	4799109	664399	
2013	6178457	5427276	751180	
2014	6921977	6080605	841372	
2015	7769894	6698543	1071351	

注:1.1992 年以前社会消费品零售总额含制造业零售额,总额与其中项不等;2.本表根据 2013 年第三次全国经济普查数据,对 2009 年及以后年份进行调整。

12—3 主要年份按行业分社会消费品零售总额指数

以上年为100

年 份	社会消费品零售总额	批发零售业	住宿和餐饮业	其他行业
1991	104.5	107.7	111.1	98.3
1992	114.9	115.2	164.3	82.7
1993	127.1	129.0	93.9	139.3
1994	129.5	123.9	221.4	164.9
1995	132.0	134.5	106.0	127.2
1996	122.5	122.4	139.7	92.0
1997	118.3	118.4	118.9	115.2
1998	117.6	115.8	144.5	104.3
1999	111.9	110.1	132.9	100.0
2000	111.2	110.7	115.0	116.5
2001	109.1	108.6	111.7	115.5
2002	109.0	108.9	109.3	109.5
2003	108.9	109.0	106.7	115.6
2004	110.8	111.0	116.5	79.3
2005	110.1	111.6	101.1	92.7
2006	110.7	110.9	108.7	111.5
2007	115.3	115.1	116.8	112.7
2008	118.6	118.0	122.5	125.1
2009	113.3	113.4	107.7	143.7
2010	111.1	112.1	122.6	
2011	114.5	114.0	117.8	
2012	110.7	110.2	114.7	
2013	113.1	113.1	113.1	
2014	112.0	112.0	112.0	
2015	112.2	110.2	127.3	

注:本表根据2013年第三次全国经济普查数据,对2009年及以后年份进行调整。

12—4 限额以上批发零售法人企业

	法人企业数（个）	从业人员期末人数（人）	商品购进额	进口	商品销售额	其中：通过公共网络实现的销售额
总　计	**786**	**29488**	**6965034**	**117574**	**8157758**	**63932**
一、批发业	**280**	**9914**	**5241835**	**100846**	**5745390**	**44522**
农、林、牧产品批发	21	505	99849	14305	105365	16519
谷物、豆及薯类批发	1	57	13182		8170	
饲料批发	9	151	26532		31528	
林业产品批发	4	136	24441	14305	27257	16519
牲畜批发	1	15	3366		3559	
其他农牧产品批发	6	146	32329		34852	
食品、饮料及烟草制品批发	83	4209	1781142	62755	2101711	13970
米、面制品及食用油批发	10	305	72309		69480	
糕点、糖果及糖批发	2	33	3789		4144	
果品、蔬菜批发	44	2178	767796	62581	864083	13970
肉、禽、蛋、奶及水产品批发	7	205	86830		100552	
盐及调味品批发	1	106	10937		10939	
酒、饮料及茶叶批发	13	1065	209889	174	217680	
烟草制品批发	1	129	551090		751748	
其他食品批发	5	188	78502		83085	
纺织、服装及家庭用品批发	14	324	64395	3	68798	
纺织品、针织品及原料批发	1	49	2288		2156	
服装批发	1	13	1230		2461	
鞋帽批发	1	5	5424		5538	
家用电器批发	5	170	33708		35483	
其他家庭用品批发	6	87	21745	3	23160	
文化、体育用品及器材批发	6	116	51732	602	62974	
图书批发	1	56	2127		4301	
首饰、工艺品及收藏品批发	1	9	1149		1394	
其他文化用品批发	4	51	48457	602	57279	
医药及医疗器材批发	16	1187	289660		317224	2271
西药批发	9	632	140222		155549	2271
中药批发	7	555	149438		161675	
矿产品、建材及化工产品批发	103	2751	2682764	11670	2787935	9104
煤炭及制品批发	3	38	13583		13678	
石油及制品批发	10	173	935822	5980	960290	
非金属矿及制品批发	3	42	11489	1010	12192	
金属及金属矿批发	28	608	849868		879922	9100
建材批发	29	861	740666	4071	781517	
化肥批发	14	560	68656		72308	
农药批发	4	131	20901		21834	
其他化工产品批发	12	338	41781	608	46194	4
机械设备、五金产品及电子产品批发	18	487	63498		68136	
农业机械批发	2	13	5193		5490	
汽车批发	8	275	17162		18166	
汽车零配件批发	2	45	7872		8638	
五金产品批发	2	26	7162		7564	
通讯及广播电视设备批发	2	29	13625		14221	
其他机械设备及电子产品批发	2	99	12485		14058	

商品购进、销售和库存综合表

单位：万元

其中:通过非自营平台实现的商品销售额	其中:使用银行卡支付的商品销售额	批发额	出　口	零售额	其中：通过公共网络实现的零售额	其中：通过非自营平台实现的零售额	期末商品库存额	年末零售营业面积(平方米)
28776	**996235**	**5561173**	**178218**	**2596586**	**20577**	**11950**	**438011**	**1393980**
18823	**581044**	**5431077**	**178083**	**314313**	**2847**	**2843**	**291854**	**333683**
	5170	99279	15481	6087			69998	141623
		8170					66755	
	114	30500		1028			870	1840
		24903	4818	2354			1005	575
		3559						
	5056	32147	10663	2705			1368	139208
13893	511999	1877955	124529	223756	830	830	94546	76056
		61381		8099			21986	6090
		4144					403	
13893	503281	729930	68182	134153	830	830	16067	33458
	257	57633		42919			2671	2316
	5950	10939					117	2457
	2510	179217		38463			23831	31435
		751748					27440	
		82962	56347	122			2032	300
	2855	50216	26565	18581			7244	2495
		2156					218	
		1628		832			140	100
		5538	5538					
	2855	19389		16094			6731	2125
		21504	21027	1655			156	270
	1394	54838	1394	8136			4233	180
		4172		129			4232	180
	1394	1394	1394					
		49272		8007			1	
2271	11615	310444		6780			17489	20375
2271	11615	148926		6623			7965	18374
		161518		157			9525	2001
	39453	2757826	2422	30109	4		86310	73191
		11918		1761			552	3000
	134	951575		8715			6354	8044
	3265	10906		1287			1146	12528
	13730	873031	2132	6891			17190	8648
	19861	775519	290	5998			46212	34368
		68556		3752			9381	4230
	2055	21724		111			2157	1740
	408	44599		1596	4		3319	633
	8559	62716		5420			4910	17913
		3565		1925			98	260
	8559	16375		1791			2776	16685
		8541		97			746	500
		7564					361	80
		12614		1608			773	388
		14058					155	

12—4 续表1

	法人企业数（个）	从业人员期末人数（人）	商品购进额	进口	商品销售额	其中：通过公共网络实现的销售额
贸易经纪与代理	1	7	11511	11511	12930	
贸易代理	1	7	11511	11511	12930	
其他批发	18	328	197284		220317	2659
再生物资回收与批发	12	214	129173		141695	
其他未列明批发业	6	114	68112		78622	2659
内资企业	276	9617	4915769	100846	5412807	44522
国有企业	11	615	902990	25816	1109990	16519
集体企业	5	151	16176		16836	
有限责任公司	108	3879	2210171	65531	2379633	11447
国有独资公司	4	253	272700	62272	275535	2271
其他有限责任公司	104	3626	1937471	3259	2104098	9177
股份有限公司	2	110	68803		75267	
私营企业	150	4862	1717629	9500	1831082	16556
私营独资企业	4	83	7789		8219	
私营合伙企业	1	65	2231		2826	
私营有限责任公司	145	4714	1707609	9500	1820036	16556
港、澳、台商投资企业	3	286	271953		276044	
与港澳台商合资经营企业	1	21	14020		13431	
港澳台商独资企业	2	265	257933		262613	
外商投资企业	1	11	54114		56538	
中外合资经营企业	1	11	54114		56538	
国有控股	25	1323	2032321	90068	2278534	18789
集体控股	8	335	45363		46561	
私人控股	229	7398	2713862	9768	2934893	25733
港澳台商控股	2	265	257933		262613	
外商控股	1	202	9141		15098	
其　他	15	391	183216	1010	207691	
独立门店	165	5319	2175226	8679	2362424	3566
连锁总店	5	785	80122		78323	4
连锁门店	1	32	6289		6596	
其　他	109	3778	2980199	92167	3298047	40952
大　型	1	457	58639		55095	
中　型	69	4474	2749785	84582	3068625	40952
小　型	190	4790	2074327	16261	2255135	3570
微　型	20	193	359085	3	366535	
二、零售业	**506**	**19574**	**1723198**	**16728**	**2412369**	**19410**
综合零售	45	5856	248689	48	334347	
百货零售	15	1203	86040	48	138959	
超级市场零售	27	4581	158235		190741	
其他综合零售	3	72	4414		4647	
食品、饮料及烟草制品专门零售	114	3049	161474	607	200974	3673
粮油零售	6	72	10657	563	13007	563
糕点、面包零售	5	80	3720		4724	
果品、蔬菜零售	15	712	18030		24814	
肉、禽、蛋、奶及水产品零售	18	393	29984		36272	734

单位：万元

其中：通过非自营平台实现的商品销售额	其中：使用银行卡支付的商品销售额	批发额	出口	零售额	其中：通过公共网络实现的零售额	其中：通过非自营平台实现的零售额	期末商品库存额	年末零售营业面积（平方米）
		12930					98	
		12930					98	
2659		204873	7693	15444	2013	2013	7027	1850
		134010		7685			4262	1400
2659		70863	7693	7759	2013	2013	2765	450
18823	581044	5098494	178083	314313	2847	2843	289298	333683
	7344	1107945	21978	2045			104374	2585
		11766		5070			904	5290
2271	522554	2202025	95570	177609			98758	63431
2271		269005	31031	6531			25355	5802
	522554	1933020	64539	171078			73402	57629
		72427		2839			613	1831
16552	51146	1704332	60535	126750	2847	2843	84649	260546
	114	6524		1695			749	3240
		2826					622	
16552	51032	1694982	60535	125055	2847	2843	83279	257306
		276044					2556	
		13431					2258	
		262613					299	
		56538						
		56538						
2271	7344	2269958	53239	8575			168836	10887
		41491		5070			7626	5290
16552	563698	2637300	83803	297593	2847	2843	105948	312554
		262613					299	
		15061		37			650	1
	10002	204653	41042	3038			8495	4951
3489	542270	2171281	47451	191144	2843	2843	140665	118123
	6358	49829		28494	4		7544	24510
		6596					357	
15334	32416	3203371	130633	94676			143288	191050
		28172		26923			4366	21755
15334	33982	2977527	94579	91098			205402	48233
3489	546948	2059272	80115	195863	2847	2843	75178	259226
	114	366106	3390	429			6909	4469
9953	**415192**	**130096**	**135**	**2282273**	**17730**	**9106**	**146157**	**1060297**
	75465	748		333599			24811	247600
	30791			138959			8357	63504
	44674			190741			16099	181361
		748		3899			355	2735
2409	13036	11516		189458	3772	1808	10935	105854
				13007	563		527	5981
	2769			4724			123	4800
	3823	5348		19466			1240	29959
734	1370	2047		34225	734	13	1689	30662

12—4 续表 2

	法人企业数（个）	从业人员期末人数（人）	商品购进额	进口	商品销售额	其中：通过公共网络实现的销售额
营养和保健品零售	1	44	1782		2080	799
酒、饮料及茶叶零售	55	1349	83198	44	101365	324
烟草制品零售	1	84	5685		6194	
其他食品零售	13	315	8419		12518	1253
纺织、服装及日用品专门零售	38	1140	123606		156453	3426
纺织品及针织品零售	1	337	25299		28110	
服装零售	14	344	71506		96396	2422
鞋帽零售	1	38	1483		1484	
化妆品及卫生用品零售	4	85	5832		7032	647
箱、包零售	2	78	4122		4592	
厨房用具及日用杂品零售	2	39	2237		2379	11
自行车零售	1	7	513		662	
其他日用品零售	13	212	12616		15798	347
文化、体育用品及器材专门零售	14	298	23169	1526	29216	4767
体育用品及器材零售	1	24	1003		1207	
工艺美术品及收藏品零售	13	274	22166	1526	28010	4767
医药及医疗器材专门零售	16	980	40905		41054	
药品零售	15	952	39225		39285	
医疗用品及器材零售	1	28	1681		1769	
汽车、摩托车、燃料及零配件专门零售	158	5689	898748	14547	1374823	602
汽车零售	106	3210	693119	13975	738917	383
汽车零配件零售	5	62	5481		6217	
摩托车及零配件零售	12	191	11164	572	12246	156
机动车燃料零售	35	2226	188985		617444	63
家用电器及电子产品专门零售	50	1458	131927		167741	745
家用视听设备零售	8	97	14158		14239	
日用家电设备零售	26	1009	91048		122328	332
计算机、软件及辅助设备零售	10	164	22188		26226	413
通信设备零售	5	73	3211		3446	
其他电子产品零售	1	115	1321		1502	
五金、家具及室内装饰材料专门零售	57	835	73473		80629	891
五金零售	16	187	15769		17207	621
灯具零售	1	4	525		654	
家具零售	21	399	33018		34694	1
涂料零售	2	9	1458		1587	
卫生洁具零售	1	20	1735		2106	
木质装饰材料零售	1	13	389		639	
陶瓷、石材装饰材料零售	11	168	11608		14104	268
其他室内装饰材料零售	4	35	8970		9640	
货摊、无店铺及其他零售业	14	269	21207		27132	5306
互联网零售	7	117	9990		13068	5172
生活用燃料零售	3	49	3341		3813	
其他未列明零售业	4	103	7877		10252	134
内资企业	497	17295	1668106	16728	1961644	19399
国有企业	2	59	4790		4919	

单位：万元

其中:通过非自营平台实现的商品销售额	其中:使用银行卡支付的商品销售额	批发额	出口	零售额	其中:通过公共网络实现的零售额	其中:通过非自营平台实现的零售额	期末商品库存额	年末零售营业面积(平方米)
799	2080			2080	799	799	433	200
324	1065	3587		97778	324	324	4829	18240
				6194			1439	1209
551	1928	535		11983	1352	672	655	14803
135	86277	7449		149004	2294		9573	35352
				28110			320	4000
	84700	171		96225	1918		3117	4359
				1484			19	760
	544	84		6948	19		653	1363
		2126		2466			33	1040
11	533	533		1847	11		57	330
				662			10	800
124	501	4536		11263	347		5364	22700
2604	2041	2963		26253	4767	2604	1879	22152
		1148		58			13	4000
2604	2041	1815		26195	4767	2604	1866	18152
	2415	1278		39776			6767	21809
	2415	1278		38007			6510	21689
				1769			257	120
259	192268	70353		1304470	682	169	63304	466044
90	188774	9346		729571	273		54876	218676
		1059		5158	189		264	3045
156	326	523		11723	156	156	2681	6381
13	3169	59426		558018	63	13	5483	237942
	35998	25691		142050	27		14907	62350
		465		13774			932	1737
	34827	12960		109368	27		12959	56542
	695	11779		14447			513	1571
	475	487		2959			473	1700
				1502			30	800
386	1257	2914		77715	891	386	6309	66000
386		1107		16100	621	386	1428	6261
	587			654			12	100
	533	1671		33022	1		3049	45387
		91		1496			304	500
				2106			102	300
				639			37	220
	137			14104	268		758	10162
		45		9595			619	3070
4161	6436	7185	135	19947	5298	4139	7673	33136
4161	6284	7050		6018	5163	4139	840	2290
				3813			108	13184
	152	135	135	10117	134		6724	17662
9942	372565	87069	135	1874575	17719	9106	141172	884905
				4919			349	2648

12—4 续表3

	法人企业数（个）	从业人员期末人数（人）	商品购进额	进口	商品销售额	其中：通过公共网络实现的销售额
集体企业	6	113	8777	56	9215	
股份合作企业	1	11	1092		1091	
有限责任公司	155	6872	451710	48	553089	6858
国有独资公司	2	148	25314		26043	
其他有限责任公司	153	6724	426397	48	527046	6858
股份有限公司	4	531	101798		164146	
私营企业	320	9002	1066312	16623	1188324	12541
私营独资企业	36	481	42152		46481	
私营合伙企业	2	24	832		1139	156
私营有限责任公司	277	8407	1009403	16623	1125814	11840
私营股份有限公司	5	90	13925		14889	545
其他企业	9	707	33628		40862	
港、澳、台商投资企业	3	784	29808		37828	11
港澳台商独资企业	3	784	29808		37828	11
外商投资企业	6	1495	25285		412897	
中外合资经营企业	2	1378	14948		375480	
外资企业	4	117	10337		37417	
国有控股	15	1144	179213	48	260491	4907
集体控股	8	294	15658	56	20973	
私人控股	450	12723	1328509	16623	1480781	14492
港澳台商控股	4	1921	29808		397277	11
外商控股	5	358	25285		53448	
其　他	24	3134	144726		199399	
独立门店	413	9978	1274206	16221	1462197	11521
连锁总店	31	6934	325203		776033	27
连锁门店	7	730	35864		62620	
其　他	55	1932	87925	506	111519	7861
大　型	7	3750	261145		338363	
中　型	59	7691	661850	13376	729852	4864
小　型	285	6053	609838	2146	734252	9780
微　型	155	2080	190365	1205	609902	4766
有店铺零售	481	18568	1669247	14695	2348736	6860
食杂店	3	47	5899	44	6847	
便利店	2	141	19192		18741	
超　市	25	1536	37403		41333	
大型超市	9	2560	108016		155948	
百货店	27	2255	105892	104	142786	
专业店	246	7332	692326	572	1206665	5263
专卖店	135	4003	653506	13975	724870	413
家居建材商店	14	174	18564		20317	
购物中心	1	28	493		733	
厂家直销中心	19	492	27958		30497	1185
无店铺零售	25	1006	53951	2032	63633	12549
网上商店	18	498	17106	2032	22070	11616
电话购物	1	80	6881		8472	

单位：万元

其中:通过非自营平台实现的商品销售额	其中:使用银行卡支付的商品销售额	批发额	出口	零售额	其中:通过公共网络实现的零售额	其中:通过非自营平台实现的零售额	期末商品库存额	年末零售营业面积（平方米）
		748		8467			481	14848
				1091			25	2500
5044	75548	17752	135	535336	6187	4920	45931	296378
				26043			1631	630
5044	75548	17752	135	509293	6187	4920	44300	295748
		20398		143748			4902	75990
4898	297018	45439		1142885	11532	4186	88475	485906
	501	2195		44286			3539	48358
156	326			1139	156	156	123	6160
4742	291395	43234		1082580	11375	4030	84401	429554
	4796	11		14879	1		413	1834
		2732		38130			1009	6635
11	14751	533		37296	11		363	12300
11	14751	533		37296	11		363	12300
	27875	42494		370402			4623	163092
	10088	42494		332986			3809	129696
	17788			37417			814	33396
4907	14682	25104		235387	4907	4907	8454	96647
		1444		19529			481	15148
5035	319353	57767		1423014	12812	4199	113687	652015
11	14751	43027		354250	11		2504	130145
	27875			53448			2481	45247
	38530	2755	135	196645			18550	121095
4371	336806	51757		1410440	9926	3648	95360	528064
	29181	60174		715859	27		30746	365036
	37761	1059		61561			4354	44135
5582	11443	17107	135	94413	7777	5458	15698	123062
	67931	14202		324161			12519	141239
4108	122424	14597	135	715255	4864	4108	70118	250873
3911	215693	44123		690129	9028	3898	50705	420379
1933	9144	57173		552728	3838	1101	12816	247806
2077	402463	121915	135	2226821	6237	1252	143193	1047286
	1370	335		6513			248	1605
	739			18741			1449	2120
	987	1837		39496			4295	41531
	45678			155948			9265	121550
	28673	1278		141508			11502	94979
1129	177108	100733	135	1105932	4588	182	65898	493433
	136174	15539		709332	465	121	46426	220862
		117		20200			1429	10546
				733			43	6400
949	11735	2077		28420	1185	949	2637	54260
7876	12729	8181		55452	11493	7854	2964	13011
7077	10562	7387		14683	10560	7055	1778	5046
		390		8082				

12—5 限额以上批发零售产业活动单位

	产业活动单位（个体户）单位数	从业人员期末人数（人）	商品购进额	进口
总　　计	**171**	**2692**	**364156**	
一、批发业	**9**	**97**	**35130**	
1、按批发行业小类分				
农、林、牧产品批发	2	7	6433	
饲料批发	2	7	6433	
食品、饮料及烟草制品批发	1	15	7877	
果品、蔬菜批发	1	15	7877	
矿产品、建材及化工产品批发	5	57	18772	
建材批发	3	28	13545	
化肥批发	2	29	5227	
机械设备、五金产品及电子产品批发	1	18	2049	
其他机械设备及电子产品批发	1	18	2049	
2、按登记注册类型分				
个体经营	9	97	35130	
个体户	9	97	35130	
3、按经营形式分				
独立门店	9	97	35130	
二、零售业	**162**	**2595**	**329026**	
1、按零售行业小类分				
综合零售	39	634	70611	
百货零售	8	147	24825	
超级市场零售	23	435	37374	
其他综合零售	8	52	8412	
食品、饮料及烟草制品专门零售	44	642	85982	
粮油零售	1	11	561	
糕点、面包零售	1	4	1512	
果品、蔬菜零售	1	6	681	
肉、禽、蛋、奶及水产品零售	10	185	29226	
酒、饮料及茶叶零售	24	371	37935	
其他食品零售	7	65	16067	
纺织、服装及日用品专门零售	6	42	9369	
纺织品及针织品零售	1	8	480	
服装零售	3	19	3875	
其他日用品零售	2	15	5014	
文化、体育用品及器材专门零售	5	54	7183	
体育用品及器材零售	1	9	933	
图书、报刊零售	1	13	1045	
珠宝首饰零售	2	28	3935	
工艺美术品及收藏品零售	1	4	1270	
医药及医疗器材专门零售	1	10	379	
药品零售	1	10	379	

(个体户)商品购进、销售和库存综合表

单位：万元

商品销售额	其中:使用银行卡支付的商品销售额	批发额	出口	零售额	期末商品库存额	年末零售营业面积(平方米)
400905	**3835**	**33613**		**367292**	**16227**	**211142**
37611	**2015**	**26786**		**10825**	**1925**	**1043**
6851		4136		2715	32	190
6851		4136		2715	32	190
8194		8194				
8194		8194				
20316	2015	12205		8111	993	853
13895		7328		6566	201	660
6421	2015	4877		1544	792	193
2251		2251			901	
2251		2251			901	
37611	2015	26786		10825	1925	1043
37611	2015	26786		10825	1925	1043
37611	2015	26786		10825	1925	1043
363294	**1820**	**6827**		**356467**	**14302**	**210099**
76940	63			76940	4508	28955
26490				26490	1001	5517
41002				41002	3132	20033
9449	63			9449	375	3405
101906	471			101906	3107	13870
603				603	58	1800
2325				2325		56
873				873	38	500
32324				32324	669	2682
48677	163			48677	1296	7070
17103	308			17103	1046	1762
9759	601	588		9172	217	1070
587		176		411	78	150
4156	601	412		3745	51	510
5016				5016	88	410
7489				7489	265	1710
961				961	37	320
1227				1227	9	125
4022				4022	179	1180
1280				1280	41	85
505				505	37	200
505				505	37	200

12—5 续表

	产业活动单位（个体户）单位数	从业人员期末人数（人）	商品购进额	进口
汽车、摩托车、燃料及零配件专门零售	9	164	25110	
摩托车及零配件零售	4	19	4737	
机动车燃料零售	5	145	20372	
家用电器及电子产品专门零售	16	99	26651	
家用视听设备零售	1	5	1452	
日用家电设备零售	13	75	22631	
通信设备零售	2	19	2568	
五金、家具及室内装饰材料专门零售	39	405	94396	
五金零售	1	4	2753	
灯具零售	2	10	4745	
家具零售	15	133	24208	
涂料零售	1	8	3611	
卫生洁具零售	2	11	2960	
陶瓷、石材装饰材料零售	5	37	7532	
其他室内装饰材料零售	13	202	48588	
货摊、无店铺及其他零售	3	545	9346	
其他未列明的零售业	3	545	9346	
2、按登记注册类型分				
内资企业	12	977	53068	
有限责任公司	4	392	23045	
其他有限责任公司	4	392	23045	
私营企业	8	585	30023	
私营独资企业	1	33	7235	
私营有限责任公司	7	552	22787	
个体经营	150	1618	275958	
个体户	150	1618	275958	
3、按经营形式分				
独立门店	154	2285	292534	
连锁总店	2	123	13729	
连锁门店	4	47	3137	
其　他	2	140	19626	
4、按零售业态分				
有店铺零售	162	2595	329026	
食杂店	9	62	15379	
便利店	5	34	4297	
超　市	34	603	68400	
百货店	4	36	6834	
专业店	65	644	125626	
专卖店	26	502	57669	
家居建材商店	16	206	41264	
购物中心	1	11	3814	
厂家直销中心	2	497	5744	

单位：万元

商品销售额	其中:使用银行卡支付的商品销售额	批发额	出口	零售额	期末商品库存额	年末零售营业面积（平方米）
27174				27174	550	127231
4948				4948	166	760
22226				22226	384	126471
27220				27220	1399	5135
1552				1552	160	180
22861				22861	1081	4515
2807				2807	158	440
98869	685	6240		92630	3841	28318
2750				2750	41	170
4897		1054		3843	345	350
24950	685	704		24246	1122	16570
3792				3792	23	260
3297				3297	243	440
8031		1702		6329	480	2970
51152		2779		48373	1588	7558
13432				13432	379	3610
13432				13432	379	3610
68853				68853	749	131669
27050				27050	556	127903
27050				27050	556	127903
41803				41803	194	3766
10336				10336	26	860
31467				31467	168	2906
294441	1820	6827		287614	13553	78430
294441	1820	6827		287614	13553	78430
321795	1820	6827		314968	13491	81000
15775				15775	157	1110
4110				4110	165	3536
21614				21614	489	124453
363294	1820	6827		356467	14302	210099
16757				16757	1134	2085
4944	63			4944	224	4000
73832				73832	4473	26630
7261				7261	252	1730
134333	1757	6067		128266	4757	144620
68855				68855	1401	10276
43932		760		43171	1915	17208
3807				3807	56	260
9573				9573	91	3290

12—6 重要商品购进、销售和库存

商品名称	单位	购进量		销售量		期末库存量		批发业单位数	零售业单位数
		2015	2014	2015	2014	2015	2014		
大米(稻米)	千克	45942357	36675400	50185083	40054907	35073159	38585634	2	40
白面(小麦面)	千克	12659780	12265170	12077394	11947392	670785	651709		19
杂 粮	千克	2556939	2081661	2553687	2076084	1391985	1393356		19
食用植物油	千克	24365695	20328325	24775400	21491769	7282295	7871846	6	36
猪 肉	千克	3484495	5814463	3486914	5815671	7822	18188	1	23
牛 肉	千克	70328	62026	69989	62328	353	226		8
羊 肉	千克	39078	30252	38999	30200	117	89		10
禽 肉	千克	315100	284939	311434	281054	4271	3984		8
鲜 蛋	千克	1435562	1290521	1423356	1303112	15336	6807	1	26
彩色电视机	台	68685	55674	67846	55097	5911	5666	4	32
家用电冰箱	台	179904	158291	173224	159314	15257	11040	5	36
房间空调器	台	113468	85975	108680	89284	16496	12676	6	30
电脑(微型计算机)	台	48236	30925	47744	30286	1395	1496		15
汽 车	辆	138641	77385	139075	83800	7766	10966	8	104
轿 车	辆	44655	56945	45044	57194	2542	5759		63
钢 材	吨	7271038	8042403	7324887	7738162	276417	493312	29	
铜	吨	3610	4784	4491	5109	227	1108	1	
铝	吨	240		240					1
水 泥	吨	483245	642079	452403	655928	44692	33652		8
化学肥料	吨	309640	261461	305011	246950	52887	49328	14	1
化学农药	吨	11657	7508	11106	7011	1681	1321	9	

注:本表数据为快报定案数。

12—7 限额以上批发和零售业商品销售分类情况(法人)

单位：万元

	批发业		零售业	
	销售额	零售额	销售额	零售额
总　计	**5666127**	**326372**	**2778423**	**2674979**
其中:通过公共网络实现的商品销售额	392195	10	14003	13785
1、粮油、食品类	1117372	193778	275972	272046
其中:粮油类	99100	11645	73158	72812
肉禽蛋类	10049	4815	38812	37762
水产品类	24215	5299	54975	54585
蔬菜类	261044	50200	29682	27539
干鲜果品类	484275	84766	31427	31404
2、饮料类	58349	20091	155357	153648
3、烟酒类	915355	17357	85179	84683
4、服装、鞋帽、针纺织品类	32661	2680	164770	164770
服装类	9143	2119	107816	107816
鞋帽类	18455	538	47662	47662
针纺织品类	5064	23	9291	9291
5、化妆品类	875	47	27518	24318
6、金银珠宝类			15995	15995
7、日用品类	10284	1316	79836	76432
其中:儿童玩具类	14	12	7989	7987
8、五金、电料类	16518	1913	30174	29178
9、体育、娱乐用品类	4710	865	8818	7669
其中:照相机类			79	79
10、书报杂志类	4173	129	1589	1589
11、电子出版物及音像制品类			634	634
12、家用电器和音像器材类	41567	18608	169905	165037
13、中西药品类	311967	3456	36479	36479
其中:西药类	177303	1879	22979	22979
中草药及中成药类	108337	1567	11564	11564
14、文化办公用品类	36458	2590	38144	26231
其中:计算机及其配套产品	4078	1428	685	543
15、家具类	20620	1044	59391	59274
16、通讯器材类	10804		9663	9116
17、煤炭及制品类	67218	1761		
18、木材及制品类	93656		210	
19、石油及制品类	732360	8715	644501	590286
20、化工材料及制品类	133989		748	
其中:化肥类	64006		682	
21、金属材料类	925940		2041	
22、建筑及装潢材料类	594646	27244	92574	88579
23、机电产品及设备类	26223	1687	25324	24515
其中:农机类	3107			
24、汽车类	34252	5324	777970	769450
25、种子饲料类	82875			
26、棉麻类	331			
27、其他类	392923	17769	75634	75050

注:本表数据为快报定案数。

12—8 限额以上批

	法人企业数(个)	执行《2006年企业会计准则》企业数(个)	一、年初存货	流动资产合计	应收账款	存货
总计	**280**	**216**	**354405**	**3486909**	**600621**	**337982**
1、按国民经济行业分						
农、林、牧产品批发	21	17	76692	116402	14617	72838
谷物、豆及薯类批发	1	1	72710	74615		66758
饲料批发	9	9	977	6233	2894	930
林业产品批发	4	4	2081	20158	2348	1144
牲畜批发	1	1		136	96	
其他农牧产品批发	6	2	924	15261	9280	4006
食品、饮料及烟草制品批发	83	62	103617	535257	64879	109367
米、面制品及食用油批发	10	9	21835	38709	4415	22927
糕点、糖果及糖批发	2	2	390	2650	552	403
果品、蔬菜批发	44	33	14676	102738	31934	17447
肉、禽、蛋、奶及水产品批发	7	5	2067	12099	5251	1272
盐及调味品批发	1	1	118	2185	47	117
酒、饮料及茶叶批发	13	10	45904	148690	16036	41902
烟草制品批发	1		17497	215532	6	23459
其他食品批发	5	2	1130	12655	6640	1841
纺织、服装及家庭用品批发	14	12	7925	31259	6274	6739
纺织品、针织品及原料批发	1		75	1865	432	220
服装批发	1	1	20	632	401	231
鞋帽批发	1	1		716	123	
家用电器批发	5	5	7778	17283	2837	6229
其他家庭用品批发	6	5	53	10763	2481	59
文化、体育用品及器材批发	6	6	744	22269	1690	4512
图书批发	1	1	674	4187	-604	4232
首饰、工艺品及收藏品批发	1	1		34	2	
其他文化用品批发	4	4	70	18048	2292	280
医药及医疗器材批发	16	12	22314	119142	64824	18373
西药批发	9	7	13540	62571	31952	9066
中药批发	7	5	8774	56571	32872	9307
矿产品、建材及化工产品批发	103	76	133609	2425708	394708	112444
煤炭及制品批发	3	2	321	9741	4761	1955
石油及制品批发	10	9	9158	137092	12893	5843
非金属矿及制品批发	3	1	794	10837	3126	1126
金属及金属矿批发	28	23	24181	1827140	203336	16340
建材批发	29	21	79552	372721	161435	68233
化肥批发	14	10	9942	37213	3107	12023
农药批发	4	4	5669	7056	1500	3697
其他化工产品批发	12	6	3993	23909	4550	3230
机械设备、五金产品及电子产品批发	18	16	5377	31104	12928	7295
农业机械批发	2	2	175	2213	1797	318
汽车批发	8	8	3307	14705	1268	4934
汽车零配件批发	2		613	1305	221	684

发业财务状况

单位：万元

二、期末资产负债									
固定资产合计	固定资产原价	累计折旧	本年折旧	在建工程	资产总计	流动负债合计	应付账款	非流动负债合计	负债合计
164122	**239792**	**76312**	**11420**	**5330**	**5128329**	**2486565**	**247282**	**832898**	**3319673**
24100	33972	9872	1672	135	143736	112686	8512	285	112971
19653	27200	7548	1207	135	94890	76973			76973
1179	1713	534	86		9604	3667	1527	31	3698
1449	1837	388	22		21847	21234	2270	254	21487
217	255	38	13		352	43	24		43
1603	2968	1365	344		17043	10769	4692		10769
59483	96323	37292	4656	2310	667245	309490	65847	4306	314006
7804	10794	2991	362	226	50078	27200	3080	1887	29087
1005	1856	851	50		3924	1697	85		1697
10578	14154	3576	824	383	128619	91972	33219	1033	93004
443	732	289	65		12650	9037	4069	18	9055
919	1645	726	55	418	7665	1793	474	965	2757
24206	32593	8387	1206	558	212511	152990	18279	291	153281
11800	31211	19411	1952	726	235467	13584	553		13584
2729	3338	1061	142		16331	11219	6087	113	11541
3107	3892	785	128		37543	25596	7147	11	25607
51	132	81	16		1917	687	84		687
19	23	4	3		652	602	602		602
9	25	16	1		725	641	531		641
2663	3073	410	74		22557	15459	1003		15459
364	638	274	34		11693	8208	4927	11	8219
4	54	51	1		22285	18540	2136		18540
1	34	34	0		4189	3949	2127		3949
1	9	9	0		35	35	6		35
2	11	9	1		18061	14557	4		14557
4748	7068	2320	440	828	165121	104075	31154	10437	114512
1331	2583	1252	158	662	102161	48260	13775	10385	58645
3417	4485	1068	282	166	62960	55815	17380	52	55867
65814	89136	23498	4154	1665	3820695	1688692	102725	815069	2503762
1392	1707	315	13		12104	7836	4368	136	7972
6192	11431	5239	510	549	169689	104919	24386	400	105319
404	550	146	43	277	11948	9033	3155		9033
12672	18705	6209	1126	430	3008539	1177523	8942	789026	1966549
12250	15352	3102	824		455544	287266	44090	1254	288520
2531	3499	968	166	323	42738	30252	6389	485	30737
2445	3184	739	193		9986	3985	1682	20	4005
27927	34708	6781	1280	86	110148	67878	9712	23749	91627
4655	5657	1012	212	393	40731	28293	11656	2359	30652
308	342	34	17		2521	2231	2019		2231
1939	2548	620	66		21140	13124	594	946	14070
2080	2224	143	88	393	3801	1622	637	1313	2935

12—8 续表1

	二、期末资产负债(续)					
	所有者权益合计	实收资本	国家资本	集体资本	法人资本	个人资本
总　　计	**1808657**	**955795**	**464874**	**3468**	**292610**	**171532**
1、按国民经济行业分						
农、林、牧产品批发	30766	24095	329		17870	5896
谷物、豆及薯类批发	17917	14953			14953	
饲料批发	5906	5115			583	4532
林业产品批发	360	457	329		24	105
牲畜批发	310	300			300	
其他农牧产品批发	6274	3270			2010	1260
食品、饮料及烟草制品批发	353239	95877	16318	50	50799	28163
米、面制品及食用油批发	20992	9801	1270		350	8181
糕点、糖果及糖批发	2228	1807	1757			50
果品、蔬菜批发	35615	18386	4243	50	5693	7853
肉、禽、蛋、奶及水产品批发	3595	3442	50		120	3272
盐及调味品批发	4908	3466			3466	
酒、饮料及茶叶批发	59230	47938			39131	8807
烟草制品批发	221883	7997	7997			
其他食品批发	4790	3040	1000		2040	
纺织、服装及家庭用品批发	11935	10835			4027	6808
纺织品、针织品及原料批发	1229	1000				1000
服装批发	50	50				50
鞋帽批发	84	70			70	
家用电器批发	7099	6327			1745	4581
其他家庭用品批发	3473	3388			2212	1176
文化、体育用品及器材批发	3744	3283	17		1566	1700
图书批发	240	566			566	
首饰、工艺品及收藏品批发		17	17			
其他文化用品批发	3505	2700			1000	1700
医药及医疗器材批发	50609	22784	8074		10147	4563
西药批发	43516	14365	7309		4396	2660
中药批发	7094	8419	765		5751	1903
矿产品、建材及化工产品批发	1316934	764991	440135	1812	191288	108991
煤炭及制品批发	4133	2592	985			1607
石油及制品批发	64370	58709			18143	17800
非金属矿及制品批发	2914	2700			2250	450
金属及金属矿批发	1041990	556890	382850		134616	39425
建材批发	167024	114314	56300		22970	35044
化肥批发	12001	7903		1364	2861	3678
农药批发	5981	4048		448		3600
其他化工产品批发	18521	17935			10448	7387
机械设备、五金产品及电子产品批发	10080	8970			3010	5960
农业机械批发	289	274				274
汽车批发	7071	6917			2480	4437
汽车零配件批发	866	750				750

单位：万元

		三、损益及分配							
港澳台资本	外商资本	营业收入	主营业务收入	营业成本	主营业务成本	营业税金及附加	主营业务税金及附加	其他业务利润	销售费用
23312		**5066257**	**5060190**	**4668860**	**4665757**	**74645**	**74637**	**2833**	**67175**
		103269	103142	88544	88528	132	132	112	7166
		8170	8170	8135	8135			1	1026
		31487	31487	22366	22366	39	39		3437
		25399	25271	22489	22472	50	50	111	1642
		3559	3559	3381	3381	10	10		58
		34655	34655	32174	32174	33	33		1004
546		1860042	1857257	1587046	1586382	69235	69229	1547	28625
		68476	68284	63660	63626	95	95	5	1670
		4071	4057	3295	3292	8	8	13	293
546		773016	771934	712605	712363	659	659	1183	8366
		90681	90675	88223	87872	46	46		1026
		9684	9646	7083	7083	35	35		1970
		191638	190393	173083	173083	491	486	150	5229
		642729	642520	465071	465036	67835	67835		7049
		79748	79748	74026	74026	65	65	196	3023
		65764	65764	60871	60871	101	100		1774
		2146	2146	1888	1888	1	1		124
		2338	2338	2144	2144	1	1		61
		5538	5538	5424	5424	5	5		114
		32642	32642	29842	29842	89	89		738
		23099	23099	21574	21574	5	4		737
		58115	58115	56375	56375	43	43		314
		4301	4301	4164	4164				
		1394	1394	1149	1149	3	3		197
		52420	52420	51063	51063	39	39		117
		273598	273333	254951	254898	456	456	286	8237
		134650	134453	128764	128720	166	166	286	2044
		138948	138880	126187	126178	290	290		6193
22766		2434957	2432080	2368185	2365974	1943	1942	784	17228
		11792	11709	11335	11332	43	43	94	39
22766		829343	828738	812267	812267	174	174	13	6864
		11491	11491	10676	10405	21	21		138
		768747	766820	755063	753888	389	389	612	3005
		677447	677267	656843	656690	893	892	65	2131
		71591	71591	64831	64831	302	302		2172
		21902	21827	19467	19467	9	9		931
		42645	42638	37702	37095	113	113		1948
		62234	62228	56268	56112	258	258	96	2132
		5483	5483	5147	5115	87	87		190
		15711	15706	14515	14515	34	34	96	696
		7383	7383	6854	6854	29	29		194

12—8 续表2

	管理费用	税　金	财务费用	利息收入	利息支出	资产减值损　失
总　　计	**80441**	**3555**	**51071**	**50602**	**87134**	**795**
1、按国民经济行业分						
农、林、牧产品批发	7532	52	3466	592	3503	
谷物、豆及薯类批发	2379		3097	172	3268	
饲料批发	3687		130	1	44	
林业产品批发	788	44	543	2	182	
牲畜批发	47	1	5		5	
其他农牧产品批发	632	7	–310	418	4	
食品、饮料及烟草制品批发	42668	1850	5591	3231	6094	28
米、面制品及食用油批发	2557	37	1053	324	693	
糕点、糖果及糖批发	398		93		5	–28
果品、蔬菜批发	6908	319	1881	194	947	41
肉、禽、蛋、奶及水产品批发	511	2	199		49	12
盐及调味品批发	332	15	6	1		
酒、饮料及茶叶批发	5023	865	4742	377	4279	
烟草制品批发	25134	569	–2244	2260		3
其他食品批发	1806	44	–139	74	121	
纺织、服装及家庭用品批发	1205	35	187	21	141	
纺织品、针织品及原料批发	52	3	–8	9		
服装批发	122		2	6	9	
鞋帽批发	13					
家用电器批发	563	27	31	5	4	
其他家庭用品批发	455	5	161	1	128	
文化、体育用品及器材批发	716	26	520	3	98	
图书批发	374		48		48	
首饰、工艺品及收藏品批发	65		–2	2		
其他文化用品批发	277	26	474	1	50	
医药及医疗器材批发	4241	245	935	225	963	35
西药批发	1878	131	309	23	246	46
中药批发	2363	114	627	201	717	–12
矿产品、建材及化工产品批发	18704	1316	36427	46262	73763	732
煤炭及制品批发	131	8	1		1	
石油及制品批发	3168	234	1841	10	1671	
非金属矿及制品批发	242	10	105	42	105	
金属及金属矿批发	6446	617	30507	44668	68190	28
建材批发	4596	393	3369	1368	3333	704
化肥批发	1365	19	129	137	151	
农药批发	549	16	60	–2	52	
其他化工产品批发	2209	18	416	39	260	
机械设备、五金产品及电子产品批发	2173	11	92	11	66	1
农业机械批发	50		1	0		
汽车批发	464	6	27	7	17	
汽车零配件批发	141	3	19	3	20	

单位：万元

三、损益及分配(续)								四、人工成本及增值税		五、从事批发和零售业活动的从业人员平均人数(人)
公允价值变动收益	投资收益	营业利润	营业外收入	政府补助	营业外支出	利润总额	应交所得税	应付职工薪酬(本年贷方累计发生额)	应交增值税	
14	**14179**	**137438**	**103007**	**59948**	**1387**	**196738**	**27860**	**70517**	**68228**	**10165**
	1	–3569	7887	7448	195	3269	103	2651	465	480
	1	–6465	7405	7400	35	905		722		57
		1827			8	1513	9	554	116	155
		–113	414		36	–245	15	881	217	139
		59				21	10	47	2	15
		1122	68	49	116	1074	70	447	131	114
14	276	127075	3059	2671	690	127183	21184	41959	33716	4797
		–557	2411	2370	460	1394	87	1384	1063	289
		11				11	3	216	60	33
	23	42578	389	177	31	42323	384	8464	2826	1746
3	4	671	27		4	400	49	929	103	227
12	59	329			7	322	83	1044	233	95
	100	3171	64		7	1627	218	5249	1716	1192
	91	79710	128	124	172	79933	20290	23275	27574	1032
		1163	41		10	1174	71	1399	141	183
	–8	1618	63	60		686	91	1113	300	302
	–8	80				80	3	127	12	26
		7				1		78	18	13
		–17	11	11				20		5
		1380				389	15	528	252	168
		167	51	49		216	73	360	18	90
		147	16	16		26	56	402	20	102
		–285				–285		130		56
		–18	16	16		–2		64		9
		450				313	56	208	20	37
	2220	6967	92		11	6796	2130	6080	2786	1200
	2220	3668	56		7	3721	863	3224	1185	630
		3299	37		4	3075	1267	2856	1601	570
	11676	3446	84138	48539	488	57457	4068	14409	8692	2420
		244				230	51	175	383	37
	15	5045	30145	41	13	4496	1089	703	1708	173
		308				308	20	229	74	42
	11366	–15293	53465	48405	133	40483	665	4905	1968	446
	295	9206	211		3	8801	1741	4533	3727	753
		2793	90	88	314	1873	283	2105	298	538
		886	47	5	20	843	58	509	6	131
		258	179		5	424	161	1249	526	300
		1312	6508		2	192	85	2319	2633	520
		7				7		49	5	13
		–22	1			–131	8	1142	449	269
		147	6506			147	15	205	205	45

12—8　续表3

	法人企业数（个）	执行《2006年企业会计准则》企业数（个）	一、年初存货	流动资产合计	应收账款	存货
五金产品批发	2	2	464	3201	1618	361
通讯及广播电视设备批发	2	2	272	1462	100	847
其他机械设备及电子产品批发	2	2	546	8218	7925	152
贸易经纪与代理	1		17	583	63	168
贸易代理	1		17	583	63	168
其他批发业	18	15	4111	205186	40638	6247
再生物资回收与批发	12	10	2045	122014	22927	3480
其他未列明批发业	6	5	2066	83171	17710	2767
2、按登记注册类型分						
内资企业	276	212	352797	3439841	581650	335116
国有企业	11	8	101301	1572488	90779	101723
集体企业	5	3	1291	3564	870	967
有限责任公司	108	90	132093	713177	271266	121137
国有独资公司	4	4	27244	116628	34665	25134
其他有限责任公司	104	86	104850	596548	236601	96003
股份有限公司	2	1	581	163526	13980	559
私营企业	150	110	117530	987087	204755	110730
私营独资企业	4	2	871	17566	3978	749
私营合伙企业	1	1	10	654	312	157
私营有限责任公司	145	107	116649	968866	200466	109825
港、澳、台商投资企业	3	3	1609	27543	301	2866
合资经营企业（港或澳、台资）	1	1	1221	8955		2258
港、澳、台商独资经营企业	2	2	388	18588	301	608
外商投资企业	1	1		19524	18670	
中外合资经营企业	1	1		19524	18670	
3、按控股情况分						
国有控股	25	22	198126	2197915	288515	186596
集体控股	8	5	7264	24054	9006	10403
私人控股	229	177	137058	1165023	280730	131950
港澳台商控股	2	2	388	18588	301	608
外商控股	1	1	972	9458	532	650
其　他	15	9	10598	71871	21537	7775
4、按经营形式分						
独立门店	165	129	154751	712771	227538	142507
连锁总店	5	4	26840	43263	3549	27730
连锁门店	1	1	692	985	48	473
其　他	109	82	172122	2729917	369486	167273
5、按单位规模分						
大　型	1	1	24556	34219	2451	27108
中　型	69	54	253427	2520742	371622	225014
小　型	190	149	70600	768370	180024	80063
微　型	20	12	5822	163577	46525	5798

单位：万元

二、期末资产负债									
固定资产合计	固定资产原价	累计折旧	本年折旧	在建工程	资产总计	流动负债合计	应付账款	非流动负债合计	负债合计
39	91	52	19		3240	2720	1771		2720
204	268	64			1716	1087		100	1187
85	185	100	23		8314	7508	6636		7508
	1	1			672	157	29		157
	1	1			672	157	29		157
2212	3691	1482	157		230301	199036	18075	431	199468
1837	2653	816	62		146755	124013	12349	431	124444
375	1038	666	95		83547	75024	5726		75024
162981	238113	75774	11172	5181	5052359	2450607	236711	832898	3283715
39360	70181	30821	3498	1402	2631778	784468	4019	755613	1540081
338	731	393	13		4365	2158	454	309	2466
44578	57360	13238	2344	1770	881933	585527	135253	10948	596684
6787	9378	2590	255	2	171552	84130	24632	176	84306
37790	47982	10647	2089	1768	710381	501397	110890	10772	512379
2749	7193	4445	311	374	293522	122258	19	35000	157258
75958	102649	26878	5007	1636	1240761	956197	96967	31029	987226
642	745	103	7		18798	16916	13593		16916
100	156	56	41		1798	501	301		501
75216	101748	26718	4958	1636	1220165	938780	83073	31029	969809
1141	1678	538	248	149	56446	20102	262		20102
					21486	12531			12531
1141	1678	538	248	149	34960	7571	262		7571
	1				19525	15856	10309		15856
	1				19525	15856	10309		15856
49212	85600	36388	4098	1403	3473894	1283027	84223	798058	2081086
772	1611	839	70		25306	19790	11059	309	20099
108793	141104	32950	6493	2785	1485827	1100591	138870	33949	1134750
1141	1678	538	248	149	34960	7571	262		7571
39	74	35	13		10687	13801	1856		13801
4166	9725	5563	497	992	97656	61785	11012	582	62367
67506	91470	24603	4107	2214	908341	634280	126506	16878	651368
1761	4707	2946	300	418	51265	36999	9110	965	37964
32	44	11	2	323	1440	963	36		963
94823	143571	48752	7011	2375	4167284	1814323	111631	815056	2629378
487	1859	1372	172		34706	34117	8542	0	34117
111340	168274	57110	7890	2931	3973526	1644094	157379	824610	2468705
49232	65672	16906	3167	1940	916351	656132	76723	6857	663198
3063	3988	925	191	459	203747	152222	4638	1431	153653

12—8 续表4

	二、期末资产负债(续)					
	所有者权益合计	实收资本	国家资本	集体资本	法人资本	个人资本
五金产品批发	520	500			200	300
通讯及广播电视设备批发	529	250			200	50
其他机械设备及电子产品批发	806	280			130	150
贸易经纪与代理	516	500			500	
贸易代理	516	500			500	
其他批发业	30834	24460		1606	13403	9451
再生物资回收与批发	22311	15160			8719	6441
其他未列明批发业	8523	9300		1606	4684	3010
2、按登记注册类型分						
内资企业	1768644	927483	464874	3468	288610	170532
国有企业	1091697	412954	394036		18919	
集体企业	1898	1434		1342	30	62
有限责任公司	285249	195785	70838	500	81885	42562
国有独资公司	87246	56279	56279			0
其他有限责任公司	198003	139506	14559	500	81885	42562
股份有限公司	136264	90715			88415	2300
私营企业	253535	226596		1626	99362	125607
私营独资企业	1882	1748			200	1548
私营合伙企业	1297	50				50
私营有限责任公司	250356	224798		1626	99162	124010
港、澳、台商投资企业	36344	25312			1000	1000
合资经营企业(港或澳、台资)	8955	2000			1000	1000
港、澳、台商独资经营企业	27389	23312				
外商投资企业	3669	3000			3000	
中外合资经营企业	3669	3000			3000	
3、按腔股情况分						
国有控股	1392808	605172	464874		139403	895
集体控股	5208	2614		1842	215	557
私人控股	351077	290403		1626	136079	152698
港澳台商控股	27389	23312				
外商控股	-3114	2500			2500	
其　他	35288	31794			14413	17381
4、按经营形式分						
独立门店	256973	185360	6847	3438	82520	92555
连锁总店	13301	5885			3966	1919
连锁门店	476	200				200
其　他	1537906	764351	458026	30	206125	76858
5、按单位规模分						
大　型	589	600			0	600
中　型	1504821	693465	460684	2126	196998	33658
小　型	253153	226372	4140	1342	93353	104225
微　型	50094	35359	50		2260	33049

单位：万元

		三、损益及分配							
港澳台资本	外商资本	营业收入	主营业务收入	营业成本	主营业务成本	营业税金及附加	主营业务税金及附加	其他业务利润	销售费用
		6828	6828	6569	6569	4	4		75
		14175	14175	11831	11831	58	58		298
		12653	12653	11352	11228	45	45		679
		11051	11051	7942	7942	327	327	1	623
		11051	11051	7942	7942	327	327	1	623
		197228	197220	188677	188676	2151	2150	6	1077
		126866	126866	120701	120701	1566	1565		523
		70362	70354	67977	67975	585	585	6	553
		4780737	4774670	4390404	4387301	73377	73369	2833	66290
		959599	959081	769102	769039	68377	68327	408	13455
		16834	16834	14146	14146	193	193		566
		2105458	2103462	1985173	1984227	2362	2360	1808	24028
		250838	249668	242925	242883	114	114	1189	2480
		1854620	1853795	1742247	1741344	2248	2246	620	21548
		68287	66840	60909	59744	130	130	158	3723
		1630560	1628452	1561075	1560146	2364	2358	459	24519
		7786	7687	5671	5671	305	305		321
		2826	2741	2141	2141	66	66		175
		1619948	1618024	1553263	1552333	1992	1986	459	24023
23312		238593	238593	233954	233954	307	307		885
		13431	13431	12982	12982	264	264		
23312		225162	225162	220971	220971	42	42		885
		46927	46927	44502	44502	961	961		
		46927	46927	44502	44502	961	961		
		1980470	1977112	1764724	1763142	68817	68816	1949	18219
		45155	45155	39887	39763	237	237		1805
		2613448	2610752	2457740	2456345	5219	5212	865	34764
23312		225162	225162	220971	220971	42	42		885
		12910	12904	7854	7854	113	113		4722
		189113	189105	177683	177682	216	216	19	6781
		2098538	2097476	1974307	1973585	3546	3540	652	28084
		67951	67754	60374	60367	128	128	150	4316
		6559	6559	6488	6488	4	4		10
23312		2893210	2888401	2627691	2625317	70967	70966	2030	34765
		47241	47089	44208	44208	58	58	150	2029
		2701550	2696732	2422869	2421403	69969	69969	1836	43697
23312		2002212	2001625	1889000	1887644	4556	4550	455	20657
		315255	314743	312783	312503	62	60	391	792

12—8 续表5

	管理费用	税 金	财务费用	利息收入	利息支出	资产减值损 失
五金产品批发	129	2	28		28	
通讯及广播电视设备批发	923		18			
其他机械设备及电子产品批发	466		-1	1		1
贸易经纪与代理	1892		26			
贸易代理	1892		26			
其他批发业	1311	21	3828	258	2507	
再生物资回收与批发	720	9	2396	33	1139	
其他未列明批发业	591	11	1432	225	1369	
2、按登记注册类型分						
内资企业	79440	3448	48613	50571	85800	764
国有企业	35155	952	25887	45695	66633	31
集体企业	236	7	225	3	2	3
有限责任公司	21793	1575	8153	2096	5981	730
国有独资公司	2707	192	1917	101	971	249
其他有限责任公司	19085	1383	6237	1995	5010	481
股份有限公司	586	59	386	486	870	
私营企业	21670	855	13962	2292	12314	
私营独资企业	258	3	105	1	103	
私营合伙企业	211					
私营有限责任公司	21201	852	13857	2290	12212	
港、澳、台商投资企业	913	99	1752		615	32
合资经营企业(港或澳、台资)	79		1124			
港、澳、台商独资经营企业	833	99	628		615	32
外商投资企业	89	8	706	31	718	
中外合资经营企业	89	8	706	31	718	
3、按控股情况分						
国有控股	42044	1532	30154	47644	69988	775
集体控股	1050	8	242	5	20	4
私人控股	33045	1810	19228	2527	15089	20
港澳台商控股	833	99	628		615	32
外商控股	972		-188	191	3	-35
其 他	2498	106	1007	235	1419	
4、按经营形式分						
独立门店	26036	1327	12822	1256	11254	73
连锁总店	1642	15	150	1	10	
连锁门店	29	6				
其 他	52734	2207	38099	49345	75870	723
5、按单位规模分						
大 型	881		125			
中 型	56168	2800	36335	48590	75673	777
小 型	22674	700	12709	1710	9506	7
微 型	718	54	1903	302	1955	12

单位：万元

三、损益及分配(续)								四、人工成本及增值税		五、从事批发和零售业活动的从业人员平均人数(人)
公允价值变动收益	投资收益	营业利润	营业外收入	政府补助	营业外支出	利润总额	应交所得税	应付职工薪酬(本年贷方累计发生额)	应交增值税	
		22				22	16	94	40	26
		1047				74	23	312	1752	67
		110			2	73	24	517	182	100
		243				243	60	91		18
		243				243	60	91		18
	14	200	1245	1213		887	83	1494	19616	326
		962				404	24	1023	14534	212
	14	−762	1245	1213		483	59	471	5082	114
14	14179	136018	102914	59924	1366	195231	27509	69354	55873	9866
12	10721	58313	62315	56855	370	120530	20433	28467	28909	1476
		1464			312	1436	9	595	3	131
3	2963	66184	2103	1633	505	62766	4871	19818	12249	3549
	295	741	1629	1501	6	2364	292	1863	602	232
3	2668	65444	474	132	499	60402	4579	17955	11647	3317
	178	2730	2		3	2728	735	1468	663	30
	317	7327	38494	1435	177	7771	1461	19006	14049	4680
		1126				620	8	376	433	82
		233				233		234	130	68
	317	5967	38494	1435	177	6917	1453	18396	13486	4530
		751	93	24	21	838	351	1117	2744	288
		−1019				−1004		63	2307	30
		1770	93	24	21	1842	351	1054	437	258
		669				669		46	9611	11
		669				669		46	9611	11
14	13417	69105	64190	58356	379	132893	23367	34812	32823	2071
		1930	86	84	312	1953	102	1522	198	314
	317	63788	38613	1464	649	59212	3171	30348	32403	6902
		1770	93	24	21	1842	351	1054	437	258
		−528	4		1	−524	366	1183	811	220
	445	1373	22	19	26	1363	503	1598	1557	400
3	2872	56777	38010	7577	872	59217	3242	23158	24583	4891
12	59	1412	64		11	1445	208	3227	681	787
		27				27	7	115	17	32
	11248	79223	64933	52370	503	136049	24402	44018	42948	4455
		−60	64		5	−1	30	1573	416	470
	13549	85231	68948	56212	907	146501	25602	47788	41371	4905
12	626	53272	33992	3736	475	51527	2069	20376	26097	4577
3	4	−1005	3			−1289	158	780	345	213

12—9 限额以上零

	法人企业数（个）	执行《2006年企业会计准则》企业数（个）	一、年初			
			存货	流动资产合计	应收账款	存货
总计	**506**	**387**	**129457**	**521231**	**81943**	**156561**
1、按国民经济行业分						
综合零售	45	37	20720	80076	18921	25184
百货零售	15	13	6824	33699	11361	8663
超级市场零售	27	22	13644	45431	7536	16248
其他综合零售	3	2	252	946	24	274
食品、饮料及烟草制品专门零售	114	75	6383	55654	9918	12360
粮油零售	6	4	381	3131	897	513
糕点、面包零售	5	5	88	307	25	112
果品、蔬菜零售	15	9	858	15790	1531	1810
肉、禽、蛋、奶及水产品零售	18	11	756	6989	1964	2143
营养和保健品零售	1	1	60	2731	78	586
酒、饮料及茶叶零售	55	38	3169	22681	5034	5422
烟草制品零售	1	1	736	1929		1217
其他食品零售	13	6	335	2097	390	559
纺织、服装及日用品专门零售	38	30	6449	21515	6803	6868
纺织品及针织品零售	1	1	350	5868	3116	320
服装零售	14	8	2233	5535	971	2624
鞋帽零售	1	1	9	9		
化妆品及卫生用品零售	4	3	408	727	47	327
箱、包零售	2	2	21	334	36	16
厨房用具及日用杂品零售	2	2	44	1260	693	53
自行车零售	1	1		567	205	10
其他日用品零售	13	12	3385	7216	1735	3517
文化、体育用品及器材专门零售	14	9	1477	6854	2057	1982
体育用品及器材零售	1		6	460	14	13
工艺美术品及收藏品零售	13	9	1472	6394	2043	1970
医药及医疗器材专门零售	16	11	3650	18712	5550	6891
药品零售	15	10	3650	18325	5420	6634
医疗用品及器材零售	1	1		387	130	257
汽车、摩托车、燃料及零配件专门零售	158	130	64665	252487	17674	75399
汽车零售	106	93	57073	200420	12627	67715
汽车零配件零售	5	5	316	1790	138	175
摩托车及零配件零售	12	4	3314	7033	520	3937
机动车燃料零售	35	28	3962	43246	4390	3573
家用电器及电子产品专门零售	50	38	11939	44260	9414	14153
家用视听设备零售	8	8	870	2275	676	1130
日用家电设备零售	26	16	9430	33993	4852	1223
计算机、软件及辅助设备零售	10	9	1212	6650	3472	1298
通信设备零售	5	4	397	1170	338	472
其他电子产品零售	1	1	30	172	76	30
五金、家具及室内装饰材料专门零售	57	45	4775	24623	5830	5963
五金零售	16	9	1260	4205	1293	1452
灯具零售	1	1	8	11		8
家具零售	21	16	1864	9224	2614	2847
涂料零售	2	2	96	295	62	44
卫生洁具零售	1	1		177	15	102
木质装饰材料零售	1	1		29	7	22
陶瓷、石材装饰材料零售	11	11	765	6347	1578	810
其他室内装修材料零售	4	4	782	4335	263	679
货摊、无店铺及其他零售业	14	12	9399	17049	5777	7761
互联网零售	7	5	504	5158	1882	1015
生活用燃料零售	3	3	275	440	106	258
其他未列明零售业	4	4	8620	11452	3788	6487

售业财务状况

单位：万元

二、期末资产负债									
固定资产合计	固定资产原价	累计折旧	本年折旧	在建工程	资产总计	流动负债合计	应付账款	非流动负债合计	负债合计
169174	**244262**	**76159**	**15632**	**17466**	**850674**	**449227**	**88858**	**36203**	**488712**
46335	75387	29052	5485	2596	148110	78212	21529	17432	95650
19151	32960	13809	2511		57540	26425	8830	11508	37939
26604	41715	15110	2954	2592	88809	51265	12412	5787	57052
579	712	133	20	5	1761	522	287	137	658
24937	32639	7766	1677	6039	96195	38385	17343	2440	43287
708	1072	364	76	385	4084	1028	449	263	1291
136	253	123	21		1679	1086	48		1086
1391	1556	164	32		17735	11664	10147	125	11789
2542	3271	729	166		10038	3710	1182	131	3841
3	4	1	1		2764	847	731		849
17573	23444	5926	1205	5654	52461	19130	4403	1809	23369
714	874	160	41		2661	92			92
1870	2167	300	137		4773	827	383	112	970
7484	9265	1801	548	1100	37109	9948	2683	2132	12058
47	200	153	78		5915	571	571	1000	1571
1296	1514	218	80		9319	3917	1300	771	4666
200	240	40	19		211	103	86	17	120
115	276	161	30		1699	1445	49		1445
722	742	21	9		1317	121			121
407	953	546	4		1713	561	96		561
53	61	8	6		622	100			100
4643	5279	655	322	1100	16314	3130	581	344	3475
3633	4655	1022	314	138	11621	2243	444	2	2245
224	521	297	50		687	52	31		52
3409	4134	725	264	138	10934	2191	413	2	2193
3112	4783	1672	141	2241	26708	16782	10637	165	16947
3097	4768	1671	141	2241	26306	16644	10498	165	16809
15	16	1			402	139	139		139
63643	93693	30878	6045	5059	416056	248755	19653	10554	260505
43030	58556	16324	3998	4948	295432	214345	17222	9901	225150
759	944	185	39		8892	1149	51	442	1591
247	518	272	24		7378	5646	1179		5646
19608	33675	14098	1984	110	104353	27615	1201	211	28119
4641	6135	1494	242		51426	33128	10009	913	34041
1238	1410	172	29		3856	1578	416	70	1648
2117	3195	1072	139		37793	28826	8664	824	29650
627	838	211	55		7277	1441	458	7	1447
161	188	27	16		1421	1211	412		1211
499	504	5	3		1080	72	59	12	84
12720	14526	1963	885	246	40216	12733	3390	2450	14824
2457	2839	381	37	24	7185	3316	517	142	3458
3	3				19	9			9
6637	7313	833	596	222	17226	4873	1757	1572	6445
280	300	20	11		593	220	160		220
91	99	8	3		268	79	34		79
50	50				119	19	9		19
2046	2479	433	175		9194	2552	888	627	2819
1156	1443	287	63		5611	1665	27	110	1775
2670	3181	511	296	47	23235	9042	3171	115	9157
687	799	113	111		7851	1291	347	5	1296
897	942	45	19		2046	191	155	78	269
1086	1440	354	167	47	13338	7561	2669	32	7593

12—9 续表1

	二、期末资产负债(续)					
	所有者权益合计	实收资本				
			国家资本	集体资本	法人资本	个人资本
总　　计	**361963**	**301933**	**62542**	**2130**	**109946**	**93838**
1、按国民经济行业分						
综合零售	52460	41924	500	559	15551	6649
百货零售	19601	13161	500	180	2661	1320
超级市场零售	31757	28078			12669	5244
其他综合零售	1102	685		379	221	85
食品、饮料及烟草制品专门零售	52908	39211	2568	1149	8776	13794
粮油零售	2793	1389	66	300	20	1003
糕点、面包零售	592	591			571	20
果品、蔬菜零售	5946	4975		842	2100	2033
肉、禽、蛋、奶及水产品零售	6197	5087			2044	3043
营养和保健品零售	1915	2000	2000			
酒、饮料及茶叶零售	29092	21430	3	7	2871	5626
烟草制品零售	2570	500	500			
其他食品零售	3804	3239			1170	2069
纺织、服装及日用品专门零售	25051	15634			2698	11810
纺织品及针织品零售	4344	500				500
服装零售	4653	3137			360	2777
鞋帽零售	91	12			12	
化妆品及卫生用品零售	254	200			100	50
箱、包零售	1196	136			136	
厨房用具及日用杂品零售	1152	1086			10	
自行车零售	522	500				500
其他日用品零售	12840	10063			2080	7983
文化、体育用品及器材专门零售	9376	4819		122	1265	2669
体育用品及器材零售	635	358				358
工艺美术品及收藏品零售	8741	4461		122	1265	2311
医药及医疗器材专门零售	9761	10895	546		4748	5601
药品零售	9497	10652	546		4748	5358
医疗用品及器材零售	263	243				243
汽车、摩托车、燃料及零配件专门零售	155551	151131	55818	300	61991	33023
汽车零售	70283	73305	812		50648	21845
汽车零配件零售	7302	7115				7115
摩托车及零配件零售	1733	886			132	754
机动车燃料零售	76234	69824	55006	300	11210	3308
家用电器及电子产品专门零售	17386	14142			7043	7099
家用视听设备零售	2208	1488			515	973
日用家电设备零售	8143	6645			3082	3563
计算机、软件及辅助设备零售	5830	5424			3370	2054
通信设备零售	210	129			76	53
其他电子产品零售	996	456				456
五金、家具及室内装饰材料专门零售	25392	16741			4410	12331
五金零售	3728	2567			1019	1548
灯具零售	10	10			10	
家具零售	10781	6221			1556	4665
涂料零售	373	373			333	40
卫生洁具零售	189	100				100
木质装饰材料零售	100	100			80	20
陶瓷、石材装饰材料零售	6375	4853			1412	3442
其他室内装修材料零售	3836	2517				2517
货摊、无店铺及其他零售业	14078	7436	3110		3464	862
互联网零售	6556	5215	2880		1805	530
生活用燃料零售	1777	1413	230		982	201
其他未列明零售业	5745	807			677	130

单位：万元

港澳台资本	外商资本	三、损益及分配							
		营业收入	主营业务收入	营业成本	主营业务成本	营业税金及附加	主营业务税金及附加	其他业务利润	销售费用
24164	**9313**	**1813982**	**1800537**	**1596904**	**1593130**	**8199**	**8035**	**7266**	**94040**
10165	8500	280874	275360	232232	231647	1704	1696	2416	33638
	8500	105583	105342	87586	87586	553	553	221	7588
10165		170897	165624	140999	140413	1105	1097	2196	25959
		4394	4394	3648	3648	46	46		92
12923		195462	195154	161007	160798	1597	1554	51	9396
		12334	12334	10466	10466	220	220		262
		4102	4102	3405	3405	11	11		122
		24435	24435	20869	20869	314	314		577
		34552	34398	29385	29242	53	53		1790
		1778	1778	1093	1093	6	6		548
12923		101014	100919	81569	81564	795	752	40	5237
		5297	5297	4381	4381	9	9		11
		11950	11891	9838	9777	188	188	12	850
1076	50	141663	141454	121384	121312	321	306	190	2792
		28110	28110	25932	25932	51	51		843
		83293	83291	70816	70816	92	82		589
		1269	1269	993	937	41	36		88
	50	6358	6161	5031	5031	25	25	190	744
		4527	4527	4123	4123	24	24		5
1076		2232	2232	1966	1966	8	8		36
		643	643	600	600	10	10		
		15232	15222	11924	11908	71	71		488
	763	27509	27249	22958	22958	196	196		700
		1207	1207	966	996	9	9		59
	763	26303	26042	21962	21962	188	188		641
		36139	35942	29813	29810	316	307		3867
		34627	34430	28445	28442	314	305		3764
		1512	1512	1368	1368	2	2		104
		883177	876739	814309	811886	2003	1937	4368	32856
		678112	673797	631133	630578	1339	1328	4368	22079
		5404	5404	4360	4360	157	157		667
		10986	10986	10095	10095	16	14		289
		188676	186553	168721	166854	490	437		9822
		148643	148385	131140	131060	1050	1048	223	6963
		12593	12593	10822	10751	169	169		489
		108083	107845	95060	95057	640	640	223	6034
		23117	23117	21008	21008	213	213		273
		3348	3329	2885	2880	21	21		162
		1502	1502	1365	1365	7	5		6
		75637	75445	64718	64370	875	855		2386
		15478	15736	13741	13667	113	113		469
		538	538	479	479	1	1		7
		33451	33271	28788	28746	408	408		1093
		1536	1536	1188	1188	29	9		76
		1800	180	1471	1471	22	22		88
		620	620	372	372	37	37		37
		13179	13179	10814	10581	239	239		408
		8765	8765	7867	7866	26	26		209
		24878	24810	19344	19289	136	136	16	1442
		11600	11568	8485	8470	39	39	1	1142
		3446	3446	2913	2895	87	87		120
		9832	9795	7946	7924	10	10	15	179

12—9 续表 2

	管理费用	税　金	财务费用	利息收入	利息支出	资产减值损　失
总　　计	**49374**	**1647**	**10978**	**607**	**5827**	**73**
1、按国民经济行业分						
综合零售	7061	263	2381	19	704	46
百货零售	3279	78	1492	4	489	1
超级市场零售	3656	143	849	14	215	45
其他综合零售	125	42	39			
食品、饮料及烟草制品专门零售	10711	179	664	41	280	43
粮油零售	603	18	34	9	15	
糕点、面包零售	131	1	10			
果品、蔬菜零售	1116	28	22	–2	11	1
肉、禽、蛋、奶及水产品零售	1448	9	24	1	14	
营养和保健品零售	242	2	–13	14		2
酒、饮料及茶叶零售	6063	96	533	13	209	41
烟草制品零售	798		15			
其他食品零售	310	26	41	7	32	
纺织、服装及日用品专门零售	1981	125	419	2	140	
纺织品及针织品零售	465	36	1		1	
服装零售	599	35	49	1	19	
鞋帽零售	69		3		2	
化妆品及卫生用品零售	48	9	36		2	
箱、包零售	11	6	10			
厨房用具及日用杂品零售	57	13	26		21	
自行车零售	12					
其他日用品零售	722	26	294		95	
文化、体育用品及器材专门零售	973	12	169	11	75	
体育用品及器材零售	36		1			
工艺美术品及收藏品零售	937	12	168	11	75	
医药及医疗器材专门零售	1640	43	119	10	60	1
药品零售	1607	43	118	10	60	1
医疗用品及器材零售	33		1			
汽车、摩托车、燃料及零配件专门零售	18067	692	5989	430	3686	61
汽车零售	14320	501	5489	517	3529	31
汽车零配件零售	214	1	59		8	30
摩托车及零配件零售	289	15	86	1	80	
机动车燃料零售	3244	175	264	–88	70	
家用电器及电子产品专门零售	4447	95	428	50	319	1
家用视听设备零售	391	6	50	1	37	
日用家电设备零售	2765	76	343	48	266	1
计算机、软件及辅助设备零售	1145	12	21		5	
通信设备零售	128	1	4			
其他电子产品零售	19		11		11	
五金、家具及室内装饰材料专门零售	2623	168	482	3	142	2
五金零售	628	6	105			
灯具零售	7		3			
家具零售	1212	88	135	2	32	2
涂料零售	17					
卫生洁具零售	114		16		9	
木质装饰材料零售	69	37	12			
陶瓷、石材装饰材料零售	453	4	200		91	
其他室内装修材料零售	124	33	12		11	
货摊、无店铺及其他零售业	1870	70	417	43	421	–81
互联网零售	779	2	16	41	35	45
生活用燃料零售	223	61	15			
其他未列明零售业	868	6	385	1	387	–126

单位：万元

三、损益及分配(续)								四、人工成本及增值税		五、从事批发和零售业活动的从业人员平均人数(人)
公允价值变动收益	投资收益	营业利润	营业外收入	政府补助	营业外支出	利润总额	应交所得税	应付职工薪酬(本年贷方累计发生额)	应交增值税	
108	**757**	**55227**	**2855**	**619**	**599**	**47228**	**5721**	**75789**	**42721**	**17735**
	58	3949	1129	516	78	707	1539	18724	3904	5721
	58	5142	375	226	20	1536	434	4351	869	1186
		-1637	752	288	57	-1316	1062	14146	2958	4463
		444	3	3	1	488	43	226	77	72
102	416	12595	978	36	118	10044	700	12925	2327	2908
		749			9	740	89	321	177	72
		423				407	11	390	11	74
		1536				1011	90	2936	21	639
		1852	1		1	1712	161	1510	438	379
		-99	1		1	-99		372	50	42
102	373	7285	971	35	102	5803	292	5504	1434	1369
		84				83	21	567	84	85
	43	765	6	1	4	386	38	1326	112	248
6		14767	18		3	14586	441	5095	700	1109
		819				819	208	1911	208	320
		11147				10955	71	1397	99	334
		76				26		157	27	38
		471				467	75	497	176	86
		353				128		244		78
		141				141	18	104	53	39
		22				22		33	1	7
6		1738	18		3	2029	69	752	137	207
		2477	25			1941	177	2195	485	308
		106				106	27	76	36	18
		2371	25			1835	151	2119	449	290
	95	473	25	5	28	460	165	3580	790	943
	95	468	25	5	28	454	163	3500	774	914
		5				6	2	80	15	29
	128	10166	552	4	338	9707	1777	23249	28716	4271
	45	3821	488	4	337	3582	988	16983	10002	2975
		-84				-300		257	26	60
		210	12			218	25	571	77	164
	83	6219	52		1	6208	764	5438	18611	1072
	51	4665	93	45	29	4487	432	4917	2363	1443
		673				471	34	426	339	97
	51	3292	82	45	29	3436	296	3527	1716	988
		457	11			336	76	553	263	166
		148				148	2	186	19	77
		96				96	24	224	26	115
		4377	5	1		3371	253	3136	1851	794
		692				367	41	651	472	183
		41				41	1	11	1	4
		1814	2	1		1698	79	1501	584	360
		228					20	36	106	10
		89				89		84	22	20
		93				93	1	35		5
		892	3			1028	106	709	555	178
		528				55	6	110	112	34
	9	1760	32	12	7	1925	238	1969	1585	238
		1093	20		3	1123	228	623	1552	103
	9	96	12	12		236	1	190	38	32
		570			4	566	9	1156	-5	103

12—9 续表3

	法人企业数（个）	执行《2006年企业会计准则》企业数（个）	一、年初存货			
				流动资产合计	应收账款	存货
2、按登记注册类型分						
内资企业	497	378	126745	494021	80984	154002
国有企业	2	1	214	1245	770	220
集体企业	6	5	350	2629	419	512
股份合作企业	1	1		50		46
有限责任公司	155	133	43082	125264	22992	42761
国有独资公司	2	2	2567	3591	800	1886
其他有限责任公司	153	131	40514	121673	22192	40875
股份有限公司	4	3	4222	16401	767	4057
私营企业	320	231	78461	340408	53554	104986
私营独资企业	36	28	2105	7212	1847	2192
私营合伙企业	2	2	114	199	56	43
私营有限责任公司	277	197	75498	330254	50799	102534
私营股份有限公司	5	4	745	2744	852	217
其他企业	9	4	416	8024	2482	1420
港、澳、台商投资企业	3	3	415	12961	931	363
港、澳、台商独资经营企业	3	3	415	12961	931	363
外商投资企业	6	6	2297	14249	27	2197
中外合资经营企业	2	2	1478	6993	8	1462
外资企业	4	4	819	7256	19	735
3、按控股情况分						
国有控股	15	14	8090	30154	4234	7396
集体控股	8	6	350	5290	1306	1480
私人控股	450	341	100530	410965	68311	127779
港澳台商控股	4	4	415	12961	931	363
外商控股	5	5	2297	14249	27	2197
其　他	24	17	17775	47613	7135	17348
4、按经营形式分						
独立门店	413	318	90922	382073	58833	109063
连锁总店	31	22	22257	74706	10763	30241
连锁门店	7	6	3586	20144	195	3345
其　他	55	41	12693	44307	12152	13912
5、按单位规模分						
大　型	7	7	10858	68212	19301	14857
中　型	59	47	67396	216730	19820	80645
小　型	285	211	41985	194835	32978	50006
微　型	155	122	9219	41454	9843	11053
6、按零售业态分						
有店铺零售	481	368	128031	501822	74969	153820
食杂店	3	2	218	334	20	168
便利店	2	1	650	3485	143	1449
超　市	25	20	3776	11665	2763	4162
大型超市	9	7	9106	39270	4962	11850
百货店	27	24	8111	29306	11912	8489
专业店	246	178	44608	183689	32418	61237
专卖店	135	111	58204	218097	19932	62223
家居建材商店	14	10	1147	5471	793	1492
购物中心	1	1		131		
厂家直销中心	19	14	2211	10373	2027	2751
无店铺零售	25	19	1427	19409	6974	2741
网上商店	18	13	799	7850	2589	1402
电话购物	1	1		1493	687	

单位：万元

二、期末资产负债									
固定资产合计	固定资产原价	累计折旧	本年折旧	在建工程	资产总计	流动负债合计	应付账款	非流动负债合计	负债合计
134809	193946	60207	13453	12221	768299	423181	86672	21647	448110
1153	2061	908	5		2398	1156	635	155	1311
661	867	206	24	5	3867	1341	287	226	1567
1	5	4			51	36			36
39487	54820	15333	3476	5544	194735	105736	23231	1234	106970
392	699	307	97	1155	8614	7258	622		7258
39095	54121	15026	3379	4389	186121	98477	22608	1234	99711
9332	17948	8616	1357	1105	59878	3148	103	48	3195
81873	115047	34186	8361	5567	497000	308239	60963	19888	328948
4389	5159	820	189		12325	4353	1471	472	5118
43	113	70	6		300	144	56		144
77253	109476	33184	8135	5567	481311	302635	59355	18368	321531
188	300	112	31		3065	1107	82	1049	2156
2303	3198	953	231		10371	3526	1453	96	6083
17525	26483	8959	1404	5246	48692	16550	366	3267	19818
17525	26483	8959	1404	5246	48692	16550	366	3267	19818
16840	23833	6993	775		33684	9496	1820	11288	20784
304	1949	1644	72		7730	5152	1502	280	5432
16536	21885	5349	703		25954	4345	319	11008	15353
15663	26643	10979	1866	1214	87366	15870	2374	155	16025
1839	2584	746	126	5	7746	3613	1552	226	3840
106962	145901	40006	10524	10840	610871	363716	71809	21170	388137
17525	26483	8959	1404	5246	48692	16550	366	3267	19818
16840	23833	6993	775		33684	9496	1820	11288	20784
10345	18818	8477	937	162	62315	39981	10938	96	40108
126686	176642	50971	11161	11429	611489	347737	54128	31735	380325
29955	50040	20085	3418	4836	145509	59934	24675	3747	63681
758	2988	2229	131		28307	16423	3063	280	16703
11775	14593	2873	922	1202	65369	25134	6992	440	28004
32709	60827	28117	5397	1142	141916	55535	12244	5994	61529
54954	79733	25567	5106	12216	324660	231329	38328	12106	243435
68747	88567	20086	4496	4000	318204	144578	31695	16617	164477
12763	15136	2389	633	109	65895	17786	6591	1485	19271
165064	238967	74972	15153	17466	823950	443575	85960	34988	481845
278	352	74	17		990	418	12		418
312	785	473	61		4507	2085	1628	600	2685
2782	3788	1009	239		18284	9096	5195	124	9251
36473	51856	15384	2866	2592	87781	34448	4187	16782	51230
9078	21790	12712	2482	29	44291	34199	11038	355	34561
65819	92501	26772	4959	10959	331911	136890	32304	7021	147244
42274	58530	17075	4119	3593	309521	217790	29342	8828	226888
3824	4178	354	112		9339	2697	972	376	3073
				136	300				
4224	5186	1119	299	157	17027	5951	1283	903	6495
4109	5296	1187	479		26724	5653	2898	1214	6867
2017	2247	230	164		13003	2418	821	216	2634
1156	1692	537	100		2688	1595	702		1595

12—9 续表 4

	二、期末资产负债(续)					
	所有者权益合计	实收资本				
			国家资本	集体资本	法人资本	个人资本
2、按登记注册类型分						
内资企业	320189	267186	62542	2130	108676	93838
国有企业	1088	612	612			
集体企业	2300	1558		679	791	88
股份合作企业	15	5				5
有限责任公司	87765	67396	11751	609	29486	25551
国有独资公司	1355	1100			1100	
其他有限责任公司	86410	66296	11751	609	28386	25551
股份有限公司	56683	55938	49338			6600
私营企业	168051	138545	842		76779	60924
私营独资企业	7207	4834			1237	3597
私营合伙企业	156	109				109
私营有限责任公司	159780	132701	842		74882	56977
私营股份有限公司	909	902			660	242
其他企业	4288	3132		842	1620	670
港、澳、台商投资企业	28874	24164				
港、澳、台商独资经营企业	28874	24164				
外商投资企业	12900	10583			1270	
中外合资经营企业	2298					
外资企业	10602	10583			1270	
3、按控股情况分						
国有控股	71341	67455	61697		5758	
集体控股	3907	2858		1179	1591	88
私人控股	222734	183915	845	187	92884	89999
港澳台商控股	28874	24164				
外商控股	12900	10583			1270	
其　他	22206	12958		764	8444	3750
4、按经营形式分						
独立门店	231164	192450	7824	988	86133	64841
连锁总店	81829	74943	49838	300	15873	8933
连锁门店	11604	6900			500	6350
其　他	37366	27640	4880	842	7439	13715
5、按单位规模分						
大　型	80387	68661	49338		8240	919
中　型	81225	70494	3992	1142	35331	17105
小　型	153727	123235	8980	501	49902	53463
微　型	46624	39543	233	487	16473	22351
6、按零售业态分						
有店铺零售	342105	289619	57662	2130	106014	90336
食杂店	572	571			571	
便利店	1822	600				600
超　市	9033	8808		342	3611	4855
大型超市	36552	22414			2680	1069
百货店	9730	13960	566	859	10269	2266
专业店	184666	151091	55552	300	32792	48449
专卖店	82633	79719	1545	629	53098	24398
家居建材商店	6266	2539			101	2438
购物中心	300	300				300
厂家直销中心	10532	9617			2892	5961
无店铺零售	19857	12314	4880		3932	3502
网上商店	10368	8076	2880		2455	2741
电话购物	1094	800			800	

单位：万元

		三、损益及分配							
港澳台资本	外商资本	营业收入	主营业务收入	营业成本	主营业务成本	营业税金及附加	主营业务税金及附加	其他业务利润	销售费用
		1746878	1736282	1547682	1543912	7464	7300	7056	84466
		4406	4380	4118	4118	16	16		143
		8706	8528	6849	6849	109	109		386
		1058	1058	962	962	6	6		45
		504495	500121	431812	431066	2590	2563	2984	35537
		22646	22328	21009	20990	48	48	288	1272
		481848	477793	410804	410076	2542	2515	2696	34265
		106046	104382	94080	92672	136	132		7278
		1081887	1077532	973611	971996	4540	4408	4072	39868
		42864	42699	37276	36959	388	314		1584
		1139	1139	1047	1047	2	2		27
		1024928	1020739	924529	923273	4025	3967	4072	37889
		12956	12954	10759	10717	125	125		368
		40280	40280	36249	36249	67	67		1209
24164		38054	35584	27015	27010	399	399		6536
24164		38054	35584	27015	27010	399	399		6536
	9313	29050	28672	22208	22208	337	337	210	3039
		14227	14063	11358	11358	46	46		2048
	9313	14823	14609	10850	10850	291	291	210	990
		189077	186884	164458	163014	339	334	301	12462
		20298	20120	16433	16433	110	110		1310
		1357535	1351871	1212651	1210347	6377	6217	4497	54698
24164		38054	35584	27015	27010	399	399		6536
	9313	29050	28672	22208	22208	337	337	210	3039
		179968	177407	154139	154117	638	638	2258	15996
24164	8500	1326489	1317651	1181200	1178875	5951	5829	4818	49424
		328207	324236	285403	283989	1233	1220	2020	32946
	50	54629	54045	42824	42824	285	285	417	6665
	763	104658	104606	87478	87442	729	701	12	5006
10165		301745	295451	258796	257388	1218	1214	2243	30327
12923		669391	664720	606024	605258	1540	1517	3930	38721
1076	9313	652506	650563	563720	562482	3345	3304	1027	20931
		190340	189803	168365	168003	2097	2001	66	4061
24164	9313	1752582	1739168	1545030	1541270	8056	7894	7265	90539
		6457	6457	5589	5589	8	8		165
		18730	18730	15832	15832	61	61		1421
		38175	37557	33356	32714	182	169	176	2735
10165	8500	118979	116102	95301	95301	1146	1146	221	14985
		128639	126619	107146	107146	521	521	2020	15400
13999		726078	722875	631833	629982	3509	3458	500	32377
	50	667413	662739	614634	613565	1921	1824	4266	21813
		19152	19140	15992	15971	500	500		617
		626	615	465	465	41	41		40
	763	28334	28334	24882	24704	168	167	82	985
		61400	61368	51874	51860	143	141	1	3501
		20298	20267	15575	15561	78	76	1	1334
		8472	8472	6881	6881	2	2		733

12—9 续表 5

	管理费用	税　金	财务费用	利息收入	利息支出	资产减值损　失
2、按登记注册类型分						
内资企业	47052	1621	9668	599	5668	75
国有企业	134	9	-14	15		
集体企业	337	43	66		17	
股份合作企业	44					
有限责任公司	15855	447	2316	133	1056	17
国有独资公司	239	14	143	25	137	
其他有限责任公司	15617	432	2173	107	920	17
股份有限公司	1105	110	209	1	210	
私营企业	27949	988	7075	448	4376	59
私营独资企业	1281	61	317	9	74	2
私营合伙企业	37	1	2		3	
私营有限责任公司	26371	922	6740	439	4294	56
私营股份有限公司	260	4	16		6	
其他企业	1628	25	17	2	9	
港、澳、台商投资企业	1597	13	277	9	159	
港、澳、台商独资经营企业	1597	13	277	9	159	
外商投资企业	725	12	1033			-2
中外合资经营企业	199		46			-2
外资企业	526	12	986			
3、按控股情况分						
国有控股	3791	163	254	96	273	50
集体控股	964	43	67		17	
私人控股	37177	1303	8541	567	4894	105
港澳台商控股	1597	13	277	9	159	
外商控股	725	12	1033			-2
其　他	5120	112	806	-65	485	-79
4、按经营形式分						
独立门店	34613	1248	9315	604	4960	101
连锁总店	7943	288	957	-78	326	48
连锁门店	1193	16	150	19		-2
其　他	5624	95	556	63	541	-75
5、按单位规模分						
大　型	4619	274	1294	35	677	47
中　型	20231	492	5251	327	3432	-62
小　型	19218	622	3778	235	1386	51
微　型	5306	258	655	11	333	37
6、按零售业态分						
有店铺零售	47175	1601	10931	551	5774	27
食杂店	291	2	13			
便利店	1244	13	40		39	
超　市	1841	78	52	3	28	
大型超市	2627	18	1768	8	208	-2
百货店	2745	185	561	19	441	88
专业店	20038	687	3029	84	1878	-64
专卖店	16838	515	5140	423	3021	3
家居建材商店	598	59	136		79	2
购物中心	37					
厂家直销中心	916	45	193	14	79	
无店铺零售	2199	46	46	56	53	46
网上商店	1016	8	58	42	53	45
电话购物	417					

单位：万元

三、损益及分配(续)								四、人工成本及增值税		五、从事批发和零售业活动的从业人员平均人数(人)
公允价值变动收益	投资收益	营业利润	营业外收入	政府补助	营业外支出	利润总额	应交所得税	应付职工薪酬(本年贷方累计发生额)	应交增值税	
108	541	51070	1847	514	482	42184	4833	70523	41115	16578
		10				9		217	36	65
		961	3	3	1	1005	48	354	261	113
		2				2	1	29	32	11
102	210	16713	784	247	110	10102	1974	25956	12381	6674
		–63	7		2	–58	12	913	3693	142
102	210	16776	777	247	108	10161	192	25042	8687	6532
		3238	60		3	3295	39	2974	17158	509
6	331	29037	1001	264	369	26966	2695	38089	11094	8562
6		2098	6		1	1949	49	1599	694	476
		23	1			24		77	10	24
	331	25487	993	263	368	23912	2516	36066	9195	7974
		1430	2	1		1080	131	348	1195	88
		1110				806	76	2903	154	644
	158	2388	922	105	113	3197	498	3392	1017	790
	158	2388	922	105	113	3197	498	3692	1017	790
	58	1770	86		4	1847	390	1874	588	367
		532	2			534		887	344	255
	58	1238	84		4	1313	390	987	245	112
		7723	82		7	3882	472	6975	22780	1092
		1414	3	3	1	1458	48	1018	261	233
108	541	38584	1414	294	408	33576	3549	49754	14814	12217
	158	2388	922	105	113	3197	498	3392	1017	790
	58	1770	86		4	1847	390	1874	588	367
		3349	349	217	66	3268	765	12776	3260	3036
102	662	46601	1787	168	485	38624	3649	44754	17939	9608
	95	–229	988	450	67	419	1265	19571	20705	5592
		3513	16	1	34	3492	156	2842	1590	742
6		5312	65	1	14	4693	650	8623	2487	1793
		5444	438	197	84	5798	1262	15692	20561	3586
	253	–2060	2037	363	448	–329	1461	31481	10933	7469
108	484	41962	223	36	51	34393	1952	24718	5634	5763
	20	98811	158	23	16	7366	1046	3899	5593	917
108	757	51638	2831	619	592	43801	5166	71001	40798	16764
		391				391	47	202	154	47
		132	133	133		73	4	333	51	131
		87	299	97		335	149	4753	465	1546
	58	3213	417	193	33	3223	1270	7941	2010	2571
		2211	280	93	45	–1921	219	8503	2025	2134
6	310	35671	1450	87	316	33306	2255	25901	24809	979
102	389	7566	225	16	195	6162	984	20524	10080	3753
		1307	3			1026	67	659	504	158
		43				43		144	117	22
		1017	25		4	1163	169	2042	583	423
		3589	25		7	3428	556	4788	1923	971
		2192	24		7	2030	348	1971	1594	482
		440				440		400		80

12—10 限额以上批发业主要效益指标

单位：%

	资产负债率	销售利润率	销售毛利率	营业费用率	成本费用利润率
合　　计	**64.7**	**3.9**	**7.8**	**1.3**	**4.0**
1、按国民经济行业分					
农、林、牧产品批发	78.6	3.2	14.2	6.9	3.1
谷物、豆及薯类批发	81.1	11.1	0.4	12.6	6.2
饲料批发	38.5	4.8	29.0	10.9	5.1
林业产品批发	98.4	-1.0	11.1	6.5	-1.0
牲畜批发	12.1	0.6	5.0	1.6	0.6
其他农牧产品批发	63.2	3.1	7.2	2.9	3.2
食品、饮料及烟草制品批发	47.1	6.8	14.6	1.5	7.3
米、面制品及食用油批发	58.1	2.0	6.8	2.4	2.0
糕点、糖果及糖批发	43.2	0.3	18.9	7.2	0.3
果品、蔬菜批发	72.3	5.5	7.7	1.1	5.8
肉、禽、蛋、奶及水产品批发	71.6	0.4	3.1	1.1	0.4
盐及调味品批发	36.0	3.3	26.6	20.4	3.4
酒、饮料及茶叶批发	72.1	0.9	9.1	2.7	0.9
烟草制品批发	5.8	12.4	27.6	1.1	14.2
其他食品批发	70.7	1.5	7.2	3.8	1.5
纺织、服装及家庭用品批发	68.2	1.0	7.4	2.7	1.1
纺织品、针织品及原料批发	35.9	3.7	12.0	5.8	3.9
服装批发	92.3		8.3	2.6	
鞋帽批发	88.4		2.1	2.1	
家用电器批发	68.5	1.2	8.6	2.3	1.2
其他家庭用品批发	70.3	0.9	6.6	3.2	0.9
文化、体育用品及器材批发	83.2		3.0	0.5	
图书批发	94.3	-6.6	3.2		-6.2
首饰、工艺品及收藏品批发	99.4	-0.1	17.6	14.1	-0.1
其他文化用品批发	80.6	0.6	2.6	0.2	0.6
医药及医疗器材批发	69.4	2.5	6.7	3.0	2.5
西药批发	57.4	2.8	4.3	1.5	2.8
中药批发	88.7	2.2	9.1	4.5	2.3
矿产品、建材及化工产品批发	65.5	2.4	2.7	0.7	2.4
煤炭及制品批发	65.9	2.0	3.2	0.3	2.0
石油及制品批发	62.1	0.5	2.0	0.8	0.5
非金属矿及制品批发	75.6	2.7	9.5	1.2	2.8
金属及金属矿批发	65.4	5.3	1.7	0.4	5.1
建材批发	63.3	1.3	3.0	0.3	1.3
化肥批发	71.9	2.6	9.4	3.0	2.7
农药批发	40.1	3.9	10.8	4.3	4.0
其他化工产品批发	83.2	1.0	13.0	4.6	1.0
机械设备、五金产品及电子产品批发	75.3	0.3	9.8	3.4	0.3
农业机械批发	88.5	0.1	6.7	3.5	0.1
汽车批发	66.6	-0.8	7.6	4.4	-0.8
汽车零配件批发	77.2	2.0	7.2	2.6	2.0
五金产品批发	84.0	0.3	3.8	1.1	0.3
通讯和广播电视设备批发	69.2	0.5	16.5	2.1	0.6
其他机械设备及电子产品批发	90.3	0.6	11.3	5.4	0.6
贸易经纪与代理	23.3	2.2	28.1	5.6	2.2
贸易代理	23.3	2.2	28.1	5.6	2.2
其他批发业	86.6	0.4	4.3	0.5	0.5
再生物资回收与批发	84.8	0.3	4.9	0.4	0.3

12—10　续表

单位：%

	资产负债率	销售利润率	销售毛利率	营业费用率	成本费用利润率
其他未列明批发业	89.8	0.7	3.4	0.8	0.7
2、按登记注册类型分					
内资企业	65.0	4.1	8.1	1.4	4.2
国有企业	58.5	12.6	19.8	1.4	13.2
集体企业	56.5	8.5	16.0	3.4	9.3
有限责任公司	67.7	3.0	5.7	1.1	3.1
国有独资公司	49.1	0.9	2.7	1.0	0.9
其他有限责任公司	72.1	3.3	6.1	1.2	3.4
股份有限公司	53.6	4.1	10.6	5.6	4.2
私营企业	79.6	0.5	4.2	1.5	0.5
私营独资企业	90.0	8.1	26.2	4.2	9.3
私营合伙企业	27.9	8.5	21.9	6.4	9.0
私营有限责任公司	79.5	0.4	4.1	1.5	0.4
港、澳、台商投资企业	35.6	0.4	1.9	0.4	0.4
合资经营企业(港或澳、台资)	58.3	-7.5	3.3		-6.9
港、澳、台商独资经营企业	21.7	0.8	1.9	0.4	0.8
外商投资企业	81.2	1.4	5.2		1.4
中外合资经营企业	81.2	1.4	5.2		1.4
3、按控股情况分					
国有控股	59.9	6.7	10.8	0.9	6.9
集体控股	79.4	4.3	11.9	4.0	4.5
私人控股	76.4	2.3	5.9	1.3	2.3
港澳台商控股	21.7	0.8	1.9	0.4	0.8
外商控股	129.1	-4.1	39.1	36.6	-3.9
其　他	63.9	0.7	6.0	3.6	0.7
4、按经营形式分					
独立门店	71.7	2.8	5.9	1.3	2.9
连锁总店	74.1	2.1	10.9	6.4	2.2
连锁门店	66.9	0.4	1.1	0.2	0.4
其　他	63.1	4.7	9.1	1.2	4.8
5、按单位规模分					
大　型	98.3		6.1	4.3	
中　型	62.1	5.4	10.2	1.6	5.6
小　型	72.4	2.6	5.7	1.0	2.6
微　型	75.4	-0.4	0.7	0.3	-0.4
6、按零售业态分					
有店铺零售	8.5	2.5	11.4	5.2	2.6
食杂店	42.2	6.1	13.4	2.6	6.4
便利店	59.6	0.4	15.5	7.6	0.4
超　市	50.6	0.9	12.9	7.3	0.9
大型超市	58.4	2.8	17.9	12.9	2.8
百货店	78.0	-1.5	15.4	12.2	-1.5
专业店	44.4	4.6	12.9	4.5	4.8
专卖店	73.3	0.9	7.4	3.3	0.9
家居建材商店	32.9	5.4	16.6	3.2	5.8
购物中心		7.0	24.4	6.4	7.4
厂家直销中心	38.1	4.1	12.8	3.5	4.3
无店铺零售	25.7	5.6	15.5	5.7	5.9
网上商店	20.3	10.0	23.2	6.6	11.2
电话购物	59.3	5.2	18.8	8.6	5.5

12—11 限额以上零售业主要效益指标

单位：%

	资产负债率	销售利润率	销售毛利率	营业费用率	成本费用利润率
合　计	**57.4**	**2.6**	**11.5**	**5.2**	**2.7**
1、按国民经济行业分					
综合零售	64.6	0.3	15.9	12.2	0.3
百货零售	65.9	1.5	16.9	7.2	1.5
超级市场零售	64.2	-0.8	15.2	15.7	-0.8
其他综合零售	37.4	11.1	17.0	2.1	12.3
食品、饮料及烟草制品专门零售	45.0	5.1	17.6	4.8	5.5
粮油零售	31.6	6.0	15.1	2.1	6.4
糕点、面包零售	64.7	9.9	17.0	3.0	11.1
果品、蔬菜零售	66.5	4.1	14.6	2.4	4.4
肉、禽、蛋、奶及水产品零售	38.3	5.0	15.0	5.2	5.3
营养和保健品零售	30.7	-5.6	38.5	30.8	-5.3
酒、饮料及茶叶零售	44.5	5.8	19.2	5.2	6.2
烟草制品零售	3.4	1.6	17.3	0.2	1.6
其他食品零售	20.3	3.2	17.8	7.2	3.5
纺织、服装及日用品专门零售	32.5	10.3	14.2	2.0	11.5
纺织品及针织品零售	26.6	2.9	7.7	3.0	3.0
服装零售	50.1	13.2	15.0	0.7	15.2
鞋帽零售	56.9	2.0	26.2	6.9	2.3
化妆品及卫生用品零售	85.0	7.6	18.3	12.1	7.9
箱、包零售	9.2	2.8	8.9	0.1	3.1
厨房用具及日用杂品零售	32.8	6.3	11.9	1.6	6.7
自行车零售	16.1	3.4	6.7	0.0	3.5
其他日用品零售	21.3	13.3	21.8	3.2	15.1
文化、体育用品及器材专门零售	19.3	7.1	15.7	2.6	7.8
体育用品及器材零售	7.5	8.8	17.5	4.9	9.7
工艺美术品及收藏品零售	20.1	7.0	15.7	2.5	7.7
医药及医疗器材专门零售	63.5	1.3	17.1	10.8	1.3
药品零售	63.9	1.3	17.4	10.9	1.3
医疗用品及器材零售	34.5	0.4	9.5	6.8	0.4
汽车、摩托车、燃料及零配件专门零售	62.6	1.1	7.4	3.7	1.1
汽车零售	76.2	0.5	6.4	3.3	0.5
汽车零配件零售	17.9	-5.6	19.3	12.3	-5.5
摩托车及零配件零售	76.5	2.0	8.1	2.6	2.0
机动车燃料零售	26.9	3.3	10.6	5.3	3.4
家用电器及电子产品专门零售	66.2	3.0	11.7	4.7	3.1
家用视听设备零售	42.7	3.7	14.6	3.9	4.0
日用家电设备零售	78.5	3.2	11.9	5.6	3.3
计算机、软件及辅助设备零售	19.9	1.5	9.1	1.2	1.5
通信设备零售	85.2	4.4	13.5	4.9	4.6
其他电子产品零售	7.8	6.4	9.1	0.4	6.8
五金、家具及室内装饰材料专门零售	36.9	4.5	14.7	3.2	4.8
五金零售	48.1	2.3	13.1	3.0	2.4
灯具零售	48.2	7.6	10.9	1.3	8.2
家具零售	37.4	5.1	13.6	3.3	5.4
涂料零售	37.1		22.7	4.9	
卫生洁具零售	29.5	5.0	18.3	4.9	5.2
木质装饰材料零售	15.7	15.0	40.0	6.0	17.7
陶瓷、石材装饰材料零售	30.7	7.8	19.7	3.1	8.6
其他室内装饰材料零售	31.6	0.6	10.3	2.4	0.7
货摊、无店铺及其他零售业	39.4	7.8	22.3	5.8	8.3
互联网零售	16.5	9.7	26.8	9.9	10.8
生活用燃料零售	13.1	6.8	16.0	3.5	7.1

12—11　续表

单位：%

	资产负债率	销售利润率	销售毛利率	营业费用率	成本费用利润率
其他未列明零售业	56.9	5.8	19.1	1.8	6.0
2、按登记注册类型分					
内资企业	58.3	2.4	11.1	4.9	2.5
国有企业	54.6	0.2	6.0	3.3	0.2
集体企业	40.5	11.8	19.7	4.5	13.0
股份合作企业	70.4	0.1	9.1	4.3	0.1
有限责任公司	54.9	2.0	13.8	7.1	2.1
国有独资公司	84.3	–0.3	6.0	5.7	–0.3
其他有限责任公司	53.6	2.1	14.2	7.2	2.2
股份有限公司	5.3	3.2	11.2	7.0	3.2
私营企业	66.2	2.5	9.8	3.7	2.6
私营独资企业	41.5	4.6	13.4	3.7	4.8
私营合伙企业	48.0	2.1	8.1	2.3	2.1
私营有限责任公司	66.8	2.3	9.5	3.7	2.4
私营股份有限公司	70.3	8.3	17.3	2.8	9.4
其他企业	58.7	2.0	10.0	3.0	2.1
港、澳、台商投资企业	40.7	9.0	24.1	18.4	8.9
港、澳、台商独资经营企业	40.7	9.0	24.1	18.4	8.9
外商投资企业	61.7	6.4	22.5	10.6	6.8
中外合资经营企业	70.3	3.8	19.2	14.6	3.9
外资企业	59.2	9.0	25.7	6.8	9.6
3、按控股情况分					
国有控股	18.3	2.1	12.8	6.7	2.2
集体控股	49.6	7.2	18.3	6.5	7.7
私人控股	63.5	2.5	10.5	4.0	2.5
港澳台商控股	40.7	9.0	24.1	18.4	8.9
外商控股	61.7	6.4	22.5	10.6	6.8
其　他	64.4	1.8	13.1	9.0	1.8
4、按经营形式分					
独立门店	62.2	2.9	10.5	3.8	3.0
连锁总店	43.8	0.1	12.4	10.2	0.1
连锁门店	59.0	6.5	20.8	12.3	6.8
其　他	42.8	4.5	16.4	4.8	4.7
5、按单位规模分					
大　型	43.4	2.0	12.9	10.3	2.0
中　型	75.0		8.9	5.8	
小　型	51.7	5.3	13.5	3.2	5.6
微　型	29.2	3.9	11.5	2.1	4.1
6、按零售业态分					
有店铺零售	58.5	2.5	11.4	5.2	2.6
食杂店	42.2	6.1	13.4	2.6	6.4
便利店	59.6	0.4	15.5	7.6	0.4
超　市	50.6	0.9	12.9	7.3	0.9
大型超市	58.4	2.8	17.9	12.9	2.8
百货店	78.0	–1.5	15.4	12.2	–1.5
专业店	44.4	4.6	12.9	4.5	4.8
专卖店	73.3	0.9	7.4	3.3	0.9
家居建材商店	32.9	5.4	16.6	3.2	5.8
购物中心		7.0	24.4	6.4	7.4
厂家直销中心	38.1	4.1	12.8	3.5	4.3
无店铺零售	25.7	5.6	15.5	5.7	5.9
网上商店	20.3	10.0	23.2	6.6	11.2
电话购物	59.3	5.2	18.8	8.6	5.5

12—12 限额以上住宿业和

	法人企业数（个）	从业人员期末人数（人）	营业额	其中：使用银行卡支付的营业额	客房收入	其中：通过公共网络实现的客房收入
总　计	**152**	**8390**	**169203**	**28609**	**41026**	**3869**
一、住宿业	**57**	**4979**	**83772**	**19201**	**31991**	**3136**
旅游饭店	45	4430	73211	18704	27428	2936
一般旅馆	11	379	8241	497	3694	200
其他住宿业	1	170	2320		869	
2、按登记注册类型分						
内资企业	54	4726	78838	19128	29755	2962
国有企业	6	1341	19389	3216	6008	204
有限责任公司	22	2533	48587	13037	16370	2408
国有独资公司	1	172	1323	600	1037	95
其他有限责任公司	21	2361	47263	12437	15333	2313
私营企业	25	832	10654	2875	7170	350
私营独资企业	5	110	1864	208	1318	2
私营有限责任公司	20	722	8790	2667	5852	348
其他企业	1	20	208		208	
港、澳、台商投资企业	1	18	95	73	77	
港澳台商独资企业	1	18	95	73	77	
外商投资企业	2	235	4839		2159	174
中外合资经营企业	2	235	4839		2159	174
3、按控股情况分						
国有控股	11	2268	28662	7385	10036	627
私人控股	35	1481	24437	4703	11925	525
港澳台商控股	1	18	95	73	77	
外商控股	2	235	4839		2159	174
其　他	8	977	25739	7040	7794	1810
4、按经营形式分						
独立门店	53	4833	80111	18435	30229	2900
连锁门店	3	87	2977	159	1350	199
其　他	1	59	684	607	412	38
5、按单位规模分						
大　型	1	704	10404	3067	3316	75
中　型	7	2007	45666	10065	13795	2381
小　型	45	2228	27055	5996	14251	677
微　型	4	40	647	73	629	3
6、按星级分						
五　星	2	1085	15351	5970	4825	328
四　星	6	869	9746	1379	3694	190
三　星	12	750	8147	1804	3839	149
其　他	37	2275	50528	10048	19634	2469

餐饮业法人企业经营情况

单位：万元

其中：通过非自营平台实现的客房收入	餐费收入	其中：通过公共网络实现的餐费收入	其中：通过非自营平台实现的餐费收入	商品销售额收入	其他收入	客房数（间）	床位数（个）	餐位数（位）	年末餐饮营业面积（平方米）
2009	**103615**	**2725**	**1449**	**15879**	**8683**	**8451**	**13820**	**51561**	**286693**
1812	**34867**	**2174**	**1330**	**9124**	**7790**	**6647**	**10793**	**21213**	**140255**
1811	30697	2170	1330	8229	6857	5810	9430	18359	116273
1	2944	4		895	708	698	1131	2054	20913
	1226				225	139	232	800	3069
1812	34034	2155	1330	7957	7092	6211	10069	19973	133637
	12453	63		89	840	1048	1684	5520	23468
1809	18508	2090	1330	7626	6083	2940	4744	9737	73394
					287	178	293		
1809	18508	2090	1330	7626	5796	2762	4451	9737	73394
3	3073	2		242	169	2189	3601	4716	36775
1	512	2		34	1	262	445	550	1560
2	2562			208	168	1927	3156	4166	35215
						34	40		
	18					40	70	200	3518
	18					40	70	200	3518
	815	20		1167	698	396	654	1040	3100
	815	20		1167	698	396	654	1040	3100
	17133	718		89	1404	1968	3173	8638	38419
3	8952	35		2703	857	3123	5104	9052	82333
	18					40	70	200	3518
	815	20		1167	698	396	654	1040	3100
1809	7949	1402	1330	5165	4831	1120	1792	2283	12885
1812	33544	2174	1330	9124	7215	6262	10194	19727	120886
	1052				575	280	423	874	9850
	272					105	176	612	9519
	6911	60		65	112	449	641	2300	10744
1809	18318	2103	1330	7649	5905	1944	2988	7403	33605
3	9621	11		1410	1773	4133	6957	11310	92388
	18					121	207	200	3518
	10211	716		65	250	748	1077	3868	20742
	4948			185	919	707	1180	4430	18843
2	3765			150	393	1212	2066	3860	25039
1810	15944	1459	1330	8723	6227	3980	6470	9055	75631

12—12 续表

	法人企业数（个）	从业人员期末人数（人）	营业额	其中：使用银行卡支付的营业额	客房收入	其中：通过公共网络实现的客房收入
二、餐饮业	**95**	**3411**	**85431**	**9408**	**9035**	**733**
正餐服务	88	3277	83030	9408	9035	733
快餐服务	5	90	1932			
其他餐饮业	2	44	469			
小吃服务	2	44	469			
2、按登记注册类型分						
内资企业	92	3306	82231	9408	8787	733
国有企业	1	71	1533		316	
集体企业	1	12	465		86	
有限责任公司	32	1029	38335	1847	3450	5
其他有限责任公司	32	1029	38335	1847	3450	5
私营企业	57	2178	41379	7328	4935	728
私营独资企业	13	336	7966	1092	984	143
私营合伙企业	1	24	308			
私营有限责任公司	43	1818	33105	6236	3951	585
其他企业	1	16	519	234		
港、澳、台商投资企业	2	56	840			
港澳台商独资企业	2	56	840			
外商投资企业	1	49	2361		248	
中外合资经营企业	1	49	2361		248	
3、按控股情况分						
国有控股	1	71	1533		316	
集体控股	1	12	465		86	
私人控股	85	3073	77856	7964	8070	733
港澳台商控股	3	66	1236	396		
外商控股	1	49	2361		248	
其　他	4	140	1982	1048	315	
4、按经营形式分						
独立门店	90	3310	83943	9408	9022	733
连锁总店	1	20	320			
其　他	4	81	1169		13	
5、按单位规模分						
中　型	2	317	4779	1387	1352	150
小　型	78	2980	69444	7527	7676	583
微　型	15	114	11208	494	7	

单位：万元

其中：通过非自营平台实现的客房收入	餐费收入	其中：通过公共网络实现的餐费收入	其中：通过非自营平台实现的餐费收入	商品销售额收入	其他收入	客房数（间）	床位数（个）	餐位数（位）	年末餐饮营业面积（平方米）
196	**68748**	**550**	**119**	**6755**	**894**	**1804**	**3027**	**30348**	**146438**
196	66459	550	119	6665	872	1804	3027	29632	144538
	1913			19				606	1390
	376			71	22			110	510
	376			71	22			110	510
196	66836	550	119	6285	324	1736	2875	29323	143378
	1217					73	110	900	3036
	379					14	30	150	388
	31388	151		3385	113	449	804	10554	42407
	31388	151		3385	113	449	804	10554	42407
196	33332	399	119	2900	212	1200	1931	17569	97247
143	6421	54	54	561		141	198	3355	14121
	308							200	450
53	26603	345	65	2339	212	1059	1733	14014	82676
	519							150	300
	319				521			155	1220
	319				521			155	1220
	1593			470	49	68	152	870	1840
	1593			470	49	68	152	870	1840
	1217					73	110	900	3036
	379					14	30	150	388
196	63182	550	119	6285	319	1527	2535	26753	134117
	715				521			655	2220
	1593			470	49	68	152	870	1840
	1662				5	122	200	1020	4837
196	67272	550	119	6755	894	1756	2933	28928	140672
	320							100	1890
	1156					48	94	1320	3876
150	3028	54	54	399		197	326	1600	9100
47	55002	496	65	5872	894	1599	2676	26429	129790
	10718			484		8	25	2319	7548

12—13 限额以上住宿和餐饮业产

	产业活动单位(个体户)企业数(个)	从业人员期末人数(人)	营业额	其中：使用银行卡支付的营业额	客房收入	其中：通过公共网络实现的客房收入
总　计	**217**	**4002**	**149244**	**7448**	**6917**	**1427**
一、住宿业	**8**	**532**	**10326**	**4203**	**3576**	**1427**
1、按住宿业行业小类分						
旅游饭店	3	429	7438	4106	2402	1427
一般旅馆	4	60	1147	97	814	
其他住宿业	1	43	1741		360	
2、按登记注册类型分						
内资企业	1	390	6150	4106	2223	1427
私营企业	1	390	6150	4106	2223	1427
私营股份有限公司	1	390	6150	4106	2223	1427
个体经营	7	142	4176	97	1354	
个体户	7	142	4176	97	1354	
3、按经营形式分						
独立门店	8	532	10326	4203	3576	1427
4、按星级分						
其　他	8	532	10326	4203	3576	1427
二、餐饮业	**209**	**3470**	**138918**	**3245**	**3341**	
1、按餐饮业行业小类分						
正餐服务	201	3280	134554	3245	3341	
快餐服务	3	137	3069			
其他餐饮业	5	53	1294			
小吃服务	4	47	1190			
餐饮配送服务	1	6	104			
2、按登记注册类型分						
内资企业	1	134	3443		809	
私营企业	1	134	3443		809	
私营独资企业	1	134	3443		809	
港、澳、台商投资企业	2	261	3123		311	
港澳台商独资企业	1	106	2360			
其他港澳台投资企业	1	155	763		311	
个体经营	206	3075	132353	3245	2221	
个体户	205	3067	132140	3245	2221	
个体合伙	1	8	213			
3、按经营形式分						
独立门店	206	3413	138046	3245	3341	
连锁门店	2	34	452			
其　他	1	23	420			
三、住宿业按地区分组	**8**	**532**	**10326**	**4203**	**3576**	**1427**
按全国地区分组						
芗城区	2	16	417	1	417	
龙文区	2	420	6294	4202	2367	1427
诏安县	1	43	1741		360	
东山县	1	31	326		72	
南靖县	1	8	962		108	
龙海市	1	14	586		253	
四、餐饮业按地区分组	**209**	**3470**	**138918**	**3245**	**3341**	
按全国地区分组						
芗城区	29	519	8811	1290		
龙文区	5	90	1673	1414		
漳州台商投资区	4	209	1952		408	
云霄县	10	142	8011			
漳浦县	39	746	32330		1593	
诏安县	22	292	27989			
长泰县	6	184	5978	302	809	
东山县	37	520	15449		47	
南靖县	17	213	12656		124	
华安县	5	77	9523			
常山华侨经济开发区	2	29	899			
龙海市	33	449	13647	239	360	

业活动单位(个体户)经营情况

单位：万元

其中：通过非自营平台实现的客房收入	餐费收入	其中：通过公共网络实现的餐费收入	其中：通过非自营平台实现的餐费收入	商品销售额收入	其他收入	客房数(间)	床位数(个)	餐位数(位)	年末餐饮营业面积(平方米)
796	**134727**	**2567**	**1641**	**6394**	**1206**	**1173**	**1763**	**46924**	**120449**
796	**5996**	**2106**	**1641**	**590**	**164**	**513**	**637**	**980**	**5440**
796	4795	2106	1641	77	164	338	368	600	1790
	333					142	207	140	2500
	868			513		33	62	240	1150
796	3747	2106	1641	17	164	289	289	200	600
796	3747	2106	1641	17	164	289	289	200	600
796	3747	2106	1641	17	164	289	289	200	600
	2249			573		224	348	780	4840
	2249			573		224	348	780	4840
796	5996	2106	1641	590	164	513	637	980	5440
796	5996	2106	1641	590	164	513	637	980	5440
	128731	**461**		**5804**	**1042**	**660**	**1126**	**45944**	**115009**
	124384	461		5788	1042	660	1126	43984	109669
	3069							1446	3160
	1278			17				514	2180
	1190							314	1580
	88			17				200	600
	2283			218	133	196	367	720	8850
	2283			218	133	196	367	720	8850
	2283			218	133	196	367	720	8850
	2812					246	486	1700	3050
	2360							1200	2500
	452					246	486	500	550
	123636	461		5586	910	218	273	43524	103109
	123468	461		5571	880	218	273	43316	102709
	168			15	30			208	400
	127990	461		5678	1037	660	1126	45614	113809
	321			126	5			130	950
	420							200	250
796	**5996**	**2106**	**1641**	**590**	**164**	**513**	**637**	**980**	**5440**
						56	66		
796	3747	2106	1641	17	164	347	374	200	600
	868			513		33	62	240	1150
	255					37	61	220	710
	794			60		12	18	180	480
	333					28	56	140	2500
	128731	**461**		**5804**	**1042**	**660**	**1126**	**45944**	**115009**
	8492	61		274	45			5226	12890
	1673							1300	2000
	1544					294	558	1250	1550
	6377			1635				1595	2970
	29797			940		109	117	9217	21151
	24753			2372	865			5355	11213
	4819			218	133	196	367	1998	11400
	15402					12	24	7966	18902
	12280			252		25	30	4883	8598
	9523							1240	2837
	899							1200	2127
	13173	400		114		24	30	4714	19371

12—14 限额以上住宿业

	法人企业数(个)	执行《2006年企业会计准则》企业数(个)	一、年初存货	流动资产合计	应收账款	存货	固定资产合计
合计	57	43	7304	102929	7376	4076	167756
1、按住宿行业小类分							
旅游饭店	45	33	3062	99526	6384	3101	157458
一般旅馆	11	9	4013	2879	958	744	5257
其他住宿业	1	1	229	524	34	231	5041
2、按登记注册类型分							
内资企业	54	40	6666	91053	7046	3315	157020
国有企业	6	4	454	7871	804	411	22093
有限责任公司	22	17	5297	74902	2628	1924	126591
国有独资公司	1	1	73	950	94	84	4975
其他有限责任公司	21	16	5224	73952	2534	1840	121616
私营企业	25	18	916	8248	3583	981	8235
私营独资企业	5	3	34	1015	175	20	2289
私营有限责任公司	20	15	882	7233	3408	961	5945
其他企业	1	1		32	32		102
港、澳、台商投资企业	1	1	5	1033	7	5	383
港澳台商独资企业	1	1	5	1033	7	5	383
外商投资企业	2	2	634	10843	324	756	10352
中外合资经营企业	2	2	634	10843	324	756	10352
3、按控股情况分							
国有控股	11	9	935	55807	1748	908	93645
私人控股	35	26	4794	21125	4987	1541	43963
港澳台商控股	1	1	5	1033	7	5	383
外商控股	2	2	634	10843	324	756	10352
其他	8	5	937	14121	311	867	19413
4、按经营形式分							
独立门店	53	40	4412	102761	7311	4058	166341
连锁门店	3	3	2873	25	2	1	523
其他	1		19	143	64	18	892
5、按单位规模分							
大型	1	1	222	1591	564	179	11524
中型	7	6	2115	85728	996	2185	121618
小型	45	32	4962	14349	5607	1707	33216
微型	4	4	5	1262	209	5	1398
6、按星级分							
五星	2	2	515	46993	754	492	75909
四星	6	5	379	8561	450	396	19347
三星	12	8	795	4578	1001	732	9543
其他	37	28	5615	42797	5172	2456	62957

主要财务指标

单位：万元

二、期末资产负债										
固定资产原价	累计折旧	本年折旧	在建工程	资产总计	流动负债合计	应付账款	非流动负债合计	负债合计	所有者权益合计	实收资本
235133	**67379**	**13806**	**9233**	**323614**	**107571**	**19066**	**38400**	**145972**	**177643**	**195066**
211099	53643	13094	9064	295095	101145	16779	28579	129724	165370	175466
16238	10981	189	169	22601	5888	2064	281	6169	16432	16267
7796	2755	523		5919	538	224	9540	10078	–4159	3333
218840	61820	9261	9176	298203	101111	18836	35638	136748	161454	178017
40401	18308	1680		37621	14261	3417	4257	18518	19103	5275
167229	40638	6972	8741	235488	75181	13833	31376	106557	128931	160209
7613	2638	218		6188	370	15		370	5819	8500
159616	38000	6754	8741	229299	74811	13819	31376	106187	123112	151709
11085	2850	586	434	24938	11669	1585	5	11674	13265	12377
3110	820	164	70	4037	1372	621		1372	2664	2407
7975	2030	422	365	20902	10296	964	5	10301	10600	9970
125	23	23		156					156	156
568	185	6	9	1601	509	7		509	1093	1669
568	185	6	9	1601	509	7		509	1093	1669
15725	5375	4539	49	23810	5952	223	2762	8715	15096	15381
15725	5375	4539	49	23810	5952	223	2762	8715	15096	15381
123402	29757	4270	4303	170793	37279	12544	4257	41537	129256	132441
66105	22141	3988	2158	91176	49170	5026	16941	66111	25066	33334
568	185	6	9	1601	509	7		509	1093	1669
15725	5375	4539	49	23810	5952	223	2762	8715	15096	15381
29334	9921	1003	2715	36234	14662	1267	14440	29101	7133	12241
223560	57220	13727	9233	308347	106467	18179	38400	144867	163480	180846
10649	10126	61		14222	839	834		839	13383	13670
924	33	18		1046	266	53		266	780	550
22116	10593	1103		19828	3876	1204	3676	7552	12277	1587
150947	29329	10811	7939	227226	73763	11714	29638	103401	123825	141192
60468	27253	1881	1286	73508	29160	6127	5086	34247	39262	50386
1602	204	11	9	3052	772	22		772	2280	1902
90315	14406	3257	4303	141863	23236	10051	3676	26912	114951	114087
29991	10644	1170	852	29397	15310	1737	4282	19592	9805	11950
18185	8644	432	2	16583	10139	2040	265	10404	6180	10920
96643	33686	8946	4076	135771	58886	5238	30178	89064	46707	58109

12—14 续表1

	国家资本	法人资本	个人资本	港澳台资本	外商资本	营业收入	主营业务收入	营业成本
合 计	**134551**	**24090**	**20089**	**1771**	**14565**	**74986**	**73044**	**34548**
1、按住宿行业小类分								
旅游饭店	129999	23234	5897	1771	14565	64135	62198	27393
一般旅馆	1219	856	14192			7940	7935	4771
其他住宿业	3333					2911	2911	2384
2、按登记注册类型分								
内资企业	134551	23712	19651	103		71208	69266	33566
国有企业	5275					20422	19008	6852
有限责任公司	129276	15778	15052	103		39876	39373	20133
国有独资公司	8500					1323	1037	695
其他有限责任公司	120776	15778	15052	103		38552	38336	19438
私营企业		7778	4599			10702	10677	6445
私营独资企业		1880	527			1952	1927	1241
私营有限责任公司		5898	4072			8750	8750	5205
其他企业		156				208	208	135
港、澳、台商投资企业				1669		95	95	14
港澳台商独资企业				1669		95	95	14
外商投资企业		378	438		14565	3682	3682	969
中外合资经营企业		378	438		14565	3682	3682	969
3、按控股情况分								
国有控股	129248	3193				29704	28003	10281
私人控股		14253	18979	103		23245	23220	13211
港澳台商控股				1669		95	95	14
外商控股		378	438		14565	3682	3682	969
其 他	5303	6266	672			18260	18044	10074
4、按经营形式分								
独立门店	134551	23267	6692	1771	14565	71285	69343	32572
连锁门店		823	12847			2834	2834	1739
其 他			550			867	867	238
5、按单位规模分								
大 型	1587					11749	10404	3812
中 型	116563	10100	438		14090	35994	35782	15029
小 型	16401	13775	19633	103	475	26531	26165	15299
微 型		215	18	1669	0	712	693	409
6、按星级分								
五 星	114087					16700	15356	5733
四 星	9230	2420	300			9425	9138	3860
三 星	5712	3494	1239		475	7981	7907	4001
其 他	5522	18176	18550	1771	14090	40880	40643	20955

单位：万元

三、损益及分配											
主营业务成本	营业税金及附加	主营业务税金及附加	其他业务利润	销售费用	管理费用	税金	财务费用	利息收入	利息支出	资产减值损失	投资收益
33344	**3595**	**3594**	**733**	**23131**	**16729**	**1413**	**2177**	**234**	**495**	**22**	**1048**
26210	3113	3113	733	22260	15514	1373	2086	230	429	22	1048
4750	334	333		853	653	41	80	3	66		
2384	148	148		18	563		11	1			
32362	3364	3363	733	21420	15894	189	2065	22	395	22	1048
6707	1185	1185	527	6987	5460	289	264	7	201		
19837	1722	1722	136	12421	8879	79	1685	4	181	22	1048
544	68	68	136	37	87	68	5	1	6	1	
19293	1653	1653		12384	7992	810	1680	3	175	21	1048
5682	454	453	70	2012	1542	21	116	11	13		
1231	83	83		262	229	9	3		2		
4451	372	371	70	1751	1313	12	113	11	11		
135	3	3			13						
14	9	9		105	78	8					
14	9	9		105	78	8					
969	222	222		1607	758	216	112	212	100		
969	222	222		1607	758	216	112	212	100		
9985	1761	1761	663	14747	8830	1040	335	9	255	22	995
12303	913	912	70	2906	4391	47	1256	11	13		54
14	9	9		105	78	8					
969	222	222		1607	758	216	112	212	100		
10074	690	690		3767	2673	102	474	1	127		
31368	3436	3435	733	22559	16362	1401	2170	234	495	22	1048
1739	101	101		159	208	12	2				
238	58	58		414	159		5				
3707	672	672	527	4231	3127	178	108	5	70		
15029	1723	1723		13295	8236	939	1450	215	304	22	1048
14210	1180	1179	206	5487	5273	285	618	14	121		
399	20	20		119	94	11	2		1		
5628	982	982	527	9805	4783	797	129	5	71	22	995
3709	557	557	136	2304	2832	172	521	2	82	1	
3961	459	459	70	2685	1651	114	119	10	108	−1	
20047	1597	1596		8338	7463	330	1408	216	235		54

12—14 续表2

单位：万元

	三、损益及分配						四、人工成本		五、从事住宿和餐饮业活动的从业人员平均人数(人)
	营业利润	营业外收入	政府补助	营业外支出	利润总额	应交所得税	应付职工薪酬(本年贷方累计发生额)	应交增值税	
合　计	**-3267**	**1436**	**362**	**961**	**-3144**	**-718**	**21932**	**226**	**4889**
1、按住宿行业小类分									
旅游饭店	-4304	1433	362	955	-3527	-747	19511	2	4349
一般旅馆	1250				600	29	1104	135	371
其他住宿业	-213	3		7	-217		1316	40	169
2、按登记注册类型分									
内资企业	-3172	1418	350	957	-3061	-746	21075	226	4634
国有企业	-325	24		34	-335	41	6790		1348
有限责任公司	-3794	1392	350	920	-3437	-858	11345	216	2433
国有独资公司	-370			1	-371		994		172
其他有限责任公司	-3424	1392	350	919	-3066	-858	10351	216	2261
私营企业	890	2		3	654	66	2891	10	833
私营独资企业	153				69		365		105
私营有限责任公司	737	2		3	586	66	2526	10	728
其他企业	57				57	4	49		20
港、澳、台商投资企业	-110	12	12		-98		63		18
港澳台商独资企业	-110	12	12		-98		63		18
外商投资企业	15	6		4	15	29	793		237
中外合资经营企业	15	6		4	15	29	793		237
3、按控股情况分									
国有控股	-5278	1021		37	-3842	41	11653		2244
私人控股	1524	165	160	6	988	88	4949	151	1461
港澳台商控股	-110	12	12		-98		63		18
外商控股	15	6		4	15	29	793		237
其　他	582	232	190	915	-207	-875	4473	75	929
4、按经营形式分									
独立门店	-3885	1434	362	961	-3190	-718	21513	159	4745
连锁门店	625				52		243	67	85
其　他	-7	2			-6		175		59
5、按单位规模分									
大　型	-202			30	-232		3688		690
中　型	-2711	1027		93	-1781	53	10129	40	1945
小　型	-424	397	350	838	-1128	-771	7963	186	2217
微　型	69	12	12		-3		152		37
6、按星级分									
五　星	-3758	996		30	-2793		6137		1037
四　星	-650	185	160	5	-470	42	3971	1	888
三　星	-909	4		2	-907	54	2650	35	753
其　他	2050	251	202	924	1026	-814	9173	190	2211

12—15 限额以上餐饮业主要财务指标

单位：万元

	法人企业数（个）	执行《2006年企业会计准则》企业数（个）	一、年初存货	流动资产合计	应收账款	存货	固定资产合计	固定资产原价
合计	**95**	**71**	**3198**	**51394**	**3346**	**3588**	**37638**	**49005**
1、按餐饮行业小类分								
正餐服务	88	65	3152	50695	3281	3511	37202	48520
快餐服务	5	5		429	10	21	411	459
其他餐饮业	2	1	47	271	55	57	25	27
小吃服务	2	1	47	271	55	57	25	27
2、按登记注册类型分								
内资企业	92	68	3135	47962	3007	3557	37338	48373
国有企业	1	1	100	1434	85	96	235	390
集体企业	1	1	15	133			23	33
有限责任公司	32	29	1341	6061	1138	1401	15236	17642
其他有限责任公司	32	29	1341	6061	1138	1401	15236	17642
私营企业	57	36	1670	40244	1702	2053	21788	30190
私营独资企业	13	9	77	5117	287	110	1013	3941
私营合伙企业	1	1	7	24	13	7	94	150
私营有限责任公司	43	26	1587	35103	1402	1937	20681	26099
其他企业	1	1	10	90	82	8	56	118
港、澳、台商投资企业	2	2	63	3131	339	31	88	219
港澳台商独资企业	2	2	63	3131	339	31	88	219
外商投资企业	1	1		302			212	413
中外合资经营企业	1	1		302			212	413
3、按控股情况分								
国有控股	1	1	100	1434	85	96	235	390
集体控股	1	1	15	133			23	33
私人控股	85	62	2349	44545	1973	2785	35321	45665
港澳台商控股	3	3	640	3962	438	580	762	900
外商控股	1	1		302			212	413
其 他	4	3	95	1019	849	128	1086	1603
4、按经营形式分								
独立门店	90	69	3132	49828	3177	3495	36977	48301
连锁总店（总部）	1			69	36	25	328	333
其 他	4	2	66	1498	133	68	333	371
5、按单位规模分								
中 型	2	1	124	5071	334	107	3381	6564
小 型	78	58	2968	45223	2772	3392	32926	40943
微 型	15	12	106	1101	240	89	1331	1499

12—15　续表1

				二、期末资					
	累计折旧	本年折旧	在建工程	资产总计	流动负债合计	应付账款	非流动负债合计	负债合计	所有者权益合计
合　计	**13283**	**2762**	**11104**	**107333**	**55691**	**7988**	**4741**	**60499**	**46834**
1、按餐饮行业小类分									
正餐服务	3233	2729	11104	105949	55281	7930	4741	60089	45860
快餐服务	48	34		1089	342	8		342	748
其他餐饮业	2			295	69	50		69	227
小吃服务	2			295	69	50		69	227
2、按登记注册类型分									
内资企业	12951	2724	6997	99363	51664	7904	4681	56412	42951
国有企业	156	44		1669	191	163		191	1478
集体企业	10	6		491	201	195	125	326	165
有限责任公司	2431	770	438	25227	8410	4383	13	8479	16748
其他有限责任公司	2431	770	438	25227	8410	4383	13	8479	16748
私营企业	10292	1895	6559	71831	42795	3095	4543	47349	24482
私营独资企业	2930	304	9	6226	3275	388		3275	2951
私营合伙企业	56	15		150					150
私营有限责任公司	7306	1577	6550	65455	39520	2707	4543	44074	21381
其他企业	62	10		146	68	68		68	78
港、澳、台商投资企业	131	23	4108	7457	3576	84	60	3636	3821
港澳台商独资企业	131	23	4108	7457	3576	84	60	3636	3821
外商投资企业	201	15		514	451			451	62
中外合资经营企业	201	15		514	451			451	62
3、按控股情况分									
国有控股	156	44		1669	191	163		191	1478
集体控股	10	6		491	201	195	125	326	165
私人控股	12260	2551	6959	93582	50487	7247	4556	55111	38471
港澳台商控股	138	26	4108	8962	3794	171	60	3854	5108
外商控股	201	15		514	451			451	62
其　他	518	120	38	2117	567	212		567	1550
4、按经营形式分									
独立门店	13237	2754	11102	104986	55301	7860	4741	60110	44876
连锁总店（总部）	5	5		406	256	90		256	150
其　他	41	3	3	1941	133	38		133	1808
5、按单位规模分									
中　型	3183	425		8833	6067	448		6067	2766
小　型	9907	2252	10860	95471	48674	7085	4663	53403	42068
微　型	193	85	244	3029	950	456	79	1030	2000

单位：万元

产负债							三、损益及分配			
实收资本	国家资本	集体资本	法人资本	个人资本	港澳台资本	外商资本	营业收入	主营业务收入	营业成本	主营业务成本
42239	**396**	**165**	**19533**	**17308**	**4825**	**12**	**85747**	**85691**	**57203**	**57203**
41509	396	165	19083	17028	4825	12	83346	83294	55737	55737
650			400	250			1932	1932	1201	1201
80			50	30			469	465	265	265
80			50	30			469	465	265	265
37352	396	165	19533	17258			82688	82633	55318	55318
396	396						1533	1533	1088	1088
165		165					465	418	372	372
13472			8231	5241			38860	38860	28297	28297
13472			8231	5241			38860	38860	28297	28297
23241			11302	11939			41311	41302	25255	25255
2556			445	2111			7935	7935	4778	4778
150				150			308	308	212	212
20535			10858	9678			33069	33060	20265	20265
78				78			519	519	307	307
4825					4825		840	840	237	237
4825					4825		840	840	237	237
62				50		12	2219	2219	1648	1648
62				50		12	2219	2219	1648	1648
396	396						1533	1533	1088	1088
165		165					465	418	372	372
34863			17733	17130			78317	78309	52522	52522
5825			1000		4825		1236	1236	537	537
62				50		12	2219	2219	1648	1648
928			800	128			1977	1977	1036	1036
41831	396	165	19483	16950	4825	12	84257	84202	56236	56236
50				50			320	320	217	217
358			50	308			1170	1170	750	750
3000			1000	2000			4779	4779	2222	2222
37586	396	165	18267	13972	4775	12	69809	69754	46725	46725
1653			267	1336	50		11158	11158	8256	8256

12—15 续表2

	三、损益及分配								
	营业税金及附加	主营业务税金及附加	其他业务利润	销售费用	管理费用	税金	财务费用	利息收入	利息支出
合计	**3946**	**3185**	**320**	**9756**	**8704**	**280**	**1068**	**6**	**702**
1、按餐饮行业小类分									
正餐服务	3858	3097	196	9472	8215	280	1063	6	702
快餐服务	59	59		257	381		3		
其他餐饮业	29	29	124	26	109		3		
小吃服务	29	29	124	26	109		3		
2、按登记注册类型分									
内资企业	3850	3089	320	9416	8524	262	1068	6	702
国有企业	91	91		111	242	3			
集体企业	17	17			25				
有限责任公司	953	953		2523	3393	155	275	2	30
其他有限责任公司	953	953		2523	3393	155	275	2	30
私营企业	2747	1986	320	6711	4763	103	792	4	672
私营独资企业	272	272		778	880	26	29	1	2
私营合伙企业	10	10		59	5				
私营有限责任公司	2465	1704	320	5874	3879	77	763	3	670
其他企业	42	42		70	100	1	1		
港、澳、台商投资企业	45	45		248	129	4			
港澳台商独资企业	45	45		248	129	4			
外商投资企业	51	51		92	52	13			
中外合资经营企业	51	51		92	52	13			
3、按控股情况分									
国有控股	91	91		111	242	3			
集体控股	17	17			25				
私人控股	3639	2878	320	8852	7772	236	1055	6	702
港澳台商控股	45	45		272	156	4			
外商控股	51	51		92	52	13			
其他	103	103		429	457	23	13		
4、按经营形式分									
独立门店	3870	3109	320	9719	8537	279	1066	6	702
连锁总店（总部）	2	2		19	36	1			
其他	74	74		19	130		3		
5、按单位规模分									
中型	167	167		1134	1083	22	311	1	293
小型	3338	2577	320	8371	7215	243	730	5	397
微型	442	442		251	406	14	27		12

单位：万元

资产减值损失	公允价值变动收益	投资收益	营业利润	营业外收入	政府补助	营业外支出	利润总额	应交所得税	四、人工成本 应付职工薪酬(本年贷方累计发生额)	应交增值税	五、从事住宿和餐饮业活动的从业人员平均人数(人)
83	**-1**	**-39**	**5704**	**1343**	**213**	**869**	**3942**	**708**	**12612**	**460**	**3509**
83	-1	-39	5635	1339	213	867	3877	692	12204	404	3390
			31				25	9	284	56	77
			38	4		2	39	6	125		42
			38	4		2	39	6	125		42
83	-1	-39	5147	1341	213	868	3776	708	12254	394	3404
			1	1046		729	318		379		69
			51						39		11
			3500	217	213	120	2053	252	4389	202	1043
			3500	217	213	120	2053	252	4389	202	1043
83	-1	-39	1595	79		20	1406	456	7382	192	2265
			1215	64			1240	138	928	118	326
			22				22	7	60		24
83	-1	-39	359	15		19	144	311	6394	73	1915
									66		16
			181	2			165		216		56
			181	2			165		216		56
			376						142	67	49
			376						142	67	49
			1	1046		729	318		379		69
			51						39		11
83	-1	-39	5030	296	213	139	3439	682	11251	394	3177
			225	2			210		258		66
			376						142	67	49
			21			1	-24	26	543		137
83	-1	-39	5615	1343	213	859	3868	706	12300	457	3407
			45				45	1	85	3	20
			43			9	28		227		82
			-138	70		7	-76	30	915		304
80		-38	4069	1271	211	749	2774	609	11292	389	3092
3	-1	-1	1773	2	2	112	1243	69	406	71	113

12—16 限额以上批发业和零售业连锁经营情况

单位:万元

	连锁总店数(个)	商品购进总额	统一配送商品购进额	自有配送中心配送商品购进额	非自有配送中心配送商品购进额	商品销售额	其中:零售额
总计	**33**	**410592**	**279369**	**74099**	**4017**	**882774**	**778045**
一、按登记注册类型分							
内资企业	32	410592	279369	74099	4017	523325	461091
国有企业	1	10937	10937	10937		10939	
有限责任公司	14	159222	83575	21094		210375	205406
其他有限责任公司	14	159222	83575	21094		210375	205406
股份有限公司	2	98941	98941			158110	141708
私营企业	15	141491	85915	42068	4017	143901	113977
私营有限责任公司	14	137926	82350	38503	4017	141487	111562
私营股份有限公司	1	365	3565	3565		2415	2415
外商投资企业	1					359449	316954
中外合资经营企业	1					359449	316954
二、按行业分							
批发业	5	79089	22045	17098		77000	31168
食品、饮料及烟草制品批发	2	69576	15884	10937		66033	26923
医药及医疗器材批发	1	3555	3555	3555		3997	2719
矿产品、建材及化工产品批发	2	5958	2606	2606		6970	1526
零售业	28	331503	257324	57000	4017	805774	746878
综合零售	11	122496	94993	25356	4017	146625	146625
食品、饮料及烟草制品专门零售	1	5685	5685			6194	6194
医药及医疗器材专门零售	5	27383	27383	22577		25773	25773
汽车、摩托车、燃料及零配件专门零售	8	148250	101574	2633		571844	512948
家用电器及电子产品专门零售	3	27689	17689	6435		55338	55338
三、按业态分							
便利店	1	18295	18295			17494	17494
超　市	9	62912	35410	25356	4017	77346	77346
百货店	1	41289	41289			51785	51785
专业店	17	216727	167573	42572		668110	593306
其中:加油站	4	143734	98941			567061	508165
专卖店	3	10125	9250	3565		9666	9666
其　他	2	61245	7553	2606		58373	28449

12—17 亿元以上商品交易市场主要经济指标

指　　标	市场数（个）	总摊位数（个）	年末出租摊位数（个）	营业面积（平方米）	成交额（万元）
总　计	**9**	**3447**	**3347**	**257950**	**1158585**
一、按市场类别分组					
1、综合市场	5	2829	2746	187565	872101
工业消费品综合市场	1	630	630	13500	15803
农产品综合市场	2	724	718	14170	82225
其他综合市场	2	1475	1398	159895	774073
2、专业市场	4	618	601	70385	286484
生产资料市场	1	62	55	15500	229745
农用生产资料市场	1	62	55	15500	229745
农产品市场	1	62	23	40000	35248
粮油市场	1	23	23	40000	35248
黄金、珠宝、玉器等首饰市场	1	165	155	165	11066
旧货市场	1	368	368	14720	10425
古玩、古董、字画市场	1	368	368	14720	10425
二、按营业状态分组					
1、常年营业	9	3447	3347	257950	1158585
三、按经营方式分组					
1、以批发为主	4	2044	1968	219000	1039796
2、以零售为主	5	1403	1379	38950	118789
四、按经营环境分组					
1、露天式					
2、封闭式	7	2869	2785	245985	1102808
3、其　他	2	578	562	11965	55777

12—18　亿元以上商品交易市场成交情况(2015年)

指　　标	年末出租摊位数(个)	成　交　额(万元)
总　　计	**3347**	**158585**
1、粮油、食品类	712	234533
其中:粮油类	124	64055
肉禽蛋类	155	22695
水产品类	143	13543
蔬菜类	176	14068
干鲜果品类	114	120172
2、饮料类	86	116195
3、烟酒类	89	117555
4、服装、鞋帽、针纺织品类	915	341044
(1)服装类	802	297470
(2)鞋帽类	76	32460
(3)针纺织品类	37	11114
5、化妆品类	24	3400
6、金银珠宝类	205	19078
7、日用品类	124	28053
8、五金、电料类	201	1954
9、体育、娱乐用品类	8	431
12、家用电器和音像器材类	209	6581
14、文化办公用品类	31	8122
15、家具类	5	1037
22、建筑及装潢材料类	66	1371
23、机电产品及设备类	120	4843
25、种子饲料类	55	229745
27、其他类	497	44643

12—19 分县(市、区)社会消费品零售总额(2008-2015)

单位：万元

	2008		2009		2010		2011	
	总额	增长%	总额	增长%	总额	增长%	总额	增长%
全　市	**3427497**	**18.6**	**3882237**	**13.3**	**4311474**	**11.1**	**4935443**	**14.5**
市　直	271014	21.8	647969	-3.1	527659	-18.6	423713	-19.7
芗城区	636409	14.3	685263	21.9	815911	19.1	964407	18.2
龙文区	153112	24.6	244353	38.6	316627	29.6	374351	18.2
龙海市	611025	18.1	593994	15.0	675931	13.8	785358	16.2
云霄县	223999	17.2	223711	13.0	254093	13.6	304548	19.9
漳浦县	436030	19.8	418742	13.5	483930	15.6	581171	20.1
诏安县	307162	17.7	312765	13.9	358137	14.5	433361	21.0
长泰县	102313	23.8	102407	13.1	121038	18.2	145782	20.4
东山县	171708	19.6	161130	14.1	188913	17.2	223691	18.4
南靖县	196080	19.2	189702	12.5	215599	13.7	264251	22.6
平和县	257028	20.6	234844	15.7	272223	15.9	326121	19.8
华安县	61617	20.8	67357	14.0	81413	20.9	108688	33.5

12—19 续表

单位：万元

	2012		2013		2014		2015	
	总额	增长%	总额	增长%	总额	增长%	总额	增长%
全　市	**5463508**	**10.7**	**6178457**	**13.1**	**6921977**	**12.0**	**7769894**	**12.2**
市　直	158043	-62.7	156833	-0.8	153038	-3.1		
芗城区	1107212	14.8	1253907	13.2	1365104	8.9	1670198.8	9.7
龙文区	481757	28.7	626859	30.1	786633	25.5	987916.1	20.0
龙海市	893245	13.7	975525	9.2	1071230	9.8	1126244.8	6.3
云霄县	360983	18.5	405978	12.5	459879	13.3	536597.8	14.1
漳浦县	682271	17.4	768229	12.6	858198	11.7	926219.0	12.2
诏安县	523554	20.8	596276	13.9	673081	12.9	814378.8	16.7
长泰县	172096	18.1	194812	13.2	224553	15.3	264029.6	19.4
东山县	260695	16.5	288253	10.6	319179	10.7	345824.6	9.2
南靖县	304477	15.2	322564	5.9	354902	10.0	381033.6	9.3
平和县	382443	17.3	427404	11.8	475250	11.2	491772.6	10.7
华安县	136732	25.8	161817	18.3	180931	11.8	225678.5	17.3

注：由于2010年批发零售业、住宿餐饮业统计制度修改，分县口径与2007-2009年不一致；2013年数据根据第三次经济普查结果调整；2015年起芗城区包含市直数据。

12—20 分县(市、区)限额以上贸易相关指标(2015年)

单位：万元

	限额以上贸易法人企业								限额以上法人及评估后的产业个体的消费品零售额	
	批发业销售额		零售业销售额		住宿业营业额		餐饮业营业额			
	总量	增长%	总量	增长%	总量	增长%	总量	增长%	总量	增长%
全　市	**5666127**	**16.6**	**2709400**	**9.4**	**88599**	**16.3**	**226886**	**30.9**	**3271077**	**15.2**
芗城区	2674124	1.6	1101901	−10.3	29113	3.7	18021	6.4	683458	9.1
#市　直	1149694	−5.2	651774	−22.2	20795	−2.0	1018	−20.8	106871	−21.2
区　属	1524430	7.3	450127	15.2	8318	21.6	17004	8.7	576587	17.5
龙文区	1321047	30.0	697826	22.1	2734	57.6	14451	−21.2	875155	21.5
龙海市	387462	−6.6	84743	10.2	4381	6.1	22583	20.6	229651	−7.5
#龙海市辖	157921	3.9	71194	12.6	2062	−3.7	20834	22.8	175386	−6.3
漳州开发区	16934	−77.7	4101	−15.2	2320	16.7			5327	−8.3
台商投资区	212607	13.7	9448	7.3			1750	−0.2	48938	−11.3
云霄县	51187	28.1	138361	44.0	11574	7.3	28327	67.7	238908	20.3
#云霄县辖	47586	26.1	114457	33.9	11574	7.3	24666	57.1	191966	26.7
常山开发区	3601	61.5	23904	124.8			3661	207.5	46943	−0.2
漳浦县	19654	−41.2	144075	47.8	24863	42.8	42888	46.2	308219	15.4
#漳浦县辖	15302	−8.7	144075	47.8	24863	42.8	41777	48.3	307137	15.5
古雷开发区	4351	−73.9					1111	−5.2	1083	−4.5
诏安县	107911	15.6	234994	45.2	7555	30.8	33327	36.7	346937	28.0
长泰县	96169	134.3	66937	38.0			12867	78.6	121883	31.6
东山县	640084	121.3	51270	10.6	3371	−15.5	19597	32.5	93519	6.3
南靖县	68078	12.9	51449	29.5	3107	14.4	15955	22.8	108119	7.7
平和县	137183	22.5	66191	17.1	1226	38.3	3980	48.2	115865	12.3
华安县	163228	30.5	71653	33.1	675	3.1	14889	34.7	149362	21.5

注：本表数据为快报定案数。

12—21 分县(市、区)限额以上法人企业单位数(2015年)

单位：户

	合计	其中：			
		批发	零售	住宿	餐饮
全　市	**822**	**275**	**406**	**57**	**84**
市　直					
芗城区	203	93	79	14	17
龙文区	119	42	68	6	3
龙海市	85	40	31	4	10
#龙海市辖	61	24	25	3	9
漳州开发区	5	3	1	1	
台商投资区	19	13	5		1
云霄县	64	10	40	4	10
#云霄县辖	58	9	36	4	9
常山开发区	6	1	4		1
漳浦县	76	8	46	10	12
#漳浦县辖					
古雷开发区					
诏安县	48	16	27	3	2
长泰县	51	10	35		6
东山县	43	5	23	9	6
南靖县	34	10	15	4	5
平和县	51	20	20	2	9
华安县	48	21	22	1	4

主要指标解释

商品购进总额 指从本企业以外的单位和个人购进(包括从国(境)外直接进口)作为转卖或加工后转卖的商品。本指标由从生产者购进额、从批发零售贸易业购进额、进口额和其他项目组成。这个指标反映批发零售贸易企业从国内、国外市场上购进商品的总量。

商品销售总额 指对本企业以外的单位和个人出售(包括对国(境)外直接出口的)商品(包括售给本单位消费用的商品)。本指标由对生产经营单位批发额、对批发零售贸易业批发额、出口额和对居民和社会集团商品零售额项目组成。这个指标反映批发零售贸易企业在国内市场上销售商品以及出口商品的总量。

社会消费品零售额 指各种经济类型的批发零售贸易业、餐饮业和其他行业对城乡居民和社会集团的消费品零售额总和。这个指标反映通过各种商品流通渠道向居民和社会集团供应的生活消费品来满足他们生活需要,是研究人民生活、社会消费品购买力、货币流通等问题的重要指标。

对居民的消费品零售额 指售给城乡居民用于生活消费的商品。对社会集团的消费品零售额:指售给机关、团体、部队、学校、企业、事业单位和城市街道居民委员会、农村村民委员会用公款购买的用作非生产、非经营使用的消费品。

按行业分 指将社会消费品零售总额按经营企业、单位本身的业务性质划分。用以反映各行业在社会消费品零售渠道中的比重和作用。

批发零售贸易业零售额 指专门从事商品转卖业务的各种经济类型独立核算的批发零售贸易企业以及个体和其他行业附营的批发零售贸易单位直接售给居民和社会集团的消费品零售额。

住宿和餐饮业零售额 是指住宿和餐饮企业、产业活动单位因为为顾客提供就餐服务得到的餐费收入或出售商品所取得的收入。

住宿和餐饮业营业额 指住宿和餐饮企业、产业活动单位在经营活动中因提供服务或销售商品等取得的收入。包括客房收入、餐费收入、商品销售收入和其他收入。

其他行业零售额 指批发零售贸易业、餐饮业以外的其他行业的直接零售额。包括各种经济类型的交通运输业、邮电业、建筑业、居民服务业、公用事业出版社等行业的零售额(跨行业的经济联合组织的零售额,按其主营活动确定其所属行业,列入该行业的零售额内)。

按销售地区分 指将社会消费品零售额按经营机构所在地所作划分。用以研究反映城乡商品销售变化情况。

市的零售额 指设立在中央直辖市,省、地辖市的市区和郊区以及县级市的市区的各行业消费品零售额,不包括市属县的消费品零售额。

县的零售额 指设立在县城关区的各行业消费品零售额。

县以下的零售额 指设立在县城关以及县级市的市区以外的集镇和农村的各行业消费品零售额。但不包括分布在农村的独立工矿、林区的商品零售额,这部分零售额,凡属市直辖的列入"市的零售额"中,凡属县直辖的列入"县的零售额"中。

城乡集市贸易成交额 指在农村集市和城市集市上买卖双方(包括农民、非农业居民、机关、团体、工商企业、个体商贩)成交全部商品金额,是反映集市贸易规模的综合性指标。

亿元商品交易市场成交额 指经工商部门批准、专门从事商品批发、零售业务活动年成交额在亿元以上的市场的所有摊位商品交易额之和。

连锁企业(或称连锁店、连锁公司) 指在核心企业或总店的领导下,由分散的、经营同类商品或服务的企业或活动单位,采取共同方针,实行集中采购和分散销售的有机结合,通过规范化经营,实现规模效益的经济联合组织形式。一般连锁店应由若干个分店组成。其经营特征:(1)经营同类商品;(2)使用统一商号;(3)统一采购配送,采购与销售相分离(部分商品可根据物流合理和保质保鲜原则,由供应商直接送货到门店,其余均由总部统一配送)。

连锁门店的形式分为直营连锁和加盟连锁。

直营连锁也叫正规连锁。指连锁门店均由总部独资或控股开设,在总部的直接领导下统一经营。总部采取纵深似的管理方式,直接下令掌管所有的零售门店,零售门店也必须完全接受总部指挥。这是大型垄断商业资本通过吞并、兼并或独资、控股等途径,发展壮大自身实力和规模的一种形式。

加盟连锁包括特许连锁和自由连锁两种形式。

特许连锁指各连锁门店(被特许人)通过合同形式,取得使用总部(特许人)商标、商号、经营技术和销售总部开发的商品的特许权,各加盟连锁门店为独立法人,在总部指导下统一经营。

自由连锁也称自愿连锁。指连锁公司的门店均为独立法人,各自的资产所有权关系不变,在公司总部的指导下共同经营。各成员店使用共同的店名,与总部订阅有关购、销、宣传等方面的合同,并按合同开展经营活动。在合同规定的范围之外,各成员店可以自由活动。根据自愿原则,各成员店可自由加入连锁体系,也可自由退出。

第十三篇　对外经济贸易

13—1 主要年份全国、全省、全市进出口贸易额

年份	全国				全省				漳州			
	进出口总额(亿美元)	出口		进口	进出口总额(亿美元)	出口		进口	进出口总额(亿美元)	出口		进口
		总量	指数(以上年为100)			总量	指数(以上年为100)			总量	指数(以上年为100)	
1950	11.30	5.50	100.0	5.80								
1951	19.60	7.60	138.2	12.00								
1952	19.40	8.20	107.9	11.20	0.09	0.02		0.07				
1953	23.70	10.20	124.4	13.50	0.06	0.04	153.3	0.03				
1954	24.40	11.50	112.7	12.90	0.08	0.04	102.8	0.04				
1955	31.40	14.10	122.6	17.30	0.06	0.05	137.7	0.01				
1956	32.10	16.50	117.0	15.60	0.07	0.07	137.2	0.01				
1957	31.00	16.00	97.0	15.00	0.15	0.14	200.1	0.01				
1958	38.70	19.80	123.8	18.90	0.40	0.32	235.8	0.08				
1959	43.80	22.60	114.1	21.20	0.24	0.22	67.6	0.02				
1960	38.10	18.60	82.3	19.50	0.20	0.17	80.3	0.03				
1961	29.40	14.90	80.1	14.50	0.17	0.11	65.7	0.06				
1962	26.60	14.90	100.0	11.70	0.12	0.10	89.7	0.01				
1963	29.20	16.50	110.7	12.70	0.14	0.13	125.3	0.01				
1964	34.70	19.20	116.4	15.50	0.22	0.19	148.3	0.03				
1965	42.50	22.30	116.1	20.20	0.31	0.25	132.9	0.05				
1966	46.20	23.70	106.3	22.50	0.37	0.31	123.2	0.06				
1967	41.60	21.40	90.3	20.20	0.31	0.26	83.3	0.05				
1968	40.50	21.00	98.1	19.50	0.30	0.25	97.0	0.05				
1969	40.30	22.00	104.8	18.30	0.31	0.31	121.8					
1970	45.90	22.60	102.7	23.30	0.38	0.35	114.5	0.03				
1971	48.40	26.40	116.8	22.00	0.47	0.39	111.5	0.08				
1972	63.00	34.40	130.3	28.60	0.70	0.58	146.3	0.12				
1973	109.80	58.20	169.2	51.60	1.17	1.08	186.8	0.09				
1974	145.70	69.50	119.4	76.20	1.47	1.38	128.0	0.09				
1975	147.50	72.60	104.5	74.90	1.30	1.22	88.6	0.08				
1976	134.30	68.50	94.4	65.80	1.24	1.11	91.0	0.13				
1977	148.00	75.90	110.8	72.10	1.39	1.29	116.3	0.10				
1978	206.40	97.50	128.5	108.90	2.03	1.90	147.2	0.12				
1979	293.30	136.60	140.1	156.70	2.74	2.46	129.6	0.28				
1980	381.40	181.19	132.6	200.17	5.05	3.64	147.5	1.42				

注:全国1979年及以前为外贸业务统计数,1980年起为海关进出口统计数;漳州1981年-1994年为业务口径,1995年以后为海关口径。

13—1 续表

年份	全国				全省				漳州			
	进出口总额(亿美元)	出口		进口	进出口总额(亿美元)	出口		进口	进出口总额(亿美元)	出口		进口
		总量	指数(以上年为100)			总量	指数(以上年为100)			总量	指数(以上年为100)	
1981	440.30	220.10	121.5	220.20	6.08	4.01	110.3	2.07	0.02	0.01		0.01
1982	416.10	223.20	101.4	192.90	5.51	3.70	92.3	1.80	0.01	0.01	91.0	
1983	436.20	222.30	99.6	213.90	5.64	3.70	99.9	1.94	0.01	0.01	134.6	
1984	535.50	261.40	117.6	274.10	6.65	3.92	105.9	2.73	0.04	0.03	307.3	
1985	696.00	273.50	104.6	422.52	9.01	5.57	142.3	3.44	0.05	0.05	146.0	
1986	738.50	309.40	113.1	429.10	13.48	6.86	123.2	6.61	0.11	0.10	209.4	0.01
1987	826.50	394.40	127.5	432.10	18.45	9.04	131.7	9.41	0.14	0.14	136.4	
1988	1027.90	475.20	120.5	552.70	28.43	14.16	156.6	14.27	0.31	0.29	206.2	0.02
1989	1116.80	525.40	110.6	591.40	34.22	18.28	129.1	15.94	0.54	0.50	173.6	0.03
1990	1154.40	620.91	118.2	533.45	43.39	24.49	134.0	18.90	0.97	0.94	188.6	0.02
1991	1357.00	719.10	115.8	637.91	57.48	31.47	128.5	26.00	1.47	1.45	154.2	0.01
1992	1655.30	849.40	118.1	805.85	80.59	43.87	139.4	36.72	2.03	2.00	137.7	0.03
1993	1957.00	917.44	108.0	1039.59	100.38	51.56	124.6	48.82	3.42	3.13	156.3	0.29
1994	2366.20	1210.06	131.9	1156.14	121.90	64.30	124.7	57.59	4.54	4.23	135.2	0.31
1995	2808.60	1487.80	123.0	1320.84	144.46	79.08	123.0	65.38	5.59	5.27	124.6	0.32
1996	2898.80	1510.48	101.5	1388.33	155.13	83.83	106.0	71.30	6.63	3.60	68.4	3.03
1997	3251.60	1827.92	121.0	1423.70	181.89	102.65	122.5	79.24	6.74	4.07	113.0	2.66
1998	3239.50	1837.09	100.5	1402.37	171.53	99.58	97.0	71.95	11.11	4.57	112.2	6.54
1999	3606.30	1949.31	106.1	1656.99	176.19	103.52	104.0	72.68	10.17	4.80	105.0	5.37
2000	4742.90	2492.03	127.8	2250.94	212.20	129.06	124.7	83.14	9.89	5.75	119.8	4.14
2001	5096.50	2660.98	106.8	2435.53	226.30	139.26	107.9	87.04	10.08	6.23	108.2	3.85
2002	6207.70	3255.96	122.4	2951.70	283.97	173.71	124.7	110.27	12.25	7.78	125.0	4.47
2003	8509.85	4382.28	134.6	4127.60	353.26	211.32	121.7	141.94	20.77	12.23	157.2	8.53
2004	11545.50	5933.26	135.4	5612.29	475.27	293.95	139.1	181.32	32.44	21.56	176.3	10.88
2005	14219.10	7619.53	128.4	6599.53	544.11	348.42	118.5	195.69	37.07	25.98	120.5	11.10
2006	17604.40	9689.78	127.2	7914.61	626.60	412.62	118.4	213.98	42.64	29.82	114.8	12.82
2007	21765.70	12204.56	126.0	9561.16	744.47	499.38	121.0	245.10	46.49	34.17	114.6	12.31
2008	25632.55	14306.93	117.2	11325.67	848.21	569.92	114.1	278.29	53.18	38.76	113.4	14.42
2009	22075.35	12016.12	84.0	10059.23	796.50	533.19	93.6	263.30	48.04	33.87	99.1	14.17
2010	29739.98	15777.54	131.3	13962.44	1087.83	714.93	134.1	372.90	74.09	50.70	149.7	23.39
2011	36418.64	18983.81	120.3	17434.84	1435.22	928.38	129.9	506.85	96.99	64.91	128.0	32.08
2012	38671.20	20487.14	107.9	18184.05	1559.38	978.33	105.4	581.05	94.31	65.91	107.7	28.40
2013	41589.93	22090.04	107.8	19499.89	1693.21	1064.74	108.8	628.46	97.38	71.08	107.7	26.29
2014	43030.37	23427.47	106.1	19602.90	1774.99	1134.57	106.6	640.42	113.26	81.32	114.4	31.94
2015	39586.40	22765.70	97.20	16820.70	1693.84	1130.40	99.28	563.44	93.42	74.72	92.80	18.70

13—2 进出口总额(1982–2015)

年 份	进出口总额(万美元)	出 口	进 口	年 份	进出口总额(万美元)	出 口	进 口
1982	94	81	13	1999	101678	48018	53660
1983	125	109	16	2000	98946	57527	41419
1984	350	335	15	2001	100767	62263	38505
1985	496	489	7	2002	122509	77833	44676
1986	1147	1024	123	2003	207678	122333	85345
1987	1409	1397	12	2004	324396	215627	108769
1988	3108	2881	227	2005	370720	259767	110953
1989	5357	5002	255	2006	426387	298172	128215
1990	9654	9432	222	2007	464861	341724	123136
1991	14651	14548	103	2008	531838	387597	144241
1992	20332	20031	301	2009	480379	338693	141686
1993	34152	31299	2853	2010	740868	506987	233881
1994	45357	42303	3054	2011	969916	649134	320782
1995	55878	52705	3173	2012	943172	659103	284069
1996	66328	36045	30283	2013	973767	710821	262946
1997	67358	40740	26618	2014	1132592	813173	319419
1998	111100	45719	65381	2015	934178	747166	187012

注:1981年–1994年为业务口径,1995年以后为海关口径。

13—3 按主要贸易方式分出口商品贸易额(2003–2015)

单位:万美元

	2003	2004	2005	2006	2007	2008	2009	2010	2011	2012	2013	2014	2015
合 计	**121569**	**214714**	**258244**	**296418**	**340377**	**387597**	**338693**	**506987**	**649134**	**659103**	**710821**	**813173**	**747166**
# 一般贸易	45320	71142	94957	116447	150931	200819	213530	337520	459969	515507	567287	633762	577965
来料加工贸易	2538	2386	3167	2672	3415	5177	4372	6058	10529	4844	4207	7101	7510
进料加工贸易	73711	141186	160120	177299	186031	181045	120602	150332	157057	125937	139248	172310	161605
保税仓库进出境货物								12122	21464	12815	13		40

13—4 按主要贸易方式分进口商品贸易额(2003-2015)

单位：万美元

	2003	2004	2005	2006	2007	2008	2009	2010	2011	2012	2013	2014	2015
总　　计	**85320**	**108745**	**110934**	**127976**	**122942**	**144241**	**141686**	**233881**	**320782**	**284069**	**262946**	**319419**	**187012**
#一般贸易	37231	41057	32858	45116	50665	67264	89164	121660	187807	215598	215598	242647	121370
华侨、港澳台胞、外籍华人捐赠物资	3.38												
来料加工装配贸易	1499	1621	2597	2063	2164	10604	4430	5718	8539	3735	3344	6399	7510
进料加工贸易	37547	59455	61049	72199	60890	56345	42404	53222	49059	38479	50286	55652	51951
来料加工装配进口的设备									416				
外商投资企业作为投资进口的设备、物品	9040	6612	13329	5458	3467	4045	1379	12211	36699	12896	2788	958	90
保税仓库进出境货物			1101	3140	5758	5810	2732	39234	36851	10947	4192	6193	6503

13—5 按企业性质分进出口商品贸易额(2003-2015)

单位：万美元

	2003	2004	2005	2006	2007	2008	2009	2010	2011	2012	2013	2014	2015
进出口总额	**207678**	**324396**	**370720**	**426387**	**464861**	**531838**	**480379**	**740868**	**969916**	**943172**	**973767**	**1132592**	**934178**
出口总额	122333	215627	259767	298172	341724	387597	338693	506987	649134	659103	710821	813173	747166
#机电产品	55034	122381	142302	154811	137085	193125	130757	178163	194053	128992	205593	260329	237315
#高新技术产品	10771	9207	4652	19117	28058	30808	18406	23698	24270	14472	38864	56707	43158
#有进出口经营权													
国有企业	19119	21662	23054	21779	23291	23689	22116	26975	29975	28406	23390	22177	19993
民营企业	5851	13261	25868	37660	51335	76049	92163	169549	267692	314918	347416	422734	406944
外商投资企业	97363	180704	210844	238733	267098	287838	224414	310463	351467	315779	340015	368791	320230
进口总额	85345	108769	110953	128215	123136	144241	141686	233881	320782	284069	262946	319419	187012
#机电产品	32238	38410	47565	39727	25528	35889	27264	75589	82953	83869	61330	55184	37482
#高新技术产品	3535	2735	5693	4262	3805	18422	13204	24811	16667	19350	25255	28250	18948
#有进出口经营权													
国有企业	1347	727	2278	2898	4358	3654	4408	10191	14981	15325	22709	28308	19425
民营企业	14444	18245	3016	2394	3868	4120	7082	24760	58327	39814	30280	66250	49720
外商投资企业	69554	89797	105659	122924	114910	136431	130196	198020	247474	219855	209957	224436	117867

13—6 按主要国别(地区)分出口商品贸易额(2003-2015)

单位：万美元

	2003	2004	2005	2006	2007	2008	2009	2010	2011	2012	2013	2014	2015
总计	**122333**	**215627**	**259767**	**298172**	**341671**	**387597**	**338693**	**506987**	**649134**	**659103**	**710821**	**813173**	**747166**
亚洲	43136	62645	76780	90654	106508	130396	143492	227981	349998	368609	376328	406785	410459
# 中国香港	8631	8140	11833	10624	16602	15843	12717	24885	57450	65356	74886	94107	61126
中国澳门	55	13	21	13	10	20	8	3		660	6		82
中国台湾	4315	8626	9434	10528	12658	17804	25754	46152	62389	74796	80524	119129	104302
日本	17348	23195	28441	36613	33750	34832	33557	46925	80098	69220	60616	65330	60409
菲律宾	752	1317	1730	2265	3914	6902	13103	15356	16013	16211	18270	21000	24107
韩国	1734	2606	3140	4908	5711	5881	6742	7144	12124	16537	14837	15021	18300
泰国	870	1124	1594	2378	3277	4453	5299	8566	11424	20816	25412	32417	43569
印度尼西亚	754	1318	1588	2023	2338	4326	6507	14252	13959	11349	10100	11057	10694
马来西亚	1812	2383	3477	3714	6076	10800	10544	15053	22319	32244	31855	28767	18666
新加坡	980	1381	2149	2684	3952	5613	7395	6457	17571	8671	13593	18247	14670
阿拉伯联合酋长国	719	1286	1935	2098	2704	3014	2850	2252	3558	2884	3398	4493	4206
欧洲	24103	40212	47794	63592	87765	94291	65755	95084	104951	100728	126007	139940	119857
# 德国	4507	6397	6572	9307	13014	12030	11159	14142	18875	19507	20198	24291	18304
法国	1646	2974	4153	6110	9336	9355	5455	8715	9583	9031	9838	12437	11010
意大利	1804	3226	3610	5197	7678	6708	6420	10527	10273	9554	14208	14837	12777
芬兰	228	445	980	1195	1370	1299	469	406	439	570	858	729	781
英国	5807	8441	8166	8692	8859	9243	8447	12749	11980	13310	13793	16261	19629
丹麦	377	544	753	1203	3736	5743	734	2740	5931	3671	1563	1234	754
瑞典	369	598	1005	921	1516	1214	1019	1709	1677	1955	3301	4320	2936
瑞士	160	307	795	677	872	972	469	459	1569	497	440	503	664
西班牙	1678	3085	4052	5861	5203	4921	3633	6545	7178	6080	13427	11659	12165
北美洲	47058	93975	116380	116285	108927	125121	90670	136870	138496	129370	136901	135719	144837
# 加拿大	3092	5852	7820	7457	9747	11371	9388	11674	10607	11084	10376	9570	8423
美国	43966	88123	108452	108828	99180	113750	81282	125196	127889	118740	126526	126148	136414
大洋洲	3122	5626	5928	6904	10324	10488	11850	12490	16117	11001	14494	18697	13966
# 澳大利亚	2662	4878	5119	6148	8932	9495	9656	10563	13005	12423	11517	14364	9147
拉丁美洲	3286	8966	9430	16770	22004	18655	19493	23826	26176	28156	37943	37268	35537
非洲	1628	4203	3455	3966	6143	8234	7326	10591	12654	14586	18047	22042	22510

13—7 按主要国别(地区)分进口商品贸易额(2003-2015)

单位：万美元

	2003	2004	2005	2006	2007	2008	2009	2010	2011	2012	2013	2014	2015
总　计	**85345**	**108769**	**110953**	**128215**	**123133**	**144241**	**141686**	**233881**	**320782**	**284069**	**262946**	**319419**	**187012**
亚　洲	55666	70372	79418	81857	81374	79076	75169	128143	143421	133745	127938	165250	101020
#中国香港	2547	3123	1522	949	1646	813	2169	1489	2656	2385	1960	2714	860
中国澳门	13	2											
中国台湾	29811	34216	43746	42000	42367	39458	32759	43624	48552	50325	48641	59735	104302
日　本	11814	12585	8655	9138	4959	4507	9947	30861	26386	22058	14558	16477	15858
菲律宾	242	255	264	399	326	339	401	677	775	602	1152	4071	445
韩　国	2331	4091	6689	8121	10261	9029	4553	10870	5048	6098	6948	20787	12718
泰　国	516	810	1406	726	1197	2984	2979	2250	1214	1351	2806	3907	2718
印度尼西亚	575	1393	804	5784	6060	4514	9055	9553	17446	26107	27879	12360	4402
马来西亚	1298	1628	1696	2323	2369	1880	1785	14284	10764	1536	2350	23330	1924
新加坡	1479	2678	2716	2223	1597	1743	1812	1536	3531	1242	1058	1190	1159
阿拉伯联合酋长国	42	150	27	56	57	21	77	75	4	51	287	230	6065
欧　洲	8560	11593	17538	23135	12482	16259	10260	23810	61447	55717	32980	36083	33684
#德　国	3774	2862	3645	4306	3389	3327	4263	5158	10222	20577	12627	6215	3969
法　国	401	251	648	391	222	162	334	1116	19293	2460	1124	1875	1947
意大利	1616	3099	3743	3802	4960	2673	1171	4515	14131	7601	5811	2517	3805
芬　兰	72	145	273	539	180	110	26	917	3342	3082	776	2145	460
英　国	651	674	2295	3860	948	900	369	1284	3285	1309	842	2402	3897
丹　麦	22	25	25	861	167	30	58	129	22	8	80	196	259
瑞　典	402	165	442	368	345	254	136	191	551	1597	535	1128	713
瑞　士	77	182	373	353	49	95	430	90	221	1941	794	371	167
西班牙	332	197	299	407	182	262	263	6175	401	4316	1008	610	1817
北美洲	10727	9832	8084	8802	15595	17636	20690	40739	44765	33535	25340	38078	21838
#加拿大	284	294	924	1683	2375	2571	2313	3718	6806	5015	5715	7725	3331
美　国	10444	9538	7154	6939	13220	15065	18377	37021	37959	28406	19496	30353	18507
大洋洲	511	3058	2841	8062	4437	8276	10677	18035	41058	29598	33075	34060	18851
#澳大利亚	358	2869	2548	7002	2245	6545	8253	12288	31087	18792	16093	18059	10104
拉丁美洲	9714	13614	2785	5985	7274	21052	23385	22321	27731	29552	39360	33391	8068
非　洲	167	299	287	375	971	1977	1351	539	2322	1819	4172	12537	3538

13—8 出口千万美元以上的商品(2007-2015)

单位：万美元

	2007	2008	2009	2010	2011	2012	2013	2014	2015
活动物、动物产品	6966	7973	44587	67459	108141	117502	144308	167269	152499
鱼及其他水生无脊椎动物	5886	5390	42142	67366	107873	117308	144192	167213	152354
冻　鱼	2793	1027	2574	3280	8636	38871	45854	39047	28546
植物产品	18365	21488	23126	28605	29469	27606	27706	25809	22076
活植物、茎、根、插花	1564	1892	2299	3157	3132	3407	3645	3089	3258
其他活植物、插枝及接穗;蘑菇菌	1546	1857	2286	3143	3096	3388	3357	2957	2772
食用蔬菜、根及块茎	12315	13318	13432	16676	16975	15473	14252	12888	9784
鲜或冷藏洋葱、青葱、大蒜、韭葱	1113	1282	3249	6310	3983	3584	2455	2029	1673
冷冻蔬菜	6843	7050	5940	5611	6688	6112	5526	5637	4329
食用水果及坚果;甜瓜等	3335	4860	6275	7162	6976	6073	5976	4394	4029
鲜或干的柑桔属水果	2085	3433	5126	5309	4891	3884	3931	2658	2276
食品、饮料、酒及醋、烟	46245	67704	48006	97848	150463	182055	163847	177928	169598
肉、杂碎或动物血制香肠等产品	1301	1443	1198	1534	2015	1986	758	522	
制作或保藏的蟹	7538	16028	11086	22853	47051	51010	44123	46155	45201
制作或保藏的虾	5747	10379	1188	10573	9834				
谷物粉、淀粉等或乳的制品	1038					2253	2264	2272	3071
蔬菜、水果等或植物其他部分	21369	23297	20525	28592	38529	39003	38811	42564	39220
化学工业及其相关工业的制品	4369	5413	4542	6467	8824	9613	12177	10972	13470
药　品	1267	1687	1667	1965	2344	3205	4376	3336	3859
片仔癀	1237	1639	1585	1880	2222	2967	4080	3027	3339
精油及香膏、芳香料制品	1737	1000	1429	2043	2926	2968	3716	4109	3629
塑料及其制品;橡胶及其制品	10741	11919	10415	13902	15600	16070	19040	19223	17836
塑料及其制品	10524	11702	10219	13626	15447	15859	18749	18857	17490
运输或包装货物的塑料制品	4611	5232	3634	4312	4960	5447	5676	6422	6216
革、毛皮及制品、箱包	2995	3601	3101	4009	5635	5029	4952	4335	5340
衣箱、手提包、及类似容器	2135	2581	2251	3097	5078	4068	4305	3263	4544
木及制品、木炭、软木	6052	5065	5896	7427	7716	8586	8096	8398	8620
胶合板、单板饰面板及类似的多层板	1980	1498	2898	2916	3134	3060	2192	1752	1392
建筑用木工制品	3021	2512	1960	2618	2329	2956	3128	3438	3533
纸及纸板、纸浆、纸或纸制品	1144	1002	827	1198	1196	2210	1949	1777	2589
纺织原料及纺织制品	11678	13603	15553	15336	16102	16817	22476	19254	16772
特种机织物;簇绒织物	1251	1441	1010	1356	1208	1267	1560	1515	1549
针织或钩编的服装及衣着附件	2697	3734	5216	4451	5333	5710	8153	6837	6060
非针织或非钩编的服装及衣着附件	1703	1753	2133	2146	2543	2680	3510	2954	2799
其他纺织制品;成套物品	3997	4359	5721	5446	4148	4764	5710	4947	3876
鞋帽伞等、羽毛品、人造皮革	8974	9737	6209	10100	11464	14289	12345	13753	13380
鞋靴、护腿和类似品及其零件	4117	4470	732	4222	4971	6068	6875	7564	7400
雨伞及阳伞	3672	4046	4227	4528	5116	4091	4078	4441	4714
折叠伞	1968	2246	2518	2604	2999	2241	2313	2422	2438
其他雨伞及阳伞	1698	1791	1700	1918	2107	1821	1757	1998	1804

13—8 续表

单位：万美元

	2007	2008	2009	2010	2011	2012	2013	2014	2015
矿物材料制品、陶瓷品	4896	6658	7608	8813	11116	11848	12552	15281	15296
矿物材料的制品	2346	2774	3124	2621	4260	4026	3762	5471	5650
陶瓷产品	2039	3062	3725	4519	5217	6283	6768	8145	8035
瓷制固定卫生设备	1553	2600	3166	3887	4392	5048	5800	6437	5848
贱金属及其制品	21053	21661	16227	30522	40977	28455	25610	55019	40480
钢　铁	8307	9234	7236	13881	16787	11177	7615	30439	15681
钢铁制品	8806	8218	5030	8854	10180	8269	9490	11328	10951
铝及其制品	476					3610	2887	7642	7934
贱金属器具、利口器、餐具	1582	2022	1424	1809	1816	2340	545	1591	1209
贱金属杂项制品	1683	1534	1588	2284	3050	3149	3429	2642	3816
机电、音像设备及其零件	120895	119898	81295	99352	105287	94952	120337	148689	122214
起重机等；移动式吊运架、跨运车	11318	8235	11161	3718	9783	9199	10062	17765	19526
电机、电气、音像设备及其零附件	101282	100439	60211	75857	72141	67796	80887	93364	71695
家用电动器具	4812	4803	2740	4283	4062	2047	2743	2487	2732
电热水器、浸入式液体加热器等	51068	48225	31300	38118	33244	28057	25742	25321	26041
电熨斗	10800	9060	6062	7314	4514	2714	1700	1445	1792
微波炉	2360	2963	360						
电炉、电锅、电热板、加热环	10511	8568	8698	9244	7814	6962	6709	5463	6326
视频信号录制或重放设备	19323	8095	2251	2558	1443		443	819	
雷达设备、无线电导航设备及无线电遥控设备	6478	8415	3337	750			81	69	
电视接收机	13542	7587	5413	5702	8143	2312	3340	3471	2022
车辆、航空器、船舶及浮动结构体	28370	32008	10390	31631	35552	25143	20142	25537	20099
集装箱（包括运输液体的集装箱）	19483	18985	605	17264	23283	12590	9512	11150	7467
车辆及其零附件	7619	11613	8834	13830	11606	12237	9659	13501	11873
船舶及浮动结构体	1262	1401	941				969	886	
光学、医疗等仪器、钟表	13789	15482	13570	17208	19888	19620	21076	21646	27156
光学、照相、医疗等设备	3686	4210	3757	4646	5180	5293	7107	6700	12288
钟表及其零件	8206	8922	8074	10514	12418	11770	11619	12612	12456
乐器及其零件、附件	1897	2350	1739	2049	2289	2557	2350	2335	2411
杂项制品	34844	42085	40964	54787	60110	65362	81316	99103	98892
家具、寝具等、灯具	25717	31395	28200	40070	46017	48900	61866	76884	79662
坐　具	10267	12415	11317	15425	17946	19405	18666	19432	18133
卧室用木家具	3886	3841	2735	3577	2844	3725	2537	2242	2716
其他木家具	2585	2983	3105	5559	7607	3725	9864	11513	10790
其他金属家具	6675	9023	7980	10675	10259	10764	7063	6450	7654
厨房用木家具	1121	1139	614				938	223	
玩具、游戏或运动用品	8010	9460	11555	12229	12234	14841	15790	18505	15737
体育运动或户外游戏用未列名的用品	5841	6742	7949	8115	8298	9548	10388	10711	9753
杂项制品	1117	1230	1208	2489	1859	3529	3660	3714	3493

13—9　进口千万美元以上的商品(2007-2015)

单位：万美元

	2007	2008	2009	2010	2011	2012	2013	2014	2015
活动物、动物产品	1528	1247	1034	1462	3777	2786	3097	2778	2814
鱼及其他水生无脊椎动物	1436			747	1156		891	2461	2223
植物产品	12284	26484	35937	47769	50841	44075	48160	50844	9754
黄大豆	11831	25878	34960	45422	48195	40290	42024	44244	5398
矿产品	7549	12348	16436	31569	72238	56315	42288	75211	24491
烟　煤	6260	11765	14947	16222	38670	38798	32232	22060	7888
化学工业及其相关工业的制品	9135	8655	5094	4593	16795	12455	6557	11624	15322
有机化学品	6175	6404	3258	2225	2403	2672	1213	7550	11490
鞣料、着色料、涂料、油漆及清漆	1815	1499	1143	1093	785		664	994	
塑料及其制品	12515	10695	8788	12432	18066	17843	21217	23823	18669
橡胶及其制品						1045	983	1196	
木及制品类	5221	5160	5291	10411	14569	14909	22162	20624	17512
原　木	2625	2507	3853	7482	12151	11961	18789	17126	13763
木浆等、废纸、纸、纸板	1554	2368	3547	4417	9053	6466	7307	10867	12306
木浆等纤维状纤维素浆	1305	2020	3040	3812	8093	5294	5816	9556	
回收(废碎)纸或纸板	1296	1417	1432	3256	6575	3953	2740	7134	6790
纺织原料及纺织制品	4369	3719	4403	4720	4580	3853	4023	4395	3188
化学纤维长丝	2270	1948	2182	1564	1466	1016	893	944	
化学纤维短纤	1068						323	309	
贱金属及其制品	30190	33757	28681	38322	43884	34748	40591	48868	27021
钢　铁	18203	18378	20492	24408	23850	18380	24686	34795	17066
钢铁制品	1388	1026	950	1153	1719	2805	2345	1852	1330
铜及其制品	1220	2130	1996	3441	4226	4074	4126	3474	2998
镍及其制品	2061			2290	2513	1308	1214	1089	
铝及其制品	6442	11620	4724	6091	10353	6882	7136	6905	4045
#铝废碎料	4363	8927	2478	4268	7679	4563	4973	5706	3956
#铝板、片及带	1967	1861	217	349	1060		22		
机电、音像设备及其零件	30042	27097	23013	69114	75366	76140	52220	47071	31266
龙头、旋塞、阀门及类似品	518			2097	3387	5612	769	5	
电机、电气、音像设备及其零附件	19593	16019	12360	15147	14623	24294	27198	31594	19935
电路开关、保护等电气装置,线路	1381	1271	884	1253	1389	1703	1724	1497	1035
电气控制或电力分配盘、板、台	1040					2885	466	1070	
集成电路及微电子组件	9024	7270	5534	6906	3394	2805	7061	8662	6103
绝缘电线、电缆及其他绝缘电导体	1621	1174	641			1918	2419	2595	1681
光学、照相、医疗等设备	4817	6479	2415	4080	4207	4880	4033	5698	4356
液晶显示板	4383	5844	1945	3401	1325	1167	2737	3480	2267

13—10 主要年份全国、全省、全市利用外商直接投资情况

单位：万美元

年份	全国			全省			漳州		
	合同利用外资额	实际使用外资额		合同利用外资额	实际使用外资额		合同利用外资额	实际使用外资额	
		总量	指数(以上年为100)		总量	指数(以上年为100)		总量	指数(以上年为100)
1979				105	83	100.0			
1980				464	363	437.3	34		
1981				1906	150	41.3	21	30	
1982				1612	121	80.7			
1983	173200	92000		2120	1438	1188.4		3	
1984	265100	142000	154.3	20097	4828	335.7	715	7	233.3
1985	633300	195600	137.7	37681	11782	244.0	794	322	4600.0
1986	333000	224400	114.7	6456	6149	52.2	238	134	41.6
1987	370900	231400	103.1	11753	5139	83.6	501	153	114.2
1988	529700	319400	138.0	46260	13017	253.3	3528	898	586.9
1989	560000	339200	106.2	90258	32880	252.6	2937	1998	222.5
1990	659600	348700	102.8	116183	29002	88.2	4537	3051	152.7
1991	1197700	436600	125.2	144871	64449	222.2	10499	4086	133.9
1992	5812400	1100800	252.1	635101	141633	219.8	64353	10526	257.6
1993	11143600	2751500	250.0	1136617	286745	202.5	64517	25276	240.1
1994	8268000	3376700	122.7	717946	371200	129.5	42852	30453	120.5
1995	9128200	3752100	111.1	890647	403881	108.8	143995	36068	118.4
1996	7327600	4172600	111.2	653572	407876	101.0	180837	48710	135.1
1997	5100300	4525700	108.5	453751	419666	102.9	71661	61058	125.4
1998	5210200	4546300	100.5	500150	421211	100.4	81378	70218	115.0
1999	4122300	4031900	88.7	489996	402403	95.5	90171	80018	114.0
2000	6238000	4071500	101.0	431373	380386	94.5	94419	70958	88.7
2001	6919500	4687800	115.1	500717	391804	103.0	100186	71313	100.5
2002	8276800	5274300	112.5	694419	424995	108.5	100585	71421	100.2
2003	11506900	5350500	101.4	725117	499329	117.5	101052	70017	98.0
2004	15347900	6063000	113.3	537299	222120	44.5	101123	60623	86.6
2005	18906500	6032500	99.5	595715	260775	117.4	69655	31017	51.2
2006	19372700	6302100	104.5	862069	322047	123.5	87685	40065	129.2
2007		7476800	118.6	867422	406058	126.1	94038	45039	112.4
2008		9239500	123.6	715201	567171	139.7	77213	50051	111.1
2009		9003300	120.4	536095	573747	141.3	78500	55018	122.2
2010		10573500	117.4	737557	580279	101.1	102339	70076	127.4
2011		11601100	109.7	921880	620111	106.9	126049	88739	126.6
2012		11171600	96.3	929083	633774	102.2	141580	89025	100.3
2013		11872100	106.3	833644	667896	105.4	130555	94552	106.2
2014		11956156	100.7	849079	711499	106.5	98080	101207	107.0
2015		12626700	105.6	1446277	768339	108.0	130640	108500	107.2

注：全省 2002–2003 年为历史可比口径，2004 年起为验资口径；漳州 1997 年起外商直接投资含股份制，2002–2004 年历史可比口径，2005 年起为验资口径。

13—11 历年外商直接投资合同数和合同金额

年份	合同数（项）	#合资企业	#合作企业	#独资企业	合同外资金额（万美元）	#合资企业	#合作企业	#独资企业	外商股份制
1979									
1980	2	1	1		34	33	1		
1981	3	1	2		21	1	20		
1982									
1983									
1984	15	8	6	1	715	645	59	11	
1985	27	16	21		794	466	328		
1986	6	1	5		238	156	82		
1987	23	12	11		501	289	212		
1988	64	28	23	13	3528	1498	1243	787	
1989	72	19	10	43	2937	900	587	1450	
1990	86	15	11	60	4537	773	419	3345	
1991	120	32	12	76	10499	2390	1756	6353	
1992	305	69	51	185	64353	14171	6688	43494	
1993	423	77	54	292	64517	8124	9801	46592	
1994	232	50	24	158	42852	5071	5506	32275	
1995	283	83	19	181	143995	23155	23981	96858	
1996	189	46	14	129	180837	11135	12075	157627	
1997	272	51	6	215	71661	14033	6165	51463	
1998	324	53	7	264	81378	14969	1395	65014	
1999	232	26	9	197	90171	11664	2938	75569	
2000	257	35	7	215	94419	5918	2205	86296	
2001	261	29	2	230	100186	23213	5859	71114	
2002(历史可比口径)	216	20	3	193	100585	4497	2037	94051	
2003(历史可比口径)	268	24	1	243	101052	5745	363	94944	
2004(历史可比口径)	269	36	1	232	101123	17628	979	82516	
2005(验资口径)	344	34		310	69655	797		68858	
2005(历史可比口径)	344	34		310	119974	6549		113425	
2006(验资口径)	342	60		282	87685	12124	-6	75567	
2006(历史可比口径)	342	60		282	125688	24492	-6	101202	
2007(验资口径)	346	49		297	94038	24795	-77	69320	
2007(历史可比口径)	346	49		297	130025	31912	-77	98190	
2008(验资口径)	191	30		161	77213	3530		73168	515
2008(历史可比口径)	191	30		161	129756	6493		122748	515
2009(验资口径)	154	15	1	138	78500	4224	146	73967	163
2009(历史可比口径)	154	15	1	138	130062	7507	146	122246	163
2010(验资口径)	186	34		152	102339	16752		85587	
2010(历史可比口径)	186	34		152	176998	38530		138468	
2011(验资口径)	149	27		122	126049	11619		114430	
2011(历史可比口径)	149	27		122	188537	18015		170522	
2012(验资口径)	129	23		106	141580	22862		118718	
2013(验资口径)	84	20		64	130555	19368		11187	
2014(验资口径)	94	11		83	98080	13881		84199	
2015(验资口径)	126	27		20140	130640	97		109393	1107

注：1、1997年起外商直接投资含股份制。（下同） 2、2012年市外经局不公布历史可比口径数据。（下同）

13—12 历年外商直接投资按行业分合同数和合同金额

	农业	工业	建筑业	交通运输仓储及邮电通信业	批发和零售贸易餐饮业	房地产公用事业服务业
合同数(项)						
2010	19	131		6	11	10
2011	16	105	2		13	12
2012	16	81		3	18	9
2013	5	46			23	3
2014	9	48			27	
2015	26	61	2	2	23	3
金额(万美元)						
2010(验资口径)	1909	81359		2278	2590	13191
2010(历史口径)	2519	138267		3124	4271	18817
2011(验资口径)	3476	101265	1646		3543	16086
2011(历史口径)	4560	152650	1646		5558	21779
2012(验资口径)	13051	92095		2039	18327	13646
2013(验资口径)	2041	103660	1600	773	8114	14311
2014(验资口径)	2789	64849		1470	12222	677
2015(验资口径)	9219	64067	1639	12753	25848	6040

13—13 外商直接投资分国别(地区)合同数和合同金额(验资口径)

	2007	2008	2009	2010	2011	2012	2013	2014	2015
合同数(项)	**346**	**191**	**154**	**186**	**149**	**129**	**84**	**94**	**126**
# 中国香港	131	56	70	64	50	34	24	38	38
中国澳门	10	1	3	4	1	1	1	1	1
日　本	2	2	2	2	2	3	2	1	
菲律宾	10	3		2		3		1	2
泰　国			1						
马来西亚	3	1		2	2	1			1
新加坡	7	6	4	2	4	4	2	2	3
印度尼西亚	1						2		1
德　国		1		1		1		1	
法　国			1			1			
英　国									1
加拿大	4	1	2	2	1	2		1	2
美　国	7	4	3				1	1	
澳大利亚	4	3		2	2	1		1	
台　湾	147	90	67	85	72	67	39	38	63
萨摩亚	10	4	1	3	5	4	3	1	3
维尔京群岛	6	7	1	5	3	1	3	1	1
合同金额(万美元)	**94038**	**77213**	**78500**	**102339**	**126049**	**141580**	**130555**	**98080**	**130640**
# 中国香港	36728	112534	46082	61820	70080	52895	57216	56803	60483
中国澳门	1731	566	–110	2056	2276	135	371	87	600
日　本	320	362	318	691	370	1513	237	1500	–54
菲律宾	446	1976	–268	509		2164		8	654
泰　国			63						
马来西亚	288	147	23	1086	190	2000		982	17
新加坡	1972	2899	900	3899	5930	1310	1792	571	3058
印度尼西亚	20			20			2501	781	210
德　国		300		73		3		200	
法　国			60			600			
英　国	2210	200		400	900				–585
加拿大	1447	119	504	522	1353	1684		829	652
美　国	2883	1640	–1757	–420	–387		831	376	–100
澳大利亚	883	814	–426	1715	1281	1600		100	58
台　湾	20199	13693	12084	19679	15803	55919	48182	13704	39577
萨摩亚	14371	1956	2222	1375	4330	8108	10845	2282	16280
维尔京群岛	3917	–71833	15933	3489	7005	1169	5469	6349	1405

13—14 历年实际利用外商直接投资金额

单位：万美元

年份	合计	#合资企业	#合作企业	#独资企业	外商股份制
1981	30	13	17		
1982					
1983	3		3		
1984	7	5	2		
1985	322	252	63	7	
1986	134	64	61	9	
1987	153	44	109		
1988	898	329	379	190	
1989	1998	730	480	788	
1990	3051	766	318	1967	
1991	4086	741	428	2917	
1992	10526	1986	1264	7276	
1993	25276	5031	2215	18030	
1994	30453	7232	2450	20771	
1995	36068	3960	4957	27151	
1996	48710	10257	5645	32808	
1997	61058	5328	9918	45812	
1998	70218	5951	3973	60294	
1999	80018	7399	1810	70809	
2000	70958	7278	787	62893	
2001	71313	6158	939	64216	
2002(历史可比口径)	71421	7466	1180	62775	
2003(历史可比口径)	70017	9091	1388	59538	
2004(历史可比口径)	60623	6504	2632	51487	
2005(验资口径)	31017	2738	17	28262	
2005 历史可比口径)	70055	4668	2154	63233	
2006(验资口径)	40065	3646		36419	
2006(历史可比口径)	75011	6059	770	68182	
2007(验资口径)	45039	6612		38427	
2007(历史可比口径)	83019	9848	676	72495	
2008(验资口径)	50051	14617		35434	
2008(历史可比口径)	83176	18511		64279	386
2009(验资口径)	55018	4436		50582	
2009(历史可比口径)	85102	5260	5	79837	
2010(验资口径)	70076	12350		57586	140
2010(历史可比口径)	90067	13168		76759	140
2011(验资口径)	88739	10811		77928	
2011(历史可比口径)	100858	10831		90027	
2012(验资口径)	89025	13882		75143	
2013(验资口径)	94552	16611		77941	
2014(验资口径)	101207	19239		81968	
2015(验资口径)	130640	20140		109393	1107

13—15　实际利用外商直接投资分国别(地区)金额(验资口径)

单位：万美元

	2008	2009	2010	2011	2012	2013	2014	2015
中国香港	17878	24404	29119	31827	33847	40951	68383	41884
中国澳门	903	162	686	117	500	726	385	84
日　本	426	603	128	617	609	299	1244	423
菲律宾	1001	722	314	620	60	343	178	478
泰　国			63					
马来西亚	236	70	345	263	1180	60	32	145
新加坡	1707	1607	2540	3076	2410	666	1025	3824
印度尼西亚	11			9		750	2402	850
德　国			125	80	73			182
法　国	20			23				
英　国	840	1024	80	1400				100
加拿大	327	53	798	293	192	44	255	
美　国	2106	1553	1365	637	437	120	1062	620
澳大利亚	286	367	139	57	316	5		30
台　湾	9034	6430	11578	8529	19359	35882	1871	11992
萨摩亚	4424	1413	3810	9238	6393	10820	2458	16625
维尔京群岛	5503	10319	14222	26720	9057	1189	5202	15607

13—16　改革开放至2015年累计利用外资情况

	单　　位	数　　量
一、批准“三资”企业合同项目	项	6095
其中：台资企业项目	项	2866
二、合同外资额	万美元	3110580
其中：台资企业	万美元	1467267
三、实际到资额	万美元	1717154
其中：台资企业	万美元	895676

13—17 历年对外承包工程和劳务合作主要指标

年份	合同数（个）	#承包工程	#劳务合作	合同金额（万美元）	#承包工程	#劳务合作
1985	6		1	19		19
1986	1		1	6		6
1987	2		2	7		7
1988	8		8	236		236
1989	8		8	21509		1781
1990	10		10	109		109
1991	6		6	429		429
1992	60		60	1743		1743
1993	445		445	2000		2000
1994	485		485	2232		2232
1995	370		370	1652		1652
1996	433	11	422	1710	236	1474
1997	228		228	1851		1851
1998	230		230	1896		1896
1999	94		94	1951		1951
2000	103		103	1972		1972
2001	82		82	1870		1870
2002	4		4	44		44
2003				130		130
2004						
2005						
2006						
2007	78	10	68	681	204	477
2008	119		119	1089		1089
2009	48		48	349		349
2010	150		150	1258		1258
2011	78		78	1257		1257
2012	234		234	1869		1869
2013	240		240	3093		3093
2014	540		540	4449		4449
2015	519		519	4937		4937

13—18 分县(市、区)出口商品总额(2007-2015)

单位：万美元

	2007	2008	2009	2010	2011	2012	2013	2014	2015
漳州市	**341724**	**387597**	**338693**	**506987**	**649134**	**659103**	**710821**	**813173**	**747166**
芗城区	35743	42773	38484	50918	61106	66062	80365	85316	88055
龙文区	19085	24002	23929	33074	42661	45765	56980	52005	54215
龙海市	137881	139004	123952	114113	171196	147413	138493	180841	161876
# 龙海市属	104970	108491	109590	87529	130036	1202221	41166	49172	43765
漳州开发区	32911	30513	14362	26584	41160	27192	23516	39150	35553
台商投资区							73811	92519	82558
云霄县	3550	5295	5189	9472	19412	24557	35885	42686	48788
# 云霄县属	2050	2514	2800	4468	8046	11071	12979	17220	18400
常山开发区	1500	2781	2389	5004	11366	13486	22906	25466	30388
漳浦县	23310	28050	29157	48133	66840	65835	68282	72210	61139
# 漳浦县属							68277	72210	59490
古雷开发区							5		1649
诏安县	7176	9226	10896	21758	45723	52185	60622	52595	39559
长泰县	18470	22003	21177	32112	39038	45643	64479	73397	71500
东山县	15967	29735	52382	93172	136467	159154	147882	180713	170971
南靖县	48829	53457	29738	33926	21734	14481	35858	57938	44489
平和县	2608	3472	3474	4106	5800	4929	6040	7071	4833
华安县	212	213	315	610	1079	937	1503	2082	1743

13—19 分县(市、区)外商直接投资合同数

单位：项

	2007	2008	2009	2010	2011	2012	2013	2014	2015
漳州市	**346**	**191**	**154**	**186**	**149**	**129**	**84**	**94**	**126**
芗城区	31	15	15	20	8	14	9	13	7
龙文区	20	6	5	8	6	4	2	2	10
龙海市	26	21	13	27	30	17	6	5	14
# 龙海市属	19	20	17	24	26	8	3	4	9
漳州开发区	7	1	2	3	4	2	1		4
台商投资区						7	2	1	1
云霄县	20	15	12	22	18	11	9	8	11
# 云霄县属	13	10	7	10	9	6	4	6	9
常山开发区	7	5	5	12	9	5	5	2	2
漳浦县	92	43	22	33	25	35	29	28	27
# 漳浦县属					23	34	29	27	27
古雷开发区					1	1		1	
诏安县	22	19	17	13	9	4	4	5	6
长泰县	29	24	16	18	18	14	9	15	12
东山县	9	2	5	3	4	5	3	8	8
南靖县	28	23	26	28	15	15	6	7	22
平和县	64	22	15	10	15	7	5	2	6
华安县	5	1	6	4	1	3	2	1	3

13—20 分县(市、区)外商直接投资合同金额

单位：万美元

	2007	2008	2009	2010	2011	2012	2013	2014	2015
漳州市	**94041**	**77213**	**78500**	**102339**	**126049**	**141580**	**130555**	**98080**	**130640**
芗城区	7200	6215	8914	9897	14313	14428	17613	13663	17081
龙文区	3393	1673	4074	2938	8177	8279	4773	483	7093
龙海市	29989	25079	7839	22567	28325	18502	20610	8199	18733
# 龙海市属	23456	25005	6839	21306	20747	6618	4715	1582	3661
漳州开发区	6533	74	1000	1261	1805	1658	2535	2452	697
台商投资区					5773	10226	13360	4165	14375
云霄县	7974	7549	6025	11997	13728	27601	9453	10220	11681
# 云霄县属	6505	6008	3698	6137	7854	23628	3424	7294	7435
常山开发区	1469	1541	2327	5860	5874	3973	6029	2926	4246
漳浦县	15662	8850	8562	15829	15639	19583	16483	24665	13452
# 漳浦县属					15139	18469	16455	17595	13465
古雷开发区					500	1114	28	7070	-13
诏安县	4612	4864	1902	4480	2718	10494	6581	5822	6182
长泰县	12256	11002	12617	16264	18688	24723	16301	15907	18661
东山县	1474	1953	739	2502	7290	2157	2288	5925	23071
南靖县	6007	6157	6219	13111	11327	11440	4182	6315	10786
平和县	3501	3006	2016	2107	3962	2310	1609	6480	2805
华安县	1973	845	1956	647	1300	1254	802	401	1095

13—21 分县(市、区)实际利用外商直接投资金额(验资口径)

单位：万美元

	2007	2008	2009	2010	2011	2012	2013	2014	2015
漳州市	**45031**	**50051**	**55018**	**70076**	**88739**	**89025**	**94552**	**101207**	**108500**
芗城区	3731	3778	3825	4800	6218	7810	7813	8304	8861
龙文区	2250	2250	2880	4494	6038	4551	4637	6431	7101
龙海市	11077	15930	13195	17420	21952	23718	21734	25196	29502
# 龙海市属	8004	12010	12150	15800	5008	5168	5746	9998	10680
漳州开发区	3073	3920	1045	1620	1944	3538	2919	2095	5200
台商投资区					15000	15012	13069	13103	13622
云霄县	3284	4017	5134	7589	7169	7450	8224	9534	8907
# 云霄县属	2607	3007	4000	4405	4625	5159	5529	5808	6300
常山开发区	677	1010	1134	3184	2544	2291	2695	3726	2607
漳浦县	6216	7222	7962	17404	23023	9866	11483	18735	23408
# 漳浦县属					5345	9528	11309	12184	12300
古雷开发区					17678	338	174	6551	11108
诏安县	2002	2196	672	2025	2512	3020	3610	4100	4371
长泰县	5650	6804	6812	8556	9800	12315	11032	11088	11808
东山县	2303	2325	1554	2770	4005	4502	4802	5301	5680
南靖县	2301	2586	2601	3506	5362	5883	5948	6375	6412
平和县	908	1015	1120	1603	1908	2006	1812	1950	2040
华安县	420	879	884	1603	752	1047	493	329	410

主要统计指标解释

进出口总额 海关进出口总额指实际进出我国国境的货物总金额。包括对外贸易实际进出口货物,来料加工装配进出口货物,国家间、联合国及国际组织无偿援助物资和赠送品,华侨、港澳台同胞和外籍华人捐赠品,租赁期满归承租人所有的租赁货物,进料加工进出口货物,边境地方贸易及边境地区小额贸易进出口货物(边民互市贸易除外),中外合资经营企业、中外合作经营企业、外商独资经营企业进出口货物和公用物品,到离岸价格在规定限额以上的进出口货样和广告品(无商业价值、无使用价值和免费提供出口的除外),从保税仓库提取在中国境内销售的进口货物,以及其他进出口货物。我国规定出口货物按离岸价格统计,进口货物按到岸价格统计。

外商直接投资 是指外国企业和经济组织或个人(包括华侨、港澳台胞以及我国在境外注册的企业)按我国有关政策、法规,用现汇、实物、技术等在我省境内开办外商独资企业、与我省境内的企业或经济组织共同举办中外合资经营企业、合作经营企业或合作开发资源的投资(包括外商投资收益的再投资)以及经政府有关部门批准的项目总额中境外直接投资者对企业的贷款。

对外承包工程 包括各对外承包公司以招标议标承包方式承揽下列业务(1)承包国外工程建设项目;(2)承包我国对外经援项目;(3)承包我国驻外机构的工程建设项目;(4)承包我国境内利用外资进行建设的工程项目(包括承担地形地貌测绘;地质资源勘探与普查;建设区域规划;提供设计文件、图纸、生产工艺技术资料和工程技术经济咨询;工程项目的可行性考察、研究和评估;进行技术指导和培训人员等);(5)对外承包兼营的房屋开发业务。对外承包工程的营业额是以货币表现的本期内完成的对外承包工程的工作量,包括以前年度签订的合同和本年度新签订的合同在报告期内完成的工作量。

对外劳务合作 指以收取工资的形式向业主或承包商提供技术和劳动服务的活动。我国对外承包公司在境外开办的合营企业,中国公司同时又提供劳务的,其劳务部门也纳入劳务合作统计。劳务合作营业额按报告期内向雇主提交的结算数(包括工资、加班费和奖金等)统计。

第十四篇

科学、教育、文化、体育、卫生、环境保护与其他

14—1 地方国有企事业单位各行业技术人员数(2003-2015)

单位：人

行业	2003	2004	2005	2006	2007	2008	2009	2010	2011	2012	2013	2014	2015
合计	**63820**	**57234**	**56551**	**56243**	**56531**	**57392**	**57694**	**57570**	**58947**	**58839**	**61758**	**63243**	**61454**
按专业技术分													
工程技术人员	4595	3733	3843	3796	3733	3753	3703	3686	3884	3475	3849	4167	4180
农业技术人员	1420	1532	1334	1474	1261	1049	1055	858	1100	1171	1273	1468	1345
卫生技术人员	4889	5185	5138	5523	5470	7296	7901	8018	8553	9555	9911	10458	10701
科学研究人员	59	98	76	79	58	32	32	63	143	176	306	249	201
教学人员	42766	43405	42856	42484	42440	41822	41349	41343	41597	40304	41765	42440	41831
其他	10091	3281	3304	2887	3569	3440	3654	3602	3670	4158	4654	4461	3196
按从事行业分													
农、林、牧、渔业	3657	2309	2227	2307	2282	1998	2231	1924	2135	1906	2104	2066	2109
采矿业	81	41	40	33	29	26	26	25	25	26			
制造业	1884	1174	1092	990	1007	712	724	821	722	776	383	758	741
电力、燃气及水的生产和供应业	257	252	146	124	95	96	104	130	191	177	344	333	139
建筑业	175	429	447	464	484	186	88	229	372	333	399	377	615
交通运输、仓储和邮政业	1242	456	614	608	589	584	541	647	552	425	181	565	420
信息传输、计算机服务和软件业	81	22	16	25	32	50	55	15	21	46	814	47	65
批发和零售业	975	431	349	229	305	318	343	236	303	283	15	159	80
住宿和餐饮业		27	22	25	29	20	33	56	13	18	55	16	28
金融业	159	64	47	22	33				18	4	20	41	83
房地产业	108	224	265	197	185	99	45	44	124	103	165	158	158
租赁和商务服务业	633	117	106	68	107	119	67	104	49	46	92	110	47
科学研究、技术服务和地质勘查业	671	321	301	241	178	638	533	490	368	356	277	531	501
水利、环境和公共设施管理业	1364	705	693	697	672	831	659	819	864	841	804	835	940
居民服务和其他服务业	2193	124	75	65	54	174	54	37	66	75	80	21	24
教育	43947	43418	43002	42871	42839	42286	42021	41853	42084	41404	42574	42436	42197
卫生、社会保障和社会福利业	5426	5233	5050	5323	5688	7576	8296	8564	9001	10440	11497	12212	10317
文化、体育和娱乐业	967	1122	1117	1054	1038	836	840	727	769	598	543	857	1293
公共管理和社会组织		765	942	900	885	843	1034	849	1270	982	1411	1721	1697
按三次产业分													
第一产业	3657	2309	2227	2307	2282	1998	2231	1924	2135	1906	2104	2066	2109
第二产业	2397	1896	1725	1611	1615	1020	942	1205	1310	1312	1126	1468	1495
第三产业	57766	53029	52599	52325	52634	54374	54521	54441	55502	55621	58528	59709	57850

14—2 县属国有独立科学研究与开发机构情况(2003-2015)

	2003	2004	2005	2006	2007	2008	2009	2010	2011	2012	2013	2014	2015
机构数(个)	7	7	7	7	7	14	14	14	14	14	13	14	14
职工人数(人)	122	77	63	62	61	55	56	54	55	34	47	62	62
1、自然科学													
职工人数(人)	101	58	44	43	41	35	38	36	35	34	25	36	36
# 从事科技活动人员	32	37	38	31	37	33	32	30	29	28	24	30	30
# 科学家、工程师	9	10	10	8	11	12	12	8	4	5	6	11	10
经费收入总额(万元)	70.9	91.4	101.9	110.1	133.6	166.5	164.6	162.8	209.7	248.7	170.1	212.9	278.3
# 政府拨款	64.9	58.9	67.9	76.0	85.9	115.5	108.6	156.7	207.2	218.7	167.5	147.0	242.1
经费支出总额(万元)	72.1	91.3	101.9	109.5	131.6	205.5	147.8	167.3	213.7	247.5	170.1	184.8	253.2
2、科学情报和文献													
职工人数(人)	21	19	19	19	20	20	18	18	20	27	22	26	25
# 从事科技活动人员	21	17	17	17	18	16	18	18	20	27	22	22	20
# 科学家、工程师	15	11	8	8	6	10	17	11	9	13	16	13	8
经费收入总额(万元)	42.0	37.7	42.2	47.1	53.9	67.7	64.9	83.5	110.3	282.8	129.1	162.2	148.9
# 政府拨款	42.0	30.2	34.7	38.6	43.9	67.7	64.5	83.5	110.3	281.8	129.1	70.3	148.9
经费支出总额(万元)	42.0	37.7	42.2	47.1	53.9	67.7	64.9	83.5	110.3	282.5	129.1	154.0	119.7

14—3 规模以上工业企业科技活动主要指标(2003-2015)

	2003	2004	2005	2006	2007	2008	2009	2010	2011	2012	2013	2014	2015
企业数(个)	909	1079	1190	1391	1580	1861	1994	2273	1435	1692	1867	2006	2147
有科技活动的企业数(个)	107	116	127	119	104	118	139	167	172	220	242	300	325
科技活动人员(人)	3255	3238	4374	5742	6032	6783	8778	7613	12056	14639	14789	16040	15915
# 全时人员	1196	1830	2066	2950	3254	3663	5928	4163	5150	7531	7660	8397	9114
# R&D活动人员	2093	2531	2740	2946	3022	3424	6058	5723	8225	11231	11636	12303	13167
科技活动经费支出总额(万元)	33282	48627	88014	110634	107147	108346	114688	133374	213785	234722	274587	331269	351922
# 内部支出	31408	30940	68097	87456	86201	104829	113188	131371	171872	199254	233158	278924	291620
# R&D 支出	22668	2394	42712	54053	59634	81223	107390	117625	169807	200970	247343	282446	326506
# 基础研究											61	2	
应用研究	2159		2310	388	4833		8635	2452	4129	516	1599	1397	1654
试验发展	20234		4030	52585	54425	81223	98755	115173	165678	200454	245683	281046	324852
# 新产品开发经费支出	19311	11098	59366	67829	71146	94988	81761	110297	157478	182339	208633	237150	254889
新产品产值(万元)	309030	46368	846739	1060764	1079802	1308768	115768	1422067	1973886	2095890	2146689	2680927	2390022
全部科技项目(个)	405	300	628	217	236	278	835	809	700	1003	1059	1118	1378
# 新产品开发项目	255	258	529	183	203	220	374	629	554	805	853	896	1043
# R&D 项目(课题)	168	225	483	146	136	170	317	642	601	933	957	975	1210
企业拥有科技机构数(个)	55	51	70	61	70	80	121	88	100	118	143	165	181

注:2001 年各项指标均为规模以上大中型企业数据,2011 年各项指标均为年主营业务收入 2000 万元及以上规模以上工业企业数据。

14—4 各类型专利申请授权情况(1987–2015)

单位：项

年份	专利申请公开公告数	发明	实用新型	外观设计	专利申请数	发明	实用新型	外观设计	专利授权数	发明	实用新型	外观设计
1987	11	1	10									
1988	16	10	6									
1989	17	7	10									
1990	22	8	13	1								
1991	18	5	8	5								
1992	43	11	27	5								
1993	19	4	14	1								
1994	41	14	26	1								
1995	29	7	15	7								
1996	46	3	17	26								
1997	77	5	13	59								
1998	117	9	27	81								
1999	146	6	31	109								
2000	166	10	53	103								
2001	141	10	27	104								
2002	164	12	42	110								
2003					375	36	133	206	249	1	73	175
2004					387	22	132	233	219	5	81	133
2005					512	37	181	294	311	15	92	204
2006					707	60	219	428	354	11	150	193
2007					660	70	223	367	497	7	208	282
2008					913	107	301	505	430	12	203	215
2009					1273	172	580	521	789	20	309	460
2010					1868	203	938	727	1520	48	758	714
2011					2480	337	1191	952	1858	50	1055	753
2012					2868	360	1463	1045	2035	137	1078	820
2013					4404	444	1808	2152	3148	129	1550	1469
2014					3653	607	1879	1167	2666	141	1546	979
2015					4677	809	2609	1259	3423	250	1975	1198

14—5 主要年份各类学校数

单位：所

年份	普通高等学校	中等职业学校	普通中学	#高中	职业初中	小学	幼儿园
1949		1	25	10			
1950		1	21	6		938	8
1951		2	17	5		1123	25
1952		2	17	5		1280	67
1953		2	17	9		1329	53
1954		2	17	9		1363	43
1955		2	17	9		1315	43
1956		2	20	14		1426	223
1957		2	22	14		1501	156
1958	3	11	53	15	193	2683	1511
1959	2	12	57	15	73	2317	1039
1960	4	25	88	17	69	2367	1394
1961	2	7	62	15	21	2134	592
1962	1	4	54	16	22	2067	146
1963	1	4	55	17	34	2017	148
1964	1	5	55	16	49	2690	169
1965	1	12	55	16	179	2177	213
1966		4	59	19		1894	
1967		4	60	19		1953	
1968		4	62	19		1957	
1969		1	162	21		2162	
1970		1	174	25		2245	
1971		1	131	25		2356	
1972		1	134	93		2709	
1973		2	120	72		2822	206
1974		3	124	79		3003	
1975		5	145	44		3045	
1976		5	237	122		2858	272
1977		5	238	126		2335	300
1978	1	4	163	116		2264	373
1979	1	6	179	107	45	2238	483
1980	1	7	142	45	36	2079	1061
1981	1	23	145	60	46	2140	668
1982	1	20	149	59	44	2182	935

注：中等职业教育，包括中等专业学校、中等师范学校、成人中专和职业高中；职业初中仅指初中部职业中学。1958-1982年的中等职业学校包含农业中学的高中部，职业初中为农业中学的初中部。

14—5　续表

单位：所

年　　份	普通高等学　　校	中等职业学　　校	普通中学	#高　中	职业初中	小　学	幼儿园
1983	1	18	148	58	11	2135	840
1984	1	25	142	54	7	2161	925
1985	2	47	141	53	5	2160	1155
1986	2	62	151	51	3	2157	1170
1987	2	70	154	51	3	2156	1036
1988	2	102	157	50	4	2139	695
1989	2	88	160	50	5	2136	802
1990	2	83	164	52	3	2126	1116
1991	2	104	172	52	2	2130	1368
1992	2	76	180	51	1	2132	1332
1993	2	73	191	51	2	2097	1316
1994	2	81	204	53	2	2078	1529
1995	2	73	216	54	2	2000	1312
1996	2	66	232	51	1	1887	1431
1997	2	74	228	52	1	1761	442
1998	2	71	228	52	1	1779	1320
1999	2	72	226	52	1	1764	1377
2000	2	71	227	56	1	1758	1292
2001	2	60	232	58	1	1744	1471
2002	2	61	235	59		1727	1472
2003	2	35	240	66		1708	1462
2004	2	32	243	69		1651	1570
2005	3	36	245	71		1621	1496
2006	4	42	240	73		1571	1531
2007	6	42	235	73		1503	1433
2008	6	42	231	76		1443	1462
2009	7	38	220	76		1346	1460
2010	7	36	220	74		1263	1630
2011	7	29	217	72		1090	1864
2012	7	30	207	70		981	1844
2013	7	28	209	71		921	1821
2014	7	30	209	71		882	1777
2015	7	24	207	71		877	1807

14—6 主要年份各类学校专任教师数

单位：人

年份	普通高等学校	中等职业学校	普通中学	#高中	职业初中	小学	幼儿园
1949		24	310				
1950		19	352				
1951		47	316			3278	
1952		61	348			3903	99
1953		65	363			3956	67
1954		76	414			4029	65
1955		63	435			4042	70
1956		81	516			4607	352
1957		84	606			5234	296
1958	14	119	864		215	6363	3153
1959	35	173	1159		144	6892	2514
1960	74	330	1625		231	8101	4906
1961	186	285	1682		63	7597	1072
1962	77	116	1460		46	6766	402
1963	137	122	1581			7811	409
1964	156	122	1661	308	173	9291	421
1965	120	78	1696			8403	470
1966		56	1899			8662	
1967		58	1906			8891	
1968		58	1923			9442	
1969		56	2212			10000	
1970		56	2282	250		3805	
1971		56	2617	364		7676	
1972		58	3202			14643	
1973		72	3224	934		15311	595
1974		65	3260			16491	
1975		75	3889			17315	
1976		113	5578			17319	956
1977		155	6629	1765		17340	1088
1978	22	137	6414	1994		17677	1121
1979	57	190	6432	1800	125	18197	2114
1980	96	357	7154	1409		16794	2828
1981	95	418	6661	1127		16735	1690
1982	117	485	6502	1364		16637	1957

注：中等职业教育，包括中等专业学校、中等师范学校、成人中专和职业高中；职业初中仅指初中部职业中学。1958-1982年的中等职业学校包含农业中学的高中部，职业初中为农业中学的初中部。

14—6 续表

单位：人

年份	普通高等学校	中等职业学校	普通中学	#高中	职业初中	小学	幼儿园
1983	119	549	6325	1357		16487	2203
1984	138	552	6186	1367	62	16346	2365
1985	157	502	6382	1490		16093	
1986	216	1069	7156	1655	24	16822	2776
1987	266	1334	7404	1703	24	16277	3011
1988	314	1815	8039	1821	30	16494	486
1989	274	1844	8127	1841	59	17194	3084
1990	272	1841	8504	1884	25	17709	
1991	279	1911	9117	1950	24	18368	3908
1992	291	1733	9884	1924	19	18593	3919
1993	304	1817	10627	1863	20	20358	4374
1994	297	1981	11220	1814	21	20837	4684
1995	312	1935	11901	1768	21	21115	5051
1996	293	2082	12687	1774	17	22173	1017
1997	298	2553	13502	1747	17	23603	911
1998	310	2602	14357	1842	16	24423	5523
1999	316	2431	14872	2026	15	24680	5491
2000	346	2270	15149	2398	11	24519	5504
2001	449	2209	15397	2764		23827	4375
2002	597	1948	15719	3151		23238	4107
2003	963	1325	16174	3447		22655	4455
2004	1493	1288	16838	4029		21883	4931
2005	1558	1411	17568	4745		21226	4960
2006	1839	1549	18239	5622		20715	5056
2007	2362	1662	18594	6098		20387	5102
2008	2480	1583	18865	6404		20005	5380
2009	2726	1595	18895	6210		19633	5730
2010	2843	1479	19133	6107		20060	6393
2011	3076	1477	19440	6177		20004	7506
2012	3404	1490	19470	6247		19997	7957
2013	3586	1428	19609	6462		19874	8364
2014	3773	1421	19906	6681		20087	8629
2015	3786	1350	19911	6722		20229	9277

14—7　主要年份各类学校在校生数

单位：人

年　份	普通高等学校	中等职业学校	普通中学	#高　中	职业初中	小　学	幼儿园
1949		690	4625	1044			
1950		479	6332	1083		104302	1061
1951		744	5952	634		120657	1627
1952		1157	8558	1008		125687	4023
1953		1420	9209	1762		114969	3912
1954		1347	10279	2380		119564	3227
1955		908	10560	2569		134197	3397
1956		1521	14359	3033		168200	11195
1957		1411	16192	3200		171668	8796
1958	374	2196	21608	3656	7682	243161	59225
1959	572	2803	27863	4492	3935	258275	72743
1960	1062	5890	38013	5655	4734	296076	146948
1961	1146	3104	29428	5082	887	235230	30746
1962	400	1380	23345	4220	737	207409	12179
1963	757	1058	23693	4018	1477	229381	13269
1964	466	1381	28042	4274	2569	277964	13686
1965	973	2358	32118	4805	8248	258630	14678
1966		768	32267	5267		237882	
1967		424	27960	4690		242130	
1968		108	27569	3498		245568	
1969			37103	3602		256285	
1970			43342	2790		303844	
1971			56795	9966		301903	
1972		200	67915	18245		346796	
1973		800	61174	18108		475885	16198
1974		890	67801	20697		518369	
1975		863	93994	24518		538620	
1976		1354	135429	30696		545309	25133
1977		1263	158237	44092		532080	
1978	619	2274	150909	46992		515373	30391
1979	1121	3360	137724	43331		512087	52407
1980	1485	3383	147154	25682		516786	72443
1981	528	7103	131970	15815		504054	48921
1982	442	7870	132225	21436		485245	59070

注:中等职业教育,包括中等专业学校、中等师范学校、成人中专和职业高中;职业初中仅指初中部职业中学。1958-1982年的中等职业学校包含农业中学的高中部,职业初中为农业中学的初中部。

14—7 续表

单位：人

年份	普通高等学校	中等职业学校	普通中学	#高中	职业初中	小学	幼儿园
1983	464	7003	133143	20346		469402	62419
1984	678	6760	138295	22662	461	476056	66302
1985	1243	10218	148507	26278	522	473133	71586
1986	1687	14879	154624	28819	570	451715	80796
1987	2131	18740	156170	28734	547	427468	90037
1988	1984	20036	135614	24178	611	426480	89635
1989	2200	16981	116246	20764	405	450206	86131
1990	2062	17329	117791	20485	355	457217	87514
1991	1800	17966	129513	21255	268	474590	94816
1992	1799	17987	149623	22620	153	490256	104503
1993	2435	21068	156055	20746	296	505810	121395
1994	2561	23777	160919	19306	301	518016	120727
1995	2645	30501	179216	19179	295	529278	124865
1996	2664	33788	217752	20170	131	547173	119711
1997	2996	43466	266554	23365	147	564908	25438
1998	3735	39660	286224	25914	135	559953	94139
1999	4649	36587	297709	29879	147	529632	98655
2000	5554	39133	297532	35201	158	495739	98278
2001	7479	36468	305451	42723		456968	97927
2002	10592	31128	314602	49741		419594	88858
2003	16297	25838	326497	57620		378355	93289
2004	23816	40890	337931	75653		351280	120823
2005	33125	56677	325517	89859		340488	123226
2006	38836	63746	304081	100127		350959	114801
2007	44970	62460	282891	99902		348021	121940
2008	51796	55505	272454	92740		348376	125285
2009	56764	56166	260117	83569		342410	135619
2010	59992	57787	255415	80028		336922	148206
2011	60243	56455	257649	83412		335255	174546
2012	62453	56836	259714	85542		333659	181414
2013	66106	46279	248869	86877		330488	178369
2014	69525	39596	247477	87544		340100	177816
2015	71515	31523	243488	88886		348619	185751

14—8 主要年份各类学校招生数

单位：人

年份	普通高等学校	中等职业学校	普通中学	#高中	职业初中	小学	幼儿园
1949		70					
1950		133				45675	
1951		235				60495	
1952		301	4854	641		50157	
1953		100	3453	1025		36986	
1954		150	3912	878		34986	
1955		153	3890	812		44701	
1956		409	6475	1419		66182	
1957		125	5844	1057		51952	
1958	359	1169	10650	1661	5897	79605	
1959	359	1326	13043	2209	1060	59442	
1960	675	3752	17270	2423	1458	76636	
1961	299	643	9600	1753	481	46744	
1962		100	9532	1438	344	44137	
1963	158	397	10800	1593		57516	
1964	112	160	11750	1606	1687	86113	
1965	354	627	12419	1810		57842	
1966			10775	1433		55735	
1967			5540	1017		35178	
1968			12505	1323		39929	
1969			23136	2289		60378	
1970			25366	2670		80002	
1971			40321	9949		106166	
1972		200	34728	10178		101659	
1973		400	32291	9622		119270	
1974		365	39295	12068		128476	
1975	57	425	58168	13278		116647	
1976		859	80787	18463		110787	14339
1977	381	822	84272	27491		110702	21737
1978	951	1050	70052	22449		101351	19063
1979	1186	1810	65544	21477		107035	30292
1980	302	1092	41655		490	102129	
1981	322	2419	55535	11347	650	92179	
1982	223	2785	51692	10108	907	90542	47012

注：中等职业教育，包括中等专业学校、中等师范学校、成人中专和职业高中；职业初中仅指初中部职业中学。1958-1982年的中等职业学校包含农业中学的高中部，职业初中为农业中学的初中部。

14—8 续表

单位：人

年份	普通高等学校	中等职业学校	普通中学	#高中	职业初中	小学	幼儿园
1983	234	2199	52875	9817	1279	89642	46449
1984	441	3485	50857	9116	211	87171	45278
1985	571	5994	57117	10617	212	82681	49737
1986	664	7075	54751	9665	209	74139	52575
1987	820	8676	54164	9136	212	70906	58705
1988	1033	9052	41856	7559	283	72016	53955
1989	963	8390	34410	7035	93	76752	49714
1990	770	7577	47137	7778	90	70539	55984
1991	465	8601	56386	7721	81	79089	60167
1992	872	7868	56024	7728	60	85782	64543
1993	1156	10103	56454	6962	210	84536	73161
1994	955	10104	57981	6558	49	84165	72876
1995	970	15367	73490	6927	49	87120	75591
1996	1014	12233	50060	5722	207	79556	72133
1997	1233	16630	96186	9615	55	94805	14333
1998	1682	14744	98422	9701	43	80253	56981
1999	1865	16602	100615	11467	49	61509	53138
2000	2015	13289	103591	14548	62	57578	51698
2001	3191	15473	108519	17519		57087	53691
2002	4684	9042	111566	18591		57691	45883
2003	7759	9894	117704	22462		56120	49502
2004	9670	22916	113971	31332		55786	73251
2005	13048	24977	100017	35575		53083	59882
2006	12206	24095	96389	34929		61581	55333
2007	15906	24527	92933	32120		57034	58328
2008	17912	18640	88428	27577		54362	53782
2009	18170	21555	84126	26138		52789	58677
2010	17799	22857	87326	28074		54834	66988
2011	18181	19409	88048	30231		56071	81456
2012	19216	21091	88739	28546		59659	77391
2013	21121	13433	84157	30009		60698	71584
2014	21117	11382	80864	29945		61325	73682
2015	21047	10693	79903	30004		60342	77845

14—9 主要年份各类学校毕业生数

单位：人

年 份	普通高等学校	中等职业学校	普通中学	#高 中	职业初中	小 学
1949		216				
1950		322				
1951		204				15366
1952		128				15190
1953		157	1918	208		16999
1954		242	2478	223		18372
1955		487	2400	412		21587
1956		145	2748	854		30408
1957		238	3257	780		28690
1958		546	3127	667		16272
1959	84	392	4665	961	80	13976
1960	73	1142	4596	835	138	18284
1961	297	325	6675	946	545	16257
1962	371	801	5870	1317	737	17166
1963	554	573	5384	1161	29	16058
1964	394	520	4336	1016	134	18724
1965	38	315	5867	1018	164	22765
1966		109	8730	2129		26662
1967		481	9157	1737		22855
1968		1208	11784	2451		31866
1969			11023	1495		30557
1970			14421	1164		36480
1971			14742	179		32718
1972			28229	8037		31168
1973			27539	7640		29409
1974		447	25916	8058		33325
1975		447	26669	8366		56405
1976		367	34284	10965		73737
1977		896	50559	11760		76363
1978	57	39	63906	15176		67858
1979		330	68543	22534		60427
1980	259	672	17743	17743	212	64719
1981	1176	1542	55455	20933	341	76801
1982	303	1115	34513	4186	158	77235

注：中等职业教育，包括中等专业学校、中等师范学校、成人中专和职业高中；职业初中仅指初中部职业中学。1958–1982 年的中等职业学校包含农业中学的高中部，职业初中为农业中学的初中部。

14—9 续表

单位：人

年份	普通高等学校	中等职业学校	普通中学	#高中	职业初中	小学
1983	214	2169	38004	10697	42	82201
1984	232	2491	35049	6477	42	77322
1985		2362	36911	6658	124	81633
1986	288	2136	38933	6182	129	91829
1987	364	6299	39995	8243	135	91829
1988	1169	5976	41266	9389	136	65803
1989	785	7576	39589	8261	153	46839
1990	738	5733	37943	7192	120	60317
1991	796	6373	32946	6066	130	58075
1992	806	4746	31045	6050	119	65151
1993	574	5893	42828	7291	40	66657
1994	700	5881	44309	6811	34	69590
1995	801	7657	48821	6132	40	76815
1996	987	9922	50060	5722	207	79556
1997	893	11688	56772	5712	43	87396
1998	929	14656	75141	6182	55	89426
1999	939	13856	83538	6784	40	90958
2000	1200	11333	98635	8477	60	91683
2001	1256	9899	92938	8936	43	96559
2002	1490	10920	93978	10618		96784
2003	1951	8243	94835	13250		97362
2004	2341	8156	98819	16620		82204
2005	4141	7116	104304	19957		63745
2006	6686	9624	110699	22484		58896
2007	9523	15577	106799	29172		59859
2008	10796	17476	92872	31687		60350
2009	12695	16217	90332	32869		57967
2010	14126	16074	87435	29885		59242
2011	17327	13678	84028	25632		57101
2012	16423	14640	82288	24951		61165
2013	16764	17055	84463	26855		56792
2014	16934	13218	80755	28250		51759
2015	17978	13752	81590	27321		50536

14—10　主要年份平均每一专任教师负担学生数

单位：人

年　份	普通高等学校	中等职业学校	普通中学	#高　中	职业初中	小　学	幼儿园
1949		28.8	14.9				
1950		25.2	18.0				
1951		15.8	18.8			36.8	
1952		19.0	24.6			32.2	40.6
1953		21.8	25.4			29.1	58.4
1954		17.7	24.8			29.7	49.6
1955		14.4	24.3			33.2	48.5
1956		18.8	27.8			36.5	31.8
1957		16.8	26.7			32.8	29.7
1958	26.7	18.5	25.0		35.7	38.2	18.8
1959	16.3	16.2	24.0		27.3	37.5	28.9
1960	14.4	17.8	23.4		20.5	36.5	30.0
1961	6.2	10.9	17.5		14.1	31.0	28.7
1962	5.2	11.9	16.0		16.0	30.7	30.3
1963	5.5	8.7	15.0			29.4	32.4
1964	3.0	11.3	16.9	13.9	14.8	29.9	32.5
1965	8.1	30.2	18.9			30.8	31.2
1966		13.7	17.0			27.5	
1967		7.3	14.7			27.2	
1968		1.9	14.3			26.0	
1969			16.8			25.6	
1970			19.0	11.2		79.9	
1971			21.7	27.4		39.3	
1972		3.4	21.2			23.7	
1973		11.1	19.0	19.4		31.1	27.2
1974		13.7	20.8			31.4	
1975		11.5	24.2			31.1	
1976		12.0	24.3			31.5	26.3
1977		8.1	23.9	25.0		30.7	
1978	28.1	16.6	23.5	23.6		29.2	27.1
1979	19.7	17.7	21.4	24.1		28.1	24.8
1980	15.5	9.5	20.6	18.2		30.8	25.6
1981	5.6	17.0	19.8	14.0		30.1	28.9
1982	3.8	16.2	20.3	15.7		29.2	30.2

注：中等职业教育，包括中等专业学校、中等师范学校、成人中专和职业高中；职业初中仅指初中部职业中学。1958-1982年的中等职业学校包含农业中学的高中部，职业初中为农业中学的初中部。

14—10 续表

单位：人

年 份	普通高等学校	中等职业学校	普通中学	#高 中	职业初中	小 学	幼儿园
1983	3.9	12.8	21.1	15.0		28.5	28.3
1984	4.9	12.2	22.4	16.6	7.4	29.1	28.0
1985	7.9	20.4	23.3	17.6		29.4	
1986	7.8	13.9	21.6	17.4	23.8	26.9	29.1
1987	8.0	14.0	21.1	16.9	22.8	26.3	29.9
1988	6.3	11.0	16.9	13.3	20.4	25.9	184.4
1989	8.0	9.2	14.3	11.3	6.9	26.2	27.9
1990	7.6	9.4	13.9	10.9	14.2	25.8	
1991	6.5	9.4	14.2	10.9	11.2	25.8	24.3
1992	6.2	10.4	15.1	11.8	8.1	26.4	26.7
1993	8.0	11.6	14.7	11.1	14.8	24.8	27.8
1994	8.6	12.0	14.3	10.6	14.3	24.9	25.8
1995	8.5	15.8	15.1	10.8	14.0	25.1	24.7
1996	9.1	16.2	17.2	11.4	7.7	24.7	117.7
1997	10.1	17.0	19.7	13.4	8.6	23.9	27.9
1998	12.0	15.2	19.9	14.1	8.4	22.9	17.0
1999	14.7	15.1	20.0	14.7	9.8	21.5	18.0
2000	16.1	17.2	19.6	14.7	14.4	20.2	17.9
2001	16.7	16.5	19.8	15.5		19.2	22.4
2002	17.7	16.0	20.0	15.8		18.1	21.6
2003	16.9	19.5	20.2	16.7		16.7	20.9
2004	16.0	31.7	20.1	18.8		16.1	24.5
2005	21.3	40.2	18.5	18.9		16.0	24.8
2006	21.1	41.2	16.7	17.8		16.9	22.7
2007	19.0	37.6	15.2	16.4		17.1	23.9
2008	20.9	35.1	14.4	14.5		17.4	23.3
2009	20.8	35.2	13.8	13.5		17.4	23.7
2010	21.1	39.1	13.3	13.1		16.8	23.2
2011	19.6	38.2	13.3	13.5		16.8	23.3
2012	18.3	38.1	13.3	13.7		16.7	22.8
2013	18.4	32.4	12.7	13.4		16.6	21.3
2014	18.4	27.9	12.4	13.1		17.0	20.6
2015	18.9	23.4	12.2	13.2		17.2	20.0

14—11 各级各类学校概况

	学校数(所)	毕业生数(人)	招生数(人)	班级数(个)	在校学生数(人)	教职工数(人)	专任教师(人)
总　计	**3058**	**263965**	**252764**	**22247**	**925404**	**67436**	**55112**
研究生培养机构	1	247	253		789		
博　士			5		10		
硕　士		247	248		779		
普通高等学校	7	17978	21047		71515	5235	3786
本　科	2	8570	9560		38327		
专　科	5	9408	11487		33188		
成人高等学校		243	2154		6325		
本　科			498		1816		
专　科		366	1656		4509		
中等职业学校	24	13752	10693		31523	1623	1350
普通中学	207	81590	79903	5046	243488	23141	19911
高　中	71	27321	30004	1732	88886		6722
初　中	136	54269	49899	3314	154602		13189
小　学	877	50536	60342	9726	348619	20017	20229
幼儿园	1807	63348	77845	6980	185751	16642	9277
教育部门	174	17070	23679	1398	44819	3248	1998
其他部门	8	484	511	47	1530	149	109
地方企业							
事业单位							
部　队	2	82	72	7	198	34	14
集　体	1	13	96	7	171	32	14
民　办	1622	45699	53487	5521	139033	13179	7142
成人高中							
成人初中							
成人小学							
其中:扫盲班							
职工技术培训学校	11	26081		218	26281	311	284
农民文化技术培训学校	112	6201		112	4339	256	81
其他培训机构	2	3507		48	3507	43	43
特殊教育	10	482	527	117	3267	168	151

14—12 普通高校招生报考情况

单位：人

	合计	普通高校							高职单招	2014年报名人数	比2014年增减
		合计	文史类	艺术文	体育文	理工类	艺术理	体育理			
漳州市	**33448**	**23463**	**6902**	**1482**	**247**	**14284**	**318**	**230**	**9985**	**32938**	**510**
芗城区	7488	5143	1332	505	58	3064	148	36	2345	7373	115
龙文区	1171	378	98	56	1	203	18	2	793	599	572
云霄县	2984	1830	581	89	30	1109	6	15	1154	2782	202
漳浦县	5050	3728	1311	173	21	2169	35	19	1322	4756	294
诏安县	3296	2471	703	57	18	1652	14	27	825	3144	152
长泰县	1472	522	160	68	13	240	29	12	950	1375	97
东山县	1281	913	318	27	9	543	7	9	368	1454	-173
南靖县	2031	1484	441	111	19	857	20	36	547	1949	82
平和县	2806	2566	848	124	31	1529	13	21	240	2786	20
华安县	632	442	147	27	5	252	3	8	190	644	-12
龙海市	4244	3205	743	177	32	2203	22	28	1039	6076	-1832
台商投资区	993	781	220	68	10	463	3	17	212		993

14—13 普通中学基本情况

单位：所、人

	学校数						毕业生数		招生数	
	合计	初级中学	九年一贯制学校	完全中学	高级中学	十二年一贯制学校	高中	初中	高中	初中
漳州市	**207**	**118**	**18**	**56**	**7**	**8**	**27321**	**54269**	**30004**	**49899**
芗城区	24	6	5	8	2	3	4802	7281	5660	8264
龙文区	6	2	1	3			1033	2486	1079	2423
云霄县	16	10	1	3	1	1	2215	5325	2602	4868
漳浦县	45	30	4	8	2	1	4342	8952	4796	8061
诏安县	22	14	1	6		1	2942	6001	2942	5583
长泰县	8	6		2			1003	1643	857	1579
东山县	9	7		2			1164	2128	1081	1774
南靖县	16	9	4	2	1		1708	3033	1608	2538
平和县	22	12	2	6	1	1	2447	6501	2970	6307
华安县	6	5		1			513	1184	542	956
龙海市	23	13		10			3769	7135	3858	4660
常山开发区	1			1			48	249	156	254
招商局开发区	1			1			371	327	441	408
台商投资区	8	4		3	1		964	2024	1412	2224
其中:市直	10	2		5	1	2	4524	6098	1412	2224

注:本表所指云霄县不含常山开发区;龙海市不含漳州开发区和台商投资区。

14—13 续表1

单位：个

	班级总数	初中				高中			
		小计	一年级	二年级	三年级	小计	一年级	二年级	三年级
漳州市	**5046**	**3314**	**1080**	**1093**	**1141**	**1732**	**581**	**576**	**575**
芗城区	850	519	175	167	177	331	109	105	117
龙文区	220	149	49	51	49	71	25	24	22
云霄县	463	317	102	107	108	146	51	49	46
漳浦县	789	523	170	171	182	266	90	91	85
诏安县	545	378	122	128	128	167	53	58	56
长泰县	173	116	38	39	39	57	18	18	21
东山县	186	118	38	39	41	68	22	22	24
南靖县	281	185	60	61	64	96	29	32	35
平和县	585	423	134	138	151	162	57	54	51
华安县	104	74	24	25	25	30	10	10	10
龙海市	556	335	107	110	118	221	75	74	72
常山开发区	23	16	5	5	6	7	3	2	2
招商局开发区	58	26	10	8	8	32	10	11	11
台商投资区	213	135	46	44	45	78	29	26	23
其中:市直	703	398	134	128	136	305	102	98	105

14—13 续表2

单位：个

	在校学生数合计	初中				高中			
		小计	一年级	二年级	三年级	小计	一年级	二年级	三年级
漳州市	**243488**	**154602**	**49908**	**50684**	**54010**	**88886**	**30016**	**29690**	**29180**
芗城区	40600	24108	8264	7848	7996	16492	5660	5453	5379
龙文区	10738	7539	2423	2576	2540	3199	1079	1093	1027
云霄县	22808	15312	4868	5169	5275	7496	2602	2489	2405
漳浦县	39412	25127	8061	8126	8940	14285	4797	4809	4679
诏安县	26878	17576	5585	5988	6003	9302	2944	3260	3098
长泰县	7669	4880	1579	1622	1679	2789	857	877	1055
东山县	9091	5775	1774	1866	2135	3316	1081	1069	1166
南靖县	13447	8195	2539	2652	3004	5252	1608	1735	1909
平和县	28659	20250	6307	6494	7449	8409	2973	2791	2645
华安县	4851	3202	958	1098	1146	1649	546	563	540
龙海市	25866	14668	4664	4721	5283	11198	3860	3731	3607
常山开发区	1099	801	254	242	305	298	156	85	57
招商局开发区	2432	1098	408	365	325	1334	441	442	451
台商投资区	9938	6071	2224	1917	1930	3867	1412	1293	1162
其中:市直	34857	19914	6757	6406	6751	14943	5167	4960	4816

14—13 续表 3

单位：人

	教职工数				普通中学、班、师、生比例		
	总计	专任教师			校生比例（人、所）	平均每班教职工数	平均每一教师负担学生数
		小计	初中	高中			
漳州市	**23141**	**19911**	**13189**	**6722**	**1176**	**4.59**	**12.23**
芗城区	3825	2836	1651	1185	1692	4.50	14.32
龙文区	854	758	529	229	1790	3.88	14.17
云霄县	2155	1803	1242	561	1426	4.65	12.65
漳浦县	3714	3272	2300	972	876	4.71	12.05
诏安县	2105	2032	1438	594	1222	3.86	13.23
长泰县	889	805	547	258	959	5.14	9.53
东山县	916	801	467	334	1010	4.92	11.35
南靖县	1524	1283	880	403	840	5.42	10.48
平和县	2540	2167	1521	646	1303	4.34	13.23
华安县	610	514	353	161	809	5.87	9.44
龙海市	2609	2535	1631	904	1125	4.69	10.20
常山开发区	75	70	48	22	1099	3.26	15.70
招商局开发区	201	188	78	110	2432	3.47	12.94
台商投资区	1124	847	504	343	1242	5.28	11.73
其中：市直	3026	2298	1199	1099	3486	4.30	15.17

14—13 续表 4

单位：人

	中学学额巩固率（%）			中学生毕业率（%）		每万人口中学生数		三年前（2012 年）招生数		本年毕业生数	
	合计	初中	高中	初中	高中	初中	高中	初中	高中	初中	高中
漳州市	**99.22**	**99.40**	**98.90**	**90.16**	**95.71**	**311.70**	**179.21**	**60193**	**28546**	**54269**	**27321**
芗城区	98.24	99.42	96.55	99.48	91.89	412.81	282.40	7319	5226	7281	4802
龙文区	99.16	99.02	99.47	99.52	94.86	405.32	171.99	2498	1089	2486	1033
云霄县	100.11	100.22	99.87	94.26	95.35	387.33	187.36	5649	2323	5325	2215
漳浦县	99.92	100.15	99.50	100.36	100.67	309.45	175.92	8920	4313	8952	4342
诏安县	97.50	97.20	98.08	88.94	95.00	291.96	154.52	6747	3097	6001	2942
长泰县	98.43	97.90	99.32	93.94	98.43	224.88	128.53	1749	1019	1643	1003
东山县	99.93	99.63	100.47	96.20	97.41	264.91	152.11	2212	1195	2128	1164
南靖县	100.01	100.00	100.02	91.52	94.42	241.74	154.93	3314	1809	3033	1708
平和县	99.97	100.06	99.74	87.26	97.14	405.00	168.18	7450	2519	6501	2447
华安县	99.90	99.85	100.00	93.01	94.65	197.65	101.79	1273	542	1184	513
龙海市	99.77	99.96	99.48	68.98	94.46	236.08	121.06	10343	3990	7135	3769
常山开发区	97.72	98.27	95.48	96.89	85.71			257	56	249	48
招商局开发区	99.87	100.30	99.53	100.62	98.67			325	376	327	371
台商投资区	97.99	97.23	99.30					2137	992	2024	964
其中：市直	98.22	99.84	96.12	101.28	93.88			6021	4819	6098	4524

14—14 中等职业教育基本情况

单位：所、人

	中等职业学校数		其他机构（教学点）数	毕业生数	招生数
	合计	调整后中等职业学校			
漳州市	24	24	4	13752	10693
芗城区	7	7	2	4097	3311
龙文区	1	1	1	309	877
云霄县	3	3		973	483
漳浦县	1	1	1	1326	1141
诏安县	1	1		315	513
长泰县	1	1		589	138
东山县	1	1		857	803
南靖县	2	2		1479	2043
平和县	1	1		2313	544
华安县	1	1		535	133
龙海市	4	4		786	603
台商投资区	1	1		173	104

注:本表所指云霄县不含常山开发区;龙海市不含漳州开发区和台商投资区。

14—14 续表

单位：所、人

	在校生数					预计毕业生数	教职工数		聘请校外教师
	小计	一年级	二年级	三年级	四年级以上		合计	其中：专任教师	
漳州市	31523	10695	9698	11130		11489	1623	1350	235
芗城区	10863	3311	3113	4439		4439	621	503	44
龙文区	1629	877	546	206		206	103	68	10
云霄县	2264	483	529	1252		1252	79	70	57
漳浦县	3127	1143	971	1013		1013	125	107	10
诏安县	1341	513	463	365		415	59	53	
长泰县	345	138	159	48		48	36	35	17
东山县	1678	803	599	276		276	51	44	5
南靖县	6392	2043	2140	2209		2471	203	167	39
平和县	1505	544	542	419		419	112	105	34
华安县	543	133	157	253		253	58	51	
龙海市	1533	603	372	558		600	154	134	17
台商投资区	303	104	107	92		97	22	13	2

14—15 小学基本情况

单位：个、人

	学校数	教学点	班数	毕业生数	招生数	在校学生数	毕业班学生数	全日制小学班级数				
								合计	一年级	二年级	三年级	四年级
漳州市	**877**	**230**	**9726**	**50536**	**60342**	**348619**	**53180**	**9726**	**1733**	**1712**	**1669**	**1603**
芗城区	70	4	1156	6839	7811	47986	7363	1156	185	199	201	194
龙文区	16	1	340	1763	3081	15714	2131	340	67	63	60	54
云霄县	77	45	905	5077	4699	30044	5053	905	156	160	160	160
漳浦县	158	20	1525	8087	10325	57794	8038	1525	274	270	262	250
诏安县	119	41	1129	5643	7392	39115	5740	1129	222	203	195	178
长泰县	38	5	403	1870	2957	15080	2110	403	77	72	67	63
东山县	32		316	2011	2416	12833	1916	316	56	55	54	51
南靖县	49	28	586	2860	3123	18977	2903	586	106	105	97	93
平和县	95	44	1170	7148	5307	39270	7714	1170	195	188	192	201
华安县	31	18	327	1255	1640	9520	1446	327	60	58	58	53
龙海市	147	24	1351	5756	7725	43399	6383	1351	236	240	235	223
常山开发区	5		52	266	362	1804	252	52	9	9	9	9
招商局开发区	4		52	268	508	2281	283	52	10	10	10	8
台商投资区	36		414	1693	2996	14802	1848	414	80	80	69	66
其中:市直	2		194	1383	1412	8985	1496	194	30	31	31	32

注:本表所指云霄县不含常山开发区;龙海市不含漳州开发区和台商投资区;教职工数＝小学(含教学点)教职工数;专任教师数＝小学(含教学点)专任教师数＋一贯制学校小学部专任教师数。

14—15 续表

单位：个、人

	全日制小学班级数			学生数							教职工数(小学、教学点)	专任教师
	五年级	六年级	复式班	合计	一年级	二年级	三年级	四年级	五年级	六年级		
漳州市	**1519**	**1482**	**8**	**348619**	**60416**	**60927**	**60658**	**58039**	**55399**	**53180**	**20017**	**20229**
芗城区	191	186		47986	7817	8505	8453	8122	7726	7363	1991	2169
龙文区	50	46		15714	3081	2961	2756	2450	2335	2131	755	730
云霄县	133	136		30044	4699	4885	5351	5188	4868	5053	2038	2105
漳浦县	243	225	1	57794	10325	10303	10309	9599	9220	8038	3007	2985
诏安县	164	162	5	39115	7392	7098	6841	6361	5683	5740	2336	2348
长泰县	63	61		15080	2959	2811	2511	2340	2349	2110	876	862
东山县	51	49		12833	2416	2252	2209	2068	1972	1916	847	801
南靖县	95	90		18977	3127	3353	3237	3130	3227	2903	1453	1425
平和县	195	197	2	39270	5307	5432	6344	7189	7284	7714	2503	2633
华安县	51	47		9520	1644	1597	1696	1597	1540	1446	794	732
龙海市	207	210		43399	7777	8010	7684	7119	6426	6383	2452	2434
常山开发区	8	8		1804	364	315	298	293	282	252	126	125
招商局开发区	7	7		2281	509	418	421	339	311	283	141	139
台商投资区	61	58		14802	2999	2987	2548	2244	2176	1848	698	741
其中:市直	35	35		8985	1412	1495	1474	1503	1605	1496	285	514

14—16 主要年份各类文化事业机构数

单位：个

年份	艺术事业		公共图书馆	博物馆	群众文化事业		
	表演团体	表演场所			艺术馆	文化馆	文化站
1952	2	1	1	1		10	6
1957	8	8	1	1	1	10	6
1962	11	10	1	1	1	10	21
1965	11	10	1	1	1	10	21
1970	11	10	1	1	1	10	21
1975	11	10	1	1	1	10	21
1978	11	10	1	1	1	10	21
1979	11	11	1	1	1	10	21
1980	11	11	2	1	1	10	21
1981	11	11	3	1	1	10	21
1982	11	11	3	1	1	10	21
1983	11	11	4	1	1	10	21
1984	11	11	4	1	1	10	21
1985	11	10	5	1	1	10	21
1986	11	10	6	1	1	10	21
1987	11	10	6	1	1	10	21
1988	11	10	7	4	1	10	21
1989	11	10	7	5	1	10	21
1990	11	10	7	7	1	10	21
1991	11	10	8	8	1	10	21
1992	11	10	8	8	1	10	21
1993	11	10	9	9	1	10	21
1994	11	10	9	9	1	10	21
1995	11	10	9	9	1	10	21
1996	11	13	10	9	1	10	21
1997	11	13	10	9	1	10	21
1998	11	13	10	9	1	11	21
1999	11	13	10	9	1	11	21
2000	11	13	10	9	1	11	21
2001	11	13	10	9	1	11	106
2002	11	13	10	9	1	11	106
2003	11	13	10	9	1	11	106
2004	11	13	10	9	1	11	106
2005	11	13	10	9	1	11	105
2006	11	13	10	9	1	11	106
2007	11	13	10	9	1	11	124
2008	11	13	10	11	1	11	124
2009	11	13	10	11	1	11	126
2010	11	13	10	11	1	11	126
2011	11	10	10	11	1	11	127
2012	10	10	10	11	1	11	127
2013	10	10	10	11	1	11	132
2014	10	10	10	12	2	11	133
2015	10	10	10	12	2	11	133

注：文化站数统计口径调整。2002 年起文化站数包括民办与公办，即所有的基层文化站；2001 年及以前只包括公办。

14—17 各类文化事业机构业务活动及经费情况(2003–2015)

	2003	2004	2005	2006	2007	2008	2009	2010	2011	2012	2013	2014	2015
艺术表演团体													
机构数(个)	11	11	11	11	11	11	11	11	11	10	10	10	10
从业人员(人)	542	640	545	503	468	467	445	478	469	409	368	338	346
# 高级职称	11	24	11	10	8	8	8	14	17	21	17	17	18
中级职称	136	146	127	120	112	110	120	128	103	118	113	110	110
国内演出场次(场)	1756	2387	1444	2313	1978	2610	2604	6165	5003	1887	1772	1053	985
国外演出场次(场)		22	8	70	4								
本年收入合计(千元)	8863	11700	125111	10613	14630	16175	16186	17412	21060	25359	30040	30935	40085
# 财政补助收入	4897	7588	5932	5928	8270	6897	8846	8805	11466	13589	18290	19806	29447
演出收入	3747	3661	5699	3446	5954	9278	5601	6375	7896	7539	8779	5743	6398
本年支出合计(千元)	9028	11815	11591	3446	14567	15022	16197	17103	21076	25230	33046	30982	41970
艺术表演场馆													
机构数(个)	13	13	13	13	13	13	13	13	10	10	10	10	10
从业人员(人)	148	129	110	115	115	96	97	82	97	64	68	82	72
# 高级职称	5	5	5	3	3	3	3	3	1				
中级职称	18	20	14	12	13	12	12	7	16	9	6	7	7
演(映)出场次(场)	1021	1240	986	802	830	775	1097	787	1385	2293	3916	2517	2260
本年收入合计(千元)	2369	1970	3165	3888	4819	4026	7915	6765	3736	6497	6101	5766	5769
# 财政补助收入	625	1012	873	946	1434	1393	3590	1516	2380	2956	2693	3633	3884
事业收入	259	580	1570	2333	1463	2633	725	248	413	256	156	16	507
本年支出合计(千元)	2637	2222	3257	3888	5251	4026	7755	6750	4132	6717	7013	7081	7155
公共图书馆													
机构数(个)	10	10	10	10	10	10	10	10	10	10	10	10	10
从业人员(人)	93	91	93	96	89	89	92	86	88	85	79	80	78
# 高级职称	3	3	4	6	4	4	4	4	4	4	3	5	5
中级职称	24	26	28	24	24	21	26	27	24	28	25	23	25
总藏量(千册、件)	715	762	778	799	854	943	974	1001	1069	1564	1443	1479	1534
总流通人次(万人次)	63	37	45	23	52	52	67	72	71	57	60.39	73.90	83.40
本年收入合计(千元)	2565	2395	2865	2800	139251	4651	5640	7973	7839	10906	9002	8469	10958
# 财政补助收入	1921	2038	2492	2396	2985	3767	5113	5332	6896	10713	7807	8074	8980
本年支出合计(千元)	2574	2332	4419	3027	3414	4559	5279	7394	8678	9398	8504	8608	10972
# 图书购置费	215	183	599	305	430	431	349	434	558	507	630	904	1028

14—17 续表

	2003	2004	2005	2006	2007	2008	2009	2010	2011	2012	2013	2014	2015
本年新购藏量(千册)	11	42	21	17	19	19	36	22	68	159	50	47	53
群众艺术馆(文化馆)													
机构数(个)	12	12	12	12	12	12	12	12	12	12	12	13	13
从业人员(人)	104	99	100	98	93	94	91	88	92	92	71	91	96
# 高级职称	4	4	4	5	5	5	7	7	4	3	6	9	9
中级职称	24	24	24	27	28	24	34	38	38	41	34	37	46
本年收入合计(千元)	2202	2550	2164	2508	4462	3906	5079	5444	5876	9759	9356	10445	25917
# 财政补助收入	1905	1905	1917	2209	3244	3440	4446	4424	5039	7215	8111	8498	21474
本年支出合计(千元)	2428	2557	2175	2561	4240	3906	4538	5368	6157	9655	8848	9084	22702
文化站													
机构数(个)	103	106	105	106	124	121	126	126	127	127	132	133	133
从业人员(人)	111	105	98	93	115	43	142	173	185	190	273	244	256
文物保护管理机构													
机构数(个)	2	2	2	2	2	3	3	3	3	4	4	9	9
从业人员(人)	2	2	3	4	4	5	5	6	10	23	26	27	40
# 高级职称												2	3
中级职称		1	1	1			1		3			2	4
本年收入合计(千元)	43	1606	57	61	140	100	125	212	1940	1817	9472	10304	10090
# 财政补助收入	37	94	44	61	54	100	125	212	1815	541	8684	432	2399
门票收入	6	10	11	91	86					378	378		
本年支出合计(千元)	43	1606	57	141	140	100	125	213	1340	1384	2636	5877	8909
博物馆													
机构数(个)	9	9	9	9	9	11	11	11	11	11	11	12	12
从业人员(人)	34	39	44	37	41	45	51	53	61	64	74	88	93
# 高级职称	3	3	3	4	5	6	7	6	5	5	6	6	2
中级职称	5	6	6	9	7	8	13	12	14	14	13	12	14
本年收入合计(千元)	464	987	718	964	1274	2219	3014	4531	5176	23327	19095	34175	19738
# 财政补助收入	341	656	627	807	1207	1643	2689	4043	4213	10328	10694	24107	11467
门票收入	39	27	29										
本年支出合计(千元)	486	905	727	875	1235	2199	2729	4076	5328	12048	8899	22365	11419
文物科研机构(个)	1	1	1	1	1								
文物商店(个)													

14—18　文化部门按剧种分艺术表演团体演出情况

	剧团数（个）	从业人员（人）	本年新排上演剧目（个）	演出场次（次）	演出群众人数（千人次）	演出收入（千元）
合　计						
戏曲剧团	9	303		857	793	5698
曲、杂、木、皮剧	1	43		128	200	700

14—19　图书、博物馆情况（2007-2015）

	2007	2008	2009	2010	2011	2012	2013	2014	2015
图书购置费（千元）	430	431	349	434	558	507	630	904	1028
总流通人次（千人次）	52	52	67	720	710	570	604	739	834
文物藏品（件）	16267	22304	22304	23721	21691	21977	22433	23655	24263
#一级品（件）	28	28	28	67	69	69	69	88	90
参观人次（千人次）	45	3312	295	570	1670	1066	2423	3726	3162

14—20　广播电视基本情况

年份	广播事业					电视事业				
	电台（座）	节目（套）	每日播音时间（时：分）	每日制作节目（时：分）	覆盖率（%）	电视台（座）	节目（套）	每日播音时间（时：分）	每日制作节目（时：分）	覆盖率（%）
1985		10	78：30		81.90					
1990		10	70：47		90.60	1	1	41：30	0：08	85.60
1995		10	114：10		90.63	1	1	70：15	1：01	88.69
1996		7	90：00	16：03	90.65	1	5	446：25	3：18	93.00
1997		7	88：20	13：39	90.65	1	5	460：00	4：57	93.00
1998	1	8	116：50	40：36	93.66	1	1	102：12	1：47	93.37
1999	1	8	117：30	60：35	97.03	1	8	719：27	13：40	96.82
2000	1	10	148：00	61：38	97.49	1	13	1203：27	10：59	97.30
2001	1	10	149：55	58：47	97.71	1	13	1614：33	12：07	97.50
2002	1	10	145：05	62：09	97.80	1	3	201：37	11：56	97.65
2003	1	10	137：14	72：46	97.94	1	2	321：12	13：58	98.07
2004	1	10	155：32	49：00	97.95	1	2	309：20	7：50	98.07
2005	1	11	162：19	68：14	97.99	1	2	320：30	10：58	98.11
2006	1	11	170：55	83：20	98.03	1	2	334：20	12：55	98.14
2007	1	11	165：57	76：40	98.07	1	2	346：50	11：05	98.18
2008	1	11	174：44	79：34	98.10	1	2	354：23	11：30	98.23
2009	1	11	170：26	77：56	98.70	1	2	349：15	11：21	98.88
2010	1	11	170：29	74：19	99.01	1	2	363：38	13：16	99.02
2011	1	11	166：53	67：11	99.03	1	2	349：13	8：45	99.04
2012	1	11	167：05	67：15	99.05	1	2	339：46	9：54	99.07
2013	1	11	165：17	62：23	99.08	1	2	356：44	10：12	99.10
2014	1	11	165：33	62：33	99.10	1	2	352：37	9：39	99.12
2015	1	11	153：20	49：00	99.12	1	2	351：29	10：14	99.15

注:1、2001年起电视事业统计口径有变动。2、2002年全省取消县级电视频道,只保留部分自办节目播出时间。

14—21 分县(市、区)有线广播电视接收户数(2003-2015)

单位：户

	2003	2004	2005	2006	2007	2008	2009	2010	2011	2012	2013	2014	2015
漳州市	**334000**	**372073**	**378621**	**388737**	**428779**	**466938**	**533686**	**730391**	**773392**	**780756**	**799700**	**864000**	**818000**
芗城区	78800	78800	78000	78989	81000	92409	95795	142580	164876	165068	169346	238900	215400
龙文区	10800	11000	10700	11200	14000	14000	14000	16000	17741	19595	20954		
龙海市	53000	68523	68025	69220	72411	75971	79520	98299	105391	108146	112400	115800	119000
云霄县	30000	35000	36000	36400	40000	40250	52000	60821	61779	55298	60400	61500	66100
漳浦县	66000	69000	79000	80000	92000	97800	118000	149230	149882	153948	154600	158600	154300
诏安县	24200	24600	24800	25400	38100	42400	43808	44650	49458	49518	49300	50000	36600
长泰县	14200	20000	20500	21060	21100	21600	24195	27816	29016	31022	30100	30400	35200
东山县	18600	19000	20500	21000	21000	21000	37295	39196	41039	41159	43400	44200	50700
南靖县	13600	14800	15100	15600	15800	16300	23363	26368	27936	30419	31300	32800	42400
平和县	11300	11350	11996	15368	16868	25000	25000	98546	98856	98965	99800	101400	75800
华安县	13500	20000	14000	14500	16500	20208	20710	26885	27418	27618	28100	30400	22500

14—22 体育局系统从业人员情况

单位：人

年 份	公务员	专职教练员	运动员	管理人员	其 他
1978					
1980		38	420		
1985		56	530		
1990		63	620		
1991		72	640		
1992		78	700		
1993	32	75	690	15	9
1994	32	78	650	16	9
1995	33	81	680	18	9
1996	33	83	700	18	
1997	34	83	720	19	11
1998	34	83	750	19	11
1999	34	80	700	22	11
2000	35	86	630	22	14
2001	35	89	660	25	14
2002	36	90	680	24	16
2003	36	93	680	28	15
2004	37	90	700	28	15
2005	41	97	730	27	19
2006	43	97	730	27	19
2007	45	97	730	28	19
2008	48	85	730	37	28
2009	47	53	730	51	32
2010	45	84	3709	56	31
2011	46	82	4256	60	29
2012	43	102	4256	53	28
2013	57	96	4256	28	29
2014	61	108	3053	28	25
2015	66	109	3243	27	26

14—23 当年评定等级裁判员和运动员人数

单位：人

	2006	2007	2008	2009	2010	2011	2012	2013	2014	2015
1、等级裁判员	38	32	3	5	41	26	25	284	3	69
国际级裁判	1									
国家级裁判	2	1			2	3				
一级裁判	12	6	1		8	15		4		
二级裁判	23	25	2	5	31	8	25	280	3	69
2、等级运动员	162	171	110	109	161	60	52	166	63	87
国际级运动健将										
运动健将	4	6			12					
一级运动员	26	30		7	30			7		
二级运动员	132	135	110	102	119	60	52	159	63	87

14—24 竞技体育比赛成绩情况

单位：枚

	2006	2007	2008	2009	2010	2011	2012	2013	2014	2015
一、世界比赛		3	3	1	6		3			
金　牌		1			2		1			
银　牌		1	1	1	2		2			
铜　牌		1	2		2					
二、亚洲比赛		1			2	1				
金　牌		1			1					
银　牌					1	1				
铜　牌										
三、全国比赛	8	8	18	12	15	5		6		
金　牌	2	3	11	3	7	2		2		
银　牌	2	1	2	6	6	1		1.5		
铜　牌	4	4	5	3	2	2		2.5		
四、省级比赛	125	146	189	64	330.5	252	16	63	215	17
金　牌	45	58	57	16	97	75	1	19	79	5
银　牌	51	42	64	20	112	82	5	19	66	5
铜　牌	29	46	68	28	122	95	10	25	70	7

14—25 主要年份卫生事业基本情况

年份	卫生机构（个）	卫生技术人员数	#医师	#注册护士	医疗床位（张）
1952	40	354			292
1957	64	701			619
1962	815	4048			2040
1965	843	5443			2820
1970	272	3797			2839
1975	631	4678			4190
1978	391	6392	1584	749	4898
1980	395	6740	1618	874	5553
1985	475	8155	1425	1457	6742
1990	515	9790	3460	2771	7548
1991	509	9766	3395	2680	7602
1992	491	10377	2492	2209	7719
1993	452	9787	2500	2155	7924
1994	453	9902	2612	2209	7788
1995	453	9391	2519	2139	7951
1996	194	8513	2431	2188	9816
1997	197	8461	2482	2156	13416
1998	197	8587	2760	2198	13392
1999	199	8555	2778	2341	13237
2000	199	8439	2835	2341	13132
2001	199	8448	2854	2378	13036
2002	261	7834	3706	2525	7942
2003	260	8023	3596	2633	8137
2004	263	7862	3346	2568	8192
2005	258	7770	3387	2824	8733
2006	261	7662	3304	2810	8862
2007	261	6956	3051	2730	8862
2008	284	9277	3756	2993	8930
2009	284	10252	4105	3811	9335
2010	445	12184	5067	4388	10930
2011	591	13615	5307	5272	11924
2012	843	15767	5862	6196	14453
2013	858	17526	6414	7198	16819
2014	870	19559	6948	8190	18958
2015	870	23075	9376	10506	20569

14—26　各类卫生机构数(2003-2015)

单位：个

	2003	2004	2005	2006	2007	2008	2009	2010	2011	2012	2013	2014	2015
合　计	**260**	**263**	**258**	**261**	**261**	**284**	**284**	**445**	**591**	**843**	**858**	**870**	**870**
医　院	34	35	30	31	31	31	31	57	65	66	68	71	72
疗养院	1	1	1	1	1	1	1	1	1	1	1	1	1
社区卫生服务中心	2	2	6	7	9	15	15	16	16	20	22	22	22
卫生院	112	110	111	111	109	106	106	106	106	106	106	106	106
门诊部、诊所、医务室、护理站	73	74	72	72	72	72	76	210	345	592	603	601	478
妇幼保健院、所	12	12	12	12	12	12	12	12	12	12	12	12	12
专科疾病防治院	2	1	2	2	2	1	1	1	1	1	1	1	1
急救中心	1	1	1	1	1	1	1	1	1	1	1	1	1
采供血机构	2	3	1	1	1	1	1	1	1	1	1	1	1
疾病预防控制中心(防疫站)	12	13	12	12	12	12	12	12	12	12	12	12	12
卫生监督所	2	2	3	4	4	9	9	9	12	12	12	12	12
医学在职培训机构	1	3	1	1	1	1	1	1	1	1	1	1	1
医学科学研究机构	1	1	1	1	1	1	1	1	1	1	1	1	1
健康教育所	1	1	1	1	1	1	1	1	1	1	1	1	1
其他卫生机构	4	4	4	4	4	16	16	16	16	16	16	27	149

14—27　各类卫生机构实有医疗床位数(2003-2015)

单位：张

	2003	2004	2005	2006	2007	2008	2009	2010	2011	2012	2013	2014	2015
合　计	**8137**	**8192**	**8733**	**8862**	**8862**	**8930**	**9335**	**10930**	**11924**	**14453**	**16819**	**18958**	**20569**
医　院	5252	5114	5408	5697	5697	5918	6117	7300	8075	10532	12214	14083	14935
疗养院	200	200	200	200	200	200	200	98	98	98	98	98	98
社区卫生服务中心	41	60	146	147	147	215	215	334	364	325	464	426	519
卫生院	2148	2288	2401	2219	2219	2106	2312	2653	2834	3150	3548	3741	4007
门诊部	20												
妇幼保健院、所	156	210	258	279	279	279	279	333	341	348	495	610	690
专科疾病防治院	320	320	320	320	320	212	212	212	212				320

14—28 卫生技术人员分类数(2003-2015)

单位：人

	2003	2004	2005	2006	2007	2008	2009	2010	2011	2012	2013	2014	2015
合　　计	**8023**	**7862**	**7770**	**7662**	**6956**	**9277**	**10252**	**12184**	**13615**	**15767**	**17526**	**18985**	**23075**
执业(助理)医师						3285	4103	4577	5307	5862	6414	6948	9412
#执业医师	2757	2672	2719	2690	3051	2688	3403	3813	4465	4824	5188	5597	6853
执业助理医师	839	674	668	614		597	702	764	842	1038	1226	1351	2559
注册护士	2633	2568	2824	2810	2730	2993	3811	4388	5272	6196	7198	8190	10557
药剂人员	879	870	831	761		647	870	966	1009	1102	1195	1260	1350
检验人员	535	408	439	480		355	444	490	546	615	688	760	902
其　他	380	670	289	307		613	845	1056	1244	1716	1735	1908	854

注：因原来报送的执业医师数有含助理医师，2008-2010年执业医师数据有修改。

14—29 卫生事业基本情况

	卫生机构（个）	人员数（人）				医疗床位（张）
			卫生技术人员数	#医　师	#注册护士	
合　　计	**870**	**29019**	**23075**	**9412**	**10557**	**20569**
医　院	72	17411	14098	4497	7394	14935
综合医院	43	13297	10769	3416	1156	10172
中医医院	12	2974	2499	858		2957
中西医结合医院	1	55	41	13	20	50
专科医院	16	1090	789	210	454	1756
疗养院	1	12	9	2	3	98
社区卫生服务中心	22	1109	900	364	342	519
卫生院	106	4776	3814	1917	1705	4007
门诊部	23	395	325	179	126	
诊所、医务室、护理站	478	819	769	465	261	
妇幼保健院、所	12	1716	1320	538	531	690
专科疾病防治院	1	71	56	26	14	320
急救中心	1	56	25	9	16	
采供血机构	1	90	64	4	33	
疾病预防控制中心(防疫站)	12	594	438	176	33	
卫生监督所	12	203	24	5		
医学在职培训机构	1	365	8	4	3	
医学科学研究机构	1	6	4	1		
健康教育所		2	2	2		
其他卫生机构(计划生育服务机构)	127	75	61	10	2	

备注：以上人员均含计生人员。

14—30 各类医院工作基本情况

	诊疗人数（万人次）	#门急诊	入院人数（万人）	出院人数（万人）	病床周转数（次）
医院	810.70	794.08	61.75	47.16	35.7
#综合医院	623.55	608.85	47.17	37.75	43.1
中医医院	167.99	166.43	8.09	8.09	27.8
专科医院	19.01	18.70	1.26	1.27	8.5
卫生院	233.92	228.69	12.48	12.43	34.0
妇幼保健院	63.13	63.13	1.25	1.25	25.4

14—31 前五位疾病死亡原因及构成

	死亡原因	占死亡总人数（%）
1	恶性肿瘤	35.47
2	脑血管病	15.16
3	呼吸系统疾病	14.55
4	心脏病	12.62
5	损伤和中毒	10.79
	五种死亡合计	**88.59**

14—32 分县(市、区)卫生主要指标

地区	卫生机构床位数（张）	卫生技术人员数（人）	执业(助理)医师（人）	#执业医师（人）	执业助理医师（人）	注册护士（人）
漳州市	**20569**	**23075**	**9412**	**6853**	**2559**	**10557**
芗城区(含市直)	6545	8978	3317	2848	469	4451
龙文区	558	1018	492	382	110	426
龙海市	2573	2783	1292	827	465	1073
云霄县	1480	1774	719	479	240	822
漳浦县	2572	2598	1170	654	516	1101
诏安县	1893	1411	549	377	172	663
长泰县	804	964	415	283	132	428
东山县	861	809	313	240	73	342
南靖县	886	1030	467	292	175	410
平和县	1853	1375	557	378	179	692
华安县	544	335	121	93	28	149

14—33 律师、公证、调解工作基本情况(2003-2015)

	2003	2004	2005	2006	2007	2008	2009	2010	2011	2012	2013	2014	2015
律师工作													
律师事务所(个)	27	28	28	30	31	31	35	35	38	42	44	52	60
取得律师资格(人)						253	276	316	332	374	383	386	426
# 专职律师(人)	169	191	187	187	186	201	221	256	272	312	317	321	344
兼职律师(人)	15	7	7	8	10	17	20	21	22	22	25	22	23
公职律师(人)						35	35	39	38	40	41	43	42
聘请常年法律顾问单位(个)	830	911	1002	990	1033	967	879	1030	1029	1255	1218	1197	1164
律师业务情况													
刑事诉讼辩护及代理(件)	1336	1503	1451	1614	1630	1016	1384	1607	2438	2507	2276	2073	2493
民事诉讼代理(件)	3565	4003	4029	4805	5716	6764	7560	9485	11233	11926	10303	11295	12681
经济诉讼代理(件)	922	796	730	633									
行政诉讼代理(件)	316	306	312	302	237	203	130	158	253	161	258	222	299
非诉讼法律事务(件)	599	586	677	1169	712	832	1059	1151	1184	1286	1143	1556	1851
涉外及港澳台(件)	24	17	6	19			5	36					
解答法律咨询(件)		4298	6140	4690	2115	9888	6962	4846	7930	12818	11700	13387	9951
代写法律事务文书(件)		1732	3800	2412	733	2015	1035	1170	1333	939	1237	1113	964
公证工作													
公证处(个)	12	12	12	12	12	12	12	12	12	12	12	12	12
公证人员(人)	79	75	69	75	75	76	69	86	76	79	79	94	109
# 公证员(人)	46	42	41	40	38	38	36	36	38	38	38	38	44
办理公证书(件)	13029	16409	15049	16799	21410	18371	16052	23371	26624	24355	36412	40338	44771
# 国内经济合同公证(件)	4746	2643	2836	3017	5262	3638	4090	3361	3971	2378	3957	2946	3217
国内民事公证(件)	4397	6985	6551	7911	9148	8811	11962	14159	16818	15206	25894	32303	35150
涉外及港澳台(件)	3886	6781	5662	5871	7000	5922	3410	2294	1778	6771	6744	5089	6404
调解工作													
人民调解委员会(个)	2035	2029	2032	2037	2041	2056	2056	2101	2155	2199	2212	2222	2262
调解人员(人)	7847	14824	16782	14805	14915	12695	8981	8932	8911	9211	9235	8407	8255
调解纠纷(件)	12625	10982	12750	11688	14657	13681	19212	15990	18355	19920	18874	18895	19011
专职司法助理员(人)	127	110	125	151	165	163	190	234	256	271	277	283	293

14—34 国内公证文书分理情况(2003-2015)

单位:件

	2003	2004	2005	2006	2007	2008	2009	2010	2011	2012	2013	2014	2015
经济公证事项	**4746**	**2707**	**1405**	**3017**	**5262**	**3514**	**4090**	**3968**	**3977**	**2378**	**3957**	**7703**	**7876**
购销合同	1677	822	485	2053	3438	2326	2981	2653	2672	1038	3334	3212	2256
联营合同			2		3			2		1			
拍　卖	2	15	20	25	29	7		21	66	6	2	6	37
贷款合同	779	728	96	3	3	16	1		4	2			1
担保书	1567	844	10	1	2	1	1	1	1				
招标投标	90	34	89	38	19	32	45	52	9	25	171	186	98
科技协作	2												
供用电合同	3		1	31	26	23	2						
劳务合同	18	13	2		13	11		2	10				
建筑工程承包	17	9	16	7	13	1			1	3	8		
工商服务业承包	4												
农林牧副渔业承包	70	44	84	39	40	47	29	20	24	3			
乡镇企业承包	4	2		1		4							
财产租赁	7	3	5		3	2		2	4	1			
企业租赁	4		4		1						7		
资产经营责任制	43	3											
还款协议		4		3		1		2		2			
土地使用权出让转让	37	15	49	38	65	115	53	40	140	87	9	104	5
其他经济合同	139	41	284	359	1159	421	338	753	169	431	315	913	586
法人资格		19	3	15	7	1		3	6	1			
法人委托书	27	47	35	205	312	248	228	138	214	191	57	1331	13395
公司章程	15	2		4		1	2	1	1				
执行许可证明	40	2		1								36	7
提　存	7	4	7	4	6		2	5	3		9	2	2
抵押登记		15	12		3	4		13	1		2		1
公司会议记录			1			2							
其　他	147	47	200	190	120	251	408	260	652	579	1063	349	
民事公证事项	**4397**	**3810**	**4236**	**7911**	**9148**	**8859**	**11962**	**12933**	**16825**	**15206**	**25894**	**28212**	**35150**
收　养	2	3			3	11		1	4			1	
解除收养			4			1	29	29					
继承权	402	351	586	888	1024	851	1237	1143	1536	1524	2259	788	3634
遗　嘱	60	49	79	177	155	113	107	100	132	123	101	43	251
产　权	48	14		1		170			20	20			
亲属关系	185	68	38	54	51	39	92	373	290	174	329	81	315
死　亡	64	3	1	5	3	2	4	37	29	42	5		6
房屋买卖	376	377	542	630	738	851	704	734	609	394			
房屋租赁	15	19	9	8	12	4	4	7	1	1			
留学协议					66					3		7	
遗赠扶养协议	23	15	22	59	4	70	49	41	3	1	274	347	235
委托书	329	352	781	1826	2443	2180	5499	6305	8073	7503	12685	3865	1289
赠与书	235	235	415	742	609	515	484	742	1068	1032	1297	5	1402
声明书	284	199	233	450	539	366	580	708	982	529	1354	82	4320
现场监督	70	64	47	139	26	207	83	56	48	25	351	1	166
签名印鉴属实	58	57	38	69	176	95	102	126	230	90	534	306	5425
文本相符	191	165	51	183	172	240	160	172	169	152	214	129	587
宅基地使用权	10	3	5	2	27	32	32	138	23	71			
证据保全	432	354	192	514	465	1398	721	470	720	334	611	1203	1937
拆迁协议	28	48		10	150	7	104	240				1	
计划生育	31	12	39	6	99	54	75	94	45	65			
赡养协议	30	19	50	58	39	54	75	89	83	98		29	235
合伙协议	3	2	4	2	2				2	6		4	
夫妻财产协议	284	11	12	21	29	34	37	42	73	42			148
其他民事协议	779	742	646	1188	1178	699	973	421	957	1085	315	161	1228
其　他	458	648	442	879	1138	866	811	865	1728	1892	1063		

14—35 环 境 保 护

	2004	2005	2006	2007	2008
水环境					
废水排放总量(万吨)	60873.02	71182.46	64908.00	72010.96	77511.73
# 工业废水排放量	55016.02	64836.46	58122.00	65221.96	70722.73
生活污水排放量	5857.00	6346.00	6786.00	6789.00	6789.00
工业废水排放达标量(万吨)	54581.73	64543.77	57797.25	64666.74	70248.21
工业废水排放达标率(%)	99.2	99.6	99.4	99.2	99.3
化学需氧量排放量(吨)	22399	27496	27598	27500	27700
# 工 业	4914	5404	5078	6356	5882
生 活	17485	22093	22520	21144	21819
氨氮排放量(吨)	2858	3147	3234	2210	3062
# 工 业	691	656	263	197	1003
生 活	2168	2491	2971	2013	2058
大气环境					
二氧化硫排放量(吨)	6408	14183	14209	14980	18330
# 工 业	5891	13699	13405	14184	17809
生 活	517	484	804	796	521
烟(粉)尘排放量(吨)	4300	4927	5952	5745	6054
# 工 业	3896	4621	4577	4396	5169
生 活	404	306	1375	1349	885
工业二氧化硫去除量(吨)	72319	83069	85414	98650	87888
工业烟(粉)尘去除量(万吨)	50.53	64.53	66.30	73.79	75.70
固体废物					
工业固体废物产生量(万吨)	175.09	203.31	238.88	176.86	210.95
# 危险废物(吨)	3146	3149	3620	1550	1392
工业固体废物综合利用量(万吨)	59.12	96.93	216.69	172.21	207.29
工业固体废物综合利用率(%)	33.8	47.7	93.5	97.4	98.3
工业固体废物排放量(吨)	900	700	970	449	1100
"三废"综合利用产品产值(万元)	8668	10180	8109	10610	12653
生态环境					
森林面积(万公顷)	78.65	78.68	79.23	79.59	78.95
森林覆盖率(%)	62.0	62.1	62.4	62.7	63.0
当年造林面积(万公顷)	0.96	1.90	1.88	1.93	1.95
自然保护区数(个)	3	3	3	3	
# 国家级	2	2	2	2	
自然保护区面积(万公顷)	0.56	0.56	0.58	0.58	0.58
湿地面积(万公顷)	25.10	25.10	25.10	25.10	25.13
自然灾害					
发生地震灾害次数(次)	16	22	22	25	23
森林火灾次数(次)	77	16	9	7	
环境污染治理投资					
工业污染治理投资(万元)	76831	78020	93481	2788	8797
# 治理废水	798	1129	2224	2126	5399
治理废气	75998	76891	1088	642	1193
治理固体废物	13	12			7
治理噪声	1		10	20	38
治理其他	35		90159		1811
实际执行"三同时"项目环保投资(万元)	3654	3320	7391	9111	8006

基　本　情　况(2004–2015)

2009	2010	2011	2012	2013	2014	2015
84019.55	70458.55	101472.98	39451.83	42198.26	41105.70	38831.63
77089.66	62844.65	86558.20	23038.79	25412.99	23963.26	21197.51
6929.89	7613.90	14914.78	16413.04	16785.27	17142.44	17588.91
76782.25	62263.24					
99.6	99.1					
27177	26893	56797	61674	59474	58153	99423
5370	8482	11879	12174	10794	9449	8399
21807	18411	44918	49500	48680	48704	47913
2485	2274	6677	7230	7059	7051	12948
591	459	883	563	528	469	286
1894	1815	6677	7230	7059	7051	6973
18483	19533	30083	28407	39936	38445	36355
17871	19017	29304	27628	36156	37650	35538
612	516	779	779	779	795	817
6724	9829	12323	9928	11275	23477	22003
5551	8918	12237	9842	10816	23009	20687
1173	911	86	86	458	468	481
111190	89339	96198	74636	96499	112287	67903
93.61	76.20	171.32	79.30	95.24	118.85	71.27
191.58	172.23	235.27	182.83	209.02	302.16	271.87
2109	5292	5126	4004	3013	6375	23939
190.27	169.79	226.54	174.58	198.06	296.64	260.15
99.3	98.6	96.3	95.5	94.8	98.2	95.5
300						
8848	6961					
79.15	75.10	76.43	77.92	79.22	80.06	80.06
63.1	59.74	60.8	61.88	62.91	63.58	63.58
1.95	1.75	6.12	3.13	2.69	1.33	1.40
3	3	3	3	3	3	3
2	2	2	2	2	2	2
0.58	0.58	0.58	0.58	0.58	0.58	0.58
25.13	25.13	25.13	25.13	25.13	13.93	13.93
28	7	16	8	7	7	3
34	10	34	5	6	6	9
1859	9054	3787	6367	48214	6257	55511
1765	7871	2520	5309	9691	2680	27692
94	1182	913	722	38285	3500	25341
			71	62		308
			165	110		170
		354	100	65	77	1930
29395	191800			7028	155774	129906

14—36 工业污染排放及

	2003	2004	2005	2006	2007
一、企业基本情况					
1、汇总企业数(个)	326	334	365	386	498
2、“三废”综合利用产品产值(万元)	8178.0	8667.6	10180.3	8108.9	10609.6
3、工业锅炉数(台)	180	196	238	251	289
# 烟尘排放达标的(台)	150	173	183	224	210
# 二氧化硫排放达标的(台)	86	118	128	219	172
4、工业炉窑数(座)	79	76	64	73	78
# 烟尘排放达标的(座)	56	58	43	44	53
# 二氧化硫排放达标的(座)	32	35	24	33	45
二、工业废水					
1、工业用水总量(万吨)	168637.81	212411.45	254306.61	227656.07	256696.80
# 新鲜水量(万吨)	125008.51	157849.58	185556.47	167036.70	18796.15
重复用水量(万吨)	43629.30	54561.87	68750.14	60619.59	68760.85
2、工业重复用水率(%)	25.87	25.69	27.03	26.63	26.79
3、废水治理设施数(套)	986	1000	1095	979	414
4、废水治理设施处理能力(万吨/日)	206.55	249.41	308.09	315.45	308.09
5、废水治理设施设备运行费用(万元)	3238.7	3572.1	12176.1	8744.9	12648.5
6、工业废水排放量(万吨)	43873.94	55016.02	64836.46	58121.63	65248.96
排入污水处理厂的(万吨)	552.72	463.92	355.76	267.29	733.45
7、工业废水中污染物去除量					
氰化物(吨)	0.58	0.58	0.10	0.02	1.31
化学需氧量(吨)	12568.38	13279.82	36671.27	29147.51	21019.23
石油类(吨)	3.00			8.07	0.76
氨氮(吨)	236.32	464.34	575.63	903.61	985.01
8、工业废水中污染物排放量					
六价铬(吨)	0.11	0.07	0.09	1.09	0.08
砷(吨)	0.24	0.17	0.21	0.13	0.10
氰化物(吨)			0.01	…	0.04
化学需氧量(吨)	5606.74	4914.32	5403.57	5077.93	6355.75
石油类(吨)	1.44	1.64	6.92	0.86	0.64
氨氮(吨)	732.30	690.68	655.75	263.05	196.93
三、工业废气					
1、煤炭消费总量(万吨)	557.87	761.52	921.71	857.84	988.70
燃料煤消费量(万吨)	544.14	746.63	907.82	845.29	970.82
原料煤消费量(万吨)	13.73	14.89	13.89	12.55	17.89
2、燃料油消费量(不含车船用)(万吨)	1.00	0.77	0.91	2.95	9.19
3、天然气消费量(万立方米)/洁净燃气	32	9849	11471	14	1101

处理利用情况(2003-2015)

2008	2009	2010	2011	2012	2013	2014	2015
521	502	779	773	786	801	794	847
12652.7	8848.4	6960.5					
302	291	361	480	485	490.0	521.0	555.0
254	245	273					
234	231	183					
102	101	200	219	276	289.0	277.0	286.0
69	82	85					
65	69	66					
275490.57	304372.69	242600.91	314764.42	26207.62	29704.41	57304.64	72590.56
200359.40	221637.29	230966.25	219064.34	11237.26	11088.83	10786.01	11966.05
75131.17	82735.41	11634.66	95700.07	14970.36	18615.58	46518.63	60624.51
27.27	27.18	4.80	30.40	57.12	62.67	81.17	83.52
429	437	398	496	507	509	530	561
357.88	354.61	401.39	430.92	73.92	79.02	119.96	110.47
11315.4	10738.5	16646.1	28093.9	15606.3	20726.2	26154.8	32277.4
70722.73	77089.66	62844.65	86558.20	23038.79	25412.99	27476.88	21197.51
441.21	457.92	582.24	702.33	574.35	1031.70	1219.72	1304.92
0.51	0.89	18.32	46.24	26.92	2.33	1.77	3.35
42302.30	28644.46	105809.13	96529.4	127195.68	98973.81	115054.98	135198.84
4.50	3.76	117.68	97.99	69.31	60.66	95.78	68.15
1041.87	958.56	404.60	779.04	2286.77	1649.46	1510.25	1483.28
0.04	0.06	0.29	0.07	0.01	0.01	0.01	0.08
			…	0.03	0.03	0.002	0.001
0.04	0.07	1.08	0.17	0.34	0.08	0.09	0.35
5881.50	5369.89	8482.08	11879.00	12174.00	10794.21	9448.87	8399.00
0.97	0.49	18.01	24.57	19.82	20.75	21.91	31.28
1003.11	591.29	458.50	883.00	563.00	528.00	468.82	285.90
930.85	1033.56	865.66	1098.85	861.79	1074.90	1123.03	939.21
916.19	1020.89	851.08	1094.74	857.39	1071.69	1120.49	938.64
14.66	12.66	14.58	4.11	4.40	3.21	2.54	0.57
13.55	13.82	13.17	830.00	17.80	16.21	26.60	34.87
6027	6681	4937	5412	8137	10252	112258	

14—36 续表

	2003	2004	2005	2006	2007
4、工业废气排放总量(万标立方米)	4528647	5691251	7108002	6641119	7156077
5、废气治理设施数(套)	270	282	330	350	348
# 脱硫设施数(套)	84	94	60	81	42
6、废气治理设施处理能力(万标立方米/时)	902.48	1136.48	1958.05	2311.59	2105.68
#脱硫设施脱硫能力(吨/时)	16.50	36.61	24.74	24.88	50.39
7、废气治理设施设备运行费用(万元)	14518.4	15981.3	26014.7	2805.7	2934.1
8、二氧化硫去除量(吨)	34360.53	72319.12	83068.74	85414.17	98650.18
9、二氧化硫排放量(吨)	4103.04	5891.11	13698.54	13405.46	14224.00
10、烟尘去除量(吨)	463071.20	493923.47	635148.03	653115.87	702902.81
11、烟尘排放量(吨)	3053.87	3296.56	3860.04	3823.90	3805.26
四、工业固体废物					
1、工业固体废物产生量(万吨)	113.08	175.09	203.31	238.88	176.86
危险废物(吨)	3143.50	3146.20	3149.42	3619.55	1549.74
冶炼废渣(万吨)	0.18	0.35	0.50	0.34	0.29
粉煤灰(万吨)	53.84	93.43	104.42	93.56	95.06
炉渣(万吨)	14.49	24.81	37.93	71.53	31.94
煤矸石(万吨)	0.05	0.07	0.08	0.07	0.08
尾矿(万吨)	0.02	0.03	0.01	4.01	9.10
放射性废物(万吨)					0.29
脱硫石膏(万吨)					
其他废物(万吨)	39.57	35.68	40.43	61.77	30.89
2、工业固体废物综合利用量(万吨)	57.78	59.12	96.93	223.28	172.21
危险废物(吨)	33.80	38.20	31.70	175.25	248.35
冶炼废渣(万吨)	0.18	0.35	0.47	0.36	0.32
粉煤灰(万吨)	11.64	12.91	30.00	93.54	95.06
炉渣(万吨)	5.89	9.35	20.70	61.30	31.91
煤矸石(万吨)	0.05	0.07	0.08	0.07	0.08
尾矿(万吨)	0.02	0.03	0.01	0.01	5.50
脱硫石膏(万吨)					0.29
其他废物(万吨)	37.80	34.70	39.90	61.39	30.53
3、工业固体废物综合利用率(%)	50.89	33.76	47.67	93.44	97.37
4、工业固体废物贮存量(万吨)	0.51	0.51	0.13	4.67	0.56
#危险废物贮存量(吨)		2.50	0.50	0.80	
5、工业固体废物处置量(万吨)	55.19	115.37	106.23	10.90	4.60
#危险废物处置量(吨)	3103.70	3119.50	3123.22	3443.50	1301.39
#处置往年贮存量(吨)			200.0		5000.0

2008	2009	2010	2011	2012	2013	2014	2015
7285947	8990586	9184148	12145315	9848794	13904622	17720683	17724586
448	454	485	744	689	740	888	1047
59	61	31	44	13	18	37	37
2483.40	2738.88	2370.46	5071.45	2251.25	3442.68	4568.32	5675.88
24.49	24.52	24.34	1475.22	8.57	11.04	17.27	36.76
5537.6	5917.8	12787.5	18419.3	19609.3	33565.3	39468.8	47321.8
87888.20	111189.76	89789.09	96197.67	74636.39	96499.44	112287.41	67903.44
17809.00	17871.00	19017.03	29303.8	27628.22	36156.22	37649.68	35537.97
727011.31	909914.42	699910.43	1713162.96	793032.53	952415.00	1188545.62	712705.50
4206.20	4747.63	5593.60	12236.63	9841.57	10816.39	23008.91	20687.13
210.95	191.58	172.23	235.27	182.83	209.02	302.16	269.48
1392.31	2108.96	5292.39	5126.00	4004.22	3012.79	6375.48	23939.41
0.33	0.42	9.45					
110.98	91.99	77.66					
37.79	40.42	37.43					
0.22	0.01	0.15					
7.60	5.00	6.31					
0.77	0.62	0.09					
44.63	44.21	36.79					
207.29	190.27	169.79	226.54	174.58	198.07	296.64	260.10
43.75		273.02	915.00	207.70	358.98	1131.79	2465.60
0.32	0.42	8.95					
111.16	91.99	77.66					
37.84	40.36	37.43					
0.01	0.01	0.15					
5.03	5.00	5.07					
0.17	0.02	0.09					
44.30	43.99	36.6					
98.26	99.32	98.58	96.29	95.48	94.76	98.17	96.52
0.50		0.61	0.60	0.01	0.02	0.97	4.15
		36.24	351.00	40.5	110.75	1863.57	14973.31
3.09	1.28	1.91	8.12	8.25	11.03	4.56	7.72
1348.56	2108.96	4983.13	3861	3847.91	2585.25	3695.50	8417.64
		800.0	5.0	4.5	42.2	254.0	79.0

14—37 农村环境情况(2007-2015)

	2007	2008	2009	2010	2011	2012	2013	2014	2015
农村总户数(万户)	98.00	98.00	98.00	98.00	103.03	103.15	101.94	105.57	105.57
累计卫生厕所户数(万户)	57.95	60.24	67.27	75.38	81.43	89.16	91.75	92.69	98.21
# 三格式粪池式(万户)	50.34	52.32	59.13	65.84	73.12	76.65	78.78	79.58	85.44
三联沼气池式(万户)	7.61	7.92	8.14	9.54	11.47	12.51	12.72	12.85	12.75
农村卫生厕所普及率(%)	59.13	61.47	68.64	76.91	79.04	87.46	90.01	87.56	93.03
当年新增卫生厕所户数(万户)	1.39	2.29	7.06	8.10	6.05	1.97	2.26	0.96	2.78
累计使用卫生公厕户数(万户)	6.06	6.09	5.38	5.04	5.67	5.45	4.64	4.61	3.82
当年用于改厕投资(万元)	2369.16	2280.31	4884.93	6831.46	9269.40	3790.88	3261.82	2536.46	1977.08
# 国　家(万元)	174.25	108.10	1232.95	2186.36	1039.88	746.08	367.00	276.00	120.00
集　体(万元)	403.35	194.80	233.22	124.70	436.23	122.70	32.90	54.65	48.60
个　人(万元)	1739.22	1784.31	3018.76	4400.84	7771.73	2894.07	2725.92	2205.81	1808.48
其　他(万元)	52.34	193.10	400.00	119.56	21.56	28.03	136.00		
农村总人口(万人)	383.89	383.89	383.89	383.89	388.24	388.29	396.60	398.29	398.29
累计已改水受益人口(万人)	372.00	374.23	375.29	377.12	377.65	382.51	383.93	395.67	398.29
# 自来水(万人)	298.41	306.12	312.19	315.09	316.81	318.56	320.65	366.57	367.71
手压机井(万人)	41.69	38.59	37.91	36.91	35.12	35.12	35.05	22.07	23.55
其　他(万人)	31.90	29.52	25.19	25.12	22.29	28.83	28.23	7.03	7.03
当年用于农村改水投资(万元)	1215.61	1992.37	3489.09	7380.00	2357.10	9616.00	8651.00	13721.10	15212.60
# 国　家(万元)	318.20	435.20	1992.00	6148.00	2129.20	8681.00	6921.00	11842.60	13579.90
集　体(万元)	294.00	669.77	712.25	1110.00	192.90	835.00	1625.00	1211.00	691.70
个　人(万元)	540.31	833.40	692.12	72.00	31.00	65.00	69.00	444.50	623.80
其　他(万元)	63.10	54.00	92.72	50.00	22.00	35.00	36.00	223.00	317.20
农村可再生能源利用情况									
沼气池产气总量(万立方米)	5.28	11.20	16.76	14.35	12.06	9.20	402.00	598.00	634.40
农村户用沼气池(口)	6600	14000	20950	17935	15070	11500	10050	14950	15860

14—38　分县(市、区)气候环境情况

	年平均气温(℃)	年极端最高气温(℃)	年极端最低气温(℃)	年平均相对湿度(%)	全年日照时数(h)	全年降水量(mm)
漳州市	**22.6**	**37.7**	**5.6**	**76**	**1666.1**	**1824.4**
芗城区	22.6	37.7	5.6	76	1666.1	1824.4
龙文区	22.5	38.5	5.8			1824.4
龙海市	22.4	38.0	6.6	71	1988.4	1647.7
云霄县	22.5	37.5	6.7	73	1832.9	1892.3
漳浦县	21.6	36.3	5.5	74	1651.5	1516.7
诏安县	22.0	37.2	5.1	81	1896.1	1371.3
长泰县	22.2	37.0	5.4	77	1789.9	1835.5
东山县	21.9	36.0	8.5	81	2166.5	1235.4
南靖县	21.9	37.8	3.6	81	1687.0	2020.6
平和县	21.8	38.1	3.2	77	1742.8	1803.7
华安县	21.5	37.5	2.2	76	1643.8	1795.5

14—39　分县(市、区)工业污染治理投资额(2003–2015)

单位：万元

	2003	2004	2005	2006	2007	2008	2009	2010	2011	2012	2013	2014	2015
漳州市	**75592**	**76831**	**78020**	**93481**	**2788**	**8797**	**1859**	**9054**	**3787**	**6367**	**48214**	**6257**	**55511**
市辖区	42			740		3067	58	250	105	1900		3800	2304
芗城区			288	220		2673	20	210				3800	2304
龙文区				520	20	394	38	40	105	1900			
龙海市	74999	76104	76065	90159				165	1745	2918	33521	312	536
云霄县						12	195		385		123	30	
漳浦县	275	145	295	331	493	180	514	901			12560	1910	45949
诏安县		38	360	271	170					56	199		
长泰县	127	243	146	808	118	2667		5205	343	856	1433	205	2136
东山县						144		1568	138				3500
南靖县	19	301	15	1032	987	2552			120	112	378		300
平和县						175	1092	964	952	525			
华安县	131			141									786

14—40 社会救济与捐

	2003	2004	2005	2006	2007
一、社会救济					
(一)城镇居民最低生活保障人数(人)	23797	25151	25502	26490	27264
在职人员	708	716	571	796	600
下岗人员	3639	4038	4959	4204	4451
退休人员	719	843	913	887	813
失业人员	2408	3167	2714	2840	3289
"三无"人员	2081	1858	1491	1091	853
其他人员	14242	14529	14854	16672	17258
(二)农村低保情况					
1、农村居民最低生活保障人数(人)	16351	84345	84837	94330	99749
# 困难户	3635	23976	34414		78166
五保户	1619	9340	11441	12068	12311
其他对象	1543	8101	2161		9272
2、农村居民最低生活保障家庭数(户)	6797	41417	48016	40103	53152
3、农村临时救济人次数(人次)	30935	72690	78334	41008	20496
二、社会捐赠					
(一)直接接收捐赠情况					
1、捐赠款数额(万元)	107.9	26.2	374.3	6643.4	400.9
2、捐赠衣被合计(万件)	1.7	3.1	4	40.7	4.8
3、捐赠其他物资价值(万元)	0.6	6.4	72.3	600	3
(二)间接接收捐赠情况					
1、捐赠款数额(万元)		2	0.1	1769.1	
2、捐赠衣被合计(万件)	0.2			13.4	0.1
3、捐赠其他物资价值(万元)				187.5	
(三)受益人次数(人次)	9450	2180	16337	422050	6900
(四)社会捐赠接收工作站、点数(个)	14	15	16	17	18

赠工作情况(2003-2015)

2008	2009	2010	2011	2012	2013	2014	2015
27596	26279	26831	31760	32609	32524	31595	27875
613	588	609	798	785	614	651	575
4546	4433	3077	6102	6122	5884	4911	4280
800	776	762	685	659	623	389	346
3436	3264	3655	4042	4694	4603	4834	4917
1019	1004	963	981	801	791	880	715
17174	16214	17765	19152	19548	20009	19931	17042
99774	104802	117178	109233	127612	117135	133527	132661
12336	13098	12814	12908	12996	13224	13126	11588
53223	50565	51690	53305	62761	68308	85292	95064
12985	21184	19928	4938	7596	13712	16903	11488
6171.1	386.8	947.6	4702.2	30	20	979	5543
2.1							
53							2496.8
				453			
124130		4400	430	552		2284	
23	28	18	14	17	13	20	20

14—41 社会福利事业、企业单位机构情况(2003-2015)

单位：个

	2003	2004	2005	2006	2007	2008	2009	2010	2011	2012	2013	2014	2015
总　　计													
收养性社会福利单位													
优抚类收养性单位	8	8	8	8	8	8	8	8	8	8	8	8	8
荣誉军人康复医院													
光荣院	8	8	8	8	8	8	8	8	8	8	8	8	8
福利类收养性单位													
社会福利院	11	11	11	11	11	11	11	11	9	11	11	10	10
儿童福利院									1			1	2
精神病福利院	1	1	1	1	1	1	1	1	1	1	1	1	1
城镇收养性老年性福利机构	21	21	21	21	23	23	23	23	24	17	18	103	105
农村收养性老年性福利机构	50	53	53	54	54	54	64	64	64	77	91	180	180
其他收养性福利机构				6	6	6					182	21	341
社会福利企业	90	92	82	72	66	47	40	77	44	45	39	35	36
优抚事业单位													
干休所	5	5	6	6	6	6	7	7	6	7	7	7	7
军供站	1	1	1	1	1	1	1	1	1	1	1	1	1
烈士纪念建筑管理单位	3	3	4	5	5	6	7	7	11	15	13	13	13
收容遣送单位	1	1	1	1	1	8	10	10	10	10	10	10	10
殡葬事业单位	10	12	13	16	19	19	19	18	13	18	19	19	19
慈善团体					1	1	1		8				
社区服务单位		2	5	5	5	5	17	17	17	16	306	542	510

14—42 收养类社会福利事业单位基本情况

	院　数 (个)	床　位 (张)	年　末 收养人数 (人)
收养性社会福利单位	647	18100	1430
优抚类收养性单位			
荣誉军人康复医院			
光荣院	8	417	266
福利类收养性单位			
社会福利院	10	4375	424
儿童福利院	2	80	22
精神病福利院	1	502	350
城镇收养性老年性福利机构	105	5099	204
农村收养性老年性福利机构	180	5761	100
其他收养性福利机构	341	1866	64

14—43 社会保险统筹情况(2007-2015)

单位：万元、人、%

	2007	2008	2009	2010	2011	2012	2013	2014	2015
各种保险总收入(万元)	**63583**	**205715**	**238909**	**191605**	**226273**	**497349**	**517906**	**552599**	**705642**
各种保险总支出(万元)	**75234**	**171721**	**212940**	**193872**	**241264**	**469574**	**473934**	**558725**	**654384**
一、养老保险									
(一)城镇企业职工养老保险									
1、期末参加基本养老保险职工人数	351466	386590	400387	420251	424284	478106	498898	532918	553634
2、期末参加基本养老保险离退休人数	87782	92028	96263	100820	104639	110757	117540	124186	129884
3、期末企业退休人员实行社会化管理人数	83903	91213	95498	100177	104021	110193	117070	123707	129458
4、基本养老保险基金收入	60724	76682	94312	106108	127329	158953	191128	210994	261621
5、基本养老保险基金支出	73403	92967	109973	129699	156042	188565	235883	272535	311251
6、基本养老保险基金累计结余	7854	10198	13528	15620	21208	27129	42449	44418	45498
(二)机关事业单位养老保险									
1、期末参加基本养老保险职工人数(人)	76287	73854	63913	69634	69985	68001	69076	70832	71708
2、期末领取基本养老保险金的职工人数(人)	22169	23090	23782	24579	25131	25856	23333	24032	24903
3、基本养老保险基金收入	59083	51006	61807	63834	86840	91464	91302	97079	120026
4、基本养老保险基金支出	51160	43322	55543	58438	76372	88325	85422	92742	104624
5、基本养老保险基金累计结余	3896	7684	6264	5396	10468	3139	5880	4337	97534
(三)农村养老保险(新农保)									
1、期末参加基本养老保险的职工人数	164372	165611	165677	166050	2012985	2021178	2083007	2088069	2074860
2、期末领取基本养老保险金的职工人数	1201	1359	1541	1788	455865	484744	544933	571322	604321
3、基本养老保险基金收入	803	1138	845	838	37415	76037	71643	80698	107094
4、基本养老保险基金支出	95	107	154	194	22734	37515	42958	55202	77760
5、基本养老保险基金累计结余	9282	10313	11243	11887	22998	62684	91461	116867	146201
二、医疗保险									
(一)期末参加基本医疗保险的职工人数	269926	325063	409740	436316	449224	485911	518065	559194	575386
(二)基本医疗保险基金收入	32758	64932	69739	71966	77063	95799	126075	126641	154891
#统筹基金收入	19275	46823	48291	40921	39220	48176	66175	62193	78009
(三)基本医疗保险基金收缴率	97	99	98	97	99	110			100
(四)基本医疗保险基金支出	19657	28706	41158	58253	76182	89968	98454	122791	138185
#统筹基金支出	10684	16464	23429	33671	43157	52284	56041	69559	79500
(五)基本医疗保险基金累计结余	13101	90444	28581	132737	133622	139452	167073	170924	187630
#统筹基金结余	8591	62402	24862	94513	90577	86468	96602	89237	87746
三、失业保险									
(一)期末参加失业保险人数	212917	234216	250199	244687	264193	277675	314528	350072	371161
(二)期末领取失业保险金人数	5312	5668	4233	3762	4750	4963	4437	4016	4176
(三)失业保险基金收入	6260	7435	7131	6767	12000	15007	19140	21080	19810
(四)失业保险基金支出	3317	4186	3528	2926	4053	5220	5472	5463	5758
(五)失业保险基金累计结余	15979	18763	22965	26347	33860	42734	56405	72023	87283
四、工伤、生育保险									
(一)期末参加工伤保险的企业职工人数	194995	217683	245338	233498	263711	292308	369485	397248	456141
(二)工伤保险基金收入	1924	3060	3136	3888	5609	6655	9929	14276	15256
(三)工伤保险基金支出	1379	1748	1766	1866	3733	5472	6829	9097	10964
(四)工伤保险基金累计结余	3460	4480	5923	7851	9612	10786	14466	18823	23906
(五)期末参加生育保险的企业职工人数	130291	136172	191297	207658	240533	270063	332150	363602	400972
(六)生育保险基金收入	936	1462	1939	2876	4272	5258	7474	1531	26944
(七)生育保险基金支出	452	685	818	928	1254	2225	2997	895	5842
(八)生育保险基金累计结余	1415	2191	3341	5288	8306	11435	16346	968	22069

注:2011 年起农村养老保险为新农保。

14—44 分县(市、区)主要社会保险指标

单位：人

	期末参加基本养老保险职工人数	期末参加基本医疗保险人数	期末参加城乡居民社会养老保险人数	期末参加新型农村合作医疗保险人数	城镇居民最低生活保障人数	农村居民最低生活保障人数
漳州市	**553634**	**1096710**	**2074860**	**4044458**	**27875**	**121073**
市直	130764	391056				
芗城区	66854		98636	152235	5614	4753
龙文区			75581	112438	1041	2364
龙海市	85502	162690	398183	724189	5675	25412
云霄县	35100	85751	177640	373326	1924	14008
漳浦县	63214	105529	397235	790391	2974	18504
诏安县	25594	61802	221641	574855	1958	17766
长泰县	42720	46338	83873	177739	1160	5246
东山县	26179	80984	85108	170758	1869	4194
南靖县	35414	67560	172591	299094	2503	9868
平和县	29274	69010	271759	521583	1922	13785
华安县	13019	25990	82875	147850	1235	5173

注：1.期末参加基本养老保险职工人数及期末参加基本医疗保险人数中，全市总数含市本级；
2.期末参加基本养老保险职工人数不含离退休。

14—45 分县(市、区)城镇基本养老保险参保情况

单位：人

	参加城镇基本养老保险职工人数	#参加城镇企业基本养老保险	#参加城镇机关事业养老保险	期末领取基本养老保险金离退休人数	#企业单位领取人数	#机关事业单位领取人数
漳州市	**625342**	**553634**	**71708**	**154787**	**129884**	**24903**
市直	145192	130764	14428	45281	40607	4674
芗城区	68796	66854	1942	10007	8641	1366
龙文区	446		446	105		105
龙海市	89089	85502	3587	15818	14327	1491
云霄县	41879	35100	6779	12506	8850	3656
漳浦县	75177	63214	11963	20682	15557	5125
诏安县	35053	25594	9459	11104	7208	3896
长泰县	46310	42720	3590	9165	7088	2077
东山县	28583	26179	2404	6964	6208	756
南靖县	41543	35414	6129	10239	9204	1035
平和县	37243	29274	7969	10279	9850	429
华安县	16031	13019	3012	2637	2344	293

14—46 公众安全主要指标(2003-2015)

	2003	2004	2005	2006	2007	2008	2009	2010	2011	2012	2013	2014	2015
交通事故损失额(万元)	2113.87	1403.86	565.50	385.06	273.00	239.00	274.94	333.63	272.44	214.33	164.70	172.10	107.87
火灾事故损失额(万元)	553.20	264.10	242.90	450.30	452.70	1042.00	484.06	285.65	215.97	553.19	552.20	1056.32	826.62
交通事故死亡人数(人)	509	588	520	480	444	382	346	333	321	297	250	241	234
火灾事故死亡人数(人)	4	14	6	8	6	1	1	3	5				
刑事案件立案数(件)	20244	17963	186	18130	18725	33923	33298	25707	24213	25252	24410	25312	27758
治安案件查处数(件)	20197	22595	22160	18795	23628	22000	19185	25656	23681	48151	28728	36529	34056
青少年刑事案犯比重(%)	34.50	34.80	33.00	35.60	33.50	31.27	27.57	24.11	23.68	19.48	25.42	26.16	22.70

14—47 全市安全生产事故起数、损失额及伤亡情况(2003-2015)

	单位	2003	2004	2005	2006	2007	2008	2009	2010	2011	2012	2013	2014	2015
事故起数	起	3909	2845	3188	3249	2181	1436	1132	1114	1083	926	797	793	779
工矿企业	起	54	25	17	21	24	17	15	16	16	10	11	10	9
消防火灾	起	608	711	720	814	131	112	88	141	129	173	196	292	321
道路交通	起	3228	2097	2432	2381	1997	1283	1012	943	928	733	581	486	447
水上交通	起			9	13	7								
农业机械	起			1		1	9	2	2	1	4	4	2	1
渔业船舶	起	19	13	9	20	21	15	15	12	9	5	5	3	1
经济损失	万元	3056	2090	1567	2191	1505	1406	895	743	1254	1660	1455	1195	10545
工矿企业	万元				364	319	13	5	3.5	558	696	668	130	9595
消防火灾	万元	779	539	524	484	437	837	484	286	216	553	552	889	827
道路交通	万元	2114	1404	566	385	288	239	275	334	272	214	165	150	108
水上交通	万元			370	607	75								
农业机械	万元			8			4.91	1.12	0.91		12	12	11	5
渔业船舶	万元	163	148	94	351	385	312	130	119	208	61	58	15	10
死亡人数	人	559	641	551	534	499	413	375	367	353	316	270	258	247
工矿企业	人	28	21	19	29	25	17	17	19	16	10	11	11	9
消防火灾	人	3	14	7	9	6	1	1	3	5				
道路交通	人	509	588	520	480	444	382	346	333	321	297	250	241	234
水上交通	人			2	4									
农业机械	人			1		1	1	1	1	1	4	4	2	1
渔业船舶	人	19	18	2	12	23	12	10	11		3	5	3	1
受伤人员数	人	3012	2417	2821	2674	2331	1479	1172	1103	1027	749	570	457	352
工矿企业	人	28	6								6	8		9
消防火灾	人	3	9	2	9	2	1		1	2	2	2	8	2
道路交通	人	2981	2402	2819	2665	2329	1470	1171	1101	1025	741	560	449	341
农业机械	人						8	1	1					

注:2004、2005 年道路交通事故不含轻微事故。

14—48 高 新 技 术 产

	单位数（个）	从业人员年平均人数（人）	增加值（万元）	主营业务收入（万元）
合　计	**1734**	**147548**	**3741488**	**13930877**
其中：工业高新技术产业	1405	139346	3482883	13438010
其中：规模以上工业	365	121689	3372842	13011186
其中：科技部门认定的高新技术企业	116	50224	1515649	5359206
其中：高技术产业	695	34237	783181	2450277
其中:高技术服务业	326	8051	257517	490599
其中：规模以上服务业	40	5188	223276	413822
一、按登记注册类型分组				
(一)内资企业	1530	81326	1819592	6413925
(二)港澳台商投资	139	54305	1511503	5750253
(三)外商投资	65	11917	410393	1766698
二、按所属高新技术园区(开发区)分组				
(一)国家级高新技术开发区	26	5915	214434	858589
(二)非高新技术园区	1708	141633	3527054	13072288
三、按行业分类(按 GB/T4754-2002 分类)				
电子信息技术制造业	262	19362	381334	1553551
生物与新医药技术制造业	59	4243	121458	330285
航空航天技术制造业				
新材料技术制造业	115	3656	79753	355087
先进制造技术制造业	380	18679	309820	1130889
新能源及节能技术制造业	56	9595	192932	641962
资源与环境技术制造业	11	505	1509	7381
高新技术改造传统产业	463	57751	1726942	7024303
高技术服务业	326	8051	257517	490599
其　他	62	25706	670223	2396821

14—48　续表

	R&D经费内部支出合计;应用研究支出(万元)	R&D经费外部支出合计（万元）	新产品产值（万元）	新产品销售收入（万元）
合　计	**963**	**3511**	**1783364**	**1746779**
其中：工业高新技术产业	963	3511	1783364	1746779
其中：规模以上工业				
其中：科技部门认定的高新技术企业	963	3146	1380620	1363515
其中：高技术产业		2033	438958	420649
其中:高技术服务业				
其中：规模以上服务业				
一、按登记注册类型分组				
(一)内资企业	963	2779	805696	803989
(二)港澳台商投资		668	921446	886579
(三)外商投资		64	56221	56210
二、按所属高新技术园区(开发区)分组				
(一)国家级高新技术开发区		97	355715	337783
(二)非高新技术园区	963	3414	1427649	1408996
三、按行业分类(按 GB/T4754-2002 分类)				
电子信息技术制造业		15	432618	414391
生物与新医药技术制造业		1914	10250	9822
航空航天技术制造业				
新材料技术制造业		129	549	456
先进制造技术制造业		444	94729	93482
新能源及节能技术制造业			184331	184258
资源与环境技术制造业				
高新技术改造传统产业	467.5	264.4	189214.4	186931
高技术服务业		745		
其　他	495		871673	857439

业发展情况表

科技活动人员合计（人）	R&D人员（人）	R&D人员折合全时单量（人年）	R&D人员折合全时单量：应用研究人员（人年）	R&D人员折合全时单量：试验发展人员（人年）	R&D经费内部支出合计（万元）	R&D经费内部支出合计；经常费支出（万元）	R&D经费内部支出合计；资产性支出（万元）
9500	**8158**	**4847**	**13**	**4834**	**194401**	**161639**	**32762**
9468	8130	4819	13	4806	194106	161345	32761
6739	5997	3657	13	3644	146096	122347	23750
2047	1683	1055		1055	36887	34142	2744
5010	4394	3014	13	3001	104915	85766	19149
3708	3052	1442		1442	77557	64819	12738
782	712	390		390	11929	11054	875
1271	987	52		452	19016	18820	196
8229	7171	4395	13	4382	175385	142819	32566
1351	1265	705		705	30065	27851	2214
304	278	199		199	5837	5357	480
130	129	105		105	2650	2567	83
1103	967	781		781	14637	12546	2090
1531	1057	689		689	20415	18587	1828
1333	1188	802	3	799	34426	22952	11474
32	28	28		28	295	295	1
3716	3246	1537	11	1526	86076	71484	14592

出口；新产品销售收入（万元）	专利申请数（件）	发明专利；专利申请数（件）	技术改造经费支出（万元）	引进国外技术经费支出（万元）	引进技术的消化吸收经费支出（万元）	购买国内技术经费支出（万元）	研究开发费用加计扣除减免税（万元）
451678	**1137**	**324**	**13540**	**292**	**198**	**736**	**6506**
451678	1137	324	13540	292	198	736	6506
195313	838	227	6715		58	706	6346
261572	192	64	5887			615	1086
54083	770	228	8969	292	166	720	4537
391936	300	65	4233		33	16	1466
5659	67	31	338				502
250273	59	12	2908		33	16	82
201405	1078	312	10632	292	166	720	6423
261144	102	38	4835			615	810
1100	45	19	864				206
	18	3					58
8358	143	27	1234				828
27880	280	95	3109	292	140	30	1194
2275	117	32	1532		26	13	116
150921	432	110	1966		33	79	3293

主要统计指标解释

普通高等学校 指按照国家规定的设置标准和审批程序批准举办，通过国家统一招生考试，招收高中毕业生为主要培养对象，实施高等教育的全日制大学、独立设置的学院和高等专科学校、短期职业大学。

专业技术人员 指已取得科学技术职称，或大学、中专的理、工、农、医科系毕业，以及国民经济各部门从工作实践中提拔，从事理、工、农、医等自然科学技术的研究、教学、生产的专业人员和在机关、企业、事业中从事科学技术业务管理工作的专业人员。

科学家和工程师 指具有大学本科及以上学历的和不具备上述学历但有高、中级职称的人员。

工程技术人员 指在国民经济各行业从事工程技术工作的自然科学专业人员，包括：高级工程师、工程师、助理工程师、技术员和未评定职称的技术人员。

农业技术人员 指在国民经济各行业从事农业技术工作的自然科学技术专业人员，包括：高级农艺师、农艺师、助理农艺师、技术员和未评定职称的技术人员。

文化事业机构 指从事专业文化工作和为专业文化工作服务的独立建制的单位。不包括这些单位另外举办独立核算的其他机构和各部门的业余文化组织。该指标主要反映文化事业机构发展规模水平。

艺术表演团体 指从事戏曲、音乐、舞蹈、杂技等专业艺术表演，有独立帐户的单位，不包括半工半艺、半农半艺和民间职业剧团。该指标主要反映全国专业艺术表演团体发展规模水平。

艺术表演观众人数(人次) 指售票、包场演出或民族地区免费演出的艺术表演观众人次数，不包括彩排审查和内部观摩演出的观看人次数。该指标主要反映全国观看专业艺术表演团体演出的效益规模。

卫生机构 包括医疗机构、疾病预防控制中心(防疫站)、采供血机构、卫生监督及监测(检验)机构、医学科研和在职培训机构、健康教育所等。

医疗机构 包括医院、社区卫生服务中心(站)、疗养院、卫生院、门诊部、诊所(卫生所、医务室)、妇幼保健院(所、站)、专科疾病防治院(所、站)、急救中心(站)和临床检验中心。医疗机构分为非赢利性医疗机构和赢利性医疗机构。

医院 包括综合医院、中医医院、中西医结合医院、民族医院、各类专科医院和护理院。

卫生技术人员 指在国民经济各行业从事卫生医务工作的自然科学技术专业人员，包括：正副主任医师、主治医师、医师、医(护)士和未评定职称的技术人员。

医生 指在医疗、预防保健机构工作且取得《执业医师证书》的执业医师和执业助理医师。

科学研究人员 指在国民经济各行业从事科学技术活动的自然科学技术专业人员，包括：正副研究员、助理研究员、研究实习员、技术员和未评定职称的技术人员。

教学人员 指在国民经济各行业从事自然科学技术方面教学活动的专业人员，包括：正副教授、讲师、助教、教师和在中学从事自然科学技术方面教学活动的人员。

发　明 指专利法及其实施细则所称的发明，指对有关产品、方法或其改进所提出的新的技术方案。

实用新型 指专利法及其实施细则所称的实用新型，指对产品的形状、构造或者结合所提出的适于实用的新的技术方案。

外观设计 专利法及其实施细则所称的外观设计是指对产品的形状、图案、色彩或者其结合所作出的富有美感并适于工业上应用的新设计。

律师 指依法取得律师执业证书，担任法律顾问，民事(刑事、行政)案件代理人、刑事案件辩护人、办理非诉讼业务，解答法律询问，代写法律事务文书等，为社会提供法律服务的人员。

公证人员 指在公证处工作的人员总称，包括公证处主任、副主任、公证员、公证员助理(助理公证员)和其他从事辅助性工作的人员。

公证文书 指公证处根据当事人申请，依照事实和法律，按照法定程序制作的，具有法律效力的司法证明文书。根据公证书用途和使用地，公证书分为国内公证书、国内经济公证书、涉外民事公证书、涉外经济公证书四类。

基本养老保险参保职工人数 指报告期末按照国家法律、法规和有关政策规定参加基本养老保险并在社保经办机构已建立缴费记录档案的职工人数，包括中断缴费但未终止养老保险关系的职工人数，不包括只登记未建立缴费记录档案的人数。

基本养老保险参保离退休人员人数 指报告期末参加基本养老保险的离休、退休和退职人员的人数。

基本医疗保险参保人数 指报告期末按国家有关规定参加基本医疗保险的人数。包括参加保险的职工人数和退休人员人数。

失业保险参保人数 指报告期末按照国家法律、法规和有关政策规定参加了失业保险的城镇企业事业单位的职工及地方政府规定参加失业保险的其他人员的人数。

工伤保险参加保险人数 指报告期末依据国家有关规定参加工伤保险的职工人数。

水资源总量 指评价区内降水形成的地表和地下产水总量,即地表产流量与降水入渗补给地下水量之和,不包括过境水量。

地表水资源量 指评价区内河流、湖泊、冰川等地表水体中可以逐年更新的动态水量,即当地天然河川径流量。

地下水资源量 指评价区内降水和地表水对饱水岩土层的补给量,包括降水入渗补给量和河道、湖库、渠系、渠灌田间等地表水体的入渗补给量。

地表水与地下水资源重复量 指地表水和地下水相互转化的部分,即天然河川径流量中的地下水排泄量和地下水补给量中来源于地表水的入渗补给量。

供水总量 指各种水源工程为用户提供的包括输水损失在内的毛供水量之和,不包括海水直接利用量。

地表水源供水量 指地表水体工程的取水量,按蓄、引、提、调四种形式统计。从水库、塘坝中引水或提水,均属蓄水工程供水量;从河道或湖泊中自流引水的,无论有闸或无闸,均属引水工程供水量;利用扬水站从河道或湖泊中直接取水的,属提水工程供水量;跨流域调水指水资源一级区或独立流域之间的跨流域调配水量,不包括在蓄、引、提水量中。

地下水源供水量 指水井工程的开采量,按浅层淡水、深层承压水和微咸水分别统计。城市地下水源供水量包括自来水厂的开采量和工矿企业自备井的开采量。

其他水源供水量 包括污水处理再利用、集雨工程、海水淡化等水源工程的供水量。

用水总量 指分配给各类用户的包括输水损失在内的毛用水量之和,不包括海水直接利用量。

农业用水 指农田灌溉用水、林果地灌溉用水、草地灌溉用水和鱼塘补水。

工业用水 指工矿企业在生产过程中用于制造、加工、冷却、空调、净化、洗涤等方面的用水,按新水取用量计,不包括企业内部的重复利用水量。

生活用水 包括城镇生活用水和农村生活用水。城镇生活用水由居民用水和公共用水(含第三产业及建筑业等用水)组成;农村生活用水除居民生活用水外,还包括牲畜用水在内。

生态用水 仅包括人为措施供给的城镇环境用水和部分河湖、湿地补水,而不包括降水、径流自然满足的水量。

工业废水排放量 指经过企业厂区所有排放口排到企业外部的工业废水量。包括生产废水、外排的直接冷却水、超标排放的矿井地下水和与工业废水混排的厂区生活污水,不包括外排的间接冷却水(清污不分流的间接冷却水应计算在内)。

直接排入海的 指经企业位于海边的排放口,直接排入海的废水量。直接排放指废水经过工厂的排污口直接排入海,而未经过城市下水道或其他中间体,也不受其他水体的影响。

工业废水排放达标量 指报告期内废水中各项污染物指标都达到国家或地方排放标准的外排工业废水量,包括未经处理外排达标的,经废水处理设施处理后达标排放的,以及经污水处理厂处理后达标排放的。

工业废水排放达标率 指工业废水排放达标量占工业废水排放量的百分率,计算公式为:

$$\text{工业废水排放达标率}=\frac{\text{工业废水排放达标量}}{\text{工业废水排放量}}\times 100\%$$

生活污水排放量 指城镇居民每年排放的生活污水。用人均系数法测算。测算公式为:

$$\begin{matrix}\text{生活污水}\\\text{排放量}\end{matrix}=\begin{matrix}\text{城镇生活污水}\\\text{排放系数}\end{matrix}\times\begin{matrix}\text{市镇非}\\\text{农业人口}\end{matrix}\times 365$$

生活污水中化学需氧量(COD)排放量 指城镇居民每年排放的生活污水中的COD的量。用人均系数法测算。测算公式为:

$$\begin{matrix}\text{城镇生活污水}\\\text{中 COD 排放量}\end{matrix}=\begin{matrix}\text{城镇生活污水中}\\\text{COD 产生系数}\end{matrix}\times\begin{matrix}\text{市镇非}\\\text{农业人口}\end{matrix}\times 365$$

化学需氧量(COD) 指用化学氧化剂氧化水中有机污染物时所需的氧量。COD值越高,表示水中有机污染物污染越重。

工业废气排放量 指报告期内企业厂区内燃料燃烧和生产工艺过程中产生的各种排入大气的含有污染物的气体的总量,以标准状态(273K,101325Pa)计算。测算公式为:

$$\begin{matrix}\text{工业废气}\\\text{排放量}\end{matrix}=\begin{matrix}\text{燃料燃烧过程}\\\text{中废气排放量}\end{matrix}+\begin{matrix}\text{生产工艺过程}\\\text{中废气排放量}\end{matrix}$$

生活及其他 SO_2 排放量 以生活及其他煤炭消费量和其含硫量为基础,根据以下公式计算:

$$\begin{matrix}\text{生活及其他}\\SO_2\text{ 排放量}\end{matrix}=\begin{matrix}\text{生活及其他}\\\text{煤炭消费量}\end{matrix}\times\text{含硫量}\times 0.8\times 2$$

工业 SO_2 排放量 指报告期内企业在燃料燃烧和生产工艺过程中排入大气的 SO_2 总量,计算公式为:

$$\text{工业}SO_2\text{排放量} = \text{燃料燃烧过程中}SO_2\text{排放量} + \text{生产工艺过程中}SO_2\text{排放量}$$

工业烟尘排放量 指企业厂区内燃料燃烧过程中产生的烟气中夹带的颗粒物排放量。

生活及其他烟尘排放量 指除工业生产活动以外的所有社会、经济活动及公共设施的经营活动中燃烧所排放的烟尘纯重量。以生活及其他煤炭消费量为基础进行测算。

工业粉尘排放量 指企业在生产工艺过程中排放的能在空气中悬浮一定时间的固体颗粒物排放量。如钢铁企业的耐火材料粉尘、焦化企业的筛焦系统粉尘、烧结机的粉尘、石灰窑的粉尘、建材企业的水泥粉尘等。不包括电厂排入大气的烟尘。

工业固体废物产生量 指报告期内企业在生产过程中产生的固体状、半固体状和高浓度液体状废弃物的总量,包括危险废物、冶炼废渣、粉煤灰、炉渣、煤矸石、尾矿、放射性废物和其他废物等;不包括矿山开采的剥离废石和掘进废石(煤矸石和呈酸性或碱性的废石除外)。酸性或碱性废石指采掘的废石其流经水、雨淋水的pH值小于4或pH值大于10.5者。

危险废物 指列入国家危险废物名录或根据国家规定的危险废物鉴别标准和鉴别方法认定的,具有爆炸性、易燃性、易氧化性、毒性、腐蚀性、易传染疾病等危险特性之一的废物。

工业固体废物综合利用量 指报告期内企业通过回收、加工、循环、交换等方式,从固体废物中提取或者使其转化为可以利用的资源、能源和其他原材料的固体废物量(包括当年利用往年的工业固体废物贮存量),如用作农业肥料、生产建筑材料、筑路等。综合利用量由原产生固体废物的单位统计。

工业固体废物综合利用率 指工业固体废物综合利用量占工业固体废物产生量(包括综合利用往年贮存量)的百分率。计算公式为:

$$\text{工业固体废物综合利用率} = \frac{\text{工业固体废物综合利用率}}{\text{工业固体废物产生量综合利用往年贮存量}} \times 100\%$$

工业固体废物贮存量 指报告期内企业以综合利用或处置为目的,将固体废物暂时贮存或堆存在专设的贮存设施或专设的集中堆存场所内的数量。专设的固体废物贮存场所或贮存设施必须有防扩散、防流失、防渗漏、防止污染大气、水体的措施。

工业固体废物处置量 指报告期内企业将固体废物焚烧或者最终置于符合环境保护规定要求的场所,并不再回取的工业固体废物量(包括当年处置往年的工业固体废物贮存量)。处置方式有填埋(其中危险废物应安全填埋)、焚烧、专业贮存场(库)封场处理、深层灌注、回填矿井及海洋处置(经海洋管理部门同意投海处置)等。

工业固体废物排放量 指报告期内企业将所产生的固体废物排到固体废物污染防治设施、场所以外的数量,不包括矿山开采的剥离废石和掘进废石(煤矸石和呈酸性或碱性的废石除外)。

"三废"综合利用产品产值 指报告期内利用"三废"作为主要原料生产的产品价值(现行价);已经销售或准备销售的应计算产品价值,留作生产自用的不应计算产品价值。

生活垃圾清运量 指报告期内收集和运送到垃圾处理厂(场)的生活垃圾数量。生活垃圾指城市日常生活或为城市日常生活提供服务的活动中产生的固体废物以及法律行政规定的视为城市生活垃圾的固体废物。包括:居民生活垃圾、商业垃圾、集市贸易市场垃圾、街道清扫垃圾、公共场所垃圾和机关、学校、厂矿等单位的生活垃圾。

生活垃圾无害化处理率 指报告期生活垃圾无害化处理量与生活垃圾产生量比率。在统计上,由于生活垃圾产生量不易取得,可用清运量代替。计算公式为:

$$\text{生活垃圾无害化处理率} = \frac{\text{生活垃圾无害化处理量}}{\text{生活垃圾产生量}} \times 100\%$$

第十五篇　城市基本情况

15—1 城市基本情况

（2015年）

	计量单位	全 市	其中:市 区
一、行政区划			
所辖行政区数	个	2	—
所辖行政县(旗)数	个	8	—
所辖行政县级市数	个	1	—
二、土地面积及水资源			
行政区域土地面积	平方公里	12880	401
建成区面积	平方公里	161.24	65.65
城市现状建设用地面积	平方公里	153.86	65.35
其中:居住用地	平方公里	47.06	18.45
公共管理与公共服务用地	平方公里	14.56	8.39
商业服务业设施用地	平方公里	7.16	0.74
工业用地	平方公里	24.71	14.96
物流仓储用地	平方公里	3.98	0.83
道路与交通设施用地	平方公里	29.91	13.65
公用设施用地	平方公里	6.84	3.76
绿地与广场用地	平方公里	19.64	4.57
本年征用土地面积	平方公里	13.74	4.30
其中:耕地	平方公里	3.29	0.59
水资源总量	万立方米	1753900	—
三、人口与就业			
(一)人口			
年末户籍人口	万人	502.08	59.27
其中:女	万人	244.14	29.84
农业人口	万人	358.22	20.54
年平均人口	万人	499.70	58.92
年出生人口	人	83594	7753
年死亡人口	人	24298	3278
年末总户数	万户	138.10	19.12
常住人口	万人	500.00	77.48
其中:城镇人口	万人	274.00	69.14
(二)从业人员			
从业人员期末人数(城镇)	人	551733	169023
第一产业(农、林、牧、渔业)	人	18342	61
第二产业	人	326312	87592
其中:采矿业	人	1500	
制造业	人	215431	50020
电力、热力、燃气及水生产和供应业	人	9659	2769
建筑业	人	99722	34803
第三产业	人	207079	81370
其中:批发和零售业	人	15721	8037
交通运输、仓储及邮政业	人	10705	6815
住宿和餐饮业	人	5073	2016
信息传输、软件和信息技术服务业	人	3686	3094
金融业	人	15493	9980
房地产业	人	15537	7694
租赁和商业服务业	人	7303	5940
科学研究和技术服务业	人	5276	1795
水利、环境和公共设施管理业	人	5319	689
居民服务、修理和其他服务业	人	910	212
教育	人	53827	12547
卫生和社会工作	人	22981	8503
文化、体育和娱乐业	人	2748	1260
公共管理、社会保障和社会组织	人	42500	12788
国际组织	人		
城镇私营和个体从业人员	人	368958	194657
城镇登记失业人数	人	11767	1914

15—1 续表 1

	计量单位	全 市	其中:市 区
四、综合经济			
(一)地区生产总值(当年价格)	万元	27673482	6290977
第一产业增加值	万元	3708696	127367
第二产业增加值	万元	13431169	2927369
第三产业增加值	万元	10533617	3236241
地区生产总值(2010 年价格)	万元	25272584	5936355
人均地区生产总值	元	55569	81447
地区生产总值增长率	%	11.00	11.40
(二)财政			
地方一般公共预算收入	万元	1791025	559865
其中:税收收入	万元	1331483	438721
其中:企业所得税	万元	210184	68060
个人所得税	万元	56457	20564
一般公共预算支出	万元	3558161	714810
其中:一般公共服务支出	万元	226599	63019
科学技术支出	万元	44655	13904
教育支出	万元	626027	127439
文化体育与传媒支出	万元	60308	17319
医疗卫生支出	万元	406948	72126
节能环保支出	万元	90193	12426
城乡社区事务支出	万元	380174	64914
交通运输支出	万元	135098	18555
社会保障和就业支出	万元	377859	99243
住房保障支出	万元	138440	35768
(三)金融			
年末金融机构人民币各项存款余额	万元	23113647	9045397
其中:住户存款	万元	11833827	3448240
年末金融机构人民币各项贷款余额	万元	18708561	8801472
(四)保险			
保费收入	万元	627125	—
其中:财产险	万元	227139	—
人身险	万元	399986	—
赔款、给付	万元	191957	—
其中:财产险	万元	113173	—
人身险	万元	78784	—
五、规模以上工业			
(一)工业企业数	个	2147	343
其中:内资企业	个	1638	258
其中:国有企业	个	4	
私营企业	个	1040	210
港、澳、台商投资企业	个	351	51
外商投资企业	个	158	34
(二)工业总产值(当年价)	万元	45369386	9222188
其中:内资企业	万元	28441008	4385744
其中:国有企业	万元	30138	
私营企业	万元	15606030	2078513
港、澳、台商投资企业	万元	12902062	4227382
外商投资企业	万元	4026316	609062
(三)企业财务			
从业人员平均人数	万人	48.19	11.14
流动资产合计	万元	16318205	3114414
固定资产合计	万元	9122887	1786824
主营业务收入	万元	45072057	9200846
主营业务成本	万元	38584897	7831096
主营业务税金及附加	万元	228176	72159
本年应交增值税	万元	2199932	458758
利润总额	万元	3721101	828630
(四)战略性新兴产业总产值	万元	6775049	2184319

15—1 续表2

	计量单位	全 市	其中:市 区
六、交通运输、通讯与能源			
(一)交通运输			
铁路旅客运量	万人	479.59	—
铁路货物运量	万吨	62.82	—
公路客运量(全社会)	万人	3089.00	—
公路货运量(全社会)	万吨	10403.46	—
水运客运量(全社会)	万人	271.37	—
水运货运量(全社会)	万吨	2039.73	—
民用航空客运量	万人		—
民用航空货邮运量	吨		—
沿海港口货物吞吐量(规模以上)	万吨	5564.53	—
内河港口货物吞吐量(规模以上)	万吨		—
境内公路总里程	公里	11990	—
其中:高速公路里程	公里	587	—
民用汽车拥有量	辆	351218	—
其中:私人汽车拥有量	辆	304510	—
(二)邮电通信			
年末邮政局(所)数	处	142	19
邮政业务收入	万元	90144	—
电信业务收入	万元	395833	—
固定电话年末用户数	万户	90.40	—
移动电话年末用户数	万户	459.60	—
其中:3G及以上电话用户	万户	251.85	—
互联网宽带接入用户数	万户	85.60	—
(三)能源电力			
规模以上工业能源消费量	万吨标准煤	794.84	—
居民生活用能	万吨标准煤	145.10	—
全社会用电量	万千瓦时	2064967	525200
其中:工业用电	万千瓦时	1329157	312084
城乡居民生活用电	万千瓦时	416140	106059
七、贸易、外经与旅游			
(一)贸易			
社会消费品零售总额	万元	7769894	2658115
限额以上批发零售贸易业商品销售总额	万元	8375527	5794898
限额以上批发零售企业数(法人数)	个	681	282
其中:零售业	个	406	147
限额以上批发零售贸易业企业财务			
其中:从事批发和零售业活动的从业人员平均人数	万人	2.79	1.40
流动资产合计	万元	4008140	3217828
固定资产合计	万元	333296	156481
主营业务收入	万元	6860726	4592279
主营业务成本	万元	6258887	4183324
主营业务税金及附加	万元	82672	72931
本年应交增值税	万元	110949	70619
利润总额	万元	243966	191800
(二)外经			
货物进口额(海关数)	万美元	187012	—
货物出口额(海关数)	万美元	747166	—
外商直接投资合同项目	个	126	17
当年实际使用外资额	万美元	108500	15962
(三)旅游			
入境游客(含一日游游客)	人次	424400	—
其中:外国人	人次	114930	—
港、澳、台同胞	人次	309470	—
国际旅游(外汇)收入	万美元	32167.92	—
国内游客	人次	21902000	—
国内旅游收入	万元	2197200	—

15—1 续表 3

	计量单位	全 市	其中:市 区
八、固定资产投资			
(一)固定资产投资			
全社会固定资产投资	万元	25737312	4272026
固定资产投资(不含农户)	万元	25160808	4235920
房地产开发投资	万元	5025111	1645319
其中:住宅	万元	3676189	1202510
全年新增固定资产	万元	17169547	2605652
(二)房地产			
商品房销售面积	万平方米	551.80	153.62
其中:住宅	万平方米	498.32	144.05
其中:别墅、高档公寓	万平方米	11.76	
商品房销售额	万元	3443618	1146974
其中:住宅	万元	3024486	1063943
其中:别墅、高档公寓	万元	106596	
待售面积	万平方米	291.93	100.99
(三)保障性住房建设			
保障性住房本年完成投资	万元	44508	9723
其中:廉租住房	万元	1984	1379
公共租赁住房	万元	42524	8344
保障性住房新开工面积	万平方米	10.70	2.61
其中:廉租房	万平方米		
公共租赁住房	万平方米	10.70	2.61
保障性住房竣工面积	万平方米	17.83	0.88
其中:廉租房	万平方米	1.78	
公共租赁住房	万平方米	16.05	0.88
九、教育、科技、文化与卫生			
(一)教育			
学校数			
其中:普通高等学校数	所	7	7
中等职业教育学校数	所	24	8
普通中学数	所	207	30
普通小学数	所	877	86
成人高等学校数	所		
专任教师数			
其中:普通高等学校专任教师数	人	3786	3786
中等职业教育学校专任教师数	人	1350	571
普通中学专任教师数	人	19911	3594
普通小学专任教师数	人	20229	2899
成人高等专任教师数	人		
在校学生数			
其中:普通高等学校在校学生数	人	71515	71515
中等职业教育学校在校学生数	人	31523	12492
普通中学在校学生数	万人	24.35	5.13
普通小学在校学生数	万人	34.86	6.37
成人高等学校在校学生数	人	6325	6325
初中毕业生升学率	%	74.99	111.88
(二)科技			
科技活动人员	人	20150	3523
R&D 人员数	人	14967	3044
R&D 内部经费支出	万元	333681	74742
专利申请受理量	项	4677	1463
专利申请授权量	项	3423	1162
其中:发明	项	250	114
(三)文化			
体育场馆数	个	18	7
剧场、影剧院数	个	10	3
公共图书馆图书总藏量	千册	4542	299

15—1 续表4

	计量单位	全　市	其中:市　区
订销报刊杂志累计份数	千份	105548.88	19590.74
广播节目综合人口覆盖率	%	99.12	100
电视节目综合人口覆盖率	%	99.15	100
有线电视入户率	%	59.87	115.33
(四)卫生			
医院、卫生院数	个	178	36
医院、卫生院床位数	张	18942	5981
医生数(执业医师+执业助理医师)	人	9412	3809
注册护士	人	10557	4877
十、人民生活			
在岗职工平均人数	万人	44.46	12.70
在岗职工工资总额	万元	2530948	759234
在岗职工平均工资	元	56931	59762
(一)居民收支			
工资性收入	元	11625	
经营净收入	元	5466	
财产净收入	元	911	
转移净收入	元	2692	
城镇居民人均可支配收入	元	28092	
城镇居民人均消费支出	元	19978	
其中:食品烟酒	元	7512	
衣着	元	1320	
居住	元	3939	
生活用品及服务	元	1326	
交通和通信	元	2447	
教育文化娱乐	元	1942	
医疗保健	元	921	
其他用品及服务	元	572	
(二)居民生活			
每百户城镇居民家庭拥有量			
其中:家用汽车	辆	21	
消毒碗柜	台	63	
洗碗机	台	2	
固定电话	部	67	
移动电话	部	233	
其中:接入互联网	部	97	
计算机	台	72	
其中:接入互联网	台	58	
电冰箱(柜)	台	100	
彩色电视机	台	112	
中高档乐器	架	6	
照相机	架	20	
摄像机	架	4	
洗衣机	台	89	
城镇居民人均住房建筑面积	平方米	41	
居民消费价格指数(上年为100)	%	101.60	101.30
十一、社会保障			
城镇职工基本养老保险参保人数	人	625342	214434
城乡居民社会养老保险参保人数	人	2074860	174217
城镇职工基本医疗保险参保人数	人	575386	240021
城镇居民基本医疗保险参保人数	人	521324	151035
失业保险参保人数	人	371161	162656
工伤保险参保人数	人	456141	120786
生育保险参保人数	人	400972	180277
社会福利院数	个	10	1
社会福利院床位数	张	4375	504
社区服务设施数	个	287	194

15—1 续表5

	计量单位	全 市	其中:市 区
城市社区综合服务设施覆盖率	%	100.00	100.00
城市居民最低生活保障人数	人	27875	6655
十二、公共管理			
(一)事故			
交通事故死亡人数	人	234	27
交通事故损失额	万元	108	9
火灾事故死亡人数	人	5	
火灾事故损失额	万元	1122	1011
(二)社会治安			
刑事案件立案数	起	27758	25312
刑事罪犯总数	人	6135	1381
其中:青少年人数(年龄14–25周岁)	人	1343	357
十三、市政公用事业			
(一)基础设施			
城市维护建设资金支出	万元	613633	37027
年末实有城市道路面积	万平方米	2473	1123
排水管道长度	公里	2031	827
供水综合生产能力(包括自备水源)	万立方米/日	83.60	32.50
供水总量	万吨	13164.52	5125.36
售水量	万吨	11555.63	4596.27
其中:居民家庭用水量	万吨	6731.20	2656.27
用水人口	万人	131.61	50.37
用水普及率	%	99.60	100.00
供气总量(人工煤气、天然气)	万立方米	3715	3446
其中:居民家庭用气量	万立方米	565	455
用气人口	人	218700	161100
液化石油气供气总量	吨	39907	15495
其中:居民家庭用量	吨	33849	12392
用液化气人口	人	1077000	340000
(二)公共交通			
年末实有公共汽(电)车营运车辆数	辆	—	515
全年公共汽(电)车客运总量	万人次	—	4054.00
年末实有出租汽车数	辆	—	1002
轨道交通线路长度	公里	—	
轨道交通客运总量	万人次	—	
(三)绿地			
绿化覆盖面积	公顷	6962	2802
其中:建成区	公顷	6808	2795
绿地面积	公顷	6547	2659
其中:建成区	公顷	6406	2616
公园绿地面积	公顷	1931	732
公园面积	公顷	1629	636
十四、环境保护			
工业废水排放量	万吨	21197.51	—
工业废气排放量	万立方米	17724586.29	—
工业二氧化硫产生量	吨	103441	—
工业二氧化硫排放量	吨	35538	—
工业氮氧化物产生量	吨	70449	—
工业氮氧化物排放量	吨	38373	—
工业烟(粉)尘产生量	吨	733393	—
工业烟(粉)尘排放量	吨	20687	—
工业重金属产生量	吨	528	—
工业重金属排放量	吨	2	—
一般工业固体废物综合利用率	%	96.45	—
污水处理率	%	88.06	90.21
污水处理厂集中处理率	%	88.06	90.21
生活垃圾无害化处理率	%	98.88	99.7
空气质量达到及好于二级的天数	天	361	—

15—2 城 市

	单 位	2002	2003	2004	2005	2006
1、城市面积						
市区面积	平方公里	385.59	385.59	385.59	385.59	385.59
#建成区面积	平方公里	24.76	39.51	42.21	45.21	44.35
2、城市绿化						
城市园林绿化覆盖面积	公顷	739	1486	1591	1945	1929
#城市公共绿地面积	公顷	174	184	294	498	393
人均公共绿地面积	平方米	3.38	4.66	7.05	11.90	12.45
建成区绿化覆盖面积	公顷	739	1486	1591	1945	1909
建成区绿化覆盖率	%	29.8	37.6	37.7	43.0	43.0
建成区绿地面积	公顷	720	1308	1398	1893	1862
年末公园数	个	15	15	26	28	25
公园面积	公顷	97	97	277	478	372
3、城市道路						
城市道路长度	公里	202	274	286	300	229
城市道路面积	万平方米	283	439	468	497	574
人均拥有道路面积	平方米	5.50	11.12	11.23	11.88	18.18
4、公共交通						
年末公交营运车辆	辆	134	147	161	178	193
年末公交营运线路	条	19	20	22	23	24
公交日客运量	万人次	2.20	1.99	2.60	3.65	5.48
5、城市供水						
自来水厂	座	3	4	4	4	4
综合生产能力	万吨/日	28.5	32.3	32.6	32.6	32.5
供水总量	万立方米	5549	4898	4788	4702	4461
#生活用水量	万立方米	1748	1830	1845	1939	1996
6、城市供气						
液化气供气总量	吨	25475	14157	14255	13140	14673
#家庭用气	吨	19977	12310	12369	10220	11284
用气普及率	%	72.89	94.23	94.72	95.53	95.53

说明:①城市建设为全市口径。②2001年因城建统计制度变更,统计范围扩大至辖区内所有乡镇,2006年根据建设部制定新的

建　设(2002–2015)

2007	2008	2009	2010	2011	2012	2013	2014	2015
385.59	376.72	376.68	376.68	401.00	400.60	400.60	400.60	400.60
46.77	47.52	48.22	50.59	53.26	56.44	59.28	62.27	65.65
1937	1978	2015	2051	2205	2336	2463	2655	2802
398	403	408	448	469	546	615	680	732
9.39	9.51	9.62	10.50	10.88	12.41	13.59	14.20	14.53
1937	1978	2015	2121	2204	2336	2460	2650	2795
41.4	41.6	41.8	41.9	41.4	41.4	41.5	42.6	42.6
1890	1921	1944	2051	2103	2231	2352	2480	2659
25	25	25	26	27	28	30	31	33
372	372	372	382	398	454	522	584	636
268	279	298	301	311	319	327	352	356
625	674	756	765	794	817	855	1111	1123
14.75	15.90	17.82	17.93	18.42	18.58	18.89	23.20	22.29
197	236	235	480	559	623	782	849	964
22	23	23	27	78	88	103	121	117
6.07	7.26	7.30	7.30	15.60	17.97	18.10	18.81	18.75
4	4	4	4	4	4	4	4	4
32.0	32.0	32.0	32.0	32.0	32.5	32.5	32.5	32.5
4227	4118	4188	4241	4079	4563	4744	4798	5125
2095	2075	2266	2428	2386	2343	2411	2465	2656
15439	16216	15816	16545	16180	15274	15068	15288	15494
11876	12698	12568	13280	12940	12216	12051	12227	12392
95.68	95.85	97.62	98.12	98.03	98.41	98.74	99.06	99.48

城建统计制度，城建统计范围重新划定为：芗城区六个街道办事处、芝山镇、金峰开发区，龙文区的步文镇、蓝田镇、蓝田开发区。

附　录

附录1—1 全省及各设区市地区生产总值

单位：亿元

地区	2008		2009		2010		2011	
	总量	增长%	总量	增长%	总量	增长%	总量	增长%
全省	**10823.01**	**13.0**	**12236.53**	**12.3**	**14737.12**	**13.9**	**17560.18**	**12.3**
福州市	2355.67	13.7	2604.04	13.0	3123.41	14.2	3736.38	13.0
厦门市	1610.71	11.1	1737.23	8.0	2060.07	15.1	2539.31	15.1
莆田市	610.01	14.7	691.42	14.5	850.33	15.3	1050.62	14.3
三明市	723.01	14.7	800.24	13.2	975.10	13.9	1211.81	14.1
泉州市	2795.63	15.0	3069.50	12.5	3564.97	12.8	4270.89	13.5
漳州市	1002.39	13.6	1178.01	13.3	1430.71	14.9	1768.20	14.7
南平市	559.20	14.1	621.65	13.9	728.65	11.7	894.31	12.2
龙岩市	734.06	15.1	824.88	14.0	990.90	13.9	1242.15	13.0
宁德市	542.98	14.5	612.28	13.3	738.61	15.0	930.12	15.2

附录1—1 续表

单位：亿元

地区	2012		2013		2014		2015	
	总量	增长%	总量	增长%	总量	增长%	总量	增长%
全省	**19701.78**	**11.4**	**21868.49**	**11.0**	**24055.76**	**9.9**	**25979.82**	**9.0**
福州市	4210.93	12.1	4678.50	11.5	5169.16	10.1	5618.10	9.6
厦门市	2815.17	12.1	3006.41	9.4	3273.58	9.2	3466.01	7.2
莆田市	1200.38	12.8	1342.86	12.5	1502.07	11.1	1655.16	10.5
三明市	1334.82	12.2	1477.59	11.2	1621.21	9.6	1713.05	8.5
泉州市	4702.70	12.3	5216.16	11.5	5733.36	10.1	6137.74	8.9
漳州市	2012.92	12.6	2246.23	11.5	2506.36	11.3	2767.35	11.0
南平市	995.08	11.0	1105.82	11.2	1232.56	9.6	1339.51	9.1
龙岩市	1356.78	12.0	1479.90	11.2	1621.58	9.7	1738.45	8.9
宁德市	1075.06	12.6	1238.72	12.6	1376.09	10.8	1487.65	8.6

附录1—2 全省及各设区市农林牧渔总产值

单位：亿元

地 区	2008		2009		2010		2011	
	总量	增长%	总量	增长%	总量	增长%	总量	增长%
全 省	**1965.02**	**5.2**	**2001.24**	**5.0**	**2307.06**	**3.5**	**2730.94**	**4.1**
福州市	402.31	5.6	410.88	5.4	479.35	4.1	552.60	4.0
厦门市	34.86	5.0	33.26	1.4	37.53	3.7	40.14	-4.3
莆田市	124.92	5.2	127.37	5.5	146.41	4.2	164.64	1.3
三明市	221.21	6.0	233.22	6.0	269.12	3.7	313.16	5.1
泉州市	211.09	1.0	205.17	2.5	232.11	3.2	267.22	2.6
漳州市	376.51	5.4	386.43	5.2	448.77	4.2	517.85	4.2
南平市	218.51	6.9	229.12	6.3	262.07	3.4	350.22	6.2
龙岩市	193.96	4.5	189.67	4.6	212.31	4.0	252.86	-3.9
宁德市	187.34	7.0	196.53	6.2	236.02	4.4	290.44	5.2

附录1—2 续表

单位：亿元

地 区	2012		2013		2014		2015	
	总量	增长%	总量	增长%	总量	增长%	总量	增长%
全 省	**3007.40**	**4.3**	**3281.96**	**4.5**	**3522.31**	**4.5**	**3717.87**	**3.9**
福州市	625.12	4.8	682.75	4.7	730.77	4.7	764.88	4.0
厦门市	41.29	0.7	42.38	0.4	44.31	2.4	44.94	0.1
莆田市	178.77	3.9	190.57	3.2	199.93	3.5	209.93	2.2
三明市	337.92	4.5	368.31	4.8	399.75	4.8	414.90	3.9
泉州市	282.23	1.7	298.09	2.1	308.88	2.7	320.59	2.0
漳州市	558.85	4.5	600.93	4.7	644.29	4.8	683.89	4.5
南平市	385.75	5.6	422.62	5.2	462.85	5.3	496.37	4.8
龙岩市	265.79	3.7	290.63	4.6	313.84	4.0	337.53	4.0
宁德市	347.53	5.7	385.67	5.9	417.67	5.7	444.85	4.6

附录1—3 全省及各设区市农林牧渔增加值

单位：亿元

地区	2008		2009		2010		2011	
	总量	增长%	总量	增长%	总量	增长%	总量	增长%
全省	**1158.17**	**5.0**	**1182.87**	**4.7**	**1363.67**	**3.3**	**1612.24**	**4.4**
福州市	236.49	4.9	242.00	4.8	282.51	4.0	325.09	4.1
厦门市	21.50	4.5	20.49	0.5	23.00	3.2	24.68	-5.0
莆田市	75.32	5.0	76.59	5.0	87.90	3.9	98.80	1.3
三明市	138.50	5.8	146.28	5.6	168.49	3.3	195.30	4.9
泉州市	120.30	1.0	116.74	2.3	132.19	3.0	151.78	2.5
漳州市	211.89	5.2	218.65	5.2	254.70	4.2	293.30	4.2
南平市	133.28	6.5	139.71	5.7	159.52	2.9	212.99	6.1
龙岩市	116.89	4.0	114.99	4.1	128.89	3.5	153.24	4.3
宁德市	108.02	6.9	113.55	5.8	136.32	4.2	168.65	5.7

附录1—3 续表

单位：亿元

地区	2012		2013		2014		2015	
	总量	增长%	总量	增长%	总量	增长%	总量	增长%
全省	**1776.71**	**4.2**	**1936.31**	**4.4**	**2085.04**	**4.5**	**2194.06**	**3.8**
福州市	367.73	4.7	402.26	4.6	429.07	4.6	448.65	4.0
厦门市	25.30	0.5	25.99	0.2	26.37	2.2	26.73	0.1
莆田市	107.24	3.8	114.58	3.1	118.51	3.5	124.32	2.2
三明市	211.00	4.3	230.97	4.8	250.08	4.7	257.82	3.8
泉州市	160.57	1.6	171.03	2.1	176.68	2.7	183.13	2.0
漳州市	320.45	4.5	345.53	4.8	369.38	4.8	391.68	4.5
南平市	234.49	5.3	257.00	5.0	280.81	5.2	299.22	4.6
龙岩市	162.00	3.6	177.81	4.4	191.94	4.0	205.06	3.9
宁德市	201.35	5.5	223.65	5.8	242.20	5.6	257.44	4.5

附录 1—4　全省及各设区市工业增加值

单位：亿元

地　区	2008		2009		2010		2011	
	总量	增长%	总量	增长%	总量	增长%	总量	增长%
全　省	**4593.24**	**15.0**	**4918.12**	**13.0**	**6242.33**	**18.4**	**7675.09**	**16.7**
福州市	791.24	15.8	891.64	13.7	1092.10	18.8	1355.19	15.2
厦门市	631.17	11.9	678.18	6.1	869.47	23.1	1109.76	18.6
莆田市	300.08	19.1	318.95	14.3	390.20	20.0	517.04	18.3
三明市	285.67	23.5	312.87	16.7	415.13	21.2	521.08	20.4
泉州市	1484.42	14.8	1632.20	13.4	1961.62	16.4	2423.18	16.7
漳州市	359.12	17.6	453.54	14.4	570.56	21.7	723.38	20.3
南平市	178.13	18.1	198.61	15.7	244.15	16.9	297.60	18.4
龙岩市	306.00	16.8	352.26	13.8	449.02	18.5	596.60	17.8
宁德市	176.53	21.1	200.54	13.9	264.03	27.8	362.21	24.6

附录 1—4　续表

单位：亿元

地　区	2012		2013		2014		2015	
	总量	增长%	总量	增长%	总量	增长%	总量	增长%
全　省	**8541.94**	**13.8**	**9455.32**	**12.8**	**10426.71**	**12.1**	**10974.42**	**8.5**
福州市	1481.99	14.1	1654.51	13.2	1816.87	11.7	1907.88	8.6
厦门市	1153.77	13.6	1212.17	11.9	1250.84	7.9	1287.48	7.9
莆田市	568.88	13.9	639.00	13.3	713.05	11.8	782.87	10.3
三明市	565.33	15.8	639.42	14.3	693.08	11.6	705.22	8.4
泉州市	2595.57	13.5	2892.55	12.6	3184.38	11.4	3345.09	8.7
漳州市	818.45	15.5	917.31	14.2	1039.95	14.6	1118.00	10.0
南平市	328.97	17.5	366.90	13.7	403.86	11.3	428.05	8.2
龙岩市	622.95	13.3	642.50	13.6	699.05	11.6	726.48	8.6
宁德市	418.91	19.7	514.64	17.5	578.91	14.5	624.20	9.4

附录1—5 全省及各设区市全社会固定资产投资总额

单位：亿元

地区	2008		2009		2010		2011	
	总量	增长%	总量	增长%	总量	增长%	总量	增长%
全　省	**5301.69**	**22.3**	**6362.03**	**20.0**	**8273.42**	**30.0**	**10119.47**	**27.1**
福州市	1252.71	24.7	1646.72	31.5	2317.44	40.7	2720.28	23.2
厦门市	931.38	0.1	882.12	-5.3	1009.99	14.5	1126.28	30.2
莆田市	301.83	24.3	362.70	20.2	496.52	36.9	725.19	60.7
三明市	512.74	41.1	678.26	32.3	847.81	25.0	923.03	23.0
泉州市	860.66	23.5	976.47	13.5	1250.81	30.0	1575.02	27.6
漳州市	441.40	35.0	579.21	31.2	837.11	44.5	1115.71	38.4
南平市	396.29	32.3	502.03	26.7	622.02	23.9	690.08	19.3
龙岩市	322.61	29.6	433.97	34.5	582.95	34.3	778.65	40.7
宁德市	237.22	30.8	287.15	21.0	371.71	29.4	465.2	36.7

附录1—5　续表

单位：亿元

地区	2012		2013		2014		2015	
	总量	增长%	总量	增长%	总量	增长%	总量	增长%
全　省	**12709.66**	**25.5**	**15526.87**	**22.2**	**18449.48**	**18.8**	**21628.31**	**17.2**
福州市	3266.49	21.0	3869.84	18.5	4427.59	14.9	4893.91	10.5
厦门市	1332.64	18.1	1347.54	1.1	1572.95	16.7	1896.52	20.6
莆田市	930.43	29.5	1191.11	28.0	1452.44	21.9	1765.10	21.5
三明市	1117.25	21.0	1361.01	21.8	1632.16	19.9	1943.05	19.0
泉州市	2016.72	28.0	2502.44	24.1	2940.25	17.5	3478.18	18.3
漳州市	1486.90	33.3	1761.48	18.5	2134.84	21.2	2573.73	20.6
南平市	899.01	30.2	1214.45	35.1	1481.30	22.0	1802.51	21.7
龙岩市	1000.45	28.5	1298.87	29.8	1590.00	22.4	1934.21	21.6
宁德市	635.13	36.4	934.49	47.1	1157.99	23.9	1288.32	11.3

附录1—6　全省及各设区市社会消费品零售总额

单位：亿元

地　区	2008		2009		2010		2011	
	总量	增长%	总量	增长%	总量	增长%	总量	增长%
全　省	**3866.7**	**20.4**	**4480.99**	**16.5**	**5310.00**	**18.9**	**6276.19**	**18.2**
福州市	1144.6	20.8	1338.64	16.9	1624.28	21.3	1947.81	19.9
厦门市	495.9	20.7	566.12	14.2	685.02	21.0	797.28	16.4
莆田市	215.1	20.5	246.13	14.4	290.37	18.0	338.02	16.4
三明市	172.1	20.7	206.65	20.1	245.58	18.8	291.51	18.7
泉州市	903.5	19.8	1055.46	15.7	1234.43	17.0	1462.09	18.4
漳州市	342.8	18.6	400.21	16.8	472.63	18.1	563.51	19.2
南平市	195.3	17.8	225.13	15.3	262.04	16.3	306.27	16.9
龙岩市	220.0	25.9	261.97	19.1	312.17	19.2	374.33	19.9
宁德市	177.3	18.7	202.03	14.0	234.64	16.1	275.28	17.3

附录1—6　续表

单位：亿元

地　区	2012		2013		2014		2015	
	总量	增长%	总量	增长%	总量	增长%	总量	增长%
全　省	**7256.53**	**15.6**	**8275.34**	**14.0**	**9346.74**	**12.9**	**10505.93**	**12.4**
福州市	2319.82	19.1	2671.91	15.6	3062.94	14.6	3488.74	14.0
厦门市	881.91	10.2	974.51	10.5	1072.28	10.0	1168.42	8.9
莆田市	394.79	16.8	444.13	12.5	498.03	12.1	558.85	12.2
三明市	341.48	17.1	360.39	12.9	404.85	12.3	444.47	9.8
泉州市	1706.64	16.7	1945.57	14.0	2189.43	12.5	2459.59	12.3
漳州市	661.08	17.3	617.85	13.1	692.20	12.0	776.99	12.2
南平市	357.30	16.7	400.23	15.5	452.00	12.9	503.85	11.5
龙岩市	432.28	15.5	490.64	13.5	559.99	14.1	639.58	14.2
宁德市	322.42	17.1	370.11	15.5	415.02	12.1	465.45	12.2

附录1—7 全省及各设区市实际利用外资

单位：万美元

地区	2008		2009		2010		2011	
	总量	增长%	总量	增长%	总量	增长%	总量	增长%
全 省	**567171**	**39.7**	**573747**	**1.2**	**580279**	**1.1**	**620111**	**6.9**
福州市	100150	43.0	103227	3.1	118524	14.8	127745	7.8
厦门市	204243	60.6	168679	-17.4	169651	0.6	172583	1.7
莆田市	13038	13.1	18302	40.4	22952	25.4	25264	10.1
三明市	6600	23.4	7460	13.0	8635	15.8	9201	6.6
泉州市	169990	33.3	172000	1.2	149342	-13.2	161511	8.1
漳州市	50051	11.1	55018	9.9	70076	27.4	88739	26.6
南平市	5857	22.5	6167	5.1	6787	10.0	7794	14.8
龙岩市	13426	11.7	16199	5.5	7098	2.7	17762	7.6
宁德市	3814	76.1	5672	48.7	16506	25.1	9512	34.0

附录1—7 续表

单位：万美元

地区	2012		2013		2014		2015	
	总量	增长%	总量	增长%	总量	增长%	总量	增长%
全 省	**633774**	**2.2**	**667896**	**5.4**	**711499**	**6.5**	**768339**	**8.0**
福州市	133877	4.8	143063	6.9	154651	8.1	167852	8.5
厦门市	177453	2.8	187204	5.5	197101	5.3	209373	6.2
莆田市	25559	1.2	30164	18.0	34092	13.0	37750	10.7
三明市	10300	11.9	12500	21.4	14033	12.3	15636	11.4
泉州市	131960	-18.3	139112	5.4	148950	7.1	158036	6.1
漳州市	89025	0.3	94552	6.2	101207	7.0	108500	7.2
南平市	8733	12.0	10501	20.2	12000	14.3	14532	21.1
龙岩市	19908	12.1	21598	8.5	24082	11.5	26853	11.5
宁德市	12007	26.2	14433	20.2	17463	21.0	21007	20.3

注：本表数据口径为验资口径。

附录 1—8　全省及各设区市进口总额

单位：亿美元

地　区	2008		2009		2010		2011	
	总量	增长%	总量	增长%	总量	增长%	总量	增长%
全　省	**278.29**	**13.5**	**263.30**	**–5.4**	**372.99**	**41.6**	**506.85**	**36.1**
福州市	67.37	6.4	58.48	–13.2	82.85	41.9	105.31	27.9
厦门市	159.94	12.4	156.47	–2.2	217.10	38.8	275.12	26.8
莆田市	6.05	0.7	6.73	11.2	12.31	83.0	18.66	51.5
三明市	0.93	50.9	1.20	28.4	1.52	27.7	2.29	51.0
泉州市	27.08	44.8	22.88	–15.5	29.74	29.9	62.81	111.2
漳州市	14.42	17.1	14.17	–1.8	23.39	65.3	32.08	37.2
南平市	1.28	4.1	1.83	43.0	1.74	–4.9	2.82	61.2
龙岩市	0.81	200.9	0.88	9.4	1.97	123.8	5.50	187.8
宁德市	0.58	37.4	0.79	35.3	2.36	200.8	2.11	–11.2

附录 1—8　续表

单位：亿美元

地　区	2012		2013		2014		2015	
	总量	增长%	总量	增长%	总量	增长%	总量	增长%
全　省	**581.05**	**14.6**	**628.47**	**8.2**	**640.42**	**1.9**	**563.44**	**–11.0**
福州市	99.21	–5.8	120.37	21.3	133.69	11.1	121.39	–8.2
厦门市	290.97	5.8	317.41	9.1	303.88	–4.3	297.94	–0.7
莆田市	14.74	–21.0	16.02	8.7	19.30	20.5	16.30	–14.9
三明市	1.81	–21.0	2.94	61.9	2.65	–9.8	2.15	–17.9
泉州市	127.13	102.4	126.55	–0.5	126.73	0.1	88.03	–29.8
漳州市	28.41	–11.8	26.29	–7.4	31.93	21.3	18.71	–41.0
南平市	2.29	–18.8	1.38	–39.6	1.31	–5.5	1.11	–14.8
龙岩市	13.90	152.9	10.98	–21.0	15.62	42.2	12.34	–19.3
宁德市	2.60	23.4	4.18	60.5	3.40	–19.5	3.25	–1.9

附录1—9　全省及各设区市出口总额

单位：亿美元

地　区	2008		2009		2010		2011	
	总量	增长%	总量	增长%	总量	增长%	总量	增长%
全　省	**569.92**	**14.1**	**533.19**	**-6.4**	**714.97**	**34.1**	**928.38**	**29.9**
福州市	135.88	10.4	120.12	-11.6	163.08	35.8	241.14	47.9
厦门市	293.94	15.1	276.68	-5.9	353.25	27.7	426.45	20.7
莆田市	17.16	10.8	16.74	-2.4	21.90	30.8	27.81	27.0
三明市	7.00	-13.5	7.62	8.8	11.27	47.9	15.46	37.1
泉州市	57.95	16.3	58.92	1.7	82.82	40.6	107.83	30.2
漳州市	38.76	13.4	33.87	-12.6	50.70	49.7	64.91	28.0
南平市	6.34	26.1	6.45	1.6	9.09	41.0	11.91	31.1
龙岩市	4.59	88.0	5.92	29.0	13.13	121.7	18.52	41.0
宁德市	8.24	43.3	7.00	-15.1	9.74	39.2	14.36	47.5

附录1—9　续表

单位：亿美元

地　区	2012		2013		2014		2015	
	总量	增长%	总量	增长%	总量	增长%	总量	增长%
全　省	**978.33**	**5.4**	**1064.74**	**8.8**	**1134.57**	**6.6**	**1130.40**	**0.7**
福州市	211.30	-12.4	193.18	-8.6	212.36	9.9	211.20	0.6
厦门市	454.00	6.5	523.43	15.3	531.65	10.0	534.96	1.6
莆田市	29.48	6.0	31.69	7.5	33.11	5.6	31.64	-3.6
三明市	30.06	94.5	13.75	-54.3	17.78	29.4	19.07	7.7
泉州市	123.75	14.8	164.70	33.1	181.78	10.4	181.94	1.1
漳州市	65.91	7.7	71.08	1.7	81.32	14.4	74.72	-7.2
南平市	16.86	41.6	15.32	-9.2	14.65	-4.3	11.23	-22.6
龙岩市	21.08	13.9	21.17	0.4	24.10	14.0	25.77	7.8
宁德市	21.90	52.5	28.38	29.6	36.80	29.6	39.22	7.3

附录 1—10　全省及各设区市地方一般公共预算收入

单位：亿元

地　区	2008		2009		2010		2011	
	总量	增长%	总量	增长%	总量	增长%	总量	增长%
全　省	**833.40**	**19.1**	**932.43**	**11.9**	**1151.49**	**23.5**	**1501.16**	**30.4**
福州市	168.85	15.2	195.26	15.6	247.82	26.9	320.04	29.1
厦门市	220.23	18.1	240.56	9.2	289.17	20.2	380.41	31.5
莆田市	29.56	24.1	37.91	28.3	47.63	25.7	63.93	34.2
三明市	32.96	19.9	37.96	15.2	49.64	30.8	64.54	30.0
泉州市	137.17	19.7	150.05	9.4	181.53	21.0	242.09	33.4
漳州市	60.49	27.6	70.95	17.3	88.57	24.8	112.09	26.6
南平市	28.05	17.4	31.39	11.9	38.59	23.0	48.68	26.2
龙岩市	46.28	26.3	54.34	17.4	66.75	22.8	84.28	26.3
宁德市	24.22	19.9	27.54	13.7	40.51	47.1	54.30	34.1

附录 1—10　续表

单位：亿元

地　区	2012		2013		2014		2015	
	总量	增长%	总量	增长%	总量	增长%	总量	增长%
全　省	**1776.21**	**18.3**	**2119.45**	**19.3**	**2362.21**	**11.5**	**2544.08**	**7.7**
福州市	382.01	19.4	453.97	18.8	510.87	12.5	560.46	9.7
厦门市	432.27	13.6	500.56	15.8	556.21	11.1	606.06	11.5
莆田市	77.45	21.1	94.92	22.6	110.30	16.2	115.65	4.8
三明市	77.44	20.0	89.85	16.0	90.92	1.2	93.68	3.0
泉州市	293.46	21.2	346.91	18.2	380.11	9.6	388.30	2.2
漳州市	131.71	17.5	154.86	17.6	168.99	9.1	179.10	6.0
南平市	59.18	21.6	71.62	21.0	80.99	13.1	86.43	6.7
龙岩市	101.51	20.4	117.21	15.5	119.84	2.2	124.61	4.0
宁德市	70.64	30.1	88.69	25.6	98.92	11.5	104.39	5.5

备注:2015 年数据为 2015 年 12 月福建省财政厅反馈的快报数。

附录 1—11 全省及各设区市金融机构本外币存款余额

单位：亿元

地区	2008		2009		2010		2011	
	总量	增长%	总量	增长%	总量	增长%	总量	增长%
全省	**11804.40**	**17.6**	**14702.34**	**24.5**	**18753.23**	**24.2**	**21571.60**	**15.0**
福州市	3858.86	17.3	4740.58	22.8	6100.92	24.0	6910.13	13.2
厦门市	2727.14	10.5	3483.13	27.7	4440.60	27.6	4957.46	11.6
莆田市	484.58	19.1	608.85	25.6	733.63	20.5	875.00	19.2
三明市	518.61	20.7	642.93	24.0	762.85	18.7	912.09	19.5
泉州市	2200.11	17.4	2718.37	23.6	3313.71	21.9	3826.15	15.4
漳州市	719.62	17.2	868.12	20.6	1107.34	27.6	1277.55	15.3
南平市	502.21	18.6	626.71	24.8	756.91	20.8	870.26	14.9
龙岩市	523.75	26.5	686.75	31.1	788.53	14.8	913.94	15.9
宁德市	364.61	24.9	485.63	33.2	672.69	37.9	791.62	17.7

附录 1—11 续表

单位：亿元

地区	2012		2013		2014		2015	
	总量	增长%	总量	增长%	总量	增长%	总量	增长%
全省	**25057.75**	**16.2**	**28938.81**	**15.5**	**31858.43**	**10.1**	**36845.47**	**10.7**
福州市	7909.63	14.5	8950.14	13.2	9731.03	8.7	11270.96	11.4
厦门市	5472.00	10.4	6380.63	16.6	7064.61	10.7	8876.25	16.0
莆田市	1078.78	23.3	1294.78	20.0	1450.18	12.0	1608.20	10.7
三明市	1077.57	18.1	1197.47	11.1	1213.67	1.4	1343.18	10.7
泉州市	4687.97	22.5	5626.13	20.0	6062.73	7.8	6612.31	8.8
漳州市	1525.74	19.4	1851.04	21.3	2096.61	13.3	2346.21	11.9
南平市	999.56	14.9	1144.60	14.5	1257.47	9.9	1417.06	12.7
龙岩市	1103.19	20.7	1272.91	15.4	1382.05	8.6	1580.66	13.8
宁德市	917.11	15.9	1032.81	12.6	1086.27	5.2	1218.85	12.2

附录1—12　全省及各设区市金融机构本外币贷款余额

单位：亿元

地　区	2008		2009		2010		2011	
	总量	增长%	总量	增长%	总量	增长%	总量	增长%
全　省	**9585.92**	**18.8**	**12360.32**	**28.9**	**15920.84**	**23.4**	**18982.82**	**19.3**
福州市	3078.22	16.6	4054.36	31.7	5231.41	23.2	6190.73	18.3
厦门市	2369.44	10.3	2989.65	26.2	3621.72	21.1	4340.70	19.9
莆田市	349.08	16.6	497.33	42.5	628.00	26.3	747.35	19.0
三明市	408.35	16.9	559.98	37.1	697.66	24.6	832.76	19.4
泉州市	1636.18	15.4	2160.24	32.0	2717.12	25.8	3150.00	15.9
漳州市	495.88	15.6	655.80	32.2	836.20	27.5	1008.01	20.6
南平市	390.61	18.2	493.82	26.4	617.60	25.1	721.80	16.9
龙岩市	394.22	14.4	578.40	46.7	728.76	26.0	883.72	21.5
宁德市	397.91	25.6	570.15	43.3	722.19	26.4	856.36	18.6

附录1—12　续表

单位：亿元

地　区	2012		2013		2014		2015	
	总量	增长%	总量	增长%	总量	增长%	总量	增长%
全　省	**22427.45**	**18.2**	**25963.45**	**15.8**	**30051.27**	**15.7**	**33694.42**	**12.1**
福州市	7054.33	15.9	8159.89	15.7	9766.85	19.7	11114.84	13.8
厦门市	5107.35	14.9	5843.54	14.4	6643.98	13.7	7567.00	13.9
莆田市	912.99	22.2	1094.83	19.9	1331.44	21.6	1466.17	9.8
三明市	991.33	19.0	1121.87	13.2	1196.29	6.6	1207.93	1.0
泉州市	3724.22	18.2	4287.88	15.1	4929.63	15.0	5429.17	10.1
漳州市	1212.63	20.3	1420.38	17.1	1638.72	15.4	1906.40	16.3
南平市	799.92	10.8	914.62	14.3	1012.31	10.7	1095.03	8.2
龙岩市	1056.41	19.5	1182.97	12.0	1308.01	10.6	1376.77	5.3
宁德市	1016.81	18.7	1171.76	15.2	1326.16	13.2	1400.96	5.6

附录1—13 全省及各设区市城镇居民人均可支配收入

单位：元

地区	2008		2009		2010		2011		2012		2013		2014		2015	
	总量	增长%	总量	增长%	总量	增长%	总量	增长%	总量	增长%	总量	增长%	总量	增长%	总量	增长%
全省	**17961**	**15.8**	**19577**	**9.0**	**21781**	**11.3**	**24907**	**14.4**	**28055**	**12.6**	**30816**	**9.8**	**30722**	**9.0**	**33275**	**8.3**
福州市	19009	16.0	20289	8.8	22723	12.0	26050	14.6	29399	12.9	32265	9.8	32451	9.4	34982	7.8
厦门市	23948	11.4	26131	9.1	29253	12.0	33565	14.7	37576	11.9	41360	10.1	39625	8.2	42607	7.5
莆田市	16495	16.2	17308	10.1	19068	10.2	21843	14.6	24690	13.0	27233	10.3	26871	9.0	29272	8.9
三明市	16013	13.8	16500	9.4	18194	10.3	20778	14.2	23429	12.8	25724	9.8	25197	10.1	27393	8.7
泉州市	20420	12.8	22913	8.0	25155	9.8	28703	14.1	32283	12.5	35430	9.8	34820	9.0	37275	7.1
漳州市	16023	15.9	16616	10.0	18482	11.2	21137	14.4	23951	13.3	26471	10.5	25741	9.6	28092	9.1
南平市	15098	16.4	15867	7.9	17332	9.2	19735	13.9	22235	12.7	24318	9.4	24074	8.8	26120	8.5
龙岩市	15689	13.4	16572	10.6	18406	11.1	21085	14.6	23765	12.7	26281	10.6	26153	9.9	28218	7.9
宁德市	13936	11.5	15147	9.8	16815	11.0	19314	14.9	21825	13.0	23951	9.7	23956	9.1	26029	8.7

附录1—14 全省及各设区市农村居民人均可支配收入

单位：元

地区	2008		2009		2010		2011		2012		2013		2014		2015	
	总量	增长%	总量	增长%	总量	增长%	总量	增长%	总量	增长%	总量	增长%	总量	增长%	总量	增长%
全省	**6196**	**13.3**	**6680**	**7.8**	**7427**	**11.2**	**8779**	**18.2**	**9967**	**13.5**	**11184**	**12.2**	**12650**	**10.9**	**13793**	**9.0**
福州市	7142	13.6	7669	7.4	8543	11.4	10107	18.3	11492	13.7	12910	12.3	14012	11.2	15203	8.5
厦门市	8475	11.0	9153	8.0	10033	9.6	11928	18.9	13455	12.8	15008	11.5	16220	10.6	17558	8.2
莆田市	6436	14.4	6921	7.5	7663	10.7	9066	18.3	10311	13.7	11600	12.5	12829	10.7	13882	8.2
三明市	5853	13.8	6327	8.1	6949	9.8	8205	18.1	9375	14.3	10532	12.3	11665	10.8	12806	9.8
泉州市	7973	10.1	8563	7.4	9296	8.6	10578	13.8	11915	12.6	13316	11.8	14586	10.5	15861	8.7
漳州市	6506	14.2	7054	8.4	7861	11.4	9128	16.1	10389	13.8	11639	12.0	12690	10.5	13866	9.3
南平市	5712	12.9	6116	7.1	6759	10.5	7861	16.3	8893	13.1	10031	12.8	11252	11.5	12264	9.0
龙岩市	5775	13.5	6252	8.3	6931	10.9	8234	18.8	9396	14.1	10578	12.6	12054	11.2	13274	10.1
宁德市	5404	15.3	5838	8.0	6542	12.1	7756	18.5	8829	13.8	10039	13.7	11302	11.7	12391	9.6

注：2013年及以前为农民人均纯收入口径，2014年起为农村居民人均可支配收入口径。

附录1—15　全省及各设区市城镇单位在岗职工平均工资

单位：元

地区	2008		2009		2010		2011		2012		2013		2014		2015	
	总量	增长%	总量	增长%	总量	增长%	总量	增长%	总量	增长%	总量	增长%	总量	增长%	总量	增长%
全　省	**25702**	**15.3**	**28666**	**11.5**	**32647**	**13.9**	**38989**	**19.4**	**44979**	**15.4**	**49328**	**9.7**	**54235**	**9.9**	**58719**	**8.3**
福州市	27521	14.9	30704	11.6	34806	13.4	41725	19.9	48089	15.3	53333	10.9	58839	10.3	62478	6.2
厦门市	32343	11.7	36453	12.7	40284	10.5	46098	14.4	52526	13.9	55864	6.4	60729	8.7	64319	5.9
莆田市	21853	19.4	24654	12.8	27813	12.8	34083	22.5	40056	17.5	43963	9.8	51001	16.0	52385	2.7
三明市	24181	13.2	27384	13.2	30610	11.8	37114	21.2	41941	13.0	46552	11.0	52087	11.9	57807	11.0
泉州市	22225	11.6	25273	13.7	28908	14.4	35902	24.2	41117	14.5	44895	9.2	48823	8.7	54044	10.7
漳州市	22270	23.6	25055	12.5	29535	17.9	34898	18.2	42137	20.7	46610	10.6	51495	10.5	56237	9.2
南平市	22377	17.4	25274	12.9	28319	12.0	33378	17.9	39822	19.3	44003	10.5	48562	10.4	55076	13.4
龙岩市	24053	16.9	27638	14.9	30836	11.6	35557	15.3	41168	15.8	45845	11.4	49541	8.1	55438	11.9
宁德市	23314	17.7	27275	17.0	31292	14.7	38311	22.4	43504	13.6	47020	8.1	50103	6.6	56625	13.0

附录1—16　全省及各设区市居民消费价格总指数

（以上年价格为100）

地区	2008	2009	2010	2011	2012	2013	2014	2015
全　省	**104.6**	**98.2**	**103.2**	**105.3**	**102.4**	**102.5**	**102.0**	**101.7**
福州市	104.4	99.2	103.2	104.8	102.2	102.6	101.8	101.7
厦门市	104.9	97.3	103.0	105.2	102.1	102.3	102.2	101.7
莆田市	104.9	99.1	103.2	105.5	102.7	102.5	102.0	101.5
三明市	104.9	98.5	103.4	105.1	102.3	102.4	102.0	101.4
泉州市	103.8	97.8	103.4	105.3	102.6	102.5	102.0	101.8
漳州市	104.6	98.1	103.4	105.0	102.5	102.5	102.0	101.6
南平市	104.8	97.4	104.2	105.0	102.4	102.6	102.0	101.6
龙岩市	104.8	98.7	103.9	105.2	102.5	102.4	101.9	101.6
宁德市	104.1	98.9	103.8	105.2	102.4	102.2	101.9	101.5

附录1—17 全省及各设区市年末常住人口

单位：万人

地区	2008		2009		2010		2011	
	总量	自然增长率‰	总量	自然增长率‰	总量	自然增长率‰	总量	自然增长率‰
全省	**3604**	**6.3**	**3627**	**6.2**	**3689**	**6.1**	**3720**	**6.2**
福州市	683	5.8	687	6.1	712	4.5	720	5.3
厦门市	249	8.2	252	8.6	353	6.8	361	7.1
莆田市	284	6.2	286	6.7	278	5.3	279	6.2
三明市	263	5.6	264	5.8	250	6.7	251	6.0
泉州市	779	6.4	786	6.2	813	6.5	821	7.2
漳州市	477	5.9	480	6.5	481	6.0	484	6.4
南平市	289	6.1	290	6.0	265	7.0	265	5.2
龙岩市	277	5.6	278	5.9	256	7.3	256	5.3
宁德市	303	6.3	304	6.3	282	6.7	283	6.4

附录1—17 续表

单位：万人

地区	2012		2013		2014		2015	
	总量	自然增长率‰	总量	自然增长率‰	总量	自然增长率‰	总量	自然增长率‰
全省	**3748**	**7.0**	**3774**	**6.2**	**3806**	**7.5**	**3839**	**7.8**
福州市	727	6.4	734	5.9	743	7.4	750	7.4
厦门市	367	10.4	373	8.8	381	10.5	386	10.7
莆田市	281	5.7	283	5.3	285	6.6	287	7.2
三明市	250	5.4	251	5.1	251	6.8	253	7.5
泉州市	829	7.4	836	6.3	844	7.5	851	7.1
漳州市	490	7.7	493	5.9	496	7.3	500	8.2
南平市	263	4.9	262	5.2	262	5.8	264	6.1
龙岩市	257	7.0	258	6.5	259	7.6	261	8.7
宁德市	284	6.4	284	5.9	285	7.0	287	7.0

附录2—1　福建名牌(漳州)一览表(2012—2015年度)

序号	企业名称	商标和产品名称	认定年度	所在县区
1	漳浦县丰收园果菜有限公司	RICHGARDEN+图形牌大葱	2012年度	漳浦
2	漳浦县进丰冷冻食品有限公司	进丰牌新鲜蔬菜(大葱)	2012年度	漳浦
3	东山县东亚水产有限公司	陵海东亚+图形牌速冻水产品(墨鱼)	2012年度	东山
4	东山县东协成水产食品有限公司	图形牌速冻水产品(斑节对虾)	2012年度	东山
5	东山新合发食品有限公司	新合发+XINHEFA+图形牌速冻水产品(海水鱼)	2012年度	东山
6	东山新福水产加工有限公司	DS.XF+图形牌速冻水产品(章鱼)	2012年度	东山
7	东山融丰食品有限公司	图形牌速冻食品(冻蟹肉)	2012年度	东山
8	福建省福龙冷冻食品有限公司	图形牌速冻食品(黄秋葵)	2012年度	龙海
9	漳州振发食品有限公司	图形牌速冻食品(甜豌豆)	2012年度	龙海
10	龙海龙贤果蔬速冻食品有限公司	龙贤牌速冻食品(速冻青葱)	2012年度	龙海
11	龙海市美佳人造板木业有限公司	美佳+MEIJIA+图形牌人造板(中密度纤维板)	2012年度	龙海
12	龙海市格林水产食品有限公司	格林氏+GREENS牌速冻水产品(冻罗非鱼片)	2012年度	龙海
13	厨师食品股份有限公司	厨师+图形牌肉制品	2012年度	龙海
14	龙海市永利来食品有限公司	龙虎+LONGHU+图形牌罐头(蘑菇罐头)	2012年度	龙海
15	福建省海新食品有限公司	海新+图形牌饼干	2012年度	龙海
16	美龙(福建)冷冻食品有限公司	伊依YIYI、图形牌速冻食品(速冻米面食品生制品)	2012年度	龙海
17	漳州市新嘉华家具有限公司	图形牌钢管家具	2012年度	龙海
18	漳州东荣工贸有限公司	东荣+图形牌钢管家具	2012年度	龙海
19	福建亿龙实业集团有限公司	戴安娜+图形牌电磁炉茶盘	2012年度	龙海
20	漳州市港昌工贸有限公司	Q-three +图形牌罐头(果蔬罐头)	2012年度	龙文
21	福建永嘉家具有限公司	嘉俊+JIAJUN牌钢管家具	2012年度	龙文
22	漳州市恒丽电子有限公司	COMTEX牌石英钟表	2012年度	龙文
23	漳州市新威士钟表有限公司	天极星+WEESHI牌石英钟	2012年度	龙文
24	福建富顺电子有限公司	富顺达、图形牌LED显示屏	2012年度	龙文
25	南靖县世野食用菌有限责任公司	南野际牌杏鲍菇	2012年度	南靖
26	福建省荆龙生物科技有限公司	虎伯寮+图形牌金线莲	2012年度	南靖
27	奇客食品有限责任公司	鹅仙+EXIAN牌饼干	2012年度	南靖
28	福建闽星集团汇全茶业开发有限公司	土楼红美人牌茶叶(红茶)	2012年度	南靖
29	福建双赢集团有限公司	双赢+图形牌复合肥料(复合肥料高浓度)	2012年度	南靖
30	漳州南冠文丰农业机械有限公司	农丰牌汽油中耕管理机	2012年度	南靖
31	优科能源(漳州)有限公司	YOKU牌锂离子聚合物电池	2012年度	南靖
32	漳州喜盈门家具制品有限公司	X.M.B牌松木床	2012年度	台投
33	漳州市同发食品工业有限公司	同发+TONGFA+图形牌罐头(鱼罐头)	2012年度	台投
34	福建永得利食品有限公司	庆威+图形牌方便食品(方便面)	2012年度	台投
35	金冠(龙海)塑料包装有限公司	今冠+图形牌食用塑料包装(包装用聚乙烯吹塑薄膜)	2012年度	台投
36	多棱新材料股份有限公司	多棱+图形牌棱角钢砂	2012年度	台投
37	太龙(漳州)照明工业有限公司	TECNON牌商业照明灯具(固定式)	2012年度	台投
38	漳州大北农农牧科技有限公司	DBN+图形牌猪配合饲料	2012年度	芗城
39	精益珍食品(漳州)有限公司	精益珍+图形牌糕点(沙琪玛)	2012年度	芗城
40	漳州市金峰食品工业有限公司	金峰牌饼干	2012年度	芗城
41	信华食品(漳州)有限公司	SINGSHUA+图形牌速冻食品(速冻包子)	2012年度	芗城
42	福建糖业股份有限公司	白玉兰+BAI YU LAN+图形牌糖(白砂糖)	2012年度	芗城
43	漳州亚邦化学有限公司	亚邦+图形牌不饱和聚酯树脂	2012年度	芗城
44	正兴车轮集团有限公司	正兴牌车轮	2012年度	芗城
45	漳州宏源表业有限公司	Time2U牌石英手表	2012年度	芗城
46	漳州万利达生活电器有限公司	Malata牌电磁炉	2012年度	芗城
47	云霄县金山农业生态园有限公司	金山+图形牌枇杷	2012年度	云霄
48	福建省丰盛食品有限公司	洋乐贝+图形牌速冻水产品(冻巴菲蛤肉)	2012年度	漳浦
49	漳州泉丰食品开发有限公司	盈丰+图形牌速冻水产品(冻罗非鱼片)	2012年度	漳浦

附录 2—1 续表 1

序号	企业名称	商标和产品名称	认定年度	所在县区
50	漳州市美丽家香食品有限公司	美丽家香＋图形牌鲜活鲍鱼	2012 年度	漳浦
51	漳州泉丰食品开发有限公司	图形牌速冻食品（冷藏巴氏灭菌蟹肉）	2012 年度	漳浦
52	福建盈丰食品集团有限公司	盈丰＋图形牌蜜饯（糖水姜、干糖姜）	2012 年度	漳浦
53	漳州仂元工业有限公司	图形牌喷水器	2012 年度	漳浦
54	漳浦桂宏工业有限公司	BENEX 牌 LED 节能灯	2012 年度	漳浦
55	安安（中国）有限公司	AnAn 牌 Pu 合成革	2012 年度	长泰
56	福建鑫晟钢业有限公司	图形牌钢结构	2012 年度	长泰
57	福建立达信集团有限公司	海德信＋图形牌电子节能灯	2012 年度	长泰
58	漳州瑞锋果蔬有限公司	图形牌速冻食品（速冻蔬菜）	2012 年度	长泰
59	福建省诏安县海利水产有限公司	图形牌速冻水产品（虾）	2012 年度	诏安
60	福建省联盛纸业有限责任公司	图形牌箱纸板（瓦楞（芯）原纸）	2014 年度	长泰
61	敦信纸业有限责任公司	郭信＋图形、水仙花＋图形、鲤鱼新一代＋图形牌扑克牌	2014 年度	长泰
62	福建菲达阀门科技股份有限公司	FDV+ 图形牌阀门	2014 年度	长泰
63	福建省漳州安泰铝材有限公司	图形牌铝合金建筑型材	2014 年度	长泰
64	漳州市长泰新麒麟机械有限公司	华麟＋图形、新麒王＋图形牌电动卷门机	2014 年度	长泰
65	福建吉邦电子有限公司	吉邦 JIBANG+ 图形牌石英钟	2014 年度	长泰
66	福建东山县顺发水产有限公司	友鱼＋图形牌速冻鱿鱼	2014 年度	东山
67	中港（福建）水产食品有限公司	水中港＋图形牌冻鱿鱼	2014 年度	东山
68	福建省东山县海魁水产集团有限公司	海魁＋图形牌冻螃蟹块	2014 年度	东山
69	福建省东山县海魁水产集团有限公司	海魁＋图形牌冻罗非鱼片	2014 年度	东山
70	东山县福来食品有限公司	张福来＋图形牌冻鲍鱼	2014 年度	东山
71	福建哈龙峰茶业有限公司	哈龙峰＋图形牌铁观音	2014 年度	华安
72	佳香源（福建）茶业工贸有限公司	睿轩＋图形牌铁观音	2014 年度	华安
73	漳州市海新饲料有限公司	海新＋图形牌配合饲料	2014 年度	龙海
74	福建绿宝食品集团有限公司	LB+ 图形、绿鲜＋图形牌果蔬罐头	2014 年度	龙海
75	龙海海昌食品有限公司	兴福＋图形牌茄汁鲭鱼罐头	2014 年度	龙海
76	龙海市嘉昌水产有限公司	嘉昌 +JIACHANG+ 图形牌冷藏巴氏杀菌蟹肉	2014 年度	龙海
77	福建省梦娇兰日用化学品有限公司	小浣熊＋图形牌儿童护肤品	2014 年度	龙海
78	福建省腾龙工业公司	龙江＋图形牌工业涂料	2014 年度	龙海
79	福建国安船业有限公司	国安＋图形牌中型玻璃钢高速客运艇	2014 年度	龙海
80	福建绿宝食品集团有限公司	绿源宝菌＋图形牌杏鲍菇	2014 年度	龙海
81	福建省福龙冷冻食品有限公司	F+ 图形牌速冻果蔬（毛豆、马蹄）	2014 年度	龙海
82	龙海市格林水产食品有限公司	格林氏 +GREENS+ 图形牌冻虾	2014 年度	龙海
83	龙海市嘉荣食品有限公司	嘉荣＋图形牌速冻罗非鱼片	2014 年度	龙海
84	福建东方食品集团有限公司	含羞草＋图形牌蜜饯	2014 年度	龙文
85	漳州红梅家具有限公司	红梅 RED PLUM 牌金属家具	2014 年度	龙文
86	漳州万佳陶瓷工业有限公司	Bolina Italiana+ 图形牌卫生洁具	2014 年度	龙文
87	漳州市荣昌企业发展有限公司	RC+ 图形牌高频电阻焊铜线	2014 年度	龙文
88	福建力佳股份有限公司	力佳＋图形牌多缸柴油机 （功率≤58.60 kW，58.82kW＜功率≤105.00 kW）	2014 年度	龙文
89	漳州科能电器有限公司	科诺 +KENUO+ 图形牌电能表	2014 年度	龙文
90	漳州市孚美实业有限公司	图形 +FUMEI 孚美牌速冻果蔬	2014 年度	龙文
91	漳州中福木业有限公司	中福＋图形牌中密度纤维板	2014 年度	南靖
92	南靖益龙食品有限公司	益龙＋图形牌蔬菜罐头	2014 年度	南靖
93	奇客食品有限责任公司	奇客（正三角形）+图形、奇客＋图形、奇客（倒三角形）+图形牌饼干	2014 年度	南靖
94	福建同益食品有限公司	TYSP+ 图形牌酱腌菜	2014 年度	南靖
95	福建省漳州中达集团有限公司	中达＋图形牌水泥	2014 年度	南靖

附录 2—1　续表 2

序号	企业名称	商标和产品名称	认定年度	所在县区
96	万利(中国)有限公司	TOP、万利 +WANLI+ 图形牌陶瓷砖	2014 年度	南　靖
97	漳州国绿太阳能科技有限公司	国绿 +GUOLU+ 图形牌太阳能道路照明灯	2014 年度	南　靖
98	福建嘉田农业开发有限公司	嘉蕈 +JIAXUN+ 图形牌白背毛木耳	2014 年度	南　靖
99	福建平和宝峰罐头食品有限公司	宝石 + 图形牌罐头(果蔬罐头)	2014 年度	平　和
100	福建省天醇茶业有限公司	天醇 + 图形牌白芽奇兰茶	2014 年度	平　和
101	平和县阳山茶厂	彭溪 + 图形牌白芽奇兰茶	2014 年度	平　和
102	福建锦溪集团有限公司	琯溪蜜柚 + 图形牌琯溪蜜柚	2014 年度	平　和
103	福建天意红肉蜜柚开发有限公司	闽溪红 + 图形牌红肉蜜柚	2014 年度	平　和
104	漳州市同发食品工业有限公司	同发 + 图形牌果蔬罐头	2014 年度	台　投
105	金冠(龙海)塑料包装有限公司	今冠 + 图形牌塑料包装袋	2014 年度	台　投
106	福建凯景新型科技材料有限公司	图形牌 PPGI 钢卷	2014 年度	台　投
107	福建凯景新型科技材料有限公司	图形牌 CGI 钢卷	2014 年度	台　投
108	福建福贞金属包装有限公司	图形牌马口铁罐	2014 年度	台　投
109	太龙(福建)商业照明股份有限公司	TECNON+ 图形牌嵌入式灯具	2014 年度	台　投
110	漳州傲农牧业科技有限公司	图形、AONONG+ 图形牌猪系列饲料	2014 年度	芗　城
111	漳州日高饲料有限公司	安佑 + 图形牌猪饲料系列产品	2014 年度	芗　城
112	漳州市国辉工贸有限公司	guohui+ 图形牌木制家具	2014 年度	芗　城
113	信华食品(漳州)有限公司	SINGS HUA+ 图形牌肉制品	2014 年度	芗　城
114	福建康之味食品工业有限公司	盐典 + 图形、康之味 + 图形牌运动饮料	2014 年度	芗　城
115	漳州片仔癀药业股份有限公司	片仔癀、PIENTZEHUANG 牌片仔癀	2014 年度	芗　城
116	漳州水仙药业股份有限公司	图形、水仙 + 图形牌风油精	2014 年度	芗　城
117	福建标新集团(漳州)制罐有限公司	标新 + 图形牌马口铁空罐	2014 年度	芗　城
118	福建万安实业有限公司	wanan+ 图形牌热固性粉末涂料	2014 年度	芗　城
119	三宝集团股份有限公司	三宝 + 图形、图形牌钢筋混凝土用钢热轧带肋钢筋	2014 年度	芗　城
120	三宝集团股份有限公司	三宝 + 图形、图形牌钢筋混凝土用钢热轧光圆钢筋	2014 年度	芗　城
121	福建龙溪轴承(集团)股份有限公司	LS+ 图形、浪升 + 图形牌关节轴承	2014 年度	芗　城
122	福建二菱电子有限公司	ERLING+ 图形牌数字电视机顶盒	2014 年度	芗　城
123	漳州科华技术有限责任公司	KELONG+ 图形、科华技术 + 图形牌不间断电源	2014 年度	芗　城
124	漳州万利达生活电器有限公司	万利达牌空气净化器	2014 年度	芗　城
125	漳州市华威电源科技有限公司	OUTDO+ 图形牌铅酸蓄电池	2014 年度	云　霄
126	盈丰食品股份有限公司	盈豐 + 图形牌速冻食品(冷藏巴氏灭菌蟹肉)	2014 年度	漳　浦
127	漳州泉丰食品开发有限公司	盈豐 + 图形牌速冻食品(冷冻虾系列)	2014 年度	漳　浦
128	漳州元新食品有限公司	元新 + 图形牌速冻食品(冻熟裹粉牡蛎)	2014 年度	漳　浦
129	漳州天福茶业有限公司	天福 TIAN FU 牌乌龙茶	2014 年度	漳　浦
130	漳浦县进丰冷冻食品有限公司	进丰 + 图形牌新鲜蔬菜(胡萝卜)	2014 年度	漳　浦
131	福建趴趴跑生态农业综合开发有限公司	趴趴跑 + 图形牌生鲜猪肉	2014 年度	漳　浦
132	福建省丰盛食品有限公司	洋乐贝 + 图形牌冻海水鱼(马鲛鱼)	2014 年度	漳　浦
133	漳州市美丽家香食品有限公司	美丽家香 + 图形牌新鲜海蛎	2014 年度	漳　浦
134	漳州市美丽家香食品有限公司	美丽家香 + 图形牌新鲜海带	2014 年度	漳　浦
135	福建新华东食品有限公司	新华东 + xinhuadong 牌速冻虾	2014 年度	漳　浦
136	福建泰华交通设备有限公司	大力士 + 图形牌半挂车	2014 年度	招　商
137	漳州市燕锋水产食品有限公司	燕锋 +YANFENG+ 图形牌速冻食品(冻虾、蟹产品)	2014 年度	诏　安
138	福建省诏安县海利水产有限公司	HL+ 图形牌速冻食品(面包虾)	2014 年度	诏　安
139	诏安县安邦水产食品有限公司	大有食品 + 图形牌炭烤原味鱿鱼丝	2014 年度	诏　安
140	福建铭兴食品冷冻有限公司	铭海 + 图形牌冻水产品(冻沙丁鱼、冻罗非鱼)	2014 年度	诏　安
141	福建中海烤鳗有限公司	ZH+ 图形牌冻虾	2015 年度	东　山
142	东山县启昌冷冻加工有限公司	启昌 qichang+ 图形牌冷冻对虾	2015 年度	东　山
143	东山县宏祥水产有限公司	陵岛宏祥 +LINGDAOHONGXIANG+ 图形牌冻鱿鱼	2015 年度	东　山
144	东山县昌兴水产食品有限公司	昌兴水产 + 图形牌速冻巴浪鱼	2015 年度	东　山

附录 2—1 续表 3

序号	企业名称	商标和产品名称	认定年度	所在县区
145	东山新合发食品有限公司	新合发 +XINHEFA+ 图形牌速冻水产品(海水鱼)	2015 年度	东山
146	东山县东协成水产食品有限公司	东 + 图形牌速冻水产品(鱼、虾)	2015 年度	东山
147	东山新福水产加工有限公司	DS.XF+ 图形牌速冻水产品(鱿鱼、章鱼)	2015 年度	东山
148	立兴集团有限公司	图形 +LIXING 牌果蔬罐头	2015 年度	华安
149	福建立兴食品有限公司	图形 +LIXING 牌速食汤	2015 年度	华安
150	龙海海昌食品有限公司	兴福 +XINGFU+ 图形牌果蔬罐头	2015 年度	龙海
151	绿新(福建)食品有限公司	图形牌卡拉胶	2015 年度	龙海
152	漳州市新嘉华家具有限公司	图形牌钢管家具	2015 年度	龙海
153	福建省福龙冷冻食品有限公司	图形牌速冻蔬菜(多彩菜、黄秋葵)	2015 年度	龙海
154	龙海市嘉昌水产有限公司	嘉昌 +JIACHANG+ 图形牌冻去皮鱿鱼	2015 年度	龙海
155	龙海市格林水产食品有限公司	GREENS+ 格林氏牌冻罗非鱼片	2015 年度	龙海
156	龙海市海利隆冷冻食品有限公司	海利隆 + 图形牌牌冻鳐鱼	2015 年度	龙海
157	漳州昌龙农牧有限公司	鑫昌龙 +XINCHANGLONG+ 图形牌冻鸭	2015 年度	龙海
158	漳州市宏香记食品有限公司	宏香记 + 图形牌肉制品	2015 年度	龙文
159	漳州市港昌工贸有限公司	Q-three+Q3+ 图形牌果蔬罐头	2015 年度	龙文
160	福建省明欣集团有限公司	明欣 + 图形牌先张法预应力混凝土管桩	2015 年度	龙文
161	漳州市恒丽电子有限公司	COMTEX 卡帝仕 MOVEBEST 慕拜仕牌石英钟表	2015 年度	龙文
162	富顺光电科技股份有限公司	富顺达、F+ 图形牌牌 LED 显示屏	2015 年度	龙文
163	奇客食品有限公司	鹅仙、鹅仙 +EXIAN 牌饼干	2015 年度	南靖
164	优科能源(漳州)有限公司	YOKU 牌锂离子聚合物电池	2015 年度	南靖
165	福建嘉田农业开发有限公司	小香杏牌杏鲍菇	2015 年度	南靖
166	福建世野食用菌股份有限公司	南野际牌杏鲍菇	2015 年度	南靖
167	福建虎伯寮生物集团有限公司	虎伯寮 + 图形牌金线莲	2015 年度	南靖
168	漳州喜盈门家具制品有限公司	X.M.B 牌松木床	2015 年度	台投
169	金冠(龙海)塑料包装有限公司	今冠 + 图形牌包装用聚乙烯吹塑薄膜(HDPE 薄膜)	2015 年度	台投
170	太龙(福建)商业照明股份有限公司	TECNON 牌商业照明灯具(固定式)	2015 年度	台投
171	漳州大北农农牧科技有限公司	DBN+ 图形牌猪饲料	2015 年度	芗城
172	漳州市金峰食品工业有限公司	金峰牌饼干	2015 年度	芗城
173	信华食品(漳州)有限公司	SINGSHUA+ 图形牌包子	2015 年度	芗城
174	精益珍食品(漳州)有限公司	精益珍 + 图形牌沙琪玛	2015 年度	芗城
175	漳州亚邦化学有限公司	NEWSOLAR+ 图形牌不饱和聚酯树脂	2015 年度	芗城
176	正兴车轮集团有限公司	正兴 + 车轮牌汽车车轮	2015 年度	芗城
177	漳州万桂农业发展有限公司	WANGUI+ 图形牌天宝香蕉	2015 年度	芗城
178	福建粤海饲料有限公司	粤海 + 图形牌水产配合饲料	2015 年度	云霄
179	漳州市常山海之味冷冻食品有限公司	图形牌冷藏罐装巴氏杀菌蟹肉	2015 年度	云霄
180	海峡彩亮(漳州)光电有限公司	华杰、图形牌 LED 显示屏	2015 年度	云霄
181	漳州市闽正食品有限公司	闽正 + 图形、图形牌冻巴浪鱼	2015 年度	云霄
182	漳州泉丰食品开发有限公司	盈豐 + 图形牌冷藏巴氏灭菌蟹肉	2015 年度	漳浦
183	盈丰食品股份有限公司	盈豐 + 图形牌干糖姜、糖水姜	2015 年度	漳浦
184	华达(福建)玩具有限公司	图形 1、图形 2 牌电动童车	2015 年度	漳浦
185	漳浦县丰收园果菜有限公司	RICHGARDEN 图形牌保鲜蔬菜(大葱)	2015 年度	漳浦
186	漳州顺益食品有限公司	顺渔福 + 图形牌冻鱿鱼	2015 年度	漳浦
187	漳州市美丽家香食品股份有限公司	美丽家香 + 图形牌鲜活鲍鱼	2015 年度	漳浦
188	安安(中国)有限公司	AnAn 牌 PU 合成革	2015 年度	长泰
189	福建鑫晟钢业有限公司	图形牌钢结构	2015 年度	长泰
190	立达信绿色照明股份有限公司	海德信 HYDERSON 及图牌电子节能灯	2015 年度	长泰
191	立达信绿色照明股份有限公司	海德信 HYDERSON 及图牌 LED 灯	2015 年度	长泰
192	福建省诏安县海利水产有限公司	HL+ 图形牌速冻虾	2015 年度	诏安

附录2—2 福建省著名商标(漳州)一览表(截止2015年)

序号	商标权利人	商标名称	商品(服务)项目	所在县区
1	福建片仔癀化妆品有限公司	皇后 QUEEN 及图	护肤(膏;霜;蜜类)化妆品;洗面奶;洗澡用化妆品	芗城
2	漳州片仔癀药业股份有限公司	片仔癀 PIEN TZE HUANG	药品、中西成药	芗城
3	福建省龙溪轴承股份有限公司	浪升及图	关节轴承;深沟球轴承;滚珠(工业钢球)	芗城
4	福建糖业股份有限公司	白玉兰 BAIYULAN 及图	糖	芗城
5	漳州水仙药业有限公司	水仙及图	西药制剂(风油精)	芗城
6	福建力佳股份有限公司	力佳及图	柴油机	芗城
7	福建红旗股份有限公司	红旗马 HONGQI MA 及图	钢砂、锯条	芗城
8	漳州市芗城晓莉卫生用品有限公司	安月 AN YUE 及图	卫生巾、卫生垫	芗城
9	漳州市万安实业有限公司	WANAN 及图	涂料(粉末涂料)	芗城
10	福建龙溪轴承股份有限公司	LS	轴承(机器零件),关节轴承;轴承座	芗城
11	漳州市花卉协会	漳州水仙 ZHANGZHOUSHUIXIANHUA 及图(指定颜色)	水仙花、鳞茎	芗城
12	福建三宝钢铁有限公司	第1762069号图商标	钢板、钢条、金属建筑材料	芗城
13	漳州市鑫展旺贸易有限公司	鑫展旺及图	油漆、涂料、涂层(油漆)	芗城
14	漳州市国辉工贸有限公司	GUOHUI 及图	家具、办公家具	芗城
15	漳州市金峰食品工业有限公司	金峰	饼干、糕点、糖果	芗城
16	福建漳州久依久化工有限公司	膨威 PENG WEI 及图	炸药,硝化铵炸药	芗城
17	信华食品(漳州)有限公司	SINGS IIUA 及图	猪肉食品,肉松,香肠	芗城
18	漳州南方机械有限公司	樱田	自动手工具,空气压缩机,喷漆机	芗城
19	漳州市陈宇贸易有限公司	TAN 及图(指定颜色)	水果罐头,蔬菜罐头,蘑菇罐头	芗城
20	精益珍食品(漳州)有限公司	精益珍及图	糕点,糖果,饼干	芗城
21	福建省沁香源茶业有限公司	沁香源 QinxiangYuan 及图	茶,茶饮料,茶叶代用品	芗城
22	林晓渝(漳州市芗城晓莉卫生用品有限公司)	比洁	卫生纸、纸巾、手帕纸	芗城
23	漳州市华瑞建材有限公司	恒瑞 HENG RUI 及图	非金属管道、水泥板、砖	芗城
24	漳州市大西洋食品有限公司	大西洋及图	饼干、蛋糕、面包	芗城
25	福建二菱电子有限公司	ERLING	印刷电路、与电视机连用的娱乐器具、音像接收机	芗城
26	赖国平(漳州市芗城振兴钟表有限公司)	Winning(指定颜色)	钟、手表、钟表构件	芗城
27	漳州市芗城石亭民政水泥有限公司	深宝 SHENBAO 及图	水泥	芗城
28	汤笃源(漳州市芗城天虹绿野食品有限公司)	天虹绿野及图	水果罐头、蔬菜罐头、腌制蔬菜	芗城
29	漳州万桂农业发展有限公司	WANGUI 及图	鲜水果、新鲜蔬菜、鲜食用菌	芗城
30	福建康之味食品工业有公司	盐典	果汁、汽水、矿泉水	芗城
31	林国辉(福建辉达金属制品有限公司)	第3331828号图形	进出口代理、推销(替他人)	芗城
32	漳州市仙都绿源茶业有限公司	一壶香 HuxiAnG 及图	餐厅、咖啡馆、茶馆	芗城
33	漳州市英格尔农业科技有限公司	第3768269号图形	灭害虫(为农业、园艺和林业目的);植物养护;园艺	芗城
34	漳州科晖专用汽车制造有限公司	科晖及图	废物处理装置;垃圾压实机;电动清洁机械和设备	芗城
35	漳州联合华鑫焊接自动化设备有限公司	联合华鑫 LIANHEHUAXIN 及图	电焊设备;电焊接器具;工业操作遥控电器设备	芗城

附录2—2 续表1

序号	商标权利人	商标名称	商品(服务)项目	所在县区
36	漳州市佳龙电子有限公司	佳龙 JIALONG 及图	秤;精密天平;自动计量器	芗城
37	漳州宏源表业有限公司	Time2U	手表;表盒(礼品);钟表盘(钟表制造)	芗城
38	漳州市国辉工贸有限公司	国辉	家具;办公家具;金属家具	芗城
39	柯志文(福建点景集团有限公司)	EJD	建筑信息;计算机硬件安装;维护和修理	芗城
40	福建鑫展旺物流有限公司	鑫展旺 XIN ZHAN WANG 及图	货运;汽车运输;货物贮存	芗城
41	黄志刚(漳州市东方智能仪表有限公司)	E®SUN	计量仪表、工业或金属探测器、试电笔	芗城
42	漳州玉致家具有限公司	玉致及图(指定颜色)	家具	芗城
43	漳州市东荣进出口有限公司	东荣 DR 及图	办公家具;学校用家具;金属家具	芗城
44	漳州市康大师日用品有限公司	康大师 KANG DA SHI	塑料材料(纤维代用品)、家具罩(宽大的)、家具塑料遮盖物	芗城
45	刘小琪(福建省水清坊茶业有限公司)	水清坊	茶饮料;茶;茶叶代用品	芗城
46	漳州市津味食品工业有限公司	津味及图	水果罐头;水产罐头;酱菜	芗城
47	正兴车轮集团有限公司	正兴	车轮圈;车轮轮辐;车辆底盘	芗城
48	施朗格(漳州)建材科技有限公司	施朗格·石砖 Stonelution 及图	大理石;人造石;瓷砖	芗城
49	张英南(福建缔奇食品有限公司)	缔奇 DIQI FOOD 及图	蘑菇罐头;蔬菜罐头;腌制蔬菜	芗城
50	杨俊其(漳州市越远食品有限公司)	越远	果冻(糖果)	芗城
51	福建康之味食品工业有限公司	劲步	无酒精果汁饮料;水(饮料);无酒精水果混合饮料	芗城
52	漳州傲农牧业科技有限公司	傲农;AONONG 及图	饲料,动物饲料,非医用饲料添加剂	芗城
53	黄志刚(漳州市东方智能仪表有限公司)		测距仪,探测器,计量仪表	芗城
54	福建欧瑞园食品有限公司	欧瑞园	以水果为主的零食小吃,以果蔬为主的零食小吃,蔬菜汤料	芗城
55	漳州市立品食品有限公司	倍乐蔬	蔬菜汤料、熟蔬菜、干蔬菜	芗城
56	福建东方食品集团有限公司	含羞草 SENSITIVE PLANT 及图	蜜饯	龙文
57	天伦食品(福建)有限公司	天伦 TianLun 及图	饼干、糕点	龙文
58	青蛙王子(中国)日化有限公司	青蛙王子及图	化妆品、洗发液、香水	龙文
59	漳州生物化学制药集团有限公司	神芦 SHENLU 及图	药油、中成药	龙文
60	漳州市格莱雅化妆品有限公司	伊诗蒙 YISHIMENG	去斑霜、香水、化妆剂	龙文
61	漳州红梅家具有限公司	红梅 REDPLUM	金属家具、办公家具、家具	龙文
62	漳州市龙文升源粮业有限公司	第 1390684 号图形	谷类制品、食用面粉、人食用去壳谷物	龙文
63	富华(漳州)光学工业有限公司	SSPAIR	眼镜	龙文
64	漳州蓝田晨晖茶业有限公司	晨晖及图	茶,茶叶代用品	龙文
65	福建富顺电子有限公司	第 1153224 号图形、富顺达	计算机周边设备、计算机软件(录制好的)、显示器(电子)	龙文
66	漳州市金安机电有限公司	群达及图	电开门器,电动关门器	龙文
67	漳州市杰龙机电有限公司	杰龙及图	电动开门器,电动关门器	龙文
68	福建漳州市港昌罐头食品有限公司	Q3 Q-three 及图	水果罐头,蘑菇罐头,肉类罐头	龙文
69	大闽食品(漳州)有限公司	第 3034825 号图形	茶,茶叶代用品	龙文

附录2—2　续表2

序号	商标权利人	商标名称	商品(服务)项目	所在县区
70	林雅玲(聚善堂(漳州)医药物流有限公司)	聚善堂及图(指定颜色)	推销(替他人)	龙文
71	漳州市荣昌房地产开发有限公司	荣昌 RONGCHANG 及图	不动产代理,住房代理,受托管理	龙文
72	福建省中农高塔肥料有限公司	中塔 ZHONGTA	混合肥料、肥料、化学肥料	龙文
73	青蛙王子(中国)日化有限公司	双飞剑 SF-SWORD 及图	蚊香、驱虫用香、消灭有害动物制剂	龙文
74	漳州市荣昌企业发展有限公司	RC 及图	高频焊线;异形铜材;金属板条	龙文
75	漳州万佳陶瓷工业有限公司	Bolina Italiana	抽水马桶、坐便器、卫生器械和设备	龙文
76	黄东明(福建省明欣集团有限公司)	明欣及图	混凝土建筑构件、水泥电杆	龙文
77	张嘉俊(福建永嘉家具有限公司)	嘉 俊 JIAJUN 及图	办公家具、家具、金属座椅	龙文
78	漳州碧山食品有限公司	真花牌及图	罐头	龙文
79	漳州强兴工艺制品有限公司	Alfor Baby	婴儿车、折叠式婴儿车、轻便婴儿车	龙文
80	漳州市天利达计时有限公司	TLD	钟;钟表构件	龙文
81	漳州桑泰钟表有限公司	桑泰	钟表构件、钟表机件	龙文
82	漳州市恒丽电子有限公司	MOVESEST 及图	钟、手表、电子钟表	龙文
83	漳州市孚美实业有限公司	孚美 FUMEI 及图	冷冻水果;速冻方便菜肴;速冻菜	龙文
84	漳州市宏香记食品有限公司	宏香记及图	猪肉食品、香肠、鱼制食品	龙文
85	漳州市香之味食品有限公司	木正 muzheng 及图	糖果;酥糖;糕点	龙文
86	青蛙王子(中国)日化有限公司	深呼吸及图	杀菌剂;空气清新剂;消毒纸巾	龙文
87	漳州万佳陶瓷工业有限公司	航标	水龙头;坐便器;淋浴隔间	龙文
88	李敏(漳州新威士钟表有限公司)	天极星 WEESHI	钟;表;钟表机件	龙文
89	漳州市新雅达电子有限公司	新雅达及图	钟;电子石英钟表;手表	龙文
90	漳州永和辉塑胶有限公司	奥妙 OMO	牙刷;牙签;牙线	龙文
91	漳州多特制针有限公司	DOTEC 及图	缝针;针;装钉针	龙文
92	漳州市格莱雅化妆品有限公司	格·莱·雅 G·LAIYA	洗发液;染发剂;化妆品	龙文
93	福建省豪门装饰工程公司(福建省豪门装饰集团有限公司)	豪门蓝图	金属门;金属建筑材料;铝塑板	龙文
94	漳州科能电器有限公司	科诺 KENUO 及图	计量仪表、电度表、电测量仪表	龙文
95	漳州市英姿钟表有限公司	YZ 及图(指定颜色)	钟、钟表、钟表构件	龙文
96	福建宝丰实业有限公司	BAOFENG 及图	鱼制食品;脱水菜	龙文
97	富顺光电科技股份有限公司	F 及图、富顺达	灯	龙文
98	漳州冠程工贸有限公司	冠程	电动车辆;电动三轮车;电动自行车	龙文
99	大闽食品(漳州)有限公司	大闽	茶;茶叶代用品	龙文
100	漳州永利盛面粉有限公司	第 1622832 号图形	谷类制品中;食用面粉	龙文
101	福建安华发展有限公司	福安华及图	建筑施工监督;建筑;室内装潢	龙文
102	青蛙王子(中国)日化有限公司	怡恩贝及图	化妆品,洗发液,爽身粉	龙文
103	漳州万佳陶瓷工业有限公司	Bolina	水龙头、坐便器、淋浴隔间	龙文
104	漳州建晟家具有限公司	爱学习及图	学校用的家具;书架;书桌	龙文
105	福建省紫山集团股份有限公司	紫山 ZISHAN 及图;紫山及图	罐头、酱菜	龙海
106	漳州市紫山矿泉水有限公司	紫山 ZISHAN 及图;紫山及图	矿泉水	龙海
107	福建省腾龙工业公司	第 208609 号图形	油漆	龙海
108	漳州市海新饲料有限公司	海新	饲料	龙海

附录 2—2　续表 3

序号	商标权利人	商标名称	商品(服务)项目	所在县区
109	福建省厨师食品集团有限公司	厨师及图	牛肉干、肉松、生熟肉食	龙海
110	福建省梦娇兰日用化学品有限公司	小浣熊	化妆品(儿童用),洗发液(儿童用)	龙海
111	福建省胜兴米业有限责任公司	胜兴	米	龙海
112	福建省锦江日用化工有限公司	锦江及图	蚊香	龙海
113	漳州市龙海绿宝食品有限公司	绿鲜及图	水果罐头、蔬菜罐头	龙海
114	雅佳福(福建)食品有限公司	雅佳福 YAJIAFU 及图	糖果、糕点、果冻	龙海
115	漳州市闽京果蔬有限公司	八卦芦 BGL 及图	新鲜水果和蔬菜	龙海
116	龙海市常常满烧腊饭店	常常满及图	饭店、餐厅、餐馆	龙海
117	福建国安船业有限公司	国安	船、汽艇、独木舟	龙海
118	龙海市文鸿食品有限公司	文鸿及图	酱菜、水果罐头、蔬菜罐头	龙海
119	漳州市康之味食品工业有限公司	康之味	无酒精果汁饮料、汽水、水(饮料)	龙海
120	福建珠山复合肥有限公司	珠山 ZHUSHAN 及图	混合肥料,肥料,农业肥料	龙海
121	龙海市美佳人造板木业有限公司	美佳 MEIJIA 及图	胶合板,贴面板,三合板	龙海
122	福建格林食品产业集团有限公司	格林氏 GREENS 及图	速冻菜,鱼制食品,贝壳类动物(非活),冷冻水果	龙海
123	郑龙根(福建亿龙实业集团有限公司)	戴安娜及图	微波炉(厨房用具),电炊具,电炉灶	龙海
124	龙海海昌食品有限公司	兴福 XINGFU 及图	水果罐头,蔬菜罐头,水产罐头	龙海
125	龙海市茗扬天下科技制茶发展商社	茗扬天下 MINGYANGTIANXIA	茶,茶叶代用品	龙海
126	福建绿宝食品集团有限公司	第 5417780 号图形	水果罐头、肉罐头、蔬菜罐头	龙海
127	福建省海新食品有限公司	海新及图(指定颜色)	饼干、饼干(曲奇),膨化土豆片	龙海
128	福建省泷澄建设集团有限公司	泷澄集团 LONGCHENG GROUP 及图(指定颜色)	建筑、工厂建设、道路铺设	龙海
129	漳州市新嘉华家具有限公司	第 5901719 图形	椅子(座椅)、桌子、凳子(家具)	龙海
130	龙海市庆丰食品有限公司	三惠 SANHUI	面包、糕点、以谷物为主的零食小吃	龙海
131	陈利民(漳州市龙川木业有限公司)	龙建及图(指定颜色)	胶合板;三合板;纤维板	龙海
132	唐坤山(漳州正坤工贸有限公司)	正坤 ZHENGKUN 及图	三合板;胶合板;半成品木材	龙海
133	福建省佳圣轩工艺品有限公司	佳圣轩及图	家用或厨房用容器;家庭用陶瓷制品;瓷器装饰品	龙海
134	福建海山食品有限公司	海之山 HAIZHISHAN 及图	蔬菜罐头;水产罐头;酱菜;罐装水果	龙海
135	福建绿宝食品集团有公司	绿鲜让生活更健康及图	罐装水果;蔬菜罐头;蘑菇罐头	龙海
136	龙海市永利来食品有限公司	龙虎牌 LONGHU 及图	罐装水果;水产罐头;蔬菜罐头	龙海
137	蔡福水(福中福(福建)食品有限公司)	新乐福	糕点;饼干;糖果	龙海
138	黄秋静(福建省龙海市安利达工贸有限公司)	秋实 QIUSHI 及图	面条;挂面;面粉制品	龙海
139	龙海永川食品有限公司	玖龍及图	鱼制食品、蔬菜罐头、干食用菌	龙海
140	龙海市嘉荣食品有限公司	嘉荣及图	鱼(非活的)、鱼制食品、鱼肉干	龙海
141	绿新(福建)食品有限公司	第 9597151 图形	食品用胶、食品用果胶、琼脂	龙海
142	丹夫集团有限公司	丹夫 Danco 及图	华夫饼干、糕点、蛋糕	龙海
143	龙海市浮宫镇杨梅协会	浮宫杨梅及图	杨梅	龙海

附录 2—2　续表 4

序号	商标权利人	商标名称	商品(服务)项目	所在县区
144	陈万金(福建爱洁丽日化有限公司)	天伦 Tianlun	牙膏	龙海
145	福建坤晟农业开发有限公司	坤晟农业 kunshengnongye 及图	杀虫剂;除草剂;农业用杀菌剂	龙海
146	漳州市钜钢精密机械有限公司	钜钢 JUGANG 及图	铣床;机床;钻床	龙海
147	福建省福龙冷冻食品有限公司	F 及图	冷冻水果;熟蔬菜;速冻菜	龙海
148	龙海市嘉昌水产有限公司	嘉昌 JIACHANG 及图	甲壳动物(非活);水产罐头;虾(非活)	龙海
149	龙海市白水糖果协会	白水贡糖	糖果	龙海
150	漳州市裕华食品有限公司	芒果 MANGO 及图	辣椒粉、调味品(辣)、醋	龙海
151	福建欧柏亚日化有限公司	哈佛小子	化妆品、浴液、花露水	龙海
152	福建国安船业有限公司	GACY 及图	船;游艇;汽艇	龙海
153	蔡福水(永嘉利(福建)食品有限公司	永嘉利及图	饼干	龙海
154	蔡腾跃(好运来(福建)食品有限公司)	新欧乐	糕点、饼干(曲奇)、果馅饼	龙海
155	福建雅思嘉食品有限公司	雅思嘉及图	饼干、面包、糕点	龙海
156	朱连坤(福建燕顶茶叶有限公司)	YANDING 及图	茶、糖果、枇杷膏	云霄
157	张莲香(福建一叶茶业有限公司)	一叶盛茗 YIYESHENGMING 及图	茶	云霄
158	漳州市鸿益饲料有限公司	廣寳及图	饲料	云霄
159	漳州市绿通塑胶有限公司	绿通及图	非金属水管、非金属板	云霄
160	漳州市南云包装设备有限公司	第 4249490 号图形	烫号机,贴标机,食品包装机	云霄
161	福建省丽西食品有限公司	丽西及图	水果罐头,蔬菜罐头,水产罐头	云霄
162	漳州鲜品冷冻食品有限公司	第 3374282 号图形	甲壳动物(非活)、鱼制食品	云霄
163	云霄县枇杷协会	云霄 YUNXIAO 及图	枇杷	云霄
164	漳州市华威电源科技有限公司	OUTDO 及图	车辆用蓄电池	云霄
165	福建漳州绿野农业开发有限公司	绿泽 LVZe 及图	鲜水果	云霄
166	福建省云霄县水产开发中心	东厦锯缘青蟹	锯缘青蟹(活的)	云霄
167	云霄县水产养殖协会	竹塔泥蚶	泥蚶(活的)	云霄
168	何海昌(漳州市白石酿酒有限公司)	云霄白石及图	米酒;黄酒;酒	云霄
169	云霄县云峰粮油有限公司	云峰及图	谷类制品;食用面粉;人食用的去壳谷物	云霄
170	云霄县海洋管理站	东厦文蛤	文蛤(活)	云霄
171	云霄县水产技术推广站	列屿巴非蛤	巴非蛤(活)	云霄
172	福建舒而美卫生用品有限公司	小贝真	纸尿裤,纸或纤维素制婴儿尿布(一次性),纸或纤维素制婴儿尿布裤(一次性)	云霄
173	福建盈丰食品集团有限公司	盈丰及图	酸姜、酱菜、五味姜、蔬菜罐头	漳浦
174	漳浦县农朋食品有限公司	联 LIANQIAO 桥	罐头食品、香菇、木耳	漳浦
175	漳浦县金浦钢丝厂	金浦及图	铁丝、钢丝、铝丝	漳浦
176	漳浦县云海贸易有限公司	云瀚及图	贝壳类动物(非活)、虾(非活)、鱼(非活的)	漳浦
177	漳浦县丰盛食品有限公司	第 4060999 号图形	贝壳类动物(非活),蛤(非活),鱼制食品	漳浦
178	福建省新润食品有限公司	UNILAND 及图	新鲜蔬菜,新鲜水果,新鲜蘑菇	漳浦
179	漳浦嘉兴石业有限公司	JIAXING 及图	石板,花岗石,建筑石料	漳浦

附录 2—2 续表 5

序号	商标权利人	商标名称	商品(服务)项目	所在县区
180	福建省闽南花卉有限公司	闽南花卉 MINNAN FLOWER 及图	自然花，新鲜园艺草本植物，花球茎	漳浦
181	同溢堂药业有限公司	益安及图	中成药	漳浦
182	林建生(漳州市美丽家香食品有限公司)	美丽家香及图	牡蛎(非活)、鱼制食品、猪肉食品	漳浦
183	漳州德立信农业有限公司	德立信、DLX 及图(指定颜色)	蔬菜罐头、腌制蔬菜、五香萝卜	漳浦
184	漳浦三茂农业有限公司	三茂	鲜水果、活动物、饲料	漳浦
185	漳州伟伊化纤有限公司	WEIYI 及图	纱、线、锦纶纱(纺织用)	漳浦
186	福建中冷食品有限公司	绿晓及图	鲜水果、鲜葡萄、新鲜蔬菜	漳浦
187	漳浦县达川食品工业有限公司	大年 DANIAN 及图	无酒精果汁、蔬菜汁(饮料)、果汁饮料(饮料)	漳浦
188	福建新华东食品有限公司	新华东 Xinhuadong	甲壳动物(非活);鱼(非活的);虾(非活)	漳浦
189	漳州市牧源食品有限公司	缘之园	以果蔬为主的零食小吃;以水果为主的零食小吃;土豆片(油炸)	漳浦
190	漳浦县农朋食品有限公司	农朋及图	糖果;酥糖	漳浦
191	漳浦县丰收园果菜有限公司	RICHGARDEN 及图	新鲜蔬菜;洋葱(新鲜蔬菜)	漳浦
192	漳州市丹东农业开发有限公司	丹山 DANSHAN	新鲜蔬菜;洋葱(鲜蔬菜);鲜水果	漳浦
193	福建省丰盛食品有限公司	洋乐贝及图	贝壳类动物(非活);蛤(非活);鱼制食品	漳浦
194	盈丰食品股份有限公司	彩龙 GINGER DRAGON 及图	甲壳动物(非活);鱼制食品;水果罐头	漳浦
195	漳州元新食品有限公司	元新 YUANXIN 及图	鱼制食品、贝壳类动物(非活)、水产罐头	漳浦
196	福建趴趴跑生态农业综合开发有限公司	趴趴跑及图	肉;肉罐头	漳浦
197	漳浦县福兴水产贸易有限公司	闽兴 MIN XING 及图	虾(非活);鱼制食品;贝壳类动物(非活)	漳浦
198	蒂妮(漳州)食品有限公司	TINI 蒂妮	蜜饯	漳浦
199	漳州天福茶业有限公司	天福茶食及图	糖果;糕点;月饼	漳浦
200	望松(福建)生物科技有限公司	望松及图	植物饮料;无酒精饮料;豆类饮料	漳浦
201	白山鞍食品(漳州)有限公司	白山鞍及图	贝壳类动物(非活);虾(非活);甲壳动物(非活)	漳浦
202	漳浦县佛昙镇鑫鸿水产专业合作社	欣鸿及图	活鱼;虾(活的);贝壳类动物(活的)	漳浦
203	延邦管业(漳州)有限公司	延邦及图	非金属管道;非金属水管;非金属硬管(建筑用)	漳浦
204	福建省永耕农业开发有限公司	立耕 LiGeng 及图	自然花;新鲜的园艺草木植物;树木	漳浦
205	诏安花正农业开发有限公司(福建省诏安县饮料厂)	活力宝及图	矿泉水、果汁饮料、碳酸饮料	诏安
206	福建省诏安县四海食品有限公司	MIX 麦士及图	干果,蜜饯	诏安
207	绿香园茶叶(诏安)有限公司	绿香园 Luxiangyuan 及图	茶叶,茶叶代用品	诏安
208	诏安县红星乡青梅技术研究会	ZHAOANHONGXINGQING-MEI 诏安红星青梅及图	新鲜青梅	诏安
209	福建省诏安县海利水产有限公司	HL 及图	鱼制食品、甲壳动物(非活)、虾(非活)	诏安

附录 2—2　续表 6

序号	商标权利人	商标名称	商品(服务)项目	所在县区
210	福建省诏安县绿源食品有限公司	红星 HONGXING 及图	话梅、水果蜜饯、浸酒的水果	诏安
211	福建省诏安邦领乳业有限公司	邦领 JUMBOGRAND 及图	奶茶(以奶为主);牛奶制品	诏安
212	徐良耀（福建省诏安县和平罐头食品有限公司）	和平鸽 PigEonPEACE 及图	水果罐头、速冻菜、干食用菌	诏安
213	漳州市燕锋水产食品有限公司	第 5786754 号图形	甲壳动物(非活)、鱼(非活)、贝壳类动物(非活)	诏安
214	福建黄金兴食品有限公司	黄金兴及图	水果蜜饯;花生仁;酱菜	诏安
215	福建省诏安东欣食品有限公司	第 1566865 号图形	鱼制食品;听装(罐装)鱼;水产罐头	诏安
216	诏安县绿缘茶业有限公司	绿海情缘及图	茶	诏安
217	福建麦凯婴儿童用品有限公司	麦凯 mEinKind 及图	车辆座位安全带；儿童安全座(车辆用);车座套	诏安
218	诏安县茶叶协会	诏安八仙茶	茶	诏安
219	福建省诏安县绿洲生化有限公司	绿珍 QS 及图	非医用或非兽医用微生物制剂	诏安
220	福建铭兴食品冷冻有限公司	铭海及图	贝壳类动物(非活);鱼制食品;虾(非活)	诏安
221	诏安县红星乡青梅技术研究会	诏安红星青梅	加工过的青梅	诏安
222	福建省诏安福益食品有限公司	福星福益及图	蜜饯、话梅、腌水果	诏安
223	诏安东福水产有限公司	第 9724094 号图形	甲壳动物(非活)	诏安
224	诏安县桥东镇水产养殖协会	仙塘红蟳及图	红蟳(活的)	诏安
225	诏安县三益乌鸡生态放养专业合作社	满山兜及图形	乌鸡蛋(蛋)	诏安
226	漳州市新万亚水产食品有限公司	New wangya	甲壳动物（非活）；贝壳类动物(非活);鱼(非活的)	诏安
227	福建省长泰县协能拉链工业有限公司	三力 TRIPEPOWER 及图	拉链	长泰
228	长泰南华糖业有限公司	玉津及图	白砂糖	长泰
229	福建敦信纸业有限公司	敦信	印刷品、纸牌、扑克牌	长泰
230	福建省长泰县正士餐具有限公司	正士作	刀;大砍刀(刀具);切肉刀	长泰
231	福建安麟智能科技股份有限公司	Qilin 及图	工业操作遥控电力装置;工业操作遥控电器设备;自动旋转栅门	长泰
232	孙汉宗(长泰泛华生态产业投资有限公司	发现之旅及图	建设项目开发,工程	长泰
233	刘王雍杰(漳州市麒麟电子有限公司)	安麟	电动卷门机,机器引擎或发动机用控制装置,电控拉窗帘装置	长泰
234	福建诚信纸品有限公司	蕾迪丝　ladies 及图	卫生巾	长泰
235	福建安麟智能科技股份有限公司	华麟及图	电动开门器、电动关门器、工业操作遥控电器设备	长泰
236	漳州市明达光电科技有限公司	梦之光及图	节能灯、照明器械及装置、路灯	长泰
237	福建非达阀门有限公司	FDV	金属阀门(非机器零件)、金属水管阀、油井用金属套管	长泰
238	福建建涌机械设备有限公司	建涌机械 Jyjx 及图形	起重机、升降设备、装卸设备	长泰
239	安安(中国)有限公司	ANAN	靴和鞋的皮衬	长泰
240	福建省长泰县酱油厂	健将及图	酱油、辣椒酱	长泰
241	福建古农酿酒有限公司	古农豪族	酒(利口酒);黄酒;米酒	长泰
242	长泰县海力机械制造有限公司	海力及图	金属铸造;金属处理;金属锻造	长泰
243	海德信(漳州)电光源有限公司	海德信 HYDERSON 及图	电灯泡、灯、灯头	长泰

附录2—2 续表7

序号	商标权利人	商标名称	商品(服务)项目	所在县区
244	钟旻儒(福建权昱工业有限公司)	QXY	非金属制楼梯;非金属制楼梯扶手;非金属制栏杆	长泰
245	神悦(福建)铸造有限公司	神悦 SHENYUE 及图	马达和引擎启动器;发电机;泵(机器、引擎或马达部件)	长泰
246	安安(中国)有限公司	安安及图	半加工或未加工皮革;仿皮革	长泰
247	福建省兴岩建设集团有限公司	兴岩集团 XINGYAN GROUP 及图	建筑;建筑施工监督;室内装璜修理	长泰
248	漳州市天星陶瓷股份有限公司	天星及图	瓷砖	长泰
249	福建省漳州安泰铝材有限公司	建福 Jian Fu 及图	金属支架;未加工或半加工普通金属;普通金属合金	长泰
250	欧仕儿童用品(福建)有限公司	Gubi 及图	婴儿车;手推车;儿童安全座椅(车辆用)	长泰
251	福建省东山县海魁水产集团有限公司	海魁及图	螃蟹肉、鱼片、冻虾	东山
252	东山东兴水产加工有限公司	DAYOU 大有及图	加工过的鱼、鱼片、鱼制食品	东山
253	东山县顺达水产食品有限公司	顺达 SHUNDA 及图	贝壳类动物(非活)、甲壳动物(非活)、鱼(非活)	东山
254	东山县蓝特水产加工有限公司	蓝特 LANTE	鱼制食品、鱼(非活)、鱼片	东山
255	东山新福水产加工有限公司	DS.XF 及图	加工过的鱼,鱼制食品,水生贝壳类动物	东山
256	福建东山县顺发水产有限公司	友鱼 YOUYU 及图	水产罐头,鱼(非活),鱼制食品	东山
257	东山县超然食品有限公司	第3548678号图形	茶,茶饮料,茶叶代用品	东山
258	东山县铜兴渔具制品有限公司	DOUBLE HOOKFISH 及图	钓鱼用具,钓鱼用浮子,咬钩指示器	东山
259	漳州市凯顺彩印有限公司	凯顺 KINDSON 及图	印刷品;印刷出版物;箱纸板(纸箱、盒)	东山
260	东山县东协成水产食品有限公司	东及图	鱼(非活),虾(非活),鱿鱼	东山
261	东山新合发食品有限公司	新合发 XINHEFA 及图	虾(非活)、贝壳类动物(非活)、鱼制食品	东山
262	东山县东亚水产有限公司	陵海东亚及图.	鱿鱼、甲壳动物(非活)、贝壳类动物(非活)	东山
263	东山县启昌冷冻加工有限公司	启昌 qichang 及图	鱼制食品、鱼(非活)、水产罐头	东山
264	东山县顺来发水产食品有限公司	顺来发 SHUNLAIFA 及图	甲壳动物(非活)、鱼片、鱿鱼	东山
265	东山县康力电池隔板有限公司	LDKL 陵岛康力及图	保温用非热导材料;玻璃纤维保温板;玻璃纤维棉	东山
266	福建东山县海之星水产食品有限公司	陵海之星 LINGHAIZHIXING 及图	鱼(非活的);甲壳动物(非活的);水产罐头	东山
267	东山县昌兴水产食品有限公司	昌兴水产及图(指定颜色)	鱼制食品;鱿鱼;甲壳动物(非活的)	东山
268	福建东山华康食品有限公司	陵岛 lingDao 及图	水果罐头;蘑菇罐头;蔬菜罐头	东山
269	东山县乐兴水产有限公司	乐兴及图	鱼(非活的);虾(非活的);鱿鱼	东山
270	东山县立成水产有限公司	东山县立成水产有限公司	鱿鱼、虾(非活)、贝壳类动物(非活)	东山
271	漳州市达罐食品有限公司	达罐及图	听装(罐装)鱼;水产罐头	东山
272	张福来(东山县福来食品有限公司)	张福来 FL 及图	贝壳类动物(非活);水产罐头;鱼制食品	东山

附录2—2　续表8

序号	商标权利人	商标名称	商品(服务)项目	所在县区
273	东山县宏祥水产有限公司	陵岛宏祥 LINGDAOHONGXIANG及图	鱼制食品;贝壳类动物(非活);虾(非活)	东山
274	福建省东山县东海岸保税仓储物流中心有限公司	东海岸及图	货物贮存;仓库出租;货运	东山
275	东山县华昌食品有限公司(东山县华信食品有限公司)	绿岛华信及图形	鱼(非活)、贝壳类动物(非活)、鱼制食品	东山
276	福建东山海源水产有限公司	澳角海源 AO JIAO HAI YUAN及图	甲壳动物(非活)、鱼(非活)、鱿鱼	东山
277	福建中海烤鳗有限公司	ZH及图形	鱼制食品、水产罐头、鱼片	东山
278	中港(福建)水产食品有限公司	水中港及图形	甲壳动物(非活)、鱼(非活)、水产罐头	东山
279	东山县顺达水产食品有限公司	玄顺及图	鱼肉干;鱼松;鱼制食品	东山
280	福建省东山县辉永泰体育用品实业有限公司	安攀 ANPAN及图形(指定颜色)	挂锁、五金器具、金属钩(扣钉)	东山
281	福建港兴集团有限公司	鹅仙 EXIAN	饼干、糕点	南靖
282	福建省漳州双赢集团有限公司	撒得利及图	磷肥、混合肥料、化学肥料	南靖
283	南靖龙之味食品工业有限公司	龍之味及图	酱油,酱菜(调味品)	南靖
284	福建双赢集团有限公司	双赢	硫酸、磷肥、混合肥料、化学肥料	南靖
285	优科能(漳州)有限公司	YOKU	电池	南靖
286	漳州市茶农世家有限公司	茶農世家及图	茶,茶叶代用品	南靖
287	福建闽星集团汇全茶业开发有限公司	匯全茗茶("茗茶"放弃专用权)	茶	南靖
288	南靖县兰花协会	南靖兰花 NANJINGLANHUA及图	兰花	南靖
289	昶维工业有限公司(漳州南冠文丰农业机械有限公司)	農豐	农业机械;非手工操作农业器具;机动耕作机	南靖
290	福建东宝罐头食品有限公司(南靖东宝旺罐头食品有限公司)	东旺及图	水果罐头、蔬菜罐头、腌制蔬菜	南靖
291	漳州三德利油漆涂料有限公司	三德及图	涂料、油漆及附料(不包括绝缘漆)、陶瓷漆	南靖
292	吴清金(漳州国绿太阳能科技有限公司)	国绿 GUOLU及图	路灯、照明灯(照明灯笼)、太阳能热水器	南靖
293	福建万士利食品工业有限公司	"万士利 WANSHILI及图"	饼干、膨化水果片、蔬菜片	南靖
294	奇客食品有限责任公司	奇客 CHEER-KEY及图	饼干、糕点	南靖
295	福建省荆龙生物科技有限公司	虎伯寮及图	金线莲(中药药材);医用药草;药草	南靖
296	福建一胜多砂轮有限公司	一胜多	金钢砂磨轮;磨具(手工具)	南靖
297	南靖县益得利罐头食品有限公司	益得利 YIDELI及图	水果罐头;蘑菇罐头;蔬菜罐头	南靖
298	南靖县书洋南香茶厂	南壶香 NANHUXIANG及图	茶	南靖
299	杨建木(福建成发农业开发有限公司)	郑店及图	新鲜蘑菇;新鲜蔬菜	南靖
300	漳州永裕隆精密五金有限公司	永裕隆 Yong Yu Long及图形	火车车轮毂;轮毂的箍;小型机动车	南靖
301	漳州市谷丰米业有限公司	土楼及图	米	南靖
302	福建闽星集团汇全茶业开发有限公司	土楼红美人	茶叶	南靖
303	漳州辰和茶业有限公司	兴辰和及图形	茶;茶叶代用品;冰茶	南靖

附录2—2 续表9

序号	商标权利人	商标名称	商品(服务)项目	所在县区
304	福建奥利高塔复合肥有限公司	奥利龙 AOLILONG	农业肥料;混合肥料;化学肥料	南靖
305	南靖县和泰竹业有限公司	逸园 YiYuan 及图	厨房用切菜板;筷子	南靖
306	邱福清(漳州福星茶业开发有限公司)	树海瀑雾 SHUHAIPUWU 及图	茶;茶饮料;茶叶代用品	南靖
307	南靖县观音山农业开发有限公司	禾蕈园 HEXUNYUAN 及图	鲜食用菌;菌种;动物食品	南靖
308	亚细亚休闲食品(南靖)有限公司	亚细亚田. 园	以水果为主的零食小吃;以果蔬为主的零食小吃;干食用菌	南靖
309	福建海华农业开发有限公司	海耳及图	干食用菌;干蔬菜;木耳	南靖
310	福建嘉田农业开发有限公司	嘉蕈及图	干食用菌;干蔬菜	南靖
311	万利(中国)有限公司	TOP	建筑用非金属墙砖、瓷砖、非金属砖瓦	南靖
312	福建世野食用菌股份有限公司	南野际	新鲜蘑菇、鲜食用菌、新鲜蔬菜	南靖
313	福建大地金华生物科技有限公司	大地金华及图	药草;药用植物根;食用植物纤维(非营养性的)	南靖
314	南靖县养蜂协会	南靖正冬蜜及图	蜂蜜	南靖
315	平和县阳山茶叶加工厂	彭溪 PENGXI 及图	茶	平和
316	福建天用茶业有限公司	天崠 TIANDONG 及图	茶	平和
317	平和县天醇茶业有限公司	天醇 TIANCHUN 及图	茶、茶叶代用品	平和
318	福建省平和琯溪蜜柚发展中心	平和琯溪蜜柚及图	蜜柚	平和
319	福建省国农农业发展有限公司	国农及图	纸制或塑料制水果套袋、包装纸、纸箱	平和
320	福建南海食品有限公司	南胜 NANSHENG 及图	速冻菜、脱水菜、冻水果、水果罐头	平和
321	福建兴发机械有限公司	XINGFA 及图	压力机,自动镦锻机,铸造机械	平和
322	漳州市宏绿食品有限公司	宏绿及图	脱水菜,腌制蔬菜,蔬菜罐头	平和
323	平和县白芽奇兰茶开发中心	白芽奇兰	茶,茶叶代用品	平和
324	福建省平和县同益食品有限公司	TYSP 及图	咸菜,笋干,薇菜干	平和
325	福建平和宝峰罐头食品有限公司	宝石及图	水果罐头,蔬菜罐头,蘑菇罐头	平和
326	福建向荣大芹山茶叶发展有限公司	名峰山 MINGFENGSHAN 及图	茶,茶叶代用品	平和
327	福建裕和皓月生物工程材料有限公司	皓尔宝及图	防水粉(涂料)、油胶泥(油灰、腻子)、涂层(油漆)	平和
328	曾凡明(平和县闽鑫白芽奇兰茶总厂)	闽鑫及图	茶、茶叶代用品	平和
329	福建省平和九峰茶叶有限公司	九豐	茶、茶叶代用品	平和
330	福建天意红肉蜜柚开发有限公司	闽溪红 minxihong	柚子	平和
331	黄建忠	中顺及图	建筑;建筑设备出租;车辆加油站	平和
332	平和县玉露白芽奇兰有限公司	大芹山及图	茶;茶叶代用品	平和
333	曾有亮(漳州皇兰茶业有限公司)	皇蘭 huanglan 及图	茶;茶代用品	平和
334	林开祥 (福建平和祥红琯溪红肉蜜柚开发有限公司)	祥红 XIANGHONG	柚子;香蕉;鲜水果	平和
335	福建彩联陶瓷有限公司	彩聯 CAILIAN 及图	建筑用嵌砖;瓷砖;耐火砖	平和
336	漳州平和东湖农产品有限公司	平和东湖及图	鲜水果;柚子;香蕉	平和
337	福建裕和皓月生物工程材料有限公司	皓尔宝	防水粉(涂料);刷墙用白浆;刷墙粉	平和
338	杨美葵(平和县峰兰茶厂)	峰兰 fenglan 及图	茶;茶叶代用品	平和

附录 2—2　续表 10

序号	商标权利人	商标名称	商品(服务)项目	所在县区
339	福建南海食品有限公司	O 尼柚及图	糖果;茶饮料;调味品	平和
340	朱志勇(平和县建新包装品厂)	建新 jx 及图	塑料泡沫包装用品(包装用)、包装用纸袋或塑料袋(信封、小袋)、包装纸	平和
341	福建哈龙峰茶业有限公司	哈龙峰及图	茶、茶叶代用品	华安
342	漳州立兴罐头食品有限公司	LIXING 及图	罐装水果、蘑菇罐头、蔬菜罐头	华安
343	福建二宜楼茶叶工贸有限公司	二宜楼及图	茶、乌龙茶	华安
344	华安县巨龙工贸有限公司	巨龙及图	建筑石板,大理石艺术品,大理石塑像	华安
345	漳州市佳香源茶业有限公司	睿軒及图	茶,茶叶代用品	华安
346	福建和发玉石有限公司	和发 HEFA 及图	垫子,地板覆盖物,席	华安
347	张建忠(漳州市月亮泉有机茶有限公司)	月亮泉	茶、茶叶代用品	华安
348	漳州皇家龙茶业有限公司	皇家龙 HUANGJIALONG	茶、茶饮料	华安
349	漳州雅之道茶业有限公司	雅之道	茶	华安
350	许国忠(漳州弘烨机械制造有限公司)	鸿强 HONGQIANG 及图	农业机械、纺织机、包装机	华安
351	华安县茶叶协会	华安铁观音	茶	华安
352	刘菊香(华安华夏有茗茶业有限公司)	华夏有茗及 HUAXIAYOUMING	茶、茶叶代用品、茶饮料	华安
353	漳州市华玉石业有限公司	华玉	石头;混凝土或大理石艺术品	华安
354	雷龙(漳州光照人茶业有限公司)	光照人 3H-SENDER	茶	华安
355	漳州茶字典茶业有限公司	茶字典及图	广告;替他人推销;替他人采购	华安
356	福建仙宇茶业有限公司	仙宇及图	茶;茶叶代用品	华安
357	华安县津香茶业有限公司(福建坪溪茶业有限公司)	坪溪及图	茶;茶叶代用品;茶饮料	华安
358	福建省中延菌菇有限公司	中延 ZHONGYAN 及图	鲜食用菌;菌种;新鲜蔬菜	华安
359	欧阳荣明(漳州市新欧门业有限公司)	新欧门业及图	金属门;钢板	华安
360	卢国宝(漳州市兴宝机械有限公司)	兴宝机械 XINGBAO MACHINE 及图	农业机械	华安
361	福建永源酿酒有限公司	二宜楼	酒(饮料)	华安
362	福建哈龙峰茶业有限公司	双龙戏珠	茶	华安
363	黄勇平(福建星光食品有限公司)	星光牌及图	水产罐头;听装(罐装)鱼;蔬菜罐头	华安
364	华安县兴和茶叶专业合作社	云栈	茶;茶饮料	华安
365	福建泰华交通设备有限公司	大力士	混凝土搅拌车、清洁车、油槽车	招商
366	福建成功红酒业有限公司	成功红及图	果酒(含酒精)、葡萄酒、酒(饮料)	招商
367	漳州市常山力源电源有限公司	WEILITE 及图	电池;电池充电器;蓄电池	常山
368	漳州市常山海之味冷冻食品有限责任公司	第 5974449 号图形	甲壳动物(非活);鱼(非活);虾(非活)	常山
369	漳州市闽正食品有限公司	CS 及图;闽正及图	甲壳动物(非活);贝壳动物(非活);鱼制食品	常山
370	龙海市多棱钢砂有限公司	富棱及图	钢砂、锯条(机器零件)	台投
371	龙海市永得利面粉食品有限公司	庆威及图	方便面	台投

附录2—2　续表11

序号	商标权利人	商标名称	商品(服务)项目	所在县区
372	坚实(福建)集团有限公司	坚实、第1770180号图形	非金属引水管道,混凝土建筑构件	台投
373	今冠(龙海)塑料包装有限公司	今冠及图	包装用塑料膜、包装用纸袋、塑料袋	台投
374	福建福贞金属包装有限公司	第989145号图形	马口铁罐	台投
375	欣宇科技(福建)有限公司	第Sinyu及图	电镀、镀铬、定做材料装配(代他人)	台投
376	漳州市龙海集友塑料有限公司	集友JIYOU及图	塑料水管阀,电线塑料槽,塑料排水管(阀)	台投
377	福建凯景钢铁开发有限公司(台资)	凯景及图	钢带、钢板、金属烤漆浪板	台投
378	漳州升隆食品有限公司	升隆shenglong及图	猪肉食品、鱼制食品、豆腐制品	台投
379	泰山企业股份有限公司	泰山	果汁饮料	台投
380	太龙(福建)商业照明股份有限公司	TECNON及图(指定颜色)	固定式灯具;嵌入式灯具;LED显示屏	台投
381	龙海市上全工艺首饰有限公司	上全	人造珠宝(服装用珠宝);小饰品(珠宝);介首饰及艺术品	台投
382	福建省鑫海湾建材科技有限公司	鑫海湾科技及图	铺路沥青;沥青;建筑用沥青产品	台投
383	福建圣莉雅环保壁纸有限公司	SENRY	墙纸	台投
384	龙海龙佳生态旅游度假有限公司	龙佳	观光旅游;旅游安排;旅游陪伴	台投
385	福建圣莉雅环保壁纸有限公司	圣莉雅shengliya	墙纸	台投
386	福建省绿麒食品胶体有限公司	金闽南JINMINNAN及图	琼脂;食用果胶	台投
387	嘉文丽(福建)化妆品有限公司	LUOLIHFEN及图	洗面奶;香精油;化妆品	台投
388	福建省腾裕建设工程有限公司	腾裕	建筑施工监督,建筑,室内装璜修理	台投

附录 2—3　漳州知名商标一览表(截止 2015 年)

序号	商标权利人	商标名称	商品(服务)项目	所在县区
1	漳州市芗城协发蜜饯食品厂	协发及图及拼音	蜜饯果类、水果蜜饯	芗城
2	芗城富强卫生用品有限公司	伴月	卫生巾	芗城
3	漳州市芗城润发调味食品厂	佳晖	沙茶酱、酱油、蒜蓉酱	芗城
4	漳州芗客隆商贸发展有限公司	芗客隆	推销(替他人)	芗城
5	林润路(漳州市柯老三调味品有限公司)	宏晖及图	酱油、醋、调味品	芗城
6	漳州市裕华食品工贸公司	芒果	沙茶酱、白米醋、调味品	芗城
7	漳州市芗城金瑞兰卫生香厂	金瑞兰及图	卫生香	芗城
8	漳州市洲龙副食品工业公司	蔡师傅	谷类制品、饼干、茶、方便米饭	芗城
9	李庆龙(漳州市新隆鑫橡胶制品有限公司)	龙兴 LONG XING 及图	汽缸接头、车辆取暖器软管、浇水软管	芗城
10	漳州辉达广告有限公司	辉达及图	广告、广告代理、广告设计	芗城
11	漳州立人学校	立人	学校(教育)	芗城
12	彭阳兴(漳州市芗城区梦时代床上用品商行)	金贝壳及图	被絮、被子、床罩	芗城
13	漳州市照明电器有限公司	达明士 DA MING SHI 及图	照明器、灯、灯泡	芗城
14	漳州美皇日化有限公司	皮皮菓菓及图	化妆品、洗涤液	芗城
15	漳州市英格尔农业科技有限公司	CIE 及图	灭害虫(为农业、园艺和林业目的)	芗城
16	黄秀凤(福建省沁香源茶业有限公司)	沁香源 QinXiangYuan 及图	茶、茶叶代用品	芗城
17	漳州市芗城康大师日用品制造厂	康大师 Kang Da Shi 及图	塑料材料(纤维代用品)、家具遮盖物	芗城
18	陈进元(漳州市芗城区正宗广和隆猪蹄面店)	广和隆及图	餐厅、饭店、快餐馆	芗城
19	陈进理(漳州百岩茶业有限公司)	百岩 BAIYAN 及图	茶、茶叶代用品、糕点	芗城
20	漳州市津味食品工业有限公司	津味 JINWEI 及图	水产罐头、水果罐头、酱菜	芗城
21	卢元媛(漳州市茶农世家实业有限公司)	茶农世家及图	茶、茶叶代用品、糕点	芗城
22	刘王雍杰(漳州市麒麟电子有限公司)	安麟	电动卷门机、升降设备、机器联动机件	芗城
23	蔡洁莉(漳州市仙都绿源茶叶有限公司)	仙都绿源及图	茶、茶饮料	芗城
24	漳州市芗城锦成日用工艺品厂	洁妹及图	纱罩	芗城
25	魏骋(漳州市芗城威成健身部)	威成 WEICHENG 及图	公共游乐场、健身俱乐部	芗城
26	杨俊其(漳州市越远食品有限公司)	越远	果冻(糖果)、糖点(酥皮糕点)、水果片	芗城
27	漳州玉致家具有限公司	玉致及图(指定颜色)	家具	芗城
28	漳州市芗城俊德种子有限公司	支农及图	玉米、植物、植物种子	芗城
29	漳州市白玉兰精糖有限公司	白宝莲及图	白糖、红糖、冰糖	芗城
30	漳州市一壶春茶业有限公司	一壶香 YIHUXIANG 及图	餐厅、咖啡馆、茶馆	芗城
31	信华食品(漳州)有限公司	北辰、第 6263688 号图形	猪肉食品、鱼制食品、肉罐头.	芗城
32	漳州市信峰塑料制品有限公司	信峰 xinfeng 及图	农用地膜、电控透光塑料薄膜、农业用塑料膜	芗城
33	漳州市群众文化用品有限公司(漳州市群众纸业印刷有限公司)	群众	办公用品、印刷品、纸	芗城
34	刘来津(漳州市芗城区优得丽东亚涂料厂)	优得丽 YOUDEL1	油漆粘合剂、木材涂料、油胶泥(油灰、腻子)	芗城

附录 2—3 续表 1

序号	商标权利人	商标名称	商品(服务)项目	所在县区
35	漳州锦兴果品有限公司	锦兴盛果园 JINXINGSHENGGUOYUAN 及图(指定颜色)	鲜水果、香蕉、苹果	芗城
36	蔡林志伟(漳州阿伟水族工贸有限公司)	阿伟水族及图	室内水族池、水族池罩、室内观赏植物	芗城
37	漳州市芗城石亭民政水泥厂	小亭龙 XIAO TING LONG 及图	水泥	芗城
38	肖元权(漳州市芗城区源味鲜小吃店)	真粥道 ZHEN ZHOU DAO	饭店、餐馆、自助餐馆	芗城
39	蔡国祥(漳州市固嘉金属制品有限公司)	固嘉	金属门、金属窗、金属门装置	芗城
40	林国辉(福建辉达金属制品有限公司)	第 3331828 号图形	进出口代理、拍卖、推销(替他人)	芗城
41	漳州市古月贸易有限公司	星虹及图	食用油、玉米油、芝麻油	芗城
42	黄志刚(漳州市东方智能仪表有限公司)	E-SUN	计量仪表、工业或军用金属探测器、试电笔	芗城
43	张政(漳州芗城区德仁商标事务所有限公司)	德仁	法律服务、法律研究、知识产权咨询	芗城
44	漳州市芗城新世纪包装机械有限公司	世纪星 CENTURY STAR 及图	食品包装机、包装机、工业用封口机	芗城
45	漳州市芗城区绿丰食品厂	秋华园 QIU HUA YUAN 及图	猪肉食品、腌制蔬菜、萝卜干	芗城
46	福建省漳州信德士电缆有限公司	信德士及图	电线、电缆、插头	芗城
47	赖建英(漳州市芗城区真客家食府)	真客家食府	餐馆、快餐馆、饭店	芗城
48	柯志文(福建省点景信息技术有限公司)	EJD	建筑信息、计算机硬件安装、维护和修理、防盗报警系统的安装维修	芗城
49	卢国宝(漳州市兴宝机械有限公司)	兴宝机械 XINGBAO MACHINE 及图	农业机械、制茶机械、制食品用电动机械	芗城
50	漳州市名鸟电子机械有限公司	名鸟 minGniAo 及图	电动卷门机、电控拉窗帘装置、分离器	芗城
51	漳州市东荣进出口有限公司	东荣 DR 及图	办公家具、学校用家具、金属家具	芗城
52	漳州宏源表业有限公司	Time2U(指定颜色)	手表、表盒(礼品)、钟表盘(钟表制造)	芗城
53	张百龄(漳州百龄园艺有限公司)	百龄	自然花、鲜水果	芗城
54	漳州市芗城森海木业有限公司	鑫富贵	半成品木材、木材、建筑用木材	芗城
55	悦华新房产集团有限公司	第 4316710 号图形	工程、建设项目的开发、建筑咨询	芗城
56	漳州市宏樽贸易有限公司	FZ 及图	为零售目的在通讯媒体上展示商品、替他人推销、替他人采购(替其他企业购买商品或服务)	芗城
57	漳州市振辉电机制造有限公司	正辉及图	马达和引擎起动器、非陆地车辆传动马达、发电机(组)	芗城
58	漳州市鼎峰彩印有限公司	鼎峰 DINGFENG	纸板盒或纸盒、印刷出版物、平版印刷工艺品	芗城
59	漳州市芗城区丹连武夷茗茶店	丹莲 DanLian 及图(指定颜色)	茶、茶叶代用品	芗城
60	漳州天祥家用电器有限公司	天祥及图	茶具、日用玻璃器皿(包括杯、盘、壶、缸)	芗城
61	香港欧瑞洋行(福建欧瑞园食品有限公司)	欧瑞园	蔬菜汤料、以果蔬为主的零食小吃、水果片	芗城

附录2—3 续表2

序号	商标权利人	商标名称	商品(服务)项目	所在县区
62	漳州市芗城区老妈瓦罐餐馆	吴氏老妈瓦罐	餐馆、自助餐馆、饭店	芗城
63	郭振荣(漳州都市姝服饰有限公司)	豆鼓眼 DouGuyan 及图	手提包、书包、旅行用具(皮件)	芗城
64	漳州科虹电子有限公司	KHK	秤、衡器、衡量器具	芗城
65	漳州市好亦鲜食品有限公司	好裕鲜 HAO YI XIAN 及图	肉;猪肉制品;肉松	芗城
66	黄志刚(漳州市东方智能仪表有限公司)	AIIOSUN	测距仪;探测器;计量仪表	芗城
67	张英南(福建缔奇食品有限公司)	缔奇 DIQI FOOD 及图	蘑菇罐头;蔬菜罐头;腌制蔬菜	芗城
68	唐志雄(漳州我能贸易有限公司)	大年初一	餐具柜;餐具架;家具	芗城
69	漳州瑞易博达包装机械有限公司	瑞易博达 RESPECT	食品包装机; 工业用封口机;包装机(打包机)	芗城
70	漳州润时达轴承制造有限公司	RUNSTAR 及图	机器轴;飞轮(机器);轴承(机器零件)	芗城
71	郑真勇(漳州市金子郎庄服饰有限公司)	金子郎庄及图	服装;内衣;鞋(脚上的穿着物)	芗城
72	林苑(金阳光(福建)商贸有限公司)	狮丹龙及图	搅稠奶油的制剂;食用香料(不包括醚香料和香精油); 除香精油外的饮料香料	芗城
73	漳州海商文化传播有限公司	HAISHANG 及图	无线电和电视节目制作;摄影报道;组织表演(演出)	芗城
74	福建宝顺成钢管有限公司	BAOSHUNCHENG 及图	钢管;金属管;钢条	芗城
75	黄高明(漳州合明木业有限公司)	合明 HeMing 及图	胶合板;建筑用木材;木地板。	芗城
76	漳州市芗城南星化工有限公司	麗多美及图	天然树脂(原料)	芗城
77	颜元民(福建省傲哥天成贸易有限公司)	傲哥天成	茶;茶饮料;谷类制品	芗城
78	漳州市瑞升贸易有限公司	齐维科	葡萄酒;威士忌酒;黄酒	芗城
79	福建布良博士婴儿用品有限公司	布朗天使	化妆品;牙膏;去污剂	芗城
80	漳州杰能橡塑有限公司	海球 HQ	再生橡胶桶	芗城
81	漳州市佳硕电子有限公司	佳硕	钟,钟表构件电子万年台历	芗城
82	漳州溢之味粮油食品有限公司	香伴您及图	食用油脂。	芗城
83	钟顺真(漳州市雅家达酒店有限公司)	雅家达 YAGATA 及图	住所(旅馆、供膳寄宿所);餐厅;酒吧	芗城
84	漳州市芗城区新辉鞋城	新辉	鞋	芗城
85	漳州傲农牧业科技有限公司	AONONG 及图	饲料 动物饲料; 非医用饮料添加剂	芗城
86	福建康之味食品工业有限公司	果力菓粒	果汁;无酒精饮料;乳酸饮料(果制品,非奶)	芗城
87	漳州市万诚粉体涂料有限公司	WONCHENG 及图	油漆;底漆;防水粉(涂料)	芗城
88	嘉宏皮件(漳州)有限公司	APT	钱包;背包;旅行包(箱)	芗城
89	漳州市芗城联杰水产养殖专业合作社	联杰	石斑鱼	芗城
90	林平(漳州市涵正食品有限公司)	HanZheng 涵正	肉罐头;蔬菜罐头;腌制蔬菜	芗城
91	漳州市芗城区凯乐思沙发加工厂	凯乐思及图	家具;沙发;床垫	芗城
92	福建恒冠盛机械科技有限公司	冠盛及图	干燥机(脱水式);包装机;喷漆机	芗城
93	漳州市铭恒科技有限公司	艾多点	无线电设备;遥控信号用电动装置;发光标志	芗城
94	黄亚平(福建省铭诚工贸有限公司)	图形	茶叶罐;茶具;茶壶	芗城
95	福建丽哆美涂料科技有限公司	皇泽	涂料(油漆),漆,防火漆	芗城

附录2—3 续表3

序号	商标权利人	商标名称	商品(服务)项目	所在县区
96	福建豪康环境工程有限公司	JSON TER	空气清新剂;净化剂;空气净化制剂	芗城
97	漳州市芗城区黑宝食用菌机械加工厂(漳州金黑宝食用菌机械有限公司)	黑宝机械 HEI BAO MACHING	农业机械;制茶机械;食品包装机	芗城
98	漳州市金峰食品工业有限公司	比斯开 BISCUIT	饼干	芗城
99	蓝燕山(漳州市街头茶客餐饮有限公司)	街头茶客 FASHION DRINKS 及图	茶馆;咖啡馆;流动饮食供应	芗城
100	漳州鹭燕医药有限公司	天益寿	米粉糊;米粉(粉状);含淀粉食物	芗城
101	漳州晖晟工贸有限公司	晖盛	米	芗城
102	陈争芳(漳州市芗城区芳芳鲁面店)	阿芳卤面	饭店,餐馆,流动饮食供应	芗城
103	漳州市芗城区展绿竹笋专业合作社	展绿	笋干	芗城
104	漳州市龙文区金口福食品有限公司	鑫口福及图	罐装水果、蔬菜罐头、水产罐头	龙文
105	漳州市龙文区三盛食品罐头厂	龙盛及图	蔬菜罐头、水果罐头	龙文
106	漳州市龙文区兴美食品罐头厂	健林及图	水果罐头、蔬菜罐头、蘑菇罐头	龙文
107	漳州科龙伟特电子有限公司	伟特及图	秤、衡量器具、衡器	龙文
108	漳州市金华宾食品有限公司	华宾及图	罐头食品	龙文
109	福建东方食品集团有限公司	南北货及图	肉干、桂圆、干食用菌	龙文
110	富华(漳州)光学工业有限公司	SSPAIR	眼镜、眼镜盒	龙文
111	漳州市龙文区大华涂料厂	金羚旺及图	油漆、沥青漆、木材涂料	龙文
112	波力马高分子科技(福建)有限公司	波力马及图	屋顶用沥青涂层、防水卷材、石料粘合剂	龙文
113	李敏(漳州市新威士钟表有限公司)	天极星 WEESHI 及第 4154718 号图形	钟、表、钟表机件	龙文
114	漳州市智光纸业有限公司	智光及图	纸餐巾	龙文
115	林开峰(漳州市同裕食品有限公司)	味康美 weikangmei 及图	干食用菌、干蔬菜、蜜饯	龙文
116	陈阿跃(漳州新丰牧饲料有限公司)	新丰牧	饲料	龙文
117	漳州市龙文区夏日食品冷冻厂	“伊家妮 YIJIANI 及图”	冰淇淋、冰棍、冰糕	龙文
118	漳州柏桦木业有限公司	柏桦牌及图	木屑板、胶合板、纤维板、三合板	龙文
119	漳州多特制针有限公司	DOTEC 及图	针、缝针、针织机针	龙文
120	林惠南(漳州市林奇钢管有限公司)	林奇及图	钢管、金属管、金属集合管。	龙文
121	张文明(漳州市万昆工贸有限公司)	万昆 WANG KU 及图	静电粉末涂料、金属用保护制剂、金属防锈制剂	龙文
122	林建明(漳州明峰机械有限公司)	闽鑫及图	农业机械、饲料粉碎机、木材加工机	龙文
123	柯向阳(漳州市向华工贸有限公司)	向华 xianghua 及图	糕点、月饼、饼干	龙文
124	漳州市汇强食品贸易有限公司(漳州天保龙食品有限公司)	畅厨 CHANGCHU 及图(指定颜色)	调味品、面粉制品、茶	龙文
125	邵跃明(漳州市恒丽电子有限公司)	COMTEX	手表、表盒(礼品)、钟	龙文
126	漳州市智诚电子有限公司	贝丽亚 Value	钟、电子钟表、钟表机件	龙文
127	漳州市龙文区文明米厂	文明及图	谷类制品、米、面粉制品	龙文
128	漳州市宏香记食品有限公司	情人枣及图	猪肉食品、香肠、肉松	龙文
129	张溪顺(漳州市豪华机电有限公司)	豪盛及图	电动卷门机、电机、电控拉窗帘装置	龙文
130	漳州市龙文区永益针织服装有限公司	HAPPY MERMAID	服装、童装、婴儿全套衣	龙文

附录2—3 续表4

序号	商标权利人	商标名称	商品(服务)项目	所在县区
131	漳州益口佳食品工业有限公司	冠嘉及图	水果罐头、蔬菜罐头、肉罐头	龙文
132	漳州市恩扬工艺品有限公司	Enyang 及图	玩具、成比例的模型车、圣诞树用装饰品(照明用物品和糖果除外)	龙文
133	福建安华发展有限公司	福安华及图	建筑施工监督;建筑;室内装潢	龙文
134	漳州永利盛面粉有限公司	第1622832号图形	谷类制品、食用面粉、豆类粗粉	龙文
135	漳州震东机械有限公司	JEnn-DOnG 及图	空气干燥机、干燥设备、空气干燥器	龙文
136	漳州金顿厨柜家具制造有限公司	第8484051号图形	家具、衣柜	龙文
137	大闽食品(漳州)有限公司	大闽	茶,茶叶代用品	龙文
138	漳州建晟家具有限公司	爱学习及图	学校用的家具;书架;书桌	龙文
139	漳州市杰龙机电有限公司	吉龙 JILONG 及图	电动卷门机,卷帘门用电动机	龙文
140	漳州市闽冠工贸有限公司	馨富	金属门;门用铁制品;金属门把手	龙文
141	福建强兴婴童用品有限公司	Alfor Baby	儿童安全座椅	龙文
142	漳州市锦达电子有限公司	锦达及图	霓虹灯、电子布告牌、夜明标识牌	龙文
143	青蛙王子(中国)日化有限公司	青蛙王子	化妆品、花露水、爽身粉	龙文
144	青蛙王子(中国)日化有限公司	怡恩贝及图	洗发液、清洁制剂、化妆品	龙文
145	漳州市龙文区振松花卉专业合作社	振松及图	植物、自然花	龙文
146	漳州市金安机电有限公司	祥光及图形	电动卷门机;电控拉窗帘装置	龙文
147	福建奥峰科技有限公司	奥峰及图	聚丙烯;合成树脂塑料;未加工合成树脂	龙文
148	张松勇(福建大农景观建设有限公司)	大农及图形	庭院风景布置;园艺;植物养护	龙文
149	漳州杰安塑料有限公司	第9135165号图形	饮用麦管吸管,饮用麦管	龙文
150	漳州市珍桂食品有限公司	珍桂	猪肉食品;肉松;肉	龙文
151	漳州市龙文区育绿食用菌专业合作社	育绿及图	干食用菌;木耳;干蔬菜	龙文
152	漳州市龙文区伍狮茶果专业合作社	鼎寨山	茶	龙文
153	漳州市龙文区成兴服装有限公司	GORFV/图形商标	服装;体操服;防水服.	龙文
154	福建双飞日化有限公司	爱妮佳 Ineeds 及图	洗发液、清洁制剂、化妆品	龙文
155	漳州市龙文区宏信食用菌专业合作社	五峰亭	新鲜蔬菜、鲜食用菌	龙文
156	漳州鑫湖机动车驾驶培训有限公司	鑫湖及图	学校(教育)、培训、安排和组织培训班	龙文
157	漳州市育绿农业合作社	育绿 YULV	植物饮料、果汁	龙文
158	(陈万金)纳诺神蜂(福建)个人护理用品有限公司	纳诺神蜂	美容面膜,牙膏,口气清新片	龙文
159	龙海市肉制品厂	石 马	猪肉松	龙海
160	漳州瑞龙化工有限公司	瑞龙及图	化学漆	龙海
161	龙海市梦娇兰化妆品厂	胖小鸭	化妆品	龙海
162	金冠(龙海)塑料包装有限公司	今冠及图	包装用的纸袋、塑料袋、保鲜膜	龙海
163	漳州市丰味食品科技开发有限公司	图形	猪肉食品、鱼制食品、酱菜	龙海
164	龙海市漳龙食品有限公司	源发及图	鱼皮花生、糖果、饼干	龙海
165	漳州市龙海集友塑料有限公司	集友 JIYou 及图	非金属阀、塑料水管阀	龙海
166	漳州市龙海集友塑料有限公司	福泰 FUTAI 及图	非金属阀、塑料水管阀	龙海
167	龙海市永隆泡沫包装有限公司	永隆 YONGLONG 及图	包装用塑料膜、纸袋或塑料袋	龙海
168	龙海市辉达食品有限公司	和利兴及图	果冻(糖果)、果胶(软糖)、糖	龙海

附录 2—3 续表 5

序号	商标权利人	商标名称	商品(服务)项目	所在县区
169	龙海市茗扬天下科技制茶发展商社	茗扬天下 MING YANG TIAN XIA	茶、茶叶代用品	龙海
170	黄东明(漳州新明欣管桩有限公司)	明欣及图	混凝土建筑构件、水泥电杆	龙海
171	龙海市榜山紫云食品厂	正紫云 ZHENGZIYUN 及图	果冻(糖果)、糖果	龙海
172	龙海市庆丰食品有限公司	三惠 SANHUI 及图	鱼皮花生、面粉制品、糖果	龙海
173	漳州市裕华食品有限公司	芒果 MANGO 及图	调味品(辣)、辣椒粉、醋	龙海
174	龙海市旭源食品有限公司	旭源及图	鱼皮花生、花生糖果、甜食	龙海
175	唐建国(漳州市凯升粮油工贸有限公司)	常香伴	食用油脂、食用菜子油、食用油	龙海
176	龙海市鸿利来食品有限公司	海澄双糕润 HAICHENGSHUANGGAORUN	饼干、糖果、糖点(酥皮糕点)	龙海
177	龙怀工业(漳州)有限公司	龙怀 longhuai 及图	家具、办公家具、衣架	龙海
178	福建金之榕食品工业有限公司	金之榕 GOLDENBANYAN 及图	蔬菜罐头、罐装水果、干食用菌	龙海
179	福建永得利食品有限公司	天天享及图	方便面、挂面、调味品	龙海
180	龙海市角美庆生食品调味厂	龙豪 LongHao	白胡椒粉、蒜蓉辣酱、火锅底料调味品	龙海
181	龙海市九湖食用菌研究所	天珍 TIANZHEN 及图	菌种、鲜食用菌、新鲜蘑菇	龙海
182	陈万金(漳州市爱洁丽日化用品有限公司)	天伦 TianIun	牙膏、口气清新喷洒剂、非医用漱口剂	龙海
183	福建省漳州鑫盛钢结构工程有限公司	第 3587871 号图形	钢结构建筑、金属建筑物、建筑用金属附件	龙海
184	福建省福龙冷冻食品有限公司	第 6013889 号图形	冷冻水果、熟蔬菜、速冻菜、脱水菜	龙海
185	龙海龙佳生态旅游度假有限公司	龙佳	观光旅游、旅游安排、旅行陪伴	龙海
186	龙海市邦威食品有限公司	玉林岚	米粉、面粉制品、谷类制品	龙海
187	福建省正鸿富食品有限公司	正鸿富及图	糕点、甜食、饼干	龙海
188	蔡福水(龙海市永嘉利食品有限公司)	YJL 永嘉利	糖果、饼干、糕点	龙海
189	陈游明(龙海市九湖凌波食品厂)	凌波 LINGBO 及图	食用油	龙海
190	陈树根(龙海市榜山味康食品厂)	盈品及图	肉干、肉脯、肉松	龙海
191	龙海市晨晖米业有限公司	晨晖及图	米、谷类制品、生糯粉	龙海
192	龙海市黎明食品有限公司	通达福及图	糕点、面包、饼干	龙海
193	漳州市冠兴食品有限公司	佰帅客及图	糕点、果冻(糖果)、甜食	龙海
194	蔡腾跃(龙海市好运来食品有限公司)	汉香堡	饼干、面包、糕点	龙海
195	郑永土(龙海市榜山瑞山食品罐头厂)	喜客红 XiKeHong 及图	水果罐头、蔬菜罐头	龙海
196	曾福新(漳州三凌机械电子有限公司)	三羚机械 SANLINGMACHINE 及图	注塑机、吹膜机、吹瓶机	龙海
197	严雅燕(漳州市佳乐食品有限公司)	佳龙 JIALONG 及图	面粉制品、谷物制品、米粉	龙海
198	魏建龙(福建升隆食品有限公司)	升隆 shenglong 及图	猪肉食品、鱼制食品、豆腐制品	龙海
199	陈港能(漳州市家佳食品有限公司)	家佳蓥	猪肉食品、死家禽、鱼制食品	龙海
200	龙海市建兴食品工业有限公司	展兴 ZHANXING 及图	饼干、谷类制品、果冻(糖果)	龙海
201	漳州市板桥酒业有限公司	津点及图	果酒(含酒精)、酒、米酒	龙海
202	陈惠丽(龙海市石码新行头饮食店)	新行头 XINHANGTOU 及图	猪肉食品、香肠、加工过的肉	龙海
203	福建绿宝食品集团有限公司	绿鲜 让生活更健康及图	蔬菜罐头、蘑菇罐头、罐装水果	龙海

附录 2—3　续表 6

序号	商标权利人	商标名称	商品(服务)项目	所在县区
204	福建海山食品有限公司	海之山 HAIzhiSHAN 及图	蔬菜罐头、水产罐头、罐装水果、肉罐头	龙海
205	华发纸业(福建)股份有限公司	第 6088499 图形	瓦楞原纸(纸板)、包装纸、纸板盒或纸盒	龙海
206	漳州市裕华食品有限公司	yuhua 裕华	调味品(辣)、辣椒粉、醋	龙海
207	龙海同记食品有限公司	同记麒麟 TONGJIQILIN 及图	调味品、五香粉、调味酱	龙海
208	福建省梦娇兰日用化学品有限公司	飞箭	杀害虫剂、蚊香	龙海
209	唐建国(漳州市凯升粮油工贸有限公司)	金元豆	食用油、玉米油、芝麻油	龙海
210	龙海市庆丰食品有限公司	麦香堡	饼干、蛋糕、面包	龙海
211	颜亚伟(漳州市新南盛生物科技有限公司)	南盛 nan sheng 及图	鲜食用菌、菌种、新鲜蔬菜	龙海
212	龙海市远东食品有限公司	蓝草香	饼干、糖果、糕点	龙海
213	颜顺炳(龙海市顺兴食品有限公司)	旺利源 WANGLIYUAN 及图	饼干、糕点、馅饼(点心)	龙海
214	龙海市金兴春茶庄	金欣春 JINXINCHUN 及图	茶、茶叶代用品	龙海
215	周宗明(龙海市博冠食品有公司)	博冠	肉干、肉脯、肉松	龙海
216	龙海市胜达羽绒制品有限公司	胜达王及图	床罩、被子、鸭绒被	龙海
217	多麦(福建)食品有公司	尚好麦及图	面包、糕点、饼干	龙海
218	龙海市辉达食品有限公司	小贵族及图	果冻、食用果冻、水晶冻	龙海
219	龙海市巷口塑胶有限公司	山马及图	衣服撑架、提桶、花盆	龙海
220	漳州市双吉星电子有限公司	第 4096338 号图形	钟表机件、计时器(手表)、钟	龙海
221	福建省佳圣轩工艺品有限公司	佳圣轩及图	家用或厨房用容器、家庭用陶瓷制品、瓷器装饰品	龙海
222	郑美海(龙海市兴农科技服务有限公司)	美海	杨梅、鲜水果、荔枝	龙海
223	苏忠勇(龙海市真宝纸业有限公司)	中真宝及图	纸、木浆纸、卫生纸	龙海
224	蔡鸿谦(福建麦得隆食品有限公司)	麦得隆 MAIDELONG 及图	饼干、馅饼、糖果	龙海
225	蔡井辉(龙海市然利食品有限公司)	然利 RANLI 及图	饼干、蛋糕、糕点	龙海
226	龙海状圆食品有限公司	状圆 ZHUANGYUAN 及图	小蛋糕(糕点)、果馅饼、面包	龙海
227	漳州市祯香食品有限公司	祯香 zhenxiang 及图	肉罐头、鱼制食品、肉	龙海
228	魏亚西(龙海市亚西食品厂)	西达	腌制蔬菜、酱菜、干食用菌	龙海
229	龙海市好又多食品有限公司	巧运;第 8014897 号图形(指定颜色)	饼干、糕点、面粉制品	龙海
230	福建坤晟农业开发有限公司	坤晟农业 kunshengnongye 及图("农业"放弃专用权)	杀虫剂、除草剂、农业用杀菌剂	龙海
231	龙海市颜厝塔兜酱油厂	塔兜及图	醋、酱油、调味品	龙海
232	多麦(福建)食品有限公司	多麦兄弟 DuoMaiXionGDi 及图	馅饼(点心)、糕点、蛋糕	龙海
233	漳州明德食品有限公司	德伟农庄	速冻菜、冷冻水果、发菜	龙海
234	龙海市庆丰食品有限公司	尖角脆	米果、虾味条、锅巴	龙海
235	龙海市雅思嘉食品有限公司	雅思嘉 YASIJIA 及图	饼干、糕点、以谷物为主的零食小吃	龙海
236	龙海市南星食品有限公司	南星 nx 及图	糕点、面包、饼干	龙海
237	赵全进(龙海市时鲜食品有限公司)	时鲜	面包、蛋糕、果馅饼	龙海
238	福建妙雅卫生用品有限公司	公主日记 Princess Diary	卫生巾,卫生垫、失禁用尿布	龙海
239	龙海市同兴工艺品有限公司	第 7764904 图形	木制家具隔板;陈列架;竹木工艺品	龙海

附录2—3　续表7

序号	商标权利人	商标名称	商品(服务)项目	所在县区
240	龙海市嘉和食品有限公司	佰隆福及图	饼干;面包;糕点	龙海
241	陈万金(福建爱洁丽日化有限公司)	纳诺NANO(指定颜色)	牙膏	龙海
242	陈德才(龙海德财食品有限公司)	德财SINCE 1988及图	贝壳类动物(非活);鱼制食品;速冻方便菜肴	龙海
243	龙海市福荣食品有限公司	第8026882图形	饼干、米果、糕点	龙海
244	薛革胜(漳州市双吉星电子有限公司)	STX及图	钟;钟表机件;电子万年台历	龙海
245	漳州宝发光电科技有限公司	BF宝发	光学聚光器;控制板(电);荧光屏	龙海
246	漳州昌龙农牧有限公司	鑫昌龙XINCHANGLONG及图	死家禽;蛋	龙海
247	龙海市颜厝天华酒厂	芗江及图	果酒(含酒精);酒(饮料);酒(利口酒)	龙海
248	龙海市升荣华塑料制品有限公司	水仙花牌SHUIXIANHUAPAI及图	非金属包装或捆扎带、丝绳、塑料线(包扎用)	龙海
249	张柑木(龙海市亿利达食品有限公司)	亿利达YILIDA及图	饼干、饼干(克力架)	龙海
250	龙海市顺兴食品有限公司	好品佳	饼干、曲奇饼干、馅饼(点心)	龙海
251	年年顺(福建)食品有限公司	年年顺	糕点、谷类制品、面粉制品	龙海
252	龙海市好又多食品有限公司	实在牛SHIZAINIU	饼干	龙海
253	龙海市建兴食品工业有限公司	正建兴ZHENGJX	糕点;饼干;米果	龙海
254	金麟(福建)食品有限公司	金鳞及图	面包	龙海
255	龙海市宏华工贸有限公司	HONG HUA GONG　MAO及图	胶合板;三合板;半成品木材	龙海
256	绿新(福建)食品有限公司	第9597151图形	食品用胶、食品用果胶、琼脂	龙海
257	丹夫集团有限公司	Danco丹夫及图	华夫饼干;糕点;蛋糕	龙海
258	龙海市广发食品有限公司	江东	蘑菇罐头;蔬菜罐头;水果罐头	龙海
259	福建国安船业有限公司	GACY及图	船;游艇;汽艇;	龙海
260	龙海市奥一体育用品有限公司	奥一牌Aoui及图	体育场用垫,地垫,橡胶地垫	龙海
261	洪胜煌(龙海市好口福食品厂)	胜福SHENGFU及图	猪肉食品;死家禽;牛奶饮料(以牛奶为主的)	龙海
262	龙海市好又多食品有限公司	福中福及图	饼干,面包	龙海
263	喜阳阳(福建)食品有限公司	喜阳阳	可可制品、糖果,酥糖	龙海
264	福建贯通食品有限公司	贯通	鱼制食品;水产罐头;蔬菜罐头	龙海
265	福建源溪坊酱制品有限公司	源溪坊	酱油、调味品、酱油曲种	龙海
266	龙海市旭源食品有限公司	第8534767号图形	加工过的花生、熟制品、土豆片(油炸)	龙海
267	福建欧柏亚日化有限公司	哈佛小子	化妆品、浴液、花露水	龙海
268	福建省飞业食品有限公司	飞业十品及图	饼干、华夫饼干、小蛋糕(糕点)	龙海
269	福建紫顺船业有限公司	紫顺及图	船、船体、轮船	龙海
270	福建省亿龙电子科技工贸有限公司	超阅	电炊具;加热装置;电暖器	龙海
271	漳州市锦德福食品有限公司	鑫德福XINDEFU及图	“蔬菜罐头;速冻方便菜肴;腌制蔬菜”	龙海
272	龙海市闽隆农产品专业合作社	南太武及图	生菜(新鲜蔬菜),青花菜(新鲜蔬菜),包菜(新鲜蔬菜)	龙海
273	福建麦得隆食品有限公司	怡鹭及图	面包,糕点,蛋糕	龙海
274	甘国寿(漳州市国寿饲料有限公司)	国寿	饲料	龙海

附录 2—3 续表 8

序号	商 标 权 利 人	商 标 名 称	商品(服务)项目	所在县区
275	龙海市农丰源肥料有限公司	农枫园及图	农业肥料、肥料、动物肥料	龙海
276	曾伟新(龙海市九湖裕发粮食制品厂)	阿伟及图	食用淀粉、粉丝(条)、地瓜粉	龙海
277	龙海市合拢口家庭农场	甘文合拢口及图(指定颜色)	甲壳动物(活的)、贝壳类动物(活的),活鱼	龙海
278	云霄县金霞食品罐头厂	盛吉及图	水果罐头、蔬菜罐头、蜜饯	云霄
279	漳州市鸿益饲料有限公司	广宝及图	饲料	云霄
280	漳州市南云包装设备有限公司	第 4249490 号图形商标	烫号机、食品包装机	云霄
281	云霄县金山农业生态园有限公司	金山及图	鲜水果	云霄
282	汤镇华(福建省沁之韵茶业有限公司)	沁之韵 qinzhiyun	茶	云霄
283	何海昌(漳州市白石酿酒有限公司)	“云霄白石及图”	米酒;黄酒;酒	云霄
284	云霄县诚记工贸有限公司	诚记 chengji 及图	磨砂玻璃;建筑玻璃;玻璃钢制门、窗	云霄
285	吴喜全(漳州市云天广告有限公司)	第 5050116 号图形	广告设计;广告代理	云霄
286	福建省云霄县华轩电子科技有限公司	“华龙腾及图”	振动按摩器、按摩器械、电热绷带(外科)	云霄
287	福建漳州绿野农业开发有限公司	绿泽 LVZE 及图	鲜水果	云霄
288	云霄县漳联水产有限公司	漳联及图	贝壳类动物(活的)、虾(活的)、贻贝(活)	云霄
289	福建大晶光电有限公司	第 6903945 号图形	日光灯管、灯泡、路灯	云霄
290	福建美宝光电有限公司	MB	灯、照明用发光管、照明器械及装置	云霄
291	张文革(漳州市集香茶业有限公司)	红集香 HONGJIXIANG	茶、茶饮料、茶叶代用品	云霄
292	柳义发(云霄县义发茶庄)	棕叶	茶、茶饮料、茶叶代用品	云霄
293	福建大茂山茶业有限公司	大茂山及图	茶、茶叶代用品	云霄
294	柳义发(云霄县义发茶庄)	兰花底 LAN HUA DI	茶、茶饮料、茶叶代用品	云霄
295	漳州市白石酿酒有限公司(何海昌)	小二郎	米酒;黄酒;酒	云霄
296	福建舒而美卫生用品有限公司	小贝真	纸或纤维素制婴儿尿布,纸或纤维素制婴儿尿布裤	云霄
297	云霄县中宝摩托车销售有限公司(云霄县爵士金典牛排馆)	爵士金典	咖啡馆、自助餐厅、餐厅	云霄
298	福建泉达机械设备有限公司	泉达	金属加工机械;铸模(机械部件);阀(机械零件)	云霄
299	福建省云霄县协成实业有限公司	玉龙谷及图	茶	云霄
300	云霄县盈漳果蔬农民专业合作社	盈漳	新鲜水果	云霄
301	漳州何氏农业开发有限公司	矾山	谷类制品、马铃薯粉、米粉	云霄
302	福建云星电子有限公司	yunxing 及图	集成电路	云霄
303	福建明晟农业发展有限公司	明晟	活动物;新鲜水果;新鲜蔬菜	云霄
304	李以华(海峡彩亮(漳州)光电有限公司)	第 10941911 号图形(指定颜色)	荧光屏;闪光信号灯;纤维光缆	云霄
305	云霄县东森畜牧有限公司	第 12637881 号图形	猪肉食品	云霄
306	张文革(漳州市集香茶业有限公司)	集香及图	茶,茶饮料,茶叶代用品	云霄
307	漳浦县锦湖茶叶加工厂	朝天马及拼音	茶叶	漳浦
308	漳浦县宏发食品有限公司	聚宏	花生糖果、糕点、饼干	漳浦
309	漳州市神味天然食品工业有限公司	神味及图	果汁饮料、蔬菜汁、可乐	漳浦

附录2—3 续表9

序号	商标权利人	商标名称	商品(服务)项目	所在县区
310	漳浦嘉兴石业有限公司	JIAXING及图	花岗岩	漳浦
311	漳浦县福利来食品有限公司	鳌岛及图	紫菜、虾(非活)、鱼(非活)	漳浦
312	福建万新房地产开发有限公司	万新WANXIN及图	商品房销售服务、住房代理	漳浦
313	漳州市绿得宝食品有限公司	绿得宝LUDEBAO及图	糖果	漳浦
314	福建一嘉砂轮有限公司	一比多及图	砂轮(机器用)、磨石(机器部件)、切削工具(包括机械刀具)	漳浦
315	漳州伟伊化纤有限公司	WEIYI及图	纱、线、锦纶纱(纺织用)	漳浦
316	漳州元新食品有限公司	元新YUANXIN及图	贝壳类动物(非活)、虾(非活)、水产罐头	漳浦
317	林文雄(漳浦县绿泉食品有限公司)	ZPLQ及图	果汁、蔬菜汁(饮料)、无酒精果汁	漳浦
318	漳州三本肥料工业有限公司	农好Know-How及图	肥料、化学肥料、植物肥料	漳浦
319	同溢堂药业有限公司	同益堂	中药成药、医用药丸、人用药	漳浦
320	同溢堂药业有限公司	益安及图	中成药	漳浦
321	漳州市牧源食品有限公司	缘之园	以果蔬为主的零食小吃、以水果为主的零食小吃	漳浦
322	漳浦县健德医疗器械有限公司	鹿溪	医用垫、口罩、绷带(松紧)	漳浦
323	福建盈丰食品集团有限公司	彩龙GINGERDRAGON及图	甲壳动物(非活)、鱼制食品	漳浦
324	漳浦县伟鸿制衣有限公司(漳浦协和服装织造有限公司)	飞秒	服装、运动衫、游泳衣	漳浦
325	卢加坤(漳浦县杜浔镇豪康食品厂)	豪康HAOKANG及图	酥糖、糖果	漳浦
326	漳浦闽龙建材有限公司	MLj闽隆江	水龙头、卫生设备用水管、喷水器	漳浦
327	同溢堂药业有限公司	第5407227号图形	人用药、医药制剂、医用营养品	漳浦
328	福建一嘉砂轮有限公司	“一新及图”	磨石(机器部件)、切削工具(包括机械刀片)、砂轮(机器用)	漳浦
329	延邦管业(漳州)有限公司	延邦及图	非金属管道、非金属水管、非金属硬管(建筑用)	漳浦
330	漳浦县源鸿服装配件有限公司	YUAN HONG及图	线带、松紧带、钮扣	漳浦
331	何进川(漳浦县官浔黄金香食品厂)	舒香	肉松、猪肉食品、肉脯	漳浦
332	福建永耕农业开发有限公司	立耕LiGeng及图	自然花、新鲜的园艺草木植物、树木	漳浦
333	望松(福建)生物科技有限公司	望松及图	植物饮料;无酒精饮料;豆类饮料	漳浦
334	梁山阁食品(福建)有限公司	梁山阁及图	糖果;酥糖;花生糖果	漳浦
335	陈龙坤(漳州广昌记食品有限公司)	广昌记GUANGCHANGJI及图	馅饼;糕点;甜食	漳浦
336	朱跃宁(漳州市宏盛园艺发展有限公司)	宏盛及图	植物;树木;自然花	漳浦
337	洪建木(浦鑫(漳州)食品限公司)	浦鑫及图	糖果	漳浦
338	漳浦县福兴水产贸易有限公司	闽兴MinXing及图	虾(非活)、鱼制食品、贝壳类动物(非活)	漳浦
339	盈丰食品股份有限公司	盈丰及图	鱼制食品、水产罐头、肉罐头	漳浦
340	漳州欣晖食品有限公司	第10758746号图形	水产罐头、甲壳动物(非活)、鱼制食品	漳浦
341	白山鞍食品(漳州)有限公司	白山鞍BAISHANAN及图	贝壳类动物(非活)、腌制鱼、腌制蔬菜	漳浦
342	福建万辰生物科技股份有限公司	万辰菇业及图	新鲜蘑菇、鲜食用菌、菌种	漳浦
343	漳浦进丰冷冻食品有限公司	进丰	新鲜蔬菜;洋葱(新鲜蔬菜);青蒜	漳浦

附录 2—3　续表 10

序号	商 标 权 利 人	商 标 名 称	商品(服务)项目	所在县区
344	漳浦县协香食品一厂、漳浦县协香食品二厂、漳浦县杜浔协香食品厂	协香及图	酥糖	漳浦
345	蒂妮(漳州)食品有限公司	蒂妮 tini 及图	蜜饯	漳浦
346	漳浦诚隆休闲用品有限公司	诚隆	帐篷;遮蓬;车辆盖罩(非安装)	漳浦
347	漳浦县佛昙镇鑫鸿水产专业合作社	欣鸿 XINGHONG 及图	活鱼;虾(活的);贝壳类动物(活的)	漳浦
348	福建诏安县雪珍茶庄	雪珍及图	茶叶	诏安
349	诏安县劳务钟楼服装针织厂	荣佳利及图	服装、针织服装	诏安
350	福建省诏安县绿洲生化有限公司	绿珍及图	非医用微生物制剂、饲料添加剂	诏安
351	福建诏安绿源食品有限公司	红星及图	干湿梅、水果蜜饯、水果罐头	诏安
352	诏安台川海胶渔农具有限公司	大渔及图	雨鞋、雨衣、防水服	诏安
353	诏安黄金兴食品有限公司	黄金興及图	水果蜜饯、酱菜、花生仁	诏安
354	诏安县绿缘茶业有限公司	绿海情缘及图	茶、茶叶代用品	诏安
355	诏安县月之港茶业有限公司	月之港及图	茶叶	诏安
356	叶惠芳(诏安县深桥三惠青果加工厂)	三缘惠 SANYUANHUI 及图	腌水果、蜜饯、话梅	诏安
357	诏安永隆蜂业有限公司	宇隆	蜂蜜、食用王浆(非医用)、食用蜂胶(蜂胶)	诏安
358	福建省诏安东欣食品有限公司	第 1566865 号图形	鱼制食品、听装(罐装)鱼、水产罐头	诏安
359	福建省诏安四海食品有限公司	黄金興	糖果、糕点、月饼	诏安
360	福建省诏安福益食品有限公司	福星福益及图	蜜饯、话梅、腌水果	诏安
361	诏安县瑞梅食品有限公司	梅工房及图(指定颜色)	水果蜜饯、蜜饯、橄榄蜜饯	诏安
362	漳州雪里香酒业有限公司	梅之韵	果酒(含酒精)、梅子酒(含酒精)、葡萄酒	诏安
363	福建省诏安县亨利实业有限公司	HENGLI 及图	货物展出、广告宣传	诏安
364	漳州市新万亚水产食品有限公司	newwangya 及图; 第 8573403 号图形	鱼(非活的)、虾(非活)、鱿鱼	诏安
365	诏安县绿缘茶业有限公司	丹诏红	茶、茶叶代用品、馅饼	诏安
366	福建铭兴食品冷冻有限公司	铭海及图	贝壳类动物(非活)、鱼制食品、水产罐头	诏安
367	福建麦凯婴童用品有限公司	mEinKind 麦凯及图	车辆座位安全带、儿童安全座(车辆用)、车座套	诏安
368	诏安县桥东村中蔬菜协会	东沈韭菜	韭菜(新鲜蔬菜)	诏安
369	诏安县华韵兰花专业合作社	闽花	自然花;植物;植物种子	诏安
370	漳州永君制衣洗染有限公司	永君牛仔工作室及图	服装;鞋(脚上的穿着物);帽子(头戴)	诏安
371	诏安县三益乌鸡生态放养专业合作社	满山兜及图	乌鸡蛋(蛋)	诏安
372	诏安县水产技术推广站	林頭珠蚶及图	珠蚶(贝壳类动物(活的)	诏安
373	诏安县桥东镇水产养殖协会	仙塘红蟳及图	红蟳(活的)	诏安
374	漳州市华达威合金塑胶玩具有限公司	RMZCITY	玩具;成比例的模型车;玩具车	诏安
375	陈鸿明(漳州嘉恒农业有限公司)	嘉恒及英文及图	鲜水果;鲜蔬菜;活动物	诏安
376	诏安东福水产有限公司	第 9724094 号图形	甲壳动物(非活)	诏安
377	诏安县秀篆镇苦丁茶协会	诏安苦丁茶	茶	诏安

附录2—3　续表11

序号	商标权利人	商标名称	商品(服务)项目	所在县区
378	陈清淇（福建诏安大铺山闽台现代农业专业合作社）	大铺山	植物;籽苗;鲜水果	诏安
379	诏安县桥东镇水产养殖协会	甲洲鸡母埭大虾	虾(活的)	诏安
380	诏安县四都镇大梧村水产养殖协会	大梧蚝	蚝((牡蛎)(活的))	诏安
381	长泰县正士餐具有限公司	正士作	刀;大砍刀(刀具);切肉刀	长泰
382	长泰县酱油厂	健将及图	酱油、辣椒酱	长泰
383	长泰县黄氏酒厂	图形	黄酒、白酒、果酒	长泰
384	福建吉邦电子有限公司	吉邦及拼音	钟、手表、钟表机件、测时仪器	长泰
385	长泰县岩溪青年果场	岩溪及图	芦柑、桔、鲜水果	长泰
386	福建省长泰县茶叶公司	天竺岩	茶叶代用品、茶	长泰
387	福建安麟智能科技股份有限公司	Qilin 及图	工业操作遥控电器设备、升降机操作设备	长泰
388	漳州市燕南精细化工有限公司	鸾翔及图	聚醋酸乙烯乳液	长泰
389	长泰县古农酿酒有限公司	古农豪族	果酒、黄酒、米酒	长泰
390	漳州市梁园家具有限公司	梁园家具 Liangyuanfurniture 及图	家具	长泰
391	林参跃(漳州市长泰新麒麟机械有限公司)	华麟及图	电动开门器、电动关门器、工业操作遥控电器设备	长泰
392	长泰县石铭果蔬经营部	石铭及图	食用葫芦蔬菜、食用植物根、新鲜蔬菜	长泰
393	长泰县海力机械制造有限公司	海力 HL	金属铸造、金属处理、金属锻造	长泰
394	福建菲达阀门有限公司	FDV	金属阀门(非机器零件)、金属管道配件、金属管道	长泰
395	长泰县枋洋林果总场	状元里	茶、茶饮料、茶叶代用品	长泰
396	长泰县佳祥木业有限公司	佳祥 JIA XIANG	半成品木材、胶合板、木地坂	长泰
397	陈盛福(长泰县味飘香食品有限公司)	香里香、XIANGLIXIANG 及图	肉松、肉片、肉脯、香肠	长泰
398	宏正(福建)化学品有限公司	EKEM 宏正	电镀制剂、化学试剂、生物化学催化剂	长泰
399	福建建涌机械设备有限公司	Jyjx 建涌机械及图	起重机、升降设备、装卸设备	长泰
400	长泰县绿港园果蔬专业合作社	陈巷	鲜水果	长泰
401	卢聪明(长泰县枋青茶叶店)	枋青 fangQing 及图	茶、茶叶代品用	长泰
402	漳州玉源利木业有限公司	居尔福	胶合板、三合板、厚木板(建筑用)	长泰
403	漳州市麒麟电子有限公司	第6531817号图形	电动卷门机、电控拉窗帘装置、机器引擎或发动机用控制装置	长泰
404	福建合茶道生态农业有限公司	稻草人 Daocaoren	茶、茶叶代用品、可可饮料	长泰
405	福建漳州闽华超纤实业有限公司	闽华 MINHUA 及图	半加工或未加工皮革、仿皮、仿皮革	长泰
406	福建省漳州安泰铝材有限公司	建福 JianFu 及图	未加工或半加工普通金属、普通金属合金、金属支架	长泰
407	长泰县董湖现代农业有限公司	董湖	茶、茶叶代用品	长泰
408	长泰县内溪蔬果专业合作社	内溪	新鲜蔬菜、鲜水果	长泰
409	长泰县珠石峰蔬菜专业合作社	坂里鲜	新鲜蔬菜、南瓜、鲜水果	长泰
410	长泰县枋洋火焰旗柑桔专业合作社	火焰旗及图	鲜水果、柑橘、桔	长泰
411	漳州市燕南精细化工有限公司	燕南 yannan 及图	银白乳剂(颜料)	长泰

附录2—3　续表12

序号	商标权利人	商标名称	商品(服务)项目	所在县区
412	海德信(漳州)电光源有限公司	海德信 HYDERSON 及图	电灯泡、灯、灯头	长泰
413	厦门市龙人古琴文化有限公司（龙人古琴文化投资(长泰)有限公司）	龙人	古琴;乐器弦;音乐盒	长泰
414	龙人古琴文化投资(长泰)有限公司	龍琴坊	服装;帽;戏装	长泰
415	福建省兴岩建设集团有限公司	兴岩集团 XING YAN GROUP 及图	建筑;建筑施工监督;室内装璜修理	长泰
416	神悦(福建)铸造有限公司	神悦 SHENYUE 及图(指定颜色)	马达和引擎启动器；发电机;泵(机器、引擎或马达部件)	长泰
417	漳州市天星陶瓷实业有限公司	天星及图	瓷砖	长泰
418	钟旻儒(福建权昱工业有限公司)	QXY	非金属制楼梯;非金属制楼梯扶手;非金属制栏杆	长泰
419	福建圣明光电科技有限公司	圣耀 SHENG YAO 及图	灯；发光二极管(LED)照明器具;日光灯管	长泰
420	安安(中国)有限公司	AnAn	(动物)皮仿皮革;半加工或未加工加工皮革	长泰
421	林参跃(漳州市长泰新麒麟机械有限公司)	华麟	电动卷门机,电机,卷帘门用电机	长泰
422	福建鑫晟钢业有限公司	第7928214号图形	建筑用金属框架、钢结构建筑、金属建筑结构	长泰
423	漳州绿森木业有限公司	绿全	木材;三合板;非金属地板砖	长泰
424	林少将(长泰县少将铁件加工店)	第7180373号图形	金属梯,金属大门,金属门板,金属预制件,金属门框架,金属窗,金属建筑物,金属门廊(建筑),非自动旋转栅门,金属门装置	长泰
425	龙人古琴文化投资(长泰)有限公司	冰弦	古琴,乐器,乐器弦	长泰
426	安安(中国)有限公司	安安及图	半加工活未加工皮革；仿皮革;皮制家具套	长泰
427	福建合茶道生态农业有限公司	第8238107号图形	茶;茶叶代用品;茶饮料	长泰
428	福建省漳州安泰铝材有限公司	第7682604号图形	金属支架;普通金属合金;未加工或半加工普通金属	长泰
429	福建攀达家居有限公司	轩木尚品 SHZNEMOON	椅子(座椅);衣服罩(衣柜)床	长泰
430	博朗电梯(漳州)有限公司	博朗	电梯(升降机);升降设备;自动梯	长泰
431	闽台(长泰)文化产业有限公司	漢頂 HANDING	珠宝首饰、黑色大理石饰品、贵重金属艺术品	长泰
432	福建省玉家家居用品股份有限公司	SKY-WORD	贵重金属艺术品;玉雕;玉雕首饰	长泰
433	福建省联盛纸业有限责任公司	第8014205号图形	箱纸板;瓦楞原纸(纸板);包装纸	长泰
434	福建鸿大革业有限公司	HONGDA 鸿大企业	无纺布;毡;纺织品毛巾	长泰
435	欧仕儿童用品(福建)有限公司	GUBI	婴儿车、手推车、儿童安全座(运载工具用)	长泰
436	郭永宗[太阳堂(漳州)食品有限公司]	寶島太陽堂及图	糖果;饼干;糕点。	长泰
437	福建省金农威饲料有限公司	富泽农 FZN 及图	饲料;猪饲料	长泰
438	福建海丽天食品有限公司	海丽天	蜜饯、罐装水果、水果色拉	长泰
439	漳州市凯顺彩印有限公司	凯顺 KINDSON	印刷品、印刷出版物	东山
440	东山县启昌冷冻加工有限公司	启昌 qichang 及图	鱼制食品、鱼(非活)、水产罐头	东山
441	东山龙生水产制品有限公司	龙生及图	鱼制食品、鱼制食物、水产罐头	东山

附录2—3 续表13

序号	商标权利人	商标名称	商品(服务)项目	所在县区
442	东山县乐兴水产有限公司	乐兴及图	鱼(非活的)、虾(非活的)、鱿鱼	东山
443	福建东山华康食品有限公司	陵岛 LingDao 及图	蔬菜罐头、蘑菇罐头、水果罐头	东山
444	东山县联泰饲料有限公司	美昌 及图	饲料、鱼饵(活)、谷(谷类)	东山
445	东山县立成水产有限公司	源味隆 yuanweilong 及图	鱿鱼、虾(非活)、贝壳类动物(非活)	东山
446	东山县昌兴水产食品有限公司	昌兴水产及图(指定颜色)	鱿鱼、鱼(非活)、甲壳类动物(非活)	东山
447	张福来(东山县福来食品有限公司)	张福来及图	鱼(非活的);水产罐头、鱼制食品	东山
448	福建省东山县东海岸保税仓储物流中心有限公司	东海岸及图	货物贮存、仓库出租	东山
449	漳州市达罐食品有限公司	达罐及图	听装(罐装)鱼、水产罐头	东山
450	福建中海烤鳗有限公司	ZH 及图	鱼制食品、水产罐头、鱼肉干	东山
451	福建省东山县辉永泰体育用品实业有限公司	安攀 ANPEN 及图	挂锁、五金器具、金属钩(扣钉)	东山
452	东山县顺达水产食品有限公司	玄顺及图	鱼肉干、鱼松、鱼制食品	东山
453	中港(福建)水产食品有限公司	水中港 SHUIZHONGGANG 及图	甲壳动物(非活)、鱼(非活)、水产罐头	东山
454	东山县吉兴水产加工有限公司	吉兴 JIXING 图形	甲壳动物(非活)、鱼(非活)、贝壳动物(非活)	东山
455	福建东山海源水产有限公司	澳角海源 AOJIAOHAIYUAN 及图	甲壳动物(非活)、鱼(非活)、鱿鱼	东山
456	朱火耀(东山县亨立水产食品有限公司)	亨立及图	虾(非活)、海参(非活)、鱿鱼	东山
457	东山县海旺水产冷冻有限公司	东铜海旺	鱼(非活);鱼制食品	东山
458	东山县天元水产食品有限公司	第 9102913 号图形	甲壳动物(非活)、鱼(非活的)、贝壳类动物(非活)	东山
459	东山县勋源海产食品有限公司	勋源及图	甲壳动物(非活)、鱼(非活的)、鱼制食品	东山
460	东山县永隆水产食品有限公司	隆盛达及图	甲壳动物 (非活)、贝壳类动物(非活)、鱼(非活的)	东山
461	漳州市东山县雄丰水产食品有限公司	雄信及图	甲壳动物 (非活)、贝壳类动物(非活)、鱼制食品	东山
462	漳州中达水泥厂	中达及图	水泥	南靖
463	福建嘉田农业开发有限公司	嘉蕈及图	水果罐头、干食用菌、干蔬菜	南靖
464	福建闽星集团汇全茶业开发有限公司	汇全茗茶	茶(商品截止)	南靖
465	邱福清(漳州福星茶业开发有限公司)	树海瀑雾 SHUHAUPUWU 及图	茶、茶叶代用品	南靖
466	漳州三炬生物科技有限公司	三炬及图	肥料、植物生长调节剂	南靖
467	南靖县嘉贸蜜蜂园	嘉贸及图	蜜蜂、食用王浆	南靖
468	南靖益龙食品有限公司	益龙 YILONG 及图	水果罐头、蔬菜罐头、酱菜	南靖
469	杨建木(南靖县成发食用菌开发有限公司)	郑店及图	新鲜蘑菇、新鲜蔬菜	南靖
470	漳州市庄怡农业发展有限公司	庄怡及图	鲜水果、香蕉、柚子	南靖
471	漳州巴戟天酒业有限公司	和溪及图	黄酒、米酒、果酒(含酒精)	南靖
472	漳州市松君园食品有限公司	松君园及图	饼干、食用糖果、茶	南靖
473	南靖县书洋南香茶厂	南壶香 NANHUXIANG 及图	茶	南靖

附录2—3 续表14

序号	商标权利人	商标名称	商品(服务)项目	所在县区
474	南靖龙之味食品工业有限公司	龍之味	果汁、水(饮料)、矿泉水	南靖
475	漳州南冠文丰农业机械有限公司	農豐	农业机械、非手工操作农业器具、机动耕作机	南靖
476	南靖县益得利罐头食品有限公司	益得利 YIDELI 及图	水果罐头、蘑菇罐头、蔬菜罐头	南靖
477	福建万士利食品工业有限公司	“万士利 WANSHILI 及图”	饼干、膨化水果片、蔬菜片、糖果	南靖
478	福建省南靖县高龙农副产品有限公司	高龙 GAOLONG 及图	蔬菜罐头、笋罐头、蘑菇罐头	南靖
479	陈瑞煌(漳州市万市香食品有限公司)	万市香 WanShiXiang 及图	猪肉食品、肉、肉干	南靖
480	漳州市谷丰米业有限公司	土楼及图	米、木薯粉、地瓜粉	南靖
481	漳州康元农产品有限公司	FY 及图	木耳、干食用菌、笋干	南靖
482	亚细亚休闲食品(南靖)有限公司	亚细亚田·园	以水果为主的零食小吃、以果蔬为主的零食小吃、干食用菌	南靖
483	游陈明(漳州市康宝饮料有限公司)	雨林山泉 YULINSHANQUAN 及图	水(饮料)、矿泉水、纯净水(饮料)	南靖
484	福建省荆龙生物科技有限公司	虎伯寮及图	金线莲(中药药材)	南靖
485	福建一胜多砂轮有限公司	一胜多	金钢砂磨轮、磨具(手工具)、农业器具(手动的)	南靖
486	漳州御品茶业有限公司	圣品	茶、茶叶、茶叶代用品	南靖
487	南靖县嘉宝食品工业有限公司	JB 及图	饼干、蛋糕、面包	南靖
488	陈锐东(南靖县美佳食品厂)	闽南美佳及图	腌制蔬菜、笋干、加工过的花生	南靖
489	福建闽星集团汇全茶业开发有限公司	土楼红美人	咖啡、茶、茶叶代用品	南靖
490	南靖县葛园农林科技有限公司	麒麟山及图	药草、药用植物根	南靖
491	漳州万士利食品罐头有限公司	万士利 WANSHILI 及图	水果罐头、蘑菇罐头、腌制蔬菜	南靖
492	福建一胜多砂轮有限公司	水仙 NARCISSUS 及图	金钢砂磨轮、磨具(手工具)、农业器具(手动的)	南靖
493	简维生(漳州宏发亨木业有限公司)	天维亨 TIANWEIHENG 及图	家具、桌面、木或塑料箱	南靖
494	漳州天绿咖啡食品有限公司	南坑及图	咖啡、未烘过的咖啡、咖啡饮料	南靖
495	漳州市灿华电子科技有限公司	金灿华 JINCANHUA；第 8184538 号图形	灯、照明器械及装置	南靖
496	万利(中国)太阳能科技有限公司	TOP	建筑用非金属墙砖、瓷砖	南靖
497	南靖县世野食用菌有限责任公司	南野际	新鲜蘑菇、鲜食用菌、菌种	南靖
498	福建大地金华生物科技有限公司	大地金华 DADIJINHUA 及图	食用植物纤维(非营养性的);药用植物根;药草.	南靖
499	福建奥利高塔复合肥有限公司	奥利龙 AOLILONG	农业肥料;混合肥料;化学肥料	南靖
500	漳州鑫一达五金电子有限公司	鑫永利 XINYONGLI 及图	金属螺栓;金属螺丝;螺丝母	南靖
501	南靖县观音山农业开发有限公司	禾蕈园 HE XUN YUAN 及图	鲜食用菌;菌种;动物食品;	南靖
502	福建海华农业开发有限公司	海耳及图	木耳,干食用菌,干蔬菜	南靖
503	漳州市谷丰米业有限公司	康芳及图	米	南靖
504	南靖县和泰竹业有限公司	逸园 Yiyuan 及图	厨房用切菜板;筷子;牙签;)	南靖
505	漳州辰和茶业有限公司	辰和及图	茶;茶叶代用品;	南靖
506	南靖县养蜂协会	南靖正冬蜜 NANJINGZHENGDONGMI 及图	蜂蜜	南靖
507	漳州市鸿云农副产品有限公司	兴鸿云 XING HONG YUN	干食用菌;干蔬菜	南靖
508	南靖佳华食品有限公司	玉菜	腌制蔬菜、酱菜、笋干	南靖

附录2—3 续表15

序号	商标权利人	商标名称	商品(服务)项目	所在县区
509	林润路(漳州市柯老三调味品有限公司)	柯老三 KELAOSAN 及图	醋;酱油;调味品	南靖
510	漳州美利德生物工程有限公司	美利德 Meilide 及图	肥料;化学防腐剂;植物生长调节剂	南靖
511	亚细亚休闲食品(南靖)有限公司	第6634401号图形	以水果为主的零食小吃;以果蔬为主的零食小吃;干食用菌	南靖
512	南靖茶商会	南靖铁观音	茶	南靖
513	南靖茶商会	南靖丹桂	茶	南靖
514	南靖县双峰茶叶专业合作社	合双峰 HESHUANGFENG 及图	茶;茶饮料;茶叶代用品	南靖
515	南靖绿明生态农业有限公司	第10038717号图形	猪肉、蛋、死家禽	南靖
516	福建本草春石斛科技有限公司	本草春及图	植物、食用植物根;培育植物用胚芽(种子)	南靖
517	南靖县土楼家园食品有限公司	土楼家园 TULOUJIAYUAN 及图	药草;药用根块植物;药用植物根	南靖
518	福建衍生源生物科技有限公司	茗惜及图	医用药草、药草、药用草药茶	南靖
519	南靖县葛园农林科技有限公司	葛园 FJGY 及图	药草;中药成药;药用植物根	南靖
520	福建嘉田农业开有有限公司	小香杏	新蘑菇鲜、蘑菇繁殖菌、菌种	南靖
521	漳州市慈新药业连锁有限公司	慈新 CIXIN 及图	药用、卫生用制剂和医疗用品的零售或批发服务;药品零售或批发服务;替他人推销。	南靖
522	南靖县印象土楼茶业有限公司	第8591212号图形	茶	南靖
523	南靖县祥云兰花有限公司	第10381837号图形(指定颜色)	自然花;新鲜的园艺草木植物;植物	南靖
524	福建嘉田农业开发有限公司	龙嘉园 LONGJIAYUAN 及图	干食用菌,以果蔬为主的零小吃,蔬菜罐头	南靖
525	漳州台鑫食品有限公司	正台鑫 ZHENGTAIXIN 及图	腌制蔬菜,干菜笋,干食用菌	南靖
526	漳州天绿菇业有限公司	第5612938号图形	鲜食用菌;新鲜蘑菇;新鲜蔬菜	南靖
527	朱志勇(平和县建新包装厂)	建新 jx 及图	包装用纸袋或塑料袋、包装纸	平和
528	曾凡明(平和闽鑫白芽奇兰茶总厂)	闽鑫及图	茶、茶叶代用品	平和
529	福建省平和县同益食品有限公司	TYSP 及图	咸菜、笋干、薇菜干	平和
530	杨美葵(平和县峰兰茶厂)	峰兰 fenglan 及图	茶、茶叶代用品	平和
531	平和县通达汽车钢圈厂(漳州珑鑫车轮有限公司)	盛通及图	汽车钢圈(车胎圈)、农用车钢圈(车胎圈)、拖拉机钢圈(车胎圈)	平和
532	平和县裕辉食品有限公司	南胜及图	糖果、糕店、饼干	平和
533	陈镇津(福建省平和县灵通矿泉水有限公司)	灵通岩	水(饮料)、矿泉水(饮料)、矿泉水	平和
534	曾昭璇(平和县峰顺纸业制品有限公司)	峰顺 FENGSHUN 及图	念珠、金纸(宗教用品)、银纸(宗教用品)	平和
535	福建天用茶业有限公司	天用 Tianyong 及图	茶、茶叶代用品	平和
536	庄水炮(漳州众鑫橡胶有限公司)	第4071952号图形	车辆水箱用连接软管、车辆取暖器软管、非金属软管	平和
537	曾有亮(漳州皇兰茶业有限公司)	皇蘭 huanglan 及图	茶、茶叶代用品	平和
538	林丽卿(平和县沁秋茶叶商行)	沁秋 QINQIU 及图	茶、茶叶代用品	平和
539	平和县万事兴茶业有限公司	崠头 DongTou	茶	平和
540	福建裕和皓月生物工程材料有限公司	皓尔宝	防水粉(涂料);刷墙用白浆;刷墙粉	平和

附录2—3　续表16

序号	商标权利人	商标名称	商品(服务)项目	所在县区
541	漳州欣欣园果业有限公司	闽蓝伯及图	柑橘;香蕉;柚子	平和
542	福建省福华农业开发有限公司	福元	茶叶	平和
543	福建彩联陶瓷有限公司	彩联 CAILIAN	建筑用嵌砖;瓷砖;耐火砖	平和
544	平和县朝阳食品有限公司	琯城及图	饼干;糖果;馅饼谷粉制食品	平和
545	曾凌伟(平和县鸿园茶庄)	鸿園茗及图	茶;茶饮料;茶叶代用品	平和
546	平和县奇盛柚业有限公司	奇红 QIHONG	鲜水果;柚子	平和
547	庄钦荣(福建广和堂生物科技有限公司)	广和堂 GUANG HE TANG 及图	洗发剂;化妆品;护肤用化妆剂	平和
548	榕和泰(平和)服饰织造有限公司	金子松 JINZISONG 及图	童装;制服;羽绒服装	平和
549	漳州市新乐塑胶有限公司	新心乐 FJXINXINLE 及图(指定颜色)	过滤材料;电控透光塑料薄膜;防水包装物	平和
550	朱泽文(漳州唐宗家居用品有限公司)	唐宗筷	勺子(餐具);筷子	平和
551	平和县红中红蜜柚专业合作社	生发红 SHENGFAHONG	柚子	平和
552	郑丽芳(华安县辉芳茶业有限公司)	辉芳 HUIFANG	茶、茶叶代用品	华安
553	福建和发玉石有限公司	和发 HEFA 及图	防滑垫、地板覆盖物、非纺织壁挂	华安
554	林荣德(华安县趣韵茶行)	趣韵 QUYUN	茶	华安
555	詹志煌(漳州市天宜茶叶有限公司)	天宜及图	茶	华安
556	刘菊香(华安华夏有茗茶业有限公司)	华夏有茗 HUAXIAYOUMING	茶、茶叶代用品、茶饮料	华安
557	詹晓鑫(漳州贡鸭山茶业有限公司)	贡鸭山及图	茶	华安
558	漳州市一佳茗茶业有限公司	蕊珠 RUIZHU	茶、茶叶代用品、茶饮料	华安
559	漳州茶字典茶业有限公司	茶字典	进出口代理、推销(替他人)、替他人做中介(替其它企业购买商品或服务)	华安
560	欧阳荣明(漳州市新欧门业有限公司)	新欧门业及图 ("门业"放弃专用权)	金属门、钢板	华安
561	漳州市华玉石业有限公司	华玉	石头、混凝土或大理石艺术品、非金属建筑物、混凝土建筑构件	华安
562	雷龙(漳州光照人茶业有限公司)	光照人 3H-SENDER	茶、茶饮料	华安
563	漳州俏山花茶业有限责任公司	"俏山花及图"	茶	华安
564	华安县华山茶叶专业合作社	山雾韵及图	茶	华安
565	华安祥馨茶业有限公司	祥馨 XIANGXIN 及图	茶	华安
566	福建中延菌菇业有限公司	中延 ZHONGYAN 及图	鲜食用菌、菌种、新鲜蔬菜	华安
567	华安县畲寨茶业专业合作社	官畲 Guanshe	茶	华安
568	漳州盈晟纸业有限公司	盈晟	箱纸板、牛皮纸板、瓦楞原纸(纸板)	华安
569	詹晓鑫(漳州市云逸茶业有限公司)	云逸 yunyi 及图	茶	华安
570	漳州市新欣木业有限公司	迎象 yingxiang	厚木板;木屑板;胶合板	华安
571	陈圳勇(漳州市仙岭峰茶叶有限公司)	仙岭峰 XIANLINGFENG 及图	茶	华安
572	漳州市峻云茶业有限公司	俊云及图	茶	华安
573	华安县山海茶叶专业合作社	山胞 SHANBAO 及图	茶;冰茶;馅饼	华安
574	福建永源酿酒有限公司	二宜楼	酒(饮料)	华安
575	佳香源(福建)茶业工贸有限公司	睿轩佳香源	茶;茶叶代用品;茶饮料	华安
576	漳州薇裕汽车配件有限公司	MATSUSAKI 及图	万向节;联轴器(机器);汽车水泵	华安

附录 2—3　续表 17

序号	商标权利人	商标名称	商品(服务)项目	所在县区
577	华安县华安大酒店有限公司	第 10340027 号图形	住所(旅馆、供膳寄宿所);餐厅;酒吧	华安
578	福建哈龙峰茶业有限公司	乐知音;双龙戏珠	茶;糖果;饼干	华安
579	福建华夏有茗茶业有限公司	髓香;orien tea	茶叶;茶饮料;糕点	华安
580	华安县兴和茶叶专业合作社	雲栈	茶叶;茶饮料;糕点	华安
581	福建哈龙峰茶业有限公司	舞春风	茶	华安
582	漳州薇裕汽车配件有限公司	"KOYOLB UJ"	汽车零件,摩托车零件,汽车用的十字接头	华安
583	童丁贵(华安县雁文蜜蜂养殖专业合作社)(指定颜色)	雁文 YAN WEN 及图	食品用糖蜜;蜂蜜;食用蜂胶(蜂胶)	华安
584	福建省金土地农业发展有限公司	皇美人	茶	华安
585	福建成功红酒业有限公司	成功红及图	果酒(含酒精)、葡萄酒、酒(饮料)	招商
586	漳州开发区庆辉生态农业有限责任公司	第 7296453 号图形	杨梅;鲜水果	招商
587	福建大统圣味食品有限公司	天地露 UNIVERSEDEW 及图	矿泉水、水(饮料)	常山
588	漳州市常山力源电源有限公司	WEILITE 及图	电池、电池充电器、蓄电池	常山
589	漳州市常山海之味冷冻食品有限责任公司	第 5974449 号图形	甲壳动物(非活)、鱼(非活)、鱿鱼	常山
590	漳州市常山源源成食品有限公司	芘波 BIBO;源源成及图	巧克力、糖果、以谷物为主的零食小吃、膨化水果片	常山
591	漳州升源机械工业有限公司	第 3362596 号图形	刀具(机械零件);刀片(机械部件);刀座(机械部件)	常山
592	漳州市闽正食品有限公司	GS 及图;闽正及图	甲壳动物(非活);贝壳类动物(非活);鱼制食品	常山
593	漳州墁天香食品有限责任公司	第 10380982 号图形	鱼(非活);鱼制食品;虾(非活)	常山
594	漳州市东好水产食品有限公司	东好	甲壳动物(非活);鱼(非活);鱼制食品	常山
595	蓝亚良(漳州市钜钢精密机械有限公司)	钜 JUGANG 及图	铣床、精加工机器、金属加工机械	台投
596	黄足根(龙海市角美闽南粮油加工厂)	协昌及图	食用油、玉米油、食用葵花籽油	台投
597	太龙(漳州)照明工业有限公司	TECNON(指定颜色)	电灯、灯、照明器械及装置	台投
598	龙海市龙建木业有限公司	龙建及图	家具、软木工艺品、木、石膏或塑料艺术品	台投
599	漳州市华成液压机械制造有限公司	华成液及图	液压机;升降设备;切断机(机器)	台投
600	漳州宏力起重设备有限公司	漳宏力及图	桥式起重机;门式起重机;轻小型起重机	台投
601	福建圣莉雅环保壁纸有限公司	圣莉雅 ShengliYA 及图	墙纸	台投
602	福建圣莉雅环保壁纸有限公司	SENRY	墙纸	台投
603	嘉文丽(福建)化妆品有限公司	LUO LIH FEN 及图;SUNLILYEY 及图	化妆品;洗面奶	台投
604	徐亚森(龙海市角美佳庆食品厂)	東美佳慶及图	糕点;蛋卷;面粉制品	台投
605	漳州雅宝电子有限公司	AUPO	温度保险器;自动控温器;集成电路	台投
606	沙利食品(龙海)有限公司	ASARI 美沙利	食用干花;干食用菌;干桂元	台投
607	福建鑫橡龙橡塑制品有限公司	鑫橡龙 xinxianglong 及图	橡胶制减震缓冲器;非金属软管;运载工具散热器用连接软管	台投
608	福建省绿麒食品胶体有限公司	金闽南 JINMINNAN 及图	琼胶、食用果胶	台投
609	福建嘉中生物科技开发有限公司	嘉中及图	贝壳类动物(非活);鱼制食品、冷冻水果	台投

附录 3–1

中华人民共和国 2015 年国民经济和社会发展统计公报[1]

中华人民共和国国家统计局

2016 年 2 月 29 日

2015 年，面对错综复杂的国际形势和艰巨繁重的国内改革发展稳定任务，党中央、国务院团结带领全国各族人民，按照“五位一体”总体布局和“四个全面”战略布局的总要求，牢固树立和贯彻落实创新、协调、绿色、开放、共享的发展理念，适应经济发展新常态，坚持改革开放，坚持稳中求进工作总基调，坚持稳增长、调结构、惠民生、防风险，不断创新宏观调控思路与方式，深入推进结构性改革，扎实推动大众创业万众创新，努力促进经济保持中高速增长、迈向中高端水平，转型升级步伐加快，改革开放不断深化，民生事业持续进步，经济社会发展迈上新台阶，实现了“十二五”圆满收官，为“十三五”经济社会发展、决胜全面建成小康社会奠定了坚实基础。

一、综　合

初步核算，全年国内生产总值[2]676708 亿元，比上年增长 6.9%。其中，第一产业增加值 60863 亿元，增长 3.9%；第二产业增加值 274278 亿元，增长 6.0%；第三产业增加值 341567 亿元，增长 8.3%。第一产业增加值占国内生产总值的比重为 9.0%，第二产业增加值比重为 40.5%，第三产业增加值比重为 50.5%，首次突破 50%。全年人均国内生产总值 49351 元，比上年增长 6.3%。全年国民总收入[3]673021 亿元。

图1　2011–2015年国内生产总值及其增长速度

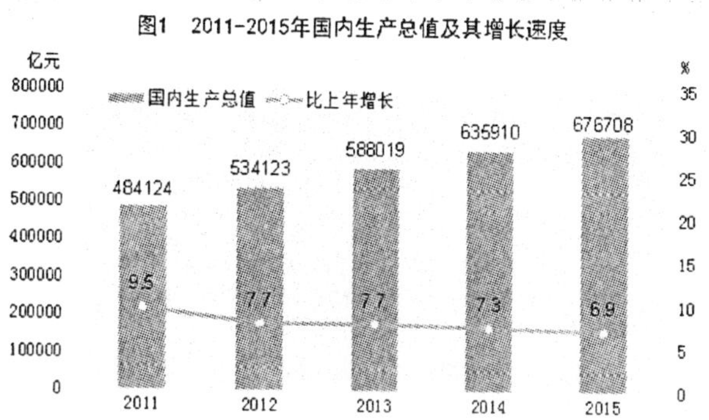

图2　2011–2015年三次产业增加值占国内生产总值比重

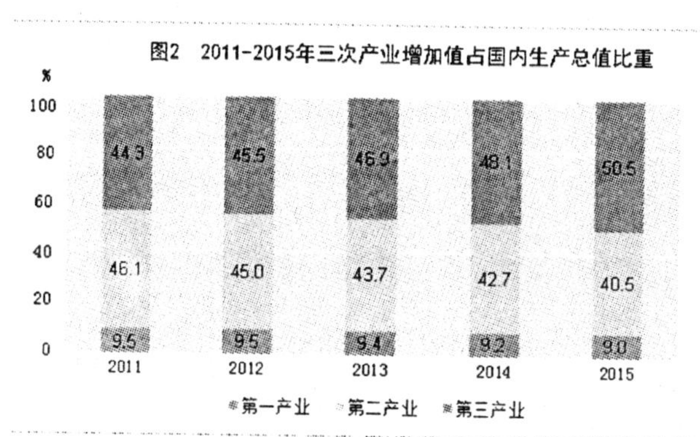

年末全国大陆总人口 137462 万人，比上年末增加 680 万人，其中城镇常住人口 77116 万人，占总人口比重（常住人口城镇化率）为 56.10%，比上年末提高 1.33 个百分点。全年出生人口 1655 万人，出生率为 12.07‰；死亡人口 975 万人，死亡率为 7.11‰；自然增长率为 4.96‰。全国人户分离的人口[4]2.94 亿人，其中流动人口[5]2.47 亿人。人均预期寿命 76.34 岁。

表 1　2015 年年末人口数及其构成

指　　标	年末数（万人）	比　重（%）
全国总人口	137462	100.0
其中：城镇	77116	56.10
乡村	60346	43.90
其中：男性	70414	51.2
女性	67048	48.8
其中：0–15 岁（含不满 16 周岁）[6]	24166	17.6
16–59 岁（含不满 60 周岁）	91096	66.3
60 周岁及以上	22200	16.1
其中：65 周岁及以上	14386	10.5

年末全国就业人员 77451 万人，其中城镇就业人员 40410 万人。全年城镇新增就业 1312 万人。年末城镇登记失业率为 4.05%。全国农民工[7]总量

27747 万人，比上年增长 1.3%。其中，外出农民工 16884 万人，增长 0.4%；本地农民工 10863 万人，增长 2.7%。

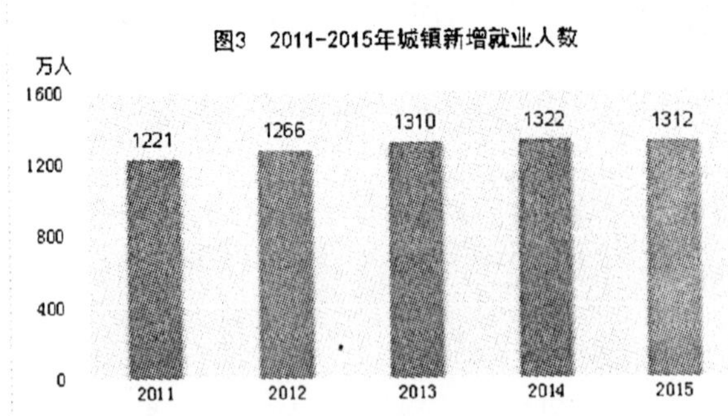

全年全员劳动生产率[8]为 76978 元 / 人，比上年提高 6.6%。

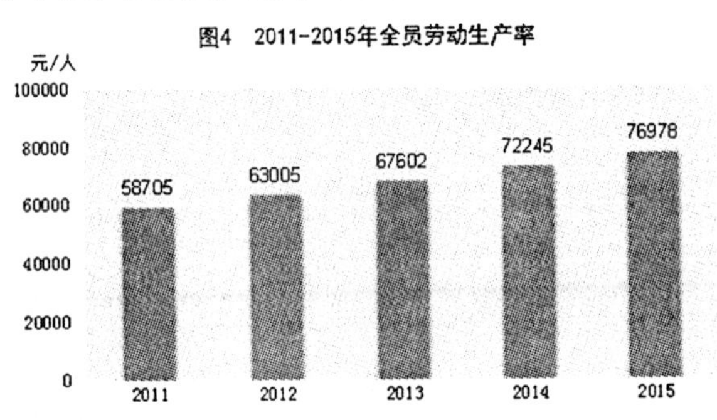

全年居民消费价格比上年上涨 1.4%，其中食品价格上涨 2.3%。固定资产投资价格下降 1.8%。工业生产者出厂价格下降 5.2%。工业生产者购进价格下降 6.1%。农产品生产者价格[9]上涨 1.7%。

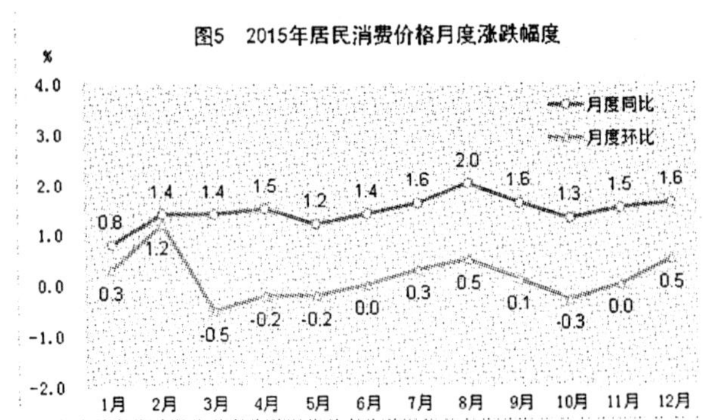

表 2 2015 年居民消费价格比上年涨跌幅度

单位：%

指　　标	全 国	城 市	农 村
居民消费价格	1.4	1.5	1.3
其中：食　品	2.3	2.3	2.4
烟酒及用品	2.1	2.0	2.3
衣　着	2.7	2.8	2.3
家庭设备用品及维修服务	1.0	1.0	0.9
医疗保健和个人用品	2.0	1.9	2.3
交通和通信	−1.7	−1.6	−1.9
娱乐教育文化用品及服务	1.4	1.4	1.4
居　住[10]	0.7	1.0	−0.3

年末 70 个大中城市新建商品住宅销售价格月同比上涨的城市个数为 21 个，比年初增加 20 个；下降的为 49 个，减少 20 个。

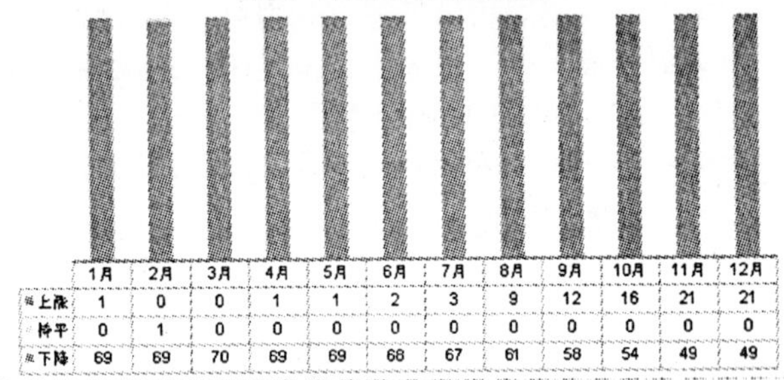
图6 2015年新建商品住宅月同比价格上涨、持平、下降城市个数变化情况

	1月	2月	3月	4月	5月	6月	7月	8月	9月	10月	11月	12月
上涨	1	0	0	1	1	2	3	9	12	16	21	21
持平	0	1	0	0	0	0	0	0	0	0	0	0
下降	69	69	70	69	69	68	67	61	58	54	49	49

全年全国一般公共预算收入 152217 亿元，比上年同口径[11]增加 8324 亿元，增长 5.8%，其中税收收入 124892 亿元，增加 5717 亿元，增长 4.8%。

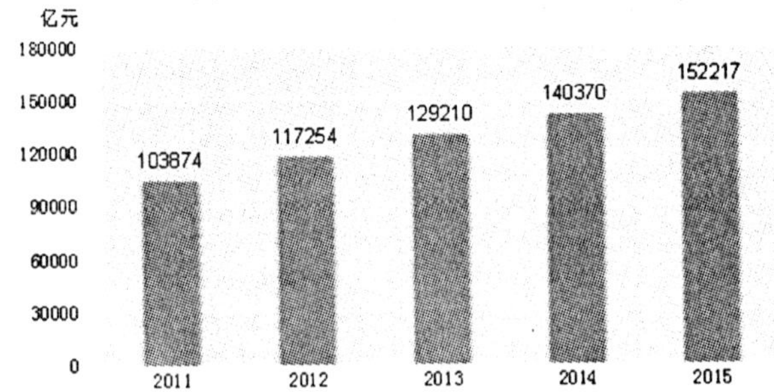

注：图中 2011 年至 2014 年数据为全国一般公共预算收入决算数，2015 年为执行数。

年末国家外汇储备 33304 亿美元，比上年末减少 5127 亿美元。全年人民币平均汇率为 1 美元兑 6.2284 元人民币，比上年贬值 1.4%。

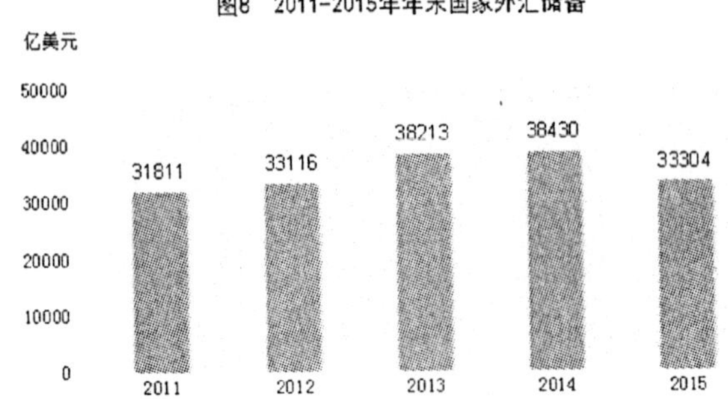

二、农　业

全年粮食种植面积11334万公顷，比上年增加62万公顷。棉花种植面积380万公顷，减少42万公顷。油料种植面积1406万公顷，增加1万公顷。糖料种植面积174万公顷，减少16万公顷。

全年粮食产量62144万吨，比上年增加1441万吨，增产2.4%。其中，夏粮产量14112万吨，增产3.3%；早稻产量3369万吨，减产0.9%；秋粮产量44662万吨，增产2.3%。全年谷物产量57225万吨，比上年增产2.7%。其中，稻谷产量20825万吨，增产0.8%；小麦产量13019万吨，增产3.2%；玉米产量22458万吨，增产4.1%。

图9　2011-2015年粮食产量

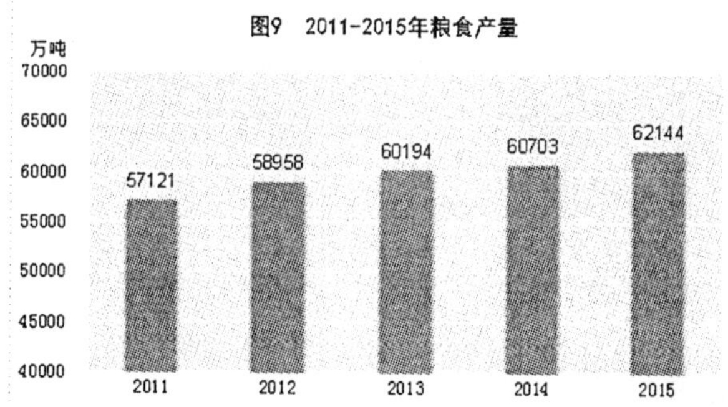

全年棉花产量561万吨，比上年减产9.3%。油料产量3547万吨，增产1.1%。糖料产量12529万吨，减产6.2%。茶叶产量224万吨，增产6.9%。

全年肉类总产量8625万吨，比上年下降1.0%。其中，猪肉产量5487万吨，下降3.3%；牛肉产量700万吨，增长1.6%；羊肉产量441万吨，增长2.9%；禽肉产量1826万吨，增长4.3%。禽蛋产量2999万吨，增长3.6%。牛奶产量3755万吨，增长0.8%。年末生猪存栏45113万头，下降3.2%；生猪出栏70825万头，下降3.7%。

全年水产品产量6690万吨，比上年增长3.5%。其中，养殖水产品产量4942万吨，增长4.1%；捕捞水产品产量1748万吨，增长0.5%。

全年木材产量6832万立方米，比上年下降17.0%。

全年新增耕地灌溉面积158万公顷，新增节水灌溉面积254万公顷。

三、工业和建筑业

全年全部工业增加值228974亿元，比上年增长5.9%。规模以上工业增加值增长6.1%。在规模以上工业中，分经济类型看，国有控股企业增长1.4%；集体企业增长1.2%，股份制企业增长7.3%，外商及港澳台商投资企业增长3.7%；私营企业增长8.6%。分门类看，采矿业增长2.7%，制造业增长7.0%，电力、热力、燃气及水生产和供应业增长1.4%。

图10　2011-2015年全部工业增加值及其增长速度

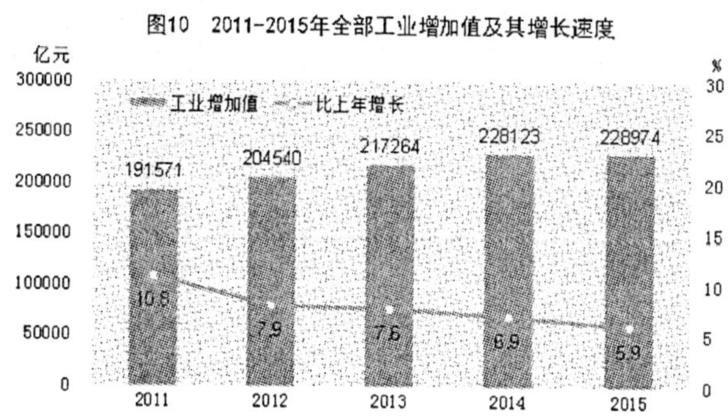

全年规模以上工业中，农副食品加工业增加值比上年增长5.5%，纺织业增长7.0%，化学原料和化学制品制造业增长9.5%，非金属矿物制品业增长6.5%，黑色金属冶炼和压延加工业增长5.4%，通用设备制造业增长2.9%，专用设备制造业增长3.4%，汽车制造业增长6.7%，电气机械和器材制造业增长7.3%，计算机、通信和其他电子设备制造业增长10.5%，电力、热力生产和供应业增长0.5%。六大高耗能行业[12]增加值比上年增长6.3%，占规模以上工业增加值的比重为27.8%。高技术制造业[13]增加值增长10.2%，占规模以上工业增加值的比重为11.8%。装备制造业[14]增加值增长6.8%，占规模以上工业增加值的比重为31.8%。

表3　2015年主要工业产品产量及其增长速度

产品名称	单位	产量	比上年增长%
纱	万吨	3538.0	4.7
布	亿米	892.6	−0.1
化学纤维	万吨	4831.7	10.1
成品糖	万吨	1474.1	−10.3
卷　烟	亿支	25890.7	−0.8
彩色电视机	万台	14475.7	2.5
其中：液晶电视机	万台	14391.9	3.8
其中：智能电视	万台	8383.5	14.9
家用电冰箱	万台	7992.8	−9.1
房间空气调节器	万台	14200.4	−1.8
一次能源生产总量	亿吨标准煤	36.2	0.0
原　煤	亿吨	37.5	−3.3
原　油	亿吨	21455.6	1.5
天然气[15]	亿立方米	1346.1	3.4

发电量	亿千瓦小时	58105.8	0.3
其中：火　电	亿千瓦小时	42420.4	-2.7
水　电	亿千瓦小时	11264.2	5.0
核　电	亿千瓦小时	1707.9	28.9
粗　钢	万吨	80382.5	-2.2
钢　材[16]	万吨	112349.6	-0.1
十种有色金属	万吨	5155.8	6.8
其中：精炼铜(电解铜)	万吨	796.2	4.2
原铝(电解铝)	万吨	3141.0	8.8
水　泥	亿吨	23.6	-5.3
硫　酸(折100%)	万吨	8975.7	0.8
烧　碱(折100%)	万吨	3020.7	-1.4
乙　烯	万吨	1714.6	1.1
化　肥(折100%)	万吨	7432.0	8.1
发电机组(发电设备)	万千瓦	12431.4	-17.4
汽　车	万辆	2450.4	3.3
其中：基本型乘用车(轿车)	万辆	1163.0	-6.8
运动型多用途乘用车(SUV)	万辆	602.4	48.0
其中：新能源汽车	万辆	32.8	161.2
大中型拖拉机	万台	68.8	6.9
集成电路	亿块	1087.2	7.1
程控交换机	万线	1880.3	-12.5
移动通信手持机	万台	181261.4	7.8
其中：智能手机	万台	139943.1	11.3
微型计算机设备	万台	31418.7	-10.4
工业机器人	台(套)	32996.0	21.7

年末全国发电装机容量150828万千瓦，比上年末增长10.5%。其中[17]，火电装机容量99021万千瓦，增长7.8%；水电装机容量31937万千瓦，增长4.9%；核电装机容量2608万千瓦，增长29.9%；并网风电装机容量12934万千瓦，增长33.5%；并网太阳能发电装机容量4318万千瓦，增长73.7%。

全年规模以上工业企业实现利润63554亿元，比上年下降2.3%。分经济类型看，国有控股企业实现利润10944亿元，比上年下降21.9%；集体企业508亿元，下降2.7%，股份制企业42981亿元，下降1.7%，外商及港澳台商投资企业15726亿元，下降1.5%；私营企业23222亿元，增长3.7%。分门类看，采矿业实现利润2604亿元，比上年下降58.2%；制造业55609亿元，增长2.8%；电力、热力、燃气及水生产和供应业5341亿元，增长13.5%。

全年全社会建筑业增加值46456亿元，比上年增长6.8%。全国具有资质等级的总承包和专业承包建筑业企业实现利润6508亿元，增长1.6%，其中国有控股企业1676亿元，增长6.0%。

图11　2011-2015年建筑业增加值及其增长速度

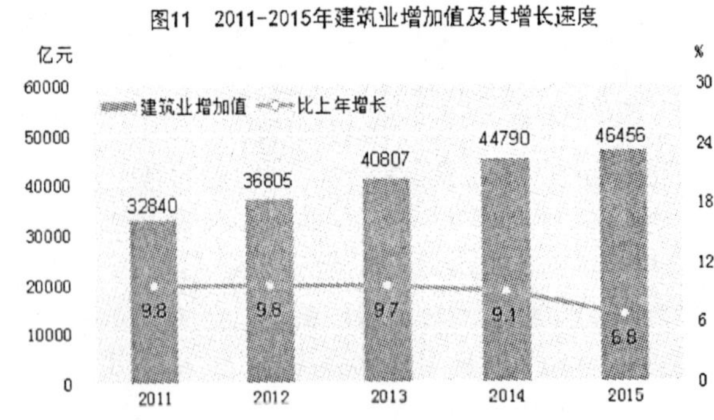

四、固定资产投资

全年全社会固定资产投资562000亿元，比上年增长9.8%，扣除价格因素，实际增长11.8%。其中，固定资产投资（不含农户）551590亿元，增长10.0%。分区域看[18]，东部地区投资232107亿元，比上年增长12.4%；中部地区投资143118亿元，增长15.2%；西部地区投资140416亿元，增长8.7%；东北地区投资40806亿元，下降11.1%。

图12　2011-2015年全社会固定资产投资

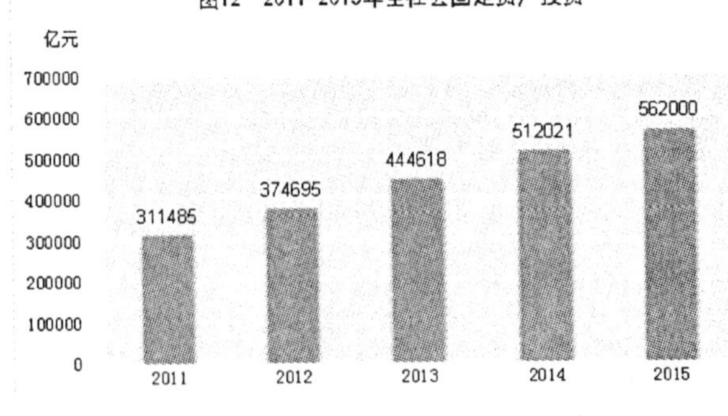

在固定资产投资（不含农户）中，第一产业投资15561亿元，比上年增长31.8%；第二产业投资224090亿元，增长8.0%；第三产业投资311939亿元，增长10.6%。基础设施投资[19]101271亿元，增长17.2%，占固定资产投资（不含农户）的比重为18.4%。民间固定资产投资[20]354007亿元，增长10.1%，占固定资产投资（不含农户）的比重为64.2%。高技术产业投资[21]32598亿元，增长17.0%，占固定资产投资（不含农户）的比重为5.9%。

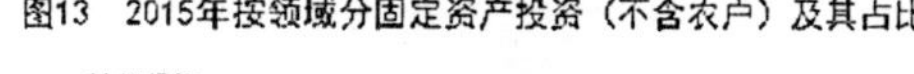
图13　2015年按领域分固定资产投资（不含农户）及其占比

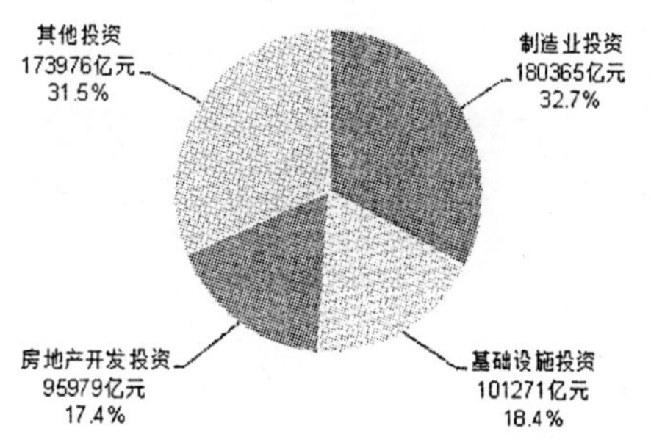

表 4　2015 年分行业固定资产投资(不含农户)及其增长速度

行　　业	投资额(亿元)	比上年增长(%)
总　计	**551590**	**10.0**
农、林、牧、渔业	19061	30.8
采矿业	12971	-8.8
制造业	180365	8.1
电力、热力、燃气及水的生产和供应业	26621	16.6
建筑业	4895	10.2
批发和零售业	18682	20.1
交通运输、仓储和邮政业	48972	14.3
住宿和餐饮业	6504	5.1
信息传输、软件和信息技术服务业	5517	34.5
金融业	1367	0.3
房地产业[22]	126674	2.5
租赁和商务服务业	9436	18.6
科学研究和技术服务业	4752	12.6
水利、环境和公共设施管理业	55673	20.4
居民服务、修理和其他服务业	2628	15.5
教育	7723	15.2
卫生和社会工作	5175	29.7
文化、体育和娱乐业	6724	8.9
公共管理、社会保障和社会组织	7851	9.1

表 5　2015 年固定资产投资新增主要生产与运营能力

指　　标	单 位	绝对数
新增 220 千伏及以上变电设备	万千伏安	21785
新建铁路投产里程	公里	9531
其中:高速铁路[23]	公里	3306
增、新建铁路复线投产里程	公里	7647
电气化铁路投产里程	公里	8694
新建公路里程	公里	71401
其中:高速公路	公里	11265
港口万吨级码头泊位新增吞吐能力	万吨	38487
新增民用运输机场	个	8
新增光缆线路长度	万公里	441

全年房地产开发投资 95979 亿元，比上年增长 1.0%。其中，住宅投资 64595 亿元，增长 0.4%；办公楼投资 6210 亿元，增长 10.1%；商业营业用房投资 14607 亿元，增长 1.8%。

全年全国城镇保障性安居工程基本建成住房 772 万套，新开工 783 万套，其中棚户区改造开工 601 万套。

表 6　2015 年房地产开发和销售主要指标及其增长速度

指　　标	单 位	绝对数	比上年增长(%)
投资额	亿元	95979	1.0
其中:住宅	亿元	64595	0.4
其中:90 平方米及以下	亿元	24646	21.2
房屋施工面积	万平方米	735693	1.3
其中:住宅	万平方米	511570	-0.7
房屋新开工面积	万平方米	154454	-14.0
其中:住宅	万平方米	106651	-14.6
房屋竣工面积	万平方米	100039	-6.9
其中:住宅	万平方米	73777	-8.8
商品房销售面积	万平方米	128495	6.5
其中:住宅	万平方米	112406	6.9
本年到位资金	亿元	125203	2.6
其中:国内贷款	亿元	20214	-4.8
其中:个人按揭贷款	亿元	16662	21.9

五、国内贸易

全年社会消费品零售总额 300931 亿元，比上年增长 10.7%，扣除价格因素，实际增长 10.6%。按经营地统计，城镇消费品零售额 258999 亿元，增长 10.5%；乡村消费品零售额 41932 亿元，增长 11.8%。按消费类型统计，商品零售额 268621 亿元，增长 10.6%；餐饮收入额 32310 亿元，增长 11.7%。

图14　2011-2015年社会消费品零售总额

年份	2011	2012	2013	2014	2015
亿元	187206	214433	242843	271896	300931

注：图中 2011 年至 2014 年数据根据第三次经济普查结果进行修订。

在限额以上企业商品零售额中，粮油、食品、饮料、烟酒类零售额比上年增长14.6%，服装、鞋帽、针纺织品类增长9.8%，化妆品类增长8.8%，金银珠宝类增长7.3%，日用品类增长12.3%，家用电器和音像器材类增长11.4%，中西药品类增长14.2%，文化办公用品类增长15.2%，家具类增长16.1%，通讯器材类增长29.3%，建筑及装潢材料类增长18.7%，汽车类增长5.3%，石油及制品类下降6.6%。

全年网上零售额[24]38773亿元，比上年增长33.3%，其中网上商品零售额32424亿元，增长31.6%。在网上商品零售额中，吃类商品增长40.8%，穿类商品增长21.4%，用类商品增长36%。

六、对外经济[25]

全年货物进出口总额245741亿元，比上年下降7.0%。其中，出口141255亿元，下降1.8%；进口104485亿元，下降13.2%。货物进出口差额（出口减进口）36770亿元，比上年增加13244亿元。

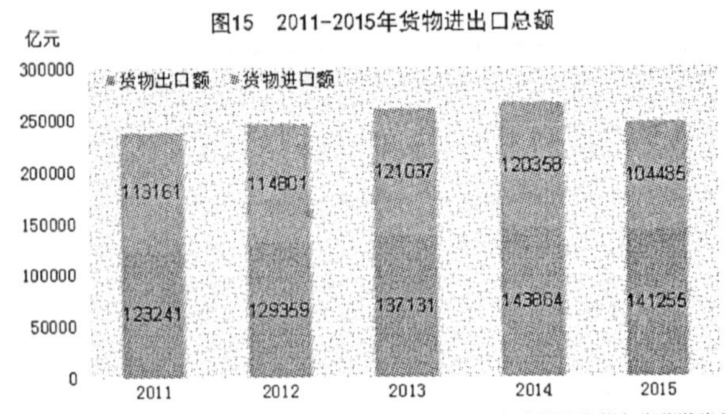

表7 2015年货物进出口总额及其增长速度

指　　　标	金　额（亿元）	比上年增长(%)
货物进出口总额	245741	-7.0
货物出口额	141255	-1.8
其中:一般贸易	75456	2.1
加工贸易	49553	-8.8
其中:机电产品	81421	1.1
高新技术产品	40737	0.4
货物进口额	104485	-13.2
其中:一般贸易	57323	-15.9
加工贸易	27772	-13.7
其中:机电产品	50111	-4.5
高新技术产品	34073	0.6
货物进出口差额(出口减进口)	36770	—

表8 2015年主要商品出口数量、金额及其增长速度

商品名称	单位	数量	比上年增长(%)	金额(亿元)	比上年增长(%)
煤(包括褐煤)	万吨	533	-7.1	31	-27.7
钢材	万吨	11240	19.9	3890	-10.6
纺织纱线、织物及制品	—	—	—	6796	-1.3
服装及衣着附件	—	—	—	10819	-5.5
鞋类	万吨	447	-8.4	3319	-3.9
家具及其零件	—	—	—	3277	2.6
自动数据处理设备及其部件	万台	171508	-10.6	9461	-15.2
手持或车载无线电话	万台	134342	2.4	7711	8.8
集装箱	万个	272	-10.1	475	-14.2
液晶显示板	万个	229344	-6.4	1923	-1.5
汽车	万辆	72	-19.4	696	-9.5

表9 2015年主要商品进口数量、金额及其增长速度

商品名称	数量(万吨)	比上年增长(%)	金额(亿元)	比上年增长(%)
谷物及谷物粉	3270	67.6	582	52.4
大豆	8169	14.4	2157	-12.8
食用植物油	676	4.1	311	-14.5
铁矿砂及其精矿	95272	2.2	3574	-37.7
氧化铝	465	-11.8	101	-14.2
煤(包括褐煤)	20406	-29.9	749	-45.2
原油	33550	8.8	8333	-40.5
成品油	2990	-0.3	886	-38.5
初级形状的塑料	2610	2.9	2793	-11.8
纸浆	1984	10.4	792	6.9
钢材	1278	-11.4	889	-19.2
未锻轧铜及铜材	481	-0.3	1804	-17.4

表10 2015年对主要国家和地区货物进出口额及其增长速度

国家和地区	出口额(亿元)	比上年增长(%)	进口额(亿元)	比上年增长(%)
欧　盟	22096	-3.0	12985	-13.6
美　国	25425	4.5	9238	-5.4
东　盟	17221	3.1	12097	-5.4
中国香港	20589	-7.7	797	2.8
日　本	8424	-8.3	8881	-11.4
韩　国	6291	2.1	10847	-7.1
中国台湾	2785	-2.0	8904	-4.6
印　度	3612	8.5	831	-17.2
俄罗斯	2161	-34.5	2066	-19.1

全年服务进出口[26]总额7130亿美元，比上年增长14.6%。其中，服务出口2882亿美元，增长

9.2%；服务进口 4248 亿美元，增长 18.6%。服务进出口逆差 1366 亿美元。

全年吸收外商直接投资（不含银行、证券、保险）新设立企业 26575 家，比上年增长 11.8%。实际使用外商直接投资金额 7814 亿元（折 1263 亿美元），增长 6.4%。其中“一带一路”[27]沿线国家吸收外商直接投资新设立企业 2164 家，增长 18.3%；实际使用外商直接投资金额 526 亿元（折 85 亿美元），增长 25.3%。

表 11　2015 年外商直接投资(不含银行、证券、保险)及其增长速度

行　业	企业数(家)	比上年增长(%)	实际使用金额(亿元)	比上年增长(%)
总　计	**26575**	**11.8**	**7813.5**	**6.4**
农、林、牧、渔业	609	–15.3	94.8	1.3
制造业	4507	–13.0	2452.3	0.0
电力、燃气及水生产和供应业	264	26.9	139.4	3.1
交通运输、仓储和邮政业	449	19.4	259.7	–5.0
信息传输、计算机服务和软件业	1311	33.6	237.1	40.1
批发和零售业	9156	14.8	744.0	28.0
房地产业	387	–13.2	1789.8	–15.9
租赁和商务服务业	4465	12.7	623.3	–18.8
居民服务和其他服务业	217	19.9	44.4	0.8

全年对外直接投资额（不含银行、证券、保险）7351 亿元，按美元计价为 1180 亿美元，比上年增长 14.7%。其中，我国对“一带一路”沿线国家对外直接投资额达 148 亿美元，增长 18.2%。

表 12　2015 年对外直接投资额(不含银行、证券、保险)及其增长速度

行　业	对外直接投资金额(亿美元)	比上年增长(%)
总　计	**1180.2**	**14.7**
农、林、牧、渔业	20.5	17.8
采矿业	108.5	–43.9
制造业	143.3	105.9
电力、热力、燃气及水生产和供应业	27.9	51.6
建筑业	45.0	–35.9
批发和零售业	160.2	–7.2
交通运输、仓储和邮政业	30.9	5.5
信息传输、软件和信息技术服务业	57.8	240.0
房地产业	90.6	193.2
租赁和商务服务业	416.7	11.9

全年对外承包工程业务完成营业额 9596 亿元，按美元计价为 1541 亿美元，比上年增长 8.2%。对外劳务合作派出各类劳务人员 53 万人，下降 5.7%。

七、交通[28]、邮电和旅游

全年货物运输总量 417 亿吨，比上年增长 0.2%。货物运输周转量 177401 亿吨公里，下降 1.9%。全年规模以上港口完成货物吞吐量 114.3 亿吨，比上年增长 1.6%，其中外贸货物吞吐量 35.9 亿吨，增长 1.1%。规模以上港口集装箱吞吐量 20959 万标准箱，增长 4.1%。

表 13　2015 年各种运输方式完成货物运输量及其增长速度

指　标	单 位	绝对数	比上年增长(%)
货物运输量	亿吨	417.1	0.2
铁　路	亿吨	33.6	–11.9
公　路	亿吨	315.0	1.2
水　运	亿吨	61.4	2.5
民　航	亿吨	625.3	5.2
管　道	亿吨	7.1	1.7
货物运输周转量	亿吨公里	177400.7	–1.9
铁　路	亿吨公里	23754.3	–13.7
公　路	亿吨公里	57955.7	2.0
水　运	亿吨公里	91344.6	–1.2
民　航	亿吨公里	207.3	10.4
管　道	亿吨公里	4138.8	6.6

全年旅客运输总量 194 亿人次，比上年下降 4.4%。旅客运输周转量 30047 亿人公里，增长 4.9%。

表 14　2015 年各种运输方式完成旅客运输量及其增长速度

指　标	单 位	绝对数	比上年增长(%)
旅客运输总量	亿人次	194.3	–4.4
铁　路	亿人次	25.3	10.0
公　路	亿人次	161.9	–6.7
水　运	亿人次	2.7	2.8
民　航	亿人次	4.4	11.1
旅客运输周转量	亿人公里	30047.0	4.9
铁　路	亿人公里	11960.6	6.4
公　路	亿人公里	10742.7	–2.3
水　运	亿人公里	73.1	–1.7
民　航	亿人公里	7270.7	14.8

年末全国民用汽车保有量达到 17228 万辆（包括三轮汽车和低速货车 955 万辆），比上年末增长 11.5%，其中私人汽车保有量 14399 万辆，增长 14.4%。民用轿车保有量 9508 万辆，增长 14.6%，其中私人轿车 8793 万辆，增长 15.8%。

全年完成邮电业务总量[29]28220 亿元，比上年增长29.2%。其中，邮政行业业务总量5079亿元，增长37.4%；电信业务总量23142亿元，增长27.5%。邮政业全年完成邮政函件业务45.8亿件，包裹业务0.4亿件，快递业务量206.7亿件；快递业务收入2770亿元。电信业全年新增移动电话交换机容量[30]6529万户，达到211066万户。年末全国电话用户总数达到153673万户，其中移动电话用户130574万户。移动电话普及率上升至95.5部/百人。固定互联网宽带接入用户[31]21337万户，比上年增加1289万户；移动宽带用户[32]78533万户，增加20279万户。移动互联网接入流量41.9亿G，比上年增长103%。互联网上网人数6.88亿人，增加3951万人，其中手机上网人数[33]6.20亿人，增加6303万人。互联网普及率达到50.3%。软件和信息技术服务业[34]完成软件业务收入43249亿元，比上年增长16.6%。

图16 2011-2015年快递业务量及其增长速度

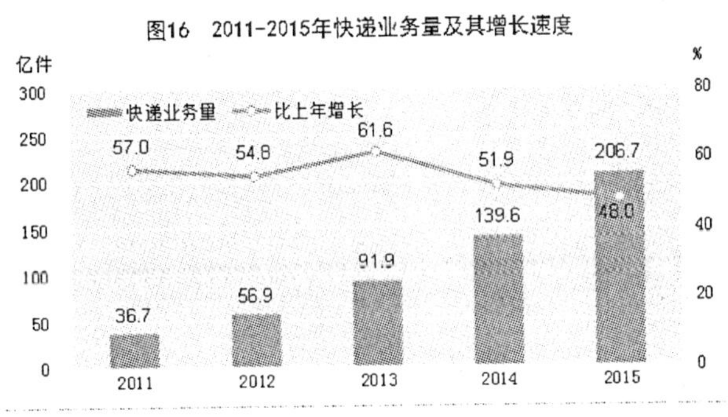

图17 2011-2015年年末固定互联网宽带接入用户和移动宽带用户数

全年国内游客40亿人次，比上年增长10.5%，国内旅游收入34195亿元，增长13.1%。入境游客13382万人次，增长4.1%。其中，外国人2599万人次，下降1.4%；香港、澳门和台湾同胞10783万人次，增长5.6%。在入境游客中，过夜游客5689万人次，增长2.3%。国际旅游收入1137亿美元，增长7.8%。国内居民出境12786万人次，增长9.7%。其中因私出境12172万人次，增长10.6%；赴港澳台出境8588万人次，增长4.4%。

八、金　融

年末广义货币供应量（M2）余额139.2万亿元，比上年末增长13.3%；狭义货币供应量（M1）余额40.1万亿元，增长15.2%；流通中货币（M0）余额6.3万亿元，增长4.9%。

全年社会融资规模增量[35]15.4万亿元，按可比口径计算，比上年少4675亿元。年末全部金融机构本外币各项存款余额139.8万亿元，比年初增加15.3万亿元，其中人民币各项存款余额135.7万亿元，增加15.0万亿元。全部金融机构本外币各项贷款余额99.3万亿元，增加11.7万亿元，其中人民币各项贷款余额94.0万亿元，增加11.7万亿元。

表15 2015年年末全部金融机构本外币存贷款余额及其增长速度

指　　标	年末数（亿元）	比上年末增长(%)
各项存款余额	1397752	12.4
其中：住户存款	551929	8.9
其中：人民币	546078	8.7
非金融企业存款	455209	13.7
各项贷款余额	993460	13.4
其中：境内短期贷款	366684	7.3
境内中长期贷款	538924	14.2

年末主要农村金融机构（农村信用社、农村合作银行、农村商业银行）人民币贷款余额120321亿元，比年初增加13433亿元。全部金融机构人民币消费贷款余额189520亿元，增加35869亿元。其中，个人短期消费贷款余额41008亿元，增加8497亿元；个人中长期消费贷款余额148512亿元，增加27373亿元。

全年上市公司通过境内市场累计筹资29814亿元，比上年增加21417亿元。其中，首次公开发行A股220只，筹资1579亿元；A股再筹资（包括配股、公开增发、非公开增发[36]、认股权证）6711亿元，增加2546亿元；上市公司通过发行可转债、可分离债、公司债、中小企业私募债筹资21524亿元，增加17961亿元。全年首次公开发行创业板股票86只，筹资309亿元。

全年发行公司信用类债券[37]6.72万亿元，比上年增加1.57万亿元。

全年保险公司原保险保费收入[38]24283亿元，比上年增长20.0%。其中，寿险业务原保险保费收入13242亿元，健康险和意外伤害险业务原保险保费收入3046亿元，财产险业务原保险保费收入

7995 亿元。支付各类赔款及给付 8674 亿元。其中，寿险业务给付 3565 亿元，健康险和意外伤害险赔款及给付 915 亿元，财产险业务赔款 4194 亿元。

九、人民生活和社会保障

全年全国居民人均可支配收入 21966 元，比上年增长 8.9%，扣除价格因素，实际增长 7.4%；全国居民人均可支配收入中位数[39]19281 元，增长 9.7%。按常住地分，城镇居民人均可支配收入 31195 元，比上年增长 8.2%，扣除价格因素，实际增长 6.6%；城镇居民人均可支配收入中位数为 29129 元，增长 9.4%。农村居民人均可支配收入 11422 元，比上年增长 8.9%，扣除价格因素，实际增长 7.5%；农村居民人均可支配收入中位数为 10291 元，增长 8.4%。全年农村居民人均纯收入为 10772 元。全国农民工人均月收入 3072 元，比上年增长 7.2%。全国居民人均消费支出 15712 元，比上年增长 8.4%，扣除价格因素，实际增长 6.9%。按常住地分，城镇居民人均消费支出 21392 元，增长 7.1%，扣除价格因素，实际增长 5.5%；农村居民人均消费支出 9223 元，增长 10.0%，扣除价格因素，实际增长 8.6%。

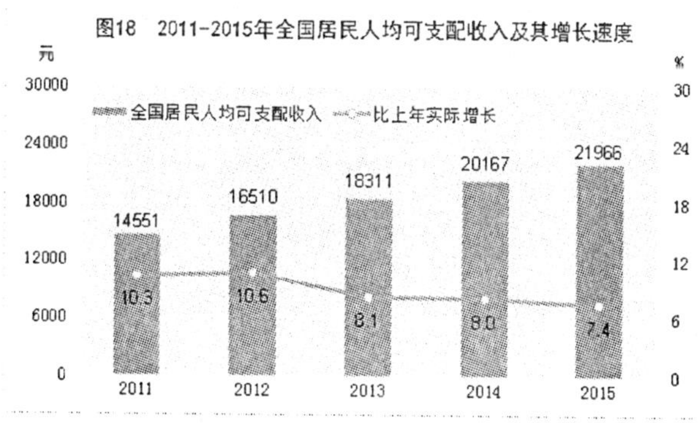

图18　2011-2015年全国居民人均可支配收入及其增长速度

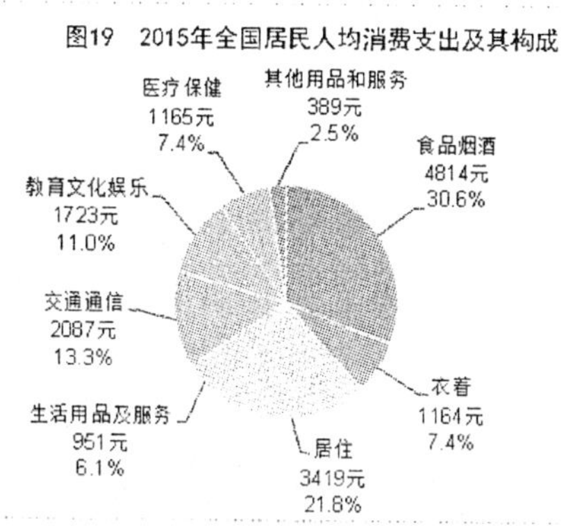

图19　2015年全国居民人均消费支出及其构成

年末全国参加城镇职工基本养老保险人数 35361 万人，比上年末增加 1236 万人。参加城乡居民基本养老保险人数 50472 万人，增加 365 万人。参加城镇基本医疗保险人数 66570 万人，增加 6823 万人。其中，参加职工基本医疗保险人数 28894 万人，增加 598 万人；参加城镇居民基本医疗保险人数 37675 万人，增加 6225 万人。参加失业保险人数 17326 万人，增加 283 万人。年末全国领取失业保险金人数 227 万人。参加工伤保险人数 21404 万人，增加 765 万人，其中参加工伤保险的农民工 7489 万人，增加 127 万人。参加生育保险人数 17769 万人，增加 730 万人。年末全国共有 1708.0 万人享受城市居民最低生活保障，4903.2 万人享受农村居民最低生活保障，农村五保供养[40] 517.5 万人。全年资助 5910.3 万城乡困难群众参加基本医疗保险。按照每人每年 2300 元（2010 年不变价）的农村扶贫标准计算，2015 年农村贫困人口 5575 万人，比上年减少 1442 万人。

十、教育、科学技术和文化体育

全年研究生教育招生 64.5 万人，在学研究生 191.1 万人，毕业生 55.2 万人。普通本专科招生 737.8 万人，在校生 2625.3 万人，毕业生 680.9 万人。中等职业教育[41]招生 601.2 万人，在校生 1656.7 万人，毕业生 567.9 万人。普通高中招生 796.6 万人，在校生 2374.4 万人，毕业生 797.6 万人。初中招生 1411.0 万人，在校生 4312.0 万人，毕业生 1417.6 万人。普通小学招生 1729.0 万人，在校生 9692.2 万人，毕业生 1437.2 万人。特殊教育招生 8.3 万人，在校生 44.2 万人，毕业生 5.3 万人。学前教育在园幼儿 4264.8 万人。九年义务教育巩固率为 93.0%，高中阶段毛入学率为 87.0%。

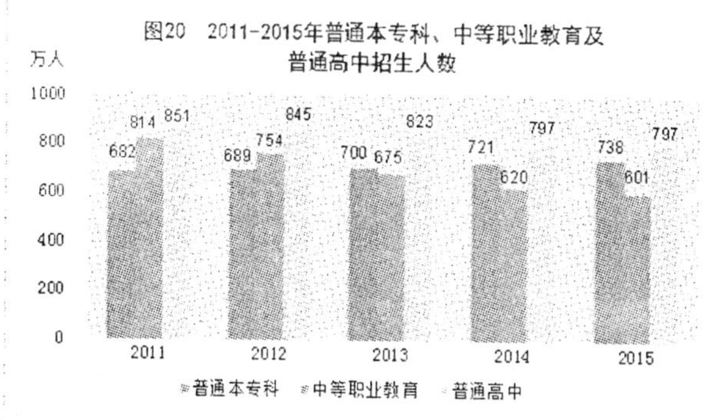

图20　2011-2015年普通本专科、中等职业教育及普通高中招生人数

全年研究与试验发展（R&D）经费支出 14220 亿元，比上年增长 9.2%，与国内生产总值之比为 2.10%，其中基础研究经费 671 亿元。全年国家安排了 3574 项科技支撑计划课题，2561 项“863”计划课题。截至年底，累计建设国家工程研究中心 132 个，国家工程实验室 158 个，国家认定企业技

术中心1187家。国家新兴产业创投计划[42]累计支持设立206家创业投资企业，资金总规模557亿元，投资创业企业1233家。全年受理境内外专利申请279.9万件，授予专利权171.8万件。截至年底，有效专利547.8万件，其中境内有效发明专利87.2万件，每万人口发明专利拥有量6.3件。全年共签订技术合同30.7万项，技术合同成交金额9835亿元，比上年增长14.7%。

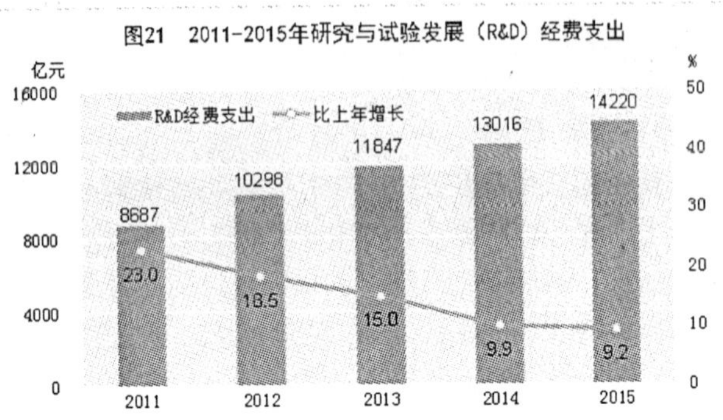

图21 2011-2015年研究与试验发展（R&D）经费支出

表16 2015年专利申请受理、授权和有效专利情况

指　　标	专利数（万件）	比上年增长(%)
专利申请受理数	279.9	18.5
其中:境内专利申请受理	261.7	19.7
其中:发明专利申请受理	110.2	18.7
其中:境内发明专利	95.7	21.2
专利申请授权数	171.8	31.9
其中:境内专利授权	157.8	32.4
其中:发明专利授权	35.9	54.1
其中:境内发明专利	25.6	62.5
年末有效专利数	547.8	18.0
其中:境内有效专利	467.4	19.3
其中:有效发明专利	147.2	23.1
其中:境内有效发明专利	87.2	31.4

全年成功完成19次宇航发射。长征六号、长征十一号新型运载火箭成功首飞；地球静止轨道分辨率最高的遥感卫星高分四号成功发射；完成4颗新一代北斗导航卫星发射，北斗卫星导航系统全球组网稳步推进；国产首架大飞机C919成功总装下线。

年末全国共有产品检测实验室31768个，其中国家检测中心641个。全国现有产品质量、体系认证机构221个，已累计完成对136780个企业的产品认证。全国共有法定计量技术机构3830个，全年强制检定计量器具7354万台（件）。全年制定、修订国家标准1931项，其中新制定1330项。全年中央气象台和省级气象台共发布气象预警信号5939次，警报6107次。全国共有地震台站1687个，区域地震台网32个。全国共有海洋观测站（点）[43]124个。测绘地理信息部门公开出版地图2003种。

年末全国文化系统共有艺术表演团体2052个，博物馆2956个。全国共有公共图书馆3136个，总流通[44]58339万人次；文化馆3315个。有线电视用户2.39亿户，其中有线数字电视用户2.02亿户。年末广播节目综合人口覆盖率为98.2%，电视节目综合人口覆盖率为98.8%。全年生产电视剧395部16560集，电视动画片134011分钟。全年生产故事影片686部，科教、纪录、动画和特种影片[45]202部。出版各类报纸440亿份，各类期刊30亿册，图书81亿册（张），人均图书拥有量[46]5.91册（张）。年末全国共有档案馆4196个，已开放各类档案13294万卷（件）。

全年我国运动员在25个运动大项中获得127个世界冠军，共创12项世界纪录。全年我国残疾人运动员在34项国际赛事中获得395个世界冠军。

十一、卫生和社会服务

年末全国共有医疗卫生机构990248个，其中医院27215个，乡镇卫生院36869个，社区卫生服务中心（站）34588个，诊所（卫生所、医务室）195866个，村卫生室644751个，疾病预防控制中心3492个，卫生监督所（中心）3097个。卫生技术人员803万人，其中执业医师和执业助理医师300万人，注册护士328万人。医疗卫生机构床位708万张，其中医院534万张，乡镇卫生院121万张。

图22 2011-2015年卫生技术人员人数

万人：2011年 620；2012年 668；2013年 721；2014年 759；2015年 803

年末全国各类提供住宿的社会服务机构3.2万个，其中养老服务机构2.8万个。社会服务床位[47]676.3万张，其中养老床位669.8万张。年末共有社区服务中心2.4万个，社区服务站12.5万个。

十二、资源、环境和安全生产

全年全国国有建设用地供应总量[48]53 万公顷，比上年下降 12.5%。其中，工矿仓储用地 12 万公顷，下降 15.2%；房地产用地[49]12 万公顷，下降 20.9%；基础设施等其他用地 29 万公顷，下降 7.1%。

全年水资源总量 28306 亿立方米。全年平均降水量 644 毫米。年末全国监测的 614 座大型水库蓄水总量 3645 亿立方米，与上年末蓄水量基本持平。全年总用水量 6180 亿立方米，比上年增长 1.4%。其中，生活用水增长 3.1%，工业用水增长 1.8%，农业用水增长 0.9%，生态补水增长 1.7%。万元国内生产总值用水量[50]104 立方米，比上年下降 5.1%。万元工业增加值用水量 58 立方米，下降 3.9%。人均用水量 450 立方米，比上年增长 0.9%。

全年完成造林面积 632 万公顷，其中林业重点生态工程完成造林面积 242 万公顷，占全部造林面积的 38.2%。截至年底，自然保护区达到 2740 个，其中国家级自然保护区 428 个。新增水土流失治理面积 5.4 万平方公里，新增实施水土流失地区封育保护面积 2.0 万平方公里。

全年平均气温为 10.5℃，共有 6 个台风登陆。

初步核算，全年能源消费总量 43.0 亿吨标准煤，比上年增长 0.9%。煤炭消费量下降 3.7%，原油消费量增长 5.6%，天然气消费量增长 3.3%，电力消费量增长 0.5%。煤炭消费量占能源消费总量的 64.0%，水电、风电、核电、天然气等清洁能源消费量占能源消费总量的 17.9%。全国万元国内生产总值能耗下降 5.6%。工业企业吨粗铜综合能耗下降 0.79%，吨钢综合能耗下降 0.56%，单位烧碱综合能耗下降 1.41%，吨水泥综合能耗下降 0.49%，每千瓦时火力发电标准煤耗下降 0.95%。

图23　2011-2015年万元国内生产总值能耗降低率

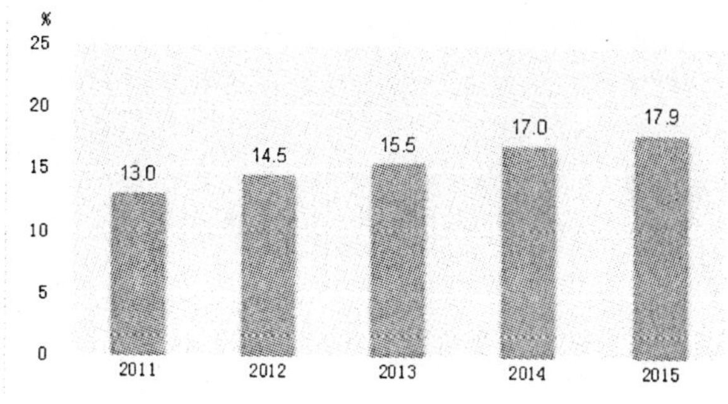

图24　2011-2015年清洁能源消费量占能源消费总量的比重

十大流域[51]的 700 个水质监测断面中，Ⅰ～Ⅲ类水质断面比例占 72.1%，劣Ⅴ类水质断面比例占 8.9%。十大流域水质总体为轻度污染，水质保持稳定。

近岸海域 301 个海水水质监测点中，达到国家一、二类海水水质标准的监测点占 70.4%，三类海水占 7.6%，四类、劣四类海水占 21.9%。

在监测的 338 个城市中，城市空气质量达标的城市占 21.6%，未达标的城市占 78.4%。

在监测的 321 个城市中，城市区域声环境质量好的城市占 4.0%，较好的占 68.5%，一般的占 26.2%，较差的占 0.9%，差的占 0.3%。

年末城市污水处理厂日处理能力达到 13784 万立方米，比上年末增长 5.3%；城市污水处理率达到 91.0%，提高 0.8 个百分点。城市生活垃圾无害化处理率达到 92.5%，提高 0.7 个百分点。城市集中供热面积 64.2 亿平方米，增长 5.1%。城市建成区绿地面积 189 万公顷，增长 3.7%；建成区绿地率达到 36.3%，提高 0.05 个百分点；人均公园绿地面积 13.16 平方米，增加 0.08 平方米。

全年农作物受灾面积 2177 万公顷，其中绝收 223 万公顷。全年因洪涝和地质灾害造成直接经济损失 920 亿元，因旱灾造成直接经济损失 486 亿元，因低温冷冻和雪灾造成直接经济损失 89 亿元，因海洋灾害造成直接经济损失 72 亿元。全年大陆地区共发生 5 级以上地震 14 次，成灾 12 次，造成直接经济损失 180 亿元。全年共发生森林火灾 2936 起，森林火灾受害森林面积 1.3 万公顷。

全年各类生产安全事故共死亡 66182 人。亿元国内生产总值生产安全事故死亡人数 0.098 人，比上年下降 8.4%；工矿商贸企业就业人员 10 万人生产安全事故死亡人数 1.071 人，下降 19.4%；道路交通事故万车死亡人数 2.1 人，下降 4.5%；煤矿百万吨死亡人数 0.162 人，下降 36.5%。

注 释：

[1]本公报中数据均为初步统计数。各项统计数据均未包括香港特别行政区、澳门特别行政区和台湾省。部分数据因四舍五入的原因，存在着与分项合计不等的情况。

[2]国内生产总值、各产业增加值和人均国内生产总值绝对数按现价计算，增长速度按不变价格计算。

[3]国民总收入，原称国民生产总值，是指一个国家或地区所有常住单位在一定时期内所获得的初次分配收入总额。它等于国内生产总值加上来自国外的净要素收入。

[4]人户分离的人口是指居住地与户口登记地所在的乡镇街道不一致且离开户口登记地半年及以上的人口。

[5]流动人口是指人户分离人口中扣除市辖区内人户分离的人口。市辖区内人户分离的人口是指一个直辖市或地级市所辖区内和区与区之间，居住地和户口登记地不在同一乡镇街道的人口。

[6]2015 年年末，0–14 岁（含不满 15 周岁）人口为 22715 万人，15–59 岁（含不满 60 周岁）人口为 92547 万人。

[7]年度农民工数量包括年内在本乡镇以外从业 6 个月及以上的外出农民工和在本乡镇内从事非农产业 6 个月及以上的本地农民工两部分。

[8]全员劳动生产率为国内生产总值（以 2010 年价格计算）与全部就业人员的比率。

[9]农产品生产者价格是指农产品生产者直接出售其产品时的价格。

[10]居住类价格包括建房及装修材料、住房租金、自有住房和水电燃料等价格。

[11]按照完善政府预算体系的要求，2015 年将政府性基金中用于提供基本公共服务以及主要用于人员和机构运转等方面的 11 项基金转列一般公共预算。为此，需扣除 11 项政府性基金转列一般公共预算影响，计算同口径增幅。

[12]六大高耗能行业包括石油加工、炼焦和核燃料加工业，化学原料和化学制品制造业，非金属矿物制品业， 黑色金属冶炼和压延加工业，有色金属冶炼和压延加工业，电力、热力生产和供应业。

[13]高技术制造业包括医药制造业，航空、航天器及设备制造业，电子及通信设备制造业，计算机及办公设备制造业，医疗仪器设备及仪器仪表制造业，信息化学品制造业。

[14]装备制造业包括金属制品业，通用设备制造业，专用设备制造业，汽车制造业，铁路、船舶、航空航天和其他运输设备制造业，电气机械和器材制造业，计算机、通信和其他电子设备制造业，仪器仪表制造业。

[15]天然气包括气田天然气、油田天然气（分为油田气层气、油田伴生溶解气）和煤田天然气（也称煤层气）。

[16]钢材产量数据中含企业之间重复加工钢材约 34400 万吨。

[17]少量发电装机容量（如地热等）文中未列出。

[18]固定资产投资按东部、中部、西部和东北地区计算的合计数据小于全国数据，是因为有部分跨地区的投资未计算在地区数据中。其中，东部地区是指北京、天津、河北、上海、江苏、浙江、福建、山东、广东和海南 10 省（市）；中部地区是指山西、安徽、江西、河南、湖北和湖南 6 省；西部地区是指内蒙古、广西、重庆、四川、贵州、云南、西藏、陕西、甘肃、青海、宁夏和新疆 12 省（区、市）；东北地区是指辽宁、吉林和黑龙江 3 省。

[19]基础设施投资是指建造或购置为社会生产和生活提供基础性、大众性服务的工程和设施的支出。本文中的基础设施投资包括交通运输、邮政业，电信、广播电视和卫星传输服务业，互联网和相关服务业，水利、环境和公共设施管理业投资。

[20]民间固定资产投资是指具有集体、私营、个人性质的内资企事业单位以及由其控股（包括绝对控股和相对控股）的企业单位建造或购置固定资产的投资。

[21]高技术产业投资包括医药制造、航空航天器及设备制造等六大类高技术制造业投资和信息服务、电子商务服务等九大类高技术服务业投资。

[22]房地产业投资除房地产开发投资外，还包括建设单位自建房屋以及物业管理、中介服务和其他房地产投资。

[23]高速铁路是指最高营运速度达到 200 公里 / 小时及以上的铁路。

[24]网上零售额是指通过公共网络交易平台（包括自建网站和第三方平台）实现的商品和服务零售额。其中，网上零售额包括的服务类商品，以及少部分用于生产经营用或被转卖的商品不统计在社会消费品零售总额中。

[25]货物贸易、吸收外资采用人民币计价。服务贸易、对外投资和对外承包工程由于技术原因仍主要沿用美元计价。

[26]服务进出口按照《国际收支手册（第六版）》标准统计，不含政府服务，增速按可比口径计算。

[27]“一带一路”是指“丝绸之路经济带”和“21世纪海上丝绸之路”。

[28]2015年公路客货运量、周转量数据的核算方法和统计口径发生变化，增速按可比口径计算。

[29]邮电业务总量按2010年价格计算。

[30]移动电话交换机容量是指移动电话交换机根据一定话务模型和交换机处理能力计算出来的最大同时服务用户的数量。

[31]固定互联网宽带接入用户是指报告期末在电信企业登记注册，通过xDSL、FTTx+LAN、FTTH/0以及其他宽带接入方式和普通专线接入公众互联网的用户。

[32]移动宽带用户是指报告期末在计费系统拥有使用信息，占用3G或4G网络资源的在网用户。

[33]手机上网人数是指过去半年通过手机接入并使用互联网的6周岁及以上中国居民数量。

[34]软件和信息技术服务业包括软件开发，信息系统集成服务，信息技术咨询服务，数据处理和存储服务，集成电路设计服务和其他信息技术服务等行业。

[35]社会融资规模增量是指一定时期内实体经济从金融体系获得的资金总额。

[36]非公开增发又叫定向增发，不含资产认购部分。

[37]公司信用类债券包括非金融企业债务融资工具、企业债券以及公司债、可转债等。

[38]原保险保费收入是指保险企业确认的原保险合同保费收入。

[39]人均收入中位数是指将所有调查户按人均收入水平从低到高（或从高到低）顺序排列，处于最中间位置调查户的人均收入。

[40]农村五保供养是指老年、残疾和未满16周岁的村民，无劳动能力、无生活来源又无法定赡养、抚养、扶养义务人，或者其法定赡养、抚养、扶养义务人无赡养、抚养、扶养能力的村民，在吃、穿、住、医、葬方面得到的生活照顾和物质帮助。

[41]中等职业教育包括普通中专、成人中专、职业高中和技工学校。

[42]国家新兴产业创投计划是指中央财政专项资金通过与地方政府资金、社会资本共同发起设立创业投资企业，或以股权投资模式直接投资创业企业等方式，培育和促进新兴产业发展的活动。

[43]海洋观测站（点）是指依托岸基、岛屿（或海上固定平台）进行海洋水文、气象观测，获取具有充分代表性的长期、定点、连续海洋环境观测资料的场所，部分海洋观测站存在多个观测点的情况。

[44]总流通人次是指本年度内到图书馆场馆接受图书馆服务的总人次，包括借阅书刊、咨询问题以及参加各类读者活动等。

[45]特种影片是指那些采用与常规影院放映在技术、设备、节目方面不同的电影展示方式，如巨幕电影、立体电影、立体特效（4D）电影、动感电影、球幕电影等。

[46]人均图书拥有量是指在一年内全国平均每人能拥有的当年出版图书册数。

[47]社会服务床位数除收养性机构外，还包括救助类机构、社区类机构以及军休所、军供站等机构的床位。

[48]国有建设用地供应总量是指报告期内市、县人民政府根据年度土地供应计划依法以出让、划拨、租赁等方式将土地使用权提供给单位或个人使用的国有建设用地总量。

[49]房地产用地是指商服用地和住宅用地的总和。

[50]万元国内生产总值用水量、万元工业增加值用水量和万元国内生产总值能耗按2010年价格计算。

[51]十大流域包括长江、黄河、珠江、松花江、淮河、海河、辽河、浙闽片河流、西北诸河和西南诸河。

资料来源：本公报中城镇新增就业、登记失业率、社会保障数据来自人力资源社会保障部；财政数据来自财政部；外汇储备、汇率、货币金融、公司信用类债券数据来自人民银行；水产品产量数据来自农业部；木材产量、林业、森林火灾数据来自林业局；灌溉面积、水资源数据来自水利部；发电装机容量、新增220千伏及以上变电设备数据来自中电联；新建铁路投产里程、增新建铁路复线投产里程、电气化铁路投产里程、铁路运输数据来自铁路总公司；新建公路里程、港口万吨级码头泊位新增吞吐能力、公路运输、水运、港口货物吞吐量数据来自交通运输部；新增民用运输机场、民航数据来自民航局；新增光缆线路长度、电话交换机容量、电话用户、宽带用户、移动互联网接入流量、上网人数、软件业务收入等数据来自工业和信息化部；保障性住房、城市污水处理、城市集中供热面

积、建成区绿地率数据来自住房城乡建设部；货物进出口数据来自海关总署；服务进出口、外商直接投资、对外直接投资、对外承包工程、对外劳务合作等数据来自商务部；管道数据来自中石油、中石化、中海油；民用汽车、交通事故数据来自公安部；邮政业务数据来自邮政局；旅游数据来自旅游局、公安部；上市公司数据来自证监会；保险业数据来自保监会；城乡低保、五保供养、社会服务、农作物受灾面积、洪涝地质灾害造成直接经济损失、旱灾造成直接经济损失、低温冷冻和雪灾造成直接经济损失来自民政部；教育数据来自教育部；安排科技计划课题、技术合同等数据来自科技部；国家工程研究中心、企业技术中心、新兴产业创投等数据来自发展改革委；专利数据来自知识产权局；宇航发射数据来自国防科工局；质量检验、国家标准制定修订等数据来自质检总局；气象预警、平均气温、登陆台风数据来自气象局；地震数据来自地震局；海洋观测站（点）、海洋灾害造成直接经济损失数据来自海洋局；测绘数据来自测绘地信局；艺术表演团体、博物馆、公共图书馆、文化馆数据来自文化部；广播电视、电影、报纸、期刊、图书数据来自新闻出版广电总局；档案数据来自档案局；体育数据来自体育总局；残疾人运动员数据来自中国残联；卫生数据来自卫生计生委；国有建设用地供应数据来自国土资源部；自然保护区、环境监测数据来自环境保护部；安全生产数据来自安全监管总局；其他数据均来自国家统计局。

附录 3-2

2015 年福建省国民经济和社会发展统计公报

福　建　省　统　计　局
国家统计局福建调查总队

（2016 年 2 月22 日）

一、综　合

人口保持低速平稳增长。年末全省常住人口3839 万人，比上年末增加 33 万人，增长 0.87%，增幅比上年略高 0.02 个百分点。其中，城镇常住人口 2403 万人，占总人口比重为 62.60%，比上年末提高 0.8 个百分点。全年出生人口 53.13 万人，出生率为 13.9‰；死亡人口 23.32 万人，死亡率为 6.1‰；自然增长率为 7.8‰。

表 1　2015 年年末人口数及其构成

指　标	年末数（万人）	比　重（%）
常住人口	3839	100.0
其中：城　镇	2403	62.60
农　村	1436	37.40
其中：男　性	1949	50.76
女　性	1890	49.24
其中：0–14 岁	623	16.22
15–64 岁	2892	75.33
65 周岁及以上	324	8.45

国民经济稳定增长。初步核算，全年实现地区生产总值 25979.82 亿元，比上年增长 9.0%。其中，第一产业增加值 2117.65 亿元，增长 3.7%；第二产业增加值 13218.67 亿元，增长 8.7%；第三产业增加值 10643.50 亿元，增长 10.3%。人均地区生产总值 67966 元，比上年增长 8.0%。第一产业增加值占地区生产总值的比重为 8.1%，第二产业增加值比重为 50.9%，第三产业增加值比重为 41.0%。

产业结构优化。“十二五”期间，全省地区生产总值年均增长 10.7%，超出“十二五”计划目标 0.7 个百分点。其中三次产业年均分别增长 4.2%、12.8%和 9.2%。三次产业结构由 2010 年的 9.3∶51.0∶39.7 调整为 2015 年的 8.1∶50.9∶41.0。

图1　2011-2015年地区生产总值（GDP）及其增长速度

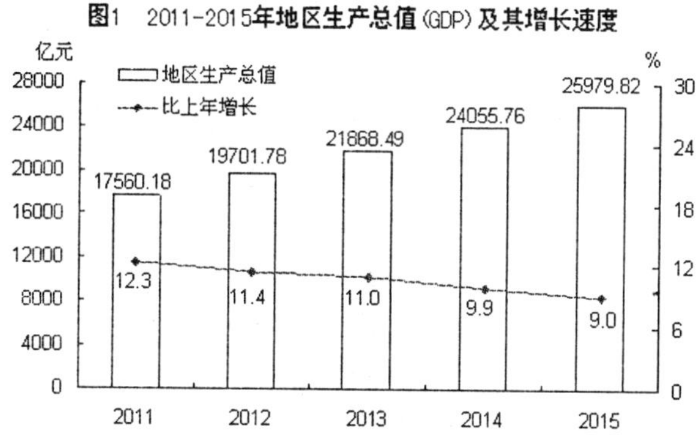

战略性新兴产业发展良好。全年战略性新兴产业实现增加值 2618.82 亿元，比上年增长 9.9%，占地区生产总值的比重为 10.1%。

电子商务交易保持活跃。初步统计，全年全省电子商务交易总额 7116 亿元，比上年增长 42.6%。限额以上批发和零售企业实现网上零售额 354.91 亿元，增长 63.8%。“正统网”入驻电子商务企业 5798 家。

就业继续增加。全年城镇新增就业 65.95 万人，有 14.02 万下岗人员实现了再就业。年末城镇登记失业率为 3.66%，比上年末上升 0.19 个百分点。

图2　2011-2015年城镇新增就业人数

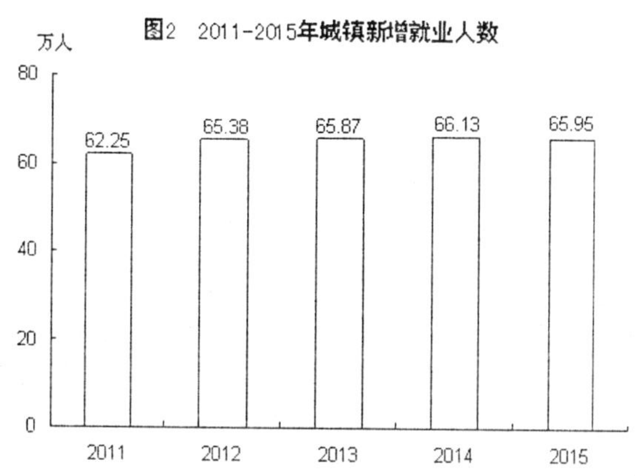

居民消费价格温和上涨。全年居民消费价格比上年上涨1.7%，其中食品价格上涨2.3%。固定资产投资价格下降1.7%。工业生产者出厂价格下降3.0%。工业生产者购进价格下降3.9%。农产品生产者价格上涨1.2%。12月份，福州市、厦门市新建商品住宅销售价格同比分别上涨1.8%、6.5%，泉州市下降2.5%。

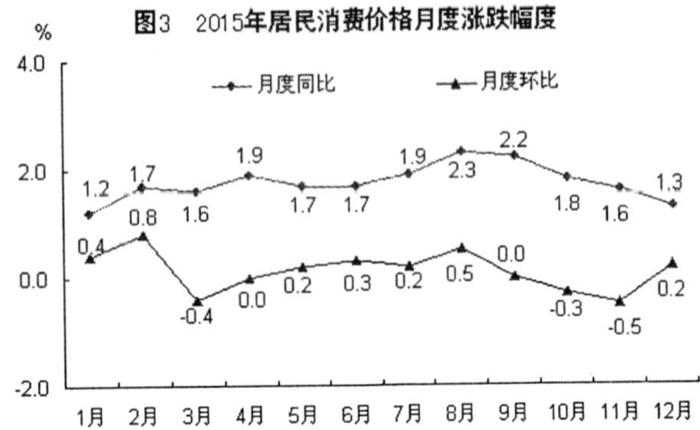

图3 2015年居民消费价格月度涨跌幅度

表2 2015年居民消费价格比上年涨跌幅度

指标	全省(%)	城市	农村
居民消费价格总水平	1.7	1.7	1.7
食品	2.3	2.2	2.6
烟酒及用品	2.3	2.4	2.1
衣着	2.9	2.8	3.1
家庭设备用品及维修服务	0.8	1.1	0.0
医疗保健及个人用品	4.5	3.9	6.3
交通和通信	-1.7	-1.6	-2.2
娱乐教育文化用品及服务	1.2	1.3	0.9
居住	1.3	1.6	0.6

表3 2015年福州、厦门、泉州市新建商品住宅销售价格涨跌幅度(月度同比)

月份	1月	2月	3月	4月	5月	6月
福州	-6.6	-7.6	-8.0	-8.1	-8.1	-7.1
厦门	0.8	0.0	-0.4	-0.6	-0.7	-0.5
泉州	-8.0	-9.2	-9.4	-9.6	-9.6	-8.8

月份	7月	8月	9月	10月	11月	12月
福州	-5.4	-4.2	-2.1	-0.8	0.6	1.8
厦门	-0.3	0.1	1.1	2.9	4.6	6.5
泉州	-7.7	-6.7	-5.3	-4.3	-3.1	-2.5

一般公共预算收入平稳增长。全年一般公共预算总收入4143.71亿元，比上年增长8.2%，其中，地方一般公共预算收入2544.08亿元，增长7.7%；一般公共预算支出3995.77亿元，增长20.8%。全省国税总收入（含海关代征）2326.7亿元，增长1.2%；全省地税系统组织各项收入2517.40亿元，增长4.5%。

“十二五”期间，一般公共预算总收入累计达到17008.35亿元，地方一般公共预算收入累计达到10303.42亿元，一般公共预算支出累计达到15176.95亿元，分别是“十一五”时期的2.2倍、2.5倍和2.6倍，年均增速分别为15.0%、17.2%和18.7%。

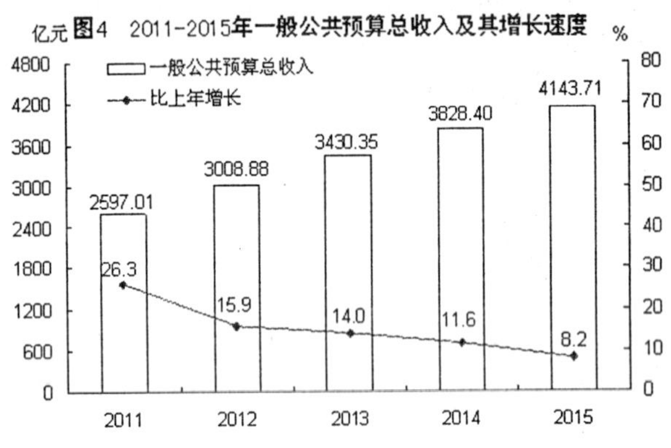

图4 2011-2015年一般公共预算总收入及其增长速度

二、农业

农业生产总体较好。全年农林牧渔业完成总产值3717.87亿元，比上年增长3.9%。粮食种植面积1789.83万亩，比上年减少6.79万亩，其中稻谷面积1183.44万亩，减少23.31万亩；烟叶种植面积102.04万亩，减少5.97万亩；油料种植面积178.50万亩，增加2.84万亩；蔬菜种植面积1133.69万亩，增加47.89万亩。

全年粮食产量661.10万吨，比上年减少5.93吨，下降0.9%。其中，稻谷产量485.03万吨，减产12.04万吨，下降2.4%。

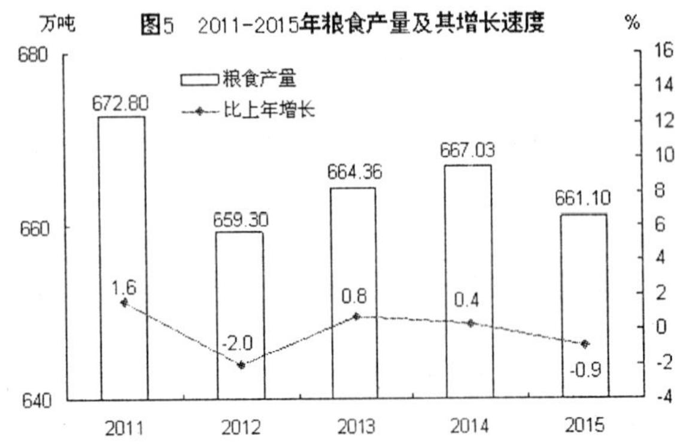

图5 2011-2015年粮食产量及其增长速度

表4 2015年主要农产品产量

产品名称	产 量（万吨）	比上年增长（%）
粮 食	661.10	-0.9
春 收	37.92	3.8
夏 收	136.14	-2.4
秋 收	487.04	-0.8
油 料	30.67	2.8
其中:花 生	28.60	2.8
油菜籽	1.88	3.2
糖 料	43.57	-18.0
甘 蔗	43.57	-18.0
烤 烟	14.35	-6.7
茶 叶	40.23	8.1
水 果	837.05	5.8
蔬 菜	1790.37	5.5
食用菌	113.20	8.6

全年肉蛋奶总产量257.44万吨，比上年增长1.2%。肉类总产量216.55万吨，增长1.3%。其中，猪肉产量134.53万吨，下降11.0%；牛肉产量3.07万吨，增长7.8%；羊肉产量2.36万吨，增长6.6%。年末生猪存栏1066.16万头，下降7.2%；生猪出栏1707.76万头，下降14.2%。牛奶产量14.95万吨，下降0.1%。

全年水产品产量733.89万吨，比上年增长5.5%。其中，淡水产品产量97.58万吨，增长5.5%；海洋捕捞232.18万吨，增长3.6%；海水养殖404.13万吨，增长6.5%。

全年新增有效灌溉面积6.8万亩，新增节水灌溉面积78.96万亩。

农业产业化持续推进，428家省级以上重点龙头企业销售收入2183.61亿元，比上年增长1.3%，带动农户356.80万户。

“十二五”期间，农林牧渔业总产值年均增长4.3%。粮食产量比2010年减少0.79万吨；茶叶产量增加12.97万吨，年均增长8.1%；水果产量增加194.28万吨，年均增长5.4%；肉类总产量增加36.34万吨，年均增长3.7%。

三、工业和建筑业

工业生产稳定增长。全年全部工业增加值10974.42亿元，比上年增长8.5%。规模以上工业增加值增长8.7%。在规模以上工业中，分经济类型看，国有及国有控股企业增长9.5%；国有企业下降0.9%，集体企业增长8.4%，股份制企业增长11.2%，外商及港澳台商投资企业增长4.6%；私营企业增长11.1%。分轻重看，轻工业增长8.9%，重工业增长8.6%。分门类看，采矿业增长8.6%，制造业增长9.3%，电力、热力、燃气及水生产和供应业增长0.8%。工业产品销售率96.74%，比上年下降0.50个百分点。

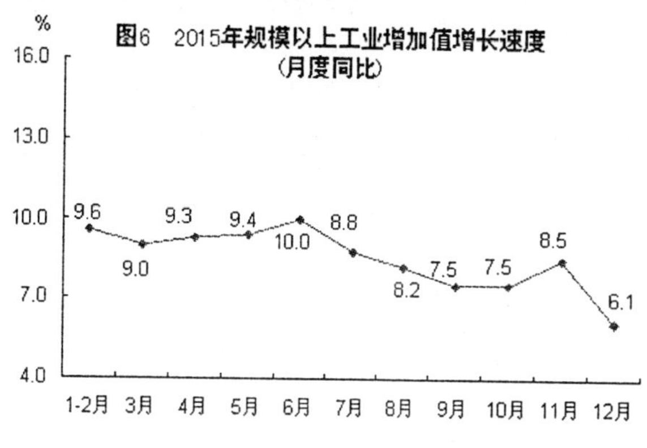

图6 2015年规模以上工业增加值增长速度（月度同比）

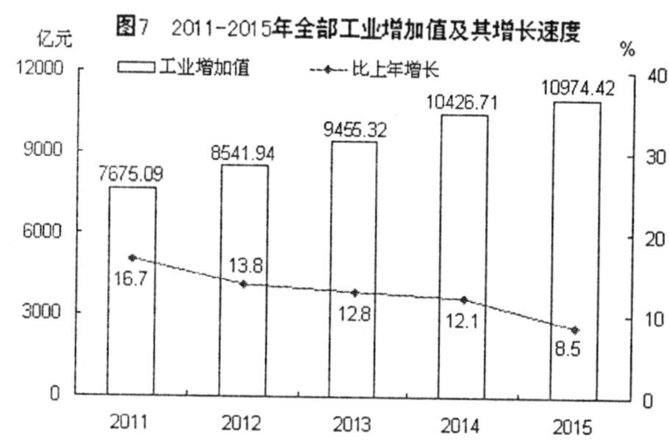

图7 2011-2015年全部工业增加值及其增长速度

规模以上工业的38个行业大类中有19个增加值增速在两位数。其中，石油加工、炼焦和核燃料加工业比上年增长34.0%，黑色金属矿采选业增长26.7%，化学原料和化学制品制造业下降3.2%，废弃资源综合利用业增长15.3%，有色金属冶炼和压延加工业增长28.0%，燃气生产和供应业下降5.4%，化学纤维制造业增长22.8%，黑色金属冶炼和压延加工业下降0.7%。规模以上工业中三大主导产业实现增加值3546.77亿元，增长10.1%。其中，机械装备产业实现增加值1606.90亿元，增长9.0%；电子信息产业实现增加值728.91亿元，增长10.8%；石油化工产业实现增加值1210.96亿元，增长10.7%。高技术产业实现增加值1005.02亿元，比上年增长12.5%。

表5 2015年规模以上工业企业主要工业产品产量

产品名称	单位	产量	比上年增长(%)
纱	万吨	445.35	12.5
布	亿米	73.67	10.8
化学纤维	万吨	576.20	26.1
成品糖	万吨	2.10	-27.3
卷　烟	亿支	941.29	-2.9
新闻纸	万吨	5.73	-52.2
彩色电视机	万台	1428.14	-3.2
原　煤	万吨	1531.77	1.2
发电量	亿千瓦时	1882.81	0.7
其中:火　电	亿千瓦时	1108.96	-13.2
水　电	亿千瓦时	439.09	6.3
粗　钢	万吨	1586.48	-13.9
钢　材	万吨	2820.73	-5.0
十种有色金属	万吨	40.91	0.9
其中:铜	万吨	27.24	11.3
铝	万吨	13.54	-5.1
水　泥	万吨	7746.18	0.9
硫　酸	万吨	187.50	3.6
纯　碱	万吨	0.97	9.0
烧　碱	万吨	32.23	5.3
化　肥(折纯)	万吨	52.06	7.4
发电设备	万千瓦	12.43	42.8
汽　车	万辆	19.39	7.1
其中:轿　车	万辆	4.21	-35.3
集成电路	亿块	0.74	66.4
移动电话机	万台	2133.56	68.3
微型电子计算机	万台	818.78	-17.3

注：发电量为全社会口径。

全年规模以上工业企业实现利润2208.70亿元，比上年增长4.7%；其中国有及国有控股企业199.37亿元，下降7.5%；国有企业16.06亿元，下降7.4%，集体企业5.82亿元，增长8.6%，股份制企业1276.92亿元，增长4.7%，外商及港澳台商投资企业859.90亿元，增长3.9%；私营企业721.85亿元，增长9.7%。规模以上工业企业每百元主营业务收入中的成本为86.26元，主营业务收入利润率为5.65%。

全年全部工业产品（采矿业和制造业）销售收入中，销往省内比重为42.1%，比上年上升1.7个百分点；销往省外的比重为39.8%，上升1.4个百分点；销往境外的比重为18.1%，下降3.1个百分点。

全年全社会建筑业实现增加值2268.86亿元，比上年增长10.1%。全省具有资质等级的总承包和专业承包建筑业企业完成建筑业总产值7605.81亿元，增长13.7%；实现利润248.59亿元，增长6.3%；税金总额260.27亿元，增长15.9%。

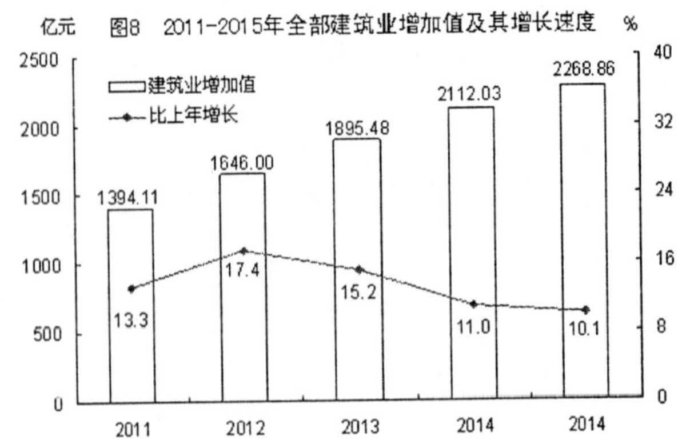

“十二五”期间，全省工业增加值年均增长12.7%，建筑业增加值年均增长13.4%。

四、固定资产投资

固定资产投资较快增长。全年全社会固定资产投资21628.31亿元，比上年增长17.2%。其中，固定资产投资（不含农户）21300.91亿元，增长17.4%；农户投资327.40亿元，增长6.3%。

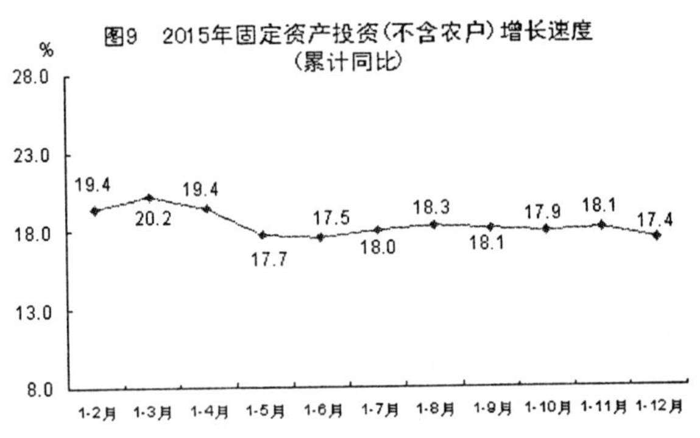

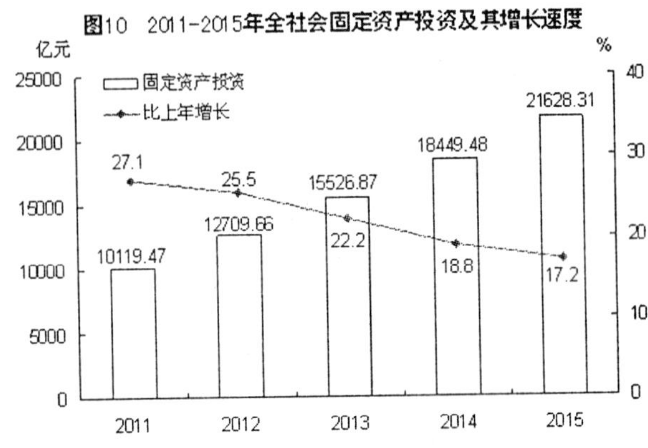

表6　2015年全社会固定资产投资情况

指　　标	投资额（亿元）	比上年增长（%）
全社会固定资产投资	21628.31	17.2
按构成分		
固定资产投资(不含农户)	21300.91	17.4
农　户	327.40	6.3
按产业分		
第一产业	536.88	29.9
第二产业	7516.67	16.1
其中:工　业	7295.11	16.3
第三产业	13574.76	17.4

在固定资产投资（不含农户）中，第一产业投资增长34.6%；第二产业投资增长16.1%，其中，工业投资增长16.2%；第三产业投资增长17.6%。从到位资金情况看，全年到位资金21557.55亿元，比上年增长13.4%。其中，国家预算资金增长14.4%，国内贷款增长6.2%，利用外资下降54.3%，自筹资金增长18.4%，其他资金增长2.0%。

表7　2015年分行业固定资产投资(不含农户)情况

行　　业	投资额（亿元）	比上年增长（%）
总　计	21300.91	17.4
农、林、牧、渔业	617.11	39.6
采矿业	277.90	12.5
制造业	6102.88	19.5
电力、燃气及水的生产和供应业	908.44	-1.0
建筑业	225.31	9.1
批发和零售业	511.63	33.9
交通运输、仓储和邮政业	2491.85	25.9
住宿和餐饮业	263.39	16.3
信息传输、软件和信息技术服务业	319.05	53.4
金融业	57.10	22.6
房地产业	5366.17	0.1
租赁和商务服务业	268.96	15.8
科学研究和技术服务业	82.97	57.5
水利、环境和公共设施管理业	2669.14	49.3
居民服务、修理和其他服务业	69.55	31.1
教　育	273.38	27.5
卫生和社会工作	171.94	44.9
文化、体育和娱乐业	265.71	3.2
公共管理、社会保障和社会组织	358.43	17.4

全年房地产开发投资4469.61亿元，比上年下降2.1%。其中，住宅投资2864.95亿元，下降1.8%；办公楼投资327.76亿元，下降8.6%；商业营业用房投资670.97亿元，增长2.5%。

全年新开工建设城镇保障性安居工程住房14.3万套（户），基本建成城镇保障性安居工程住房16.61万套。

表8　2015年房地产开发和销售主要指标完成情况

指　　标	单　位	绝对数	比上年增长(%)
投资完成额	亿元	4469.61	-2.1
其中:住宅	亿元	2864.95	-1.8
其中:90平方米及以下	亿元	901.65	31.0
房屋施工面积	万平方米	30891.14	2.8
其中:住宅	万平方米	19558.92	-0.8
房屋新开工面积	万平方米	5244.85	-22.3
其中:住宅	万平方米	3185.57	-24.0
房屋竣工面积	万平方米	3436.56	-4.1
其中:住宅	万平方米	2398.99	-6.6
房屋销售面积	万平方米	4037.76	-2.0
其中:住宅	万平方米	3315.69	-0.3
本年资金来源	亿元	5639.33	-1.5
其中:国内贷款	亿元	846.73	12.5
其中:个人按揭贷款	亿元	832.82	0.7
本年购置土地面积	万平方米	1056.72	-18.3
土地购置费	亿元	1072.93	-8.3

357个在建省重点项目（子项1040个）完成投资3916.15亿元。全年建成或部分建成180个项目，新开工160个项目。

“十二五”期间，全社会固定资产累计投资78433.78亿元，相当于“十一五”时期的2.9倍，五年间投资年均增长21.2%。

五、国内贸易

市场销售平稳较快增长。全年社会消费品零售总额10505.93亿元，比上年增长12.4%。按经营地统计，城镇消费品零售额9448.57亿元，增长12.2%；乡村消费品零售额1057.36亿元，增长14.1%。按消费形态统计，商品零售额9396.46亿元，增长12.7%；餐饮收入额1109.47亿元，增长10.0%。

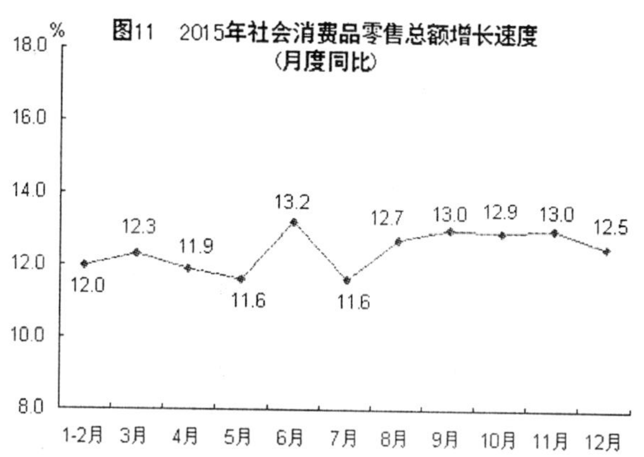

图11　2015年社会消费品零售总额增长速度（月度同比）

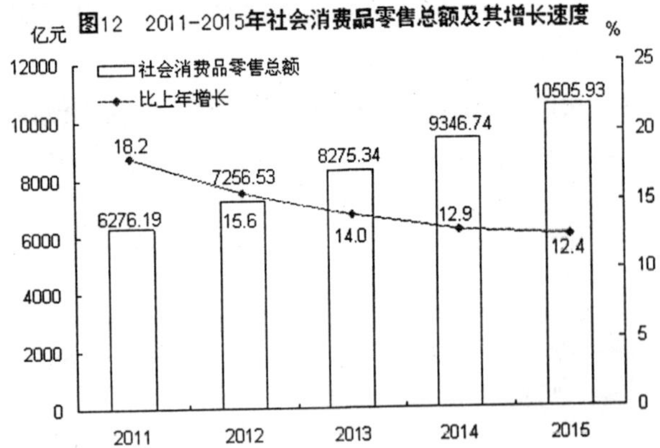

在限额以上企业商品零售额中，体育、娱乐用品类零售额比上年增长54.0%，服装鞋帽针纺织品类增长31.7%，金银珠宝类增长27.9%，家具类增长27.3%，通讯器材类零售额比上年增长26.9%，粮油食品类增长25.7%，日用品类增长16.9%，家用电器和音响器材类增长15.6%，化妆品类增长14.0%，汽车类增长7.2%，石油及制品类下降5.3%。

"十二五"期间，全省累计实现社会消费品零售总额41660.73亿元，相当于"十一五"时期的2.1倍，五年间社会消费品零售总额年均增长14.6%。

六、对外经济

进出口总额下降。全年进出口总额10511.00亿元人民币，比上年下降3.5%；以美元计价为1693.60亿美元，比上年下降4.5%。其中，出口7013.24亿元人民币，增长0.6%，以美元计价为1130.16亿美元，下降0.4%；进口3497.76亿元人民币，下降11.0%，以美元计价为563.44亿美元，下降11.9%。进出口顺差3515.48亿元人民币，以美元计价为566.72亿美元，比上年增加71.76亿美元。

表9 2015年进出口主要分类情况

指　　标	绝对数（亿元）	比上年增长（%）
进出口总额	10511.00	-3.5
出口额	7013.24	0.6
其中:一般贸易	5128.67	3.0
加工贸易	1588.04	-4.9
其中:机电产品	2493.46	0.5
其中:高新技术产品	909.26	-1.6
进口额	3497.76	-11.0
其中:一般贸易	2315.97	-13.2
加工贸易	851.35	-8.4
其中:机电产品	1125.35	1.3
其中:高新技术产品	843.16	5.7

表10 2015年对主要国家和地区进出口情况

国家和地区	出口额（亿元）	比上年增长(%)	进口额（亿元）	比上年增长(%)
美　国	1379.89	12.6	466.77	14.3
欧　盟	1188.86	-9.5	256.32	-9.3
东　盟	1051.44	2.3	478.03	-6.8
日　本	362.70	-9.6	170.46	-6.7
香港地区	584.22	-6.2	16.52	14.5
台湾地区	232.16	-1.1	461.43	-12.8
韩　国	229.29	11.9	192.59	-2.9
俄罗斯联邦	81.67	-27.3	28.68	-24.0

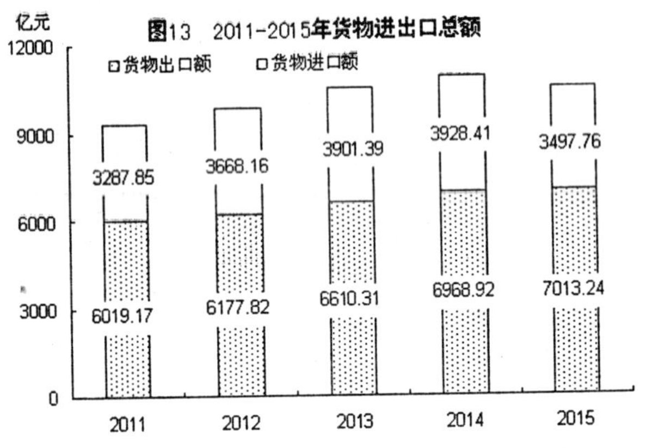

批准设立外商直接投资项目1689个，比上年增长61.8%。实际利用外商直接投资76.84亿美元，增长8.0%。

表11 2015年分行业外商直接投资情况

行　业	合同项目（个）	实际利用金额（万美元）
总　计	**1689**	**768339**
农、林、牧、渔业	95	16676
采矿业	2	
制造业	187	414901
电力、燃气及水的生产和供应业	10	10887
建筑业	20	1575
批发和零售业	763	91015
交通运输、仓储和邮政业	19	10448
住宿和餐饮业	27	1080
信息传输、软件和信息技术服务业	61	27810

金融业	45	47223
房地产业	15	79123
租赁和商务服务业	223	42386
科学研究和技术服务业	158	9775
水利、环境和公共设施管理业	11	2405
居民服务、修理和其他服务业	18	267
教　育	5	10085
卫生和社会工作	4	1678
文化、体育和娱乐业	26	1005
公共管理、社会保障和社会组织		
国际组织		

备案对外直接投资项目276个，中方协议投资额46.84亿美元，分别比上年增长20%和68.9%。对外直接投资额22.53亿美元，增长63.6%。

全年对外承包工程完成营业额9.27亿美元，增长29.5%；对外劳务合作劳务人员实际收入总额6.24亿美元，下降4.4%。

“十二五”期间，全省进出口总额（以美元计价）年均增长9.3%。其中，出口年均增长9.6%，进口年均增长8.6%。

七、交通、邮电和旅游

交通运输保持增长。全年交通运输、仓储和邮政业实现增加值1469.40亿元，比上年增长8.7%。公路通车里程104585.27公里，比上年增长3.4%。其中海西高速公路网通车里程5002公里，增长19.8%。铁路营业里程3196.53公里，增长16.0%。

表12　2015年各种运输方式完成货物运输量情况

指　　标	单　位	绝对数	比上年增长（%）
货运量	万吨	126445.31	13.1
铁　路	万吨	2820.40	−17.1
公　路	万吨	94232.18	14.1
水　运	万吨	29370.64	13.9
民　航	万吨	22.09	5.3
货物周转量	亿吨公里	5566.52	16.4
铁　路	亿吨公里	128.71	−14.1
公　路	亿吨公里	1126.29	15.5
水　运	亿吨公里	4308.03	17.8
民　航	亿吨公里	3.48	10.0

表13　2015年各种运输方式完成旅客运输量情况

指　　标	单　位	绝对数	比上年增长（%）
旅客发送量	万人	62686.20	3.5
铁　路	万人	9255.93	13.3
公　路	万人	49049.40	1.0
水　运	万人	1995.86	11.2
民　航	万人	2385.01	16.6
旅客周转量	亿人公里	983.10	10.1
铁　路	亿人公里	305.34	10.9
公　路	亿人公里	335.17	0.1
水　运	亿人公里	2.84	−1.0
民　航	亿人公里	339.74	21.5

全年沿海港口新增货物通过能力2563万吨；沿海港口完成货物吞吐量5.03亿吨，比上年增长2.3%。其中外贸货物吞吐量2.02亿吨，下降3.9%。集装箱吞吐量1363.69万标箱，增长7.3%。

年末全省汽车保有量436.8万辆（含三轮汽车和低速货车），比上年末增长12.4%，其中私人汽车保有量379.3万辆，增长14.5%。全省轿车保有量263.2万辆，增长14.7%，其中私人轿车保有量243.2万辆，增长15.8%。

全年完成邮电业务总量1065.89亿元，比上年增长24.3%。其中，邮政业务总量217.23亿元，增长33.5%；电信业务总量848.66亿元，增长22.1%。邮政业全年完成邮政函件业务12923.02万件，包裹业务107.03万件，快递业务量88786.2万件。年末全省电话用户总数5129万户，本年减少82万户，其中：固定电话用户889万户，减少45万户；移动电话用户4240万户，减少37万户，其中：3G电话用户1198万户，减少314万户；4G电话用户1401万户，净增1083万户。全省互联网用户3964万户，增加104万户，其中：固定宽带用户916万户，增加17万户；移动互联网用户3048万户，增加88万户。移动电话基站17万个，增长19%。全省电话普及率为134.7%，互联网普及率为104.1%。

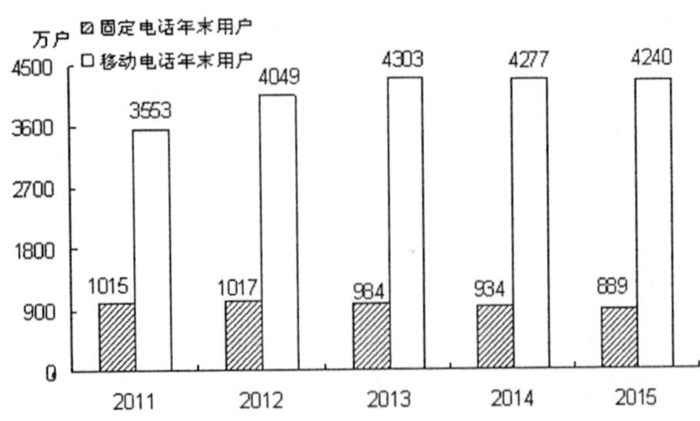

全年接待入境游客591.45万人次，比上年增长8.5%。其中，接待外国人214.28万人次，增长9.9%；台湾同胞238.15万人次，增长5.7%；港澳同胞139.02万人次，增长11.6%。在入境旅游者中，过夜游客517.10万人次，增长6.4%。国际旅游外汇收入55.61亿美元，增长13.2%。全年接待国内旅游人数26128.59万人次，增长14.2%；国内旅游收入2798.16亿元，增长16.3%。旅游总收入3141.51亿元，增长16.0%。

“十二五”期间，货物周转量年均增长13.3%，旅客周转量年均增长8.7%；全省共接待入境旅游者2569.65万人次，旅游外汇收入累计达到229.07亿美元，分别比“十一五”时期增长74.6%和97.3%；共接待国内旅游者99448.15万人次，实现旅游收入10353.99亿元，分别比“十一五”时期增长113.2%和117.9%。

八、金　　融

金融市场运行总体平稳。年末全省金融机构本外币各项存款余额36845.47亿元，比上年末增长10.7%；金融机构本外币各项贷款余额33694.42亿元，增长12.1%。

全年农村合作金融机构人民币各项贷款余额2807.81亿元，比上年末增长13.9%。中资金融机构人民币个人消费贷款余额8816.46亿元，比上年末增长17.7%。

表14　2015年全部金融机构本外币存贷款情况

指　　标	年末数（亿元）	比上年末增长（%）
各项存款余额	36845.47	10.7
其中:住户存款	14132.76	9.1
非金融企业存款	12907.06	15.3
其中:人民币存款	35576.06	10.6
各项贷款余额	33694.42	12.1
其中:短期贷款	12860.99	1.4
中长期贷款	18873.31	15.6
其中:人民币贷款	32132.96	13.1

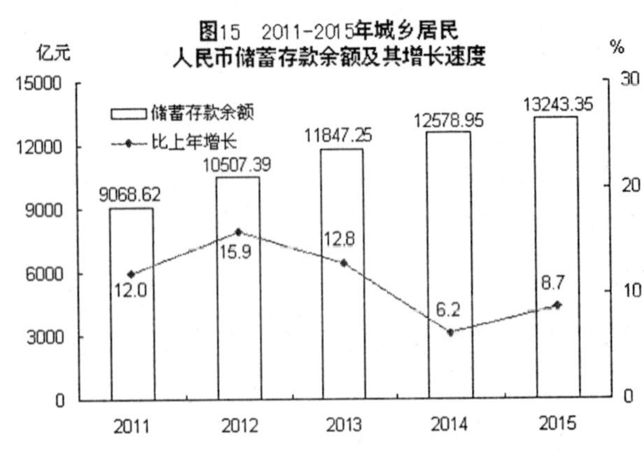

年末境内A股上市公司99家，比上年增加7家，市价总值15957.09亿元，增长49.4%；上市公司B股数量为1家，市价总值17.69亿元，增长148.5%。

全年内外资保险公司保费收入777.58亿元，比上年增长13.4%，其中寿险保费收入408.11亿元；健康险和意外伤害险保费收入108.85亿元；财产险保费收入260.62亿元。支付各类赔款及给付245.08亿元，其中寿险业务给付72.95亿元；健康险和意外伤害险赔款及给付33.35亿元；财产险赔款138.78亿元。

九、人民生活和社会保障

居民收入继续增加。全年全省居民人均可支配收入25404元，比上年增长8.9%；扣除价格因素，实际增长7.1%。按常住地分，农村居民人均可支配收入13793元，比上年增长9.0%，扣除价格因素，实际增长7.2%；城镇居民人均可支配收入33275元，比上年增长8.3%，扣除价格因素，实际增长6.5%。全省居民人均生活消费支出18850元，比上年增长6.8%，扣除价格因素，实际增长5.0%。按常住地分，农村居民人均生活消费支出11961元，增长8.2%，扣除价格因素，实际增长6.4%；城镇居民人均生活消费支出23520元，增长5.9%，扣除价格因素，实际增长4.1%。

年末参加城镇基本养老保险人数883.65万人，比上年增加35.38万人。其中参保职工736.57万人，参保的离退休人员147.08万人。全省企业参加基本养老保险离退休人员为124.1万人，全部实现养老金按时足额发放。全省参加城镇基本医疗保险人数 1301.24 万人，其中参保职工 759.38 万人，参保的城镇居民 541.86 万人。全省参加新型农村合作医疗保险人数 2549.97 万人，比上年增加 18.55 万人。全省参加失业保险人数 546.27 万人，增加 22.19 万人。

年末全省领取失业保险金人数 5.02 万人，比上年增加 0.56 万人；全省纳入城市最低生活保障的居民 12.86 万人，减少 1.80 万人；纳入农村最低生活保障的居民 71.68 万人，减少 2.11 万人；"五保"供养对象 8.01 万人。

年末全省养老机构床位数增至 14.90 万张，每千名老人拥有养老床位 30.1 张。全省建立各类社区服务机构 5615 个，其中社区服务中心（站）3124 个。全年销售社会福利彩票 50.88 亿元，筹集福利彩票公益金 14.41 亿元。

十、教育和科学技术

教育和科技事业持续发展。全年全日制研究生教育招生 1.33 万人，在学全日制研究生 4.13 万人，毕业生 1.10 万人。普通高等教育招生 21.79 万人，在校生 75.85 万人，毕业生 19.47 万人。高校毕业生就业率为 90.7%。中等职业教育（不含技工校）招生 14.08 万人，在校生 39.67 万人，毕业生 13.84 万人。成人高等教育招生 4.99 万人，在校生 15.47 万人，毕业生 4.30 万人。全省普通高中招生 21.57 万人，在校生 62.63 万人，毕业生 20.81 万人。全省普通初中招生 38.20 万人，在校生 113.35 万人，毕业生 36.32 万人。普通小学招生 53.63 万人，在校生 288.31 万人，毕业生 38.84 万人。特殊教育在校生 2.49 万人。幼儿园在园幼儿 151.26 万人。

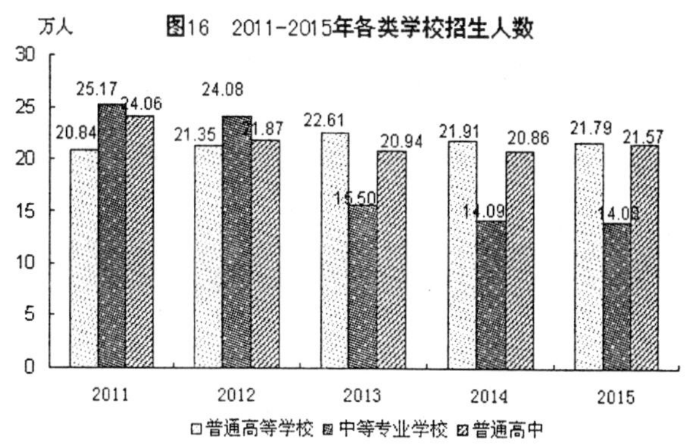

全年研究与试验发展（R&D）经费支出预计 400 亿元，比上年增长 12.7%，占全省生产总值的 1.5%。全省启动实施 9 个重大专项、17 个重大专题项目。新增 50 个省重点实验室、37 个省级（企业）工程技术研究中心、60 个科技企业孵化器、49 个众创空间。目前，全省有国家级、省级创新型（试点）企业 904 家；高新技术企业 2035 家；重点实验室 200 个（其中国家重点实验室 9 个）、工程技术研究中心 447 个（其中国家级 7 个）、科技企业孵化器 136 家。新认定省级企业技术中心 22 家；新认定国家级企业技术中心 5 家。全省专利申请受理 83146 件，专利授权 61621 件，分别比上年增长 43.2%和 62.8%。其中，发明专利申请 17663 件，增长 41.0%，发明专利授权 5730 件，增长 67.3%。截至 2015 年底，全省共拥有有效发明专利 17868 件，比上年增长 36.9%；每万人口发明专利拥有量 4.695 件，比上年增加 1.235 件。全年共登记技术合同 4209 项，技术合同成交金额 53.86 亿元。

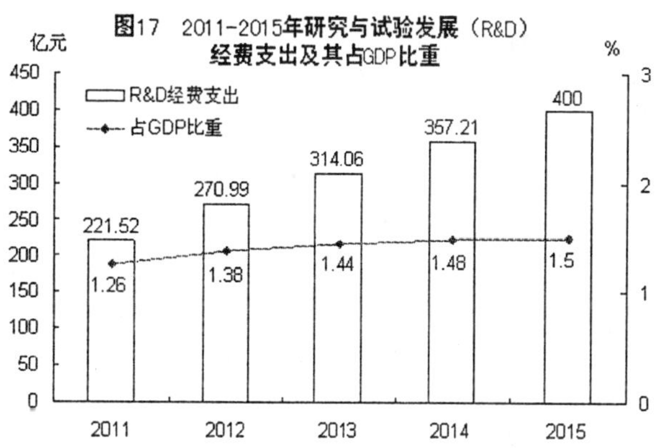

年末全省共有 1125 家机构获得资质认定，比上年增加 184 家，国家产品质量监督检验中心 20 个，省级产品质量监督检验中心 38 个。全省现有独立的认证机构 1 个、分支机构 10 个，累计获得 43507 张产品及管理体系认证证书。全省共有法定计量技术机构 69 个，全年强制检定工作计量器具 109.58 万台（件）。全年制修订国家标准 62 项、行业标准 106 项、地方标准 70 项，累计全省共制订国家标准 1014 项、行业标准 1053 项、地方标准 1552 项。

年末全省共有国家级地面气象观测站 70 个，高空气象探测站 4 个，天气雷达观测站 7 个，风廓线雷达站 9 个，大型海洋气象浮标站 5 个。共有地震前兆台站（点）37 个，前兆测项 337 个；测震台站（点）160 个，强震动观测台站（点）29 个；GPS 观测基准站 41 个。共有 1079 个海洋环境监测站位、14 个重点监测区域、17 个重点海域的 22 个生物质量样品、2 个海漂垃圾监测区域，共有 16 个海上水文气象观测浮标站位、28 个沿海自动验潮站、1对中程高频地波雷达站、2套卫星遥感监测系统、1套海床基观测系统、4套船基自动站、1套海岛基站。测绘地理信息部门公开出版地图113种。

十一、文化、卫生和体育

文化和卫生事业不断进步。年末全省文化系统共有艺术表演团体70个，全省共有公共图书馆88个，文化馆97个，博物馆98个。文化系统各类艺术表演团体演出0.96万场，本年度首演剧目156个，观众605.34万人次，其中：政府采购公益性观众244.76万人次；各级公共图书馆组织各类讲座2765次，书刊文献外借2204.43万册，总流通人数1918.31次；各级文化馆组织举办展览942个，组织文艺活动2987次、培训班6738期和公益性讲座565次，共有676.87万人次参加；博物馆共举办266个基本陈列和475个展览，共有2197.39万人次参观，其中：未成年人参观768.23万人次。

年末共有影院205个，银幕1008块，年度电影票房14.86亿元。广播电台6座，电视台6座，广播电视台65座，教育电视台1座。有线电视用户730.44万户，有线数字电视用户688.96万户。年末广播节目综合覆盖率为98.68%；电视节目综合覆盖率为98.94%。

全年出版图书3637种，总印数1.03亿册；报纸42种（不含校报、副牌），总印数10.84亿份；期刊176种，总印数0.41亿册；音像电子出版物57.91万盒（张）。年末全省共有各级各类档案馆121个。

年末全省共有各级各类医疗卫生机构27875个，其中医院567个，卫生院880个，村卫生室19008个。年末共有卫生技术人员21.70万人，其中医生7.97万人，注册护士9.16万人。年末共有医疗机构床位17.32万张，乡村医生和卫生员2.70万人。

图18 2011-2015年卫生机构床位数和卫生技术人员数

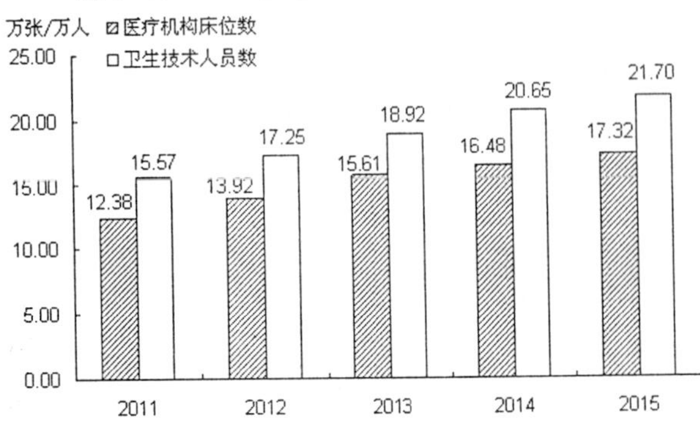

全年我省运动员在世界三大赛中共获得9金9银2铜；在全国最高级别比赛中获得34金28银27铜；在第一届全国青年运动会上获得第二名的好成绩。新建150个城市社区多功能运动场、50个社区室内健身房、30个笼式足球场和20个拆装式游泳池。全年销售体育彩票77.05亿元。

十二、资源、环境和安全生产

初步核算，全年能源消费总量12179.97万吨标准煤，比上年增长0.6%。其中，全社会用电量下降0.2%。万元地区生产总值能耗下降7.7%。

全年植树造林总面积166.8万亩，其中，人工荒山造林50.9万亩(含非规划林地造林18.3万亩)；人工迹地更新63.2万亩，低产低效林改造22.8万亩。全省森林覆盖率65.95%。商品材产量497万立方米，减少13.6%。新增国家湿地公园试点2处，新增湿地公园面积1861.4公顷，全省共有湿地公园7处。全省城市（县城）新增建成区绿地面积3560公顷，绿地率38.9%；全省城市（县城）新增公园绿地面积690公顷，人均公园绿地面积12.9平方米。

全省共有国家生态县（市、区）10个、生态乡镇（街道）519个、生态村3个；省级生态市5个、生态县（市、区）62个、生态乡镇（街道）926个、生态村2400个。共建立各级自然保护区92个，其中国家级16个、省级23个，自然保护区总面积45.5万公顷。有风景名胜区52处，其中国家级风景名胜区18处、省级34处，风景名胜区总面积23.58万公顷，占全省土地面积的1.9%。

11338.9公里评价河长中，水质符合和优于Ⅲ类水的河长为8866.5公里，占评价河长的78.2%。全省12条主要河流整体水质为优，Ⅰ类～Ⅲ类水质比例为94.0%；9个设区市的31个集中式生活饮用水源地水质达标率为97.3%。

23个城市空气质量均达到国家环境空气质量标准（GB3095-1996）二级标准。23个城市中，区域声环境质量“较好”的城市有14个；道路交通声环境质量属于“好”水平的有10个，属于“较好”水平的有13个。

市县生活垃圾无害化处理率96.5%，市县污水处理率88%。

全省地质灾害造成直接经济损失3928.4万元。全省共发生森林火灾114起，其中一般火灾5起，较大火灾108起，重大火灾1起；受害面积1415.6公顷；森林火灾发生率和受害率分别为1.28次/十万公顷和0.16‰。全年海洋灾害造成直接经济损失约30.79亿元，增加616.04%。全年发生（现）海洋赤潮3次，比上年减少6次；累计赤潮面积260平方公里，比上年减少453.5平方公里。

全省各类事故共10139起，比上年下降9.0%；死亡2201人，下降6.3%；受伤7907人，下降10.8%；直接经济损失12282万元，下降5.9%。各类较大事故36起，死亡123人，比上年分别下降5.3%和11.5%。发生1起重大事故，未造成人员死亡。亿元生产总值生产安全事故死亡率0.085，下降13.2%。

注：1.本公报未包括金门县和连江县的马祖列岛。

2.本公报所列数据为初步统计数，部分合计数或相对数由于单位取舍不同而产生的计算误差，均不做机械调整。

3.本公报福建省地区生产总值、各产业增加值按现价计算，增长速度按可比价格计算。

4.本公报卫生机构数含村卫生室。

附录 3–3

漳州市 2015 年国民经济和社会发展统计公报

漳 州 市 统 计 局
国家统计局漳州调查队

（2016 年 3 月 15 日）

一、综　　合

人口总量低速增长。年末全市户籍总户数 138.10 万户，户籍人口 502.08 万人，比上年末增加 4.67 万人，增长 0.94%。全年户籍出生人口 8.36 万人，出生率为 16.73‰；死亡人口 2.43 万人，死亡率为 4.86‰；自然增长率为 11.87‰。

年末全市常住人口 500 万人，比上年末增加 4 万人，其中城镇常住人口 274 万人，占总人口比重为 54.8%，比上年末提高 1.0 个百分点。根据常住人口推算，全年出生人口 7.35 万人，出生率为 14.7‰；死亡人口 3.25 万人，死亡率为 6.5‰；自然增长率为 8.2‰。

国民经济较快增长。初步核算，全年实现地区生产总值 2767.45 亿元，比上年增长 11.0%。其中，第一产业增加值 370.87 亿元，增长 4.3%；第二产业增加值 1343.19 亿元，增长 10.2%；第三产业增加值 1053.39 亿元，增长 14.8%。人均地区生产总值 55571 元，比上年增长 10.2%。第一产业增加值占地区生产总值的比重为 13.4%，第二产业增加值比重为 48.5%，第三产业增加值比重为 38.1%。

“十二五”期间，全市地区生产总值年均增长 12.2%。其中三次产业年均分别增长 4.4%、15.6% 和 11.1%。三次产业结构由 2010 年的 17.8:45.6:36.6 调整为 2015 年的 13.4：48.5：38.1。

图1　2011-2015年地区生产总值（GDP）及其增长速度

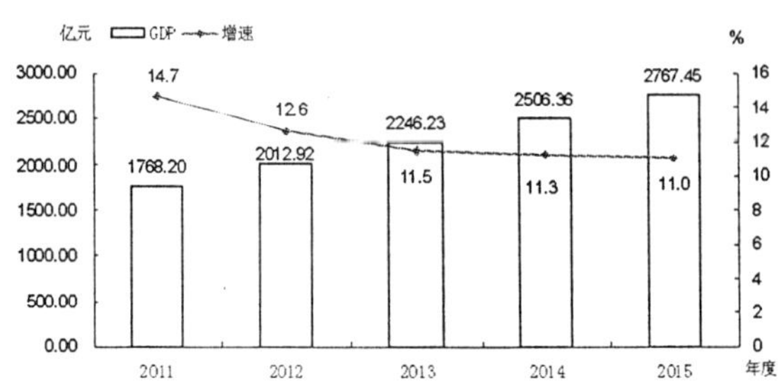

就业工作有序推进。全年全市新增就业人数 5.13 万人，新增农村劳动力转移就业 7.25 万人，年末城镇登记失业率为 2.05%，比上年提升 0.03 个百分点。全年鉴定技能人才 5.07 万人，获得职业技能资格证书 4.36 万人，鉴定合格率 86.0%。

物价保持温和上涨。全年居民消费价格平均上涨 1.6%，其中食品类价格平均上涨 2.5%，衣着类价格平均上涨 2.8%，医疗保健和个人用品平均上涨 4.7%。工业生产者出厂价格平均下降 2.3%。

图2　2015年居民消费价格月度涨跌幅度

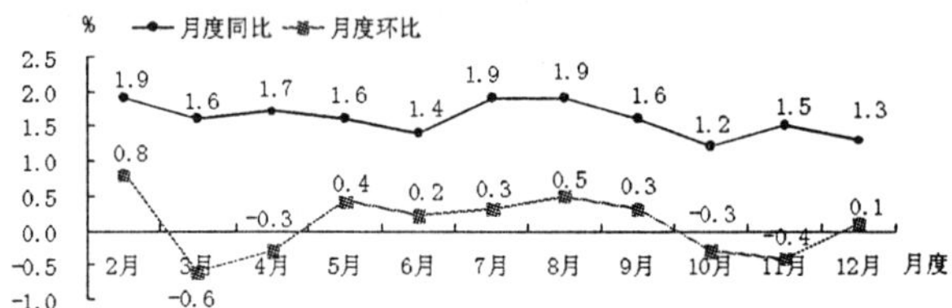

表 1　2015 年居民消费价格比上年涨跌幅度

单位：%

指　　标	全 市	城 市	农 村
居民消费价格总水平	1.6	1.2	1.7
食　品	2.5	0.7	2.9
烟酒及用品	1.6	0.9	1.7
衣　着	2.8	5.0	2.2
家庭设备用品及维修服务	1.5	3.3	1.1
医疗保健和个人用品	4.7	1.8	5.4
交通和通信	−1.4	−1.5	−1.4
娱乐教育文化用品及服务	0.3	0.1	0.4
居　住	0.4	2.1	0.1

品牌建设成效显著。全年全市共新认定 71 件漳州市知名商标，延续认定 118 件漳州市知名商标；被福建省工商局认定 46 件著名商标，延续认定 92 件福建著名商标；累计漳州市知名商标 609 件，福建著名商标 388 件;累计福建名牌产品 140

个。

财政收入平稳增长。全年公共财政总收入274.75亿元，增长4.1%，其中，地方公共财政收入179.10亿元，增长6.0%；公共财政支出355.37亿元，增长30.2%。全市国税总收入（含海关代征）105.55亿元，下降0.9%；全市地税系统组织各项收入127.96亿元，下降0.7%。

“十二五”期间，公共财政总收入累计达到1156.39亿元，地方公共财政收入累计达到746.76亿元，公共财政支出累计达到1296.33亿元，分别是“十一五”时期的2.3倍、2.5倍和2.7倍，年均增速分别达到14.5%、15.1%和19.2%。

图3 2011-2015年公共财政总收入及其增长速度

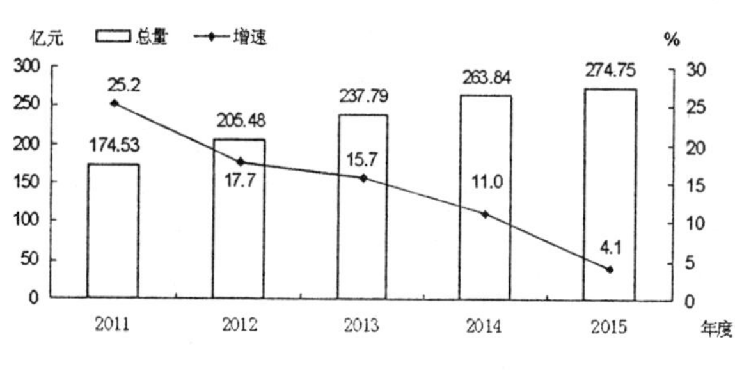

二、农　　业

农业生产增势较好。全年农林牧渔业完成总产值683.89亿元，比上年增长4.5%。粮食种植面积169.69万亩，比上年减少2万亩，其中稻谷面积110.75万亩，减少3.78万亩；烟叶种植面积3807亩，增加99亩；油料种植面积19.73万亩，增加0.43万亩；蔬菜种植面积170.88万亩，增加6.42万亩。

全年粮食产量69.15万吨，比上年增加0.02万吨，增长0.03%。其中，稻谷产量45.70万吨，减产0.85万吨，下降1.8%。

图4 2011-2015年粮食产量及其增长速度

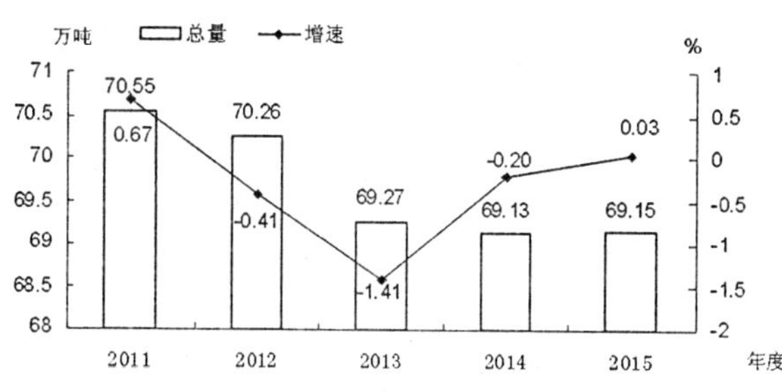

表2　2015年主要农产品产量

产品名称	产　量（万吨）	比上年增长（%）
粮　食	69.15	0.03
春　收	7.55	5.6
夏　收	27.51	–0.5
秋　收	34.09	–0.7
油　料	4.40	3.4
其中:花　生	4.36	3.4
油菜籽	0.03	41.6
糖　料	12.47	–50.8
甘　蔗	12.47	–50.8
茶　叶	7.06	14.6
水　果	335.63	6.9
蔬　菜	297.59	6.5
食用菌	335.52	10.0

全年肉类总产量20.66万吨，下降18.9%。其中，猪肉产量1.53万吨，下降27.4%；牛肉产量0.53万吨，增长23.3%；羊肉产量0.06万吨，增长17.6%。年末生猪存栏147.36万头，下降3.5%；生猪出栏194.09万头，下降29.6%。牛奶产量0.48万吨，增长3.5%。

全年水产品产量180.64万吨，比上年增长6.1%。其中，淡水产品产量29.44万吨，增长6.8%；海洋捕捞43.66万吨，增长2.8%；海水养殖105.73万吨，增长5.7%；远洋渔业1.81万吨，增长611.2%。

农业产业化持续推进，51家省级以上重点龙头企业销售收入352.8亿元，比上年增长7.4%，带动农户45.5万户。

“十二五”期间，农林牧渔业总产值年均增长4.5%。粮食产量比2010年减少了0.93万吨，年均下降0.3%；茶叶产量增加2.12万吨，年均增长7.4%；水果产量增加84.11万吨，年均增长5.9%；肉类总产量减少5.03万吨，年均下降4.3%。

三、工业和建筑业

工业生产快速增长。全年全部工业增加值1118.00亿元，增长10.0%，其中，规模以上工业增加值增长10.6%。在规模以上工业中，分经济类型看，国有控股企业增长6.2%；集体企业增长14.0%，股份制企业增长14.6%，外商及港澳台商投资企业增长4.6%；私营企业增长16.5%。分轻重看，轻工业增长14.0%，重工业增长7.0%。分门类看，采矿业增长24.0%，制造业增长11.7%，电力、热力、燃气及水生产和供应业下降 7.1%。工业产品销售率 98.5%，比上年提高 0.2 个百分点。

图5 2011-2015年全部工业增加值及其增长速度

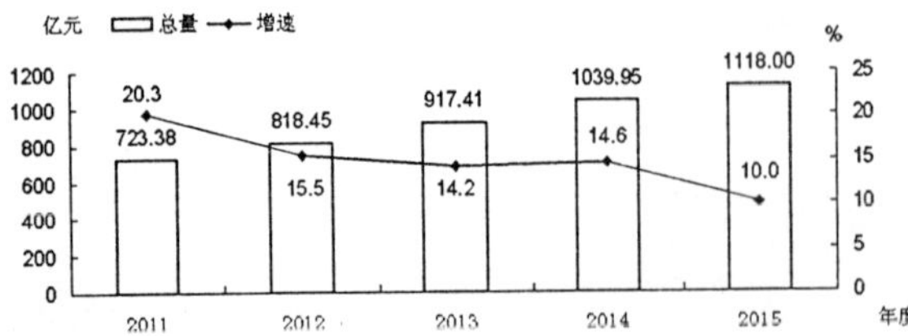

规模以上工业的 35 个行业大类中有 24 个增加值增速在两位数以上。其中，仪器仪表制造业比上年增长 42.6%，木材加工和木、竹、藤、棕、草制品业增长 31.8%，黑色金属矿采选业增长 28.1%，非金属矿采选业增长 23.4%，黑色金属冶炼和压延加工业增长 23.3%，非金属矿物制品业增长 22.0%，通用设备制造业增长 21.4%，橡胶和塑料制品业增长 21.3%。规模以上工业“4+4”产业实现增加值 966.50 亿元，增长 11.3%。其中：四大主导产业实现增加值 811.21 亿元，增长 10.3%，分别为：特殊钢铁 96.86 亿元，增长 23.3%，装备制造业 259.56 亿元，增长 16.5%，食品工业 342.88 亿元，增长 16.2%，石化工业 111.90 亿元，下降 16.6%。

表 3　2015 年规模以上工业企业主要工业产品产量

产品名称	单位	产量	比上年增长%
饲料	吨	4282972	23.2
精制食用植物油	吨	197405	2.9
成品糖	吨	21003	–76.6
冷冻水产品	吨	704990	14.9
速冻食品	吨	32540	13.3
罐头	吨	1427898	21.1
酱油	吨	4803	22.1
饮料酒	千升	265291	14.9
软饮料	吨	466774	39.3
精制茶	吨	15164	11.0
纱	吨	25932	22.5
蚕丝被	万条	17	41.2
服装	万件	6128	–17.4
轻革	平方米	10788995	–23.0
鞋	万双	2654	39.9
人造板	立方米	1319081	4.4
家具	件	65531348	4.1
纸浆(原生浆及废纸浆)	吨	18755	21.4
机制纸及纸板(外购原纸加工除外)	吨	4253884	11.6
纸制品	吨	1317699	5.5
合成氮(无水氨)	吨	112808	73.9
中成药	吨	5187	–11.4
橡胶轮胎外胎	条	1281185	–4.0
水泥	吨	5756403	11.4
砖	万块	209167	27.2
瓷质砖	平方米	48947520	21.5
陶质砖	平方米	4414602	1.8
平板玻璃	重量箱	41636700	3.4
钢化玻璃	平方米	3294732	–0.2
卫生陶瓷制品	件	6219790	37.7
生铁	吨	2896915	–2.8
钢材	吨	4781324	–21.1
金属集装箱	立方米	1430407	–36.6
滚动轴承	万套	1535	–8.5
改装汽车	辆	1449	–30.7
锂离子电池	只	16416499	–3.2
铅酸蓄电池	千伏安时	1514793	125.7
家用房间空气清洁装置	台	822295	25.0
家用电风扇	台	696947	–3.3
电饭锅	个	7677	–80.0
家用电热烘烤器具	个	10786016	12.2
电光源	万只	71920	276.8
灯具及照明装置	套	22104974	27.3
电子计算机整机	台	891089	1.8
显示器	台	304395	55.6
卫星导航定位接收机	部	14079	43.0
电话单机	部	288400	86.2
移动通信手持机(手机)	台	3064991	13.1
彩色电视机	台	627964	–26.4
数字激光音、视盘机	台	382562	–54.1
光电子器件	万只	639800	167.6
钟	只	32301372	–0.5
表	只	10531467	2.7
眼镜成镜	副	32798473	220.9
发电量	万千瓦时	2153736	–17.0

注：发电量为全社会口径。

全年规模以上工业企业实现利润总额 345.21 亿元，比上年增长 8.4%；其中，国有控股企业 11.80 亿元，增长 34.7%；集体企业 0.57 亿元，下降 78.1%；股份制企业 204.41 亿元，增长 19.3%；外商及港澳台商投资企业 138.95 亿元，下降 4.7%；私营企业 117.52 亿元，增长 25.0%。

全年建筑业实现增加值 225.19 亿元，比上年增长 11.1%。全市具有资质等级的总承包和专业承包建筑业企业完成建筑业总产值 430.73 亿元，增长 13.6%。

图6 2011-2015年全部建筑业增加值及其增长速度

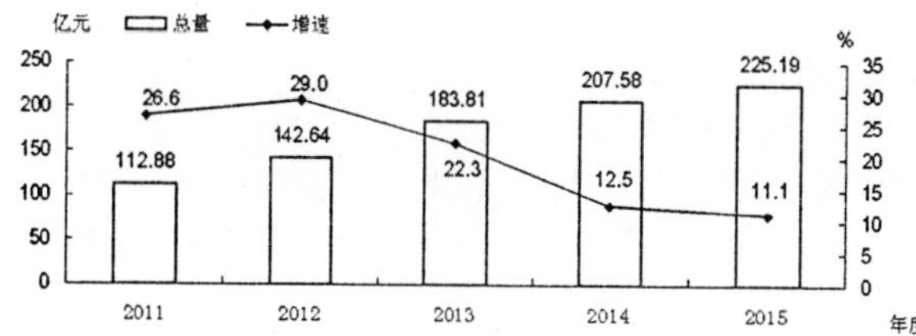

“十二五”期间，全市工业增加值年均增长14.9%，建筑业增加值年均增长20.1%。

四、固定资产投资

固定资产投资高速增长。全年全社会固定资产投资2573.73亿元，比上年增长20.6%。其中，固定资产投资（不含农户）2516.08亿元，增长20.9%；农户投资57.65亿元，增长8.8%。

图7 2011-2015年全社会固定资产投资及其增长速度

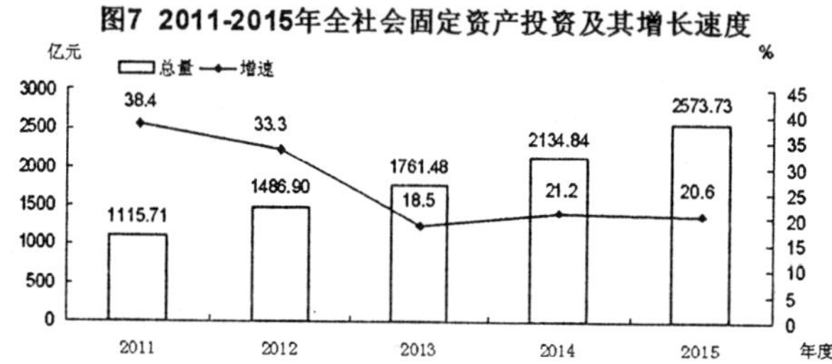

表4　2015年全社会固定资产投资情况

指　　标	投资额（亿元）	比上年增长（%）
全社会固定资产投资	2573.73	20.6
按构成分		
固定资产投资(不含农户)	2516.08	20.9
农　户	57.65	8.8
按产业分		
第一产业	105.22	7.0
第二产业	1020.84	13.9
其中:工　业	1004.73	18.0
第三产业	1447.67	26.9

在固定资产投资（不含农户）中，第一产业投资增长7.2%；第二产业投资增长13.9%，其中，工业投资增长18.0%；第三产业投资增长27.7%。

表5　2015年分行业固定资产投资(不含农户)情况

行　　业	投资额（亿元）	比上年增长（%）
总　计	2516.08	20.9
农、林、牧、渔业	101.24	7.2
采矿业	5.84	-63.8
制造业	927.84	23.2
电力、热力、燃气及水的生产和供应业	70.71	-14.1
建筑业	15.93	-63.9
批发和零售业	20.55	20.9
交通运输、仓储和邮政业	291.65	50.3
住宿和餐饮业	41.81	26.2
信息传输、软件和信息技术服务业	20.34	27.8
金融业	2.99	1177.7
房地产业	527.80	-2.2
租赁和商务服务业	37.59	370.6
科学研究和技术服务业	5.58	49.2
水利、环境和公共设施管理业	320.27	69.2
居民服务、修理和其他服务业	4.39	7.0
教　育	27.18	2.1
卫生和社会工作	16.10	67.9
文化、体育和娱乐业	47.93	60.6
公共管理、社会保障和社会组织	30.35	46.7

全年房地产开发投资502.51亿元，比上年增长6.4%。其中，住宅投资367.62亿元，增长9.4%。

表6　2015年房地产开发和销售主要指标完成情况

指　　标	单　位	绝对数	比上年增长（%）
投资完成额	亿元	502.51	6.4
其中:住宅	亿元	367.62	9.4
房屋施工面积	万平方米	3733.35	-1.3
其中:住宅	万平方米	2658.93	-2.4
房屋新开工面积	万平方米	742.22	-33.3
其中:住宅	万平方米	533.97	-32.2
房屋竣工面积	万平方米	412.92	-23.5
其中:住宅	万平方米	314.89	-26.4
商品房销售面积	万平方米	551.80	16.2
其中:住宅	万平方米	498.32	19.4

“十二五”期间，全社会固定资产累计投资9072.67亿元，相当于“十一五”时期的3.7倍，五年间投资年均增长25.2%。

五、国内贸易

市场销售平稳较快增长。全年社会消费品零售总额776.99亿元，比上年增长12.2%。按经营地统计，城镇消费品零售额684.46亿元，增长11.7%；乡村消费品零售额92.53亿元，增长16.6%。按消费形态统计，商品零售额673.28亿元，增长12.1%；餐饮收入额103.71亿元，增长14.2%。

图8 2011-2015年社会消费品零售总额及其增长速度

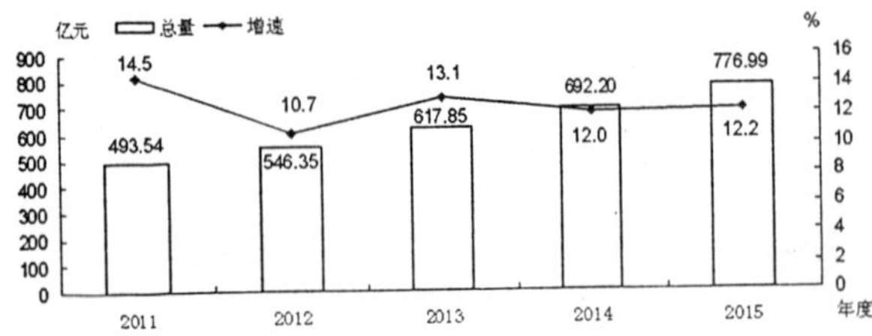

在限额以上企业商品零售额中，家具类增长47.6%，服装鞋帽针纺织品类增长45.6%，粮油食品类增长38.1%，通讯器材类零售额比上年增长26.7%，汽车类增长24.1%，金银珠宝类增长21.4%，家用电器和音像器材类增长17.5%，化妆品类增长13.0%，日用品类增长12.8%，石油及制品类下降20.8%，体育、娱乐用品类下降32.6%。

“十二五”期间，全市累计实现社会消费品零售总额3126.93亿元，相当于“十一五”时期的1.84倍，五年间社会消费品零售总额年均增长12.5%。

六、对外经济

进出口总额下降。全年进出口总额579.44亿元人民币，以美元计价为93.42亿美元，比上年下降16.7%。其中，出口463.64亿元人民币，以美元计价为74.72亿美元，下降7.2%；进口115.80亿元人民币，以美元计价为18.70亿美元，下降41.0%。进出口顺差347.84亿元人民币，以美元计价为56.02亿美元，比上年增加6.63亿美元。

表7 2015年进出口主要分类情况

指　　标	绝对数（亿美元）	比上年增长（%）
进出口总额	93.42	-16.7
出口额	74.72	-7.2
其中：一般贸易	57.80	-9.0
加工贸易	16.91	-5.7
其中：机电产品	23.73	-8.8
其中：高新技术产品	4.32	-23.9
进口额	18.70	-41.0
其中：一般贸易	12.14	-50.0
加工贸易	5.80	-6.6
其中：机电产品	3.75	-32.1
其中：高新技术产品	1.89	-32.9

表8 2015年对主要国家和地区进出口情况

国家和地区	出口额（亿美元）	比上年增长（%）	进口额（亿美元）	比上年增长（%）
美　国	13.64	8.1	1.85	-39.0
欧　盟	10.33	-8.5	2.80	-8.0
东　盟	11.99	-1.2	1.17	-74.7
日　本	6.04	-7.53	1.59	-3.7
香港地区	6.11	-35.0	0.09	-68.3
台湾地区	10.43	-12.4	3.88	-35.1
韩　国	1.83	21.8	1.27	-38.8
俄罗斯联邦	0.83	-43.6	0.25	-15.2

图9 2011-2015年货物进出口总额

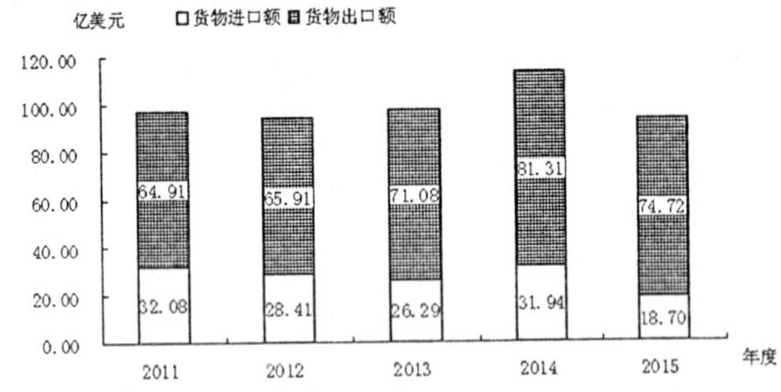

利用外资继续增加。批准设立外商直接投资项目126个，比上年增长34.0%。注册合同外资13.06亿美元，增长33.2%。实际利用外商直接投资10.85亿美元，增长7.2%。

表9 2015年分行业外商直接投资情况

行　　业	合同项目（个）	合同外资金额（万美元）
总　计	126	130640
农、林、牧、渔业	26	9219
制造业	61	64067
电力、热力、燃气及水的生产和供应业	1	1634
建筑业	2	1639
批发和零售业	19	22968
交通运输、仓储和邮政业	2	12753
住宿和餐饮业	4	2880
金融业	1	1220
租赁和商务服务业	5	8090
水利、环境和公共设施管理业	2	1815
居民服务、修理和其他服务业	1	4000
文化、体育和娱乐业	2	130

“十二五”期间，全市进出口总额年均增长

4.8%，其中，出口年均增长 8.1%，进口年均下降 4.3%；实际利用外资年均增长 9.1%。

七、交通、邮电和旅游

交通运输较快增长。全年交通运输、仓储和邮政业实现增加值 154.55 亿元，比上年增长 8.6%。公路通车里程 1.20 万公里，比上年增长 4.9%。其中高速公路 587 公里，增长 13.1%。铁路营业里程 242 公里，增长 6.6%。

表 10　2015 年各种运输方式完成货物运输量情况

指　　标	单　位	绝对数	比上年增长（%）
货运量	万吨	12489.92	13.6
铁　路	万吨	46.73	-3.3
公　路	万吨	10403.46	14.9
水　运	万吨	2039.73	8.1
货物周转量	亿吨公里		
铁　路	亿吨公里		
公　路	万吨公里	112.57	16.2
水　运	万吨公里	9.43	15.5

表 11　2015 年各种运输方式完成旅客运输量情况

指　　标	单　位	绝对数	比上年增长（%）
旅客发送量	万人	3796.07	8.3
铁　路	万人	435.70	21.6
公　路	万人	3089	-3.4
水　运	万人	271.37	3.4
旅客周转量	亿人公里		
铁　路	亿人公里		
公　路	亿人公里	22.01	-3.4
水　运	亿人公里	0.40	3.8

全年全市沿海港口新增货物通过能力 162 万吨。全市港口完成内外贸货物吞吐量 5564.53 万吨，下降 4.9%，其中外贸货物吞吐量 1070.52 万吨，下降 25.3%。内外贸集装箱吞吐量 34.01 万标箱，下降 24.4%。

年末全市汽车保有量（含三轮汽车和低速货车）35.12 万辆，比上年末增长 10.6%，其中私人汽车保有量 30.45 万辆，增长 12.5%；全市轿车保有量 18.48 万辆，增长 13.5%，其中私人轿车保有量 16.91 万辆，增长 14.9%。

全年完成邮电业务总量 95.58 亿元，比上年增长 27.8%。其中，邮政业务总量 14.96 亿元，增长 39.0%；电信业务总量 80.63 亿元，增长 25.9%。邮政业全年完成邮政函件业务 1752.25 万件，包裹业务 6.85 万件，快递业务量 4202.74 万件。年末全市电话用户总数 550 万户，其中，固定电话用户 90.4 万户，移动电话用户 459.6 万户。全市互联网用户 391.6 万户，增加 22.6 万户，其中，固定宽带用户 85.6 万户，增加 8.2 万户。移动电话基站 1.93 万个，增长 43.3%。

全年接待国内旅游人数 2190 万人次，比上年增长 15.2%；接待入境游客 42.44 万人次，增长 4.4%。其中，接待外国人 11.49 万人次，下降 0.8%；台湾同胞 18.46 万人次，增长 12.5%；港澳同胞 1.14 万人次，增长 24.7%。全年旅游总收入 239.58 亿元，增长 17.7%。其中，国内旅游收入 219.72 亿元，增长 17.0%；国际旅游外汇收入 3.22 亿美元，增长 25.0%。

“十二五”期间，货物运输周转量年均增长 18.7%，旅客运输周转量年均下降 4.1%；全市共接待入境旅游者 182.61 万人次，旅游外汇收入累计达到 12.15 亿美元；共接待国内旅游者 8231.42 万人次，实现旅游收入 798.86 亿元。

八、金　融

金融市场运行平稳。年末全市金融机构本外币各项存款余额 2346.21 亿元，比上年末增长 11.9%；金融机构本外币各项贷款余额 1906.40 亿元，增长 16.3%。

表 12　2015 年全部金融机构本外币存贷款情况

指　　标	年末数（亿元）	比上年末增长（%）
各项存款余额	2346.21	11.9
其中：单位存款	1024.88	5.7
个人存款	1212.64	16.6
其中：人民币存款	2311.36	11.8
各项贷款余额	1906.40	16.3
其中：短期贷款	887.72	8.0
中长期贷款	950.36	19.3
其中：人民币贷款	1870.86	19.2

图10 2011-2015年城乡居民人民币储蓄存款余额及其增长速度

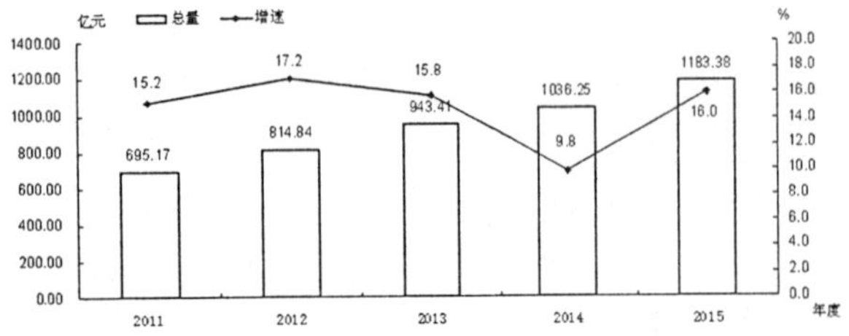

全年内外资保险公司保费收入62.71亿元，比上年增长8.7%，其中寿险保费收入39.99亿元；健康险和意外伤害险保费收入5.85亿元；财产险保费收入22.71亿元。支付各类赔款及给付19.19亿元，其中寿险业务给付7.87亿元；健康险和意外伤害险赔款及给付0.61亿元；财产险赔款11.31亿元。

九、人民生活和社会保障

居民收入继续增加。全年全市居民人均可支配收入20695元，比上年增长9.3%；扣除价格因素，实际增长7.6%。其中，农村居民人均可支配收入13866元，比上年增长9.3%，扣除价格因素，实际增长7.6%；城镇居民人均可支配收入28092元，比上年增长9.1%，扣除价格因素，实际增长7.4%。农村居民食品消费支出占消费总支出的比重为40.5%，城镇居民为37.6%。

社会保障力度加大。年末全市城镇职工基本养老保险参保54.36万人，城乡居民养老保险参保208.87万人，工伤保险参保45.61万人，生育保险参保40.09万人，失业保险参保37.11万人，城镇职工医保参保57.53万人。全年办理劳动能力鉴定1633件，办理工伤认定案件474件。

年末全市纳入城市最低生活保障的居民2.79万人，减少0.37万人；纳入农村最低生活保障的居民12.11万人，增加0.07万人；“五保”供养对象1.16万人。

社会保障待遇进一步提高。全市12.36万名企业退休人员养老金每人每月提高到2103元，月人均增加201元。全市58万名享受城乡居民养老保险待遇人员基础养老金提高到每人每月最低90元以上。城镇居民医保政府补助标准提高到每人每年380元。

最低工资标准进一步提高。其中：芗城、龙文、龙海、漳浦、长泰、东山提高到1350元/月；云霄、诏安、平和、华安、南靖提高到1230元/月。

劳动者合法权益得到有效维护。全年为7100多名劳动者追讨工资7150多万元。立案处理劳动人事争议案件130余件，涉及职工200余人，案外调解近300件，涉及职工400余人。

年末全市养老机构床位数增至2万张，每千名老人拥有养老床位30.1张。全市建立各类社区服务机构283个。全年销售社会福利彩票4.74亿元，筹集福利彩票公益金1.21亿元。

十、教育和科学技术

教育和科技事业持续发展。全年全日制研究生教育招生253人，在学全日制研究生789人，毕业生247人。普通高等教育招生2.10万人，在校生7.15万人，毕业生1.80万人。高校毕业生就业率为92.44%。中等职业教育（不含技工校）招生1.07万人，在校生3.15万人，毕业生1.38万人。成人高等教育招生0.22万人，在校生0.63万人，毕业生0.02万人。普通高中招生3.00万人，在校生8.89万人，毕业生2.73万人。普通初中招生4.99万人，在校生15.46万人，毕业生5.43万人。普通小学招生6.03万人，在校生34.86万人，毕业生5.05万人。特殊教育在校生0.33万人。幼儿园在园幼儿18.58万人。

图11　2011-2015年各类学校招生人数

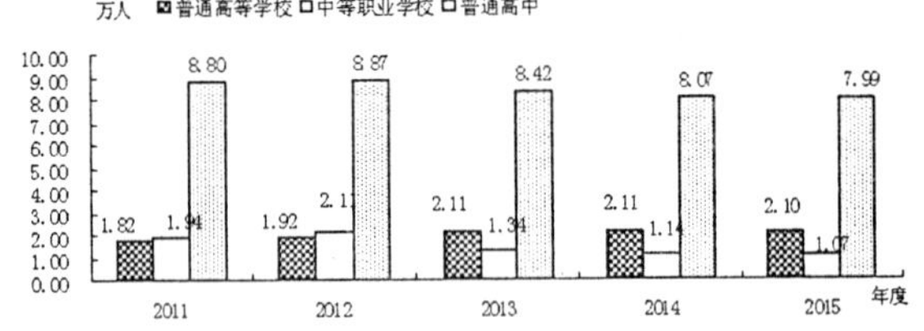

全市围绕1个科技重大专项，新增5个省级企业重点实验室、7个省级企业工程技术研究中心、9个科技企业孵化器、新引进国内外重大研发机构1个、新布局建设3个省级产业技术重大研发平台和1个产业技术公共服务平台。目前，全市有国家级、省级创新型（试点）企业69家；高新技术企业115家；重点实验室10个、工程技术研究中心28个。新认定省级企业技术中心7家。全市专利申请受理4677件，专利授权3423件，分别比上年增长28.0%和28.4%。其中，发明专利申请809件，增长33.3%，发明专利授权250件，增长77.3%。截至2015年底，全市共拥有有效发明专利767件，比上年增长39.2%；每万人口发明专利拥有量1.53件，比上年增加0.42件。

年末全市共有获得计量认证检验检测机构82个，累计获得2481张产品及管理体系认证证书。

全市共有法定计量技术机构 10 个，全年强制检定工作计量器具 9.8 万台（件）。全年共制订、修订行业标准 8 项、地方标准 11 项，累计全市共制订国家标准 62 项、行业标准 57 项、地方标准 143 项。

年末全市共有地震前兆台站（点）112 个，前兆测项 7 个；测震台站（点）6 个，强震动观测台站（点）26 个；GPS 观测基准站 6 个。

十一、文化、卫生和体育

文化和卫生事业不断进步。圆满承办第十二届福建省“水仙花”戏剧奖颁奖系列活动、新疆首部原创音乐剧《别失八里》在我市的演出活动，“中国·福建周”漳州东盟行动的“漳州之夜”文艺晚会、“中国福建木偶戏文化交流演出活动”赴柬埔寨、印度尼西亚雅加达和万隆的文化交流活动获得好评。完成新编芗剧现代戏和新编广播剧《谷文昌》，并分别顺利展演、开播。新编木偶神话剧《孙悟空决战灵山》荣获第四届全国木偶皮影“金狮奖”比赛最高奖，同时还获得 4 类单项奖。漳州锦歌《凌波情》、云霄县潮剧《巾帼英豪唐魏妈》均荣获“2015 年福建省首届‘丹桂奖’电视曲艺大赛”一等奖。

年末全市文化系统共有艺术表演团体 10 个，全市共有公共图书馆 10 个，文化馆 11 个，博物馆 12 个。文化系统各类艺术表演团体演出 985 场，本年度首演剧目 13 个，观众 99.28 万人次，其中：政府采购公益性观众 24.55 万人次；各级公共图书馆组织各类讲座 149 次，书刊文献外借 86.5 万册，总流通人数 83.4 万人次；各级文化馆组织举办展览 85 个，组织文艺活动 237 次、培训班 722 期和公益性讲座 27 次，共有 7.45 万人次参加；举办各类巡展 200 多场，其中：书画展、纪念抗战胜利 70 周年摄影展等 20 余场，送文艺进军营、重阳节文艺演出等 30 余场，精品芗剧《保婴记》公益巡演 40 场，木偶戏公益演出 88 场等；博物馆共举办 23 个基本陈列和 37 个展览，共有 316.25 万人次参观，其中：未成年人参观 151.66 万人次。

年末共有影院 19 个，银幕 60 块，年度电影票房 0.81 亿元。广播电台 1 座，电视台 1 座，广播电视台 11 座。有线电视用户 81.80 万户，有线数字电视用户 81.42 万户。年末广播节目综合覆盖率为 99.1%；电视节目综合覆盖率为 99.2%。

全年出版报纸（不含校报、副牌）2 种，总印数 252.3 万份；期刊 5 种，总印数 0.64 万册。

年末全市共有各级各类医疗卫生机构 4479 个，其中医院 72 个，卫生院 106 个。年末共有卫生技术人员 2.31 万人，其中医生 0.94 万人，注册护士 1.05 万人。年末共有医疗机构床位 2.06 万张，乡村医生和卫生员 0.49 万人。

图12　2011-2015年卫生机构床位数和卫生技术人员数

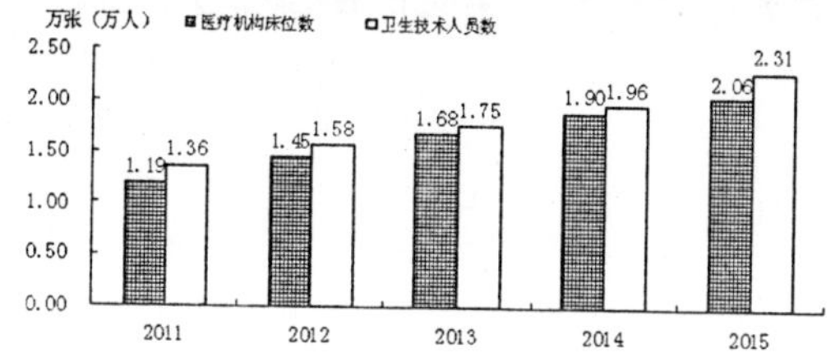

全年我市运动员在世界三大赛中共获得 2 金 3 银；在仁川亚运会上，我市共有 2 名运动员参赛，其中 1 人次获得金牌；在全国最高级别比赛中获得 13 金 9 银 7 铜。新建 29 个城市社区多功能公共运动场。全年销售体育彩票 6.82 亿元。

十二、资源、环境和安全生产

初步核算，全年能源消费总量 1111.12 万吨标准煤，比上年下降 19.3%，其中，全社会用电量下降 1.7%。全市万元地区生产总值能耗比上年下降 27.3%，“十二五”累计下降 16.1%。

初步测算，全市森林覆盖率约 63.6%。全年植树造林总面积 20.97 万亩，其中，人工荒山造林（含非规划林地造林）2.72 万亩；人工迹地更新 7.93 万亩，人工促进天然更新 5.80 万亩，低产低效林改造 1.81 万亩，林冠下造林 2.71 万亩。商品材产量 86.33 万立方米，增长 3.0%。

全市共有国家生态县（市、区）5 个，国家级生态乡镇（街道）104 个、生态村 23 个；省级生态县（市、区）11 个、生态乡镇（街道）104 个、生态村 23 个。共建立各级自然保护区 3 个，其中国家级 2 个、省级 1 个，自然保护区总面积 0.58 万公顷。拥有国家 A 级旅游景区 15 家，其中，5A 级景区 1 家，4A 级景区 12 家，3A 级景区 2 家。

全市水资源总量 175.39 亿立方米，3 条主要河流整体水质为优，Ⅰ类～Ⅲ类水质比例为 94.7%；九龙江漳州段整体水质为优，Ⅰ类～Ⅲ类水质比例为 92.3%；11 个县（市、区）的 13 个集中式生活饮用水源地水质达标率为 99.8%。

全年空气质量达到及好于二级标准 361 天。初步统计，一般工业固体废物综合利用率 96.49%。全年工业废水排放量 7961.35 万吨，工业废气排放量 118.30 亿立方米，工业二氧化硫产生量 9.89 万吨，工业二氧化硫排放量 3.09 万吨，工业氮氧化物产生量7.04万吨，工业氮氧化物排放量3.83万吨，工业烟（粉）尘产生量89.07万吨，工业烟（粉）尘排放量1.67万吨，工业重金属产生量234.27吨，工业重金属排放量1.16吨。

全市共发生森林火灾9起，其中一般火灾9起，较大火灾0起；受害面积89.2公顷；森林火灾发生率、受害率分别为1.07次/十万公顷和0.11‰。

全市各类生产安全事故共778起，比上年下降2.0%；死亡247人，下降5.4%；受伤346人，下降24.6%；直接经济损失1087.53万元，下降9.8%。亿元生产总值生产安全事故死亡率为0.089，下降14.4%。工矿商贸企业就业人员生产安全事故死亡率为0.51人。10万人生产安全事故死亡率为4.96，下降4.6%。全年共发生道路交通事故447起，死亡245人，受伤342人，直接经济损失107.8万元；道路交通万车死亡率为2.68%，下降1.5%。

注 释：

1.本公报中数据均为初步统计数，财政数据为2015年财政总决算初步数，部分数据因四舍五入的原因，存在着与分项合计不等的情况。本公报"规模以上"工业系指年主营业务收入2000万元及以上的工业企业；"限额以上"批发零售与住宿餐饮业指年主营业务收入2000万元及以上的批发企业（含外贸企业）、年主营业务收入500万元及以上的零售企业和年主营业务收入200万元及以上的住宿餐饮企业。

2.地区生产总值、各产业增加值绝对数按现价计算，增长速度按不变价格计算。

资料来源：本公报中城镇登记失业率、社会保障数据来自市人力资源社会保障局；财政数据来自市财政局；林业相关数据来自市林业局；水资源数据来自市水利局；公路通车路程、交通运输数据来自市交通运输局、漳州开发区运输管理处；港口货物吞吐量数据来自市港口管理局；邮政业务数据来自市邮政管理局；电信业务相关数据来自市通管办、电信公司、联通公司、移动公司、铁通公司；货物进出口、外商直接投资等数据来自市商务局；汽车保有量、道路交通事故数据来自市交警支队；旅游数据来自市旅游局；户籍人口相关数据来自市公安局；货币金融数据来自市人民银行；保险业数据来自市保险协会；教育数据来自市教育局；专利数据来自市知识产权局；质量检验、名牌数据来自市质监局；商标数据来自市工商局；气象观测站数据来自市气象局；地震台站数据来自市地震局；艺术表演团体、博物馆、公共图书馆、文化馆、广播电视、电影、报纸、期刊、图书数据来自市文广新局；体育竞技、体育彩票数据来自市体育局；卫生数据来自市卫计委；社会服务、低保和五保供养、福利彩票数据来自市民政局；环境监测等数据来自市环保局；安全生产数据来自市安监局；居民收支、价格指数等数据来自漳州调查队；其他数据均来自市统计局。